韓國史硏究叢書 [21]

한인 사회주의운동 연구

권희영

국학자료원

*각 논문 말미의 한국정신문화연구원 간행으로 표기된 논문들
은 한국정신문화연구원의 연구과제 결과물임.

서 문

　1989년 동유럽에서는 전반적으로 민중들의 혁명이 일어나서 공산체제를 붕괴시키고 민주적인 정부들이 들어서게 되었다. 1991년에는 소련에서도 그해 8월에 일어난 쿠데타가 시민들의 저항에 의하여 3일만에 실패하고 공산체제는 역시 종말을 고하게 되었다. 이러한 공산체제의 급속한 붕괴는 냉전시대에 그 어느 누구도 예측하기 어려웠던 일이었다. 그러나 놀랍게도 공산주의의 몰락은 일종의 도미노현상처럼 해석된다. 이제 세계에는 몇 나라들이 아직 공산체제를 유지하고 있다. 그러나 많은 사람들은 이들 공산체제도 그 장래가 멀지 않은 것으로 추측하고 있다. 확실히 21세기를 눈앞에 두고 세계는 일대 혁명을 치르게 된 것이다.

　그러나 20세기에 그토록 많은 영향력을 행사해왔고 그토록 많은 지식인과 민중에게 꿈을 주었던 공산주의의 몰락은 이제 역사적으로 진지한 검토의 대상이 되어야 한다. 그것은 우리의 역사에 있어서도 마찬가지이다. 1917년 러시아혁명이 일어난 이래 사회주의는 러시아에서 우리의 지식인들과 독립운동을 하던 인사들에게 수용되었고 1920년대에는 한국사회에서의 담론의 중요한 일익을 형성할만한 수준에 이르렀으며 1930년대에는 학문에까지 독특한 학파를 형성할 정도였고 해방 후 북한에 공산주의정권을 성립하게 하였으며 남한에서도 반공주의 때문에 주춤해 있었지만 1980년대에는 대학을 중심으로 하여 일반

사회에 지대한 영향력을 행사하였다.

　공산주의가 세계적으로 몰락한 지금의 시점에서도 사회주의는 아직 사라진 꿈이 아니다. 물론 사회주의적 담론은 자신감을 상실하였으며 그리하여 포스트 마르크스주의가 일각에서 제기되기도 한다. 그러나 이제 이러한 문제를 깊이 성찰해 볼 필요가 있다. 한국에서의 사회주의운동의 운동의 생성과 발전 몰락은 전혀 국제적인 정세에 따른 것인가? 아니면 한국의 독특한 역사와 관계되는 것인가? 과연 사회주의의 일반론을 떠나서 생각해 볼 때 한국사회주의의 특성은 무엇인가? 이러한 문제들은 이제 역사적으로 정리되어야 할 문제인 것이다. 본서에 실린 논문들은 이러한 문제의식을 가지고 집필된 것이다. 그렇지만 이 논문들이 지난 10년간에 집필된 것이므로 모든 문제의식이 하나 같이 공통된 것은 아니다. 어떤 것은 한국사회주의운동의 공백을 메워 보겠다는 비교적 단순한 동기에서 출발한 것도 있으며 다른 것은 한국사회주의를 부정적으로만 보려는 시도를 비판한다는 의도 하에 한국사회주의운동의 파벌투쟁에 대한 논리적 해석을 시도한 것도 있다. 또 어떤 것은 한국의 사회주의를 문명사적 관점에서 분석하려 한 것도 있다. 결국 각 논문들은 테마에 따라 문제의식이 한결같을 수는 없었다. 그럼에도 불구하고 이러한 논문들을 이제 한가지로 정리하여 책으로 내는 이유는 이들 논문들이 모두 한국의 사회주의에 관련된 것들이며 이들을 종합적 정리할 경우에 한국의 근대화운동이나, 한국사에서 결코 공백으로만은 놓아둘 수 없는 사회주의운동 연구에 있어서 일정한 기여를 할 수 있지 않을까 하는 의도에서이다. 그러한 기여가 보다 현실적으로 되기 위해서는 각각의 흩어진 문제의식들을 하나로 묶어내고 정리할 필요가 있다고 생각되었다.

　이제 일제시대 사회주의운동이라는 역사의 한 귀퉁이를 건드림으로써 필자는 감히 우리 역사와 사회에 대한 기존의 이해에 도전을 시도하게 되었다. 그렇지만 그 동안 집필하였던 원고를 묶어놓고 보니 필자는 현재 진척된 연구와 앞으로 탐구되어 밝혀져야 할 지식과의 간격에 더욱 당황하게 된다. 필자가 연구를 진행하는 동안에 필자는 한국 역사와 사회에 대한 이해는 단지 사료의 집적이 아니라 좀더 다양한 방법론적 접근이 시도되어야 하지 않을까 하는 생각을 하였다. 그 때문에 과감하다 싶을 정도로 새로운 의견을 제시한 것도 있으며 정신분석 같은 방법까지 적용하여 한국 사회주의를 심층적으로 이해하고자 하였다. 한국 사회주의의 이해 역시 한국인의 심성에 대한 이해라고 생각하였기 때문이다. 이러한 과정을 통하여 결국 본인도 모르는 사이에 필자는 한국사회주의에 대하여 90년대식 포스트 사회주의 담론을 형성하였던 것이다. 그것은 우리의 역사서술을 완성하겠다는 헛된 꿈을 가지고 있기 때문이 아니라 우리의 역사를 해석학의 지평 위에 연결시켜서 죽은 역사와 살아있는 욕망을 지식으로 연계시키는데 일조하였으면 하는 바람 때문이었던 것이다.

본서에 수록되는 대부분의 논문들은 한국정신문화연구원에서 출간된 것이며 그 외에 역사비평사, 슬라브학회의 청탁을 받아 집필된 글도 있다. 각 논문의 말미에 그 출처를 밝힌다. 글은 항상 언제 어느 상황에서 씌어졌는가가 중요하다고 판단하기 때문이다. 본서를 출간함에 앞서 먼저 나를 이끌어주시고 사랑해주신 고 김철준 선생님이 떠오른다. 선생님의 사랑과 은혜가 없었더라면 오늘의 나는 존재하기 어려웠을 것이라고 생각한다. 선생님 생각을 하면 늘 부끄러운 마음을 금할 수 없다. 선생님께서는 지금의 '나' 이상의 기대를 나에게 하셨기 때문이다. 언제나 정진하여 선생님의 기대에 최소한이나마 부응하여 보리라 다시 한번 다짐한다. 또 나는 프랑스에서 유학할 당시에 나에게 학문의 폭넓음과 깊이를 알게 하여 주신 학위 논문의 지도교수 Marc Ferro에게도 이 자리를 빌어서 감사함을 전하고 싶다. 늘 자상하고 부드럽고 명랑하면서도 학문적 엄격성과 날카로운 통찰력을 가지고 있었던 선생님에게 소련과 러시아에 관련된 나의 연구가 의지하고 있었던 것이다. 언제나 그러하듯 모든 연구자들에게는 가족의 도움이 절대적이다. 연로하신 나의 부모님은 언제나 이 부족한 아들이 잘되기만을 기도하시며 물심양면의 도움을 아끼지 않으셨다. 생각할수록 그 은혜는 헤아리기가 어렵다. 또한 돌이켜 보면 나의 지난 연구기간 동안 나에게 안정과 평화를 가져다 준 것은 나의 아내와 성중, 성연 두 아이들이었다. 이들과 인생의 고락을 같이한다는 것이 나로 하여금 학문에 몰두하게 만들어주었다. 나에게 이와 같은 복을 준 아내와 아이들에게 고마움을 전한다. 또한 이 자리에서 미처 언급하지 못하였더라도 그동안 학계에서의 여러분들과의 교제와 토론이 본서에 아주 유익하게 작용하였음은 두말할 필요가 없다. 그 동안 나를 위하여 같이 토론하고 격려해준 모든 분들에게 감사함을 전하고 싶다. 특히 본서의 출간에 즈음하여 산일된 원고를 다시 정리하는데 큰 도움을 준 한국학대학원의 김형국, 이승엽, 장노현 군에게도 심심한 사의를 표한다. 어려운 사정에 출간을 맡아주신 국학진흥원의 정찬용 사장님과 교정 편집을 맡아주신 한봉숙 편집장에게도 감사드린다. 보잘 것 없는 능력을 가진 내가 이같이 깔끔한 책을 내게 된 것은 위에 언급한 모든 사람들의 덕택이다. 이 분들의 기대에 조금이라도 보답하기 위하여 연구에 더욱 정진할 것을 다짐한다.*

1998. 12 청계산 기슭에서

권 희 영

목차

서 문

제 1 부 일제하 사회주의 운동 연구 서설

일제시기 사회주의 연구의 현황과 과제 13
  1. 머리말 13
  2. 냉전시기의 일제시기 사회주의 연구동향 16
  3. 탈냉전시기의 일제시기 사회주의 연구동향 30
  4. 일제시기 사회주의 연구의 의미와 과제 46
  5. 맺음말 54

일제하의 민족운동과 그 사상 57
  1. 머리말 57
  2. 일제하 민족운동의 전개과정 61
  3. 자유주의적 민족운동과 그 사상 71
  4. 사회주의적 민족운동과 그 사상 92
  5. 맺음말 110

제 2 부 1920년대 한인 사회주의운동

한인사회당 연구(1918-1921) 115
 1. 머리말 115
 2. 러시아 극동지방의 한인과 민족문제 116
 3. 러시아 10월혁명과 한인사회당의 조직 121
 4. 노령에서의 3·1운동과 한인사회당 제2차 총회 132
 5. 이르쿠츠크-상해파의 대립과 분열 총회 142
 6. 맺음말 171

자유시사변 연구 174
 1. 머리말 174
 2. 1920-21년의 러시아의 대일 정책과 독립군의 자유시 집결 ... 176
 3. 한인사회주의운동의 분열과 한인 무장대 192
 4. 자유시사변의 후의 고려군대의 진행과 고려공산당 209
 5. 맺음말 218

고려공산당연구(1921-1922) 221
 1. 머리말 221
 2. 1921년 5월의 한인사회당의 분당 이후 극동인민대회까지 222
 3. 베르흐네우딘스크당대회 및 코르뷰로의 조직 258
 4. 고려공산당의 국내공작 273
 5. 맺음말 279

조선공산당 성립과 코민테른(1923-1925) 282
 1. 머리말 282
 2. 코르뷰로의 설치 및 해외에서의 사회주의 운동 283
 3. 연해주조선인공산당원책임자연합대회 및 오르그뷰로 302
 4. 조선공산당의 조직 310
 5. 맺음말 330

제 3 부 코민테른과 한인 사회주의자

코민테른의 민족·식민지논쟁과 한국의 민족해방운동 ·················· 335
  1. 머리말 ·· 335
  2. 코민테른 제2차 대회에서의 민족·식민지문제 ······················ 338
  3. 박진순과 한국혁명의 문제 ·· 344
  4. 맺음말 ·· 349

제1차 극동노력자대회 및 극동혁명청년대회에서의 한국혁명의 문제 ···· 352
  1. 머리말 ·· 352
  2. 대회의 조직에 대하여 ·· 353
  3. 대회가 본 식민지문제 ·· 361
  4. 한국혁명의 문제 ·· 365
  5. 극동혁명청년대회 ·· 368
  6. 맺음말 ·· 370

조선노동공제회와 『共濟』 ·· 374
  1. 머리말 ·· 374
  2. 조선노동공제회와 『共濟』 ·· 375
  3. 공제의 담론 분석 ·· 382
  4. 맺음말 ·· 402

소련의 식민지 조선에 대한 인식 ·· 404
  1. 머리말 ·· 404
  2. 남만춘의 활동과 역사적 위치 ·· 405
  3. 남만춘 저작에서 나타난 조선문제인식 ································ 411
  4. 맺음말 ·· 420

일제하 좌우합작론의 연구 422
　1. 머리말 422
　2. 1920년대 전반 한인사회주의운동과 민족문제 424
　3. 정우회선언과 민족유일당론 434
　4. 통일전선의 유지와 그 문제 : 조선민흥회와 신간회 445
　5. 신간회해소론의 대두와 해소 458
　6. 1930년대 파시즘, 전쟁과 통일전선론 468
　7. 맺음말 490

제 4 부 한국사회주의의 역사적 특징

러시아, 러시아 사회주의 그리고 한국 497
　1. 머리말 497
　2. 한국에서 러시아 사회주의 500
　3. 러시아 사회주의가 한국에 주는 의미 506
　4. 새 러시아와 한국 512
　5. 맺음말 515

근대화의 심성 518
　1. 머리말 518
　2. 근대의 개념과 근대적 심성 521
　3. 한국 마르크스주의와 소련컴플렉스 532
　4. 유토피아와 전체주의 545
　5. 맺음말 561

□ 참고문헌 563
□ 찾아보기 573

제 1 부 일제하 사회주의 운동 연구 서설

일제시기 사회주의 연구의 현황과 과제

1. 머리말

　일제시기의 사회주의(혹은 공산주의)는 한국사회의 주요한 사회사상의 한 지류를 형성하고 있었다. 사회주의가 한국에 유입되는 것은 1920년 이후의 일이지만 사회주의는 비교적 짧은 시간에 한국의 지식인들에게 강한 충격을 주었고 그 뿐만 아니라 운동으로 존재하면서 사회운동의 각 부면 즉 청년운동, 여성운동, 노동운동, 농민운동 및 예술운동에 이르기까지 광범위하게 영향을 주었다.
　한국사회에 사회주의가 도입된지 얼마 되지 않아서 사회에 광범위한 충격을 주고 이 이념을 바탕으로 하는 각종의 운동이 조직되고 발전하였다는 것 그리고 그 영향력이 일제시기를 넘어서서 해방 이후까지도 지속적으로 영향력을 행사하고 있었던 것은 무엇 때문일까? 사회주의를 수용했던 당시의 사람들은 그것이 곧 진리라고 믿었기 때문에 이 운동을 조직하고 활동하였지만 분명 거기에는 한국사회의 특성과 그에 결부되어 사회주의가 어울릴 수 있는 어떠한 조건이 존재했을 것이라고 우리는 생각할 수 있다. 따라서 역사학적인 관점에서 보아 일제시기를 해명하는데 있어서 사회주의에 대한 연구는 빼놓을 수 없는 중요한 부분으로 간주된다.

그러나 사회주의는 무엇보다도 한국에서는 현실 그 자체의 문제였기 때문에 일제시기 사회주의의 연구는 사실상 그 동안 활발하게 진행되지 못하였던 감이 있다. 1980년대 후반에 들어와서 이러한 제약조건은 완전히 사라졌다고 말할 수 있지만 그 이전에는 연구를 제약하는 조건들이 학문 외부에 존재하고 있었음이 사실이다. 그것은 현실적으로 세계가 이데올로기의 대립을 중심으로 하여 전면적으로 대치하는 냉전체제를 유지하고 있었기 때문이었다. 한국은 남북이 분단되고 북한에서는 사회주의를 체제이데올로기로 삼는 정부가 들어섰고 남한에는 자유민주주의와 반공을 국시로 삼는 정부가 등장하게 됨으로써 남북한이 각기 냉전체제의 일익을 구성하게 되었고 따라서 이데올로기는 중립적으로 연구될 수 있는 대상이 아니라 현실적으로 적과 동지에 관련된 문제였던 것이다. 이러한 직접적인 정치사회적 상황이 이데올로기로서의 사회주의에 대한 접근에 제약적 요인으로 작용하였다는 것은 당연한 사실인 것이다.

이러한 상황으로 인하여 한국에서는 사회주의연구가 그 동안 부진하였다고 말할 수 있으며 특히 역사학에서의 사회주의연구는 대단히 그 연구가 제한적이었다고 말할 수 있다. 대체로 보아 북한에서는 사회주의체제의 정통성을 이데올로기적 차원에서 옹호하는 방향에서 연구가 진행되었으며 이러한 연구는 결국 궁극적으로는 김일성 가계의 전체주의적 독재체제를 정당화하는 방향으로 귀결되었다. 남한에서의 연구는 반공적인 입장에서 일제시기의 사회주의를 연구하였으나 이 역시 이데올로기를 넘어서서 다양한 관심으로 사회주의를 연구하지 못하고 한국사의 구성부분으로 사회주의의 문제를 정당하게 취급하지 못하였다. 이러한 제약이 사라지는 것은 동유럽에서의 사회주의체제가 붕괴되고 체제경쟁이 막을 내리게 됨으로써 비로소 가능하게 되었다.

한국에서는 1980년대 후반에 들어가서 북방정책이 추진되면서 북한을 포함한 공산권의 연구가 활발하게 되었으며 이는 일제시기 사회주의에 대한 연구를 촉발시키는데 긍정적으로 작용하게 되었다. 한편 대외적으로도 1985년부터는 소련에서 페레스트로이카가 등장하게 되어 기존의 스탈린적 해석에 입각한 사회주의를 비판하게 됨으로써 사회주의에 대한 관심이 고조되었을 뿐만 아니라 1989년 이후에는 동유럽을 비롯한 공산권 체제가 자체적으로 붕괴하게 됨에 따라서 이데올로기적인 대립을 벗어나서 다른 차원에서 공산주의의 문제를 연구할 수 있는 여건이 조성되었다.

그러나 이러한 여건조성은 공산주의에 대한 연구에 있어서 두 가지 서로 상이한 방향으로 작용하였음은 주목할만한 사실이다. 우선은 적으로서의 공산체제가 붕괴하게 됨으로써 적을 알기 위한 연구적 관심이 대폭으로 축소되었다는 점이다. 각종의 펀드도 축소되었으려니와 일단 체제가 붕괴하자 사람들은 더 이상 체제를 지탱하여왔던 이데올로기의 문제에 대한 관심을 상실해 버렸다. 이상이 일반적인 사람들의 모습이라고 할 수 있으며 따라서 이러한 일반적인 이해를 바탕으로 하여 볼 때 전체적으로 보아 사회주의에 대한 연구부문이 크게 위축을 받게되었음은 사실이다. 그러나 다른 한편 공산주의체제의 붕괴는 사회주의를 심화시켜 이해할 수 있는 측면을 열어주었다고 말할 수 있다. 종전의 연구가 주로 이데올로기적 대립을 염두에 둔 연구라고 한다면 이제는 그러한 대립보다는 보다 심층적으로 보다 깊이 사회주의의 문제를 객관적으로 평가할 수 있는 계기가 마련되지 않았는가 하고 생각할 수 있는 것이다. 예컨대 문명사적으로 사회주의의 문제를 다시 점검하고, 사회주의를 심성사적인 차원에서 심화하여 연구하여 이를 통사적인 차원으로 편입시키는 일, 그리고 그러한 일에 객관성을 가질 수 있는 여건이 비로소 조성된 것이라고 말할 수 있다. 따라서 사회주의에 대한 다면적이고도 복합적인 연구가 이제 시작되어야 할 것이라고 생각되는 것이다. 본고는 이러한 관점에서 지금까지의 일제시기의 사회주의 연구를 한 번 돌이켜 보고 향후에 일제시기 사회주의 연구를 어떠한 방향으로 진행시켜야 할 것인가에 대한 소견을 피력한 것이라고 말할 수 있다.

그러나 본고는 일제시기 사회주의에 대한 모든 연구를 모두 망라하여 평가하고 있지 못하다는 점을 미리 밝힌다. 그 이유는 우선 한 편의 글로 소화하기에는 그 양이 방대할 뿐만 아니라 통계적인 처리가 아닌 경우에 그것은 어떻게 보면 큰 의미를 가지고 있다고 보기가 어렵기 때문이다. 그리하여 본고는 주로 역사학 분야에서 그 동안 발표된 학술논문을 위주로 하여 서술하려고 한다. 물론 역사학과 사회학이나 정치학 등의 경계가 이러할 경우에 엄격히 적용되기는 어려운 일이기는 하나 사회주의에 대한 역사적 연구를 대상으로 한다는 점에서 제한은 불가피하였다. 물론 그렇다고 하여도 다소 사회학이나, 기타 분야에서도 그 연구가 주로 역사적이라고 생각될 때 일부의 연구를 포함시키기도 하였지만 어디까지나 그것은 예외적인 상황이었다는 점을 미리 밝혀둔다.

2. 냉전시기의 일제시기 사회주의 연구동향

1945년 이후의 시기를 우리는 냉전의 시기라고 부른다. 냉전의 시기는 사회주의와 자본주의라는 서로 다른 두 체제의 대립이 정치적 현실뿐 아니라 일체의 경제적 문제, 사상적 틀까지를 좌우하는 그러한 시기였다. 한국에 있어서 이러한 냉전적 대립은 가장 민감하게 다가왔다. 한국은 1945년에 소련과 미국에 의하여 남북한이 서로 다른 체제에 속하게 되었고 또한 그 대립이 전쟁으로까지 비화된 세계에서 가장 그 대립이 치열했던 현장의 하나였다.

이러한 대립은 자연히 학문에도 일정한 영향력을 행사하게 되었다. 우리는 학문 일반이라는 차원은 일단 제외하고 우리가 문제로 삼고있는 일제시기 사회주의라는 문제에 한정하여 문제점을 살펴보기로 하자.

한국이 일제의 지배로부터 해방된 직후 일제시기는 곧바로 역사학의 대상이 되기는 어려웠다. 일제시기는 역사의 문제라기보다는 오히려 현재의 문제인 것으로 간주될 수 있었다. 한국에서는 일제시대와의 연속성의 문제가 끊임없이 제기되고 있었기 때문에 일제시기의 문제는 훨씬 더 학문적 연구의 대상으로 삼아지는 일이 곤란하였다.

일제시기 자체가 당대와의 근접성 때문에 다루기 어려운 문제였다고 한다면 사회주의의 연구는 더욱 더 곤란한 문제였다. 사회주의는 바로 그 사회주의를 배경으로 하는 북한정권이 대한민국과 대립해있는 상황이었기 때문에 이에 대하여 학문적으로 접근한다는 것은 대단히 어려운 문제였으며 비록 그것이 일제시기에 국한된다고 하더라도 그 민감성이 덜해질 수는 없었다. 따라서 일제시기 사회주의의 연구는 그 문제의 민감성 때문에 해방 직후 다루어지기가 곤란하였으며 상당한 시간이 지나서야 연구의 대상이 되었고 그 연구의 시작도 국내에서 이루어진 것이 아니라 비교적 자유로운 분위기에 처해있던 일본과 미국에서 먼저 연구가 이루어졌던 것이다.

먼저 일본에서는 학문적 관심보다는 정책적인 관심에서 조선총독부 경찰서장을 지냈던 坪江汕二가 공안조사청 장관의 서문을 첨부하여 1959년에 『朝鮮民族獨立運動秘史』를 발간하였다. 이는 공산주의운동만을 대상으로 한 것은 아니지만 상당부분을 일제시기의 공산주의운동에 할애하고 있기 때문에 이 방면에 있어서의 최초의 업적이라고 인정해도 좋을 것이다.

미국에서 제일먼저 이 방면에 대해 연구를 시작한 사람은 이정식과 R.A.Scalapino의 두 사람이었다. 이 두 사람은 자료수집과 번역, 집필 등에 있어서 서로 협력관계를 구축하고 1957년부터 연구에 착수하기 시작하여 1960년에 그들의 공동연구 결과를 "The Origin of the Korean Communist Movement"라는 논문으로 발표하기에 이르렀다. 이것이 학문적으로 접근된 일제시기 사회주의에 대한 처음의 연구업적이라고 말할 수 있을 것이다. 물론 일제시기의 사회주의란 광대한 문제를 한 두 편의 논문으로 정리한다는 것은 불가능한 일이었기 때문에 이들은 계속하여 그들 연구를 지속적으로 해나갔다. 이들의 연구결과가 나온 후 미국에서는 또한 서대숙이 연구테마로 한국공산주의운동을 삼아서 1967년 *The Korean Communist Movement, 1918-48*을 프린스턴 대학 출판부에서 출간하였다. 이리하여 한국공산주의운동은 한국보다도 오히려 미국에서 연구를 주도해나가는 감이 있었다.

한국에서는 고려대 민족문화연구소가 한국문화사 대계를 정리하는 계획의 일환으로 조지훈이 담당하여 집필한 「한국민족운동사」가 사회주의를 민족운동의 일환으로서 정리한 최초의 연구라고 말할 수 있다. 조지훈은 기본적으로 사회주의와 민족주의를 대립적으로 보기보다는 미분화의 상태, 혹은 협력하여 민족적 단일전선을 구축하는 것이 일제하의 상황에서 바람직하였다는 견해를 바탕으로 하여 논지를 구성하고 있다.[1] 그러나 본격적으로 한국에서 일제시기 사회주의 문제를 연구하기 시작한 것은 고려대 아세아문제연구소가 주축이 되었다. 김준엽, 김창순 양인은 1962년 고려대 아세아문제연구소로부터 연구비를 지급받게 되어 이 방면의 연구에 착수할 수 있게 되었다. 이로부터 약 5년이 지난 1967년에 김준엽, 김창순 양씨는 『韓國共産主義運動史』 1

---

1) 조지훈, 「韓國民族運動史」, 『韓國文化史大系』, 제1권, 고대민족문화연구소, 1964

권을 출판하게 되었다. 이 책은 기본적으로는 한국공산주의 운동의 태동기라고 할 수 있는 1910년대 말에서부터 조선공산당이 결성되기 직전인 1925년까지의 공산주의활동에 대하여 서술한 책이었다. 이 책은 주로 일제시기의 일제경찰 등의 문서를 주축으로 하여 증언자들과의 인터뷰 등 당시의 가능한 한 노력을 기울여서 만든 주요한 업적이라고 말할 수 있다. 김준엽과 김창순 양씨는 그 이후에도 계속적으로 연구를 하여 1976년에 이르기까지 모두 5권을 간행하였고 이후 1977-80년에도 그 외의 자료집 2권을 추가로 간행하였다. 결국 본문 5책, 자료집 2책의 방대한 업적을 두 사람의 힘으로 해낸 것이다. 이같이 두 사람의 업적은 한국공산주의운동사의 연구에서는 빼놓을 수 없는 중요한 사건이다. 실로 이들이 펴낸 저서와 자료집은 그 이후 이 방면에 대한 연구를 시작하려는 모든 사람들이 반드시 참고하지 않으면 안될 고전적인 가치를 가진 책이 되어버렸다.

물론 이 책이 선구적인 가치를 가진 책인 만큼 그 개척적인 면에서의 업적은 인정할 수밖에 없되 그렇기 때문에 가지는 단점도 가지고 있었던 것은 분명하다. 가령 이 책이 섭취한 문헌이 주로 일제의 문헌이었기 때문에 운동 당사자들의 입장이나 공산당측의 문건들을 충분히 활용하여 공산당의 주체적인 입장을 살펴보아야 하는데 그 점이 부족하였던 것이다. 그러나 여하튼 사회주의운동이 자유롭게 연구될 수 있는 분위기도 조성되지 않은 상태에서 이 두 사람의 연구는 획기적인 것이었다고 아무리 강조하여도 지나침이 없을 것이다. 이 연구는 그 이후 한국사회주의 연구에 관심을 가지는 모든 사람의 입문적인 교과서가 되어버렸던 것이다.

아울러서 김준엽, 김창순 양씨의 연구가 거의 마무리되던 해 국토통일원의 연구과제로 하여 이기하의 『韓國共産主義運動史』 3권이 1976년에 출간된 사실을 지적하여야 하겠다. 이기하에 의하면 이 책 중 일제시기 사회주의운동을 다룬 제1권은 1961년부터 연구하기 시작하여 1963년도에 탈고를 하게 되었다고 하였다. 그러나 출판사정이 허락되지 미루고 있다가 1976년도에야 통일원에서 출간하게 되었다. 이기하의 저서가 만일 제시기에 출간되었다면 학계에 큰 영향을 줄 수 있으리라고 생각되지만 그 출간이 지체된 이유로 인하여 그같은 영광은 차지하지 못하게 되었다.

한편 한국 일제시기 공산주의운동연구의 테이프를 끊은 미국의 이정식과 스칼라피노는 계속적으로 연구를 진행하여 1972년에는 그들의 연구결과를 『한국에서의 공산주의 : 운동편』으로 정리하였다.[2] 이 책이 단행본으로 출간됨에 따라서 이 책은 그후 일제시대 공산주의운동을 연구하는 모든 사람들에게 큰 영향을 주게 되었으며 김준엽, 김창순 양씨의 저서와 함께 공산주의 연구의 고전으로서의 역할을 차지하게 되었다.

이와 같이 공산주의 연구서들이 출간되는가 하면 다른 한편으로는 공산주의에 대한 자료집들이 1960년대 들어와서 활발하게 출간되기 시작하였다. 먼저 일본에서는 김정명이 1966년 『朝鮮獨立運動IV-共産主義運動編』을 출간하였고 이어서 1967년에는 제5권을 原書房에서 출간하였다. 이는 각 권 1000 페이지에 해당하는 방대한 분량의 자료집이었으며 이 책의 출간이 이후의 공산주의운동연구에 큰 편의를 제공하게 되었음은 물론이다. 또 미국의 서대숙은 일제시기 공산주의운동에 관한 자료를 1970년 *Documents of Korean Communism, 1918-1948*로 정리하여 출간하였다. 이는 그의 연구에 사용되었던 자료들을 영역하여 출간한 것이다. 그럼으로써 독자뿐 아니라 많은 연구자들에게도 원자료를 접할 수 있는 기회를 제공하였다. 또 1970-71년에는 김정주의

---

2) Lee Chung-sik, R.A.Scalapino, *Communism In Korea*, Berkely and Los Angeles : University of California Press, 1972
   이 책의 번역은 한홍구, 『한국공산주의운동사』, 3권, 1986, 돌베게

편집으로 『朝鮮統治史料』(韓國史料研究所刊)가 10권으로 간행되어 일제시대의 사회주의연구에 관심을 가진 사람들에게 큰 기여를 하였다. 또 박경식은 『在日朝鮮人關係資料集成』(5권 9책, 三一書房刊)을 1975-76년에 간행하였으며 1982-83년에는 『朝鮮問題資料叢書』(8권, アジア問題硏究所刊)를 발행하여 사회주의에 관심을 가지고 있는 사람들의 편익에 크게 기여하였다.

일제시기 사회주의에 대한 연구는 1980년대 중반까지는 이와 같이 제한된 몇 사람의 연구자들이 활동을 하였다. 아직 연구의 저변은 충분히 확대되지 않았으며 주로 사료를 접근할 수 있을만한 연구소나 기관을 중심으로 하여 사회주의연구가 진행된 것이 특징이라고 말할 수가 있다. 이러한 경향은 1980년대 중반부터는 크게 변화한다. 이 무렵부터 한국사회에서는 사회주의에 대한 역사적인 연구를 하고자 하는 젊은 연구자들이 생겨나기 시작하였다. 이러한 현상은 1980년대 중반의 한국의 상황이 이른바 학생운동이 최고조에 달하였던 시기로 학생들은 광주항쟁을 진압하고 등장한 정부에 대하여 공격적인 태세를 정비하고 한국의 독재권력에 대하여 사회주의적 대안의 문제를 본격적으로 거론하기 시작하였다. 따라서 공식적으로는 제한이 가해지고 있었지만 음성적으로 사회주의가 활발히 학생들 사이에 전파되게 되어서 이른바 일제시대의 1920년대와 유사한 상황이 발생하였다. 이러한 영향으로 인하여 자연히 일제시기의 사회주의를 연구대상으로 삼는 연구자들도 출현하게 되었다. 아래에 제시하는 것은 바로 1980년대 중반 이후 한국에서 출판된 사회주의관계 문헌들이다.

임영태 편, 『식민지시대 한국사회와 운동』, 사계절, 1985
배성찬 편, 『식민지시대 사회운동론 연구』, 돌베게, 1987
역사학회편, 『한국근대 민족주의운동사연구』, 일조각, 1987
박현채, 김홍명편, 『통일전선과 민주혁명』, 사계절, 1988

서중석,『한국 근현대의 민족문제 연구』, 지식산업사, 1989
신주백 편,『1930년대 민족해방운동론 연구』, 전2권, 새길, 1989-1990
M.김 지음, 이준형역,『일제하 극동 시베리아의 한인사회주의자들』, 역사비평사, 1990

  이들 문헌들은 아직까지는 사회주의에 대한 독특한 해석을 시도하려는 것보다는 일제시대의 사회주의운동을 체계정립이란 차원에서 자료정리를 수행하고자 하는 노력에서 나온 것이었다. 대부분의 연구물들이 일제시대의 사료들을 일정한 주제에 따라 편집한 것이었다. 또한 부분적으로는 사회주의를 일반적인 연구부분에 통합시켜서 연구하는 노력도 나타났고 또 러시아의 사회주의 연구물이 처음으로 한글로 반역되어 소개되기도 하였다. 이러한 연구들과 자료집들의 편찬을 중심으로 하여 1980년대 중반 이후는 일제시기의 사회주의를 활발하게 연구할 수 있는 기반이 마련되었다고 말할 수 있다.
  임영태는 1985년『식민지시대 한국사회와 운동』을 편하면서 이에 대하여 다음과 같이 입장을 밝히고 있다. "지금까지 식민지시대 민족운동연구에서는 좌익운동이 제외되었다. 이 때문에 일제시대 여러 운동의 전체상이 그려질 수 없었고, 일제시대 민족주의론이 제대로의 형태를 띨 수가 없었다"[3]고 하며 좌익운동의 실체를 파악하여야 할 필요성에 대하여 언급하였다. 이러한 필요성의 강조는 정당한 것이라고 할 수가 있다. 현실의 차원에서의 이데올로기의 선택이 학문적 영역 자체의 봉쇄를 동반해서는 안되기 때문이다.
  그렇지만 이러한 연구들이 이데올로기적인 입장을 강하게 부각시키고 있는 점은 유감이라고 하지 않을 수 없다. 배성찬은 1920년대 말에서 1930년대 초 사이의 사회주의 문제를 정리하는 그의 서문에서 원산파업을 계기로 하여 "노동자계급은 민족해방운동의 중심권에 완전히

---

3) 임영태 편,『식민지시대 한국사회와 운동』, 사계절, 1985, p.8

진입하게 되었다"고 서술하고 그러한 주장을 뒷받침하기 위한 근거로 프로핀테른의 1930년 9월 테제를 인용하고 있다.4) 문제는 이들 연구자들이 사회주의 운동을 통사적인 차원에서 민족운동의 일환으로 편입시키려 하기보다는 사회주의운동의 일방적인 우위 내지는 타당성을 강조하는데 있다고 본다. 즉 사회주의운동을 비판할 때에는 오로지 전략과 전술의 측면에만 국한시키고 상대적으로 민족주의나 자유주의 계열의 운동은 그 운동 자체를 평가절하 하는 것과 같은 태도이다. 즉 소위 개량주의에 대하여는 "이들 민족개량주의자의 일부는 일제의 공공연한 앞잡이로 전락하고 다른 일부는 각 종의 개량주의 조직을 만들어 노동자 농민을 기만하고, 그들을 민족해방운동 대열에서 이탈시키기 위해 광분하고 있었다"5)라고 하고 혁명적 노동조합운동에 대하여는 "이렇게 민족해방운동의 대중적 기반을 확보하고 투쟁을 통해 운동 진영을 단련시켜 나가는 데 일정한 역할을 했던 이 시기 선진 활동가들의 혁명적 노동조합 건설을 위한 활동에는 그 올바른 방향성에도 불구하고 몇 가지 오류가 나타나기도 했다. 그것은 무엇보다도 "좌익 모험주의적 편향이었다"6) 등의 서술인 것이다. 그러나 다른 한편 김경택은 "3·1운동 이후 20년대를 통하여 민족해방투쟁의 주체가 부르조아지에서 프롤레타리아트로 변화해갔다"고 주장하면서도7) 1930년대에 대하여는 다른 평가를 하고 있다. 즉 "당시 사회주의자들은 프롤레타리아트의 헤게모니를 강조하면서 적색노조, 적색농조의 건설을 주장하고 동요하고 있던 민족주의자의 양면성을 일방적으로 매도, 배척하는 좌경노선을 택함으로써 민족주의세력과 단절되었을 뿐만 아니라 노농대중과도 굳건히 결합하지 못한 채 30년대 후반 이후 겨우 지하에서 명

---

4) 배성찬 편, 『식민지시대 사회운동론 연구』, 돌베게, 1987, p.14
5) Ibid., p.14
6) Ibid., p.19
7) 박현채, 김홍명 편, 『통일전선과 민주혁명』, 사계절, 1988, p.338

맥을 유지할 수 있었을 뿐이다"[8]라고 하여 신간회를 중심으로 하였던 통일전선론이 기본적으로 올바른 방향이었다고 하는 점을 강조한다. 이 점에 대하여는 서중석도 유사한 관점을 피력한다. 그는 "민족해방투쟁과 부르조아 민주혁명은 각각 반제투쟁과 반봉건투쟁을 주내용으로 하여 상호 불가분의 관계에 있다. 양자는 사회주의자들에게는 사회주의 사회를 건설하기 위해서도 불가피한 단계였을 것이다. 사회주의 건설이란 것도 일단 민족이 해방된 이후에야 가능한 것이지 일제의 틀 안에서는 전혀 있을 수 없다는 것은 자명한 일이었다"고 하며 "민족해방투쟁과 부르조아 민주혁명의 중시는 좌우합작을 요구하게 된다"고 하여 그의 기본적인 인식을 보여준다.[9]

신주백은 또한 그의 편저 서문에서 기본적으로 "일제하 민족해방운동사를 오늘날의 근대민족국가 형성의 한 과정으로 보려는 견해"를 비판하고 북한의 역사학계가 강조하는 김일성 중심의 민족해방운동사 서술체계는 "오늘날 남한 민중의 사람과 분단이라는 역사적 연원"을 해명해줄 수 없기 때문에 적절치 못하며 따라서 민족해방운동사를 무엇보다도 "합법칙성-필연성을 해명"하여야 한다고 주장한다.[10]

M.김의 책은 학문적인 자유를 생각할 수 없었던 소련에서 1960년대에 저술된 책인데 이 책은 번역됨으로써 한국사회주의운동 연구에 많은 기여를 하였다. 왜냐하면 이 책에서 일제시기에 활동하던 많은 사회주의자들에 대한 약력이 소개됨으로써 자료의 공백으로 인하여 답답해하던 많은 부분을 시원하게 밝혀줄 수 있었기 때문이다. 그러나 그의 책은 소련당국의 검열에 의하여 축소된 형태로 출판되었을 분만 아니라 소련의 사상적 검열을 염두에 둘 수밖에 없어서 소련의 기여를 찬양하는 내용을 벗어나기가 어려웠다. "조선인 혁명가들의 이념-사

---

8) *Ibid.*, p.407
9) 서중석, 『한국 근현대의 민족문제 연구』, 지식산업사, 1989, pp.57, 59
10) 신주백 편, 『1930년대 민족해방운동론 연구』, 제1권, 새길, 1989, pp.3-6

상적 발전에서 코민테른의 활동은 커다란 의미를 갖고있다. 소비에뜨 러시아는 이론작업과 학습의 중심이 되었다…따라서 10월혁명의 객관적인 영향은, 공산주의 인터내셔널과 볼셰비키당의 도움으로 조선혁명가들이 민족 나름의 공산주의조직을 결성하고, 투쟁의 형태와 방법을 결정하게 했다."11)와 같은 서술을 통하여 그러한 사정을 확인할 수 있다.

한편 일본에서는 연구가 한국에서보다 상대적으로 자유로웠고 또한 자료의 측면에서도 한국보다 유리한 점에 놓여있었기 때문에 일본의 한국사연구자들 사이에 사회주의연구가 활발히 진행되었다. 다음은 이들 연구자들에 의해 발표된 논문들이다.

淺田喬二,『日本帝國主義下の民族革命運動』, 東京 : 未來社, 1973
水野直樹,「新幹會東京支會の活動について,『朝鮮史叢』, 1979.6
─────,「コミンテルンと朝鮮」,『朝鮮民族運動史研究』, 1984.6
─────,「黃浦軍官學校と朝鮮の民族解放運動」,『朝鮮民族運動史研究』, 1989.6
─────,「呂運亨と中國國民革命」,『朝鮮民族運動史研究』, 1992.4
金森襄作,「朝鮮勞動共濟會」,『朝鮮史叢』, 1980.6
─────,「朝鮮農民組合史」,『朝鮮史叢』, 1982.1
─────,「滿洲の中朝共産黨の合同と間島五-三十蜂起」『朝鮮史叢』, 1983.6
─────,「1930年の「間島蜂起」について,『朝鮮民族運動史研究』, 1986.7
飛田雄一,『日帝下の朝鮮農民運動』, 東京 : 未來社, 1991
李景珉,「曺奉岩の思想と行動」,『朝鮮民族運動史研究』, 1991.4
高俊石,『コミンテルンと朝鮮共産黨』, 東京 : 社會評論社, 1983

이들 연구자들은 주로『朝鮮史研究會論文集』,『朝鮮史叢』및 그의 계승지인『朝鮮民族運動史研究』지를 중심으로 하여 많은 연구자들이

─────────
11) M.김 지음, 이준형역,『일제하 극동 시베리아의 한인사회주의자들』, 역사비평사, 1990, pp.84-85

논문을 발표하였다. 이중에서 淺田喬二는 일본에서 구 식민지지배를 정당화하려는 제국주의 군국주의가 다시 부활하여 일본사회의 여론으로 등장하는데 대하여 강한 비판의식을 가지면서 연구를 진행하였는데 그의 태도는 일본에서 일본제국주의의 식민지지배를 비판하는 입장에서 연구를 진행한 사람들에게 깊은 영향력을 행사하였다. 淺田喬二는 그의 저서에서 저술의 목적이 "과학적인 구 식민지상구축을 위한 기초작업의 일환으로서 구 식민지농민이 주체적으로 전개하였던 반일본제국주의 투쟁의 총 과정을 민족저항운동의 유력한 일환으로서 체계적으로 분석하는 것"이라고 하였다.12)

이러한 연구와 아울러 金森襄作이 『1920年代朝鮮社會主義運動史』 (1985)를 저술하였다. 이 책은 주로 북조선의 역사학이 가지고 있는 도식적인 운동사와 그 아류를 비판하기 위하여 집필되었다. 3·1운동을 기점으로 하여 부르조아 민족운동이 쇠퇴하고 프롤레타리아트 운동이 헤게모니를 잡는다는 이론에 대한 비판을 실증적으로 규명하였다. 오히려 3·1 운동 이후에 민족운동이 활발하게 전개되었다는 것을 서술하고 있다. 이러한 점은 金森襄作이 정당하게 인식하고 있는 것이라고 본다. 飛田雄一은 농민운동사에 관심을 두고 농민운동의 지도기관의 시대적인 변화와 이러한 운동의 민족운동과의 관계를 고찰하려고 하였다. 그가 가장 힘을 기울이고 있는 부분은 1930년대의 적색농조운동으로 이러한 운동이 "일본제국주의를 타도하지 않으면 농민의 해방은 얻어질 수 없다는 입장에서 무장투쟁까지를 포함한 반일제투쟁을 행했던 것"이라고 규정하였다.13) 그리고 무엇보다도 이러한 활동이 "식민지 지배에 저항하고 조선의 민족해방의 투쟁의 일익을 담당했다"는 평가를 하고있다.14) 이러한 평가는 좌익 농민운동을 민족해방운동이라

---

12) 淺田喬二, 『日本帝國主義下의 民族革命運動』, 東京 : 未來社, 1973, p.2
13) 飛田雄一, 『日帝下의 朝鮮農民運動』, 東京 : 未來社, 1991, p.8
14) *Ibid.*, p.192

는 통사적인 범주에 포함시켜야 한다는 문제의식으로 간주된다.
　한편 냉전기에 있어서의 북한에서의 일제하사회주의운동연구는 어떠하였는가의 문제를 살펴보자. 먼저 북한 사회주의가 전체주의적 특성을 지니고 있는 만큼 북한에서의 사회주의연구는 곧바로 정치적인 문제라고 하는 점을 염두에 두지 않으면 안된다. 북한에서의 사회주의 연구는 무엇보다도 당사의 차원에서 연구된다. 그리고 당사란 당으로 모든 권력을 수렴시키기 위하여 설정된 대표적인 이데올로기론이다.
　이같은 당사적 차원의 연구는 다음과 같은 문제설정을 요구한다. 즉 1) 프롤레타리아트 운동이 부르조아 운동을 대체하여 근대에서의 특히 한국과 같은 식민지현실에 처해있던 국가에서는 운동의 주도권을 장악하고 제국주의에 대한 투쟁에서 가장 혁명적인 투쟁을 하였다는 사실을 입증해야 한다. 2) 프롤레타리아트운동의 중심에 그 운동의 핵으로써의 전위당인 공산당이 존재하며 이 공산당은 프롤레타리아트를 지도하면서 각종의 사상적 단체 및 노동운동 및 농민운동조직등 각 부면에의 운동을 총괄하여 지도하였고 그 지도력이 관철되었다고 하는 사실을 증명한다. 3) 이러한 지도의 과정에서 당의 수장으로서의 지도자의 존재가 명백하게 부각되면 이 지도자는 강철같은 의지로서 각종의 이질적인 요소로부터 당의 순결성을 지켜내고 당이 항상 대중의 지지를 받도록 기초를 다졌다는 하는 사실을 입증해야 한다.
　이같은 3단계의 문제설정은 사실상 전체주의로서의 소련식의 공산당이 가지는 전형적인 당사구성방법이라고 할 수 있는 바 바로 북한에서도 이같은 문제의식에 입각하여 일제시기 사회주의 운동사를 정리하여왔던 것이다. 그러나 각 시기마다 지도자 혹은 당의 정치적 입장에는 다소 차이가 있었던 바 이같은 차이에 따라 당사적 사회주의운동사의 정리에도 약간의 시간적인 차이가 발견됨은 당연한 일이라고 말할 수가 있다. 북한에서는 이러한 차이를 대략 3개의 시기로 구분할 수 있다. 제1기는 1945년부터 스탈린이 사망하게 되는 1953년까지의 시기이며 제2기는 1954년부터 1960년대 후반까지 그리고 제3기는 1960년대 후반기의 3단계로 대별될 수 있다고 본다.15)

이러한 각 시기마다 정치적인 과제도 달랐거니와 그에 따라 일제시대의 사회주의운동사를 정리하는 시각도 차이가 있었음은 물론이다. 우선 제1기에는 김일성 정권의 등장시기로 이 시기에는 소련의 북한에 대한 영향력은 압도적이었다고 말할 수 있다. 소련에서도 스탈린의 전체주의 체제가 지배하고 있었으며 일제시대부터도 사회주의자들이 스탈린을 가부장처럼 혹은 왕처럼 숭배하고 있던 상황에서 신생정권 북한이 소련의 거의 절대적인 영향력 하에 놓여있었음은 차라리 당연한 일이라고 할 수 있겠다. 그렇기에 이 시기에 북한에서의 사회주의연구란 공산당 영도의 합법성을 확보함과 아울러 소련의 역할을 긍정적으로 서술하는 것이었다고 말할 수 있겠다. 실제로 이 시기를 대표하는 저술인 최창익의 『조선민족해방투쟁사』는 1920년대 이후 무산계급이 식민지민족해방투쟁에서 주력군으로 등장하였고 조선공산당은 무산계급의 전위부대로서 등장하였으나 파벌싸움 때문에 무산계급을 지도하지 못하였으나 1930년대 당재건공작과 함께 반일민족통일전선운동이 전개되고 민족해방운동의 중심이 국외로 이동하여 김일성의 항일무장투쟁으로 계승 발전되었고 소련군대가 일제를 구축하여 해방을 이루었다는 내용의 서술을 하고 있었다.16)

소련에서의 김일성의 사후 동유럽에서는 자유화운동이 일고 소련자체에서도 1956년의 제20차 전당대회에서의 스탈린 격하운동이 시작된 것을 비롯하여 스탈린 사후는 사회주의 이데올로기가 다시 수정되는

---

15) 拙稿, 「북한에서의 한국근대사 인식의 문제」, 『북한의 한국학 연구성과 분석: 역사-예술편』, 한국정신문화연구원, 1991
16) 이상의 최창익의 책 내용은 『민족해방운동사』(역사비평사, 1990, pp.188-189)에 소개된 것을 요약한 것임.

입장에 놓여있었다. 북한에서도 이러한 영향을 받아 자유화운동이 일각에서 일어났었고 이에 대하여 자유주의적 기반이 극도로 취약하였던 북한에서는 이데올로기의 연화현상이 아니라 그 반대인 경화현상이 나타난다. 그것은 무엇보다도 소련에서 자유화가 진행될 시기에는 북한에서는 그에 동조하는 현상이 나타났으나 이들이 김일성 친위세력에 의하여 정적으로 숙청당하였기 때문이다. 따라서 일제시기 사회주의에 대한 역사서술도 다시 권력기반을 강화한 김일성의 정통성 즉 지도자의 권위를 더욱 높이는 방향으로 재조정되었음은 당연한 일이다. 그리하여 북한에서 어느 정도의 논쟁을 거쳐서 1961년 『조선근대혁명운동사』가 출간되었는바 이 책의 특징은 조선공산당의 역사적 역할을 상대적으로 축소시키고 조선공산당이 다하지 못한 대중운동을 혁명적으로 지도하는 과제가 1930년대 김일성이 중심이 되는 항일무장투쟁이 수행하였다는 것이다. 또한 민족해방운동을 주체적으로 준비하여갔다고 함으로써 해방자 소련의 역할이 축소된 것이 바로 이 시기의 관점이었다.[17] 1960년대 후반 소련에서도 보수화 물결에 의해 브레즈네프 정권이 등장하고 북한에서도 김일성의 권력이 다시 강화되고 후계자 문제가 전면에 등장함에 따라서 제3기에는 마찬가지로 제2기보다 강화된 입장에서 지도자론이 강화된 관점을 가지게 되었다. 제3기의 역사학에서의 사회주의운동에 대한 관점은 1980년에 출판된 『조선전사』 근대편(13-15권)에 집약적으로 나타나있다고 말할 수 있다. 『조선전사』는 김일성 가계를 신화화하는데 촛점을 맞춘 주체사학의 결정이라고 말할 수 있을 것이다. 여기에서 강조되는 것은 역사의 합법칙성이며 이 합법칙성은 김일성의 가계기 공산당과 민족해방운동의 영도권을 쥐도록 되어있는 것이다.[18]

---

17) 책에 대한 내용은 Ibid., pp.190-191
18) 『조선전사』의 내용은 拙稿 「북한에서의 한국근대사인식의 문제」에 정리되어 있음.

제3기에 완성된 김일성 가계의 신화는 그 이후 현재까지도 아무런 변동이 없다. 1989년 동유럽의 혁명도 1991년 소련의 붕괴도 북한의 사회주의운동 해석에 아직 어떠한 영향력을 행사했다는 정보는 없다. "우리 식대로 산다"는 북한식의 사회주의는 비록 모든 면에서 와해될 위기에 처해있기는 하지만 그럼에도 불구하고 김일성 가계를 중심으로 한 신화를 아직도 역사학의 금과옥조로 선전하고 믿고있다. 그 이외의 선택을 가질 수가 없을 정도로 체제가 경직되었기 때문이다. 따라서 일제시기의 사회주의 역사에 관한 한 북한의 역사학은 그야말로 역사학의 종말을 맞이하였다고 하여도 과언이 아니다.

3. 탈냉전시기의 일제시기 사회주의 연구동향

1989년 동유럽이 붕괴하고 몰타협정이 체결되면서 동서냉전은 종식되었다고 한다. 물론 이 냉전종식이란 지구촌의 전 구석에 골고루 일시에 적용되는 것은 아니다. 북한의 경우에는 아직까지도 완강하게 남한과 대치되어 있는 상황에서 냉전의식을 가지고 있기 때문이다. 그러나 이러한 냉전의 종식과정이 한국사회에 영향을 준 것은 분명하며 한국의 역사학계에도 일정한 자극을 준 것은 분명하다.

한국에서의 사회주의 운동사연구는 대체로 보아 1980년대 후반서부터는 자유롭게 연구할 수 있는 분위기가 마련되었다고 본다. 그것은 무엇보다도 한국에서의 북방정책이 실시된 결과라고 말할 수 있다. 한국에서는 1980년대 중반까지는 강력한 반공주의가 시행되었다. 이러한 반공주의의 시행은 학문의 연구에도 부정적인 영향을 미치게 되었다. 왜냐하면 공산주의관계 자료를 접하는 일이 소수의 연구자들에게만 허용되었고 따라서 자유롭게 사회주의를 연구할 수 있는 분위기가 아니었기 때문이다. 이러한 이유로 인하여 젊은 연구인력 중 사회주의를 연구하려는 사람은 거의 찾아보기가 어려웠으며 그렇기에 연구는 큰 진전을 보이지 않았다. 연구가 활성화되기 위해서는 자료에의 접근이 상대적으로 자유로울 때 가능한 것인데 한국에서는 북방정책의 실시 이후의 시기부터 사회주의 연구에 대하여 이전에 실시하던 통제정책을 완화하여 자료에의 자유로운 접근이 가능하게 되었기 때문이다.

이러한 객관적인 여건의 호조와 아울러 1980년대에는 한국사회에서 사회주의에 호감을 가지는 민중주의가 학생운동권에 강력하게 파급되었었다. 따라서 이러한 운동의 가운데 사회주의를 연구하려는 의지도 작용하여서 1980년대 후반부터는 일제하 사회주의연구에 대하여 많은 사람들이 관심을 기울이게 되었으며 따라서 많은 연구업적들도 나오게 되었다.

대체로 보아 이러한 연구들은 1990년부터 나오기 시작하였다. 본격적으로 연구논문이 많이 나오게 된 것도 바로 이 시기를 전후해서의 일이다. 이 시기에 출판된 단행본 연구물 및 자료집으로는 다음의 것을 들 수 있다.

한국역사연구회 1930년대 연구반, 『일제하 사회주의운동사』, 한길사, 1991
이균영, 『신간회연구』, 역사비평사, 1993
권희영, 박성수 편, 『한국독립운동사 자료집 : 좌우합작론편』, 한국정신
　　문화연구원, 1994

이제 이중에서 한국역사연구회 1930년대 연구반이 서술한 『일제하 사회주의운동사』(한길사, 1991)를 점검하여 보기로 하자. 이 책은 1991년에 출판되었기 때문에 이미 동유럽이 붕괴되고 냉전체제가 종식된 이후 아직 사회주의 소련이 버티고 있는 때에 출판되있다. 김인덕, 신주백, 우동수, 이애숙, 이종민, 이준식, 임경석, 지수걸에 의하여 공동

집필된 이 책은 1980년대 후반 이후부터 배출되었고 한국역사연구회를 중심으로 활동하였던 사회주의문제를 연구하는 연구자들의 입장을 비교적 집약적으로 보여준다는 점에서 의미가 있다고 본다. 이 연구서는 1920년대 후반이후의 사회주의운동을 이데올로기적인 관점에서 선명하게 평가하고 있다. "1929-45년간의 조선공산당 재건운동은 우리나라 민족해방운동의 역사를 체계화하는데에 매우 중요한 의의를 갖는다. 그것은 광범한 대중을 조직화하고 의식화하여 항일투쟁을 일으켜 세울 민족해방운동의 참모부를 건설하기 위한 운동이었기 때문이다."19)

따라서 이들의 평가에 의하면 민족주의운동이 제대로의 위치를 차지 할 수가 없다. 왜냐하면 "민족개량주의자들이 일제에 대한 전면적 예속의 길로 치닫는 간고한 시기"였기 때문이다.20) 그와 함께 "식민지 민족해방운동의 주체는 노동자계급을 핵심으로 한 농민 등 식민지피압박민중이다." 그렇지만 "어느 운동이던간에 운동의 지도사상과 노선은 대중들의 자연발생적 투쟁과정에서 형성-발전되는 것이 아니라 전위적 활동가들의 목적의식적인 실천투쟁과정에서 형성되고 발전한다." 따라서 추상적으로 설정된 민중이라는 주체와 이를 실제로 지도하는 운동집단을 구분함으로써 기본적으로 전위당이 식민지 해방운동의 실질적인 지도자임을 말하고 있다.21) 따라서 이 책은 그 동안 사회주의운동 연구를 통하여 강조되었던 대중적인 투쟁이 결국 당사론적인 입장으로 귀결되었음을 보여주는 좋은 예로 들어질 수 있는 문헌인 것이다.

한편 이균영은 그의 주저인 『신간회연구』에서 신간회를 다음과 같이 평가하였다.

---

19) 한국역사연구회 1930년대 연구반, 『일제하 사회주의운동사』, 한길사, 1991, p.5
20) Ibid., p.5
21) Ibid., p.19

결국 신간회는 식민지 조선인들의 정치적, 사회적 훈련의 도장, 혹은 일제통치세력에 대한 일정한 압력수단이 될 수 있는 단계의 민족협동전선이었다. 즉 신간회는 식민지 조선 민중의 민족적, 계급적 요구에 응하여 조직 차원에서 거기에 참여하거나 그것을 지도할 수 있는 단체는 되지 못했다. 따라서 민족운동사상의 과제는 이러한 신간회를 민족적, 계급적 문제를 해결할 수 있는, 신간회 창립시 표방된 '정치적 투쟁'을 수행할 수 있는 단체로 전환시켜 나가는 일이었고 해소운동에는 그러한 상황이 반영되어 있는 것이었다. 그러나 해소운동이 곧 신간회의 해체가 되고 말았던 것은 해소론자들의 오류였으며 민족운동역량의 커다란 손실이었다고 생각한다.[22]

이상과 같이 연구자들은 기본적으로는 그가 연구대상으로 삼고있는 대상을 민족해방운동의 역사에서 가장 바람직한 노선으로 여기는 경향이 강하다. 따라서 신간회노선이 강조되기도 하고 1930년대 혁명적 노선이 강조되기도 하며 1930년대 후반의 김일성 위주의 노선이 강조되기도 하는 것이다. 그러나 여하튼 일제시대의 민족운동의 노선 중에서 통일전선 식이거나 공산당 식이거나 어떤 것이던 간에 사회주의자 및 그들의 주장이 반영된 노선을 선호하여 역사를 구성하는 것은 문제가 있다고 판단된다. 왜냐하면 이들의 연구가 일제시기 한국 사회주의자들의 본질적인 문제점을 고찰하는데는 부족하지 않았는가 하는 우려 때문이다. 필자는 이러한 점에 대하여 주의를 환기할 필요성에 대해 언급한 바가 있다. 신간회의 문제만 살펴보더라도 "우선 신간회의 결성 이후에 이 조직을 확고하게 유지시켜나갈 수 있을 정도의 의지가 당시 운동가들에게는 부족하였다. 특히 좌익인사들에게 있어서 우익세력은 언제라도 결별할 수 있는 일시적인 전술적 제휴대상에 불과하였다. 이들이 받아들인 급진적 이념으로서의 사회주의는 시민사회의 건

---

22) 이균영, 『신간회연구』, 역사비평사, 1993, p.561

실한 구성에 초점이 맞추어져있지 않고 단지 유산계급이나 지배계급에 대한 증오만을 강조하는 경향이 강하였기 때문이다."[23] 따라서 일제시기 사회주의 노선의 올바른 평가를 위해서는 개별적인 실증적 사실을 밝혀냄과 아울러서 한국사회주의들의 성향을 비교사회주의의 입장에서 혹은 심충적인 심리적 입장에서 검토해야 할 필요가 있다고 본다.

한편 이 시기에 출판된 박사학위논문이나 석사학위논문, 기타 학술지에 게재된 논문들은 급속히 그 양이 늘어났다. 연구자들도 젊은 연구자들이 많이 생겨나고 연구논문도 많이 출현하게 됨으로써 이 분야의 연구는 이제는 정상패도에 올랐다고 말할 수가 있을 것이다. 다음은 이 시기에 나오게 된 논문들이다.

박사학위논문

이균영, 「신간회연구」, 한양대 박사학위논문, 1990
지수걸, 「1930년대 조선의 농민조합운동 연구」, 고려대 박사학위 논문, 1990
이준식, 「일제 침략기 농민운동의 이념과 조직」, 연세대 박사학위논문, 1991
임경석, 「고려공산당연구」, 성균관대 박사학위논문, 1993
전철훈, "Uchastie Koreiskogo naselenia v revoliutsionnom dvizhenii na Dal'nem Vostoke Rossii(1917—1919 g.g.)", Dissertatsia na soiskanie uchenoi stepeni kandidata istoricheskikh nauk, Moskva, 1994

이러한 학위논문들은 일제시기의 사회주의 연구를 보다 탄탄한 실증적 기반 위에서 진척시키는데 기여하게 될 것인데 여기에 몇 개의 논문 내용을 검토하여 보기로 하자. 이중 이균영의 논문은 앞서서 언급하였다. 지수걸은 1930년대에 전개된 혁명적 농민조합운동에 대한 탄탄한 연구를 수행하였다. 그러나 사회주의 및 일제시대의 전반에 대한 역사상을 구축하는데 있어서 문제가 있다고 보여진다. 그는 1930년

---

23) 권희영, 박성수 편, 『한국독립운동사 자료집 : 좌우합작론편』, 한국정신문화연구원, 1994; p.9

대는 노동자 농민들이 민족해방운동의 주도권을 장악해나간 시점이었으며 또한 사회주의가 농민운동의 지배적인 사상, 이념으로 자리잡았다고 하지만24) 그러한 주장을 뒷받침할 만한 근거를 설득력 있게 제시하였다고 보기 어렵다.

이준식은 사회학적으로 농민운동을 접근하였는데 그러나 그의 문제의식 역시 역사의 신화적인 해석에 의존하고 있는 듯한 인상을 받는다. 그는 "3·1운동 이후 농민운동은 3·1운동이 남긴 교훈, 곧 굳건한 조직과 이념을 바탕으로 한 투쟁만이 민족 해방의 유일한 길이라는 인식에 따라 사회주의라는 새로운 이념을 바탕으로 농민대중을 조직화하는 방향으로 전개되었다"고 서술하고 있다.25)

임경석의 연구는 러시아측의 문서를 충실히 살피고 나아가서 공산주의운동의 제 경향을 상세하게 분석함으로써 이 방면의 연구에 큰 기여를 하였다고 평가할 수 있다. 하지만 그의 문제의식 설정에 문제가 있다고 본다. 그는 사회주의운동의 전개과정을 일종의 합법칙성에서 파악하려고 하는바 이는 이데올로기적으로 사회주의 신화에 함몰된 연구태도가 아닌가하고 생각된다.

> 조선 공산주의 운동의 발생은 마르크스주의라는 외래사상이 유행적으로 이입된 결과 나타난 것이 아니라 조선 독립운동의 내재적 발전의 결과로서 나타난 것임을 확인할 수 있다. 유럽에서와는 달리 자본주의적 관계가 충분히 성숙하지 못하고, 따라서 노동자계급이 질적으로나 양적으로 미숙했었음에도 불구하고 식민지 조선에서 다수의 공산주의 지지자가 나타났던 것은 그것이 조선독립운동의 발전적 전화형태의 하나로 등장했기 때문에 가능했다.26)

---

24) 지수걸, 「1930년대 조선의 농민조합운동 연구」, 고려대 박사학위 논문, 1990, pp.2-3
25) 이준식, 「일제 침략기 농민운동의 이념과 조직」, 연세대 박사학위논문, 1991, p.1

전철훈은 한인사회주의 운동사상 최초의 지도자라고 할만한 알렉산드라 김의 전기를 러시아의 고문서를 통하여 추적하였다.

다음은 이 시기에 석사논문이나, 개별논문, 세미나 등에서 발표된 논문들이다. 이들 논문들을 살펴봄으로써 이 시기에 연구자들의 관심이 어디에 있는가 하는 것을 살필 수 있는데 다음에 이러한 논문들을 소개하기로 하자.

장상수, 「일제하 1920년대의 민족문제논쟁」, 『한국의 근대국가형성과 민족문제』, 문학과 지성사, 1986
윤경호, 「일제하 민족해방운동과 민족문제 인식」, 『한국민족문제의 인식』, 공동체, 1988
우동수, 「1920년대말 －1930년대 한국사회주의자들의 신국가건설론에 관한 연구」, 연세대 사학과 석사 학위논문, 1989
신주백, 「1930년대 반일민족통일전선운동의 전개과정」, 『역사와 현실』, 제2호, 1989
서중석, 『한국민족문제의 인식』, 지식산업사, 1989
신주백, 「1930년대 함경도지방의 혁명적 농민조합운동 : 조직적 측면과 활동방침을 중심으로」, 성균관대 석사 학위논문, 1989
윤석영, 「조선공산당 이차재건과정에 대한 비판적 검토 ; 「통일조공당 결성과 1950년대말 북한학계 「논의」를 중심으로」, 성균관대 석사 학위논문, 1989
『근대사에 있어서의 한국과 소련』, 한국정신문화연구원, 1990
박철하, 「1920년대 조선공산당 창립과정에 대한 연구」, 숭실대학교 대학원 석사 학위논문, 1991
김형국, 「1920년대 식민지조선의 사회주의와 '청산론' 연구」, 한국학대학원 석사 학위논문, 1993
장석흥, 「조선학생과학회의 초기조직과 6.10만세운동」, 『한국독립운동사연구』, 1994

---

26) 임경석, 「고려공산당연구」, 성균관대 박사학위논문, 1993, pp.420－421

———, 「사회주의의 수용과 신사상연구회의 성립」, 『한국독립운동사연구』, 1991
장세윤, 「이홍광연구」, 『한국독립운동사연구』, 1994
———, 「조선혁명군 연구」, 『한국독립운동사연구』, 1990

 이상에서 예를 든 바와 마찬가지로 일단의 신진연구자들이 1980년대 말 특히 1989년 무렵부터 다수가 사회주의 운동에 관한 연구로 연구방향을 설정하였다. 이들 연구자들은 서울대, 성균관대, 연세대 등에서 배출되었고 이들은 개별적인 연구를 하였을 뿐만 아니라 「한국역사연구회」와 같은 연구 그룹을 통한 집단적인 연구방법을 도입하였고 또한 『역사와 현실』 및 『역사비평』같은 잡지의 발간을 통하여 그들의 일관된 견해를 표출하기에 노력하여왔다는 점을 지적할 수 있다.
 이러한 연구들 중에서도 연구자들의 제일차적인 관심이 모아지고 있는 부문은 이른바 민족문제라고 말할 수 있다. 이 민족문제는 한국의 사회주의운동에 관심을 가진 연구자들이 일차적으로 초점을 맞추고 있는 부분이다. 이 문제가 연구자들의 주목을 받게 되는 이유는 한국이 일제시기에 일본의 식민지로서 존재했었고 식민지시대의 최대의 민족적 과제는 민족의 해방이며 이 민족해방의 문제를 포함한 민족—식민지 문제에 있어서 최대의 기여를 한 것은 사회주의이며 따라서 이 사회주의의 실체를 이같은 면에서 고찰하려는 문제의식에서 비롯된 것이라고 할 수 있다. 좀 더 광의적으로 보아서 많은 연구자들이 관심을 가지는 1930년대의 혁명적 조합운동분야도 바로 이 영역에 속하는 문제라고 할 수 있다. 즉 1930년대의 민족주의와의 결별을 선언하고 독자적으로 혁명을 주장한 노선이 민족해방운동의 선상에서 과연 '올바른' 노선이었는가의 문제가 내포되어 있는 것이다.
 다음으로 연구자들이 관심을 가지는 분야는 당사의 체계정립에 관한 것이다. 사회주의운동은 다른 부문의 운동과는 달리 운동의 전략과 전술이 당의 차원에서 결정되며 당이 상명하복식의 수직적인 질서를 가지고 있기 때문에 다른 운동보다도 상대적으로 당의 비중이 압도적으로 강한 운동이다. 따라서 당의 역사를 체계적으로 정리한다는 것은 마치 정통론을 확립한다는 차원과 마찬가지의 의미를 가지고 있는 부문이다. 따라서 이 분야는 가장 활발하게 논쟁이 벌어지는 부문이기도 하다. 특히 공산주의운동은 단지 민족주의운동과는 달리 운동의 지도부가 이른바 국제주의라는 원리에 따라 국제적으로 운동을 지도하는 코민테른이라는 국제기구를 가지고 있었기 때문에 이와의 관련하에 한국공산당 및 사회주의운동을 정리하는 것이 당면한 과제중의 하나이다. 따라서 당사를 종합적으로 여러 차원에서 정리하는 것이 바로 일제시대 사회주의 연구의 중요한 연구과제라고 할 수 있다.

다음으로 연구자들이 관심을 가지는 것은 사회주의에 관련된 인물들을 전기적으로 혹은 사상적으로 규명하는 작업이라고 할 수 있다. 이는 물론 각 인물의 활동과 사상적 입지를 정확하게 밝힘으로써 사회주의운동 체계를 잡는다는 목표를 가지고 있는 것이다. 또한 일제시기 무장투쟁 특히 혁명적 무장투쟁을 연구하는 것도 연구자들의 관심을 사고 있다. 이는 김일성만이 항일무장 투쟁을 하였다는 북한사학의 왜곡을 바로잡기 위해 필요한 작업이라고 할 수 있다.

우리는 개별적으로 몇 개의 논문내용을 소개함으로써 이의 입론의 타당성을 증명하려 한다. 장상수는 1920년대 민족문제에 관한 논쟁을 소개하면서 결론적으로 "사회주의자들이 민족문제를 해결하는 방법에서 잘못을 저질렀다 하더라도 민족문제를 인식하는 논리에 있어서는 그 이전의 다른 어느 시기에 있어서 보다도 세련"되었다고 주장한다. 그 이유는 이들 사회주의자들이 "민족과 계급을 개념적으로 구분"하고 "프롤레타리아트의 계급적 임무와 민족적임무"를 분리하였으며 "양자의 관계"를 명백하게 설정하였기 때문이라고 하였다.27) 이같이 하여 장상수는 이론적으로 기본적으로는 계급과 민족의 구분에 입각한 사회분석이 타당하다는 인식을 보여주었다. 그러나 이렇게 하여 명백히 설정된 관계란 무엇을 의미하는가? 사회주의적 논리의 타당성에 주안점을 두고 있음을 우리는 확인 할 수 있다.

여러 연구자들이 민족문제에 초점을 맞추고 있다고 하더라도 그에 대한 선호도는 연구자에 따라 차이가 있다고 말할 수 있다. 우동수는 1935년 코민테른 제7차대회의 '인민전선' 방침의 타당성을 기본적으로 긍정하는 가운데 원산그룹의 활동을 분석하였는데 그는 일제하의 농민운동이 "반봉건의 과제와 더불어 반제—반자본주의 성격도 동시에 지니게 되었다"고 보고 여기에 "민족해방전선이 제 경향으로부터 분리되고 노동계급의 성장이 미약한 상태에서도 사회주의운동이 전개될 수 있는 물질적 토대가 있었다"고 보았다. 그리하여 원산그룹의 "민족해방전선 결성운동은 코민테른의 인민전선 방침을 적극적으로 수용하여 반제국주의적 과제를 해결하기 위해 모든 역량을 집중하였다는 점, 장래의 국가권력도 민족해방전선에서 활동한 모든 세력이 참가할 수 있는 민주공화국을 제기하였다는 점, 그리고 해방 이후 남로당의 정치노선의 이론적 실천적 모태가 되었다는 점에서 큰 의미를 지닌다"고 하였다.[28]

신주백은 또한 1930년대 함경도지방의 혁명적 농조를 분석하면서 그 입점을 다소 달리한다. 그는 기본적으로 1930년대 무장투쟁노선의 정당성을 강조하면서 혁명적 농조들이 무장투쟁을 일시적인 투쟁방법으로 간주하였다는 것을 비판하고 "이러한 투쟁방침은 자신들의 조국을 일제로부터 독립시키고자 하는 대중들의 열망과 무관한 대단히 비

---

27) 「일제하 1920년대의 민족문제논쟁」, 『한국의 근대국가형성과 민족문제』, 문학과 지성사, 1986, p.158
28) 우동수, 「1920년대말 —1930년대 한국사회주의자들의 신국가건설론에 관한 연구」, 연세대 사학과 석사 학위논문, 1989, pp.91—94

주체적이고 수동적인 자세이며" 이는 소비에트러시아의 옹호라는 슬로건의 "편향된 강조로 인한 올바른 프롤레타리아 국제주의를 저버린 스탈린과 코민테른에게도 그 잘못의 일단이 있다"고 하였다.29)

윤석영의 연구는 1920년대 공산당에 대한 북한학계의 폄하를 시정하기 위한 의도로 집필되었는데 북한학계가 김일성 가계만을 미화시키려는 결과 1920년대의 공산당에 대한 정당한 평가를 하지 못하게 된 데 대한 지적은 타당한 것으로 인정되며 당시의 활동가를 일방적으로 '종파분자'로 규정하는 것이 연구에 아무런 진전도 가져올 수 없다는 점에서 비판의 타당성을 인정하지만 "조선공산당의 역사적 위치를 우리나라 근.현대 혁명운동사 전체적 관점에서 올바로 자리매김 하는 것이 향후 당사 연구의 과제로 남는다"고 하는 지적에서 보듯30) 사회주의운동을 정당화하는 전제에서 출발하는 태도를 지양해야 할 필요가 있다고 본다. 사회주의운동은 혁명운동사라는 틀만이 아니라, 사회문화의 일반적인 맥락 속에서 이해할 때 그 한계 및 그 의의가 분명하게 드러나게 될 것이기 때문이다.

박철하의 경우도 전위당론의 신화에 함몰되어 있기는 마찬가지이다. 그는 "사회주의 운동에 있어서 그 혁명과 건설은 철저한 당의 지도성을 전제로 하고 있다"고 보며 "조선에서의 사회주의운동의 발전과 노동자, 농민의 민족해방운동에 대한 적극적 진출은 조선혁명을 통일적으로 지도할 중심기관을 요구하였다. 그리하여 조선의 사회주의자들은 1925년 4월 17일 '조선공산당'의 창립을 보게 되었다"와 같은 식으로31) 당사를 연구하는 사람들의 일반적인 당 위주의 사관을 관찰할 수

---

29) 신주백, 「1930년대 함경도지방의 혁명적 농민조합운동 : 조직적 측면과 활동방침을 중심으로」, 성균관대 대학원 석사 학위논문, 1989, p.115
30) 윤석영, 「조선공산당 이차재건과정에 대한 비판적 검토 ; 「통일조공당 결성과 1950년대말 북한학계 「논의」를 중심으로」, 성균관대 석사 학위논문, 1989, p.72
31) 박철하, 「1920년대 조선공산당 창립과정에 대한 연구」, 숭실대학교 대학원 석사 학위논문, 1991, pp.1-4

있게 된다.

위의 연구 중에서 김형국은 다소 입장을 달리하는데 그는 일반적으로 사회주의의 입장을 가지고 연구하는 사람들이 가치를 절하시킨 1920년대 청산론을 "매우 현실적이고 탄력성이 강했다"고 긍정적으로 부각시켰고 이 운동이 당시의 주류인 ML계로부터 배척되기는 하였지만 이들의 입장이 "민족단일전선당을 통한 국민국가건설"에 있었다고 평가함으로써 이 입장이 사회주의자들로부터는 비판을 받았지만 근대의 시민적 정치체를 강조하는 입장에서는 중요한 역할을 할 수 있음을 암시하여 주었다. 이리하여 각자의 입장에서 정통노선에서 벗어나 있다고 생각되는 노선에 대한 이데올로기적인 비판의 한계를 벗어나고 있다.32)

이미 위의 몇 편의 논문들을 분석한데서 알 수 있듯 연구자들의 취향에 따라서 민족문제에 대한 '올바른' 노선은 다양하다. 그것은 기본적으로 일제시기에 존재했던 다양한 운동세력 가운데 어느 것이 현실을 정확하게 파악하면서 올바른 전략과 전술을 수립하였고 따라서 향후의 바람직한 정치노선으로까지 연결되는가의 문제와 연결되어 있다. 그러나 이러한 문제제기가 기본적으로 모두 사회주의 내의 여러 파벌적인 노선투쟁과 무관하지 않다는 것은 분명한 일이다. 즉 조선공산당의 노선, 김일성을 중심으로 하는 무장투쟁세력의 노선, 원산그룹의 노선, 코민테른의 노선 등등 여러 가지 입장들이 서로 달리 나타날 수밖에 없는 것이 그것은 어떠한 요소를 강조하고 있는가에 따라서도 각기 달라질 수밖에 없는 것이다.

그러나 1988년부터 시작하여 그후에 다수 배출된 이 연구자들의 공동적 사회주의운동관계 저작물을 살펴볼 때 이들의 문제의식이 이데

---

32) 김형국, 「1920년대 식민지조선의 사회주의와 '청산론' 연구」, 한국학대학원 석사 학위논문, 1993, pp.77-79

올로기의 정당성여부에 그 초점이 맞추어져 있음을 우리는 확인 할 수 있다. 즉 사회주의/자본주의 이데올로기의 상대적인 우위문제, 그리고 사회주의운동 내에서의 각 파벌 혹은 입장의 상대적 우위 및 정당한 노선확립의 문제 및 민족문제에 있어서의 시대적 과제에 대한 충실성의 문제 등이 이들의 문제의식이라고 말할 수가 있다. 이러한 연구들을 통하여 한국사회주의운동의 실증적인 모습들이 해명되고 밝혀진 것은 사실이다. 그러나 이들의 문제의식 자체는 냉전시대의 이데올로기론과 다를 바가 없다는 것이 문제점이다.

바로 이러한 점 때문에 이러한 연구결과가 결국은 사회주의운동에 있어서의 정통노선의 확보여부라는 학문적으로는 비생산적인 문제의 주위를 맴돌게 하고있다고 판단된다.

다음으로는 이와 같은 시기에 사회주의운동을 이들과는 다른 입장에서 연구하고 있는 필자의 연구를 들 수 있다.

「코민테른에서의 민족-식민지논쟁과 한국의 민족해방운동」, 『역사비평』, 1988 겨울호, pp.186-198
「고려공산당 이론가 박진순의 생애와 사상」, 『역사비평』, 1989 봄호, pp.285-294
「한인사회당연구」, 『한국사학』, 제11집, 1990.11, pp.165-206
「제1차 극동노력자대회 및 극동혁명청년대회에서의 한국혁명의 문제」, 『정신문화연구』, 제40호, 1990.9, pp.89-103
「일제시대 소련의 한국인식」, 『한국사학』, 제12집, 1991, pp.295-307
「일제침략기 한국인의 소련관」, 『한국-러시아 양국의 이해증진을 위한 역사 교과서 개선방안 탐색』, 한국교육개발원, 1992, pp.79-103
「고려공산당연구(1921-1922)」, 『한국사학』, 제13집, 한국정신문화연구원, 1993, pp.209-251
「조선공산당성립과 코민테른(1923-1925)」, 『한국사학』, 제13집, 한국정신문화연구원, 1993, pp.149-185
「일제하의 민족운동과 그 사상」, 『한국사상사대계』, 제6권, 한국정신문

화연구원, 1993, pp.9-48
「러시아, 러시아 사회주의 그리고 한국」, 『소련과 러시아 : 사회주의체제의 붕괴와 러시아의 재조명』, 나남, 1993, pp.257-275
「조선노동공제회와 『共濟』」, 『정신문화연구』, 제51호, 한국정신문화연구원, 1993, pp.139-157
「한-러관계사의 새로운 조명」, 『한국-러시아 양국의 이해증진을 위한 교육의 역할』, 한국교육개발원, 1993.9, pp.84-91
「자유시사변연구」, 『한국사학』, 제14집, 한국정신문화연구원, 1994, pp.55-89

필자 역시도 사회주의 운동사를 실증적으로 정리한다고 하는 차원에서는 이들 연구자들과 다른 생각을 가지고 있지 않다. 그러나 이상의 연구는 1920년대를 중심으로 하여 한국사회주의운동사를 정리함과 아울러서 사회주의 연구를 새로운 방법으로 접근하고자 하는 시도가 들어가 있는 일련의 논문들이라고 말할 수 있다. 한국사회주의운동을 정리하는 것은 소련공산당과의 관계를 새로 밝힘으로 하여 한국사회주의의 국제 사회주의운동 내에서의 위상을 밝히는 작업이라고 할 수가 있다. 필자는 이상의 연구들을 통하여 한국사회주의가 러시아 및 코민테른으로부터의 절대적인 영향력을 받았으며 그것은 운동의 내용과 조직의 양면에서 모두 그러하다는 것을 밝혔다. 또한 한국사회주의의 내용을 사상적으로 분석하여 한국사회주의가 해방의 담론과 전위당의 담론을 두 축으로 하여 전개되었으며 초기에는 해방의 담론이 중심적이었으나 곧바로 전위당의 담론이 지배적인 위치를 차지하게 되며 한국사회주의가 전반적으로 전체주의화하는 경향을 갖게 되었다는 것을 밝혔다.

필자의 연구는 사회주의운동사연구를 실증적인 차원에서 재정립한다는 목표를 가지고 진행되었으며 다음으로는 사회주의 이데올로기의 문제를 특히 한국사회주의의 특색을 비교사회주의라는 폭넓은 틀 속에서 검토해야 한다는 입장을 가지고 출발하였다.33) 그리고 이러한 관점의 변경은 사회주의에 대하여 새로운 평가가 가능하게 했다고 말할 수 있다. 예컨대 필자는 많은 연구자들이 금과옥조로 받아들이는 전위당론에 대해 다음과 같이 서술하였다.

> 전통적인 전시민사회적 통치와 일제의 새로운 반시민사회적 통치는 한국인들이 쉽게 전위당이론을 수용하도록 하였다. 그것은 전시민사회적 전통에 부합되었으며 반시민사회적 통치를 행하는 일제에 대하여 저항적이며 대항적이었기 때문이다…. 러시아 사회주의의 해방적 담론을 수용함으로써 한국에서 수평적 사고가 널리 확산된 것은 사실이다. 1920년대 이후 한국 지식인들의 사고는 현저히 사회주의화되었다. 그러나 이 사회주의적 수평적 사고는 반권위적이면서도 동시에 고도의 폭력을 내포하는 권위와 그 권위에 대한 복종을 허용하였다.34)

그리고 다음으로는 이러한 사회주의가 한국의 근대화와 민족운동이라는 범위 내에서 어떻게 그 위상이 설정되는가의 문제의식을 가지고 연구를 진행한 것이다. 논의의 차원을 일단 좌/우의 구분법을 통한 이데올로기 내에서의 위치를 설정하려는 것이 아닌 이데올로기 밖에서 즉 문명사적 틀을 이용한다던가, 혹은 정신분석학의 방법을 동원한다던가, 혹은 비교사회주의의 방법을 동원함으로써 사회주의 자체에 대한 이해의 폭을 확대시킴으로써 한국사회주의의 위상과 그 의미를 추구하려고 한것이 본고의 특징이라고 할 수 있겠다. 예컨대 拙稿인 「일제하의 민족운동과 그 사상」은 사회주의 근본적인 한계를 자유주의와 대비시켜서 개인적 개념의 결핍이라는 점에서 지적하였다.

특히 한국의 사회주의는 개인에 대하여 어떠한 중요한 이론적 기여

---

33) 拙稿, 「러시아, 러시아 사회주의 그리고 한국」, 『소련과 러시아 : 사회주의체제의 붕괴와 러시아의 재조명』, 나남, 1993
34) *Ibid.*, pp.263-264

를 할 수 없었다. 한국의 사회주의는 그의 가장 중요한 정력을 계급동맹이라고 하는 전술론에 소모하였다. 이리하여 역사의 주체로서 계급이 강조되었지만 개인의 중요성은 간과되었다. 특히 비합법적으로 지하당이나 지하조직생활을 해나가는 것이 요구되었던 상황에서 개인은 도구적으로 간주되기가 쉬웠다. 당이라고 하는 집합적 존재는 개인의 자발성이라고 하는 관념에 기초하여 세워진 조직이라기보다는 러시아혁명의 뒤를 이어 소련에서 성립한 소비에트국가의 통치체로서의 당이 모델이 되었기 때문에 上命下達의 관료적 수직적 당이 모델로서 기능하였다. 사회주의자들의 국가에 대한 관념에서도 마찬가지였다. 당과 국가가 융합된 소련을 모델로 하여 한국의 사회주의자들은 전제적인 권력을 휘두르는 전체주의적 국가를 모델로 생각하였다. 그리고 이러한 국가의 존립은 인민을 위한 것이라는 전체주의적 사고로서 정당화되었다.35)

그러나 1990년대에 들어와서 이루어진 짧은 기간동안의 사회주의연구 붐(?)은 공산주의체제의 전반적인 몰락과 더불어 급속히 쇠퇴하고 있는 것은 아닌가 하는 느낌을 가지게 된다. 1990년에 한국사회주의운동의 연구가 활발해진 것은 우선은 이 시기에 대한 연구가 충분치 않았기 때문에 한국근대사에 있어서 공백으로 남아있는 부분을 메워 보려는 시도에서였지만 다른 한편으로는 현재 한국사회의 전망을 사회주의 혹은 사회주의와 자본주의가 적절히 조화된 노선으로 보고 그에 대한 역사적인 뿌리로서 사회주의를 연구하는 경향이 상당히 강하였다고 보기 때문이다. 이점은 1990년대 이전의 연구가 주로 반공주의를 가지고 그러한 관점에서 공산주의의 뿌리를 이해하는 시각과 대조적이라고 할 수 있을 것이다.

그러나 이데올로기적인 방향설정의 의미로서의 사회주의연구는 오늘날 그 역할이 거의 끝났다고 하여도 과언이 아니다. 동유럽과 소련

---

35) 拙稿, 「일제하의 민족운동과 그 사상」, 『한국사상사대계』, 제6권, 한국정신문화연구원, 1993, p.42

의 사회주의가 몰락하였을 뿐만 아니라 중국의 사회주의도 내용적으로 자본주의 시장경제에 접근하고 있고 베트남도 개방정책을 펴고있으며 따라서 세계체제의 한 축으로서 혹은 대안으로서의 사회주의는 그 역사적 의미를 완전히 상실하였기 때문이다. 이에 따라 제3의 길로서의 사회주의도 그 역사적 의미를 동반해서 상실하고 있다고 본다. 그러나 사회주의는 이로써 완전히 과거의 사실로서만 기억될 것이라고 단정하기는 아직은 어렵다. 왜냐하면 사회주의는 단순히 역사적 사건의 문제일 뿐만 아니라 심성의 문제이기도 하기 때문이다. 기왕에 존재했던 사회주의가 아니더라도 기존의 사회주의를 잉태시켰던 심성은 모양을 달리하여 또 다른 표현을 강구하려 할 것이기 때문이다.

4. 일제시기 사회주의 연구의 의미와 과제

일제시기의 사회주의연구는 우선은 사실규명의 차원에서 연구될 필요가 있다. 사실규명의 차원이란 역사적 사실로서 일관된 통사적 체계 내에 포함될 수 있는 그러한 단계의 연구를 의미한다. 사실상 지금까지의 연구란 이 단계의 연구를 의미한다고 말할 수 있다.

이 단계의 연구를 통하여 특히 1980-90년대의 연구의 진전을 통하여 일제시대의 사회주의에 대하여는 개괄적인 감을 잡을 수가 있게 되었다. 사회주의의 형성과정에서 전개과정, 그리고 해방 이후의 공산주의 정권의 성립과 남한에서의 사회주의적 운동의 연계에 이르기까지 일제하의 사회주의 연구는 사실규명의 차원에서 진행되어왔다.

그러나 앞으로의 연구는 좀더 일제시기 사회주의를 비교사적 차원, 통사적 차원에로의 통합, 그리고 사상사적 차원에서의 연구를 진행하여야 할 필요가 있다고 본다.

먼저 비교사적 차원에서의 연구가 필요하다고 본다. 일제시대 한국 사회주의는 동시대의 다른 문화, 다른 나라의 사회주의와 비교되어 연구될 필요가 있다. 사회주의라고 하여 반드시 그 색깔이 같은 것은 아니다. 어떤 문화에 어떻게 접목되는가에 따라 사회주의는 그 성격을 달리할 수 있기 때문이다. 이러한 점에서 우리는 사회주의를 몇 가지 유형으로 정리할 수가 있다고 본다. 1) 먼저는 서유럽형의 사회주의이다. 서유럽은 물론 사회주의가 발생된 나라이다. 사회주의는 무엇보다도 영국이나, 프랑스 같은 선진국에서의 근대사회에서의 비숙련 노동계급의 출현과 그 맥을 같이한다. 즉 산업혁명이 일찌기 일어났던 국가에서의 사회주의이다. 이들 나라에서의 사회주의는 이미 19세기에 활발하게 일어났으며 한국이 사회주의를 받아들이던 1920년대–1940년대는 이들 나라에서의 사회주의는 원래의 사회주의와는 많은 차이를 가지게 되었다. 기본적으로 이 서유럽형의 사회주의는 요컨대 사회민주주의를 주류로 하고있다고 말할 수 있다. 사회민주주의는 이론적으로는 베른슈타인의 수정주의를 기원으로 하고 있으며 혁명적으로 사회를 전복하기보다는 점진적인 개혁을 통하여 노동자들의 복지를 향상시키고자 하는 운동이라고 할 수 있다. 이러한 유형의 사회주의는 무엇보다도 혁명성을 포기하였다는 것을 그 특징으로 한다. 부르조아 사회는 혁명적 전복의 대상이 아니다. 부르조아 사회는 협소한 의미에서의 부르조아지라는 계급만의 사회가 아니고 프롤레타리아트라는 광범위한 노동계층을 포함하는 그러한 사회이다. 사회민주주의는 시민의 범주 속에 노동계급을 포함시키려고 하였으며 새롭게 규정된 시민은 이제 국가공동체 즉 정치체 속에 통합되게 된다. 사실상 이러한 정치체로의 노동계급의 통합은 이미 서유럽에서는 20세기에 들어오게 되면 도달된 성과이다. 그리고 노동계급이 시민공동체에 통합됨에 따라서 노동자정당은 혁명을 모의하는 그룹이 아닌 정권을 경쟁하는 그룹이 되었다. 기본적으로 시민사회적 질서 속에 사회주의운동이 들어오게 되었다고 말할 수 있는 것이다. 이러한 이유로 인하여 프롤레타리아트독재는 포기될 수밖에 없으며 일반의지는 민주적인 선거결과에 승복하는 양식으로 나타나지 선험적으로 노동자계급을 대변한다는 전위당에 있다고 여겨지지 않는다.

2) 이같은 서유럽형의 사회주의에 대하여 다음으로는 러시아형의 사회주의가 있다. 러시아에는 사회주의가 도입될 시점에 전제주의 국가였다. 시민의 정치공동체란 존재하지 않았고 산업은 아직 전근대적인 단계에 있었다. 이같이 유럽이 19세기에 경험하였던 사회현상을 러시아는 20세기 무렵에 경험하게 되었으며 러시아의 사회주의는 이러한 점에서 의연히 서유럽형의 사회주의와는 구별되었다. 러시아에서는 무엇보다도 전위당 이론이 비상하게 발전되었다. 전위당 이론이 발전된 것은 무엇보다도 러시아 인텔리겐챠들이 민중주의로부터 가지고 있었던 역사적인 소명의식이라고 말할 수가 있다. 인텔리겐챠들이 느꼈던 민중에 대한 채무와 짜르 전제정에 대한 분노가 복합되어 러시아사회주의는 고도로 혁명적인 그리고 음모적인 성격을 가지게 되었다. 그렇기에 러시아사회주의에 있어서는 시민공동체란 개념이 성립하기 그 대신에 서로 적대적인 계급개념이 성립하였다. 이 계급은 화해할 수 없는 것이며 공동의 원리에 종속되는 것도 아니다. 이 계급은 마치 선과 악의 대립과도 같이 서로 적대적이다. 러시아 사회주의에서 나타나는 이같은 이원성은 러시아인들의 문화와도 깊은 관계를 가진다. 러시아의 정교적문화, 러시아문화에서 언제나 나타나는 귀족과 평민의 이원성, 이같은 구도 속에 전위당은 메시아적인 사명을 가지고 있는 것이다. 그것은 전제정 시대에 러시아의 인텔리겐챠들이 수행하였던 것과 마찬가지의 역할을 러시아공산당이 하였다고 말할 수 있다. 이같은 당은 1920-40년대 즉 일제시대와 동일한 시기에 혁명을 일으키는 당

에서 기존질서를 수호하는 당으로 변모하였다. 그리고 이같은 변모와 함께 전통적으로 러시아가 지켜오던 문화 즉 지배와 피지배의 이원성 속에 고스란히 갇히고 말았으며 오히려 어떤 측면에서는 그를 강화시켰다. 즉 전제군주제 대신에 전제 공산당이 들어섰는데 이 전제 공산당이야말로 역사를 선도하는 위치에 있었으며 따라서 완벽한 무오류로 인민들을 지배할 수가 있었던 것이다. 그렇기에 러시아의 사회주의는 전체주의화되었다.

3) 이같은 러시아형에 대하여 또 다른 변형으로 우리는 중국형의 사회주의를 말할 수 있다. 중국은 우리와 같은 시기에 사회주의를 받아들였다. 사회적으로 아직 산업혁명이 시작되지도 않았으며 전통적인 경제가 지배적이라는 의미에서의 전근대적인 사회였다. 노동자는 극히 일부에 지나지 않았으며 인구의 절대다수는 농민이었고 도시의 인텔리겐챠는 극소수에 불과하였다. 중국은 1911년 국민혁명에 의하여 공화정이 수립되기는 하였다. 그러나 그 공화정은 단지 형식적인 것뿐이며 기본적으로 이같은 변화는 수도를 중심으로 한 변화이며 농민들의 삶을 파고 들어갈 수가 없었다. 여기에 기본적으로 외세가 작용하였다. 중국의 경제를 지배하는 실질적인 주인은 외국자본이었으며 중국은 이에 대하여 민족적인 자본을 형성하지 못하였고 이제 민족자본은 막 걸음마를 하고있는 상태였다. 정치적인 면에서 볼 때 중국은 근대적인 정치공동체를 갖추지 못하였다. 민국혁명이 성공하여 공화제의 형식을 갖추기는 하였으나 전통적으로 정치는 황제와 그의 일가를 중심으로 하여 그를 에워싼 관료들에 의하여 이루어지고 있었으며 이러한 구조는 의연히 변치 않았다. 역시 사회의 기본적인 단위로 가장 주요한 것은 가족이었으며 이 가족의 연장선에서 국가는 생각되었다. 서유럽에서 시민사회가, 러시아에서는 계급이 정치의 핵심을 구성하였지만 여기에서는 그 둘 중 아무 것도 아니었다. 여기에서 중심이 된 것은 가

족의 확대된 연장 속에서의 민족이라는 개념이었다. 그 민족이란 nation적 측면과 nationality의 양 측면을 복합적으로 가지고 있는 것이었다. 그리고 시대의 문제란 그리고 사회주의란 민족(가족의 연장으로서)의 생존과 이를 압살하는 제국주의에 관련된 문제였다. 제국주의와 민족의 문제가 모든 문제들을 압도하였다.

이같이 볼 때 우리는 적어도 20세기 전반의 사회주의의 유형을 최소한 3가지로 유형화 할 수 있으며 사회주의라는 이름으로 모든 나라의 특성을 일률적으로 정의하기 힘들다는 것을 알게된다. 일제시대의 사회주의를 연구함에 있어서 이같은 다른 문화권의 사회주의와 그 성격을 대비하여 가면서 연구하고 그 대비를 통하여 한국사회주의를 설명하는 것은 대단히 유익한 결과를 얻어낼 수 있는 일이라고 할 수 있다.

사회주의연구는 또한 심성사적인 측면에서 연구가 보완되고 강화될 필요가 있다고 본다. 우리는 정치이념을 분석할 때에 시민사회, 계급, 민족, 제국주의 등의 용어를 많이 사용하였다. 그러나 이러한 개념의 분석만으로 각 문화권에서 벌어지고 있는 사회주의운동의 역사를 올바로 이해할 수 없다. 사회주의 이념자체도 그것은 인간을 떠나서 있는 것이 아니다. 보다 구체적으로는 개인을 떠나서 사회주의운동이나 사상도 존재할 수 없다. 이 말은 사회주의는 그 이념을 사고하고 실천하는 사람의 정서와 깊은 관련을 가지고 있다고 하는 사실이다. 그리고 이러한 개인적인 정서를 포함하여 각 문화의 사회주의가 각기 독특한 성격을 가지게 되는 이유는 각 문화마다 독특한 심성사적 전통이 있기 때문이라고 말할 수가 있다.

이러한 이유로 우리는 사회주의를 각 문화의 밑바탕에 흐르는 정서와 관련하여 이해할 필요가 있다. 서유럽의 사회주의가 보다 실험적인 것이고 보다 근대적인 것이라고 할 수 있다면 러시아의 사회주의는 보다 메시아적인 것이고 보다 중세적이고 대립적인 것이다. 반면에 중국 사회주의는 보다 집체적인 것이고 가족적인 것이다. 중국사회주의에서 민족내의 대립이란 모택동의 「모순론」에서 보듯 부차적인 것이다.

끝으로 통사로의 통합을 위한 차원에서의 연구에 대하여 언급하고자 한다. 사회주의의 연구들은 문화사, 사상사, 심성사의 각 영역에서 접근되어 한국사의 통사적인 체제에 통합적으로 서술되어야 한다고 본다. 왜냐하면 그것은 역시 우리 문화의 한 부분, 우리 심성의 한 표현이라고 볼 수 있기 때문이다. 설사 그것이 오늘날의 관점에서 볼 때 타당하지 않았다고 하더라도 그것은 우리 역사의 중요한 부분이 된다. 이러한 부분에 대한 고찰이 충분치 못하면 우리의 역사 자체에 대한 이해에도 한계가 지워질 수밖에 없다고 보아야 한다. 왜냐하면 그 경우 당대의 역사상을 충분히 묘사하는데 성공할 수가 없기 때문이다.

이같이 다양한 연구방법을 가지고 사회주의에 대해 연구하면 이러한 연구들을 통하여 우리는 일제시대의 사회주의가 일종의 '유행'처럼 광범위하게 영향력을 행사하였고 그것이 해방 이후에까지 지속적인 영향력을 행사한데 대하여 이해를 할 수 있게 될 것이다.

일제시기는 사회사의 측면에서 본다면 사회주의가 이상적으로 강한 영향력을 행사했던 시기로 말할 수 있다. 이는 물론 교조적인 사회주의연구가 지적하고 있는 바와 같이 1920년대이래 한국사회운동의 주류가 부르조아 운동에서 프롤레타리아운동으로 넘어갔다거나 그 이후 한국사회주의가 한국사회의 대표적인 운동으로 자리를 잡았다는 의미에서가 아니다. 현실적인 영향력을 생각한다면, 그리고 이것은 당시의 국제적인 정치정세와도 무관할 수 없는 것이지만, 민족주의-자유주의-보수주의적 운동과 사상이 한국사회의 주류를 형성하였다고 할 수 있다. 사회주의에 대칭되는 흐름으로서의 한국사회사상의 주류를 이렇게 다면적으로 규정할 수밖에 없는 이유는 한국근대사가 가지고 있는 독특한 성격에 기인한다. 한국근대사에서 특히 일제시기에 있어서 민족주의와 자유주의 그리고 보수주의를 명백히 분리하여 규정하는 것은 힘든 일이다.

대체로 보아 한국에서는 개화론이 시작되면서 보수주의와 개화사상간의 대립이 나타난다. 이 개화주의를 명백하게 자유주의로 규정하기는 어렵지만 대체로 보아 서구근대사상에 많이 접근할 수 있는 이러한 사상적 경향은 1910년대 애국계몽운동의 시기까지 연계를 이룬다고 말할 수 있다. 이 때의 사상적 대립의 축은 전통적인 유교에 입각한 보수주의와 서구사조를 받아들이고 정치적으로 근대화를 꾀하는 자유주의적 경향을 가진 애국계몽사상으로 구분된다. 단지 차이가 있다면 애국계몽사상은 그 이전의 독립협회나 개화운동과 마찬가지로 민족주의적 성향을 강하게 지니고 있다는 점이다. 따라서 한국의 근대사상에서는 민족주의와 자유주의가 같은 그룹으로 형성된다는 점이다. 이 민족주의와 자유주의는 서로 충돌하는 경향을 가지고 있는 것은 분명한 사실이지만 한국에서는 이러한 사상적 조류가 동시에 형성되고 같은 시기에 같은 그룹을 구성하게 되었다.

그것은 한국이 후발적으로 민족을 형성하는 과정에 처해있으면서 서구의 근대사상을 채택하는 서구 지향적 개혁을 지향하였기 때문이다. 따라서 개화운동이래 한국사회의 주도적인 사상적 흐름은 민족주의-자유주의적 사상이었다고 할 수가 있다.

그러나 1920년대가 되면서 이러한 사상적 흐름에는 변화가 생겨난다. 1920년대에는 사회주의가 새로운 사회이념으로 등장하여 강력한 영향력을 행사하였다. 이 사회주의를 받아들인 사람들은 주로 급진적인 생각을 가진 청년들이었다. 이러한 상황에서 사회주의는 시대를 앞서가는 첨단적이고 진보적인 사람들의 사고인 것으로 생각되었다. 그러나 사회주의운동이 점차 진행하게되면서 사회주의적 이념과 한국전통의 사상과는 조화하기가 어려울 뿐더러 그 동안 한국에서 급진적인 역할을 하였던 사람들도 사회주의를 위험한 사상으로 간주하기 시작하였다. 1920년대가 지나면서 사회인사들 가운데서의 사상적 경향의 분화는 더욱 더 진행되었다. 민족주의-자유주의의 이념을 가진 사람들 중에서 급진적인 혁명이념을 받아들인 사람들로 사회주의 블럭이 형성되기 시작하였으며 민족주의-자유주의자들의 주류는 여전히 민족주의-자유주의를 주창하게 되었다. 그러나 1920년대에 들어와서 일단의 보수적인 생각을 가진 사람들도 이 자유주의-민족주의 그룹에 들어왔고 또한 사회주의의 등장에 따라 일단 민족주의-자유주의 자체가 보수적인 성향을 가지게 되었다. 이리하여 1920년대 이래의 한국의 정치적 사상은 민족주의-자유주의-보수주의의 흐름을 가지게 되었다고 말할 수 있다.

물론 이때에 사회주의자라고 하더라도 순순히 국제적인 프롤레타리아운동으로서의 사회주의를 주장한 것은 아니었다. 사회주의운동 내에서도 민족주의를 강하게 가지고 있는 인사들이 많았다. 따라서 사회주의를 말할 때 단순히 사회주의라고 말하기보다는 민족주의-사회주의로 언급하는 것이 필요하다고도 말할 수 있다.

따라서 이렇게 분류할 때 양 운동의 접점에 가로놓여있는 것이 민족주의이다. 즉 민족주의는 양측의 이념상의 대립과 갈등에도 불구하고 서로 연결되는 지점으로 공유되는 부분이 아닌가 하고 생각한다.

사회주의가 오늘날 명백하게 잘못이었다고 하더라도 일제시대의 사회주의가 가지는 의미는 오늘날의 의미와 같은 것은 아니다. 즉 일제시기의 사회주의는 민족주의의 축으로서 연계되는 측면이 있을 수 있다는 점이고 그리하여 이것이 통사적 구성에서 사회주의를 백지화할 수 없는 이유의 하나가 되기도 한다.

5. 맺음말

 이상에서 일별한 바와 같이 해방 이후 일제시기의 사회주의운동에 대한 연구는 지난 반세기 동안에 많은 진전이 있었다고 할 수 있다. 1960년대부터 시작된 일제시기 사회주의연구는 이데올로기의 제약으로 인하여 활발히 연구되지 못하다가 1980년대 중반에 들어가서야 활력을 찾게 되었다. 한국에서의 연구가 활성화되기 이전에는 아무래도 연구분위기가 상대적으로 자유스러운 미국이나 일본에서 연구물이 다수 발표되었으나 1980년대 중반 이후로는 한국은 일제시기 사회주의에 대하여 가장 풍부한 연구물을 산출함으로써 본래의 위치를 되찾게 되었다. 단지 북한은 사회주의체제를 해방 이후 지금까지 수호하여왔다고 자처하고 있으나 전체주의적 이데올로기의 제약으로 말미암아 일제시기 사회주의에 대한 연구물에 있어서 학문적으로 가치 있는 업적이 거의 존재하지 않는다고 말할 수 있다.

 한편 그 동안에 나왔던 일제시기 사회주의에 대한 연구물들을 대별하면 다음과 같이 분류될 수 있다고 본다. 물론 이같은 분류는 연구입장을 중심으로 분석한 것이다.

 반공적 입장
 민족주의적 중도입장
 좌파적 입장--주체사학(김일성 유일정통론)
   통일전선론
   조선공산당 정통론
   혁명적 적색조합운동 정통론
   항일무장투쟁 정통론

 그러나 몇몇 연구자들은 의도적이건 아니건 이러한 이데올로기적 분류를 회피하는 입장도 있다. 사회주의를 이데올로기가 아닌 다른 컨텍스트 속에서 찾고자 하는 경우도 있는 것이다. 오늘날과 같이 사회주의/자본주의의 대립이 무의미해진 현실에서는 양 체제의 상대적 우위를 다투는 것은 이미 의미가 없어졌다고도 말할 수 있다. 당시로서는 의미가 있었지만 그 체제우위론의 논쟁을 오늘날의 분석시각에까지 끌어들이기보다는 다른 시각에서 그 당시의 논의를 평가하여야 하지 않을 까 하는 입장인 것이다.

이렇게 하여 연구입장이 상이한 것은 연구대상을 서로 달리하는 데에도 영향을 미친다고 할 수 있다. 대개의 연구자들이 자기의 입장을 논증할 수 있는 영역이나 주제를 선호하는 경향이 있기 때문이다. 그러나 연구자들의 입장이 여하하든 간에 연구자들의 연구를 통하여 실증적인 연구업적이 축적되고 사회주의운동에 대한 정보가 집적되는 효과를 가져오기 때문에 전반적으로 사회주의연구는 특히 1980년대 후반 이후 연구사에 있어서 큰 진전을 가져왔다고 말할 수 있을 것이다. 지금까지 이루어진 연구문헌들을 집적한다면 일제시기의 사회주의 운동사를 체계적으로 정리할 수 있을 것 같은 생각도 든다.

그러나 아쉬운 것은 이러한 연구물들의 양산에도 불구하고 사회주의에 대한 심층적인 연구와 역사적인 연구가 결부되는 일은 의외로 빈약하다고 말할 수 있다. 우선 우리 역사학계의 단점으로 지적될 수 있는 것 중의 하나로서 우리의 역사학은 한국사와 세계사를 유기적으로 연계시켜 연구하는 면에 있어서 대단히 취약하다. 예컨대 사회주의운동 하나만 보더라도 이 연구를 제대로 수행하기 위해서는 한국 내에서 일어난 상황 뿐 아니라, 일본, 중국, 러시아에서의 상황과 유기적으로 연계하여 이해하여야 하는 것이고 나아가서 유럽이나 기타 지역에서의 사회주의에 대한 연구도 같이 참작이 되어야만 한다. 이러한 연구 태도야 말로 한국의 역사학을 한국사라는 테두리 안에 가두어두는 우매함에서 벗어날 수 있는 길인 것이다. 한국의 역사 자체가 이미 세계 속에 존재하여왔기 때문이다.

물론 일부 연구자들이 연구영역을 한국 이외의 지역으로 확대시켜 나가는 경향이 있다. 한인들이 다수 거주하고 활동하였던 일본, 러시아, 중국 등지로 연구영역을 활동하여 이들 지역에서의 연구를 한국 내에서의 활동과 연계시키려는 노력을 하고 있는 것이다. 이러한 연구들이 더욱 진전되어 일제하 한국사회주의의 종합적 이해에 기여할 수 있도록 하여야 할 것이다.

다른 한편 한국 사회주의에 대하여 보다 철학적으로 심리학적으로 연구되어야 할 필요가 있다고 본다. 지금까지의 연구는 대개는 사회주의에 대한 사건의 정리를 위주로 하는 말하자면 사건사라고 할 수 있다. 그러나 역사적인 현실이라는 것은 사건의 연쇄만이 아니다. 사건의 연쇄는 나타난 표현에 불과한 것이고 이 표현을 이해하는 것은 그 표현에 감추어진 혹은 우회적으로만 나타난 사상이나 심리적 요소들을 파악할 때에만 가능한 것이다. 이러한 면에서 사회주의 운동이나 사상을 다루는 역사는 사상사적으로 혹은 철학적으로나 심리학적으로 접목되고 해석 될 때에 비로소 한 걸음 더 진전할 수 있다고 본다. <『한국 인문과학의 현황과 쟁점』, 한국정신문화연구원, 1998>

일제하의 민족운동과 그 사상

1. 머리말

　일제시대는 우리 민족의 역사에서 독특한 위치를 차지하게 된다. 일제시대는 우리 나라에서는 근대의 시기에 해당한다. 한국으로서는 근대의 상당한 시기를 식민지라는 조건에서 보냈기 때문에 한국의 근대는 독특한 역사적 특징을 지니게 된다. 서양의 일반적인 역사에서는 근대는 다름 아닌 국민국가의 성립시기이며 이는 절대주의적 왕권의 붕괴 및 민주주의적 정체의 발전과정과 표리관계를 가진다. 그러나 식민지 한국은 독립적인 국가를 성립시킬 수 없었고 또한 국민을 형성시킬 수도 없었다. 일제의 족쇄가 그를 방해하였기 때문이다.
　따라서 일제시대 한국의 역사는 국민국가의 역사가 아니라 국민국가를 위한 운동으로서의 역사가 중심적인 위치를 차지하게 된다. 이러한 국민국가를 위한 운동을 우리는 민족운동이라고 규정할 수 있을 것이다. 따라서 민족운동이라는 개념 속에는 독립된 자주국가 수립을 위한 운동 뿐 아니라 민족의 내적 질서에 주목을 하는 시민 정치공동체(civitas)의 수립을 위한 운동을 동시에 의미한다고 볼 수 있다. 본고가 주목하는 것은 이러한 운동이 어떠한 사상적 내용과 관계를 가시며 진행되었는가 하는 것을 살피는 데에 있다. 즉 민족운동을 지도하거나 또는 동인으로 작용했던 사상을 운동과의 관련 속에서 살피고자 하는 것이다.

근대국가의 가장 기본적인 특징은 이론의 여지가 없는 것은 아니겠지만 전통적 지배에서 합법적 지배로 지배의 양식이 변천되는 것이라고 말할 수 있겠다. 합법적 지배란 법에 의한 지배이며 이 경우에 복종이란 인간에 대한 것이 아니라 제정된 규칙에 대해 이루어지는 것이다.[1]

합법적 지배에 대한 이론은 17세기이래 사회계약론으로 성립되었는데 중요한 점은 지배의 합법성은 피지배자인 인민의 동의(consent)가 전제 될 때에 가능하게 된다는 것이다. 물론 이 인민의 동의란 논자에 따라서 여러 가지 의미를 가질 수 있다. 홉스의 경우에 있어서 그 동의란 인민들간에 선출한 주권자에 대한 복종에의 동의이며 그와 대립되게 루소에게 있어서는 사회계약을 통하여 선출하는 지배자가 결코 주권을 소유하는 것이 아니기 때문에 지배자는 단순한 행정관이 된다. 그것은 로크에 있어서도 마찬가지이다.

서구 정치사상에 있어서의 이러한 사회계약의 이론은 인간의 이성에 대한 신뢰를 바탕으로 하여 구성된 이론이다. 따라서 이러한 이성이 전제가 될 경우에 생겨나는 국가는 덕의 공화국으로 불려지게 될 것임이 틀림없는 것이다.

그러나 한국의 근대사에 있어서의 이러한 사회계약의 이론이 적용될 수 있는 공간은 대단히 협소하였거나 아니면 단순히 존재하지 않았다고 보아야 할 것이다. 물론 구한말의 경우에 입헌민주국가를 세우기 위한 여러 종류의 노력을 통하여 한국에서도 법의 지배를 실현시키고자 하는 움직임이 없었던 것은 아니다. 그러나 엄밀하게 말하여 한국

---

1) 막스 베버, 「지배의 사회학」, 『사회과학논총』, 서울 : 을유문화사, 1975, p.273

에서의 정치적 이론의 발달과정에 있어서 필요한 정치체의 형성 자체가 심각하게 위협받는 상황에 처하게 되었다. 시민공동체로서의 정치체의 형성은 한국의 경우에 있어서 전통적인 군주제를 입헌적인 군주제 또는 공화제로 변경시킴으로서 가능한 것이었다고 말할 수 있을 것이다. 그러나 이러한 입헌정치체의 구성은 갑오경장 이후에 단지 형식적으로 절대군주제의 체제를 갖추는 것으로 귀결되었고 1910년에는 그러한 국가마저 상실하고 일제의 식민지지배를 받게 되었다. 식민지지배란 본질적으로 동의에 의한 지배가 아니기 때문에 일제의 지배는 정당성을 획득할 수가 없었으며 이 경우에 한민족은 일제에 대하여 잠정적인 전쟁상태에 있었다고 말할 수 있다.

이러한 지배의 형태로서는 시민공동체가 성립할 수 없었다. 따라서 한민족의 정치체는 존재하지 않게 되었다. 그렇기에 한인들의 움직임은 이러한 정치체를 획득하려는 움직임을 가지게 되었고 이것은 또한 민족적 억압을 벗어 던지려는 독립운동과 결합되게 되었다. 이 양자의 운동이 밀접하게 결합되어 전개되기는 하였지만 개념적으로 이 양자를 구분하는 것이 일단 가능할 뿐더러 또한 유용하기까지 하다. 그렇지 않고서는 근대 국민국가의 성립에 관한 내용을 충분히 밝히기 어렵기 때문이다.

그런데 민족의 독립운동에 대하여는 적지 않은 연구가 존재하였다. 그러나 시민의 정치체를 어떻게 회복 아니 정확히 말하면 어떻게 수립하는가에 대하여는 여지까지 충분한 주의가 기울여지지 못하였다. 시민의 정치체는 구한말에도 존재한 것이 아니었기 때문에 그것은 새로이 창조되어야 하는 것이지 회복되어야 하는 것이 아니라고 말할 수 있다. 식민지 시대의 민족운동이란 단지 민족주의운동만을 지칭하는 것은 아니다. 민족의 독립을 추구하고 시민의 정치공동체를 형성하기 위한 운동이라면 그것은 민족운동인 것이며 민족주의운동은 이 민족운동 내의 한 흐름을 형성한다.

정치체를 어떻게 수립해야 할 것인가에 대하여 볼 때 그것이 반드시 국가의 독립과 반드시 이론적으로 동일한 문제가 아니라는 사실을 지적할 수 있다. 민족운동이란 두 개의 의미를 지니고 있다. 하나는 국가를 회복하는 것이고 다른 하나는 정치체를 성립시키는 일이다. 민족운동이란 바로 이같은 이중의 과제를 해결하기 위한 노력에서 나오는 전략과 전술에 기초한 실천적 움직임을 의미한다고 보아야 할 것이다. 더구나 전제적 왕권이 1945년에 형식적이나마 입헌적 민주주의 정치체로 바뀌었기 때문에 운동의 과정에서의 이러한 내용의 변천을 파악하는 것은 대단히 중요하다고 보지 않을 수 없다. 민족국가를 위한 노력에서 국가의 독립은 충분히 예견될 수 있는 일이다. 그러나 정치체의 형성을 위한 노력을 어디에서 찾아야 하는 것일까? 그것은 민주주의를 위한 노력에서 찾지 않으면 안될 것이다. 왜냐하면 시민공동체는 민주주의를 전제로 하는 것이며 민주주의는 시민공동체이지 않으면 안되기 때문이다.

따라서 일제하의 민족운동의 의미를 온전하게 살피기 위해서는 민주주의를 위한 운동과 그의 사상적 발달과정 그리고 그와 동시에 독립국가의 수립을 위한 운동과 그의 사상적 발달과정을 살피지 않으면 안되는 것이다. 이 양자를 통합적으로 고찰할 때 민족운동의 사상이 그 윤곽을 드러내게 될 것이다.

그런데 식민지라는 조건에서 정치체의 형성을 위해서는 조선을 지배하고 있는 일제의 지배를 배제해야 한다는 과제와 아울러 다수의 피정복민으로만 존재하는 인민들을 시민으로 전환시키기 위한 운동이 필요한 것이다. 이러한 시민공동체 형성에 있어서 시민사회의 상이 어떻게 이루어져가고 있었는가 하는 것을 살피는 것은 대단히 중요한 일이라고 생각된다.

이에 있어서는 일제하에 있어서 두 개의 대안이 제시되어 있다. 하나는 자유주의적 시민사회상이며 다른 하나는 사회주의적 시민사회상이다. 물론 두개의 기본적인 축을 중심으로 다양한 편차를 가진 상들이 형성되었다. 이러한 상들의 모습을 살피는 것이 대단히 중요한 것이라고 본다. 그러면 이러한 정치체의 상을 구축해 가는 가운데에 민족주의의 문제를 어떻게 평가하고 그를 시민사회상에 어떻게 위치시킬 것인가?

사실상 시민사회와 국가를 매개하는 개념으로 민족이라는 것이 필요한 것인가? 절대적으로 그렇지는 않다. 왜냐하면 정치체는 동의에 기초한 공동체인데 비하여 민족은 자연적 공동체이기 때문이다. 적어도 우리의 근대사상에서 민족이라는 개념을 근대적으로 사용하기 위해서는 민족에 자발성의 개념이 포함되어야 하며 그것은 한국인의 공동체에 참여하기를 선택한 모든 사람은 성과 인종의 차이에도 불구하고 한국의 시민이 되는 것이다. 이 경우에라면 민족은 위의 매개개념이 될 수 있다고 본다. 그러나 그 경우에 부딪치는 난점은 민족이라는 개념이 담고 있는 자연적인 공동체라는 특성을 파괴하게 된다는 것이다. 따라서 민족국가의 개념은 절대적 보편성을 가질 수는 없다. 민족국가는 시민사회와 그의 정부의 정치체의 한 형식일 뿐이다. 단지 한국의 경우에는 이 형식의 가능성만이 존재했으며 따라서 국민과 민족을 구분하기가 힘들었다는 사실을 지적해두어야 할 것이다.

2. 일제하 민족운동의 전개과정

일제하 민족운동의 전모를 살피고 그의 사상적 특질을 검출해내기 위해서는 일단은 민족운동의 전개과정을 체계화시켜서 이러한 체계

속에 각 사상적인 입장들이 어떻게 반영되어 있는지를 살펴야 할 것이다. 그러한 점에서 볼 때 민족운동론에 대한 평가가 보다 객관성을 가지게 될 것이다.

일제하의 민족운동은 일단 대한제국이 일제에 의해 강제적으로 합병된 1910년 이후부터 일본이 전쟁에 패망하여 한국이 독립을 얻게 된 1945년까지의 시기에 한민족에 의하여 이루어진 반일 독립운동이며 시민공동체 형성운동을 의미한다고 정의 될 수 있다. 이같은 정의에 대해 몇 가지 부연할 것이 있다. 먼저 일제하라는 시기에 대한 문제이다. 한국이 이미 1905년에 을사보호조약을 통하여 일본의 보호국이 되었음은 주지의 사실이다. 이로써 대한제국의 국권은 일본에 의해 전단되게 되었음은 사실이다. 그러나 대한제국의 황제는 황제로서의 지위를 가지고 있었으며 한국정부가 대한제국 황제에게 직속하여 그 지휘를 법적으로 받을 수 있는 것이기 때문에 단지 외교권에 대한 지휘 감독을 일본에게 넘겨주었다고 하여 한국이 완전히 일본의 식민지가 되었다고는 할 수 없다. 그렇기에 완전한 의미에서 한국의 정부가 폐지되는 내용을 담은 1910년 8월 29일의 「한국합병에 관한 조약」이 공포됨으로써 이때부터 일제하에 들어가게 되었다고 규정하는 것이 정당할 것이다. 이때부터 한국은 일제의 식민지가 되는 것이고 따라서 그 이후부터의 민족운동은 식민지라는 조건하에서 주권을 되찾기 위한 운동이 되는 것이다. 일제시대의 종결기에 대하여도 이론이 있을 수 있다. 1945년 8월 15일 일제의 패망과 더불어 곧바로 한국이 정부를 구성하거나 대외적인 독립을 얻은 것은 아니다. 한국정부의 수립은 그로부터 3년이라는 시간을 필요로 하였다. 이 기간 중에 한국은 독립국이 아니라 연합국의 직접 통치하에 있었다. 따라서 이 경우에 일제의 지배가 연합국의 통치로 바뀌어지는 1945년 8월 15일이 일제통치의 종점이 되어야한다고 볼 수 있다. 일제가 한국을 정복하여 통치할 수 있는 자격이 이 때를 기준으로 박탈되기 때문이다.

　일제하의 민족운동은 위의 정의에 의하여 규정된 시기에 민족의 독립과 민족의 생존을 위하여 전개된 일반 정치적인 운동을 포함한 경제, 문화 등 전 방면에서의 운동을 의미한다고 본다. 그러나 이 운동에는 분명히 민족을 위한 한국인의 의지가 개입되어 있어야 한다. 그것은 운동의 정의 상 마땅한 것이다. 이러한 민족운동이 이 기간 동안에 어떻게 전개되어 왔는가 하는 것을 다음에 약술하는 것이 이 민족운동과 관련되어 그 운동의 의지와 그 운동의 표현으로 나타난 민족운동의 사상의 기술을 위하여 필요하다고 생각된다.

　일제하의 민족운동은 1910년 합방부터 1919년 3·1운동까지를 제 1기로 3·1운동 이후 1931년 신간회의 해소의 시기까지를 제2기로 신간회 해소 이후 1945년 해방까지의 시기를 제3기로 구분할 수가 있다고 생각된다. 이러한 시기구분은 물론 일제 침략정책의 변화를 염두에 두면서 보다 주요한 기준으로는 민족운동의 성격의 특징을 고려해서 이루어진 것이다. 제 1기에는 대한제국 시절부터의 반일 의병항쟁과 애국계몽운동이 3·1운동이라는 폭발적인 거족적 민족항쟁으로 발전되는 시기이며 이 시기의 민족운동의 특징은 한국에서의 민족운동이 전근대적 성격에서부터 근대적인 성격의 민족운동으로 발전하였다는데 있다고 본다.

　제2기는 사회주의라는 새로운 근대 이데올로기가 우리 나라에 도입되면서 이데올로기에 입각한 민족운동이 일어나고 이에 따라 좌우로 민족운동이 분화되어 전개되면서 민족운동에 있어서의 대안이 모색되던 시기라고 말할 수 있겠다.

　마지막으로 제 3기에는 신간회가 해소되고 일제의 탄압이 파쇼화되면서 국내적으로는 전국적인 차원에서의 민족운동을 전개하지 못하고 사 부문별로 각 그룹별로 소규모적인 차원에서 민족운동이 전개되며 거족적인 정치기관이 해외에서 그 영향력을 행사하던 시기라고 볼 수가 있다.

이제 이러한 시기구분에 의하여 각 시기별로 일어난 민족운동을 개괄하여 보기로 하자.

1) 제 1기

일본은 한국을 합병하면서 1910년대에는 주로 한국의 주산업인 농업을 구조적으로 개편하여 식민지통치에 유리한 조건을 마련하려고 노력하였다. 1910년부터 1918년 사이에 이루어진 토지조사사업이 바로 그러한 것이다. 이 토지조사사업은 토지신고주의에 입각하여 토지소유권을 확정짓고 이 과정에서 한국농민들로부터 토지를 수탈하며 이렇게 하여 확보된 토지를 동양척식회사를 통하여 경영하거나 일본 농업이민에 분양함으로써 일제의 식민지 지배망의 물적 기초를 마련하고자 하였다. 일제는 또한 이렇게 하여 정비된 농업제도를 바탕으로 지세를 증대하여 식민지통치의 비용을 확보하고자 하였다. 이 토지조사사업은 전반적으로 한국농민의 궁핍화를 초래하였다. 한국의 농민들은 아직 도시의 공업이 미발달한 조건에서 열악한 소작조건을 감수하거나 만주나 연해주 등으로 이민을 떠나야하는 사태가 발생하였다. 일제의 식민지통치의 시작은 무엇보다도 농민들에게 큰 타격을 주었다고 말할 수 있을 것이다.

1910년대의 일제의 식민지통치에 있어서 토지조사사업이 가장 중요한 사업이기는 하였지만 일제 통치의 해독은 민족의 전 산업에 골고루 영향을 미쳤으며 민족문화는 극도로 억압되었다. 우선 회사령은 한민족에 의한 산업자본의 성장에 결정적으로 불리한 영향을 미쳤으며 일본인에 의한 유통부문의 장악은 한국인의 민족자본 성장에 더욱 족쇄를 부과하게 되었다.

　문화적으로도 한국언론은 극도로 탄압을 받아서 이른바 민족적 의지를 표현할 수 있었던 신문사 하나 남아있을 수가 없게 되었다. 한국인에게는 교육의 기회가 거의 주어지지 않고 있었으며 그나마 교육은 일본의 충량한 신민을 만드는데 주력이 기울여지고 있었다.

　이러한 식민지정책을 구사하고 있던 일제에 대하여 민족적인 저항과 분노가 분출되는 것은 지극히 당연한 일이었다. 이미 한국이 일본의 보호국으로 전락되면서 한인들에 의한 반일항쟁은 치열하게 전개되었다. 그리고 이 반일항쟁은 합병 후에도 계속되었다.

　이러한 반일항쟁의 주력은 의병항쟁이었다고 볼 수 있다. 이 의병항쟁의 특징은 일제의 한국병합을 인정하지 않고 독립전쟁을 통하여 민족의 힘으로 독립을 되찾으려 하였다는 것이다. 그 독립전쟁을 즉각적으로 전개하겠다는 것은 아니지만 이미 구한말 이래의 의병항쟁은 그 투쟁을 계속하면서 해외에 독립군기지를 건설하고 무력적 배경을 가진 정치집단이 중심이 되어 한국의 독립을 얻고자 하는 노력을 계속하여 나갔다. 물론 국내에서의 일본통치는 가혹한 것이었기 때문에 국내에서의 무력적 배경을 의지하며 독립운동을 전개하고자 하는 인사들은 비밀결사조직에 의존할 수밖에는 없었다. 이미 구한말부터 가장 유력한 단체였던 신민회가 1910-12년에 걸쳐 안악사건과 105인사건 등으로 검속을 당하였기 때문에 민족적 의지를 결집할 만한 조건이 부재한 가운데서도 각계 각층에서 임병찬 등의 獨立義軍府, 박상진 등의 光復會, 장일환 등의 朝鮮光復會등이 조직되어 활약하였다.[2] 다른 한편에서는 일제 무력의 압도적인 우위를 인정하면서 일단 무력에 의한 항전보다는 실력양성을 통하여 독립을 준비하려는 애국계몽주의자들

---

[2] 최영희, 「3·1운동에 이르는 민족독립운동의 원류」, 『韓國近代史論』, 제2권, 지식산업사, 1977, pp.9-25

도 교육문화활동을 통하여 민족운동을 계속 전개하였다.

　크게 보아 의병항쟁과 애국계몽운동으로 대별되는 민족운동의 양대 흐름은 1919년 3·1운동에 이르러서는 한 줄기를 형성하였다고 볼 수가 있다. 왜냐하면 3·1운동에 이르기까지의 민족운동의 사상에는 개화와 보수에 대한 내적 갈등이 있었지만 일단 3·1운동을 거치면서 그리고 상해에 임시정부가 수립되면서 공화주의적 정치형태는 민족운동가들의 합의를 얻어낼 수가 있었다고 볼 수 있기 때문이다.[3]

2) 제 2기

　일제하 전 시기를 통하여 최대의 민족운동으로 인정되는 3·1운동 이후에 민족운동은 새로운 양상을 띠게 되고 민족운동의 내부에는 새로운 갈등이 존재하게 되었다.

　우선 일제의 통치양식이 1920년대에는 1910년대와는 달리 새로운 모습을 띠게 되었다. 일제는 3·1운동을 경험한 후 1920년대에는 직접적인 폭력의 사용을 전면에서는 철회시키면서 보다 은밀한 방법으로 통치의 고삐를 조이고자 하였다. 국내에 유화국면을 조성하고 민족운동을 분열시킴으로써 민족운동을 효과적으로 무력화시키고자 하는 대책을 세우게 되었던 것이다.

　이러한 조건에서 1920년대의 민족운동은 대단히 그 폭이 넓게 진행되었다. 애국계몽운동을 계승한 자유주의적 운동이 활발히 전개되었다. 그것은 물산장려운동과 민립대학 설립운동으로 나타났다. 또한 이

---

[3] 이에 대하여 박성수 교수의 『독립운동사연구』(창작과비평사, 1980)는 3·1운동이 성공했을 경우에 복벽주의노선이 성공했을 가능성이 높다는 지적을 하고 있다 (p.330). 박교수의 추론은 설득력 있는 것이지만 본론에서 문제삼고자 하는 것은 그러한 가능성이 아니라 이미 역사적으로 3·1운동 이후에는 대안으로서의 왕정은 그 전망을 상실하게 되었다는 것이다.

때부터 노동자나 농민, 여성, 청년, 백정 등 사회적으로 불리한 위치에 있다고 생각하는 계층들이 자신의 처지를 향상시키기 위한 부문별 사회운동이 활발하게 일어났다. 자유와 해방을 기치로 하는 자유주의적 사고는 각 계층의 운동에 지대한 영향력을 행사했다고 말할 수 있는 것이다.

그러나 무엇보다도 특기할만한 것은 1920년대에는 기존의 자유주의적 대안을 거부하면서 1917년에 러시아에서 성립한 소비에트정부를 민족의 장래의 대안으로 간주하는 사회주의 사상이 들어와서 이 이념에 입각한 운동이 널리 전개되었다는 데에 있다. 그런데 문제가 되는 것은 이 사회주의운동을 민족운동의 범주에 포함시킬 것인가 하는 것이다. 만일 민족운동을 민족주의적 운동으로 좁게 규정한다면 사회주의운동은 민족운동의 범주에 포함될 수가 없을 것이다. 그러나 민족운동을 여러 이데올로기적인 대안을 가질 수 있는 항일의식에 기초한 운동으로 이해한다면 사회주의운동도 무리 없이 민족운동의 범주에 포함될 수가 있을 것이다. 왜냐하면 1920년대 사회주의자들에게도 반일의식은 강력하게 존재하였고 많은 사회주의자들은 그 지향하는 목표는 자유주의자들과 차이를 가지고 있었지만 반일항쟁을 통하여 독립된 정부를 건설하려는 생각을 가지고 있었으며 사회적 해방을 지향하고 있었던 것은 분명하기 때문이다.

그렇게 볼 때 1920년대 사회주의자들이 대거 참여하면서 조직한 사회운동단체 및 정치조직들 그리고 문화적 활동은 반일 독립투쟁적 요소와 사회적 해방에 대한 지향성을 가지고 있기 때문에 민족운동의 한 흐름으로 분류될 수 있을 것이다. 이렇게 본다면 실제로 적지 않은 민족운동이 이들 사회주의자들에 의하여 이루어졌다. 이들은 1920년대 초기부터 각종 청년단체, 농민단체, 노동자단체를 조직하여 이들에게 계급의식과 아울러 항일의식을 고취시켰다. 그리고 이들은 그들의 계급투쟁론적 관점 때문에 물산장려운동에서 보듯이 자유주의적 민족운동에 대하여 그 운동에 방해를 준 것도 사실이지만 1926년의 6·10만세운동에서와 같이 그리고 1929년의 광주학생운동에서와 같이 반일투쟁에 자유주의자들과 동참한 일도 있었다.

또한 1920년대의 운동의 특징중의 하나는 민족운동 내에 좌우갈등이 존재하지만 이 좌우갈등을 해소하고 좌우연합에 의한 민족운동을 좌우가 양측에서 추구하였다는 사실에 주의를 환기할 필요가 있다. 이러한 종류의 좌우합작운동은 비록 좌우 양 파 사이에 정치적 지향에 있어서의 차이와 갈등이 있었다고 하더라도 일제하에서 일제에 대한 투쟁을 위해서는 공동의 협력이 필요하다는 인식 하에서 나온 운동이었다. 이러한 좌우합작의 논리는 소모적이 되기 쉬운 계급투쟁을 민족운동의 역량으로 전환할 수 있었다는 점에서 큰 의의를 가지고 있는 것이었으며 이에 1927년부터 신간회가 조직되어 민족운동의 중심을 차지하게 되었다. 그러나 이 운동은 1928년이래 국제공산주의운동에서 불고있던 계급투쟁노선의 강화로부터 한인공산주의자들이 많은 영향을 받았고 그에 따라 신간회해소운동을 전개함으로써 실패에 귀착된다.

3) 제 3기

신간회가 해소된 이후부터의 민족운동을 우리는 민족운동의 제3기로 구분하는데 그 이유는 1930년대이래 민족운동의 성격상에 큰 변화가 생기게 되기 때문이다. 1920년대 민족운동이 주로 좌우의 갈등이 주요한 문제였지만 공동의 협력을 도모하는 노력이 두드러졌다고 한다면 1930년대에는 좌우가 그러한 갈등을 노골적으로 드러내고 독자의 주도하에 민족운동을 전개하는 시기였다.

먼저 일제 통치의 측면에서 볼 때에도 변화가 있었다. 일제는 1931년 만주사변을 야기시킴으로써 대륙침략의 의사를 분명히 하였고 그 와중에서 한반도를 병참기지로 삼고자하였다. 1920년대의 다소 유화적인 통치는 포기되었고 다시 일제는 통치의 고삐를 강화하였다. 일제는 전쟁을 위하여 한국으로부터 각종자원과 인력을 동원하는 데에 혈안이 되었으며 이러한 식민정책으로부터 나오는 모순을 완화하기 위하여 농촌진흥운동 등의 정책을 전개하였다.

이러한 시대적 조건에 따라 1930년대에는 민족적 차원에서의 합법적 공간이 존재하지 않았으므로 전국적 규모의 조직을 갖춘 단체가 형성되는 일은 대단히 곤란하였다. 자유주의자들과 민족주의자들은 각자의 입장에 따라 독자적으로 운동을 전개하였다.

1930년대 자유주의적 인사들이 주로 힘을 기울인 것은 1920년대 말부터 1930년대 초까지 벌인 농촌계몽운동이었다. 이 농촌계몽운동은 일제의 수탈정치에 의하여 피폐해진 농촌을 계몽운동을 통하여 조금이나마 되살려보고자 하는 데에 기본적인 취지가 있었다. 일제의 감시가 엄중한 가운데에 이 농촌계몽운동은 "브 나로드(민중 속으로)"라는 거창한 구호와는 달리 농촌 청소년과 아동들에게 한글과 기초적인 산수를 가르치는 것에 성과가 그칠 수밖에 없었다. 그러나 이 운동조차도 일제의 탄압에 의하여 실패할 수밖에 없었다. 일제의 점차 심화되는 탄압은 이 정도의 민족운동도 용납하지 않았던 것이다.[4]

민중운동적 성격을 지닌 이 운동이 실패한 이후에 자유주의자들이 사회적인 운동을 벌이기는 어려웠다. 자유주의자들은 주로 민족문화를 보존하고 지키는데 그 역할을 한정할 수밖에 없었다. 정치적인 운동이 위축된 반면에 우회적인 방향으로 문화운동이 전개되었고 민족문화를

---

4) 拙稿,「1930년대 초 언론기관의 농촌계몽운동」,『海軍第2士官學校 論文集』, 제2집, 1979, pp.25-61

발전시키는데 많은 관심이 모아졌다. 이러한 노선에 입각해있던 진단학회나 조선어학회가 활동을 계속하였다. 그러나 전쟁이 일어나면서 1940년에는 그나마 민족어를 바탕으로 한 전국적 신문인 동아일보와 조선일보도 폐간 당하고 말았다. 1942년부터 일제는 조선어학회를 급습하여 민족문화를 향상시키고 보급함으로써 조선의 얼을 지키고 그로서 민족운동에 기여하고자 했던 조선어학회를 대대적으로 탄압하였다. 일제에 의해 황국신민화정책이 진행되면서 일제는 민족어까지 말살하려고 하였던 것이다. 민족운동은 그의 언어를 박탈당하였다. 이러한 운동은 해외에서만 계속될 수 있었다.

1930년대 해외에서의 민족운동은 자연히 중국령이 그 중심지였다. 특히 만주지역은 한인들이 다수 거주하는 까닭에 임시정부와 아울러 민족운동의 진원지로서 중요한 역할을 담당하였다. 이 지역에서는 소규모이기는 하지만 일본군과의 무력항쟁도 이루어지고 있었다. 그러나 1910-20년대에 걸쳐서 중요한 역할을 담당하던 노령 연해주는 더 이상 민족운동과는 관련이 없어져버렸다. 1937년에 이 지역의 한인들 20만 명이 모두 강제이주 당하였기 때문이다.

해외에서의 독립운동의 중추적 기관이었던 임시정부는 1932년의 이봉창, 윤봉길에 의한 거사로 인하여 상해의 프랑스 조계를 떠나고 그 후로 남경 항주(1932), 가흥(1935), 진강(1937), 장사(1937), 광동(1938), 유주(1938), 기강현(1939), 중경(1940)으로 천도를 거듭하게 된다.5) 이러한 어려움 가운데서도 임시정부는 1933년 장개석과 회견하여 낙양군관학교 안에 한국독립군을 위한 특별반을 설치하여 교포청년 90여명을 훈련시킨 바 있으며 이러한 노력을 바탕으로 1940년 9월에는 중경에서 한국광복군을 결성하고 광복군총사령부를 설치하였다.6) 이와 함

---

5) 손세일, 「대한민국 임시정부의 정치지도체제」, 『韓國近代史論』, 제2권, 지식산업사, 1977, p.303
6) Ibid., p.304

께 1935년부터는 김원봉이 중심이 되어 5당 통합에 의한 민족혁명당이 결성되어서 이것이 민족전선으로 개편되고 그 행동대로 조선의용대를 설치하여 한국의 독립에 대비하고 항일투쟁을 전개하였다.

반면에 1930년대에는 사회주의자들에 의한 노동자 농민운동운동은 대단히 활발한 양상을 띄고 전개되었다. 사회주의자들은 계급투쟁론에 입각한 전술적인 운동으로 1930년대에 각지에 적색농조, 적색노조등을 조직하여 반일항쟁을 하였으며 1935년 이후에는 순수 계급투쟁적인 성격을 다소 완화시키면서 반제국주의적 통일전선을 결성하고자 하였다. 그러나 기본적으로는 12월 테제의 연장선에서 사회주의자들의 주도권을 항시 염두에 두고 있었던 것은 사실이다. 그렇기에 이들의 통일전선론은 단지 일시적 연합을 위한 전술론에 불과하였다는 한계를 가지게 되며 이러한 한계는 민족운동에 있어서 중대한 장애를 초래하게 된다.

3. 자유주의적 민족운동과 그 사상

1) 한국에서의 자유주의의 개념과 수용

본 논문에서는 통칭 민족주의운동이라고 분류되는 운동을 자유주의 민족운동으로 명명하였다. 그 이유는 일제하의 민족운동을 민족주의운동과 사회주의운동으로 대별하는 것이 일반적인 분류이기는 하지만 이러한 분류가 한국 민족주의의 특성을 정확하게 파악하는데 장애요인으로 작용하게 되기 때문이다. 하나의 주의를 다른 주의와 구분하는 기준은 무엇인가? 그러한 기준은 결코 분명한 것은 아니다. 통상적으로 계급적 지지기반에 따라서 주의를 구분하는 경우가 많았다. 중산층

시민계급의 이데올로기를 자유주의로 노동자계급의 이데올로기를 사회주의로 보는 방식이다. 마찬가지의 기준으로 이미 일제하부터 민족주의와 사회주의의 구분이 이루어졌다. 우리 나라에서 이 구분이 이루어질 때에는 민족주의는 계급투쟁의 요인을 부정하고 전민족적 이념을 표방하는데서 사회주의는 계급투쟁의 이념을 선으로 간주하고 계급투쟁을 통하여 민족적 목표를 달성한다는 사고와의 차이에 그 주안점이 주어졌다. 그러나 민족이란 무엇이고 계급이란 무엇인가? 그것은 모두 범주이며 사회적 정치적 권력적 관계를 나타내는 것일 뿐이다. 따라서 구체적인 역사적 상황에 따라서 그것은 새롭게 정의되어야 한다.

한국에서 서양의 자유주의 사상이 수용되기 시작하면서 그것이 어떤 의미를 지니고 있었는가? 한국에서는 자유주의는 민족을 형성하려는 움직임과 관련되어 있다고 볼 것이다. 이 민족의 형성이란 다름 아닌 근대적 민족 즉 국민의 형성이다. 국민이라는 범주를 형성하고 이를 바탕으로 하여 시민정부를 구성하려는 운동과 그를 뒷받침하는 사상을 우리는 자유주의라고 부를 수 있을 것이다. 이러한 사고는 보수주의적 사고와 마찰을 빚었다. 보수주의적 사고는 민족 또는 국가를 실체로 보며 이것이 실체인 한 전통적인 지배는 정당하다는 사고이다. 결국 정치적인 이데올로기는 지배의 문제와 관련된 것이다. 자유주의는 정부의 내적 사회적 구성원리에 있어서 전통적인 보수주의 사상과 대립하였던 것이다. 이 경우에 민족의 가치를 고양한 것은 보수주의였지만 자유주의도 민족의 가치를 결코 폄하하지 않았다. 보수주의가 자연적이고 유기체적인 혈연적 민족을 강조하는데 비하여 자유주의는 선택에 의한 민족, 이성의 민족을 강조하였을 따름이다. 그렇기에 보수주의나 자유주의는 모두 민족주의적일 수가 있고 또한 종종 그래왔었다.

그렇다면 자유주의는 사회주의와는 어떤 관계에 놓여있는가? 우선 광범위하게 자유주의의 개념을 사용하자면 그것은 시민사회의 존재를 긍정하는 모든 개념이나 이론적 체계를 말할 수 있다고 본다. 이러한 의미에 있어서의 자유주의는 사회민주주의와도 배치되지 않는다. 사회주의에서 프롤레타리아트독재가 제거된 거의 모든 사회민주주의적 이론은 자유주의의 범주 내에 들어올 수가 있을 것이다. 왜냐하면 자유주의의 핵심적인 요건을 개인의 자유의 신장과 공공선이라고 할 때 사회민주주의도 이러한 것을 구축하는데 있어서 조금도 차이가 있을 수 없다고 보기 때문이다. 이 경우에 있어서의 차이점이란 사회주의가 연대에다 중점을 두고 있는데 비하여 자유주의는 그 연대의 범위가 결코 개인의 자유를 침해하지 않게 하는 데에 중점을 두고 있기 때문이다.

그러나 좁은 의미에서의 자유주의란 개념을 사용할 경우에 그것은 사회주의와는 많은 차이를 가지게 된다. 좁은 의미에서의 자유주의란 서양에서 부르조아지의 지배가 확고히 수립되면서 자본가적 입장을 대변해주는 그리고 부르조아지의 지배를 위한 이데올로기로 고착되었을 경우의 이념이었다. 사회주의자들은 이러한 자유주의를 많이 공격하였기 때문에 사실상 이 좁은 의미에서의 자유주의가 자유주의의 개념으로 사용되었다. 이 경우에서의 자유주의란 기본적으로는 유산가들의 이익이 지배적으로 관철되는 정치체를 구성하려는 이론이었다. 그러나 노동자들이나 다른 계층들이 정치체에서 배제될 경우에 그것은 진정한 의미에서의 민주주의적 일반적 정치체가 아니며 이 경우에 자유주의가 가지는 한계는 명백하다. 따라서 영국에서의 차티스트운동이나 프랑스에서의 참정권의 확대를 위한 운동은 자유주의의 개념을 확장시킬 경우에 당연히 자유주의의 범주에 들어오는 것이고 이러한 의미에서 자유주의의 개념을 사용할 경우에 당연히 그것은 계몽주의적 자유주의의 본 이념에 접근하게 되는 것이다. 따라서 우리는 이러한 계몽주의적 개념으로 자유주의의 개념을 사용한다.

한국에서의 자유주의의 역사도 한국적인 토양에서의 보수주의 및 사회주의와의 상호관계 속에서 발전되어 나왔으며 이러한 과정에서의 문제가 어떠한 것이었는가를 살펴보기로 하자.

한국사회에서 자유주의가 수용되었을 때 그것은 아무런 갈등을 가져오지 않은 것은 물론 아니다. 그것은 심각한 갈등을 초래하였다. 한국의 전통적 지배는 전제군주제였고 이 전제군주제는 家의 개념의 확대에서 비롯한 가부장적 지배에 바탕하고 있었다. 이러한 전제군주제의 이론에 대하여 언제부터 이론적인 비판이 시작되었다고 말할 수 있는가? 조선 후기부터 시작된 실학에서 근대의 출발을 다시 말해 자유주의적 사고의 출발을 찾아보려는 의도를 가지고 있는 일부 논자들은 정약용의 경우에 그의 사고방식이 "서구 계몽 사상의 사회계약적 사상과 동일한 유형의 것"이라고 본다.7) 그 입론의 근거로 들고 있는 것은 정약용의 「原牧」에서이다. 그러나 과연 이를 사회계약론이라고 부를 수 있는 것인가? 정약용은 황왕의 근본은 이정에서부터 시작된다고 하였다. 그리고 이정은 "善爲公言 就而正之 四隣感服 推而公尊之 名曰里正"이라고 하였다. 그리하여 같은 원리가 里正-黨正-州長-國君-邦伯-皇王으로 이어진다고 하였다. 정약용이 태고의 상태를 상정하고 "民而已"라고 하여 문제를 제기한 것은 사회계약론과 유사한 출발점을 가진다. 그러나 정약용의 설명은 황왕이라는 군주의 기원을 발생론적으로 설명한 것이지 사회계약론이라고 말할 수는 없다. 목이라는 개념은 통치의 개념이다. 이 통치는 군주에 의해 이루어지는 것이다. 그러나 문제의 출발에서 정약용은 군주-인민의 구별을 내포하고 있다. 사회계약론에서의 기본적인 전제는 만인의 공통된 덕성이며 만인의 동

---

7) 신용하, 「19세기 한국의 근대국가 형성문제와 입헌공화국 수립운동」, 『한국의 근대국가형성과 민족문제』, 문학과 지성사, 1986, p.14

일한 판단력이다. 만일 이에서 우열이 생긴다는 것을 전제로 한다면 사회계약론은 성립하기 어렵다. 오히려 그것은 플라톤의 철인으로 연계될 가능성이 대단히 높은 것이다. 그것은 湯論에 있어서도 마찬가지이다. "天子者 衆推之而成者也"라고 하였을 때 이는 민주적 사상과 유사한 것 같다는 판단이 설 수 도 있겠으나 자세히 보면 그렇지않다. 그것은 결국 그가 목민심서에서 "君者父母也 吾民者子女也"라고 할 때 드러난다. 그는 군주와 민의 관계를 부모와 자식의 관계로 파악하는 것은 그가 가의 개념의 확대로서 국가와 인민의 관계를 이해하고 있는 것이다.

사회계약론의 가장 핵심은 시민은 주권자이자 동시에 신민이라는 사실이다. 이 시민은 법을 제정하는 권한을 어느 누구에게도 양도할 수 없다. 그렇다면 그것은 주권자임을 포기하는 것이기 때문이다. 따라서 원목에서 "里正從民望 而制之法"이라고 하였더라도 그것은 사회계약론과는 거리가 멀다. 더구나 정약용의 군주론은 입법권 행정권 사법권을 모두 한 몸에 지니고 있는 전제군주제의 이론이라고 말할 수는 있어도 사회계약의 이론이라고 볼 수는 없는 것이다.

물론 중민이 군주를 교체할 수 있다는 이론을 그가 「湯論」에서 전개한 것은 사실이다. 그러나 그것이 동양적인 혁명이론일수는 있겠지만 어떻게 사회계약론과 연결된다는 것인가? 사회계약론의 핵심은 군주를 교체할 수 있다는 데에 있는 것이 아니라 군주를 최고행정관으로 (magistrat) 파악하는데 있다. 군주는 결코 입법권을 가지지 못한다. 입법권이 행정권과 융합되어 버릴 때 그것은 전제의 이론이 될 수밖에 없는 것이다. 그렇기에 정약용의 이론은 전통적인 위민론을 발전시킨 것이다. 그것은 혁명적이기는 하였지만 그렇다고 하여도 군주제 자체에 대하여 의문을 제기하는 것은 아니었다. 그것은 어떤 의미에서도 사회계약적인 이론은 아닌 것이다. 따라서 실학사상이 근대민주주의의 이론적 맹아를 가지고 있었다는 설명은 재고를 요한다고 본다.

한국에서 개화파들에 의하여 서구의 자유주의적 사고가 소개되기 이전까지 한국의 지배적인 사고는 유교적인 사고였으며 이러한 상황에서 자유주의는 당연히 유교적이며 전통적 지배원리인 가부장제와 충돌하지 않으면 안되었다. 개항 이후 1880년대에 본격적으로 소개되기 시작한 서구사상은 한국에서는 개화사상이라는 이름으로 불리게 되었다.

1880년대에 유대치나 박규수 등에 의해 영향을 받은 김옥균, 박영효 등이 개화당을 이루고 갑신정변을 주도했었다는 것은 이미 잘 알려져 있는 사실이다.[8] 그러나 사상적으로 개화사상의 내용을 가장 체계적으로 알 수 있게 되는 것은 역시 유길준을 통하여서이다. 유길준의 『西遊見聞』은 확실히 한국 사상사에 있어서 하나의 분기점을 이루는 역사적인 저술이라고 말할 수 있을 것이다. 1889년에 완성하여 1895년에 출간된 이 책에서 우리는 이전과는 확연하게 구분되는 사상적인 전환을 엿볼 수 있다. 유길준의 정치사상에 있어서 논리전개의 출발점은 국제사회에서의 국가의 권리라고 말할 수 있다. 그가 "邦國의 權利"로 표현하는 이 권리는 "人民의 權利"와 직접적인 함수관계를 가지고 있다. "外交하난 權利는 內治하난 制度를 由하야 其保守하난 方策과 形勢가 立하나니 人民의 知識이 高明하며 國家의 法令이 均平하야 各人의 一人權利를 衛護한 然後에 萬民의 各守하난 義氣를 擧하야 一國의 權利를 是守하난지라 人民이 權利의 重大함을 不知한즉 他國의 侵越을 見하야도 憤激한 怒氣가 不作하나니"[9]라고 한데서 그것을 알 수 있다.

---

[8] 개화사상, 개화파에 대한 연구서로는 이광린 교수의 『한국개화사연구』(일조각, 1979, 중판), 『개화당연구』(일조작, 1979, 중판), 『한국개화사상연구』(일조각, 1979, 재판)을 참고할 수 있다.

[9] 유길준, 「西遊見聞」, 『兪吉濬全書』, 제1권, 일조각, 1971, pp.98-99

바로 그러하기에 인민의 권리는 무엇보다도 중요하다. 그런데 그의 정치사상의 특징은 인민의 권리를 자연적인 것이라기 보다는 법에 의해 만들어진 것으로 보고 있다는 사실이다. 그에 의하면 사회적 인간의 범주는 중요하다 그것은 자연보다도 우위에 있다. 그는 "人은 蠢然한 動物이라 甚 始生에 知가 無하니 甚知하난자는 敎함을 由하야 以然홈이라"고 하였다.10) 그가 교육의 중요성을 강조하고 있는 것은 교육이 자연적인 인간을 사회적인 인간으로 만들기 때문이며 이는 인간의 사회가 지식의 발달을 따라서 발전한다는 그의 세계관의 한 표현이었다.

그가 파악하고 있는 개화는 다름 아닌 이성의 진보라고 말할 수 있다. 그리고 이 이성의 진보라는 것은 지식의 발달을 통하여 이루어진다. 그에 의하면 개화는 "人間의 千事萬物이 至善極美한 境域에 抵함을 謂함"이다.11) 그리고 개화의 목적은 "人을 勸하야 邪를 棄하고 正에 歸하난 趣意니"12)라고 하였다. 그는 이성을 준거로 하여 개화를 판단하고 있는 것이다.

그가 파악하고 있는 자유는 이러한 논의에서 나온다. 자유는 법에 의하여 규정된다. 이는 사회의 자연(개인)에 대한 우위에서 비롯된다. 통의에 의하여 제한된 자유, 자신의 사적영역에 국한된 자유 이러한 자유가 그의 자유에 대한 관념이며 이는 18세기의 서구의 계몽주의적 자유론과 그 근본에 있어서 차이가 없다고 말할 수 있을 것이다. 이러한 의미에 있어서 유길준은 한국에서 자유주의적 세계관과 정치이론을 처음으로 체계적으로 제시했다고 말할 수 있다. 『西遊見聞』이 출판된 이후 1896년에서 1898년 사이에는 독립협회가 조직되어 서재필, 윤치호 등의 개화사상가들이 한 시대를 이끌어나갔다. 개화로서의 근대

---

10) *Ibid*, p.100
11) *Ibid.*, p.375
12) *Ibid*, p.159

는 이제 한국에서 본격적으로 대중적인 차원으로 전파된 것이다.

개화파 인사들에 의하여 우리나라에 들어오게 된 서구의 근대사상으로서의 개화사상은 독립협회의 해산 이후 한때 침체기에 들어갔으나 1905년 일제에 의한 보호국화로 한국이 식민지화의 위기에 처하게 되자 다시 부상되었다. 이번에 다시금 부상된 사상은 애국계몽운동이라는 근대적 교육 문화운동과 관계가 되었다. 애국계몽운동 시대의 사상은 개화사상과는 그 기본적인 내용이 동일하지만 한 가지 중요한 차이점을 가진다고 말할 수 있는데 그것은 애국계몽사상은 보다 더 애국적인 성격을 가지고 있었다는 점이다. 이 말은 애국계몽사상에서는 논의의 초점이 보다 더 국가적인 데로 모아지고 있었다는 의미이다.

애국계몽운동기에는 보다 낭만적인 차원에서 애국심이 강조되었고 그만큼 이성에 대한 호소보다는 감성에 대한 호소가 이루어지게 되었다. 애국계몽운동 시기의 대표적인 논자인 신채호의 예에서 볼 수 있듯이 자국의 역사를 통하여 자기를 알고 그리하여 애국심을 고취하는 것 이러한 것들은 민족적 역량을 집결시켜 국민으로서의 형성을 도모하려는 노력에 직결되어 있는 것이다. 애국계몽사상에서는 사회진화론이 세계관으로서 중요한 역할을 하였는데 이러한 사회진화론은 물론 진보를 척도로 내세우는 근대적 세계관과 잘 부합되는 이론이기는 하지만 계몽주의 사고보다는 시민의 연대에 대해 소홀한 이론이었고 따라서 정복을 합리화하는 제국주의의 논리로서 이용되었다. 그러나 한국의 애국계몽주의자들도 이 논리를 사용하였다. 논리는 사회진화론과 동일하였지만 한국의 애국계몽사상에서는 민족주의의 요소가 강하게 부각되었고 외압에 대한 저항이 강조되었기 때문에 계몽주의 시대가 표방한 진보와 합리보다는 보수와 낭만적인 요소가 강하게 되었다.[13]

---

13) 拙稿,「애국계몽운동 지도이념의 사상사적 검토」,『제15회 한민족독립운동사연구세미나』, 국사편찬위원회, 1991.6.27

이러한 논의는 결국 애국계몽사상은 사회의 내적 성찰에 다소 소홀하였다는 말이 된다.

애국계몽운동론자들의 가장 중요한 논점이었던 自强이라는 구호에 대하여 살펴보자. 自强이라는 구호는 과연 그 만큼의 대칭적인 人權에 대하여 같은 비중을 가지고 생각하도록 만들었는가? 그렇지 않기 때문에 즉 외압의 상황에서 제도개혁을 통한 부국강병이라는 생각이 지배적인 것이었기 때문에 이러한 논리는 자연히 개인의 해방이나 인권과 같은 개념을 소홀히 하도록 만들었다. 이점은 사회계약론의 본질적인 수용을 곤란하게 만들었거나 아니면 그것을 왜곡해서 소개하는 여건을 만들었다고 말할 수 있다. 따라서 주권자=인민의 루소적인 등식이나 사회계약의 골간을 이루는 인민에 대한 인식은 자연히 소홀하게 취급될 수밖에 없었다. 그리고 애국계몽운동의 논리적 기초로 형성된 이 사회진화론은 정치체의 평화적 해결에 관한 이론이 아니고 정복이론이었다. 따라서 이러한 정복이론에 대처하는 한국 지식인들의 반응이 긍정적일 수는 없었다. 이 정복이론에 의해 한국도 그러한 정복국가에 대항하여야 한다는 차원에서의 민족주의는 강화되었지만 그러한 정복이론을 넘어서서 정치체를 구성하여야 한다는 의식에 도달하기는 대단히 어려웠다고 말할 수 있다.

바로 이러한 점에 있어서 자유주의는 한국에서 적합한 토양을 발견하지 못하였다. 그것은 외적 여건에서부터 이미 그러하였고 또한 내적인 사회구조도 자유주의가 적절하게 받아들여질 수 있는 상황이 되지 못하였다. 가부장적인 家意識이 지배적인 상황에서 개인의 해방은 지극히 어려운 문제였고 그러한 벽을 깰 수 있는 지식인 집단인 유림들은 서구적 의미에서의 인텔리겐챠로서의 역할을 할 수가 없었다.

그러나 그렇다고 하여도 자유주의의 편린이 한국에서 발전되지 않았다는 의미는 아니다. 단지 한국의 사유주의는 독특하게 보수성을 가지고 있으며 민족주의적이라는 사실을 염두에 두는 것이 중요하다고 생각된다.

2) 일제하의 자유주의적 민족운동과 그 사상

한국이 일제에 합병된 이래 1919년 3·1운동이 일어나기까지 한국의 사상계는 주로 위정척사적인 사상 그리고 계몽주의적 사상이 양립해 있었다고 생각된다. 그러나 3·1운동 이후에 근대적인 사상으로서의 자유주의는 한국의 민족운동에 있어서 주도적인 역할을 담당한다. 왜냐하면 이미 공화제는 한민족이 미래에 도달해야할 정체로서 합의가 이루어져있다고 보아야 하기 때문이다. 그러한 의미에서도 1920년대에 전개된 자유주의적 논거들에 대한 분석과 비판은 필요한 과제이기는 하지만 아직도 그에 대한 연구는 대단히 초보적인 수준에 머물러 있다.

1920년대에 전개된 자유주의적인 이론은 『開闢』, 『서울』 등의 잡지에 단편적으로 나타나 있다. 그리하여 이러한 잡지들에서 나타난 자유주의적 성향의 논설들을 분석하여 그것이 어떠한 의미를 가지고 있는가를 살펴보기로 하겠다.

『開闢』은 그 창간호에서 「창간사」를 통하여 자유주의적 그리고 진보적 성향의 입장을 밝혔다. 그 기본적인 것은 세계를 급속한 개벽의 시기로 파악한 것이고 "多數人民의 渴仰하고 且要求하는 소리는 곳 神의 渴昴하고 要求하는 소리니 이곳 世界開闢의 소리로다"라고 한 것이다.14)

『開闢』이 가진 문제의식은 그 창간사격인 「세계를 알라」는 논설에서 잘 드러난다. 이 논설이 낙관적인 문제의식을 가지고 씌여졌다는

---

14) 「창간사」, 『開闢』, 창간호, 1920.6., p.2

것을 알아내는 일은 그리 어려운 일이 아니다. 이 논설은 과거의 시대를 "不公平"과 "不理想"으로 파악하고 있으나 이를 모두 "過去社會의 病的 狀態"로 파악하였고 현금의 세계를 과도기에 있으면서도 대단히 밝은 모습으로 보았다. 세계는 "改造하는 道程에 잇스며 步一步向上進步하는중에 잇나니 우리는 이것을 보고 黎明이라 하며 曙光이라 하며 開闢이라 하도다. 이를 抽象的으로 말하면 正義人道의 發現이오 平等自由의 目標라 하겟고 구체적으로 말하면 强弱共存主義, 病健相保主義라 하리로다"라고 한 것이다.15)

이 논설이 가지고 있는 지나친 낙관론을 거부하는 것은 어렵지 않은 일이다. 하지만 이 논설은 자유주의적 견해를 표명하고 있다는 점에서 대단히 중요한 것이다.

> 생각컨대 人이면 다가티 一로만 標準하고 一以上或은 一以下로 階級을 定치안이한다함은 元來 l最大多數의 幸福을 目的하는 法律이 永遠의 經驗으로부터 得來한 無上의 格言이 안이랴 法律의 前에는 弱者病者도 唯一의 價値로 認하며 强者優者도 一以上의 權利가 有하다 認定치안이하나니 이 眞理를 다만 個人과 個人간에 뿐 用할者 l 안이오 全世界의 國家와 國家 民族과 民族의 共通한 原則으로 思惟케됨이 今日全人類의 新覺醒인듯하도다.16)

이러한 논리를 밀고 나가서 민족자결과 자유의 원칙을 "세계대세"로 파악하고 세계의 "유일의 도의체계"를 각 민족이 따를 것을 주장하였다. 이 논설은 이러한 논리를 밀고 나가서 자기에로 돌아올 것을 요구하고 있다. 그것은 "우리는 實로 우리의 罪惡의 原因을 探求하야 이를 改革하고 이를 修繕하야 世界의 進化와 한 가지로 거름을 옴김이 우리의 任務라 히리로다. 우리가 아즉도 暗黑에 헤매고 狂亂에 浮용함은

---

15) *Ibid.*, pp.6-7
16) *Ibid.*, p.8

그 무삼 原因이뇨, 이는 別로 他人을 責할 것이 업고 다만 自己로 自己의 罪惡을 拔除할만한 勇力이 업스며 自己로 自己의 行爲를 監視할 만한 聰明이 업슴으로써 알것이다."17)

물론 이 논설이 제시하는 처방은 안이하게 세계의 추세에 대하여 지나치게 낙관하고 있으며 인간의 이성에 대한 신뢰가 강하다. 그리고 무엇보다도 자기에로의 반성이 두드러진다. 그러나 이 자기란 다른 무엇보다도 민족을 의미하는 것임은 분명하다. 공리적인 입장에서 개인과 개인의 평등을 국제적인 차원에까지 연장하여 적용시키고 있는 것이다.

『開闢』보다 다소 앞서서 발간된 『서울』에서도 마찬가지의 경향이 엿보인다. 1919년 12월에 창간된 『서울』은 그 창간사에서 "세계가 개조되야 혁신적 문명이 혼지구에 찬란하랴하도다. 아등도 이 대세를 순응하야 신문명을 환영하여야 할지라 이 주의의 일 선언자로 잡지 「서울」이 출하다"라고 하고 있는 것이다. 그리하여 이 잡지는 모든 면에서의 "혁신"을 도모하는 것이라고 하였다.18) 이 역시 자유주의적 입장에 선 것이라고 말할 수 있다. 창간호에 머리글로 게재된 張道斌의 글 「아등의 서광」을 분석할 때 이점이 잘 드러난다. 장도빈의 입장은 기본적으로 낙관적인 세계인식에서 출발하고 있다.19) 진보의 세계관을 받아들이고 있는 것이다.

그러면 1919-1920년 사이에 이같이 진보적인 자유주의가 지식인들 사이에 강하게 표출된 것은 어떻게 해석하여야 할 것인가. 그것은 다른 무엇보다도 제1차 세계대전 이후의 유럽에서의 베르사이유체제 그리고 국제연합에 대한 낙관론이 개재되어 있던 것이다. 그러나 이러한 새로운 국제질서에 대한 믿음은 19세기말의 제국주의전쟁과 세계대전

---

17) Ibid., p.13
18) 「창간사」, 『서울』, 창간호, 1920.12
19) 장도빈, 「我等의 曙光」, 『서울』, 창간호, pp.1-17

으로까지 비화한 상황에 비추어볼 때 그 중요성을 간과할 수 없는 것이기는 하다. 19세기말 20세기초의 전쟁의 시기가 평화의 시기로 바뀌는 것이 이 시기였기 때문이다. 물론 그러나 이 시기는 평화에 대단히 위협적인 요소를 내재하고 있는 시기였다. 그것은 베르사이유체제가 유럽의 문제를 근본적으로 해결할 수가 없었을 뿐 아니라 아시아 아프리카의 나라들이 식민지 반식민지상태에 놓여 있어서 이것이 세계평화를 위협하는 요소로 잠복하였던 것이다.

유럽의 평화 나아가서 세계의 평화에 대한 위협은 곧 나타나기 시작하였다. 이미 1920년부터 유럽에서는 파시즘이 대두되었고 이 파시즘은 유럽의 전통적인 민주적 가치관을 가지고 있는 자유주의에 대해 공식적으로 반기를 들었다. 그와 아울러 아시아에서는 민족해방운동이 확대 강화되었다. 따라서 전후의 연합군에 의한 신질서가 세계의 평화를 보장할 수 없으리라는 것은 명백해졌다. 바로 이러한 상태에서 자유주의적 신념과 진보적 가치관이 포함되었던 1919-1920년의 자유주의적 세계관은 급속히 그 자취를 감추게 된다. 유럽에서 자유주의는 파시즘과 다른 한편으로 소련에서 대두된 볼셰비즘에 대해 자신을 방어하지 않으면 안되었다. 자유주의적 가치관은 심각하게 도전을 받게 된 것이다.

식민지 한국에 있어서 자유주의적 세계관이 긍정적인 모습을 가지고 수용되었던 것은 사실이다. 자유주의는 우선 무엇보다도 민족자결을 의미하고 민족의 자유를 의미하는 것으로 보여졌기 때문이다. 1920년대 한국지식인들과 운동가들의 최대의 관건이었던 민족문제는 자유주의를 통해 해결되는 것으로 보여졌기 때문이다. 그러나 1920년의 한국은 이러한 자유주의적 인식이 확산될 수 있는 공간을 지나치게 협소하게 가지고 있었다.

약간의 신문과 잡지를 통하여 극히 제한된 범위에서 사상을 개진할 수밖에 없는 상황이었다. 한인들의 정치적 활동은 여전히 금지되고 탄압되었으며 독립운동은 금기사항이었다. 3·1운동 이후에 허용된 극히 제한된 공간이 한국인들에게 허용된 유일한 공간이었고 이러한 협소한 공간은 자유주의적 사고가 계속 발전할 수 없는 여건을 만들었다. 모든 사고가 이 협소한 공간을 의식하지 않을 수 없는 것이었다.

바로 이러한 공간의 협소성으로부터 자유주의적 사고의 변형이 이루어진다. 이러한 변형은 다양한 편차를 보인다. 그러나 기본적인 흐름 중의 하나는 공간의 협소성을 절대화하고 그에 안주하여 자유주의적 사고의 논리적 확대와 발전을 거부하고, 자유주의를 보편화하는 대신 총독부가 마련한 식민지적 지배질서를 자유주의와 타협시키려는 기도였다고 말할 수 있다. 이러한 부류에 「민족적 경륜」을 쓴 이광수를 비롯한 일련의 문필가들이 속한다고 말할 수 있다.

그러나 이러한 부류만을 가지고 자유주의를 파악하려는 것은 지나치게 협소하게 자유주의를 인식하는 것이다. 다른 한편에서는 자유주의를 협소한 공간 중에 가두어두고 이를 절대화하지 않고 이 이념을 새로운 자유의 확대로 개인의 성장과 민족의 독립으로 연결시켜서 추구하려는 움직임도 있었다.

그러나 자유주의적 사고는 이러한 외적 제약 이외에도 중요한 내적 장애요인을 안고 있었다고 보아야 할 것이다. 자유주의적 사고가 부딪힌 문제는 크게 보아 다음과 같은 것이었다. (1)전통으로부터 어떻게 벗어날 것인가? (2)식민지라는 상황에서 어떻게 자유를 획득할 것인가?

처음의 문제에 있어서 자유주의적 사고는 전투적인 자세를 취하였다고 말할 수 있다. 상황의 인식은 보수와 개화의 대립으로 인식되었다. 중요한 것은 일제시대의 자유주의적 사고가 개화사상—애국계몽사상을 계승하는 지적 전통이었다고 규정할 때 이 사고는 전통적 사고와는 단절을 이루고 있었다고 생각되었다. 자유주의적 사고는 전통에 대한 공격에 있어서 단호한 자세를 취하였다. 그 대신에 근대적 제도를 받아들여야 한다고 생각하였다. 그의 방법이 혁명이던 개혁이던 근대로의 전환은 불가피한 것이라고 보여졌다. 이에 대한 문제제기로서 윤치호의 사상은 단호한 것이었다. 윤치호는 1920년 7월 21일 그의 일기에서 다음과 같이 쓰고 있었다.

중국인민은 의심할 바 없이 영광스러운 공화정제도를 가질 모든 가능성을 가지고 있다. 그럼에도 불구하고 중국의 관리들의 이름을 변경함으로써 중국을 민주적인 국가로 만드는 것이 가능하다고 생각했던 것은 몽상가들의 실수였다. 한국인들은 그들이 그들 자신의 독립적이고 민주적인 국가를 운영할 자격을 가지기 위하여서는 훈련과 규율의 몇 년을 거쳐야만 할 것이다.[20]

일제하의 자유주의자들이 필자가 제기하였던 두 번째 문제 즉 식민지하에서 어떻게 자유를 획득할 것인가에 대하여 명백한 답을 가지고 있었던 것으로 보이지는 않는다. 해외에서는 공화주의적 임시정부가 장기적으로 보아 일본과의 전쟁으로 이 문제를 풀어나가려고 하였지만 국내에 존재하는 인사들에게는 이 문제는 어려운 일이었다. 그렇기에 안창호의 준비론이 국내의 인사들에게 선택이 가능한 안이었다고 볼 수밖에 없다.

3) 근대화로서의 민족운동

그런데 과연 한국의 지식인들이 생각했던 근대란 무엇을 의미하는가? 근대의 경험은 어떠한 것인가를 밝혀내는 일이 중요하다. 그렇지

---

20) 윤치호, 『尹致昊 日記』, 제8권, 국사편찬위원회, 1987, p.108

만 아직 한국인들의 경험을 실증적으로 분석한 논문은 없다.

이제까지 근대의 경험은 분석된 일이 없고 단지 사회경제적 시기구분에 따라 자본주의적 발달의 단서를 잡아내면서 그에 따른 근대사의 시기를 설정하는 일이 있었을 따름이다. 그러나 사회경제적 시기구분이 절대적 기준이 되기도 어렵고 또한 사상사적 시기구분이 사회경제사적 시기구분과 반드시 일치하는 것은 아니므로 한국에서 근대의 경험이 어떠했는가를 밝히는 것은 대단히 중요한 과제이다. 이 경험의 분석을 통하여 한국사상사에 있어서의 근대의 위치가 분명해질 것이기 때문이다.

한국의 지식인들이 근대를 경험하기 시작하였을 때 근대란 우선 천주교를 의미하였다. 그리고 천주교는 전통적 질서를 위협하는 邪로 규정되었다. 18세기에 들어온 천주교는 따라서 위정척사를 유발하였다. 천주교는 "無文無君 蔑倫亂常之邪敎"[21]로 천주교는 유교적 이성에 대해 비이성으로 윤리에 대한 비윤리로 사회에 대한 반사회로 정에 대한 사로 인식되었다. 이러한 인식은 19세기에 들어가서도 변함이 없었으며 따라서 천주교에 대한 가혹한 탄압은 이러한 인식에 바탕해있는 것이었다. 그것은 기본적으로 인간과 동물의 구분이며 동양이 가지고 있던 이적 사회적 질서 앞에 서양의 근대라는 동물적 세계가 들어온 것이다. 이것은 공포를 자아내었다. 유교는 유교적 이성 즉 理의 氣에 대한 다스림을 통하여 이성적 지배를 공고히 함으로써 자연에 대한 인간의 우위 자연적 질서에 대한 사회적 질서의 우위를 확인해 왔다. 그러나 이러한 경험은 기독교국가인 서양이 가지고 있는 강력한 무력과 경제력 앞에서 한계를 드러낼 수밖에 없었다. 그리고 이러한 위정척사론의 한계에서 개화론이 대두되게 되었다.

---

21) 「洪樂安致蔡濟恭長書」(김영작, 『한말 내셔널리즘 연구』, 청계연구소, p.19)에서 재인

이제 근대의 경험은 사교로서 통칭되는 천주교라기보다는 "法良而 制美"한 이적이었다.22) 이제 근대는 부정적인 데서 긍정적인 것으로 바뀌게 되었다. 19세기의 이 새로운 경험은 위정척사가 유교적 인식론의 마지막 조짐이라고 할 때 새로운 인식론의 출발점이라고 말할 수 있는 것이다. 이른바 東道西器論으로 표현되는 새로운 인식은 전통적인 인식이 근대에 대한 경험에 있어서 가지게 되는 한계를 그대로 드러내고 있다. 그렇지만 이는 근본적으로 전통적 인식기반을 변경하자는 것은 아니었다. 근대가 우세한 힘을 가지고 있다면 그것은 동물적인 야수성, 강함을 의미하는 것이었다.

그렇다면 이 동도서기론과 개화론은 어떠한 점에서 연속성을 이루었다고 말할 수 있을까? 필자가 파악하기로는 위정척사 및 동도서기론과 개화론은 근본적으로 인식론적인 단절을 가지고 있다고 본다.

개화론에 있어서의 근대의 경험은 그 전통적인 인식과는 전혀 그 기반을 달리하는 것이었다. 인류와 반인류의 구분은 이 단계에 와서는 전복되어 버린다. 유길준에 있어서 개화는 모든 면에 있어서의 진보를 의미하는 것이었다.

> 五倫의 行實을 純篤히 하야 人이 道理를 知한측 此는 行實의 開化며 人이 學術을 窮究하야 萬物의 理致를 格한측 此는 學術의 開化며 國家의 政治를 正大히하야 百姓이 泰平한 樂이 有한 者는 政治의 開化며 法律을 公平히하야 百姓이 寃抑한事가 無한 者는 法律의 開化며 器械의 制度를 便利히 하야 人의 用을 利하게 한 者는 器械의 開化며 物品의 製造를 精緊히하야 人의 生을 厚히하고 荒추의 事가 無한 者는 物品의 開化니 此屢條의 開化를 合한 然後에 開化의 具備한 者라 始謂할디라.23)

---

22) 박지원, 『燕巖集』(김영작, 위의 책, p. 80)에서 재인
23) 유길준, *op.cit.*, p.376

이제 유길준의 경험에 의한 근대는 끊임없는 진보를 의미하는 것이며 이 진보는 단지 인륜적인 것뿐이 아니라 동시에 물질적인 것을 포함한다. 진보는 한 영역에 국한되는 것이 아니라, 정치와 경제, 정신과 물질, 도덕에 이르기까지 고루 선과 낙과 발전을 하는 것이다. 이러한 진보관이야말로 근대의 경험을 일전시키는 것이었다고 볼 수 있다. 근대가 진보를 의미한다고 할때 한국의 근대의 경험은 바로 이 진보관에 입각해있었다고 말할 수 있다.

한국에서 19세기 후반에 시작되는 이 진보관에 의한 근대의 경험은 그후 20세기에 이르기까지 한국의 사상을 지배하는 근본적인 인식이었다. 애국계몽사상에 있어서 우승열패라는 사회진화론에 입각한 근대의 경험은 이 진보관에 나타나는 논리의 다른 측면이 파악된 것이었다.

주요한 자유주의 사상가중의 하나인 안창호의 논의는 바로 이러한 진보관에 입각해 있었다. 그의 민족운동의 원천은 바로 진보관에 입각한 희망이었다. "아무것도 없는 우리가 무엇을 가지고 기뻐하겠느냐고 물을 터인고로 나는 오늘 우리 민족의 기뻐할 방법을 말하오. 우리는 희망이 아니면 다시 기쁨의 방법이 없다 하오. 대개 희망은 장차 얻을 것을 믿고 보지 못하는 가운데 사실을 만들어 기다리는 것이올시다."24) 그리고 그의 진보관은 점진적인 것이었다. "대개 세상의 진보는 시간에 시간을 지나면 순서에 순서를 지나 점점 나가는 것이지 갑자기 되는 수가 없읍니다."25) 그는 근대를 구미의 신문화로 이해하였다. 그런데 "오늘부터는 우리 민족이 구미의 신문화를 수입할 정도가 나날이 높아갑니다. 오늘에 당하는 불만족이라 하는 것은 당연한 과도 순서로 보는 때문에 어떠한 좋지 못한 현상을 보더라도 나는 크게 놀라거나

---

24) 안창호, 「불쌍한 우리한인은 희락이 없소」, 『도산여록』, 홍사단출판부, 1986, p.29 연설은 1918년 8월 29일에 이루어진 것이다.
25) 「낙관과 비관」, *Ibid.*, p.32

상심하지 아니하고, 현재에 진보하여 나가는 상태와 앞날에 크게 발전될 것을 아울러 보고 낙관합니다."26)

안창호의 점진적이며 현실적인 민족운동론은 다음에 나타나있다. "어느 민족이든지 모두 그 민족의 중견이 있읍니다. 한 민족 가운데 사람마다 지식이나 도덕이나 경제력이나 기타 모든 힘이 꼭 같지 못합니다. 그리하여 유식계급과 무식계급, 유산계급과 무산계급 등 분간이 있게 됩니다. 지식이나 도덕이나 기타의 힘을 많이 가진 무리가 그 사회의 중견이 되는 것은 면치못할 형세입니다."27)

또한 안창호가 단결을 강조한 것은 그의 진보적이며 유기체론적 사회관과 관계가 있다.

1922년의 이광수의 민족개조론은 이 사회진화론적인 진보관을 민족 전체에 적용한 것이었다. 이 민족개조론은 소위 개량주의의 이론으로 이미 많은 비판을 받아온 상태이기는 하지만 이 이론이 자유주의적 입장에서의 민족운동론의 중요한 부분을 차지한다고 하는 사실은 부인하기 힘들다.

사실상 후에 이광수가 친일파로 변절한 것은 사실이지만 그렇다고 해서 그의 이론 모두가 일거에 폐기되거나 혹은 민족운동의 논리에 있어서 중요한 부분을 차지했다고 하는 사실까지 부정되기는 어렵다. 중요한 것은 이광수의 논의는 안창호의 논리의 연장선상에 있었다는 것이고 그것을 더 구체화시켰다는 데에 있다.

이광수의 논리에서도 자유주의적인 세계관이 뒷받침되어 있으며 또한 진보적 관점에서 당대를 전망하고 있다. 민족개조론은 이성적 세계관, 의지의 실현에 의한 문명의 달성을 주요한 가치로 여기고 있다는 점에 있어서 자유주의적인 입장을 드러내고있다고 보아야 할 것이다.

---

26) *Ibid.*, p.35
27) 「건전한 인격자와 신성한 단결」, *Ibid.*, p.40

> 문명인의 최대한 특징은 자기가 자기의 목적을 정하고 그 목적을 달하기 위하여 계획된 진로를 밟아 노력하면서 시각마다 자기의 속도를 측량하는데 있읍니다. 그는 본능이나 충동을 따라 행하지 아니하고 생활의 목적을 확립합니다.[28]

라고 하는데서 알 수 있듯이 목적과 의지는 본능이나 충동의 우위에 놓여있으며 그것은 또한 문명과 비문명의 경계이다.

그런데 이광수 이론의 특징은 민족의 개조를 도덕에서부터 출발하여야 한다고 주장하는 점이다. 조선민족의 쇠퇴의 원인은 도덕적 원인이 근본이며 도덕적이며 정신적인 개조가 다른 무엇보다도 중요하다.[29] 그에 의하면 민족개조라 하면 다름이 아니라 민족성을 개조하는 것이며 그에 의하면 극히 복잡한 일 민족의 생활은 그 양식과 내용이 민족성에 의하여 결정되는 것이며 또 이 민족성은 하나나 둘의 "근본도덕으로 결정』되는 것이다. 물론 이는 이광수 이론의 독창적인 부분이 아니라 르봉의 민족심리학 논리를 다시 부연한 것에 지나지 않는다. 그러나 중요한 것은 르봉의 논리를 차용한데 있는 것이 아니라 르봉과 이광수의 같은 기반에서 논리를 전개하고 있다는 점이다. 중요한 것은 이광수는 한 민족의 쇠퇴의 원인을 치자계급의 잘못에서 구하는 것을 반대한다.

> 만일 다시 민족성을 타락하게 한 책임이 치자계급에 있다하여 그네를 책망할진대 그러한 치자계급을 산출하고 존속케 한 책임이 또한 일반 민중에게 있다하여 또 그네를 책망하게 될것이외다. 그러므로 치자계급이던 양반에게 민족을 쇠퇴케 한 직접의 책임을 지우더라도 별수없는 일이요, 요컨대 조선 민족 쇠퇴의 근본 원인은 타락된 민족성에

---

28) 이광수, 『민족개조론』, 우신사, 1981, p.93
29) Ibid., p.108

있다 할것이외다.30)

그리하여 그는 조선민족을 쇠퇴에 빠지게한 근본적 원인인 도덕으로 "허위, 비사회적 이기심, 나타, 겁나, 사회성의 결핍"을 들고 있다.31) 그런데 그는 르봉의 논의에 따라 민족성을 근본적인 것과 부속적인 것으로 나누고 우리 민족의 근본적 성격은 인으로 개조의 대상이 되는 것은 부속적 성격이라고 하였다.

그가 추구하는 민족성의 개조는 탈정치를 추구하고 있다. 자본주의와 노농주의 어느 것과도 관계가 없으며 어느 것도 배척하지 않는다. 개조의 주장은 어떤 주의자이거나를 막론하고 "사람의 인성을 개조"하여야 한다는 말이다.32)

그는 개조주의는 정치와는 관계가 없으며 결국 문명과 비문명의 구분에 의하여 개조를 이룩하여야 할 것으로 보고 있다. 결국 개조의 내용은 "덕, 체, 지의 삼육과 부의 축적, 사회봉사심의 함양"이다.33) 이는 지식과 경제의 발달, 그리고 정치공동체의 구축을 지향하는 것으로 근대의 기본적인 논리와 일치하는 것이다.

이광수의 논리는 여러 가지 점에서 비판받을 수 있고 또한 그의 논의가 과학적인 관점에 입각해 있었던 것은 아니다. 그러나 중요한 것은 이광수의 논의는 여타의 사회운동의 논리가 외화되어 있고 외부로 향하여 정치개혁, 또는 혁명을 추구하고 있었던 데에 비하여 내화를 추구하여 도덕적인 변혁을 꾀하고 있다는 점이라고 말할 수가 있을 것이다.

안창호와 이광수로 연결되는 흐름이 자유주의적인 민족운동론 또는

---

30) *Ibid.*, p.114
31) *Ibid.*, p.117
32) *Ibid.*, p.139
33) *Ibid.*, p.140

자유주의적 사회사상을 기초로 한 이론이라면 만해 한용운이나 신채호, 박은식, 윤치호, 최남선 등의 논리도 모두 이 범주에 속하는 것으로 일단 규정될 수가 있다. 그러나 이들 사이에 사상의 편차가 없었던 것은 아니다. 그렇지만 이들 사이의 사상적인 구분을 친일의 여부, 과격한 논리의 전개여부를 가지고 구분한다는 것은 그리 사상을 이해하는데 중요한 점이 아닐지도 모른다.

  중요한 것은 이들이 모두 역사적 시대를 진보의 시기로 파악했으며 진보를 이성의 진보로 간주하였고 그것을 문명으로 인식한 것이다. 이들에게 있어서 한국이 성취해야 할 것은 바로 이 문명이었다. 그러한 점에서 이들은 모두 자유주의자이며 계몽주의자였다. 이들이 사회주의자들과 구별되는 것은 하나의 근본적인 차이에서 즉 이들은 계급투쟁을 한 사회의 문명을 달성하는데 반드시 필요한 것으로 간주하지 않았으며 오히려 그에 해롭다고 생각하였던 점이라고 말할 수 있겠다.

4. 사회주의적 민족운동과 그 사상

1) 한국에서의 사회주의의 개념에 관한 문제

  사회주의의 전통은 마르크스에게서만 기원하는 것은 아니다. 마르크스 이전의 생시몽, 오엔, 푸리에나 프루동 등은 단지 마르크스에 계승되는 의미만 가지는 것은 아니다. 물론 마르크스가 사회주의의 이론을 집대성한 것은 사실이지만 그렇다고 하여도 마르크스는 결코 사회주의 자체로 해석되어질 수 있는 것은 아니라고 본다. 그 점은 마르크스 이후의 사회주의에서도 마찬가지이다. 마르크스 이후 모든 사회주의적 조류가 마르크스의 영향을 받은 것은 사실이지만 그렇다고 하여 어느 특정한 조류(예컨대 레닌)만이 마르크스의 정통을 계승했다고 주장한다는 것은 무리가 아닐 수 없다. 마르크스는 그 사상이 수용된 사회와 문화에 따라 각기 다른 해석이 있을 수밖에 없었기 때문이다.

그런데 한국에서 사회주의가 수용되었을 때 사회주의는 곧 마르크스주의를 의미했다. 그리고 마르크스의 노선을 정통적으로 계승했다고 간주된 러시아공산당의 논리 즉 레닌과 스탈린이 한국 사회주의의 전형이 되었음은 주지의 사실이다. 한국의 사회주의자들에게 있어야 할 자유주의적 전통이 박약했던 관계로 인하여 한국의 사회주의는 시민사회에 대한 성찰이 부족하였다. 그 대신에 사회주의는 주로 계급투쟁이나 식민지 민족해방을 위한 프로그램이나 전술로서 이해되었다. 이 점은 일제 시대 내내 한국 사회주의가 한 번도 합법화된 일이 없이 음모적 지하정당으로만 존재할 수밖에 없었다는 사실과도 무관한 것은 아니라고 본다.

그렇지만 마르크스 이론을 흔히들 전술적 혁명이론으로만 간주하려고 한다면 그것은 마르크스의 다른 중대한 측면을 놓치고 있는 것이라고 보아야한다. 마르크스의 이론이 가지고 있는 본질적이고 중요한 성격중의 하나는 그것이 시민사회의 자율성을 쟁취하려는 노력과 연결되어 있다는 것이다. 마르크스 그리고 그를 이은 사회주의자들은 관헌적 국가 즉 인민의 의지를 묵살하고 사회의 성원의 일부분이 여타 부분을 강요하는 국가기구를 제거하고 일반의지가 표현되는 시민사회를 건설하려고 하였다. 마르크스의 1840-70년대에 걸친 기간의 서구 부르조아 사회의 비판은 바로 이러한 의미를 가지고 있었던 것이다. 따라서 부르조아지의 지배의 도구로 된 국가를 비판히고 시민적 공동체를 회복하는 데에 마르크스 사상의 본질적인 특징이 있었던 것이다.

프롤레타리아트의 독재론은 이러한 맥락에서 해석되어야 할 것이다. 19세기의 부르조아 국가는 진전한 시민공동체를 이루지 못하고 있었다. 노동자들은 선거권을 박탈당하고 있었으며 국가의 의지는 단지 부르조아지의 의지에 불과할 따름이었다. 이는 계몽주의적 자유주의의 입장에서 보더라도 계몽주의가 추구하였던 이성의 지배는 실현될 수가 없었다. 마르크스의 부르조아 사회의 비판은 이러한 부르조아지 지배의 도구로 전락된 국가에 대한 비판이었다. 이러한 비판은 일단 관헌적 절대주의국가의 사슬을 분쇄하는 데에는 일정의 기여를 하였다는 점을 인정하여야 할 것이다.

 프롤레타리아트 독재는 정치체에서 소외된 노동계급을 시민공동체의 일원으로 세우기 위한 것이었다. 그러나 이러한 이론은 동시에 시민사회의 원리를 부정하는 요소를 가지고 있었다. 마르크스가 꿈꾸었던 것은 프롤레타리아트독재를 통해서 건설되는 사회에서 부르조아지가 프롤레타리아트를 지배함으로써 표출했던 계급지배의 원리를 역으로 실현시키고자하는 것은 아니었다. 프롤레타리아트지배의 과도기를 넘어서서 그 다음에 모든 사람들이 계급의 지배 없이 정치체의 일원으로 자리잡는 것이 사회주의의 기본적인 목표였다고 말할 수 있을 것이다. 그런데 이러한 과도기에 있어서의 프롤레타리아트독재는 왜 필요한 것인가? 그것은 시민공동체로의 평화적 이행이 불가능하다는 전제에서인 것이다. 따라서 이점에 있어서 프롤레타리아트독재론은 불가피하게 시민적 평화를 최우선적 목표로 설정한 공동체의 원리와 충돌을 일으킨다. 프롤레타리아트독재는 부르조아적 민주주의에 비해서는 민주주의 확대라고 하는 측면과 아울러 민주주의의 전면적 부정이라는 요소를 동시에 가지고 있는 것이다.

 프롤레타리아트독재론의 실천적인 문제는 더 많은 어려움을 내포하고 있다. 문제는 한 마디로 프롤레타리아트독재가 실시되기 위해서는 프롤레타리아트가 국가를 운영하여야 한다. 그러나 다수가 소수를 지배한다는 원리는 불가능하다. 불가피하게 소수가 다수를 지배하는 것이며 그러한 점에서는 프롤레타리아트독재라고 하더라도 프롤레타리아트의 소수가 다수를 지배하게 되는 것이다. 이는 결국 여느 독재의 원리와 다를 바가 없게 된다. 프롤레타리아트가 국가를 운영하기 위해서는 프롤레타리아트에 의한 장기간의 훈련이 필요할 것이다. 이는 프롤레타리아트헤게모니의 확보를 통해서 이루어질 것이다. 따라서 혁명의 이론이 가지고 있는 한계가 이에 드러난다고 말할 수 있다. 정치혁명으로 프롤레타리아트의 정치적 경제적 운영능력이 키워지지는 않는다. 이러한 문제점에도 불구하고 마르크스에서 레닌으로 이어지는 볼세비즘적 전통에서는 프롤레타리아트독재를 완전히 교조화하였다. 레닌에게서 프롤레타리아트독재론을 사상해보라. 그리하면 무엇이 남을 것인가? 단지 프롤레타리아트독재론이 빛을 발휘할 수 있었던 것은 러시아같이 민주주의적 전통이 박약했던 사회에서 가능한 것이었으며 그나마 실제로 프롤레타리아트독재가 실시되지도 않은 것이었다. 프롤레타리아트독재는 실시될 수 없는 이론이었다.

2) 계급투쟁과 민족운동

한국에서의 사회주의의 수용은 1919년의 3·1운동 이후에 본격화되었다. 한인들 사이에서 사회주의운동의 진원지로서 역할하였던 것은 그러나 조선이 아니라 노령의 연해주였다. 이 지역에 한인 정치적 망명자들이 일찌기 활발한 민족운동을 벌이고 있었다는 사실 그리고 1917년에 러시아혁명이 일어나 소비에트 정권이 러시아에 수립되었다고 하는 사실은 연해주 지방이 한인 사회주의운동의 진원지로서의 역할을 하게하는 데에 결정적으로 기여하였다.[34]

---

34) 拙稿, 「한인사회당연구(1918-1921)」, 『韓國史學』, 제11집, 한국정신문화연구원, 1990

그러나 한인사회주의자들은 볼셰비키혁명의 영향으로 사회주의적 사상을 가지게 되었지만 그것은 다소 특이한 상황 속에서 이루어진 것이다. 그것은 사회주의가 식민지 조선의 민족해방을 이룰 수 있다는 믿음에서 출발한 것이었다. 사회주의사상을 우선 민족해방이라는 맥락에서 이해하고 이러한 입장에서 한인사회주의운동이 전개되는 것에서 우리는 한인사회주의운동의 특이성을 보게된다.

한인사회주의 운동은 대별하여서 유럽형의 민주주의 및 자유주의와의 깊은 연계를 가진 문화적 토양에서 형성된 것이 아니며 러시아에서와 같이 고도의 조직된 엘리트와 인민주의가 결합한 형태도 아니며 일반적으로 식민지 내지는 반식민지 상태에 놓여있었던 전근대적인 문화와 제국주의의 지배를 공통의 여건으로 하는 가운데 발생한 운동이라고 말할 수 있다.

이 여건의 특이성은 한국에서 수용되어 발전되는 사회주의에 독특한 특징을 부과하게 하였다. 한국에서의 사회주의가 해방의 의미를 가지고 있었다는 것은 재론의 여지가 없다. 그러나 그 해방은 일차적으로 민족의 해방을 의미하는 것으로서 받아들여졌다. 말하자면 한국에 있어서 민족문제적인 관점이 사회주의 사상에 있어서 가장 중요한 요소로 자리잡게 되었고 이 역시 사회주의의 본질적인 지향과는 일정의 거리를 가지는 것이다.

그러나 사회주의 민족운동은 자유주의적 운동과는 달리 특이한 사회주의적 관점에서 민족운동에 접근해 들어갔다. 그것은 계급투쟁의 요소였다. 마르크스에 의하여 본격적으로 체계화된 사회주의 사상은 본질적으로 노동자계급의 해방을 지향하고 있었다. 근대 자본주의 사회의 비판에서 출발한 마르크스의 사회주의는 근대 자본주의사회의 악을 자본에 의한 상품생산 관계에서 파악하였으며 이러한 생산관계에서 가치를 생산하는 가장 중요한 계급으로서의 노동자계급이 해방되어야 한다고 생각하였고 이 노동자계급의 해방을 통하여서만 인간의 해방을 생각할 수 있다고 생각하였다. 그런데 이 노동자계급의 해방은 생산관계에서 지배력을 행사하는 부르조아지와의 계급투쟁을 통하여서만 이루어질 수 있다. 이 계급투쟁이야말로 근대 자본주의사회를 발전시키는 원동력이며 이를 통하여서만 역사는 사회주의라는 한 단계 더 높은 사회구성을 이룰 수 있다라고 생각한 것이 마르크스의 기본적인 생각이었다.

그러나 마르크스의 계급투쟁이론을 바탕으로 하는 사회주의는 이미 민주적이고 자유주의적인 전통이 성립해있는 서유럽의 사회에서는 적합한 토양을 차지하지 못하였다. 마르크스가 제시하는 유토피아가 아무리 매력적인 것이었다 할지라도 그것에 도달하는 데에는 일정한 방법과 수단이 필요하였다. 서유럽의 전통에서는 이러한 방법은 민주주의적이지 않으면 안되었다. 유토피아에 도달한다고 하는 목적이 민주주의라고 하는 절차를 생략하게 할 수는 없었다. 따라서 서유럽의 사회주의에서는 사회민주주의로서 사회주의와 민주주의는 긴밀하게 결합하였다. 러시아에서는 자유주의적이고 민주주의적인 토양이 박약한 까닭에 절차로서의 민주주의는 생략되었다. 사회주의라는 유토피아건설의 목적이 다른 모든 수단과 방법을 정당화하였다. 이러한 사고는 볼셰비즘으로 러시아혁명에 주도적 역할을 담당하게 되는 러시아 전위당의 기본적 사고였다.

한국의 경우에 있어서는 러시아의 경우와는 또 다른 양상이 있었다. 1920년대에 들어가서 사회주의가 도입될 시기에 한국의 상황은 우선 사회구조적인 조건에 있어서 일본제국주의 지배하의 식민지적 경제구조, 완전히 해소되지 못한 전근대적 관계의 온존 등으로 근대 자본주의가 발달하기에 대단히 취약한 조건에 놓여있었다. 일제의 식민정책에 의하여 토지조사사업이 완료되어 사적 소유권이 확립됨으로써 다수의 농민들은 열악한 소작조건에 의하여 그리고 도시에서의 더 나은 기회를 위하여 농촌을 떠나게 되었다. 이러한 사람들에 의하여 도시에서는 소수의 노동자계급이 형성되기 시작하였다. 한국에서는 노동자가 극소수에 불과하였다.

사회주의가 한국에 유입될 당시에 한국의 사회는 압도적 다수가 농민이었고 그 외에 지주가 주요계급을 형성하고 있었다. 노동자계급이 소수인 만큼 본격적인 의미에서의 자본가계급도 존재하기 어려웠으며 존재하는 자본가계급은 대부분 일인으로 구성되어 있었다. 이러한 사회구조 속에서 그다지 높은 교육을 받지는 못하였어도 근대 서구의 교육을 받은 지식층이 소수 존재하였다. 과연 극소수의 노동자계급을 대상으로 하여 노동자계급의 부르조아지에 대한 계급투쟁을 강조하는 이론이 한국에서 그 적합한 토양을 발견할 수 있는 것일까?

이러한 이론적 의문의 제기와는 별도로 한국에서 사회주의 사상은 놀라운 파급력을 가지고 있었던 것은 사실이다. 1917년 러시아혁명 이후 주로 노령 연해주지방에서 한인들 사이에 영향력을 발휘하던 사회주의는 국내에서는 이미 1920년에 들어오면서 조선노동공제회의『공제』등의 잡지를 통하여 사회주의 사상이 도입되었으며 1922년 3월에는 사회주의 사상을 주로 소개하는『新生活』같은 잡지가 발간될 수 있었다. 청년단체들이 중심이 되어 북풍회, 화요회, 서울청년회같은 사회주의연구 써클도 활발하게 조직되었으며 이러한 사상단체들이 모태가 되어 1925년에는 조선공산당이라는 전위당이 한국에서 처음으로 결성되었다. 사회주의자들이 주도하는 각 부문별의 운동단체도 조직되어서 1924년 4월에는 조선노농총동맹이 결성되고 이 단체는 1927년 9월에 가서는 조선노동총동맹과 조선농민총동맹으로 분립되었다. 청년단체는 그 결성이 가장 앞서서 1920년 12월에 이미 조선청년회연합회가 결성되었다. 이 단체가 모태가 되어 1924년에는 조선청년총동맹이 결성되

었고 여성들의 조직은 1924년 5월 4일 조선여성동우회의 창립총회를 통하여 이루어졌다.35)

그러나 이러한 각 부문의 운동을 지휘하며 정치적인 운동을 전개해 나갈 입장에 있었던 조선공산당은 그 내부의 파벌투쟁으로 인하여 적지 않게 많은 지장을 민족운동전선에 초래하였다. 그러나 조선공산당에게 당면한 가장 큰 문제는 한국의 현실에서 사회주의의 계급투쟁이론과 당면한 민족적 과제로 부각되어 있는 민족운동을 어떻게 결합시켜나가는가 하는 문제라고 볼 수 있을 것이다. 실제로 이 문제를 중심으로 하여 한국의 사회주의 운동과 사상은 발전되어 나갔다.

분명한 것은 민족운동 자체는 사회주의자들의 본래의 목표는 아니었다고 말할 수가 있다. 사회주의자들은 독립된 민족국가를 가진다는 목표에 그친 것이 아니라 식민지라는 조건에서 독립된 국가를 지향하는 운동을 해나가는 가운데 그리고 독립을 얻은 후의 국가의 사회정치 경제적 체제에 대하여 자유주의자들과는 다른 구상을 가지고 있었다. 즉 이들은 운동의 과정에서 프롤레타리아트의 헤게모니를 주장하였으며 독립된 뒤의 국가를 노동자계급이 지배하는 국가로 삼아나가려고 하였다. 그러나 독립을 얻기 전까지 그들의 운동은 자유주의자들과 공유하는 부분을 가질 것인가? 바로 이러한 의문을 둘러싸고 사회주의자들은 끊임없는 의견대립과 논전을 벌였다. 일제 시대의 사회주의의 역사는 바로 이 문제에 대한 논전에 불과하다고 하여도 아마 지나친 말은 아닐 것이다. 그런데 중요한 것은 논전 자체의 내용이라기 보다는 이 논전들이 어떠한 성격을 가지고 있었는가 하는 것이다. 바로 이에서 한국의 사회주의 사상의 특성이 밝혀질 것이기 때문이다.

이 논전들은 일관성을 가지고 있는 것은 아니지만 그리고 각 시기에 따라 논사들도 많이 달라지기는 하지만 기본적으로는 몇 단계로 나누

---

35) 김준엽, 김창순, 『韓國共產主義運動史』, 제2권, 청계연구소, 1986

어서 고찰해볼 수 있다. 우선 사회주의의 입장을 가지고 민족운동에 대해 벌인 논전으로 효시로 들 수 있는 것은 1919-22년에 코민테른 제2차 대회를 전후하여 드러난 논쟁이라고 하겠다. 이 코민테른 제2차 대회는 레닌에 의하여 통일전선전술이 식민지의 민족해방운동에 있어서 필요하다는 것이 역설된 대회였는데 이 대회에 참석한 한인사회당의 박진순 그리고 같은 한인사회당의 한형권의 입장표명을 통하여 그 당시에 이루어진 논전을 우리는 엿볼 수 있다.36) 또한 1922년 1월에 개최된 극동노력자대회를 통하여 한인사회주의자들의 사상적 입점을 살필 수 있다.37) 이러한 논전에서 코민테른측은 대체로 국내의 부르조아지와의 협력관계를 강조하는 전술을 표명한 반면에 한인사회주의자들은 부르조아지와의 대립관계를 강조하였다. 이러한 한인사회주의자들의 계급투쟁노선의 선명성은 한국 사회주의운동의 출발에 있어서 한인사회주의자들이 단지 민족운동의 방편으로만 위장적인 사회주의운동을 한 것은 아니라고 하는 사실을 말해준다. 그러나 민족해방에 대한 의식이 분명히 존재하고 있음은 또한 부인할 수 없는 사실이다.

다음 단계에서 사회주의자들의 입장을 살펴볼 수 있는 주요한 논전은 1923년부터 국내에서 일어난 물산장려운동을 중심으로 하여 벌어진 논전이다. 이미 이 시기에 국내에 사회주의자들이 적지 않게 존재하고 있어서 이들은 당시에 주로 민족주의자들에 의해 주도되고 있었던 물산장려운동에 대하여 상당히 강력한 반대이론을 피력하였다. 이성태, 주종건 등의 논객에 의해 주도되었던 이 논쟁을 살펴보면 사회주의자들이 국내의 부르조아지에 대해 첫 단계와 마찬가지로 대단히 부정적인 입장에 놓여있었다는 것을 알게 된다.38)

---

36) 拙稿, 「코민테른의 민족-식민지논쟁과 한국의 민족해방운동」, 『역사비평』 1988년 겨울호, pp.186-198
37) 拙稿, 「제1차 극동노력자대회및 극동혁명청년대회에서의 한국혁명의 문제」, 『정신문화연구』, 제40호, 1990, pp.89-103

그 다음의 논전은 1926년 11월 17일 「정우회선언」이 발표된 이래 신간회의 창립에 이르기까지의 논전이라고 말할 수 있겠다. 이 과정에서 안광천 하필원의 정우회측은 서울계의 최익한 등과 대립하게 되는데 이 과정은 앞서의 두 단계의 논전과는 달리 민족주의자들과의 타협을 강조하는 가운데 민족협동전선을 강조하는 신간회를 성립시키게 되었다.

제 4단계의 논전은 신간회해소를 전후한 시기의 논전이라고 말할 수 있다. 이 논쟁은 1930년 12월 6일 김봉한의 문제제기에 의해 촉발되었는데 결국 1931년 5월에 신간회가 해소되고 논전은 그후에도 잠시 계속되었다. 이 논전은 1929년의 코민테른의 12월테제에 의하여 결정적으로 영향을 받은 논전이며 1,2단계와 마찬가지로 민족운동가들과의 협동전선을 거부하는 논리가 우세하였다.

다음으로 제5단계의 논전은 1930년대의 조선공산당재건운동을 둘러싸고 특히 1935년의 코민테른 제7차 대회의 방침을 둘러싸고 벌인 논전이라고 말할 수 있겠다. 이 논전에서는 코민테른의 인민전선전술에 따라 통일전선을 강조하는 논리가 우세하였다. 그러나 어떠한 정치적 성과를 구체적으로 올리지는 못하였다.[39]

이러한 논전의 역사를 살펴보면 각 시기에 따라서 사회주의자들의 입장에 변동이 있는 것을 알게 되지만 이러한 입장변화는 주로 코민테른의 영향이 크다는 것을 알게되며 더구나 논전에서 특징적으로 나타나는 것은 사회주의의 이념적 지향이 일반적으로 보아 계급투쟁의 요소를 대단히 강조하고 있으며 시민사회에 대한 이론적인 성찰이 대단히 결여되어 있다는 것을 알게 된다.

결국 이 문제는 본질적으로 한국의 사회주의가 서구의 사회주의와

---

38) 김준엽, 김창순, *op.cit.*, 제2권
39) 한국사연구회 1930년대 연구반, 『일제하 사회주의운동사』, 역사비평사, 1991

는 달리 자유주의나 민주주의와의 유대를 가지는데 실패하였다는 것을 의미한다고 본다. 서구의 사회주의는 계몽주의적 자유주의의 뿌리에서 출발하였다. 그리고 그에 있어서의 핵심은 사회주의의 선택이라는 것이 시민공동체를 파괴하는 역할을 하지 못하도록 되었다는 것이다. 그러나 한국의 사회주의는 계몽주의적 자유주의와의 유대를 가지지 못하고 자유주의를 적으로 비판하면서 출발하게 되었다. 이는 한국의 사회주의가 러시아의 사회주의와 가지는 유사점이었지만 그러나 러시아의 사회주의보다도 한국의 경우는 자유주의적 전통이 한결 미약하였다. 러시아의 경우의 카데츠나 멘셰비키의 활동은 그래도 러시아에는 미약하지만 소수의 자유주의적 정치세력이 존재하여 그러한 운동이 가능했지만 한국에서는 그나마 이루어질 수 없었다는 것을 극명하게 보여준다.

한국의 사회주의가 계몽주의적 자유주의와의 연대를 가지지 못하였다는 것은 한국의 사회주의가 이론적 폭 넓은 성찰이 없이 단지 전략론, 전술론으로만 발전하게 하는데 결정적인 역할을 하였다. 유럽의 사회민주주의는 계몽주의적인 자유주의와의 연대 속에서 사회주의는 개인의 해방일 뿐만 아니라 사회경제적 과정에서의 노동자들의 인간적 해방을 위한 것이 아니면 안되었다. 그것은 노동자의 인간으로서의 성숙과 밀접한 아니 노동자의 시민으로서의 성숙과 결정적인 연계를 가지고 있다. 그러나 한국에서는 이러한 본래의 이념은 과소평가되었다. 그러한 의미에서는 한국의 사회주의는 전형적인 스탈린주의의 한 변형이 되었다. 한국의 사회주의는 민주적인 기초와는 멀리 발전하였으며 그러한 의미에 있어서는 한국에서의 사회주의는 그 표방하는 이념과는 달리 민주적 기초를 결여한 것이었다.

그 중에서도 가장 중요한 것 중의 하나는 사회주의는 개인의 개념에 대하여 어떠한 이론적 기여도 할 수 없었다는 것이다. 특히 한국의 사회주의는 개인에 대하여 어떠한 중요한 이론적 기여를 할 수 없었다. 한국의 사회주의는 그의 가장 중요한 정력을 계급동맹이라고 하는 전술론에 소모하였다. 이리하여 역사의 주체로서 계급이 강조되었지만 개인의 중요성은 간과되었다. 특히 비합법적으로 지하당이나 지하조직 생활을 해나가는 것이 요구되었던 상황에서 개인은 도구적으로 간주되기가 쉬었다. 당이라고 하는 집합적 존재는 개인의 자발성이라고 하는 관념에 기초하여 세워진 조직이라기보다는 러시아혁명의 뒤를 이어 소련에서 성립한 소비에트국가의 통치체로서의 당이 모델이 되었기 때문에 上命下達의 관료적 수직적 당이 모델로서 기능하였다. 사회주의자들의 국가에 대한 관념에서도 마찬가지였다. 당과 국가가 융합된 소련을 모델로 하여 한국의 사회주의자들은 전제적인 권력을 휘두르는 전체주의적 국가를 모델로 생각하였다. 그리고 이러한 국가의 존립은 인민을 위한 것이라는 전체주의적 사고로서 정당화되었다.

한국사회주의사상에 대한 개인관념의 결여는 한국사회주의사상이 민주적 기초 위에서 발전하게 하는데 막대한 장애를 초래하였다고 본다. 결국 한국의 사회주의는 개인의 해방을 전제로 하는 과정이 충분치 못하였기 때문에 불가피하게 가부장적인 전통적 지배문화를 수용하게 되었다. 조선공산당을 비롯한 당의 운영이 그러하였다. 또한 한인사회주의자들의 코민테른에 대한 충성심도 그와 무관한 것은 아니었다. 바로 이러한 가부장적인 관념과 결부된 사회주의는 치열한 당파싸움과도 무관하지 않다. 종래의 家意識에서 출발하는 사회에서는 시민사회(civitas)의 개념이 서기에 곤란하다. 왜냐하면 가의 연장에서 사회가 나오는 것은 아니기 때문이다. 가의 연장에서는 가와 가의 대립이 있을 따름이다. 바로 이러한 이유로 인하여 일제하의 한인사회주의자들 사이에서도 이념적인 정당으로서의 공산당을 성립한다는 것은 어려운 일이었다.

3) 좌우합작을 위한 운동과 그 사상

일제 식민지하의 민족운동에서 자유주의적 운동과 사회주의적 운동을 큰 두 갈래의 흐름으로 파악한다면 이러한 두 갈래를 민족국가의 수립이라는 하나의 단일한 목표를 향하여 결집하고자하는 움직임을 살펴보는 것은 대단히 의미 있는 일이 될 것이다. 우리는 이를 좌우합작운동으로 파악하고 있지만 이것이 하나의 독자적인 정치적인 이데올로기로서 기능했는가 하는 문제를 생각해 볼 때 그러한 가능성은 크지 않았던 것으로 보인다.

좌우합작이 하나의 독자적인 정치 이데올로기로서 기능하려면 자유주의적 사상과 마르크시즘을 절충해야만 할 것이다. 그러나 식민지에서 그러한 통합적 이데올로기는 존재하지 않았다고 보아야 할 것이다. 일제하에서 좌우합작은 실제로 통일전선론의 일환으로 제시되었다. 이 말은 좌우합작을 고려한 좌측이나 우측이 모두 전술의 한 방편으로 좌우합작을 고려하였다는 것을 의미하며 이 범위를 떠나서 좌우의 통합된 이데올로기를 제시한다는 것은 불가능하였다.

한국에서 사회주의가 도입되면서 민족운동이 자유주의적 지향과 사회주의 지향의 두 갈래로 가닥이 잡혀질 때 양 그룹은 서로 취약점을 가고 있었다. 자유주의 지향의 민족운동은 비교적 한인들 사이에서 폭넓은 지지를 받고 있었고 지식과 교양을 갖춘 인사들이 다수 참여하고 있었다. 무엇보다도 농민들이 인구의 압도적인 다수를 차지한 만큼 농민들이 가지고 있는 애국심은 이들의 자유주의지향의 민족운동에 지지기반이 되었다. 이러한 운동에 참여하고 있는 인사들이 무엇보다도 전통적으로 조선에서 지명도가 높은 인사들이었다는 사실 그리고 비교적 부르조아적 계층과 유대관계를 가지고 있었다는 사실은 이들의 운동에 유리한 조건을 마련해주었다고 볼 수 있을 것이다. 그러나 사회주의운동은 자유주의 민족운동이 가지지 못한 장점을 가지고 있었다. 그것은 이들이 비교적 젊은 세대로 이루어져있고 조직력이 뛰어나며 비교적 농민과 노동자층에 대하여 동원력을 행사할 수 있었기 때문이다. 이러한 이유로 인하여 일제와 대항하여 투쟁한다는 점에서 공동의 장을 마련한다는 것은 필요한 일로 인식되었다.

그러나 이러한 계획이 실천되기 위하여서는 좌우파 인사들이 서로 가지고 있는 적대감을 완화할 필요가 있었다. 그것은 계급투쟁론에 입각하여 좌우의 인사들이 상대를 적으로 생각하기에 앞서서 최소한 더 큰 적으로 일본제국주의를 인식하고 상대를 잠정적인 동지로 인식할 때 가능한 일이었다. 그러나 한국에 들어온 사회주의는 애당초 러시아로부터 들어왔으며 러시아 내전에서 나타난 전투적인 계급투쟁노선에 강한 영향을 받고 있었다. 이 때문에 프롤레타리아트의 전위당을 표방하는 조선공산당을 비롯한 좌파인사들은 좌우합작에 대하여 상당한 정도의 거부감을 가지고 있었다. 또한 우파 인사들도 좌파의 계급투쟁노선이 민족운동을 방해하고 분열시킨다는 생각을 가지고 있었기 때문에 좌파인사들과 더불어 공동의 단일전선을 구축한다는 생각을 가지고 있지는 않았다.

일제 식민지라는 조건하에서는 사회주의자들이 독자적인 세력을 형성하고 자국의 부르조아지에 대하여 투쟁하는 것보다는 제국주의에 대하여 공동으로 투쟁하는 것이 필요하다는 인식은 오히려 러시아공산당을 비롯한 코민테른으로부터 나왔다. 이러한 지침에 바탕하여 실제로 중국에서는 제1차 국공합작이 이루어졌으며 이러한 좌우합작에 의한 민족단일당은 하나의 전형으로 한인 민족운동가들에게 제시되었다. 이러한 점에서 좌우합작론이 한국에서 처음으로 제시된 것은 박진순에 의해서라고 말할 수 있을 것이다. 그의 코민테른 제2차 대회에서의 연설과 그것을 전후한 시기의 논문이 처음으로 이러한 문제의식을 가지고 있는 것이었기 때문이다. 그러나 박진순의 입장은 좌우합작을 전술적으로만 다룬 것이었다. 한인사회주의자들은 좌우합작에 대한 강한 거부감을 극복하지 못하고 있었으며 실제로 좌우합작론은 더 이상 진행되지 못하였다.

좌우합작의 이념이 민족운동론 상에서 본격적으로 이루어진 것은 1923년 상해의 국민대표대회의 논의를 들어야 할 것이다. 이 국민대표대회는 공산주의자를 포함한 민족운동의 주요한 인사들이 하나의 망명정부를 구성할 목적으로 조직된 것이었으나 결국은 상해임시정부의 창조및 개조의 문제를 둘러싸고 설전을 벌이다 결국은 해산되고 말았다. 그 이후 좌우합작론은 별 다른 진전을 보이지 못하다가 1926년의 정우회선언을 계기로 다시 본격적으로 일어나기 시작하였다. 정우회선언은 "민족주의적 세력에 대하여는 그 부르조아민주주의적 성질을 명백하게 인식하는 동시에, 또 과정적 동맹자적 성질도 충분히 승인하여, 그것이 타락하는 형태로 출현되지 아니하는 것에 한하여는 적극적으로 제휴하여, 대중의 개량적 이익을 위하여서도 종래의 소극적 태도를 버리고 분연히 싸워야 할 것이다"40) 라고 하여 민족주의와의 제휴의 가능성을 열어놓았다. 이러한 선언을 출발점으로 하여 좌우합작론이 활발하게 일어나서 1927년의 신간회건설이 이루어지게 된다.

그러나 신간회는 그 내부에서의 좌우합작을 위한 조직적 기반을 결여하게 되었고 1930년 말 신간회 해소론이 대두되면서 1931년에 이르러서는 해소되고 만다. 신간회의 해소는 사회주의자들이 신간회와 같은 민족유일당을 단지 공산당의 헤게모니가 관철되는 한에서만 전술적으로 이용하려 했었다는 사실을 드러내준다.

---

40) 『朝鮮日報』 1926.11.17(김준엽, 김창순, 『韓國共産主義運動史』,제3권, p.9)에서 재인용

신간회의 해소 이후에 다시금 좌우합작이 논의된 것은 1935년에 들어가서라고 볼 수 있는데 이 때는 마침 코민테른에서 제7차 대회를 치르고 인민전선 통일전선 방침이 디미트로프에 의해 천명된 때이라서 다시금 좌우합작에 논의를 기울이게 되었다. 이 때에 코민테른 제7차 대회에 한국대표로 참석한 金河一은 "제국주의전쟁의 배격도상에 있어서 조선공산주의자들의 임무"라는 연설을 행하였다. 이 연설에서 그는 코민테른의 새로운 방침에 의하여 민족부르조아지와 일본제국주의와의 모순을 지적하고 반제민족혁명단일전선을 주장하고 있지만 그것은 어디까지 전술적이라는 것을 분명히 하였다. "반제민족혁명단일전선의 조직은 프롤레타리아트당과 노동자단체를 약하게하거나 혹은 일반적 조류내에 용해되는 것을 뜻하는 것을 의미하는 것은 결코 아니다. 반대로 우리 공산주의자들은 우리 프롤레타리아트의 당원으로서 우리의 최후의 목적은 프롤레타리아트독재를 통하여 공산주의사회를 건설하는데에 있다는 것을 잠시도 잊어서는 안된다."[41]

이같은 코민테른의 방침이 국내에 들어오면서 억압체제가 극심한 까닭에 전국적이고 대중적인 차원에서는 아니지만 지역적으로 통일전선론에 입각하여 새로운 반제통일전선을 이루어내려는 노력이 있게 되었다. 청진에서의 황석주, 박순구의 활동이나 원산의 이주하 그룹 그리고 삼천포의 정성기 등의 활동이 그러한 것이다.[42] 또한 비교적 조직적인 규모가 크게 활동할 수 있었던 국외에서는 조선혁명당 등이 중심이 되어 통일전선에 입각한 민족운동을 전개하여 나갔다.

그러나 통일전선론은 기본적으로 프롤레타리아트독재론을 배경에 깔고 단지 전술적으로만 민족부르조아지를 이용하려는 태도를 보여주었기 때문에 진정한 좌우합작이 되기는 어려웠다.

---

41) 『思想彙報』, 제14호, p.109
42) 임경석, 「국내공산주의운동의 선개과정과 그 전술(1937-45년)」, 『일제하 사회주의운동사』, pp.229-231

좌우합작 논의에 있어서 중요한 것은 좌우합작론이 시민적 공동체에 대한 관념에서 시민적 콘센서스를 이루려고 하였는가 아니면 좌에서의 통일전선전술에 불과하였는가의 문제이다. 통일전선전술에 불과하였다고 한다면 그것의 목표가 프롤레타리아트독재를 가지고 있는 한 그를 민주적인 이론으로 받아들일 수는 없을 것이다. 우파의 입장에서도 좌우합작을 단지 수단으로서만 취급하고 부르조아계급의 지배를 정당화하려는 데에만 생각을 가지고 있었다면 그 역시 민주주의적 이론이 될 수는 없을 것이다.

결국 논의의 초점은 협소한 공간에서나마 자유주의적 전통에 입각하여 또는 사회주의적 관점에 입각한다 하여도 시민적 공동체의 건설을 궁극의 지향점으로 설정한 독자적인 이론체계가 존재하고 발전되어왔는가 하는 것을 검토함에 있다고 하겠다. 말을 바꾸면 좌우합작론이 얼마나 진지한 기초 위에서 검토되어왔는가 하는 것을 살펴보아야 한다는 말이다.

이러한 좌우합작론이 실패로 끝난 것은 사실이지만 그러한 가운데서도 인민주권에 입각한 이론을 가지고 있는 인물도 있었다고 보여진다. 그 중의 한 사람은 여운형으로 생각된다. 그는 1929년에 이루어진 진술에서 그의 입장을 다음과 같이 피력하였다. 그는 이데올로기에 일차적인 중요성을 두지 않은 사람이었다. 그는 마르크스 이론에 대하여 어떻게 생각하는가하는 질문에 대하여 "마르크스의 이론에는 찬성하지만 그 실행은 불가능하다고 생각한다. 조선에 있어서는 특히 폭력으로서 실행해야 할 것은 아니라고 생각한다. 마르크스주의가 러시아에 있어서는 레닌주의, 중국에 있어서는 삼민주의, 조선에 있어서는 러시아나 중국과는 사정을 달리하고 있다"고 하였다.[43]

또 자본주의와 공산주의의 선택이라는 문제에 있어서 그는 "이상으

---

43) 「呂運亨調書」, (김준엽, 김창순 편, 『韓國共産主義運動史資料篇』, 제2권), p.349

로서는 공산주의에 찬성하지만 조선에는 그것이 도래할 때까지 기다릴 수는 없다. 조선을 우선 자본주의로 발달시키고 그 후에 공산주의를 발달시켜야 할 것으로 생각된다. 세계각국 어디에도 마르크스주의는 그형을 변하여 실행되고 있다. 러시아에 있어서도 신경제정책으로 되었다가 최근에는 5개년 계획으로 되었다. 즉 시와 장소에 따라 달리하여 러시아에 있어서도 마르크스주의는 실행되고 있다"고 하였다.[44] 그는 다음의 재판심문에서의 답에서 보듯 한국의 사회를 아직 공산주의가 시행되어야할 시기로 생각하지는 않았다.

  문 : 그러면 그대는 조선은 아직 봉건주의시대인고로 우선 자본주의화
      한 후에 공산주의를 실행해야 한다고 생각하는가?
  답 : 그렇다고 본다. 현재의 조선은 봉건주의 시대라고 생각하고 있
      다.[45]

또 그는 단호하게 하나의 당이 시민사회를 지배하려는 이론을 가졌다기 보다는 시민사회의 의지에 복종한다는 태도를 가지고 있었다.

  문 : 그대는 민족주의 밑에 조선을 해방하려는 의견인가?
  답 : 시종일관 조선전체의 이익을 위하여 봉사할(遺) 생각을 가지고 있
      다. 전체가 모두 공산주의가 마땅하다고 한다면 바로 실행하고 나쁘
      다고 한다면 직접 실행하지 않는다. 일부를 위하여 운동하는 것은
      아니기 때문이다.
  문 : 조선독립 후에 의회주의를 실행하려는 심산인가?
  답 : 그렇다. 민중 전체의 의사의 밑에 달려있는 것이다.[46]

  그렇지만 여운형의 이같은 입장이 후에 볼 수 있듯이 한인사회주의

---

44) *Ibid.*, p.349
45) *Ibid.*, p.349
46) *Ibid.*, p.349

자들의 전형이라고는 볼 수가 없다. 이점에 있어서 좌우합작을 위한 기초는 대단히 부족했던 것이 아니가 하고 생각된다.

5. 맺음말

　본고는 일본 제국주의의 지배하에서 벌어진 민족운동을 간략히 개괄하고 그 운동을 지도하고 이끈 사상을 조명하는 것을 목적으로 하였다. 일제하의 민족운동과 그 사상을 한 편의 논문으로 소화한다는 것은 물론 무리이다. 따라서 어차피 중요한 문제를 취사선택하여 논문을 구성하는 것이 불가피 하였다.
　본고는 일제하의 민족운동을 크게 자유주의적 민족운동과 사회주의적 민족운동으로 구분하고 이러한 운동과 결부된 사상적 입장을 밝히는데 주력하였다. 일제시대의 사상사를 서술한다는 것이 현재로서는 다소 무리라고 말할 수 있다. 왜냐하면 이러한 역사적 정리를 위한 개념들이 아직 제대로 가다듬어 있지 못하기 때문이다. 본고는 다소의 무리를 감수하면서 종래 민족주의운동으로 불려 왔던 운동들을 대개 자유주의 민족운동으로 지칭하였다. 왜냐하면 식민지하의 민족운동은 이데올로기의 차이에도 불구하고 고도로 민족주의적 지향을 가지게 되며 따라서 사회주의와 민족주의를 대립적으로 인식하기보다는 자유주의와 사회주의를 대립적으로 인식하는 것이 보다 더 효율적으로 사상을 분류하는데 도움이 된다고 판단하였기 때문이다.
　이러한 양분법은 자연히 많은 차이가 있는 사상들을 소홀히 취급하는 한계를 가지게 된다. 예컨대 무정부주의적 입장도 분명히 민족운동의 한 갈래를 이루었으며 혼히 자유주의나 사회주의의 어느 한 쪽에 분류되어 이루어진 운동 가운데 러시아식의 인민주의로 불리는 것이 더 타당할 경우도 있을 것이라고 생각된다. 또한 한국의 상황에서 중요한 것으로 위정척사같은 정치적 보수주의가 강한 나라에서 이같은 사상의 영향이 자유주의나 사회주의의 이데올로기에도 강하게 영향을 미쳤을 뿐만 아니라 독자적으로도 강한 사상적 흐름을 이루었다고 말할 수 있다. 예컨대 이렇게 말한다면 보수주의는 독자적인 사상으로 영향력이 강한 하나의 민족운동으로 독자적 범주를 설정하는 것이 타당할지도 모른다.

그러나 본고에서는 보수주의적 흐름은 논의의 대상에서 제외하였다. 그 이유는 위정척사류의 보수주의를 근대적인 사상이라고 볼 수가 없었기 때문이다. 그러나 이 사실이 보수주의에 입각한 운동이 존재하지 않았다는 것을 의미하는 것은 결코 아니며 단지 근대적이 아니라면 다시 말해 국민국가를 지향하지 않는 운동이라면 이를 엄밀한 의미에서의 민족운동으로 부르기에는 문제가 있는 것이며 이 경우에 독립운동과 민족운동은 반드시 일치하는 범주가 아니라고 말할 수 있다. 결국 일제시대에 대한 보다 엄밀한 사상사적 재분류가 필요하지 않을까 하는 것이 필자의 견해이다. <『韓國思想史大系』, 제6권, 한국정신문화연구원, 1993>

제 2 부 1920년대 한인 사회주의운동

한인사회당 연구(1918-1921)

1. 머리말

한인 공산주의 운동의 기원으로서의 한인사회당에 대한 연구는 그간 몇몇 선구적 학자들에 의해 진행되어왔다.[1] 그러나 기존의 연구는 그 대부분이 정보를 지나칠 정도로 일본 군경문서에만 일방적으로 의존함으로써 그 한계를 노정시켰다. 밀정문서로서 또는 수사기록으로서의 군경문서는 그 사료적 가치가 부인될 수는 없는 것이지만 그 한계는, 고도의 이념적 지향을 가지는 하나의 운동을 그 내부의 논리를 규명함으로써 밝힐 수 있는 점을 보지 못하는데 있다고 하겠다. 또한 식민지시대에 일제권력당국이 한인에 대해 가지고있던 이데올로기적 편견인 식민주의적 논리를 무의식적으로 수용하고 있다는 비판을 면하

---

1) 김준엽, 김창순, 『韓國共産主義運動史』, 제1권, 1986, 청계연구소. 이하 이책의 인용은 『韓共』 1 과 같이 약기한다.
　Robert A. Scalapino & Chong-Sik Lee, *Communism in Korea*, University of California Press, 2 vols., 1972 (한홍구 역, 『한국공산주의운동사』, 3책, 돌베개, 1986)
　Suh Dae-sook, *The Korean Communist Movement, 1918-1948*, Princeton: Princeton University Press, 1967

기 어렵다. 그러한 사실은 일제하의 사회주의 운동을 이해하는데 있어서 많은 어려움을 초래하였다. 즉 사회주의운동사의 성격규명이 힘들게되고, 따라서 사회주의운동의 정확한 위상을 설정하는 일도 어렵게 되었던 것이다.

필자는 선행의 연구물들의 개척적인 공로를 인정하면서, 필자 나름대로의 새로운 방법에 의해 한인사회당의 연구를 일진전 시키고자 하는 의도를 가지고있다. 필자는 우선 자료의 면에 있어서 기존의 연구자들이 활용하지 못했던 소련측 자료를 적극 활용함으로써 한인사회당의 문제를 다시 검토할 수 있는 기회를 가지려한다. 필자는 또한 문제의식에있어서 한인사회당의 운동이 단지 민족운동의 일환으로서만이 아니라 국제적 사회주의 운동의 일환의 의미를 가지고있었다는 점에 주목하는 것이 필요하다고 생각한다. 그 점은 당시의 선진적 태도를 가지고있었던 운동가들의 입장에서 명백히 드러나는 것이다. 따라서 한인사회당이 주요 목표를 민족운동에 두고있었던 것은 사실이지만 그럼에도 불구하고 한인사회당이 추구하고있었던 국제주의적 연대의식의 문제를 검토해 보아야 할 것이라고 생각하는 것이다.

본고는 이러한 문제의식에 입각하여 한인사회당의 성립부터 분열에 이르기까지의 과정을 검토해 보려한다.

2. 러시아 극동지방의 한인과 민족문제

1) 짜르시대의 한인들

한인사회주의운동의 기원지가 된 곳은 러시아 극동지방이었다. 왜 러시아 극동지방이 한인사회주의운동의 기원지가 되었는가 하는 점에 있어서 우리는 그 이유를 다음과 같이 말할 수 있다. 우선 1910년대 조선 내에서의 일제무단통치에 의한 극심한 사상 통제였다. 이같은 일제의 폭압은 국제적 조류를 조선 내의 지식인들이 수용하는데 대단히 어려운 조건을 만들어 내었다. 이 어려운 조건은 3·1 운동시까지 지속되었다. 다음으로는 1917년의 러시아혁명이다. 10월혁명은 최초로 사회주의혁명이 성공한 것이고, 그의 성공에 따라서 러시아에 소비에트 권력이 확립되었다. 이것은 러시아의 전역에 퍼져나갔고, 극동의 한인들에게도 영향력을 행사하게 되었다. 극동지방의 20만의 한인들에게 사회주의가 어떠한 형태로든지 영향력을 가질 수밖에 없었고 그에 따라 노령극동지방이 한인사회주의 운동의 기원지가 된 것이다.

다음으로 문제시되는 것은 극동 한인들의 경제적 사회적 조건이다. 당시의 노령극동지방의 한인들은 대단히 열악한 생활조건하에 있었다. 우선 이들은 대개가 러시아의 시민권을 가지고 있지 못하였다. 1917년의 경우에 시민권을 가진 한인들은 전체의 20%에 미치지 못하는 것으로 나타나고있다.[2]

시민권을 가지지 못했을 경우 토지 분여의 대상에서 제외되어 아무런 토지를 가지지 못하고 그 대부분이 남의 토지를 소작하거나 또는 일용 품팔이, 도시노동자 등으로 생계를 꾸려가지 않으면 안되었다. 또한 시민권을 가졌을 경우, 러시아정부는 한인들에게도 토지를 분여해 주었는데, 그러나 그것은 러시아인들보다는 불리한 조건의 것이었다.

한인들의 이민 초기에 러시아정부는 한인들에게 우호적인 정책을 시행하였다. 예컨대 1872년 아무르지방의 사마르까강변에는 블라고슬로벤노예(Blagoslovennoe, 축복이라는 뜻) 라고 불리우는 한인촌이 건설되었는데, 이들은 여러 가지 특혜와 아울러 100 제샤치나의 토지를 분

---

2) M-skii, "Natsionalnye problemy v DVR", *Zhizn' Natsionalnostei*, no. 1(7), 1922, pp.4-5

여받았다. 그러나 그것은 예외적 조치에 불과한 것이었고, 이 마을의 구성원은 500명에 불과했다. 그것은 한인들이 한국 국경에 지나치게 가깝게 거주할 경우에 한인들의 러시아화가 어렵다고 판단이 되어 대륙 내부로 이동을 시킨 것이었다. 그러나 이같은 '축복'은 다시는 반복되지 않았다.

다음으로 1884년 조선은 러시아와 '朝露通商章程'을 체결하고 1888년에는 이어서 '陸路通商章程'을 체결하여 극동노령의 한인들을 법적으로 보호할 수 있도록 하였다. 이때에 1884년 이전에 러시아에 이주한 한인들에게 귀화할 수 있는 자격을 주게되었다. 1898-99년에 러시아정부는 한인들에게 다시 한 번 귀화의 기회를 주었는데, 이때의 조건은 당시를 기준으로 하여 러시아에 벌써 5년 이상 거주한 한인들에게 5년이 경과한 뒤에 시민권을 주는 것이었다. 따라서 이들 한인들은 1903-04년에 가서야 귀화할 수 있게 되었는데, 이들에게는 토지를 분여하지 않았다. 어쨌든 1917년 경에 한인들은 러시아극동 인구의 30%를 구성하고 있었지만 그들의 토지소유는 전체의 0.0 % 가 되지 않는 것이었다. 카자크와 1900년 이전에 러시아극동지방이주민을 지칭하는 스타제샤츠니크(stodesiatniki)가 인구의 33%를 차지하면서 토지는 97.4 % 를 가지고 있었으며, 러시아 신이민(1901년 이후에 이주한 자)들은 37%의 인구에 2.4%의 토지를 가지고 있을 따름이었다. 따라서 한인들의 열악한 생활조건이라는 것은 가히 짐작할만한 것이었다. 그뿐만 아니라 한인들은 러시아의 인종차별정책에 따라 러시아 행정관료들의 각종 횡포에 시달려야했고, 인종적 차별도 감수해야만 했다. 1917년 2월혁명이 한인들에게 있어서는 하나의 구원으로 생각되었던 것은 의심의 여지가 없는 것이다.

2) 러시아 2월혁명과 한인들

2월혁명 이후 러시아정부는 민족들의 불평등을 제거하기 위한 법령을 발표했다(1917.3.20). 그와 동시에 극동에서도 민족들의 불평등을 제거하기 위한 노력들이 행해졌다. 예컨대 러시아사회민주노동당은 1917.3·10(23) 블라디보스톡에서 회합을 갖고 "백인"과 "황인종"의 모든 차별을 금지하는 결정을 채택했다. 또 1917.4.10 사할린섬의 알렉산드로프스크 노동조합 본부는 러시아인, 한인, 중국인에 대해 동일한 임금제도를 도입했다. 이러한 결정들이 한인들이 소비에트를 지지하도록 하는데 긍정적 역할을 하게했음은 물론이다. 예컨대 크라스노야르스크에서는 1917.3.29 한인들의 집회가 열려 노농소비에트에 다음의 전문을 보냈다.

> 지금까지는 러시아에 존재하지 않았던 혁명과 자유의 진지한 감정과 함께, 크라스노야르스크의 한인들은 크라스노야르스크 노농대표소비에트 집행위원회의 유용한 활동을 경하하며, 자유 및 새로운 생활의 공고화의 건설에 있어서의 성공을 기대합니다.3)

또 1917.5.1 노동절 기념 행사에 볼셰비키에 의해 조직된 시위에 약 500명의 한인이 참여하였다.4)

2월혁명과 더불어 시작된 민족적 혁명적 분위기는 한인들의 민족주의적 활동에도 많은 영향을 주게되었다. 러시아의 각 민족들은 이제 민족적 자기확인을 하게되었으며 민족적 조직을 가지는데 노력을 기울여나갔다. 한인들의 경우도 예외는 아니었다. 한인들이 민족적 단위로서 조직되어가는 최초의 징조는 1917년 4월경의 '한인사회 및 조직

---

3) Kim Syn Khva, *Ocherki po istorii sovetskikh koreitsev*, Alma Ata, 1965, p.83
4) *Ibid.*, p.77

대표 전러시아총회'를 소집시키기 위해 발표한 호소문으로 나타났다. 동 총회의 조직국의 명의로 발표된 호소문은 총회소집의 이유를 다음과 같이 밝히고있다.

> 러시아국가를 구성하는 모든 민족들은 그들의 대표를 제헌의회에 보낼 권리를 가지고 있는데, 이들은 이들 민족의 생활양식과 요구에 대해 동일한 생각을 말하고, 그들의 이해를 방어하고, 유권자에 의해 그들에게 맡겨진 요구조건을 만족시키기 위해 노력하게 될 것입니다.
> 시민여러분, 만일 우리가 우리에게 주어진 권리를 이용하지 못한다면, 만일 우리가 우리의 대표를 제헌의회에 보내지 못한다면 여러 경우에 있어서 우리들은 잊혀지게 되고 또 제한을 받게 될 것입니다. 그리고 우리의 요구와 우리의 이해는 분명한 이유 즉 우리의 생활양식과 우리의 요구를 알지 못한다는 것 때문에 다른 민족의 대표에 의해서는 완전히는 표현되지 못 할 것입니다.5)

이같은 호소에 이어서 1917년 5월에 니콜스크-우수리스크(Nikolsk-Ussuriisk)에서 '노령한인혁명단체연합총회'가 열리게 되었다. 이 총회에서는 노령한인들의 중심적인 대의기구인 전로한족회중앙총회가 결성되었다. 이 총회는 임정 지지의 입장을 분명히 했다. 이 총회의 입장은 분명히 민족주의적이었다. 이들은 전쟁의 계속을 지지하고, 러시아인화에 대해 싸울 것을 주장하였다. 이 총회는 주로 귀화 러시아인들에 대해 조직된 것이었고 비귀화인은 투표권이 없었다. 이에 따라서 비귀화인은 1917.12 하바로프스크에서 그들만의 총회를 구성하고 별도의 조직을 구성했다. 귀화인의 대부분은 제헌의회 선거에서 사회혁명당(SR)을 지지했다.6)

---

5) *Revoliutsionnoe dvizhenie v Rossii v Aprele 1917g*, Moskva, 1958, pp.710-11
6) Iv.Gozhenskii, "Uchastie koreiskoi emigratsii v revoliutsionnom dvizhenie na Dal'nem Vostoke, *Revoliutsia na Dal'nem Vostoke*, Moskva-Pertrograd, 1923, p.361

요컨대 한인들의 2월혁명 이후의 동향을 살펴볼 때 그 상층부는 임정을 지지하고 대부분이 비귀화인으로 구성되어있던 한인들은 소비에트를 지지했던 것으로 보인다. 그러나 그것이 볼셰비키화를 의미하는 것은 아니었다.

 2월혁명 이후 10월혁명 이전에 최초로 볼셰비즘을 받아들인 사람은 알렉산드라 김(A.P.Kim)뿐이었다. 그녀는 1914년이래 러시아사회민주당 예카테린부르그(현 Sverdlovsk)위원회와 관계를 가지고 우랄에서 한인 및 중국인 노동자를 조직했다. 그녀는 1917년 초에 러시아사회민주당에 가입했고 1917.7월에는 예카테린부르그위원회의 파견에 의해 극동에 이주한다. 그녀는 극동에서 극동러시아사회민주당(볼셰비키) 2차대회에 대표로 선출되었다. 또 후에 극동에서 파르티잔활동에 참여하게되는 야료멘꼬의 제자들 가운데 박진순, 박민규(이반 바실리예비치) 등이 영향을 받고 있었지만, 10월혁명 이전의 한인의 볼셰비키화는 아직 요원한 것이었다.

3. 러시아 10월혁명과 한인사회당의 조직

 페트로그라드에서 시작된 10월혁명은 극동지역에는 다소 늦게 전파되었다. 소위 이중권력체제는 극동에서는 훨씬 더 오래 지속되었다. 소비에트에 의한 권력장악은 블라디보스톡의 경우 11.29일 극동 전체로는 12.14일 이루어진다. 그러나 임시정부의 권력기구로서의 젬스트보(zemstvo)는 계속 유지되고 있었다. 극동지역에서 볼셰비키의 인기는 높지 않았다. 예컨대 제헌의회선거의 경우 볼셰비키는 18.1 % 의 지지를 받은 데 비해 사회혁명당(SR)은 52.3 %를 얻은 것이다. 블라디보스톡에서는 볼셰비키가 49 %의 높은 지지율을 얻었는데 그것은 노동자 및 병사들의 지지 때문이라고 볼 수 있다. 극동에서의 이중권력체제의 지양과 소비에트권력의 확립은 아무르 지방은 1918.3월에 가서 연해주 지방은 동년 5월에 가서야 이루어진다.

소비에트권력의 확립 후 소비에트의 정책은 다음의 몇 가지로 집약될 수 있다. 우선 소비에트권력의 확보와 더불어 실시된 것은 노동자 경영감독(rabochii kontrol)이었다. 왜냐하면 그것은, 레닌의 표현에 의하면, "혼란스럽고, 부분적이고 원시적"이기는 하지만 "노동자들 자신이 밑으로부터 새로운 경제조건을 발전시키기 위한 기회를 가지는 밑으로부터의 변혁의 유일한 길"이었기 때문이다.[7] 이에 이어서 1918년 2월에는 국유화가 실시되었다. 이러한 것은 한인 노동자들에게 유리한 조건을 만들어주었음에 의심의 여지가 없다.

농업 정책에 있어서는 토지문제가 중요하게 부각되었다. 시베리아에는 대토지소유자가 없었다. 따라서 빈농들에 분배해야할 토지는 카자크나 스타제샤츠니크들로부터 획득하지 않으면 안되었다. 그러나 부농 및 중농층의 저항은 작은 것이 아니었다. 예컨대 연해주지방의 경우 연해주 농민 3차 총회는 볼로스트 토지위원회로 하여금 '토지에 관한 법령'을 준수하도록 요구했다. 연해주 토지위원회 총회는 1918.2.10-14일에 '연해주농업의 토지이용에 관한 임시세칙'을 발표했는데, 여기서 노동량에 따른 토지분배의 몫이 지나치게 높게 할당되었다. 즉 2인 가족 가구당 토지가 8-9 제샤치나, 집과 부속물을 위해 1.5 제샤치나, 휴경지 8-14 제샤치나, 건초용 5-8 제샤치나, 가축 1 두당 목초용 2-3 제샤치나였다. 따라서 한 가구 당 최소 24.5-35.5 제샤치나의 토지가 배당되었다. 그뿐만 아니라 토지배당 순서에 있어서 농업노동자 및 등록되지 않은 인구는 제일 마지막에 배당을 받게 규정함으로써 사실상 한인

---

7) J.Bunyan(ed.), *The origin of forced labor in the soviet state, 1917- 1921; Documents and Materials*, Baltimore, 1967, p.15,39

들은 토지를 분배받을 기회를 가질 수 없었다. 임노동제 및 토지임대도 원칙적으로는 금지되었지만 젬스트보의 감시하에 그 관계를 잠시 허용하게 함으로써 실질적으로는 토지개혁의 혜택이 한인들에게 돌아오지 못하였다.8) 소비에트의 토지개혁은 따라서 젬스트보의 폐지를 통해서만 이루어질 수 있었다. 1918.4 극동소비에트 제 4차 총회는 '토지이용에 관한 세칙'을 발표했다. 그 내용 중 중요한 것은 다음과 같다.

7. 여유있는 토지는 경작 및 파종을 위해 토착인구와 마찬가지로 이민들에게 평등하게 주어져야한다.
9. 모든 외국인은 토지에 대해 권리를 가지고있고, 촌락 및 볼로스트 토지위원회에 의해 토지분여를 받는다.
11. 러시아의 시민권을 가지고 토지를 분배받은 모든 외국인에 대해서, 토지위원회는 극동토지위원회에 그 사실을 알려야한다.9)

그러나 이같은 조처는 사실상 실현되지 못하였다. 곧 내전이 시작되는 것이다. 아무르지방의 경우 1918 년 봄에 사적 토지소유의 약 1/10, 교회토지의 약 1/20 이 농민들에게 넘겨졌다고 하는 바, 이것은 연해주지방의 경우에는 그 비율이 더 낮았던 것이다.10) 1918년의 토지개혁은 따라서 한인들에게 실질적 혜택이 없는 부분적인 토지개혁이었다. 그것은 물론 중농과 협력해야 한다는 소비에트정책의 필요와 함께 나타난 것으로, 한인에게는 유리한 조건이 되지 못하였다. 그러한 이유 때문에, 한(S.A.Khan)이 1918.4월에 한인들이 토지를 지급 받았다고 하는 주장은 사실이 아닌 것이다.11)

---

8) Kwon, Hee-Young, "L'internationalisme devant la question nationale", Octobre 1988, These non publie, E.H.E.S.S., Paris, pp.274-280
9) I.Babichev, *Uchastie kitaiskikh i koreiskikh troudiashchikhsia vgrazhdanskoi voine na Dal'nem Vostoke*, Tashkent, 1959, p.48
10) E.M.Shchagin, *Oktiabr'skaia revoliutsia v derevne vostochnykh okrain Rossii (1917-leto 1918 gg.)*, Moskva, 1974, p.265

결국 경제적인 측면에서 볼 때 소비에트정권의 성립 결과 한인들의 생활이 즉각적으로 향상된 것은 아니었다. 그러나 1918.5월에 극동인민위원회(Dal'sovnarkom)의 결정에 의해 소수민족에 대한 누진세의 철폐 및 여권제한규정의 철폐는 한인들의 시민적 권리 향상에 기여한 바가 있다. 결국 소비에트정권은 한인들에게 충분한 결과를 가져다주지 못하였다. 소비에트정권이 한인들에게 유리했던 것은 사실이지만, 소비에트적 정책의 수행이 쉬운 것은 아니었다. 결국 1918년 극동에서 한인들에게 소비에트적 대의를 심는 것은 아직 시기상조였다.

따라서 10월혁명 이후 한인들 사이에서 전개된 친볼셰비키운동은 대중적인 운동이었다기 보다는 일부 인텔리겐챠의 운동이었다. 한인 사회주의운동에 대해 기록된 문건 중 가장 오래된 것은 박진순이 1919년 말에 코민테른에 보고한 논문「조선에 있어서의 사회주의 운동」이다.12) 이 것은 한인사회당의 대표로 코민테른에 파견되었던 박진순이 코민테른 집행위원회에 보고하는 형식의 글이다. 이 글에 의하면 한인 최초의 사회주의 세포는 1910년에 결성된 '광복단'(Soiuz Osvobozhdenia)에 집행국이 구성되면서부터라는 것인데, 이 조직은 처음에 한국에서 만주로 그다음에는 또 시베리아로 이동했다는 것이다. 박진순에 의하면 '광복단'은 일종의 통일전선이었는 바 이 들 중 좌파는 일본의 좌파와의 협력을 시도했고 한인 전체를 민주적 생각의 보지자라고 생각했다. 이 통일전선이 깨지는 것은 1918.2월의 하바로프스크 대회였다. 이 대회에서 '한인사회단'이 조직되었고, 한인들의 좌파운동이 시작되었다는 것이다.

한형권이 R이라는 가명으로 발표한 논문「동아시아의 상황」역시 한인사회주의운동의 기원을 살피는데 있어서 필요한 자료이다. 이에 의

---

11) Kwon, Hee-Young, op.cit., p.280
12) Pak Dinshun', "Sotsialisticheskoe dvizhenie v Koree", *Kommunisticheskii Internatsional*, no. 7-8, 1919, Moskva-Petrograd, pp.1171-1176

하면 한인사회단은 광복단에서 갈라져 나왔다는 것이다.13) 이를 살펴볼 때 한인사회단의 전신으로써 광복단이 있었다는 것은 사실인 듯 하지만, 그것이 과연 어떠한 것이었는가?

현재로서 광복단에 대한 정보는 『現代史資料』 제25권에 수록되어있는 광복회에 대한 기사로 추정해볼 수 있다. 대정7년 1월 28일의 「高第1741호」와 대정7년 3월 21일의 「高第3481호」의 두 문건이 그것이다. 그런데 「高第1741호」에는 광복회의 통고문 및 광복회재무부의 특정배당금증이 수록되어있는바 이에 의하면 단기 4250년이 광복회창립13주년으로 되어있다. 이에 의한다면 광복회의 창립은 단기 4237년이 된다. 이는 서기로 1904년이 되는 셈이다. 그런데 「高第3481호」에는 광복회가 1912년에 윤세복, 신채호, 이동휘, 이갑 등에 의해 노령의 블라디보스톡에서 국권회복을 목적으로 하여 조직되었고 그후 블라디보스톡에 본부를 두고 간도회인현, 안동현에 지회를 설치하고 전체회원은 약 2만에 달한다고 하였다.14) 광복회의 중요인물로 이동휘가 개입되고있는 것으로 보아 박진순이나 한형권이 말하는 바의 광복단이 광복회인 듯하지만 그러나 그 창립연대도 1904, 1910, 1912등의 차이가 있는바 아직 그에 대하여는 결정적인 해명을 할 수 없는 상황이라고 보여진다.

다음으로 중요한 문건은 1920.11.11. 코민테른집행위원회의 서기인 코베츠키(M.Kobetsky)가 한인공산주의운동에 대해 하는 보고이다. *Internationale Communiste*지의 1921년 1월호에 실린 이 글에서는 다음의 사실이 보고된다. 그의 보고에 의하면 어떤 한국인 O라는 사람이 한인사회당(한살림)에 대한 보고를 하였는데, 그 당은 1907년에 동경에

---

13) R, "Polozhenie v Vostochnoi Azii", *Kommunisticheskii Internatsional*, no.13, 1920, Moskva-Petrograd, p.2560
14) 姜德相 編, 『現代史資料』, 제25권, 東京:原書房, p.46 이하 이책은 『現代史資料』 25 로만 약기한다.

서 창설되고, 제2인터내셔널에 가입해있다가, 코민테른에 가입하기로 결정했다는 것이다. 코베츠키는 한인사회당(한사회)이 벌써 코민테른에 가입해있기 때문에 이 문제를 소사무국에 의뢰하여 처리하도록 했다는 것이다.[15] 그러나 한인사회당(한사회)의 경쟁자가 있었다는 것은 알 수 있으되 이 한살림당이 어떤 것인가는 확인되지 않는다.

마지막으로 가장 중요한 문건 중 하나는 10월 혁명 10주년을 기념하여 극동의 한인들이 1927년에 출판한 『십월혁명 십주년과 쏘베트 고려민족』이라는 책이다. 이 책은 1927년에 하바로프스크와 블라디보스톡에서 동시에 출판되었다.

이 책에 의하면 극동소비에트집행위원회의장 크라스노쉐코프(Krasnoshchekov)가 1918년 2월 하바로프스크에서 극동에서의 정치문제를 논의하기 위해 한인 혁명가들의 집회를 소집했다. 이때에 이동휘, 양기택, 유동렬, 이동녕 등이 참석했다. 이 회의에서 민족주의자들은 극동소비에트집행위원회의 도움을 받기는 하되 러시아혁명에는 참가하지 말자고 주장하였고, 좌파는 한국혁명을 볼셰비키적 노선에 따라서 이끌어가고자 했다. 결국 양파는 분리되고 말았는데, 볼셰비키 찬성파는 한인사회당을 조직하고, 이 당은 1918.4.28 설립되었는데, 그 지도자는 이동휘, 이한영, 김립, 오성묵, 오하묵, 이인섭, 림호, 전일, 알렉산드라 김이었다.[16]

지금까지의 연구자들은 위의 자료를 이용하지 않았는데, 위의 자료들을 종합해 볼 때 우리는 한인사회당의 설립에 대해서 다음과 같은 사실을 얻게 된다.

앞서 러시아사회민주당 예카테린부르그위원회에 의해 극동에 파견된 알렉산드라 김은 블라디보스톡에서 활약하다가 하바로프스크 당부

---

15) *Internationale Communiste*, no.15, Janvier 1921
16) 십월혁명십주년원동긔념준비위원회 편, 『십월혁명십주년과 쏘베트고려민족』, 1927, p.46

의 강화를 위해 게라시모프(L.E.Gerasimov), 포프코(M.E.Popko) 등과 같이 하바로프스크로 파견된다. 알렉산드라 김은 1918년 초에 하바로프스크에 도착한다. 그리고 곧 하바로프스크소비에트 및 당위원회에서 일하게된다. 그녀는 하바로프스크 볼셰비키당의 서기 겸 재무담당이었다. 또 하바로프스크 소비에트위원회의 외교위원이었다.17)

하바로프스크에서 한인혁명가대회가 열린 것은 결국 알렉산드라 김의 주선 및 하바로프스크당위원회의 노력의 결과였다. 이 대회에는 시베리아, 극동, 만주에서 대표들이 참석했는데, 여기서 논의된 과제는 1)혁명과 당면 상황에 있어서 노령극동의 한인들의 역할 2) 한국에서의 혁명운동의 장래의 과제였다.

여기서 대다수는 소비에트권력이 한국의 경우에 적합한 형태라고 생각했고, 소수는 한국독립의 문제를 러시아의 문제와 동떨어진 것이라고 보았다. 이 소수파는 광복단의 우파였고 또한 '광의단'이라는 단체가 여기에 가담했다. 대회의 선언서는 다수파의 의견이 표현된 것이었다.

> 한인은 조선에서의 혁명의 운명이 러시아에서의 혁명의 운명과 긴밀히 연결되어있다는 것을 알아야한다. 러시아 노동계급과의 긴밀한 연맹에 의해서만 억압된 한국에서의 승리는 가능하다.18)

결국 2월대회에서 '한인사회단'이 조직된 것이다. 이때에 10명으로 중앙위원회가 구성되었다고 한다.19)

---

17) M.T.Kim, *Koreiskie internatsionalisty v bor'be za vlast' sovetov na Dal'nem Vostoke(1918-1922)*, Moskva, 1979, p.52
18) Kim syn khva, *op.cit.*, p.43
19) S.A.Khan, V.V.Kim, "Koreiskie internatsionalisty v borbe za vlast' sovetov na Dal'nem Vostoke(1918-1922 gg.)", *Uchenie zaptski*, vp.27, Kemerovo, 1970, p.43

1918.3.28 한인사회단은 중앙위원회의 확대회의를 열고 프로그람을 채택했다. 그 프로그람의 일부는 다음과 같다.

> 한인 사회주의자들은 말뿐 아니라 행동으로서도 사회주의혁명의 붉은 깃발에 결속되어있음을 일본, 연합군 등 제국주의적 흡혈귀에 대해, 노골적이거나 또는 감추어진 적들에 대해, 투쟁을 할 모든 가능성을 받아들이면서, 소비에트러시아와의 연대를 증명하려 노력한다.[20]

이 확대회의에서는 중앙위원회가 재조직되고 조직, 선전, 군사의 3부가 구성되었다. 그리고 기관지 '대종'을 발행했다. 김성화에 의하면, 한인사회단은 한인농민층과 긴밀한 관계를 가지지 못하고, 일반적으로 정치적 망명자들에 의해 구성이 되었다는 것이다. 이 한인사회단은 하바로프스크당부의 후원 하에 활동했던 것이다.

한인사회당은 1918.4.28일 조직되었다.[21] 그 구성원은 이동휘, 박애, 이한영, 김립, 오성묵, 오하묵, 이인섭, 유 스테판, 오 와실리, 림호, 전일, 알렉산드라 김이다. 이때에 '한인사회단'은 '한인사회당'으로 정식 창당선언을 하기에 이른 것으로 보인다.

이 한인사회당은 한국독립의 문제보다는 러시아혁명에의 참여를 제1차적 과제로 생각했다. 한국에서의 혁명은 아직 요원한 과제로 보았

---

20) Kim Syn Khva, *op.cit.*, p.92
21) 지금까지의 연구는 한인사회당의 창당일에 대하여 1918.6월 설을 채택하였다. 그것은 일경문서에 근거한 것이다. 그러나 한인사회당에 관해 가장 먼저 이루어진 기록인 박진순의 1919년 코민테른 보고문에 의하면 동 당이 체코군 반란 이전에 조직되었다고 말하고 있기 때문에 체코군의 반란이 1918.5월이라는 것을 감안한다면 1918.6월 설은 근거가 없다고 할 것이다. 1927년 연해주의 조선인들에 의해 이루어진 주 15)의 책은 그 정확한 날짜를 4.28일로 밝히고 있다. 한인사회당이 1918.5월 이전에 창당되었다는 것을 고려할 때 위의 기록은 믿을 수 있는 것이다.

기 때문이기도 했거니와, 러시아공산당은 바로 한인의 지원을 필요로 했던 것이다. 따라서 한인사회단의 최초의 활동중의 하나는 적위대를 조직하는 일이었다.

간도병참감부의 「兵站監部諜報旬報」(1918.12.21-30)에 의하면, 이동휘, 유동렬, 김립, 이한영 등은 한족중앙총회의 의장 문창범과 알렉세예프스크(Alekseevsk) 중학교 교사이며 그 지방 한인회 회장인 金甫와 관계를 가지고, 일본군에 대해 싸우기를 결의했으며 하바로프스크 볼셰비키당의 지지를 얻었다는 것이다. 이에 따라 군대를 징모할 목적으로 이들은 3개 방면으로 출장을 갔는 바, 이동휘는 북만주의 중-러 국경으로, 김보는 이만으로 이한영과 김립은 하바로프스크 방면으로 갔다. 그러나 연합군의 간섭으로 인해 그 징모사업이 잘 이루어지지 않았다.22) 외국 군대가 블라디보스톡에 진주했고 따라서 군대모집은 하바로프스크 부근에서만 가능했던 것으로 보인다. 이곳은 한인사회당의 근거지이므로 가능했을 것이다. 이 결과에 따라 1918.6월에 한인사회당은 약 100명의 한인적위대를 조직했다. 이들은 하바로프스크, 다반, 안반 등의 주민이었다.23)

이 한인적위대는 카라이치(Karaich)의 지휘 하에 있는 하바로프스크 제1국제연대에 속해있는 블라디보스톡 국제군에 편입되었다. 그리고 이 연대는 우수리 전선에서 약 2 달 동안 전투를 벌였는 바, 적들의 압도적 힘에 의해 아무르지방으로 후퇴하게 된다. 이 기간 중, 극동지방을 여행했던 미국인 목사 윌리암스(A.R.Williams)는 한인 적위대에 대해 다음과 같은 글을 남겼다.

적위대 옆에, 새로운 적군의 부대들이 생겨나고 있다. 그것은 국제

---

22) Kwon, Hee-Young, op.cit., p.297
23) S.Khan, "Uchastie korciskikh trudiashchikhsia v grazhdanskoi voine na Dal'nem Vostoke(1919-1922)", *Koreia, istoria i ekonomika*, p.110

군이었다. 거기에는 체코 및 한인의 부대를 포함하여 모든 민족들이 있었다. 캠프화이어 주변에서 한인들은 말했다: "우리는 지금 당신들의 자유를 위해 싸우려합니다. 앞으로는 당신들은 우리와 함께 우리의 자유를 위해 일본에 대해 싸울 것입니다."...규율에 있어서 적군은 정규군에 비해 열등했다. 그렇지만 이들은 다른 쪽이 결여하고있는 열정을 가지고 있었다.24)

이같은 증언을 볼 때 한인사회당의 초기 활동은 전쟁에 치우쳐 있었다. 그것은 소비에트권력을 위해 볼셰비키에 가담하여 싸우는 것이었다. 한국혁명은 다소 먼 것으로 간주되었는 바, 민족주의적 지향보다는 국제주의적 지향이 더 강했던 것이다.

한편 한인사회당은 한인조직의 헤게모니를 쟁취하기 위해서도 많은 노력을 기울였다. 1918. 5월 니콜스크-우수리스크에서 제2차 노령한인 혁명단체총회가 개최되었다. 이때의 의사사항은 1)10월혁명 2)한인 초등학교 3)한인사회의 문제였다. 이때에 사회주의자와 민족주의자의 토론은 격렬했다. 1)의 문제에 대해 사회주의자들은 프롤레타리아트의 대의를 위해 한인들이 공동의 투쟁을 해야한다고 주장하였다. 한인사회당은 국제주의에 호소한 것이다. 그러나 우파는 10월혁명의 문제를 자본과 노동사이의 사회적 대립에 입각한 투쟁으로 보기보다는 단지, 정당들간의 싸움으로 보았다. 우파는 볼셰비키가 내전을 촉발시켰다고 비난하고 또한 브레스트리토프스크조약을 비난했다. 회의에서 우파의 의견이 승리해서 한인들은 러시아의 내전에 중립을 선포했다. 그러나 사실상 우파는 볼셰비키에 반대하고 있었다. 그들은 1918. 4월에 사회혁명당과 멘셰비키에 의해 주도된 反소비에트 시위에 참가했다.25)

---

24) A.R.Williams, *Throughout the Revolution*, N.Y. & London, (1921 first edition), 1978, pp.234-235
25) Iv.Gozhenskii, "Uchastie koreiskoi emigratsii v revoliutsionnom dvizhenie na Dal'nem Vostoke", *Revoliutsia na Dal'nem Vostoke*, Moskva-Petrograd, 1

2)의 문제에 있어서 초등학교에서 한국어를 주 과목으로 하자는 제안은 거부되었다. 그리고 사범학교를 열자는 제안은 채택되었다. 3)의 문제에 있어서 한인들은 한인자치의 중심지로 니콜스크-우수리스크를 제의했다. 그리고 그 결정에 대해 극동인민위원에 인준을 요청했다. 그리고 총회는 2명의 대표를 파견했다. 이 제2차 노령한인혁명단체총회에서 토론은 무려 2주간이나 계속되었다. 결국 대부분이 소작농으로 구성되어있는 빈곤한 한인대표들은 총회를 이탈하고 한인사회당으로 하여금 하바로프스크에서 24시간 내에 그들만의 총회를 가지려고 하였다. 그러나 체코군의 봉기는 이 계획의 실행을 불가능하게 했다.26)

백군들이 극동을 장악함에 따라 하바로프스크에 본부를 둔 한인사회당은 지하로 들어가지 않으면 안되었다. 한인적위대는 우수리전선에서 교전하여 병력의 절반을 상실하고, 또한 알렉산드라 김을 잃었던 것이다.

1918. 8월 연합군과 백군은 하바로프스크에 도달한다. 소비에트와 볼셰비키당 조직은 철수해야만 했다. 1918. 9. 10 마지막 배가 아무르 강을 거슬러 도망치게 되었다. 이 '바론 꼬르프'호에는 알렉산드라 김이 타고 있었다. 그녀는 시당의 문서를 운반하는 중이었다. 그러나 상류로 올라가는 도중 배는 백군에게 나포되었다. 알렉산드라 김은 아따만 칼믜코프(Kalmykov)의 재판을 받고 '죽음의 열차'를 타게되었다. 마지막 심문에서 그녀는 다음과 같이 말하였다.

> 볼셰비키는 결코 그의 동료를 배반하지 않소. 자기의 사상을 배반하지 않소. 우리 볼셰비키에게는 생과 사상은 분리될 수 없소. 그것들은 하나의 전체를 형성하오. 죽음이라도 이러한 통일성을 깨지 못할 것이오.27)

923, p.365
26) Ibid., p.364

또한 왜 그녀가 한인이면서 러시아 내전에 참여하게 되었는가에 대해 그녀는 다음과 같이 대답했다.

> 나는 무엇보다도 먼저 볼셰비키요. 나는 프롤레타리아트와 피압박 민족 의 권력인 소비에트권력을 위해 싸워왔고 또 싸우고 있소. 나는 조선인민이 러시아인민과 같이 사회주의 혁명의 성공에 도달할 때에만 국가의 자유와 독립이 얻어질 수 있다고 확신하오.[28]

그녀는 결국 1918. 9. 16일 새벽 4시에 하바로프스크의 "죽음의 협곡"에서 사형을 당했다.

백군의 극동 점령 이후 한인사회당의 활동은 중지될 수밖에 없었다. 그리고 일부는 파르티잔운동에 참여하지만, 전반적으로는, 1919년 4월의 제2차 총회시까지 한인사회당의 활동은 종식되었다. 그리고 대부분의 간부들은 전로한족회중앙총회에서 활동한 것으로 보인다.

4. 노령에서의 3·1운동과 한인사회당 제2차 총회

한인사회당이 1918. 9월 이후 궤멸상태에 있었기 때문에 3·1운동 자체에 있어서 한인사회당은 지도력을 발휘할 수 없었다. 그렇기때문에 노령에서의 3·1운동은 당시의 유일한 한인 합법조직인 대한국민의회에 의해 주도되게 되었다. 전로한족회중앙총회는 3·1운동직전인 1919년 2월 25일 대한국민의회로 개칭되었던 것이다.

한인사회당은 3·1운동에 있어서는 직접적으로 조직적인 역할을 하지는 못했던 것으로 보인다. 1919. 4월에 가서 한인사회당은 다시금 동지

---

27) M.T.Kim, op.cit., p.52
28) Kim Syn Khva, op.cit, p.94

를 규합하여 제2차 총회를 가지게 되는데 한형권은 어떠한 조건에서 한인사회당 제2차 총회가 개최되었는지를 설명해준다.

> 1919년 조선에서 일어났던 인민적 동요는 망명단체들 사이에서는 일종의 놀라움이었다. 왜냐하면, 어떠한 정당도 즉각적인 봉기를 지도하지 않았고, 바로 이때문에 그 운동이 처음에는 자연발생적 성격을 가지고 있었다는 것은 충분히 이해할 수 있는 것이다. 그 혁명적 운동이 전국에 퍼지자 곧 비합법적 정당들과 교단들은 점차 조직되었고, 그들은 그 운동의 일반적 물결 속에 들어왔다.29)

이러한 사정은 특히 극동에 있어서는 사실이라고 말할 수 있을 것이다. 왜냐하면 국내에서의 운동이 발생한 이후에 노령 극동에서 운동이 일어나기 때문이다. 어쨌든 한인사회당도 3·1운동으로 인해 혁명적 기운이 극동에 고조된 연후에 재조직되는 것을 우리는 볼 수 있게된다. 그리하여 블라디보스톡의 근교에서 한인사회당 제2차 총회가 열리게 되는 것이다.

박진순의 보고에 의하면 이 제2차 총회에는 49명의 대표가 '한인사회당' 및 '신민단'을 대표하여 참석했다. 그리고 이들 조직이 30000의 당원을 대표하는데, 그중 신민단이 2/3 를 차지한다고 하였다.30)

이 제2차 총회에서 한인사회당의 지향은 근본적으로 변한다. 그것은 민족해방운동을 우선적 과제로 설정했기 때문이다.31) 이 제2차 총회에서는 프로그람이 채택되었는데 그것은 좌파의 성격을 뚜렷이 보여준다. 거기에는 국제주의의 필요, 소비에트러시아의 이미지를 따라 자유한국에 프롤레타리아트독재를 실시할 필요에 대하여 언급했다. 그러나

---

29) R, "Polozhenie v Vostochnoi Azii", *Kommunisticheskii Internatsional*, no. 13, 1920, pp.2557-2558
30) Pak Dinshun', op.cit , p.1173
31) Ibid., p.1173

거기에는 농민대중이나 부르조아계급과의 동맹의 문제가 언급되어 있지않다. 농업문제에 대해서도 언급이 없다. 제2차 총회는 프롤레타리아트의 힘을 과대평가하고 농민과 민족부르조아지의 힘을 과소 평가한 것이다. 그러나 같은 한인사회당 내에서도 한형권은 "우리의 선전의 가장 주된 목표는 부르조아지에 대한 투쟁이 아니라 농업혁명이다"32)라고 하여 박진순과는 다른 견해를 가지고 있음을 보게된다.

한인사회당은 제2차 총회 이후 당의 대표를 극동의 일본, 중국, 러시아같은 국가들에 파견하였다. 그것은 한인사회당이 극동의 진보적 제세력과 연합하기 위한 것이었다. 무엇보다도 중요한 것은 러시아로의 대표 파견인데, 여기에는 박진순과 박애가 포함되었다. 박애는 도중에 병이 들어 박진순만 행로를 계속하여 모스크바에 도착하여 코민테른에 한인사회당의 활동을 보고했다. 일본에 파견된 대표는 누구인지는 모르나, 한형권의 논문에 의하면, 당시 일본의 사회주의자들은 불법적인 상태에 있었고 조선의 혁명운동을 실제로 도울 수 없는 상태에 있었다고 한다. 그래서 일본의 민주주의자들로부터 도움을 받을 수 없었다고 한다.33) 중국에는 이동휘가 파견되었는데 그는 1919.5.13 중국을 출발하여 여름에 꽝뚱에서 손약선과 면담했다.34) 그러나 무슨 내용이 오고갔는지는 알 수가 없다.

이때 노령에서는 한인사회당과 대한국민의회의 대립이 계속되어서 한인사회당은 상해임정을 지지하는 전술을 채택하였다. 그리하여 이동휘, 김립을 비롯한 일부 지도층은 상해로 그 활동의 근거지를 이동하는데, 연해주에 역시 한인사회당의 주력이 남아있었다고 보아야 할 것이다.

---

32) R, op.cit., p.2560
33) Ibid., pp.2559-2560
34) M.T.Kim, *op.cit.*, p.45

그런데 조선총독부경무국의 보고에 의하면 1919년 중엽에 블라디보스톡에서 일세당이 조직되었고 이 단체는 볼셰비즘에 의해 조직되었으며 1920년 1월 하순에 연해주지방이 과격파의 손에 장악된 이후에 한인사회당이라고 개칭되었다는 것이다.35)

다른 연구에 의하면 대한국민의회는 극동에서의 민족운동을 지도하기 위해 한인사회당에 대결할 조직으로서의 일세단을 조직하였다. 그러나 극동에서의 적군의 승리 이후 일세단의 대부분은 좌파로 기울어졌다.36) 1920년 3월 14일에 블라디보스톡의 신한촌 정교사원에서 한인사회당과 일세단은 한인사회당으로 통합되었다.37) 그런데 일경문서가

---

35) 金正柱 編, 『朝鮮統治史料』, 제7권, 東京:韓國史料研究所, 1971, p.22 이하 이책은 『朝鮮統治史料』 7로 약기한다.
36) S.A.Khan,"Uchastie koreiskikh trudiashchikhsia v grazhdanskoi voine na russkom Dal'nem Vostoke(1919-1922)", *Koreia, Istoria i ekonomika*, Moskva, 1958, p.55
37) 「高警第九一五六號」, (金正明 編, 『朝鮮獨立運動』, 제5권, pp.93-94) 이하 이책은 『朝鮮獨立運動』 5 같이 책명과 권수만 약기한다.
 이 때에 선출된 한인사회당 임원은 다음과 같다.
 회장 장도정
 부회장 김 Mikhail Mikhailovich
 의사회장 김진
 부의사회장 이홍삼
 의사원; 오성묵(Nikolisk), 최뉴님(동), 김필수, 박 Moisei Petrovich, 한일제, 이재익, 김웅, 김일, 유영락, 진병도, 한용헌(Andrei Konstantinovich), 엄주필 선전부장 전일
 부원; 연병우, 유일, 김영락, 박 Moisei Petrovich, 최성우, 한일제, 진병도 노동부장 조장원
 부원; 김관학, 조흥명, 전희세
 재정부장 이영호(한인신보사 서기)
 부원; 박인섭, 오성묵, 김필수, 김성준, 한 Pauer, 한광숙, 박대성
 서기(한문) 박 갑
 서기(노문) 이 재익
 서무 최구녀, 전 Cherenchi
 그러나 위의 직명 자체가 대단히 부정확하다. '한인사회당약법'에 의하면(『朝鮮獨立運動』 5, p.998) 동 당의 기구는 집행위원부와 의사부로 나누어진다. 따

전하는 1920.3월의 한인사회당대회의 성격을 어떻게 이해해야할 것인가 하는 문제가 제기된다. 왜냐하면 이 대회에는 이동휘 등 한인사회당의 유력 인사가 임원으로 나타나지 않기 때문이다. 이 대회에서의 임원중 한인사회당 창당시의 인물은 오성묵, 전일이 있다. 그렇다고 해도 이 당이 이동휘와 노선을 달리하는 것이었다고 보기는 힘들다. 이 때에 당이 분열되는 어떠한 조짐도 없었기 때문이다. 우선 이 때에 일세단이 한인사회당과 합류했기 때문에 일세단의 성격을 검토해보아야 할 것이다.

우선 1920.3월에 회장으로 선출된 장도정에 대해서 보면 그는 1920년 현재 36세의 나이였다. 일경문서에 의하면 그는 1919.11월 말에서 12월초에 상해에서 블라디보스톡으로 와서 동지의 "煙草捲業者들로 이루어진 일세당원"중에서 결사대를 조직하여 연줄을 구하고 또한 체코군에게서 폭탄 수 개를 구하여 12월 말경 혼춘지방으로 출발했다는 기록이 있다.38) 또한 그는 1920.3월 상순에 이루어진 대한국민의회의 선거에서 외교원의 직책을 맡았다.39) 이같은 사실을 볼 때 장도정이 한인사회당의 최고지도자로 선출된 것은 석연치 않다. 아마 그는 일세단측에서 한인사회당 회장으로 선출되었다고 보아야할 것이다. 또한

라서 위의 의장, 부의장이란 위원장, 부위원장을 지칭하는 것으로 보아야 할 것이다. 한인사회당의 조직이 공산당의 일반적 조직원리를 따르는 대신 정부 조직원리를 따르고 있는 것이 이채롭다.
38) 「高警第769號」, (『朝鮮獨立運動』 3, p.456)
39) 「高警第9157號」, (『朝鮮獨立運動』 3, p.474)
한편 이 때의 대한국민의회의 임원은 다음과 같다.
회장 한 Egor
부회장 김만겸(Iun Iunovivh Serebriakov)
서기(한문) 전일
서기(노문) 박 Moisei Petrovich
참모부장 김하석
발찌산대장 김 Mikhail Mikhailovich
외교원 한용헌, 김진, 장도정, Mikhail 김, Moisei 박, 김만겸

국민의회의 임원중 상당수가 그대로 한인사회당의 임원이라는 것을 생각해볼 때 한인사회당 1920.3월 대회는 한인사회당 노령지부대회의 성격을 가진다고 본다. 물론 노령지부는 한인사회당의 실세라고 보아야 한다.

이때에 채택된 결의문은 한인사회당 극동위원회를 블라디보스톡에 설치하고 만주와 조선의 파르티잔 단체 및 혁명단체들과의 연락을 강화하기로 한 것이다. 그리고 대한국민의회를 보이코트하기로 하였다.[40]

연해주의 백색정부가 붕괴되고 다시 볼셰비키가 영향력을 발휘하는 젬스트보정부가 들어서게 되자 한인들의 독립운동도 다시 활기를 띠게 되었다. 그리하여 1920. 2월에서 3월까지의 시기 즉 일군에 의한 4.4-5일의 참변이 있기까지는 한인사회 내부에서도 혁명적 변화가 일어나고 있던 때였다. 한인들은 이제 적군의 승리를 확실한 것으로 보게 되었다.

연해주의 백색정부가 붕괴하자 블라디보스톡의 한인들은 우선 일본군의 압제에서 벗어나기 위해 러시아 혁명군사령부에 요청하여 러시아군 100명을 신한촌의 한민학교에 주둔시켜줄 것을 요청하였다. 그리고 "親日家와 日探의 迫害"를 주장하였다. 그리하여 배일의 기세가 독립선언 당시(3·1운동)보다도 심하다고 일경문서는 말한다.[41]

이러한 분위기에서 한인들은 3·1운동의 일주기를 맞이하여 기념식을 성대히 치르려 하였다. 이들은 대한국민의회회장 **韓蒼海** 서기 전일의 명의로 2.17일부로 각지에 통지서를 발송하였다.[42] 기념식은 신한촌의

---

40) S.A.Khan, *op.cit.*, pp.55-56
41) 「高警第3044號」, 『朝鮮獨立運動』 3, p.460
42) 기념식순서는 다음과 같다.
   1. 개식, 국가
   2. 식사
   3. 독립운동약사설명

정교사원에서 열릴 것으로 되어있고 일본을 제외한 각국영사 및 러시아정부당국자 신문기자들을 초청하기로 되어있다. 또한 대한국민의회는 기념식초청과 아울러 회장명의의 포고문을 동시에 발송했는데 그의 요지는 다음과 같다.

> 세계인류의 자각에 의해 발동된 사회주의적 혁명파가 소생하고 전제포악의 콜차크의 무리는 쓰러져 흔적도 없이 되었다. 혁명의 신천지에 자유의 바람이 불고 우리의 오래 기다리던 날은 금일에 있게 되었다. 우리는 모두 한 몸과 같이 용감히 나아갈 것이며 우리의 앞에는 자유의 활동과 행복이 있을 뿐이니 동포여 분기하라.[43]

3·1운동에 대한 기념은 여러 곳에서 이루어졌다. 3.6일에는 노령의 노보키에프스코예(Novo-Kievskoe)에서 조선민회의 발의에 의해 오후 8시부터 동 구락부에서 연예회가 이루어졌다. 입장자는 조선인 300명, 로인 100명이고 일인에게는 입장권을 발매하지 않았다. 연극의 일막은 청년의병이 군복을 입은 모습으로 각자 총에 착검하여 조선 내에 침입 돌격하는 장면을 연출했고 제 이막은 총출연 배일가를 고창하고 제삼막은 청년의병이 6연발 권총으로 일본군을 격살하는 모습을 연출했는데 막간에는 혼춘한민회경호부장 황병길의 장교 김병직이 한국독립군

---

4. 연설
5. 소년건국가
6. 민국민족만세고창
7. (불명)
8. 시위행렬
9. 주의
   1. 내회자는 각각 국기를 휴대할 것
   2. 각자 붉은 수건을 왼팔에 둘러 혁명의 의지를 표시할 것
   3. 외국인의 단체 명사를 초빙하는 것도 가함
   (『朝鮮獨立運動』 3, p.463)
43) 『朝鮮獨立運動』 3, p.463

의병에 응모할 것을 역설했다는 것이다.44)

또한 한인들은 파르티잔활동에 적극 가담하고 있었다. 2월 초경 김진, 張斗正(張道定-필자), 그리고 러시아의 사관 Mikhail 김은 "배일을 목적으로 하는 혁명주의의 일 정당"을 조직하고 노국혁명군사령부의 승인을 얻어 의용병을 모집했는데 조선인 혁명군의 편성에서 무기와 피복은 러시아군에게서 공급을 받고 현재의 당원은 약 200명 의용병지원자는 80명으로 이들은 모사대의 기관총, 소총 및 폭탄 약간을 2.10 밤 바라바슈(Barabash)방면으로 수송했다는 것이다.45) 이 의용군은 한인사회당이 주가 되어 모집한 것으로 보인다. 이어서 한인사회당은 3.25일 장도정, 이재익, 김동환의 3명을 라즈돌리노예(Razdolinoe)의 노국군헌에 파견하여 조선인 의병을 로군병영에 입소시키는 교섭을 한 결과 300명까지로 허락을 받고 동 지의 파르티잔대에 분배 입영하기로 되어 있는데 현재 응모자는 70명인데 월액 1200루블을 급여하고 무장 및 피복은 로군에게서 공급받기로 약속이 되었다는 것이다.46)

또 그로데코보(Grodekovo)에서는 대한국민의회가 주가 되어 Mikhail 김의 지휘하에 의병을 모집중인데 지원자는 1200명에 달하고 현 징집 인원은 60명이었다. 김하석이 그로데코보와 니꼴리스크를 왕래하며 운동 중에 있다고 했다.47)

어쨋든 일반적인 분위기는 "우리의(일본-필자) 밀정 첩자 형사인 조선인 기타의 친일자를 물색하여 凌虐凶爆를 가하는 경향이 나타나고 있으며 최근에 이르러서는 종종 통행중의 내지인 관리에 대한 학살사건 등도 있는" 형편이었다.48) 2-3월 중에 신한촌에서 있은 사건만 보아

---

44) 『朝鮮獨立運動』 3, pp.478-479
45) 「高警第4100號」, 『朝鮮獨立運動』 3, p.460
46) 『朝鮮獨立運動』 3, p.475
47) 『朝鮮獨立運動』 3, p.475
48) 『朝鮮獨立運動』 3, p.475

도 3. 11일 노인회원 강문백이 일본탐정의 혐의를 받고 권총에 사살되었고, 같은 날 한인신보 주필 김하구는 일본탐정의 혐의를 받고 폭행 당했으며, 3·14일 최모라는 자는 일본탐정의 혐의를 받고 살해되고 동일 奧信조합장 박병일은 자객에 습격을 당하고 3·15일 足立대위의 통역인 김영철은 신한촌 숙박 중 2명의 괴한에게 습격을 당했으나 죽지는 않았다.49)

이러한 상황에서 일본은 1920. 4. 4-5일 밤을 틈타 전면적인 도발을 감행했다. 이 도발은 체코군의 철수에 따라 일본군이 시베리아에 주둔할 명분이 없어지게 되자 일본, 한국, 만주에 대한 이해관계의 필요에 따라 군대를 계속 주둔시키려는 의도에서 비롯된 것이다. 따라서 기본적으로 이 도발은 1920년 1월에 연해주가 볼셰비키 및 파르티잔에 의해 재장악된 것을 분쇄하는데 있었다. 이러한 일본군의 도발이 한인에게 미친 것을 보면 다음과 같다. 일군은 4. 5일 새벽 4시에 신한촌에 주둔한 러시아군을 무장해제 시키면서 한민학교를 소각하고 한인 39명을 체포했는데 그 중에는 채성하, 박 Moisei, 한성인 등이 있었다고 했다.50) 한 연구에 의하면 신한촌에서만 300명의 한인이 살해되고 100여명이 체포되었다고 한다.51)

1920년 4월 4-5일에 있었던 일본군의 만행에 대하여는 극동에서 볼셰비키당의 지도적 위치에 있었고 파르티잔운동에도 가담하였던 구벨만(M.I.Gubelman)에 의해 잘 묘사되고있다.

> 일본군은 라이플총과 기관총으로 무장을 하고 아침 일찌기 마을을 포위하였다. 그들은 라이플총으로 아무 거리낌없이 신한민보 편집진

---

49) 『朝鮮獨立運動』 3, pp.476-477
50) 『朝鮮獨立運動』 3, p.479
51) C.F.Smith, *Vladivostok under Red and White Rule*, University of Washington Press, 1975, p.41

이 있었던 학교기숙사, 루터교 예배당, 제28학교, 여학교, 일요학교에 총을 쏘았다. 그들은 공포 속에서 도망치는 사람들을 계속 죽였다.

학교건물에는 신한촌을 보호하는 지휘중대 중에 50명이 있었다. 이들은 무장해제 당한 후에 체포되었다. 체포된 한인병사들의 손을 묶고 간섭군들은 그들을 개머리판으로 마구 때린 후 데리고 나가서는 다시 와서 땅, 진흙에다 시체를 처박았다.

신한촌에서 간섭군들은 많은 한인들을 체포해서 때리고 학교에 가두어두었다. 떠나기 전에 그들은 학교를 불태워버렸다. 간섭군들의 행동을 추적하는 주변의 주민들은 불이 탈 때에 학교건물에서 절망적인 사람들의 외침이 들렸지만 도움을 줄 수 없었는데 아무도 학교에 접근할 수 없었기 때문이다. 학교건물이 불탈 때 강력한 폭발이 계속 일어났다. 학교건물과 그 안에 있던 모든 사람들이 불에 타버렸다. 간섭군에 의해 학교에서 불태워진 사람들의 수가 얼마나 되는지는 정확히 알 수가 없다. 몇 십 명의 한인들과 러시아인을 체포하여 일본군 본부쪽으로 일본 헌병들이 데리고갔다...52)

일군의 만행은 신한촌에서만 그친 것이 아니라 니꼴스크-우수리스크, 스파스크, 하바로프스크 및 기타 지역에서도 일어났고 많은 한인들이 죽었다. 한인들은 외국영사관에 도움을 요청하였으나 아무런 지원을 받지 못하였다. 미국, 영국, 프랑스, 이태리, 중국, 일본 및 기타의 영사관 대표들은 4월 5일에 러시아행정기관 및 사회기관에 내걸린 일본기를 제거하라는 요구를 하였을 뿐이다.53) 이러한 만행 후에 그때까지 정치적 중립을 유지하려던 한인들조차도 볼셰비키에 가담하게 되었음은 이해될 수 있는 일이다.

어쨋든 일군의 4월의 쿠데타에 의해 한인사회당은 연해주에서 공식적으로 합법적인 활동을 할 수는 없이 되었다. 그리하여 한인사회당은

---

52) M.I.Gubelman, *Bor'ba za sovetskii Dal'nyi Vostok:1918-1922*, Moskva, 1958, p.185
53) *Ibid.*, pp.186-7

그 본부를 적군이 장악하고 있는 아무르 지방으로 이동하게 된다.

5. 이르쿠츠크-상해파의 대립과 분열 총회

1) 이르쿠츠크파 중앙위원회의 결성

일군의 4월 쿠데타로 타격을 입은 것은 한인사회당 뿐이 아니었다. 민족주의적 입장을 견지하던 대한국민의회도 역시 마찬가지의 상황에 놓이게 되었다. 따라서 블라디보스톡의 한인 민족운동-사회주의운동의 지도자들은 아무르, 자바이칼, 이르쿠츠크 등으로 이동해야했다.

이제 우리는 이르쿠츠크 지역에 언제 한인 사회주의 조직이 생겨났는가를 검토하여 보기로 하자.

일경문서는 이르쿠츠크에 한인공산주의 조직이 1918. 1 또는 1919. 1에 이루어졌다고 하나, S.A.한과 V.V.김의 연구에 의하면 한인부가 조직된 것은 1920에 가서이다.54) 그것은 타당한 것으로 보인다. 콜차크의 패배 이후에 한인부가 조직되었을 것이다. 1920.1 이르쿠츠크에서 국제공산사단이 조직되는데 남만춘이 거기에서 참모장이 된다. 그리고 그때 러시아공산당에 가입한다. 그러나 이르쿠츠크는 자바이칼의 해방까지는(1920.10) 한인공산주의 운동의 중심이 되기 힘들었다.

1920.4 이후에 한인 사회주의운동의 중심지가 된 곳은 아무르지방의 블라고베센스크가 된다. 조선총독부경무국의 보고에서는 1920년 5월에 중부시베리아에서의 일본군의 철수 이후에 국민의회가 블라고베센스크에 나타났다는 것이다.55) 한명세는 아무르주에서 1920.6에 러시아공

---

52) S.A.Khan,V.V.Kim, "Koreiskie internatsionalisty v bor'be za vlast' sovetov na Dal'nem Vostoke(1918-1922 gg.)", *Uchenie zapiski*, vypusk 27, Kemerovo, 1970. p.50

산당에 가입했다.

이러한 여러 상황을 종합해볼 때 우리는 이렇게 말할 수 있을 것이다. 1920. 4월 이후 한인사회당의 멤버들은 연해주에서 지하운동으로 들어가던가 아니면 아무르 이동의 지방에서 합법적 조직을 가지며 활동하였다. 그러나 한인사회당은 러시아공산당의 밀접한 지도하에 활동하였다. 그리고 각지의 한인사회당조직 및 러시아공산당에 속한 한인들의 역량을 결집하여 지도부를 구축할 필요가 생기게 되자 이들 조직들은 한인사회당조직의 대표자대회를 구상하게 된다. 이렇게 하여 소집되는 것이 1920. 7월의 '한인공산단체대회'인 것이다.

이르쿠츠크가 한인공산주의운동의 새로운 중심지로 부각되는 것은 1920. 7월 동지에서 '한인공산단체대회'가 열리면서부터이다.

그런데 이르쿠츠크에서의 회의이후 중앙위원회가 구성이 되자 이 중앙위원회는 자연히 기존의 중앙위원회와 충돌하지 않을 수 없게된다. 이 당시 이동휘 등의 지도부는 상해에 있으면서 모스크바와 좋은 관계를 가지고 있었다. 박진순은 모스크바에 머물면서 활발한 저작활동을 벌이고 있었고 또한 코민테른 제2차 총회에도 정식 의결권을 가진 한인사회당의 대표로 인정을 받았다.56) 또한 이동휘는 상해 임시정부에서의 국무총리로서 그의 위치는 확고한 것이었다. 그렇다면 한인사회당의 이동휘 그룹이 그 활동의 정점에 있던 시점에서 그들이 배제된 상태에서 '한인공산단체대회'가 소집되는 것을 우리는 어떻게 이해해야 할 것인가. 왜냐하면 그것은 균열을 의미하기 때문이다. 사실상 이 이후부터 이르쿠츠크를 중심으로 결성된 중앙위원회와 상해의 중앙위원회는 당대회 소집의 문제를 둘러싸고 대결하는 양상을 보이는 것으로 보인다.

---

55) 『朝鮮統治史料』 7, p.23
56) 拙稿, 「고려공산당 이론가 박진순의 생애와 사상」, 『역사비평』, 1989 봄

이미 지적된 대로 상해에서의 공산주의운동의 정점에 있던 이동휘 그룹은 1920. 7월의 시점에서 가장 유리한 고지를 점유하고 있었다. 한인사회당은 코민테른의 승인을 획득하였으며 박진순은 모스크바에 상주하며 외교적으로 유리한 고지를 차지하고 있었다. 또한 한형권 역시 이동휘의 파견에 의해 모스크바에 상주하면서 이동휘 그룹의 입지를 유리하게 하였다. 그러나 이러한 외교적 승리에 도취하여 이동휘 그룹은 민족운동의 다양한 세력을 결집하는 데에 적극적이지를 못하였다.

우선 외교도 중요한 것이기는 하였지만 현지에서의 실질적 역량을 확보하는 것이 더 중요한 일이었다. 그러나 이동휘의 한인사회당의 구지도부는 가장 중요한 노령에서의 조직활동에 소홀히 하였다. 1919년 말부터 조직된 한인의 투쟁은 러시아공산당 한인부의 형태로 러시아공산당에 의해 지도되었다. 이같은 사태는 한인사회당의 구지도부가 노령 내의 한인공산주의자들에 의한 지도력을 상실하게 되었다는 것을 의미하는 것이다. 따라서 외교적으로 가장 화려한 활동을 벌이던 그 시점에 한인사회당 구지도부는 현지에서의 영향력을 점차 잃어가고 있었던 것이다.

그와 동시에 지적될 수 있는 것은 러시아공산당의 태도이다. 내전을 진행하는 도중의 극동의 볼셰비키들이 고도의 규율을 요구하며 소수민족으로서의 한인의 입장에 대해 충분한 고려를 기울일 수 가 없었다. 예컨대 극동의 볼셰비키는 연해주 및 아무르주의 해방 후에 즉각적인 소비에트화를 주장하였다. 이들은 또한 부랴트인의 경우에 대한 태도에서 볼 수 있듯이 소수민족이 자치권을 가진다는 것에 대해 우려하고 있었다.[57] 이들은 러시아공산당에 의한 지도를 강력히 요구하고 있었다. 이러한 상태에서 극동 현지의 볼셰비키들이 한인사회당 구지

---

57) Kwon Hee-Young, "L'internationalisme devant la question nationale en URSS", These non publie, EHESS, Paris, 1988.10

도부에 대해 충분한 고려를 했을 수가 없다. 이들이 당면한 문제는 극동의 해방이고 그 해방의 과제에 모든 역량이 집결되어야 하는 것이고 한인들의 독립운동도 그 범위에서 생각되어져야 할 것이었다. 이 점에 있어서 극동의 러시아공산당은 물론 모든 조건을 고려치 않는 오류를 범하였다. 그렇기 때문에 극동의 러시아공산당의 태도를 우리가 직접적으로 러시아공산당 중앙위원회의 태도로 볼 수는 없다. 그러나 한인에게 먼 중앙보다는 가까운 현지의 영향력이 우선 더 클 수밖에 없는 것이다.

1920. 7. 12일의 '소비에트러시아 및 시베리아의 조선공산조직 대회'에서는 자연히 러시아공산당에 의한 한인공산주의운동이 논의의 초점이 될 수밖에 없었다.

이 대회에는 한인사회당의 당원들이 역시 참가하였다. 그리고 박애, 이한영의 한인사회당 구 지도자들은 "러시인들이 한인 조직을 지도한다는 것에 타협할 수가 없었다."[58] 이러한 한인사회당대표의 관점에 대해 이르쿠츠크 신지도부는 "민족-쇼비니즘", "소부르조아적 경향"으로 "개인주의"라는 용어로 비난을 하였다.[59]

우리가 좀더 객관적으로 평가한다면 민족쇼비니즘에 깊이 물들어서 국제주의의 원칙을 위배한 것은 오히려 러시아공산당의 극동 볼셰비키였다고 말할 수 있을 것이다. 1920년의 전시공산주의에 익숙한, 그리고 내전에서의 파르티잔적 규율에 익숙한 러시아공산주의자들에게 한인민족운동에 대한 이해가 만족할만한 것은 아니었던 것이다. 이들은 한인사회당의 구지도부에 대한 예우를 분명히 소홀히 하였다. 그것은 분명히 러시아공산당 극동지도부의 관료주의적 태도 및 민족쇼비니즘을 나타내는 것으로 보아야 할 것이다. 이러한 러시아공산당의 오류는

---

58) "Doklad Koreiskoi kommunisticheskoi partii III kongressu Kominterna", *Narody Dal'nego Vostoka*, p.255
59) Ibid., p.256

한인공산주의운동을 분열케하는데 일조를 한 것이다.

(1) 상해에서의 한인사회당의 분열

그런데 한인사회당의 분열상을 살피기 위해서는 불가피하게 상해에서의 공산주의운동의 전개상을 살필 수밖에 없다.

상해에서는 언제부터 공산주의운동이 시작되었을까? 1919년 가을에 이동휘의 국무총리 취임은 이미 임정에 있어서 사회주의세력과의 조직적 연합을 의미하는 따라서 일종의 통일전선으로 볼 수 있는 사건이었다. 그러면 언제부터 사회주의자들이 임정과 상해에서 하나의 그룹을 형성할 수 있을 정도가 되었는가? 그것은 노령에서 한인사회당이 먼저 결성되어 그것이 이동휘 그룹과 관계를 가지면서부터일 것이라 보여진다.

1920. 3월 블라디보스톡에서 결성된 한인사회당은 그 이후 곧 상해에 요원을 파견하여 이동휘와 접촉을 가진다. 일경문서에 의하면 노령 블라디보스톡에서 과격파 10명이 상해에 도착하여 이동휘 등과 제휴하였다고 하고 있다.60) 이 무렵부터 상해에 조직적인 공산주의그룹이 활동을 개시했다고 보는 것이 타당할 것이다. 보이친스키(Voitinskii)가 활동을 하는 것도 바로 이 시기인 것이다.

1921. 1월에 이동휘는 이승만과 충돌 국무총리를 사임 후 북경을 거쳐 흑하에 갔다는 설이 있다.61) 그러나 동시에 남경에 있어서 홍도가 면회한 것이 사실에 가깝다는 설도 있다.62) 이 때의 **議員**내각제및 로국과격파와의 연대를 주장하는 이동휘의 강경파에는 김립, 원세**훈**, 이한영, 장건상, 김재희, 김두봉, 김덕, 노무령, 김만겸이 있으며 박용만과

---

60) 『朝鮮獨立運動』 2, p.112
61) 『朝鮮獨立運動』 2, p.130
62) 『朝鮮獨立運動』 2, p.140

신채호가 이에 동의하고 있었다. 또한 대통령제중심 정부개조의 온건 파에는 이승만, 안창호, 이희경, 이광수, 최창식, 왕삼덕, 홍만희, 이유 필이 있다.63) 이는 국민대표대회소집과 곧 연계된다. 또한 노령의 한 족공산당과도 곧 연결된다. 1921 봄은 결정적으로 중요한 시기인 것이 다. 일경문서는 또한 이동휘파에 오영선, 김립, 유예균, 오성묵, 이한영, 김만겸, 계도(홍도?)를 열거한다.64)

그렇다면 문제는 상해에서는 과연 언제 이동휘파와 김만겸파의 분 열이 이루어졌는가 하는 점이다. 우리는 일단 1920.7월의 시점을 상정 할 수 있을 것이다. 이 때부터 이르쿠츠크중앙위원회가 공산당 창당 준비운동에 들어갔을 때 그 여파가 상해에 미쳤을 것이다. 그러나 이 시기에는 이동휘의 위치가 확고부동한 것이었기 때문에 분열은 사실 상 어려운 것이었고 우리는 다시 1920.1월의 시점을 상정해볼 수 있다.

이 무렵에는 모스크바의 자금이 상해에 들어오기 시작하였다. 이동 휘는 임정과 결별하였다. 이러한 상태에서 김만겸 그룹은 이동휘와 결 별하게 된다.

이 때의 자금문제를 둘러싼 상해공산주의 그룹의 잡음에 대한 문제 를 살펴보기로 하자. 우선 러시아공산당의 자금문제에서 제일 먼저 거 론되는 것은 일경문서 「高麗共産黨及 全露共産黨ノ槪要」에 나타나 있 는 1919.8월의 자금문제이다. 이에 의하면 박진순 등 3인이 모스크바로 부터 획득한 자금 400만 루블을 가지고 1919.9.10일 이르쿠츠크에 도착 했을 때 1919.9.5일 극동선전위원으로 파견된 슈먀츠키의 지원을 받고 전로한인공산당을 조직한 김철훈 일파가 탈취했다는 것이다.65) 이것이 모든 사람들이 의심치 않고 있는 제1차 공산당자금사건이다. 그러나 이 사건은 여러 가지 면에서 믿기 어렵다고 보지 않을 수 없다.

---

63) 『朝鮮獨立運動』 2, p.136
64) 『朝鮮獨立運動』 2, p.144
65) 『朝鮮獨立運動』 5, pp.317-8

우리가 지금까지 살펴본 바와 같이 1919. 9월에는 전로공산당이 조직되지 않았을 뿐 아니라 공산주의그룹조차 결성되지 못했다. 또 슈먀츠키가 극동의 달뷰로에 임명이 된 것은 1920. 5월의 시점이다. 또 과연 박진순이 이 때에 모스크바를 떠나있었던가? 이같은 의문점으로 인하여 이 1차 자금사건은 완전한 허구라고 보여진다. 만일 이같은 일이 있었다면 그것은 1920년이나 1921년의 시점일 가능성이 있는 바 그 문제를 좀더 살피기로 하자.

러시아공산당으로부터의 자금공급시기는 박진순과 한형권의 활동 이후일 것으로 보여지는데 그러면 1920년 말의 시점이 아닐까 생각된다. 「高麗共産黨及 全露共産黨ノ槪要」에 의하면 박진순일행과 김립, 한형권이 1920.11월 초 치타에 도착하여 몽고사막을 거쳐 1920.12월 상해에 귀환하고 이 돈으로 1921.1.10일 한인사회당대표회를 열어 당명을 고려공산당으로 하고 고려공산당중앙총부를 설치하였다는 것이다.66) 이 시기의 자금 공급설은 사실로 보아야 할 것이다. 다른 사료로서 1922년의 「朝鮮治安狀況(國外)」에 의하면 김만겸이 1920년 여름에 블라디보스톡에서 선전비 4만원을 휴대하고 상해에 도달하여 이동휘, 김립등과 함께 신대한독립보, 사회주의연구회, 대한공산당 등의 제기관을 설치하고 활동하다가 최창식과 김립 사이에 대립이 일어나 최창식은 張鵬 및 중국인 姚作賓을 이용하여 김만겸을 끌어들여 고려공산청년당을 조직하여 안병찬, 여운형을 참여시켜 이동휘파에 대항케 했다는 것이다.67)

그러면 이에 대해 이동휘는 어떤 대책을 강구하였는가? 이동휘는 노령과의 결속을 강화하기 위하여 하바로프스크에 한족공산당을 설치하였다. 그리고 이를 바탕으로 하여 고려공산당을 창립하려하였다. 그 반

---

66) 『朝鮮獨立運動』 5, p.319
67) 『朝鮮統治史料』 7, p.167

면에 상해에서 그 기반이 약한 김만겸, 안병찬 그룹은 이르쿠츠크 신지도부와 손잡으려 하였다. 그러나 사실상 상해에서의 한인사회당의 분열은 큰 의미를 가지고 있지 않다. 문제의 진원은 노령에서의 한인사회당의 분열인 것이다.

(2) 노령에서의 한인사회당의 분열

이르쿠츠크의 신지도부에 의해 주도된 1920.7.12의 한인공산단체대회는 분명히 한인사회당의 구지도부에 대한 도전의 의미를 지니고 있었다. 이 대회의 주관자들에게 있어서 한인사회당의 구 지도부는 아마 추어처럼 보였을 가능성이 많았다. 왜냐하면 신지도부는 러시아공산당의 지도 밑에서 그 활동을 하고 있었기 때문이었다. 이제 문제가 되는 것은 구체적으로 이 회의에 어떠한 조직들이 참가했는가 하는 것을 밝히는 일이다. 먼저 이 대회에서 가장 중요한 역할을 하였다고 볼 수 있는 이르쿠츠크공산당 한인부의 경우부터 살펴보기로 하자.

이르쿠츠크도당 한인부

이르쿠츠크도당 한인부를 살피는데 있어서 가장 주요하게 인용되는 자료는 동 한인부에서 발행한 신문 1920.4.7일자 『赤旗』의 기사를 일본 경찰이 보고한 대정 10년 2월 26일의 「高警제 5283호」 문서이다. 여기에 게재된 기사에 의하면 이르쿠츠크공산당한족부연혁개요의 항목에 "작년 1월 22일" 공산당 한족부가 설치되었다는 기사가 있다. 지금까지의 모든 연구자들이 이 작년을 적기의 발행 전년인 1919년으로 보는 오류를 범하였다. 그런데 이 "작년"이란 경찰보고자가 본 작년이지 적기 기사에 실려있는 것이 아니다. 경찰 보고문은 적기에 실린 기사를 경찰 보고자가 요약하여 정리한 것이기 때문이다. 따라서 작년 이란

1920년으로 보아야하고 그렇기 때문에 이제까지 한인공산주의운동을 서술하면서 이르쿠츠크공산당한인부가 이동휘의 한인사회당에 선행했다고 설명하는 이전의 모든 설이 잘못임이 스스로 판명되는 것이다.

이제 필자가 위의 사실을 바탕으로 하여 다시 이르쿠츠크도당 한인부의 역사를 설명하기로 하자.

볼셰비키가 점점 동진하며 1919.11.10일 옴스크를 탈환했을 때 콜차크는 체코군과 함께 이르쿠츠크로 향하고 있었다. 체코군은 처음에는 콜차크를 보호하였지만 곧 그를 포로로 삼고 말았다. 기차가 이르쿠츠크에 도착했을 때 이르쿠츠크의 정부는 이미 사회혁명당계의 정치중앙(Polittsentr')에 의해 전복이 되어있었다. 그러나 노동자와 병사를 중심으로 하여 실권을 장악한 것은 볼셰비키였다. 따라서 만일 체코군이 무사히 블라디보스톡까지 도착하고 싶으면 실제로 권력을 장악하고 있는 볼셰비키에게 콜차크를 넘겨주어야 했다. 그리하여 1920.1.15일 그는 볼셰비키 민병대에 넘겨져서 2월 7일 처형이 되었다. 그리고 그 사이에 이르쿠츠크의 권력은 볼셰비키에게 넘어간 것이다. 이르쿠츠크 공산당에 한인부가 조직된 것은 따라서 볼셰비키가 이르쿠츠크시를 장악한 이후의 일인 것이다.

1920. 1. 22일 남만춘, 김봉기, 이재형, 조훈, 안화춘, 김성찬, 이동엽, 윤협 등의 발기에 의해 한인부가 조직되었는바 이 한인부는 빈번한 임원교체가 있었다.

　1차 임원 1920.1.22 회장 남만춘 서기 윤협 부회장 조훈 경찰 이재형 위원 김봉기
　2차 임원 1920.2.5. 회장 남창석 군대대표 이훈 중대물품출납위원 김봉기 중대서기 이재형 중대장 박익용 소대장 안동백
　3차 임원 1920.2.15 회장 박승만 서기 윤협 위원 김철훈 기자 한봉익 총무 조훈 소사 김성찬[68]

이제 이 조직에 참여했던 인물들을 검토해 보기로 하자. 1차 임원 선거시 회장이었던 남만춘은 1892년 아무르주의 블라고슬로벤노예(Blagoslovennoe)마을에서 출생하였다. 그는 1910년 김나지야 5학년에 입학하고 그 때부터 네르친스크(Nerchinsk)의 볼셰비키들과 관계를 가지고 혁명운동을 하였으며 치타의 철도파업의 지도적 역할을 하기도 하였다. 그는 체포되었지만 교장의 간청에 의해 석방되었고 1914년에 김나지움을 메달을 받고 우수한 성적으로 졸업하였다. 그는 끼에프의 의학교에 입학에 실패하고 전쟁이 나자 곧 징집되었다. 1915.2월 그는 소위보가 되어 옴스크에 배속되고 1년 후 소위가 되었다. 2월혁명 후 그는 연대병사위원회에 선출되었다. 1917.5월에는 연대의 536중대를 지휘하였으며 전선에서 부상을 당해 예카테린부르그로 소개되었다. 1918년 1월 그는 제대하여 고향으로 돌아왔고 혁명활동에 종사하였다. 그의 집은 볼셰비키들의 비밀회합 장소가 되었다. 고향이 백군들의 손에 넘어가자 그는 추적을 피해 가족과 함께 이르쿠츠크로 이주를 하였고 여기에서 다시 한인들로 공산조직을 결성하였다. 1920.1월 이르쿠츠크에 국제공산사단이 조직될 시에 그의 참모장이 되었고 그 때에 러시아공산당에 가입하였으며 도당대회에서 이르쿠츠크도당위원이 되었으며 1920. 3월에는 도당의 소수민족부 책임자가 되었다.69) 따라서 소수민족부책임자로서 그는 이르쿠츠크한인부를 감독할 수 있는 자리에 있었다. 그렇다면 그는 2차 임원 선거 시에 회장에서는 물러났어도 실제로 한인부를 지휘하고 있었다고 보아야한다.

조훈의 경우는 1897년 한국에서 출생하였다. 그는 중학교를 졸업하고 광복단의 청년조직의 멤버가 되었다. 1917년에 그는 연해주로 건너 갔으며 블라디보스톡과 아친스크에서 막노동자로 일하다가 1919-20 이

---

68) 『朝鮮獨立運動』 5, p.97
69) M.T.Kim, *op.cit.*, pp.68-69

르쿠츠크에서 국제사단에 복무하였다. 그는 후에 상해로 파견되어 보이친스키 및 김만겸과 협력하고 한국으로 밀파되기도 한다.70) 어쨋든 조훈이 1차와 3차에서 임원으로 선출될 당시 그는 남만춘의 휘하에서 군에 복무하고 있었음이 드러난다.

그러면 한인부는 어떠한 활동을 하였는가. 이르쿠츠크 국제공산사단의 군인들이 주요 멤버이기 때문에 당연히 군사적 활동에 치우친 것으로 보인다. 이들은 1920. 2. 8일 카펠군대와 전투하기 위해 22명을 즈나멘스코예-브레멘스코예 (Znamenskoe- Bremenskoe)에 파견하였으며 군사훈련을 실시하였다.71)

결론적으로 말해 이르쿠츠크에 한인부가 조직될 시 이들의 주요활동은 이르쿠츠크 부근에서 반혁명군과 싸우기 위한 군사활동을 벌이는 것이었으며 한인부는 사실상 국제공산사단 한인중대라 할 만한 것이었다. 이들이 한인공산주의운동의 중추부 역할을 할 수는 없었고 또 그리하려고도 하지 않았다.

베르흐네우딘스크공산당한족부

당시 바이칼호 동쪽 연변에는 프리바이칼도가 성립해 있었던바 여기에도 한족부가 설치되었다. 그 회장은 이성실이라는 사람이었다.72) 공산당한족부는 동지에 한족군대를 조직하기 위해 한족부에 공문을 발송하고 우창석을 대표자로 하여 파견하였으나 이에 대해 당지의 한족부는 한인의 수가 적고 위치가 불편하여 군대의 조직은 절대 불가능하여 모집된 군인을 당지에 보냈다는 답변을 보냈다고 하였다.73) 여기

---

70) M.T.Kim, op.cit., pp. 96-97
71) 『朝鮮獨立運動』 5, p.97
72) 『朝鮮獨立運動』 5, p.99
73) 『朝鮮獨立運動』 5, p.97

에서도 한족부가 있었고 그 활동은 주로 반혁명군과 싸우기 위한 군사 활동이었을 것으로 추측할 수 있다.

기타 다음의 지역에 한인공산조직이 성립해 있었다.

    Kasan 한인공산당회장 이대덕
    Ekaterinburg 한인공산당회장 한규선
    Omsk 공산당회장 이 다물
    Moskva 한인공산당회장 강상주
    Krasnoiarsk 한인공산당
    Norkutsk 한인공산당회장 박승만[74]

이상의 한인부 조직들은 베르흐네우딘스크 이서의 한인공산당 조직들이었다. 이 조직들은 거의 모두가 1920.1월 이래 조직되었다고 보는 것이 타당할 것이다. 그러나 한인들의 대다수가 살고있는 연해주 및 아무르주의 한인들은 세묘노프에 의해 연락이 어려운 상태였다. 그렇기 때문에 한인공산조직들의 연락상황은 베르흐네우딘스크 以西에 한 것이었다고 보는 것이 타당할 것이다. 그러는 가운데 이르쿠츠크는 점차 한인공산조직에 있어서 중요한 비중을 차지하게 되었다. 왜냐하면 모스크바에 설치되었던 '한인중앙기관'이 이르쿠츠크에 이송되기로 결정되었기 때문이다.[75] 또한 이르쿠츠크는 시베리아공산당의 본부인 시브뷰로(Sibburo)가 있는 곳이기도 하였다. 모스크바의 강상주가 제5군에 복무하기 위해 이르쿠츠크에 파견된 것이 이 시점임을 볼 때[76] 이르쿠츠크한인부가 한인공산조직 가운데서 점점 커져가는 것을 어렵지 않게 볼 수 있는 것이다. 사실 한인사회당과 별 관계가 없는

---

74) 『朝鮮獨立運動』 5, pp.98-99.
75) 『朝鮮獨立運動』 5, p.98.
76) M.T.Kim, op.cit., p.67.
    강상주는 코민테른 제1차대회에 한국대표로 참석한 바가있다.

이들은 한인사회당 지도부의 지휘를 받지도 않았을 뿐더러 받으려고 하지도 않았을 것이다. 이들은 점차 그들을 조직하여 한인공산주의운동을 주도해나가려는 계획을 가지게 되고 그것이 1920. 7. 12일의 대회로 나타난 것이다. 이제 연해주, 아무르주의 상황을 살펴보기로 하자.

아무르주의 경우

아무르주의 겨우는 1920. 4월 이전에는 한인공산당조직이 성립해 있었는 지 의심스럽다. 스보보드니이의 한인들은 1920. 3. 1일 독립선언 기념식을 갖고 1920. 3. 20일 알렉셰예프스크에서 흑룡주한인총회를 구성하고 징모에 착수하여 400명 1개 대대를 구성할 수 있었다. 이의 주인물은 최고려, 박주련, 이훈, 이영섭, 최군실, 김진보, 김인현이다. 이들은 1920. 7. 1일 흑룡주한인총회 제2차 대표회에서 대한국민의회를 봉대하여 그에 흡수되었다. 아무르주한인들이 이같은 태도를 보인 것은 이들 스스로가 한인사회의 지도력량이 되지 못한다는 것을 인정한 바탕 위에서 나온 것이었다. 즉 그들에게 부족한 것은 한인사회에서의 권위였다.

프리아무르주의 한인공산조직

이곳에는 하바로프스크에 1920.8.21일 한인공산주의조직이 있었으며 10명의 당원이 있었다.

다반에도 10명 당원을 가진 한인공산조직이 있었다.

연해주의 한인부

 가장 문제가 되는 것은 연해주의 경우이다. 전통적으로 가장 강력한 기반을 가진 연해주가 1920. 4월 이후 지도자들이 모두 이주하면서 지도부의 공백이 생겨났기 때문이다. 또한 연해주에는 아직 일본군이 주둔하고 있었다. 이 시기에 1920. 8. 21일 현재 당원의 수는 스파스크시에 10명, 니콜스크-우수리스크에 10명, 1920. 9. 6일 현재 소르바쿠안, 나호드카, 코르사꼬프, 신길동 등에 65명이 있었고, 수찬구역에 180명의 당원이 있었다.77) 그러나 저명한 지도자는 부재한 상태였다.
 문제는 1920. 4월 참변 이후 연해주에서 한인민족운동의 지도부가 모두 블라고베셴스크로 이동해와서 새로운 대립관계에 들어갔다는 데에 있다. 니꼴스크를 중심으로 하는 문창범의 대한국민의회지도부는 서기 오창환, 의사회장 김하석, 군무담당 오 Kristopol과 함께 주간신문 『자유보』를 발간하며 활동하였다.
 그런데 이와 함께 같은 시에는 한인사회당계의 한인공산당 아무르위원회가 설치되어 있었다 이들의 회장은 최태일, 부회장 이성천, 의사담당 장도정, 통신담당 김진, 외교담당 및 노문서기 박 아반, 통역 오성묵이었다. 이들은 『신세계』라는 기관지를 발간하고 있었다. 그런데 이들은 의심의 여지없이 블라디보스톡을 중심으로 하는 한인사회당의 지도부인 것이다. 이들 역시 4월 참변으로 대타격을 입고 그 본부를 블라고베셴스크로 이전하였으므로 이제 아무르주에서 두 세력은 연해주 시절의 대립을 되풀이하게 되었다.
 그런 가운데 1920. 10월 치타가 해방되어 전 시베리아의 소통이 원활하게 되고 또 일본군의 간도토벌로 인한 각지의 독립군의 통합문제가 개재되어 이 두 파의 해묵은 대립은 새로운 양상으로 발전하게 된

---

77) I.Babichev, *op.cit.*, p.65

다. 이 양상을 좀 자세히 살펴보기로 하자.

대한국민의회의 1920.9.15일 선언

이제 볼셰비키의 승리가 대세로 판명된 상황에서 대한국민의회는 이전의 반공노선을 계속 추구할 수는 없었다. 그리하여 대한국민의회는 블라고베셴스크시에서 1920. 9. 15일 선언서를 발표하고 공산주의와의 타협을 시도하게 된다. 대한국민의회는 소비에트정부와의 협력을 내세운다. "노농러시아의 이념을 믿으며 그에 동정한다"고 했는데 그 이유는 소비에트러시아로부터만 도움을 얻을 수 있기 때문이다.[78] 선언서는 "자유, 평등, 박애"를 주창하며 "자유한국", "세계의 사회주의 만세"를 외쳤다. 이 같은 선언은 대한국민의회가 완전히 공산조직으로 변했다는 것을 의미하는가? 블라고베셴스크시로 이동한지 몇 달 되지 않아 발표한 이 선언서는 대한국민의회 쪽의 공산주의와의 협력과 타협을 의미한다. 그러나 그것이 대한국민의회나 공산당 쪽 어디에서나 전향으로 보여지지는 않았다. 그 한 예를 들자.

1920.10.6일 아무르주당 한인부의 회합이 있었던 바 이 회합에서는 대한국민의회의 문제가 거론되었다. 이 회합에서는 "대한국민의회는 순전히 민족적 일 만을 추구하고 있으며 아무르주 한인들 사이에서의 공산주의자들의 활동을 막고있다"고 하고 있는 것이다. 이 회합이 대한국민의회에 대해 한 결정은 다음과 같다: "일본제국주의에 대한 혁명적 투쟁에 관한 한 적극적으로 대한국민의회를 지지하지만, 동시에 당에서 모든 민족주의적 요소를 제거해야한다. 지방의 한인공산조직은 위임공산주의자들을 통해 선전선동활동을 조직해야 한다."[79]

---

78) Kwon Hee-Young, *op.cit.*, p.344
79) I.Babichev, *op.cit.*, p.67

이 선언과 또 대한국민의회에 대한 아무르도당 한인부의 반응은 결국대한국민의회의 선언이 공산주의로의 진정한 전향의 의미로는 해석되지 않았다는 것을 말해주는 것이다.

치타의 해방과 더불어 한인사회당그룹은 그 근거지를 치타로 옮겼다. 그 이유는 1920.10월의 시점에서 치타에서의 활동은 한인사회당에게 대단히 유리한 것처럼 보였기 때문이다. 이 때 이전에 한인사회당을 지원해주던 크라스노셰코프는 극동공화국의 대통령이자 수상이었고 러시아공산당극동국(Dal'buro)의 구성원이었다. 따라서 한인사회당은 많은 지원을 극동공화국으로부터 얻을 수 있었다. 박애, 계봉우, 장도정, 권화순, 조응순은 극동공화국과 협상하여 고려공산당동아한인부를 조직하였다. 그것은 중국, 한국, 일본에 공산주의를 선전하기 의한 조직이었다. 이 조직은 주간 노동신문을 발간하고 시베리아에 노동조합을 조직하였으며 아무르주에 파르티잔을 규합하려 하였다. 또 동시에 상해에 있는 공산주의자들을 통해 상해임시정부를 재조직하려 하였다. 이 목적으로 조응순이 파견되어 그는 1921. 2 치타를 떠나 상해에 3. 20일 도착한다. 그는 이동휘, 김립, 김하구 등과 상해정부의 재조직에 대해 논의했지만 그 일은 거의 불가능하다는 답을 얻었다는 것이다. 이리하여 상해의 공산당조직으로 나간다는 것이다.[80]

「在魯高麗革命軍隊沿革」에 의하면 한인사회당의 계획중의 하나는 일본, 중국, 한국의 공산주의운동을 총괄할 수 있는 동아총국의 결성이었지만 러시아공산당극동국의 반대로 좌절되고 그대신 달뷰로 안에 한인부가 조직되었다고 한다. 이 한인부는 1920.10월에 박애, 계봉우, 김진, 장도정, 박창은(이반)에 의해 조직되었고 그 목적은 "고려군중에게 공산주의를 선전"하는데 있었다.[81]

---

80)「高警第四三六號」, 1922.2.14
81) 김준엽, 김창순 편, 『韓國共産主義運動史資料篇』 제1권, 1979, p.10

사정을 종합해볼 때 한인사회당이 치타로 이주하면서 극동3국에 공산주의를 선전할 원대한 계획을 가지고 있었으나 러시아공산당 내의 반대에 의해 한인부로 조직되는 데에 그쳤다는 것이다. 이러한 반대에는 아마 슈먀츠키가 앞장섰을 가능성이 있다.

이때에 이르쿠츠크지도부는 아무르지도부와 손을 잡고 한인사회당의 구지도부인 이동휘의 치타지도부를 견제했을 것이다.

상황은 1921.1월 슈먀츠키가 제5군의 정치장교로 부임하면서, 또 코민테른의 달뷰로 책임자가 되면서 급변한다. 이제 고려공산당의 조직문제는 코민테른 달뷰로의 지시를 받을 수밖에 없었고 또 시베리아의 실질적인 권력은 제5군의 손에 있게되는 것이다.

'한족공산당'의 설치와 치타공산당

이제 한인공산주의운동을 이해하는데 있어서 걸림돌이 되고 있는 '한족공산당'과 치타공산당을 어떻게 이해할 것인가 하는 문제가 남는다. 먼저 일경문서에 의하면 이동휘, 문창범, 박용만등의 일파가 1921.2.22일 재노령 각지 대표자 100여명을 하바로프스크에 소집하여 한족공산당본부를 동지에 설치하기로 하는 한편 선전원을 각지에 파송하고 니꼴라예프스크에서의 파르티잔부대를 규합 무력정비를 하여 1921년 여름을 기해 간도로 남하할 계획이라고 하였다.[82] 이후 김립, 원현준의 양인은 선전위원으로서 간도연길현숭례향명월구에 4.8일 나타나 7일간 머무르며 선전에 종사한 후 지부를 설치하고 15일 명월구를 떠나 영고탑으로 향하면서 양 위원은 혼춘현 태평구에 지부를 설치하고 그 지방에서 200여명의 무력단체를 조직하였다는 것이다. 또 박용만도 3.20일 과격파극동위원과 같이 북경에 부임했는데 북만 지방에

---

82) 『朝鮮獨立運動』 5, p.101

서 과격사상을 선전하기 위한 것이라고 하였다.[83]

그런데 이 한족공산당은 1921.4.5일 또는 25일 본부를 치타로 옮기고 동지에서 한족국민대회를 개최하려 했다는 것이다.[84] 이 한족공산당 그리고 치타로 이전한 후의 소위 치타공산당은 한인사회당 구지도부인 이동휘 그룹에 의해 움직여지는 것에는 의심의 여지가 없는 듯하다.

그러는 중에 이르쿠츠크계의 고려공산당은 1921.5.4일 공산당대회를 개최하고 중앙위원회를 조직하였으며 이 조직은 극동으로 이동하여 조선 내에서의 공산주의를 선전하고자 하는데 옴스크시베리아혁명위원회로부터 다대한 물질적 원조를 받았다는 것이다.[85]

이제 치타공산당의 성격을 규명할 때이다. 치타공산당은 허구가 아니다. 그러면 누가 치타공산당의 주요한 일꾼이었는가? 1921. 11. 15일의 코민테른의 조사위의 결정에 의하면 이르쿠츠크그룹이 1920. 6월에 대한국민의회에 가입하였으며 대한국민의회는 1921. 4월에 가서 공산주의조직이 되었다고 한다.[86] 이르쿠츠크파의 가입이란 다름 아닌 아무르 그룹의 가입을 말함이며 이들은 1920. 6월 대한국민의회의 블라고베센스크시 이전과 함께 이에 가입을 선언하였다. 1921. 4월에 대한국민의회가 공산주의조직이 되었다는 것은 1921. 5월 이르쿠츠크의 당대회에 아무르파와 이르쿠츠크파의 협동이 가능했다는 것을 의미한다. 그러나 대한국민의회의 모든 임원이 이에 가담한 것은 아니었다. 따라서 아무르파와 이르쿠츠크파의 통합이 이루어질 때 대한국민의회의 일부 인사는 이동휘의 한인사회당구지도부와 손을 잡고 한족공산당 후에 치타공산당을 조직한 것이다.

---

83) 『朝鮮獨立運動』 5, pp.101-2
84) 『朝鮮獨立運動』 5, p.103
85) 『朝鮮獨立運動』 5, p.104
86) Suh Dae-Sook, *op.cit.*, p.67

이제 남는 문제는 다음과 같은 것이다. 치타공산당은 상해의 고려공산당과 어떤 관계에 있는가? 우리는 양당이 실제 같은 것이라고 볼 수 있는데 그렇다면 양자의 관계는 어떻게 될 것인가? 또 치타공산당이 러시아공산당 달뷰로의 지지 속에 움직였음도 의문의 여지는 없다. 그러나 의문점은 상해에서의 고려공산당 준비작업이 치타공산당의 활동과 동시에 진행되었다는 점이다. 또한 치타당의 간부가 대부분 노령에 부재했었다는 점이 문제이다. 그렇다면 치타당이란 구한인사회당 계열이 아닌가하는 점이다.

결국 한족공산당은 고려공산당이다. 그런데 그 본부를 치타에 둘 것인가 상해에 둘 것인가 하는 문제의 해결은 그리 간단했던 것 같지가 않다. 1921.년 초에 박진순 일행이 상해로 귀환하면서 상해가 고려공산당의 중추부 역할을 하였지만 동시에 치타에서의 달뷰로 한인부 설치와 한인사회당 지지세력의 1921. 4월의 치타이전은 치타가 중심적인 역할을 하게 하였다. 결국 일경이 파악하기에 그것은 두개의 당처럼 보였다. 1920. 10에서 1921. 5까지의 결정적 시점에 이동휘가 상해에 있으면서 고려공산당을 지휘하고 있었다. 또한 박진순, 김립과 같은 참모도 같이 있었다. 조응순이 상해에 있으면서 노령의 치타와 상해를 연결하였다. 이 시기에 노령에서는 달뷰로한인부가 한족공산당을 이끌었다고 보겠다.

코민테른 극동국 한인부와 러시아공산당 극동국 한인부

1921. 5월의 분열 당대회에 상당한 역할을 한 것은 코민테른과 러시아공산당의 입장이었다.

시베리아 및 극동의 혁명에 있어서 슈먀츠키와 크라스노셰코프의 역할은 각별히 중요하다고 볼 수 있다. 1917. 12. 25일 극동지역 제3차

소비에트총회에서 소비에트권력이 선포되고 이어서 행정기관인 극동인민위원회(Dal'sovnarkom)가 조직되었을 때 크라스노셰코프는 그의 의장이 되었다. 그러나 극동인민위원회의 설치는 1917. 10월의 시베리아중앙(Tsentrosibir')의 결정과 배치되는 것이었다. 말하자면 시베리아중앙의 지도자들은 극동전역을 자기관할하에 두고자 하였다. B.Z.슈먀츠키, N.N.야코블레프같은 시베리아중앙의 지도자들은 그 때문에 이의를 제기하기도 하였다. 크라스노셰코프는 지역정부의 수반이면서도 당의 정상급 지도자는 아니었다. 그는 백색정부의 등장 후 시베리아에서 지하투쟁을 하다가 감금되어 1919. 12월 콜차크의 패배 후 석방이 된다. 그는 톰스크에서 적군사령부 및 정치중앙의 지도자들과 협상하여 완충국을 세우는 데에 동의를 받아내고 이것은 레닌과 트로츠키의 승인을 받았다. 그러나 이르쿠츠크는 볼셰비키에 의해 장악되고 그는 세묘노프의 퇴각이후 베르흐네우딘스크에서 프리바이칼정부를 세우게 된다. 그리하여 1920. 4. 6일 극동공화국이 선포되었을 때 그는 대통령 겸 수상이 되었다. 그는 그의 지지기반을 레닌의 지지와 1920. 3월에 조직된 러시아공산당극동국(Dal'buro)에서 가지고 있었다. 처음에 공산당극동국은 공산당시베리아국인 시브뷰로의 지휘하에 있었지만 1920.8 레닌의 생각에 따라 직접 중앙위원회의 관할 하에 들어가게 된다. 그는 1921. 9월까지 극동공화국을 이끈다.

그러나 슈먀츠키는 그에 반대하고 또 완충국을 반대하였고 슈먀츠키는 공산당극동국에 가담하여 그를 견제하였다. 이같이 반대에 부딪혀 1921. 4월 극동공화국의 6명이 중앙위원회에 전보를 보내어 크라스노셰코프의 지도를 비난하고 그의 해임을 촉구하였다. 레닌은 마지못해 이에 승인하고 그를 재무인민위원회의 제2부상으로 하였다.[87]

---

87) *The Modern Encyclopedia of Russian and Soviet History*, vol. 18, pp.42-45

러시아공산당 내부의 이같은 투쟁은 한인공산주의운동에 극히 부정적인 영향을 행사하였다.

슈먀츠키는 1917. 10. 29-11. 6일에 열린 제1차 전시베리아소비에트 총회에서 시베리아중앙의 의장이 되었다. 그는 1918. 2월 브레스뜨조약에 반대하여 그의 의장직을 상실하였으며 1918. 12월에 러시아공산당 시베리아국가 창설되었을 때 그는 멘셰비키 및 사회혁명당과의 협력을 주장했기 때문에 소외되어 있었으며 1918. 8월에서 1919년 봄 사이에 파르티잔 운동을 지원하며 이르쿠츠크일대에서 활동을 했다. 1919년 7월 레닌과 만난 후 그는 튜멘, 보보니콜라예프스크에서 그리고 톰스크에서 도당위원회의 의장이 되었다. 1920. 5월 공산당극동국에 공산당시베리아국의 일원으로 파견이 되었다. 그해 8월 모스크바로 가서 몽고문제에 대해 몽고대표단, 레닌과 회합을 가졌으며 10월에 시베리아혁명위원회(Sibrevkom)에 임명되고 12월에는 톰스크에서 예니세이 소비에트집행위원회의장, 당도위원회의 간부회성원이었다. 그리고 그는 극동공화국의 외무장관과 수상이 되었다. 그후 그는 1921. 1 제5군의 정치장교가 되어서 자바이칼에서 근무했고 2월에는 코민테른 달뷰로의 책임자가 되었으며 외무인민위원회의 극동전권위원이 되었다. 그는 동시에 공산당시베리아국 및 공산당극동국에도 당적을 가지고 있었다. 1921 여름에는 코민테른 제3차대회에 참석하였으며 극동인민대회를 조직하였다.[88]

1920. 7월의 고려공산당 창당준비는 결국 슈먀츠키의 입김이 작용한 것으로 보여진다. 그리고 1920. 10월 세묘노프의 패배이후 극동공화국의 교통이 원활히 되었을 때 한인사회당의 각파는 이 두 러시아 지도자를 각각 배경으로 삼게 된다.

---

88) *Ibid.*, vol.35, pp.72-75

2) 이르쿠츠크 고려공산당대회

「鄭在達, 李載馥調書」에 의하면 이르쿠츠크 고려공산당대회는 이성, 남 빠뻬르(남만춘), 한규선에 의해 소집되었다. 그 외 대회참가 주요인물로 한명세, 조도선, 안병찬을 들고 있다. 또한 이 당대회에서 선출된 중앙집행위원은 안병찬, 한명세, 남만춘, 한규선, 이재복(이성)을 들고 있다.[89]

우리는 이 대회의 성격을 점검하여보자. 1921. 5. 4-15에 이르쿠츠크에서는 고려공산당 창립총회가 열리게 되는데, 이 대회에는 한인사회당의 이르쿠츠크파들이 중심이 되었다. 그런데 이 대회에 참석한 조직은 다음과 같다.

```
1. 조선:지역 공산조직에서 직접 ..................................... 2명
2. 중국:소부르조아조직에서 분리된 지역 공산조직 ............ 1명
3. 극동공화국·중부중국 공산조직에서 ........................... 2명
        만주의 양 지역의 조직에서 ............................. 2명
        Ekhvaensk공산조직에서 ................................ 1명
        쁘리아무르조직에서 ....................................... 1명
        하바로프스크조직에서 .................................... 3명
        자바이칼조직에서 .......................................... 3명
        수찬조직에서 .................................................. 1명
        아무르공산조직에서 ....................................... 5명
3. 파르티잔 부대로부터 ................................................. 28명
5. 적군 공산주의세포로부터 ........................................ 12명
6. 소비에트러시아의고려부로 부터 ................................ 19명
```

---
89) 김준엽, 김창순, 『韓國共産主義運動史』, 제1권, p.229

한인공산청년동맹조직으로부터 3명
　　　　　　　　　　　　　　합계 83명
총회에서 제명 5명
심사위원회에 의해 거부 14명
총회에의 결의권 참석자 64명

참가공산조직 32개
참가공산당원 8730명
　　　　　　　　　(당원 1880 후보당원 6850)
조선의 지역 노동조직으로 부터의 공감자 .... 30000명[90]

한편 이 총회에 참석한 32개 조직을 분석하여 보면 다음과 같다.

	당원(A)	후보(B)	동조자	총회참석 대표수(C)	C/A
조선 의 3개 지방조직	85	5000	30000		2
중부중국 2개 조직	52	19			1
남북만주조직	26	5			2
연해주조직, 몇 세포	500	1000			0
쁘리아무르중국국경조직	27	2			1
연해주및 쁘리아무르연합조직	68	13			3
수찬공산조직	113	274			1
제야공산조직	12				0
2개의 아무르공산조직(2부)	96	320			5
5개의 파르티잔부대 공산조직 (공산세포)	490	172			28
2개의 자바이칼 조직	51	30			3
대한국민의회세포	12	8			0
소비에트러시아한인적군조직	25	83			12
8개의 소비에트러시아고려부	91	171			19

---

90) "Doklad Koreiskoi kommunisticheskoi partii III kongresu Komintrena", *Narody Dal'nego Vostoka*, p.256

한인공산청년동맹조직				3
총계	1880	6850	3000[91]	83

위의 표를 분석하여 보면 대단히 불균형하게 이루어진 총회라는 것을 금방 알 수 있게 된다. 예컨대 정식 당원만을 고려해 볼지라도 연해주는 500명의 당원이 있음에도 한 명도 참석하지 못하였고 25명의 한인적군조직에서 12명이 참석하였으며 490명의 당원을 가진 파르티잔 부대에서 28명이 참석하였다. 91명의 당원을 가진 소비에트러시아의 고려부에서도 19명이 참석하였다. 그러나 100여명의 당원을 가진 극동공화국에서의 총회대표는 16명에 불과했다. 이 사실을 볼 때 이르쿠츠크공산당 창립총회가 한인공산조직의 대표성을 가지기가 어려웠다고 하는 것을 쉽게 알 수 있을 것이다. 총회는 일방적으로 진행될 수밖에 없었다. 집행부가 확실히 확보한 대의원만 보아도 파르티잔부대(동 부대의 대표의 반만 확보하고 있다해도), 적군부대, 고려부(28/2+12+19)를 합할 때 45명이 되어 나머지 전 조직이 반대한다 해도 의심의 여지가 없이 의견을 관철시킬 수 있도록 되어있었다. 사실상 기타의 조직도 이르쿠츠크의 의견이 관철될 수 있는 대표들이었다고 보아 틀림이 없다. 결국 총회가 5명 제명, 14명의 대표권 거부를 행하고 남은 64명은 모두 이르쿠츠크의 의견을 충실히 따를 세력이라고 보아 큰 무리가 없는 것이다. 이같이 무리한 총회를 감행한 것은 사실상 이르쿠츠크파가 정당히 총회를 진행시킬 경우 승리할 가능성이 없다고 판단했기 때문이다. 이 고려공산당 창립총회는 코민테른 극동국의 긴밀한 협조와 후원 아래에 이루어졌다. 창립총회를 전후하여 코민테른 극국의 기관지인 *Narody Dal'nego Vostoka*에서는 고려공산당의 창립총회

---

91) *Ibid.*, p.255

에 대한 보고가 게재되었다. 그 중에서도 무엇보다도 중요한 것은 고려공산당의 강령(안)과[92] 총회를 마친 후 코민테른 제3차 대회에 행한 보고이다.[93]

이르쿠츠크총회의 강령(안)은 세련된 내용을 가지고 있었다. 이 강령은 이제까지의 연구에서 소개된 바가 없었기 때문에 비교적 자세히 고찰해보려 한다. 위의 강령(안)은 다음과 같은 순서로 구성이 되어있다.

전문
I. 일반적 정치의 영역
  A)국제정세와 관련된 우리의 당면 과제
  B)조선에서의 일본의 민족및 식민정책
  C)소비에트적 건설
II. 경제의 영역
  A)농업문제
  B)노동문제
III. 당 건설의 영역
  A)조직문제
  B)중앙위원회 및 지구당
  C)러시아공화국 및 극동공화국에서의 조직

위의 강령(안)의 전문은 공산당을 "조선의 노동자, 고농, 근로농민의 당"으로 규정하고 그의 과제로서 "일본의 권력, 일반적으로는 외국 및 토착자본의 권력으로부터의 조선의 해방과 서양의 프롤레타리아트들

---

92) "Proekt programy Koreiskoi kommunisticheskoi partii, priniatoi uchreditel'nym s'ezdom Korkompartii", *Narody Dal'nego Vostoka*, Irkutsk, 1921, no. 3, pp.353-368
93) "Doklad Koreiskoi kommunisticheskoi partii III kongressu Kominterna, *Narody Dal'nego Vostoka*, Irkutsk, 1921, no. 2, pp.249-260

과 협력하는 가운데 공산주의의 기초 위에서 사회를 건설하는 일"을 가지고있다고 하였다. 강령(안)은 자본주의체제의 출현으로 인한 경제적 상호관계의 사슬에 대해 언급하면서 자본주의의 제국주의로의 발전과정에 대해 언급하고, 제국주의의 모순과 사회주의의 필연에 대해 설명하였다. 전문은 이상의 현실인식에 기초하여 제3국제공산당을 "세계적 전투사령부"로 삼아 노동자들의 계급적 해방과 제국주의의 질곡으로부터의 식민지 민족들의 민족적 해방을 이룰 것을 주장하였다. 그와 함께 고려공산당의 과제로서 "대중의 민족적 지향을 일반적 프롤레타리아트 혁명의 이해관계에 이용하면서" 동시에 "부르조아 민주주의와 언제라도 투쟁에 나설" 수 있도록 프롤레타리아트를 양성해야한다고 하였다. 위의 전문은 고려공산당이 취해야할 일반적 원칙을 제시한 것이라고 볼 수 있는데, 현실적으로 농민이 압도적 다수를 차지하고 있기 때문에 당의 당면한 과제를 이하의 각 항에서 서술하고 있다.

일반적 정치의 영역에 있어서, 강령(안)은 조선의 상황을 일본의 식민지로서, "조선과 일본의 지주들로부터 고통을 당하는 조선의 농민"과 "무권리의 조선노동자의 값싼 임금노동"을 양축으로 하는 "노예의 나라"로 인식하고, "하나의 단일한 국제 프롤레타리아트 전선의 대열에 섬"으로써 일본제국주의와의 투쟁을 이룰 수 있다고 보았다. 그와 함께 조선에서 소비에트국가 건설만이 문제를 해결한다고 보았다.

경제영역에 있어서는 우선 가장 중요시된 것이 농업문제였는데 강령(안)은 일본자본뿐 아니라 부농을 포함한 모든 착취자들의 토지를 몰수할 것을 주장하였다. 그와 함께 고농과 근로농민의 소비에트를 조직할 것을 주장하였다. 또 모든 토지는 몰수하여 무상으로 농민에게 분배할 것을 규정하였고 임대권을 박탈할 것을 규정하였다. 그리하여 모든 토지의 국유화를 주장하였고 농민들의 생산조합을 형성할 것을 주장하였다.

또한 노동문제에 있어서는 모든 공장, 은행, 철도 등 기간산업의 국유화를 주장하였고 착취가 없는 개인기업은 존속시킬 것을 규정하였다.

마지막으로 당건설 영역에서는 민주적 집중제와 철의 규율을 요구하였고 선거의 원칙이 비합법적 활동을 해야하는 상황에서 호선의 원칙은 "인정될 수 있을 뿐 아니라 불가결하다"고 하였다.

이같은 입장을 제시한 후에 11명으로 구성된 중앙위원회와 그 내부에 3명으로 구성된 간부회를 두기로 하였으며 중앙위원회내에 선전-선동 및 출판부, 조직부, 정보-통계-인사 및 연락부의 3부를 두기로 하였다. 또한 중앙위원회는 전권위원 3명을 코민테른 극동국에 파견하기로 하였다. 또한 지역사업을 위하여 한국에 3개, 중국에 1, 만주에 1 일본에 1의 지부를 설치하기로 하였다. 또한 러시아에는 러시아지역당위원회 민족부(otdel)산하에 선전선동한인부(sektsia)를 설치하기로 하였다. 또한 러시아내에는 지역당위원회의 민족부 산하에 선전선동한인부를 구성하고 이는 러시아공산당중앙위원회의 지시를 받아야하고 극동공화국지역당 산하에는 한인부가 조직되는바 이의 성원은 지역당위원회에 의하여 임명을 받고 코민테른극동국에 의하여 승인을 받는다고 하였다.

이상의 강령(안)의 내용을 점검해보면 이 강령이 그야말로 그 당시에 러시아에서 이루어지고 있던 사회주의를 모델로 하고있음이 드러난다. 문자그대로 그것은 러시아적 모델을 한국에 적용하려는 것이지 한국사회를 자체분석한데서 나온 결과라고는 보여지기 힘들다. 게다가 이 고려공산당은 그 조직에 있어서도 러시아공산당의 후견을 그 전제로 하고있다. 따라서 형식적인 세련에도 불구하고 그것은 1920년 코민테른 제2차 대회이래 추구되었던 통일전선형성의 지침과는 거리가 먼 강령안이었다고 말할 수 있는 것이다.

3) 상해고려공산당대회

한편 상해파는 이르쿠츠크 고려공산당대회에 대해 그들 나름대로의 당대회를 준비하였다. 그러나 이르쿠츠크파와는 달리 상해파는 러시아의 도움을 받지 못하는 상태였다. 우선 그들의 후원자 크라스노셰코프가 극동공화국에서 대단히 어려운 상황에 놓여있었으며 대회장소가 상해였기 때문에 그들의 지지자를 모으기 어려운 상태였다. 우선 상해파의 세력으로 구성된 치타한족공산당의 영향력의 범위를 살펴보자.

일경문서가 보고하는 한족공산당 선전기관의 소재는 다음과 같다.

```
본부 치타
영고탑공산당총지부(길림총지부)         지정위원장 서상룡
    돈화현 지부                       지정위원 유영락
    간도 지부(명월구)                  지정위원 이준휘
    간도지방연락소(국자가. 두도구) 공선위원 최선택, 서창회
        간도 왕청 연락소              최관헌
        간도 화룡현 연락소
니꼴리스크공산당총지부                 지정위원장 남공선
    블라디보스톡 및 연해주 각 지부
    동밀현삼분구지부                  지정위원 임정호
    라자구연락소                      공선위원 이정국
    혼춘연락소(남별리, 황구)           공선위원 이덕심, 장학연
하르빈총지부
상해총지부
경성총지부
    평양지부
    대구지부
    함흥지부
```

홍콩총지부
분부 하바로프스크, 목릉, 영고탑, 삼분구, 혼춘, 회령, 봉천
특정연락소 모스크바, 북경, 안동, 동경[94]

이같은 분포는 이르쿠츠크파와는 아주 대조적인 것이다. 한족공산당의 지지세력이 치타 이동의 지역, 특히 연해주 및 만주였고 좀 더 국제적으로 활동을 전개하려 하고 있었다.

치타의 해방이후에는 치타가 한인공산주의운동의 중심지가 된다. 이때 권화선, 장도정, 박애 등은 극동공화국과 교섭하여 고려공산당동아한인부를 조직한다. 이들은 『勞動新聞』을 발간하고, 시베리아에 노조를 조직하고, 아무르 지방에 파르티잔을 규합하려고 하였다. 이들은 또한 상해임시정부를 개조시키려했다. 이 과제를 조응순이 맡았고, 그는 1921. 2월 치타를 떠나 1921. 3. 20일 상해에 도착하였다. 그는 이동휘, 김립, 김하구 등과 교섭을 가졌다. 이동휘는 이때 임정의 개조가 불가능하다고 판단했다. 그 대신에 그는 고려공산당총중앙을 상해에 설치하려고 하였다.

1921. 5. 20-23 상해의 불조계에서 공산당대회가 열리는데, 러시아에서는 대표가 참석치 못하였다. 이동휘, 박진순, 김립, 장민섭, 조응순이 노령을 대표하고 기타 중국대표, 김철수 등이 조선대표, 또 재일 조선인대표 2명이 참석했다.[95] 이것이 한인사회당의 제3차총회라 할만하며

---

94) 『朝鮮獨立運動』 5, pp.105-6
95) 「김철수 친필유고」(『역사비평』, 1989 여름)에 의하면 이때의 상해파 고려공산당에 선출된 간부는 다음과 같다.
위원장 李東輝
비서부장 金立
재무 金철수
위원 최팔용, 이봉수, 장덕수, 홍도, 주종건, 김하구, 박진순, 한형권, 김규면, 이용
내지간부 김명식, 윤자영, 유진희, 한위건, 정노식, [겸]장덕수, 최팔용, 이봉수, 이증림

또한 상해파 고려공산당의 창립총회이기도하다. 이 창립 총회에는 두 개의 세력이 합류하였는 바 하나는 해외 망명인사들이 주축이 된 한인사회당 상해파이며 다른 하나의 세력은 조선에서 1920년 가을에 결성된 '사회혁명당'이다.[96] 이 총회에서는 선언서와 강령을 발표하는데 민족주의와의 결별을 분명히 선언하였다.[97]

6. 맺음말

이제 우리는 결론적으로 한인사회당이 무엇 때문에 상해-이르쿠츠크 의 양 파로 분리되는가의 문제를 살펴보기로 하자. 무엇이 양 파를 분리하게 만들었는가? 무엇보다 잘못된 것은 슈먀츠키로 대변되는 러시

기관지 주종건, 유진희, 김명식, 윤자영
군사부 김동한 박일리아,박그레고리, 이용, 김규면

[96] 위의 김철수 친필유고에 의하면 사회혁명당은 "日本帝國主義를 이 땅에서 몰아내고 그다음에 社會主義國家를 세우자는 目的下에서" 崔八鏞, 李鳳洙, 朱鐘健, 李增林, 都容浩, 金鐘喆, 崔爀, 洪濤, 嚴柱天, 張德秀, 金철수 등이 崔麟가에 모여서 조직했다.(『역사비평』, 1989년 여름, p.350)

[97] 김준엽, 김창순의 『韓國共産主義運動史』(제1권)에서 고려공산당의 강령을 분석하고 그것이 민족주의적 입장 대신에 마르크스-레닌주의적 입장을 나타낸다는 것 때문에 그 강령, 선언, 당규가 모스크바당국에서 작성된 것이 아닐까 하고 의심하고 있다.(같은 책, 181쪽) 그리하여 "李東輝와 민족운동자(고려공산당에 입당한 일부의 임시정부인사)들의 사상체계야 어떠했든간에 이 당의 강령은 마르크스주의와 레닌전략을 반영하기에 애쓴 흔적이 엿보인다"고 하였다. 그러나 이 때에 급격한 계급투쟁노선을 내세우며 통일전선에 반대하는 것이 모스크바의 입장이었던가? 오히려 그 반대로 모스크바는 한국을 포함한 동방의 공산주의자들에게 민족부르조아지와의 통일전선을 요구하고 있었다. 게다가 모스크바의 입장이 보다 잘 반영된 이르쿠츠크의 고려공산당 총회는 농민문제에 대한 깊은 관심과 민족부르조아지에 대한 통일전선의 가능성을 비추고있다. 이러한 점에서 볼 때 상해파의 강령은 마르크스주의나 레닌주의의 전략·전술의 문제를 잘못 이해한 것이다. 이 점에 있어서 권희영, 「코민테른의 민족·식민지논쟁과 한국의 민족해방운동」, 『역사비평』 1988 겨울호, pp.186-198을 참조.

아공산당의 잘못된 정책이었다. 그는 이동휘를 비롯한 한인사회당지도부에 대해 신뢰를 가지지 않았다. 그가 이르쿠츠크 세력을 비호하였을 때 그 세력은 이르쿠츠크 및 주로 아무르의 토착세력이었고 러시아공산당에 입당하여 활동하던 인물이었다. 이들은 슈먀츠키가 보다 쉽게 조종할 수 있는 인물이었다. 즉 5군에서는 그의 부하였으며 공산당조직으로 볼 때도 하부조직이었던 것이다. 더구나 문제가 된 것은 박 일리야 군대의 처리를 둘러싸고 상해파의 태도가 그에게 맞지 않았다. 박 일리야의 부대가 파르티잔적 환경에 있어서 다소 무정부주의적 기질이 있었다는 것은 아마 사실일 것이다. 그들은 군률, 더 나아가서 국제정세와 소비에트러시아의 이해관계를 파악하는데 대단히 어두웠다. 그들이나 이동휘 그룹이 투쟁적이고 혁명적이기는 하지만 현실적이지는 못하였다. 반면 슈먀츠키는 현실적이기는 하지만 거칠고 민족문제를 올바로 인식하고 다룰 줄 몰랐다. 거기에 비극이 있었다. 그들에게 타협의 소지가 별로 없었던 것이다.

또 하나의 문제는 통일전선의 문제이다. 만일 이동휘 그룹이 상해임시정부에 그대로 머물러 있으면서 안창호 등의 세력을 규합할 수 있었다면 이동휘의 정치적 비중은 확고했을 것이다. 그러나 직접적 무력항쟁의 논리는 국제정세를 정확히 분석하지 못한데서 나온 것이었고 또한 상해임정의 문제를 해결하는데 있어서 비타협적인 태도는 이동휘 스스로의 정치적 비중을 감소시키는 역할을 하였다. 또한 이동휘를 둘러싼 박진순 등의 이론가들은 민족운동의 이해와 계급의 문제를 고찰함에 있어서 지나치게 단순한 논리를 가지고 있었다. 그들은 통일전선의 문제에 대한 올바른 인식을 가지지 못하였다. 그 결과는 상해임시정부에서의 탈퇴인 것이다. 반면 이르쿠츠크 그룹은 한인사회당에 대항하기 위하여 다른세력을 끌어들여야 한다는 당위가 있기도 했지만 어찌되었던 간에 대한국민의회를 끌러들임으로써 노령에서 통일전선을 구축하는데 성공한 것이다.

우리는 이러한 점에 있어서 이르쿠츠크파 고려공산당의 전술적 유연성을 보게된다. 이르쿠츠크파는 대한국민의회의 세력을 끌여드렸고 대한국민의회는 1920.9.15의 노선변경이후 1921.4 에 가서 공산주의 조직이된다. 이르쿠츠크를 중심으로 결성된 지도부는 통일전선의 실현을 통해 한인 민족운동의 헤게모니를 장악하려 하였다. 그러나 이동휘의 상해파는 공산주의운동의 순수성을 유지하려는 생각에서 기존의 통일전선을 깨트리고 임정을 탈퇴하였다. 그러나 이르쿠츠크파의 전술적 유연성에도 불구하고 그것을 상해파의 좌익적 노선과 견주어볼 때 큰 차이가 난다고 보기는 힘들다. 그렇기에 양파의 입장의 차이는 이론적인 점에서가 아니고 실제적인 면에서만 나타난다고 보아야한다.

한인사회당의 분열의 원인에 대한 이같은 결론과 함께 필자는 기존의 연구에 대해 다음 몇 가지의 수정을 가하고자한다. 첫째로 상해파와 이르쿠츠크파의 분열은 1920.7 이후부터라고 보여진다. 그 이전에는 그러한 대립이란 존재하지 않았다.

둘째는 상해파는 통설과는 달리 보다 더 좌파적 입장에서 통일전선에 반대하고 있었고 이르쿠츠크파가 오히려 통일전선에 적극적이었다.

셋째로 한인사회당의 성립에는 국제주의적 동기가 우선적으로 작용했었다는 점을 지적해야 하겠다.

넷째로 10월혁명 이후 한인사회에서 러시아 볼셰비즘은 큰 호응을 받을 수 없었다. 그것은 토지개혁의 문제를 효과적으로 해내지 못했기 때문이다. 한인들은 처음부터 볼셰비키를 지원한 것이 아니고 일본군과 백군이 연대되는 가운데서 더 이상의 다른 가능성을 찾을 수 없었기에 결국 볼셰비즘을 선언하게 되는 것이다. <『韓國史學』, 제11집, 한국정신문화연구원, 1990>

자유시사변 연구

1. 머리말

한인의 독립운동의 역사상 자유시사변 또는 흑하사변이라고 알려져 있는 대비극은 한국독립운동의 역사에 있어서의 비극이었을 뿐 아니라 그후에도 심각한 영향을 준 사건이었다. 왜냐하면 이 사건은 해방의 메시지를 전달하며 한국의 진보적 인사에 강력한 영향력을 행사하기 시작하던 소비에트 러시아의 이미지에 근본적인 수정이 불가피하도록 하였기 때문이다. 혁명 이후의 러시아 내전에서 소비에트 러시아와 일본의 대립은 일본에 대한 투쟁을 통하여 한국의 독립을 쟁취하려 하였던 한인 무장세력들에게 자연스럽게 소비에트 적군을 동지적 관계로 설정하게 하였고 그리하여 대다수 한인무장세력들은 적군의 편에 가담하여 러시아 내전기를 보내게 되었다. 소비에트러시아 또한 백군과의 전투에서의 우위를 확보하려고 약소민족 해방의 기치를 높이 들었다. 이러한 조건에서 한인 항일 무장세력과 소비에트 러시아 사이에는 자연스럽게 연대관계가 형성되었다. 그러나 적군이 한인 무장독립군을 강제해산하고 그 과정에서 수많은 인명손상까지 야기시킨 것은 소비에트 러시아와 한인 사이의 연대관계를 근본적으로 의문시 하게 하는 것이었으며 따라서 이후의 양자의 관계에 불가피하게 큰 충격을 주게 된다.

그러나 자유시사변에 대한 역사적 진실이 그 역사적 중요성만큼이나 비중 있게 연구되고 해명되지는 않았다. 우선 소련측에서는 그 동안에 이 문제를 정면으로 다룬 연구가 없었다. 이는 소련의 국가이익에 배치되는 연구는 철저히 기피하는 소련학계의 풍토 때문이라고 말할 수가 있다. 그와 함께 북한에서도 이 문제에 대한 연구는 없었으며 이는 대소관계의 미묘함 때문이었으리라고 생각된다. 남한에서는 이 문제에 대하여 몇 개의 연구가 있었으며 이 연구성과들은 더욱 발전되어야 한다.[1] 그 동안 이 자유시사변의 원인문제를 둘러싸고 몇 가지의 대립되는 견해가 존재하였다. 그 첫째는 비극의 원인이 러시아 적군의 배신에 있었다는 견해부터 독립군 내부의 파벌싸움 내지는 상해-이르쿠츠크파 간의 공산당의 내분으로 보는 설 등 몇 가지 쟁점이 제기되었다. 그러나 그 정확한 책임의 소재와 한계의 문제는 오늘날까지도 명확하게 해명되어있는 것은 아니라고 말할 수 있다. 그런데 이 문제를 명확하게 보기 위해서는 당시 소비에트의 대외정책을 면밀하게 살펴야 할 것이라고 생각한다. 즉 필자의 견해로는 한인독립군에 대한 무장해제는 소비에트의 외교정책 수행과정에서 나타난 불가피한 현상이었지 결코 우연적인 사건이 아니었음을 명확하게 이해하는 일이 필요하다고 생각한다. 본고는 이 문제를 이러한 관점에서 보다 명확히 정리하여 1920년대 초 한인사회주의 운동사의 일면을 해명하려고 한다.

---

1) 자유시사변에 대하여는 다음의 연구가 있다.
 김준엽, 김창순, 『韓國共産主義運動史』, 제1권, 청계연구소, 1986 이 책은 이하 『韓共』 1로 약기한다.
 채근식, 『武裝獨立運動秘史』, 대한민국공보처

2. 1920-21년의 러시아의 대일 정책과 독립군의 자유시 집결

1) 시베리아에서의 한인 무장대의 조직과 활동

러시아혁명과 그 뒤를 이은 내전에서 노령의 한인들은 적지 않은 무장부대를 조직하여 내전에 가담하게 되었다. 한인들 중에 백군 측에 가담한 경우도 없었던 것은 아니지만 한인들이 차지하고 있던 사회경제적 조건의 열악성 그리고 소비에트가 한인에 대하여 선전하였던 한국독립에의 지원약속 등은 한인들로 하여금 보다 볼셰비키 진영에 가담하도록 만들었다.

한인들은 이미 1918년 한인사회당이 주도하여 한인 최초의 무장부대를 조직하여 백군과의 전투에 임한 적이 있었다. 그러나 일단 시베리아 전역에서 볼셰비키정부가 무너짐에 따라 한인들의 무장부대도 자취를 감추었다. 볼셰비키는 1919년 한해 동안에 아주 어려움을 겪었지만 그 해 말에는 승기를 장악할 수가 있었고 1920년에 들어와서는 시베리아와 극동지방에서도 백군의 패배와 볼셰비키의 승리는 어느 정도 분명한 가닥이 잡혀가기 시작하였다. 볼셰비키의 승리에는 파르티잔이라고 호칭되는 자발적인 민중들의 무장부대가 큰 역할을 담당하였다. 그리고 이 파르티잔의 존재는 백군들에게는 분명한 부담으로 작용하였다. 민중들을 선동하는데 보다 능숙한 기술을 가지고 있었던 볼셰비키는 민중의 무장부대를 그들 편에 흡수하는데 성공하였다고 말할 수 있다. 한인들에 의해 조직된 무장부대도 결국은 볼셰비키들의 민족해방운동의 지원에 대한 약속, 그리고 어려운 처지에 놓여있었던 한인들에 대한 해방의 메시지가 큰 역할을 하였다고 하는 것은 의심의 여지가 없다. 우리는 다음의 리스트에서 러시아혁명 이후 시베리아 및 극동에서 활약한 한인무장부대를 보게 된다.

목록. 1918년 노령지방에서 활동한 한인무장대

부대명	편성규모	활동시기	활동지역
1. 한인적위대	100명	1918.6-9	우수리전선*
2. 국제부대 내		1918	이르쿠츠크
3. 중국인 및 한인혼성대		1918	페름 주
4. 한인, 중국인, 마쟈르인		1918.8-9' 반콜차크투쟁	혼성부대
5. 이반 D. 박 파르티잔산 부대		1918.10	블라고베셴스크
6. 셰브추크관련 파르티잔대(니콜라이 최)		1918.10	인정거장 부근

*후에 아무르주로 이동하였으며 하바로프스크 제1국제연대 블라디보스톡 국제부대에 소속되어 있었음.

위의 목록은 필자가 조사한 것이지만 김승화의 연구에서는 1919년 이후부터 조직된 파르티잔 부대 48개의 목록을 제공하고 있다.[2] 이 양 목록을 조사하여 보면 1918년에는 7개 한인무장대가 활동하고 있었고 1919년에 가면 17개의 파르티잔 부대가 활동을 하고 있으며 1920년에는 31개의 부대가 활동을 하였고 1921년에는 34개의 부대가 활동하여 그 절정에 이르며 1922년에는 25개의 부대 1923년에는 2개의 부대가 활동을 하고 있는 것으로 드러난다. 이를 통해 볼 때 1918년부터 한인 무장대가 조직되어 활동하기 시작하였으며 1919년부터 활발하게 조직 되었고 1920-21년에 절정에 이르다가 1922년에는 어느 정도 줄어들고 1923년에는 사실상 그 활동을 중지하게 되는 것을 알 수 있다.

이러한 무장대의 조직과 활동은 시베리아의 상황과 밀접하게 관련 되어 있다. 한인 무장부대는 볼셰비키가 백군에 대해 수세적 위치에서

---

[2] Kim Syn Khva, *Ocherki po istorii sovetskikh Koreitsev*, Alma-Ata, 1965, pp.241-245

공세로 전환할 때 이에 큰 기여를 하였으며 연해주 등에서 백군의 잔존세력을 청산하는 데에 있어서도 큰 기여를 한 것이다. 이러한 한인무장대의 활발한 활동은 볼셰비키가 내전에서 승리하는 데에 적지 않은 영향을 미쳤다고 평가할 수 있을 것이다. 그러나 한인무장부대 활동의 하나의 주목할만한 요소는 이 부대들이 백군과 싸우도록 고무된 반면 일본군과의 직접적인 교전은 회피하도록 유도되었다는 점이다.

볼셰비키가 한인들에게 발한 메시지는 한인들이 먼저 적백의 내전에서 적군을 도우면 그 다음에는 소비에트정부가 일본과 싸우고 있는 한인독립운동 세력을 지원하겠다는 것이었다. 이러한 메시지는 소비에트정부의 민족정책을 통하여 천명되었다. 그러나 한인들이 먼저 이행해야 할 지원은 구체적이고도 절박한 과제였던 반면에 소비에트정부가 한인들에게 약속한 지원은 추상적이면서도 다소 먼 미래에 속하는 일이었다고 말할 수 있을 것이다. 분명한 것은 러시아정부조차도 일본군을 비롯한 간섭군과의 직접적인 전투를 회피하였던 것이 분명하기 때문에 한인들로 하여금 일본군에 대항하여 싸우게 하려는 것은 소비에트 정부의 목표가 아니었다. 소비에트정부가 한인들에게 거는 기대는 한인들이 말하자면 간섭군의 지원을 받고있는 백군들에 대항하여 싸워주기를 기대하는 것이고 백군과의 전투에서 승리를 거두면 간섭군들은 러시아에 계속 주둔할 명분을 상실하게 되기 때문에 내전을 적군의 승리로 끝낼 수 있다는 계산을 하고 있었던 것이며 바로 이 목표에 일치하는 한에서 러시아는 한인들의 원조를 기대하였던 것이다.

그러나 바로 이점에 있어서 한인 무장부대의 기대와 러시아의 정책 사이에는 상당한 거리가 존재하고 있었다. 한인 무장부대는 만주에서나 노령에서나 일군과의 직접적인 전투를 마다하려 하지 않았다. 물론 일본군과의 대규모의 전투를 벌이는 것은 한인무장부대의 목표가 아니었다. 한인무장부대는 우선적으로 무장역량을 강화해나가면서 외교적 상황을 고려하여 한국의 독립운동을 계속한다는 것이 기본적인 목표였으며 소비에트러시아와의 관계에 많은 기대를 가지게 된 이유는 소비에트 러시아가 한인의 독립운동에 민족해방운동의 지원이라는 명분 하에 한 약속 때문이었다. 그러나 이에도 분명한 오해가 존재하고 있었다. 한인들로서는 민족해방운동이란 한국의 독립을 위한 운동이었다. 그러나 러시아로서는 한인들의 민족해방운동의 지원이란 종종 그보다는 한인사회에 사회주의를 유포시키고 계급투쟁을 야기하는 것이었다. 시기에 따라 다소의 차이가 있기는 하였지만 오히려 한국의 독립보다는 계급투쟁에 대한 호소가 더 강한 경우가 오히려 일반적이었다고 말할 수 있을 것이다. 특히 자유시사변이 일어난 시점에서는 소련정부가 일군철수를 강력하게 요구하는 시점이었기 때문에 한인부대가 연해주로 진출하여 일본군과 충돌을 야기하는 것을 원치 않게 되었다.3)

그리하여 한인과 러시아정부 사이에 존재하였던 이러한 근본적인 차이 또한 자유시사변이란 일대 비극의 심층적인 원인으로 존재하게 된다. 자유시사변은 이러한 점에서 한인과 러시아정부 사이에 있을 수 있던 예외적인 관계로서가 아니라 구조적인 문제의 일환으로 분석될 여지가 있다. 이러한 구조적 요인을 염두에 두면서 자유시사변에 이르기까지의 자유시사변에 관련되었던 한인 무장부대의 활동과 그의 러

---

3) 김홍일,「자유시사변 전후」,『사상계』, 1965.2, p.224
"尼港事件에 대한 日本側의 강경한 항의를 받고 쏘련정부는 중국북경에 있는 그 대표 카라한과 일본공사 방택유길과 어민협정을 맺어 다시는 니항사건과 같은 불상사를 미연에 방지하고 어로활동을 보장한다는 합의를 본 바 있다. 그 협정의 체결석상에서 일대표 방택은 니항사건의 도발자는 한인독립군이라고 강변하면서 시베리아 영내의 한인 무장부대들을 해산하라고 요구함에 쏘대표는 동 영내에는 한국군대가 없고 만약 연해주에 한인독립군이 진출하는 경우에는 쏘정부가 스스로 해산시키겠노라는 언질을 주면서 연해주의 일군 철수를 강력하게 요구하였다. 그러니까 국세군이라는 명칭도 한인부대를 카바하자는 쏘련당국의 정치적 의도가 개재되어 있는 것이었다."

시아와의 갈등을 분석해 나가도록 하자.

 1920－21년 사이에 노령 및 만주에서 활동하던 한인 무장대들이 노령의 자유시로 집결하게 된 것은 1920년 시베리아에서의 적백 내전의 진행과정과 깊게 관련되어 있었다. 1919년 말부터 시작된 적군측의 공세로 1920년 초에 극동지역에는 소비에트 정부 혹은 볼셰비키가 통제할 수 있는 친소비에트정부가 구성되게 되었다. 그런데 간섭군과 직접 대항할 수 없었던 볼셰비키는 극동 지역에 완충국을 세워 간섭군의 철병을 유도하며 소비에트정권의 안정을 추구하려는 정책을 취하게 되었다. 이러한 목적으로 생겨난 극동공화국은 그 동안 백군과 투쟁하여 왔던 파르티잔들을 정규군화하며 국가의 통제하에 두려는 목표를 가지게 되었다. 이미 봉기의 단계가 끝난 상태에서 국가권력이 통제할 수 있는 정규군의 성립은 신생 극동공화국에 필요한 과제였으며 이러한 과제를 가지고 각지에서 활동하던 파르티잔들은 정규군으로 편입되었다. 노령에서 활동하던 한인 무장부대들도 이러한 과정에서 자유시로 집결하게 된 것이다.

 예컨대 1921년 2월 4일의 한 보고에서 오하묵은 극동공화국 군사부 사령관인 파블로프에게 파르티잔들에 대하여 다음의 보고를 행한 바 있다.

> 한인파르티잔들은 러시아 프롤레타리아트의 강력한 지원을 받고 그들이 원하는 자유를 얻으리라는 확신을 가지고있다. 모든 한인파르티잔부대들은 일본제국주의에 대한 투쟁의 순간에 형성되고 출현하였으며 공동의 목표 하에 단단하고 강력한 군사적 단결을 목표로 조직되지 않는다면 그리고 이러한 조건에서 철의 정규군의 예를 따르지 않는다면 불구대천의 원수인 일본을 이길 수 없다고 확신하고있다. 각각의 파르티잔들이 이렇게 생각할 뿐 아니라 한인주민들 모두가 그렇게 생각하고 있다.[4]

그러면 자유시 사변의 전개과정을 설명하기에 앞서서 자유시에 집결하게 된 무장부대의 연혁을 약술하기로 하자.

자유대대 — 자유대대는 1920년 3월 아무르주에서 시작되었다. 1920년 2.17일에 러시아 적군은 자유시를 점령하였고 일본군은 3월 8일 하바로프스크로 철군하였다. 아무르주는 이제 공산주의자들의 관할 하에 들어가게 되었고 이에 임시흑룡정부가 성립되기에 이른다. 아무르주에는 본래 블라고슬로벤노예촌을 예외로 한다면 농촌거주 한인은 많이 존재하지 않았다. 대부분의 한인들은 금광노동자이거나 상인들이었다. 아무르주의 한인들은 1920년 3.1절을 기념하여 기념식을 거행하고 이어서 고려주민대회를 소집하기로 하였는데 최고려, 박주련, 이훈, 이영섭, 최군실, 김진보, 김인현 등이 발기하여 3월 20일에는 흑룡주한인대회의 소집을 보기에 이르렀다. 이들은 집행기구로 흑룡주한인총회를 설치하고 군대모집에 착수하였다.[5] 이들은 곧 400여의 군인을 모집하고 이 군대를 적군식으로 조직하여 참보부장에 안훈, 군정위원에 전희서, 대대장에 승훈을 임명하였다. 이 군대의 유지를 위하여 무기는 흑룡주 정부에서 공급하고 식료와 피복등은 한인총의회에서 부담하도록 되었다.

이러한 기록을 살펴볼 때 이 군대는 한인들의 역량을 결집하여 치타를 점거하고 있는 세묘노프 부대를 격퇴하기 위한 목적으로 적군과의 긴밀한 협조 하에 조직되었다고 판단된다. 이는 어느 정도는 흑룡주 당국의 요청도 있었겠지만 그보다는 한인주민들의 볼셰비키정권에 대

---

4) *Iz istorii mezhdunarodnoi proletarskoi solidarnosti, Dokumenty i materialy. Sbornik I. Boevoe sodruzhestvo trudiashchikhsia zarubezhnykh stran s narodami sovetskoi rossii(1917–1922)*, Moskva, 1957, p.387
5) 「在魯高麗革命軍隊沿革」, 『韓國共産主義運動史資料篇』, 제2권, p.4 이하 이 글을 인용할 시는 「沿革」으로만 약기한다.

한 협조의사를 표현하기 위한 것이 아니었는가 하고 생각할 수도 있다고 본다.

그런데 1920년 4월 4-5일에 걸쳐서 블라디보스톡 등 연해주 일대에서 일본군의 대대적인 적군 및 한인공격으로 인하여 대한국민의회는 아무르주로 이동하게 되었으며 이는 곧 자유대대에 중요한 영향을 미치게 된다. 대한국민의회 집행부가 흑룡주 자유시로 이동해옴에 따라 흑룡주한인총의회는 한인사회에 이미 권위를 유지하고 있던 대한국민의회를 봉재하기로 하였다. 그리하여 7월 1일 흑룡주한인총의회 제2차 대표회의에서 이 결의를 하였고 따라서 군대 역시 대한국민의회에 이관되게 되었다.6)

1920년 10월에 세묘노프군이 적군에 패퇴한 이후 흑룡지방은 비로소 극동공화국정부의 실질관할 하에 들어가게 되었다. 그러나 흑룡주 지방을 관할하게 된 극동공화국정부는 한인들의 독립부대를 인정하기가 곤란한 입장에 놓여있었던 것으로 보인다. 극동공화국의 성립자체가 간섭군들의 철병을 촉진하기 위해서 세워진 완충국가였으며 극동공화국은 이러한 의도에 따라서 외세간섭군을 철병시키는 것을 최대의 목표로 삼았으며 이러한 경우에 한인들만의 독자적인 군대가 존재하여 항일전투를 벌일 자세를 가지고 있었다는 것은 극동공화국정부로는 대단히 성가신 일이었음에 틀림이 없는 것이다. 이러한 상태에서 대한국민의회는 극동정부 제2군단과 교섭하여 자유대대를 동 군단의 특립대대로 편입시키게 되었다. 대한국민의회의 입장은 그리함으로써 자유대대의 존속을 희망했던 것이라고 볼 수 있겠다. 자유대대가 극동공화국 군대에 편입됨에 따라 2군단에서 흑하지방 수비대장으로 있던 오하묵이 자유대대장으로 취임하게 되어 9월에 군대는 다시 재편되었다. 명칭은 한인보병 자유대대라 하였는데 군정위원장에는 최고려가

---

6)「沿革」, p.5

취임하였다. 그리하여 자유대대는 엄밀히 말하면 극동공화국 2군단의 한 부대인 것이며 이러한 점에서 한인의 독립운동을 목표로 하여 설치되었다고 보기는 어렵다고 볼 수 있다. 이 부대가 자유시사변에서 니항군대와 충돌을 벌이게 됨으로써 자유시사변이 일어나게 되었다.

니항군대 - 니항군대는 사할린부대라고도 하는 바 이 부대는 아무르강의 하구인 니콜라예프스크 부근에서 조직되었다. 이 니항군대는 한인무장대만의 독자적인 부대로서 조직된 것은 아니었다. 시베리아의 내전사상 가장 특기할만한 사건중의 하나를 기록하게 된 사변에 이 니항군대도 관련되어 있었다.

니항(니콜라예프스크)은 아무르강 하구에 1850년에 세워진 도시인데 1919년 무렵에는 인구 2만 정도가 있었다. 대부분의 주민들은 러시아인이었지만 그 중에는 한인도 500명 그리고 중국인 1000명, 일본인 350명 정도가 있었다. 10월혁명 이후에 성립된 소비에트정권은 1918년 9월에 600명에 이르는 일본군의 주둔으로 인해 붕괴되었다. 그리고 일본의 주둔군은 1919년 말에는 300명 정도로 감축되어 있었다.

콜차크정부의 붕괴에 따라 극동에서는 파르티잔운동이 활발하게 전개되었다. 그 중에서 금속노동자 출신인 트라피친은 니콜라예프스크의 공격을 지휘하게 되었는데 그는 20대의 매력적이고 카리스마적인 인물이며 무정부주의에 경도되어 있었다. 그의 지휘하에 니콜라예프스크의 공격을 하게된 1919년 말에 그의 부대는 약 2000명이나 되었고 그 중에는 수 백 명의 한인과 중국인도 포함되어 있었다. 1920년 1월에 들어서 일본영사는 본국주민의 철수를 건의하였고 일본군의 증강을 요구했다. 그러나 이미 파르티잔은 그 퇴로를 차단할 실력을 가지고 있었다. 한편 일본군 주둔 사령관은 러시아백색정부와 협력하여 도시를 방어할 생각을 가지고 있었다.

파르티잔부대가 시 외곽 8마일 지점 츠니라흐에 도달하였을 때 그들은 협상을 위해 두 명의 대표를 일본군 진영에 보내었는데 일본군은 이들을 백군에 넘겨 고문으로 죽게 만들었다. 이에 대해 파르티잔들은 그들이 데리고있던 포로를 살해함으로써 보복하였다. 이후 일본군은 곧 츠니라흐에서 후퇴하고 파르티잔은 이 요새를 공격거점으로 삼았다. 이러한 가운데 2월 24-25일에 평화협상이 있게 되었다. 이 협상의 결과 2월 28일에 파르티잔에게의 권력이양과 백군의 무장해제를 내용으로 하는 협정이 조인되었다. 2월 29일에 파르티잔은 입시하여 정치범을 석방하고 백군측의 많은 인물을 반대로 처형하였다. 일본군은 이에 대해 관망하다가 3월 11-12일 밤에 파르티잔 사령부를 급습하여 잠자고있는 파르티잔을 습격하고 이 전투는 15일까지 지속되었다. 이에 파르티잔들은 모든 자제력을 잃게 되었다. 그리하여 이들은 백군을 살해하고 일본인에게 공격을 가해 136명을 제외하고는 전부 살해했다. 일본군은 이를 구실로 미국이 블라디보스톡으로부터 철수한 후 무력개입을 한 것이다. 그리하여 일본군은 하바로프스크로부터 일본군을 니콜라예프스크로 증파하는데 6월 3일에 입시했을 때에는 일본인은 완전히 전멸해 있었다. 트랴피친은 일본군을 완전히 살해한 후 타이가로 도피한 것이다. 그리하여 전 희생자는 6000명에 달하며 그중의 일본인은 700명이었다고 한다. 그러나 트랴피친의 과격한 행동에 대해서는 볼셰비키당 하바로프스크 지부도 반감을 가지고있어서 그를 암군강 우딘스크에서 체포하여 케르비의 인민재판에 회부하여 트랴피친과 막료 6명은 총살당하고 나머지는 블라고베셴스크로 보내어졌다. 그 뒤에도 일본은 두고두고 이 사건을 협상대상으로 삼았으며 1925년에 일소협정 체결 시 소련으로부터의 진지한 유감의 사과를 받고서 이 사건은 끝났다.[7]

---

7) E.Varneck, H.H.Fisher(ed.), *The Testimony of Kolchak and other Siberian Materials,*

트랴피친의 부대에 동조하여 한인무장부대가 박병길을 중심으로 하여 조직되었다. 니콜라예프스크에서 고려인민회와 청년회 조직을 하였던 박병길은 트랴피친의 부대와 협동하기 위하여 약 380명으로 구성되는 한인무장부대를 조직하였다. 그런데 니항시를 폐허로 만든 후 트랴피친의 부대는 일본군의 보복공격을 피해 일본군이 상륙하기 이전에 철수를 하였다. 이 때에 한인무장부대는 둘로 나뉘어져서 철수를 하였다. 일대는 트랴피친의 부대와 합류하여 케르비로 향하고 다른 일대는 흑룡강을 거슬러 올라가 후퇴하다가 일본군을 만나 교전을 벌인 후 인에 도착하였다. 이 때는 1920년 8월경이었다. 먼저 인에 도착한 군대는 고명수 등 대표 3인을 선발하여 대한국민의회에 파견하여 케르비로 향한 군대본영이 당시에 도착할 때까지의 보호를 요청하였고 이에 대한국민의회는 동 부대를 즉시 한인보병자유대대에 소개하여 제2군단의 승락을 얻고 임시로 부대를 일개중대로 하여 자유대대에 편입하였다. 그후 2달이 지나 케르비로 향하였던 군대는 흑룡주 지대에 당착하면서 제2군단 19연대에 편입되었고 한인군대는 19연대의 제3대대로 편입되었다(대대장 임호). 한인자유대대측에서는 이에 대표 5인을 케르비로 파견하였는데 이는 환영 및 전로를 인도하기 위함이었다. 이 부대는 10월 12일 자유시에 도착하였다. 이후 니항군대와 자유대대 사이의 대립은 다음에 논하기로 한다.

다반군대 — 이 군대는 1919년 말에서 1920년 4월정변까지 조직되었는데 기본대는 세묘노프와 싸우던 군인들이었다. 청룡정거장과 하바로프스크를 중심으로 하였는데 1920년 군인이 200명 가량 되었다. 이 군대는 우수리철도 키로프카와 크라스나야 레츠카 부근에서 전투를 하였다. 1920년 5월 초에 흑룡주로 건너가서 국민혁명군에 편입되어

1935, Stanford University Press, pp.331—386

파블로프 제 2 노력연대의 1개중대로 있다가 그후 국민혁명군 제8연대에 부속되었다. 의병대에서 정규군에 편입되면서 고려중대는 적군을 물리치기에 능하였다. 올리콕트에 주둔하였던 군대는 10월경 러시아적군과 함께 카펠군을 소탕한후 하바로프스크를 첫번째로 점령하였다. 일시의 휴식을 위하여 블라고베셴스크로 가게 되었는데 이 시기는 고려특립군대를 조직하는 시기이므로 이 부대도 수라세프카와 자유시로 가게되었다. 이 부대에 있던 주요인사들은 이두일, 김 안드레이, 최니콜라이, 조영인, 이금돌, 백수동, 이표도르, 박노순, 이성천 등이다.[8]

이만군대 — 이 군대의 지휘자가 김표도르, 박공서, 김덕보라는 것이 알려져있다. 그러나 자세한 활동은 알 수가 없다.

독립단군대 — 이 군대도 박 그리고리, 최 빠사라는 것이 알려져 있으나 자세한 활동은 파악할 수 없다.

그런데 자유시로 집결하게 되는 이들 노령의 한인무장부대와 소비에트정부의 기본적인 외교정책 사이에 어떠한 갈등이 빚어지고 있었는가의 문제를 살펴보기로 하자.

1920년 초가 되면 극동에서는 치타를 중심으로 세묘노프가 버티고 있기는 하지만 볼셰비키의 승리가 굳어지고 있었으며 이러한 정세를 반영하여 보다 승리를 견고히 하기 위한 전략으로 레닌정부는 극동에 완충국으로서의 극동공화국을 세우게 된다. 이 극동공화국은 시베리아에서의 외국군의 철병을 촉진시켜서 백군에 대해 승리를 장악하기 위한 노력의 일환으로 생겨난 것이었다. 소비에트정부의 일본에 대한 관

---

8) 십월혁명 십주년 원동긔념 준비위원회 편, 『십월혁명십주년과 쏘베트 고려민족』, 1927, 해삼위도서주식회사 "크니스노예델로", pp.61-62
   이하 이 책은 『십월』로 약기한다.

심은 특별히 각별하였다고 볼 수가 있다. 왜냐하면 일본은 시베리아에 최대규모의 병력을 파견하고 있었기 때문이다. 일본군의 철병을 촉진 시키기 위하여 소비에트정부는 상당한 양보를 할 준비가 되어있었다. 이를 위해 이미 소비에트정부는 1920년 2월 24일자로 일본정부에 다음의 제안을 하였다.

> 소비에트정부는 어떤 점에 있어서 현재 다른 열강의 것을 능가하는 극동에서의 일본의 특별한 경제적 및 상업적 이해를 인정한다. 또한 그에 대하여 양측에 유익하고 이익이 되는 협정을 체결하는 데에 관심을 가지고 있다. 러시아 소비에트정부는 러시아와 일본 사이에 평화를 보장하는 잠정협약을 체결하기를 원하며 양측 사이에 이루어져야 할 그러한 관계로부터 양 정부가 상호이익을 얻기를 바란다.9)

극동에 완충국으로서의 극동공화국이 성립하면서 소비에트 정부와 일본과의 관계를 수립하는데 대한 중요한 창구역할을 극동공화국이 당당하게 되었다. 극동공화국 외무차관 코제프니코프는 1920년 12월과 1921년 3월 2차례에 걸쳐서 블라디보스톡의 일본군사령부 정무부에 통상조약의 체결을 제안하였다. 1921년 3월에 영국이 소비에트정부와 잠정통상협정을 체결한데 이어서 열강들이 소비에트정부와의 교섭을 개시하는 추세이므로 일본도 이를 무시할 수 없어서 5월에 각의를 열어서 교섭조건을 결정하였다. 이 교섭조건의 내용은 1) 극동공화국에 유산민주제를 확실히 실시하고 2) 조선과 일본 내지에 과격파의 선전을 금지하며 공화국내의 조선인의 불령행동을 취체하고 3) 일본 및 일본인의 조약상의 권리와 기득권을 존중하고 4) 외국인의 출입국, 거주, 영업, 산업, 교통및 연해무역의 자유와 토지소유 또는 영조권을 허여하

---

9) "Proposal of Peace Negotiations to Japan", *Soviet Documents on Foreign Policy*, Vol.1, London : Oxford University Press, 1951, p.183

고 5) 요새설비를 철폐하고 블라디보스톡을 상항화하며 6) 니콜라예프스크사건의 처리는 후일에 한다는 것이었다. 이에 대하여 6월 8일에서 7월 20일까지 島田滋 副領事와 코제프니코프 사이에 비공식교섭이 진행되었고 이 과정에서 극동공화국은 다음의 제안을 하였다. 1) 양국의 상호선전의 억제 2) 일본국민에 주요도시에서 60년간의 토지조차권의 허여 3) 어업협정의 개정 4) 삼림 및 북사할린에서의 이권의 공여 5) 송혹 양강의 일본인소유선박의 매취 6) 일본으로부터의 차관도입 7) 재일러시아공관과 재산선박의 인도 8) 일본군의 철병을 들었다.10) 이러한 제안들을 가지고 8월 18일부터 다이렌에서 양 국 사이에는 공식협상이 진행되었다.

그런데 자유시사변은 극동공화국과 일본 사이에 비공식교섭이 이루어지고 있는 중간에 일어났다. 한인독립군에 대한 무장해제는 소비에트의 외교정책과 어떠한 관계를 가지고 있는가? 일본과 극동공화국 사이에서 한인독립군에게 영향을 미칠 수 있는 중요한 포인트는 서로 일치하고 있었다. 이는 말하자면 극동공화국이 대일교섭을 위하여 한인독립군을 희생시킬 수 있음을 보여주는 것으로 주목을 요하는 것이다. 즉 이미 일본의 제안에 한인독립군의 활동금지 조항이 삽입되어 있었는데 극동공화국은 이에 대해 전혀 이의 제기를 하지 않고 단지 이를 상호선전의 억제로 표현을 바꾸어 재제안하였다. 즉 자유시사변 이전에 이미 극동공화국은 한인무장부대의 존재를 용인하지 않으려는 의사를 가지고 있었다. 이러한 점에서 한인무장부대의 무장해제는 결코 한인독립군 내부에 그 일차적 책임이 귀착되어야 하는 것은 아니라고 생각한다. 그 일차적인 책임은 소련 측에 있었다. 한인무장부대를 해체시키는 것은 이미 대일교섭 상 변경할 수 없는 방침으로 극동공화국이 기꺼이 받아들였고 원한 것이었다는 점이다.

---

10) 信夫淸三廊 編,『日本外交史』, 제2권, 東京:每日新聞社, 1974, p.323

2) 일본군의 간도출병과 독립군의 노령 이동

그렇다면 극동공화국이 간도의 독립군을 그 영내에 받아들인 것은 어떻게 해석을 해야할 것인가의 문제가 나온다. 이 문제에 대한 설명에 앞서서 잠시 만주의 한인 독립군 부대들이 어떠한 상황에서 노령지역으로 이동하게 되었는가의 문제를 살펴보기로 하자.

일본은 그들이 세력권으로 삼으려 목표로 하고 있는 만주지역의 안전을 확보하기 위하여 1920년 9월 혼춘사건을 계기로 하여 당시에 시베리아에 출동하고 있었던 19사단 그리고 나남의 21사단을 동원하여 독립군세력을 구축하기 위한 일대 작전을 벌였다. 그러나 만주의 독립군은 서로군정서를 비롯한 여러 부대들이 홍범도, 김좌진 등의 지휘에 의해 청산리대첩, 봉오동대첩 등의 역사적 승리를 하여 무사히 그 조직을 유지하고 인명 손실을 최소한으로 줄일 수 있었다. 그러나 일본의 계속적인 추격 하에서 독립군들이 그들의 근거지를 만주에 그대로 가지고 있기는 곤란한 상황이었다. 이러한 상황에서 독립군은 보다 안전한 지대를 물색하게 되었고 이에 노령 지역이 그들의 활동을 보장해 줄 수 있는 안전시대라고 생각하게 되었다. 왜냐하면 소비에트정부는 여러 차례 그들의 약소민족의 해방세력임을 자처하였고 독립군들로서는 일단 강력한 일본군 앞에서 피난처를 제공받을 수 있다면 그보다 다행한 일은 있을 수 없기에 일단 노령으로 이동하여 부대를 재편성하고 나아가서 일본군과 일대전투를 벌이려고 하였던 것이다.

이러한 사정을 배경으로 대한국민의회의장 문창범, 재무부장 한창해, 자유대대장 오하묵, 동비서 박병길이 1920년 12월 초에 하바로프스크의 2군단 본부에 교섭하여 자유시에 군대를 집합시키려 하였고 이리하여 1921년 1월 중순에 노령과 간도방면의 군대들이 소속 집합하게 되었다. 최진동 군대는 1월에 안무군대는 2월 초에 자유시에 도착하여 자유대대의 지휘를 받게 되었고 중령에서의 군대는 3월 중순까지는 대개 집합하였다.

중령에서 이만으로의 군대이동은 직접적으로는 1920년 10월의 일본군의 간도출병으로 인한 결과였다. 이 당시 간도 및 훈춘 지방에 있었던 약 3천의 독립군은 일본군의 추격에 의하여 대부분의 군대는 동지연선을 통과하여 밀산현 방면에 집중하였다가 이만 방면으로 향하게 되었고 일부는 블라고베셴스크 방면으로 향하게 되었다. 그리하여 페르친스키, 이만, 우스펜카, 봉밀산자, 그로데코보를 연결하는 권내에 일시 2,3천의 독립군이 있게 되었다.11)

이때에 간도방면의 독립군을 러시아정부에 연락하는 일을 맡은 것은 신민단 단장이며 한인사회당의 중요 간부인 김규면이었던 것으로 보인다. 그는 각 독립군의 수령과 이만에서 회합을 가져서 다음의 협정을 체결했다고 한다.

1. 한족은 한족으로 지배하고 타민족과 혼동하여 그 지배를 받지 않게 할 것
2. 국내외를 불문하고 자본만능주의 및 군국주의를 타파할 것을 기함.
3. 야만시대에 있어서 전제제도의 유습인 계급제도를 타파하여 사해사민평등의 안락을 기함
4. 의식에 곤란한 천하의 궁민을 구제하기 위해 무력으로서 공산주의의 실행을 기함
5. 미개인류의 통어에 필요한 종교는 문명의 금일 구습개혁 상 유해함으로 각 종교제도를 폐하고 미신으로부터 각성시킴으로써 사회실학에 이끌어갈 것을 기함12)

---

11) 金正柱 編,『朝鮮統治史料』, 제8권, 東京:韓國史料硏究所, 1971, p.86
12) 金正柱 編, Ibid., pp.86-87

이때에 이만 부근에 집결한 중령의 군대는 다음과 같은 것들이다.

　　총군부군대 최진동 허재욱 이택 오병묵
　　국민군대　 안무 정일무 김광 김규찬 강석진
　　독립군군대 홍범도 이청천 이병채
　　군정서군대 김좌진 서일13)

이들은 서일을 총재로 홍범도를 부총재로 하여 최명록, 김좌진, 이청천, 이장령, 안무 등이 그 수하에 들어가게 되었다. 그리하여 그 본거는 이만에 두고 지부를 봉밀산자에 두었다. 그리하여 3월 하순에는 그들의 세력이 무장단원 600, 재노령 및 블라고베셴스크방면으로부터 온자 천 500등 약 2천이 넘게 되었다.14) 이에 따라 일본 블라디보스톡 파견군은 1921년 3-4월에 극동공화국에 교섭하여 이만의 무력선인단의 무장을 해제시킬것을 요구하였으며 이에 독립군은 점차 서방으로 이동하여 블라고베셴스크로 이동하게 되었다.15)

「沿革」의 서술자는 이 군대들이 "적색의 기치 하에 동일한 적군으로 세계자본가를 대적하는 혁명군대의 군률에 복종하였다"고 하였다. 물론 이러한 해석은 「沿革」 저자의 아전인수적인 해석일 것이다. 이 점에 있어서 이르쿠츠크 지도부의 의도와 상해파 지도부 및 만주 의병대의 견해에는 큰 차이가 있었다.

---

13) 「沿革」, p.13
　　金正柱 編, op.cit., p.87에는 대한총군부, 군정서, 광복단, 군무부독부, 의군단이 나타나 있다.
14) 金正柱 編, op.cit., p.87
15) 金正柱 編, op.cit., p.87

3. 한인사회주의운동의 분열과 한인 무장대

자유시 사변은 한인무장대와 소비에트 러시아의 정책 사이에 있었던 근본적인 갈등이 원인이 된 것이지만 구체적이고 직접적인 원인은 자유대대와 니항군대와의 대립에 있었다. 이에 대하여는 이론의 여지가 있을 수 없다고 본다. 따라서 이 대립구조를 살펴보기로 하자.

자유대대와 니항군대의 대립

니항군대는 일본주민을 살해한 후에 일본군의 추격을 피해 아무르 지방으로 도망치게 되었다. 이때에 박병길이 중심이 된 한인부대도 자연히 같이 도망칠 수밖에 없었다. 이때에 한인부대는 두 갈래의 방향을 취하였다. 하나는 본영으로 트랴피친의 군대와 같이 자유시동북 700리 지점의 한인촌 케르비(Kerbi)로 향하고 다른 한 부대는 흑룡강을 거슬러 올라 퇴각하던 중 일본군과 만나 교전을 하고 1920년 8월경에 인 역에 도달하였다.16)

인에 도착한 군대는 대표3인(고명수, 선우격)을 대한국민의회에 파견하여 케르비로 간 본영이 도착할 때까지 한인보병임시대대에 편입시켜줄 것을 요구하였다. 이에 대해 대한국민의회는 이 요구를 승락하여 제2군단의 승락을 받고 니항군 1중대를 한인보병자유대대에 편입하였다. 그후 케르비로 향하였던 한인부대는 트랴피친이 처형된 후에 자유시로 향하였는데 이 부대는 아무르주에 도달하면서 2군 19연대가 되었고 한인부대는 2군 19연대 3대대로 되어 임호가 대대장이 되었다.17) 이 부대는 1920년 10월 12일에 자유시에 도달하였고 13일에는

---

16) 「沿革」, p.5

자유대대와 니항군대의 분대장이상의 군사회의를 열어 "우리의 혁명을 일치한 동작에서 기성하자는 의의하에서 만세를 고창한 후 폐회"하였다.18)

그러나 이후의 과정에서 자유대대측이 한인부대를 총괄하려고 하는데 대하여 니항군대의 실권자인 박 일리야는 이에 비협조적이었으며 그의 계획을 지지할만한 세력을 찾기 위하여 치타행을 실현하려 하였다. 그리하여 1920년 10월 15일 그는 치타로 향하였다.

이 무렵에 치타에서는 한인사회당에 의한 극동국 한인부가 1920년 10월에 조직되었다. 이의 책임자는 박애, 계봉우, 김진, 장도정, 박창은으로 이들은 이동휘와 가까운 한인사회당구지도부라고 말할 수 있다. 박 일리야는 치타행을 통하여 이들 이동휘파와 연계되었으며 지지를 확인하고 다시 자유시로 돌아오게 되었다.

그런데 자유시에서는 박 일리야가 돌아온 후 군권의 통수를 둘러싸고 계속 갈등이 진행되었다. 박 일리야는 오하묵이 "과거 백파의 장관"이었으며 최고려는 "군인을 태형"하였다고 비난하였고 자유대대는 박 일리야가 과거 "니항에서 꼴착흐(백파)기관에 정탐으로 근무하던 사실과 트랴피친의 무치적 행동을 찬조하여 소지 각 지방 촌락에 약탈하던 불법행동"을 비난하였다. 니항군인들은 또한 니항군대의 이전 지도자 박병길을 처벌하여 달라고 오하묵에게 요구하였고 오하묵은 이를 무마하기 위하여 박병길을 자유시 지방수비대 유치장에 수금하였으나 오하묵이 원동정부군에 군대사정을 보고하기 위해 1월 18일 치타로 떠난 후 1921년 1월 16일밤에 니항군대 몇 명이 박병길을 살해하였다. 박병길은 박 일리야의 고종매 홍마리아와 약혼한 상태이었으며 홍

---

17) 「沿革」, p.6
  이때에 박 일리야와 대립하고 있던 박병길은 케르비에서 딘선으로 자유시 자유대대를 찾았고 자유대대는 박병길을 비서정으로 맞았다.
18) 「沿革」, p.6

마리아도 유서를 남기고 죽음을 택하였다.[19]

1차 한인군사위원회 조직(한인부, 상해파)

  니항군대와 자유대대가 대립하는 가운데 니항군대가 치타 한인부의 지원을 업게 되었으며 이는 니항군대에 대단히 유리하게 작용하였다. 우선 치타에 근거를 두고 이용 등은 한인부와 군사위원회를 조직하여 1921년 1월에 다음의 내용의 경고문을 발표하였다. 그것은 한인군대를 적군지역 내에 무관으로 양성하기 위하여 사관학교를 설치하고 사관 500명을 일차로 양성하며 이들이 졸업하는 즉시 제 1 사단을 편성하고 그후 사관의 증원에 따라 2-3개의 사단을 추후로 세울 내용이었다. 이 군사위원회는 이용을 위원장으로 하고 위원으로 채영, 한운용, 장기영, 박권섭, 박영, 주영섭, 박 마트베이, 장도정, 김진을 선임하였다.[20] 인적 구성으로 보아 이는 분명히 이동휘를 추종하는 집단의 규합체였다. 그리고 그와 함께 이들은 임시정부 봉대의 명분을 내걸었다. 그러나 이 단계에서는 니항군대와 자유대대 사이의 갈등은 실제로는 상해파와 이르쿠츠크파 사이의 것이었다.
  이러한 사태에 직면하여 국민의회 군무부장인 김하석은 1921년 2월초에 이용, 채영과 면담을 하였다. 이 때에 김하석은 상해정부와 국민의회의 내홍에 신경쓰기보다는 이르쿠츠크에 새로 설립되는 사관학교를 담당하라고 설득하였으나 양인은 임시정부를 봉대하며 국민의회를 거부할것을 재차 천명하였다.[21]
  사태가 이같이 진전된 상태에서 니항군대와 자유대대간의 대립의

---

19) 「沿革」, p.13
    오하묵이 치타로 떠난 후 살해되었다면 1월 18일 이후라야 옳을 것이다.
20) 「沿革」, p.15
21) 「沿革」, p.16

대리전을 치타한인부와 이르쿠츠크한인부가 치르게 되었다. 의심할 바 없이 치타한인부는 한인사회당의 구지도부였고 이들은 치타의 극동공화국과 좋은 관계를 유지하고있었다. 그리하여 이들은 극동공화국군부와 교섭하여 1차로 한인군사위원회를 조직하여 박창은을 총사령관, 그리고리예프를 참모부장으로 임명하여 자유시로 파송하였다. 이들은 또한 니항군대를 사할린의용대로 명칭을 변경하고 자유시에 집결한 전 한인군대가 사할린의용대의 관할을 받도록 극동공화국군부의 명령을 얻어냈다. 이들은 흑하에 도달하여 흑하지방 공산당 내 고려부의 임상춘, 최태열, 이용, 장기영, 채영, 김민선, 박일리야 등과 2월 중순에 자유시에 도달하여 군대를 관리하려 하였다. 그러나 박창은은 군대의 반발로 흑하로 도망하여 총사령관 면직서를 한인부와 원동정부 군부에 제출하였고 한인부는 다시 원동정부와 교섭하여 연대장에 그리고리예프, 군정위원장에 박 일리야를 임명하였다. 이 명령을 받고 이들은 즉시 군대관리에 착수하여 주둔지를 자유시 서북방 로리 70리의 마사노프로 하고 자유대대에 편입된 니항, 다반군대를 우선 이동시키고 다른 군대도 이동시키려 하였다. 이에 대해 자유대대와 다른 군대들은 처리방침을 의논하고 대표를 선정하여 원동정부군과 교섭하기로 하고 2월 27일에 대표6인(김하석, 최고려, 김표도르, 김규찬, 강석진, 김광)을 보내었다. 그러나 그리고리예프와 박 일리야는 식량을 3일간 단절하면서 간도군대로 하여금 마사노프로 이동할 것을 요구하여 간도 군대는 강박 속에 마사노프로 이동하였다. 그러나 자유대대는 대대장 오하묵이 치타출장중이라는 이류로 이동을 거부하였고 이에 대해 박 일리야는 자유대대의 기관포 2문, 마차 및 대대본부 문부를 압수하고 임시대대장서리 황하일등을 체포하여 감으로 어쩔 수 없이 자유시를 떠나 자유시에서 20리 떨어진 크라스노야르로 이동하였다. 이에 니항군대와 다반군대는 자유대대를 무장해제 시키고 지방수비대에 인도하였다. 이에 지방수비대는 자유대대군인들을 동정하여 무장을 다시 주어서 체리니코프카에 주둔시키고 오하묵의 귀대를 기다리게 하였다. 이러던중 자유대대 비서장 유선장은 사할린군대에 의해 죽을 뻔하다가 풀려났으며 황하일도 유선장을 방문하였다가 수금되었으며 후에 방송되었다.22)

특별당원회의(치타, 양 파)

한편 자유대대 및 간도의병대표들은 3월 8일에 치타에 도착하였다. 이들은 박애를 만났지만 신통한 대답을 들을 수 없었다. 이시기는 마침 공산당대회를 준비하는 시기였으며 이때에 공산당대회의 개최장소로서 이르쿠츠크와 치타가 경합을 하였다. 치타에는 이때 40여명이 이미 소집되어있던 상황이었는데 한인부는 대회장소를 흑하로 변경하고 공산당대회에 관하여 계봉우와 김진, 군사대회에 관하여 장도정에게 책임을 담당하여 파송하였다. 한인부와 6인 및 대표들은 치타에서 특별당원회의를 열고 한인부에서 박애, 박밀양, 최성우, 이르쿠츠크파에서 이성, 김철훈이 당에 대한 양측의 보고를 하여 시비의 문제는 당대회의 판결에 따르기로 하였다.

이 회의에서는 2대 조건을 결정하였다. 이 시기에는 이미 한인사회당의 지도부가 양자로 갈라져 있었던 때이기 때문에 "주의상 혁명단체라 볼지라도 당기관을 각자 설립하라 함은 원칙에 벗어난 뿐 외라 혁명전도에 막대한 불행의 조짐이니"라고 하여 쌍방의 조화를 구하였다. 이 회의는 대표 5인을 선정하여 김하석, 엄윤, 최고려, 최성우(당시 한인부 책임비서), 선우정(이르쿠츠크파)을 흑하에 파견하기로 하고 또 한인부당국이 흑하에 파견한 장도정, 김진, 계봉우를 소환할 것, 상해에 이 사유를 통보할 것을 결정하였다.23)

---

22) 「沿革」, pp.17-18

또한 군사문제에 대하여는 원동정부군에 교섭하기로 하고 박애, 오하묵, 최고려, 김표도르을 대표로 선정하고 결의된 내용에 총사령관은 오하묵, 군정위원장은 최성우로 하기로 하였다. 이때에 원동정부군무총장은 에이헤가[24] 담당하였는데 에이헤는 이 자리에서 이제부터는 한인군대의 문제를 국제공산당에서 직접 관할하게 된다고 통지하였다.[25] 이러한 조치에는 물론 이르쿠츠크파가 사전에 코민테른과 러시아공산당에 교섭한 결과라고 보아야 할 것이다. 「沿革」의 저자는 코민테른 동양비서부(극동국)의 입장에 대하여 다음의 설명을 하고 있다.

> 고려혁명계 자체상 충돌이 다단이나 대부에 취하여 노골적으로 말하면 국민의회와 상해정부와의 통일이 되지 못함에서 생기한 화단이 군계까지 문란하게된 터이니 이 화단을 피하여 군대를 운전해야 될 것이다. 연즉 이상 양 기관의 지배를 받지말고 국외에서 독립으로 고려군정의회를 조직하여 해 군대를 불편불기하게 혁명의 전도에 진행을 취하는 것이 상책이라고 동양비서부 당국의 제안이 있다.[26]

이 설명은 중재적인 입장을 취하는 척 하면서 사실상 이르쿠츠크파의 의도를 관철시키는 것이라고 볼 수가 있다. 이리하여 극동공화국으로서는 자국 내에 한인독립군 무장대의 존재라고 하는 골치 아픈 문제를 회피하게 되었으며 코민테른은 나름대로 반일투쟁이 아니라 한국혁명이라는 과제 속에 한인무장대를 흡수함으로써 극동공화국의 고민

---

23) 「沿革」, p.19
24) Eikhe, Genrikh Khristoforovich(1893-1968) 은 라트비아의 리가에서 노동계급 가정에서 출생했고 1919.11-1920.1에 적군 제5군 사령관으로 콜차크군을 패퇴시켰다. 극동공화국 성립 후에는 인민혁명군 사령관이었는데 1921.4월 당이 군대와 파르티잔을 통솔하려는데 대하여 반발하고 사령관직을 사임하게 된다.(The Modern Encyclopedia of Russian and Soviet History, vol.10, p.164)
25) 「沿革」, p.20
26) 「沿革」, p.20

을 덜어줌은 물론 그들의 전략적 목표의 도구로 한인무장대를 삼으려고 한 것이다.

임시고려군정의회조직(이르쿠츠크파)

한인무장대의 관할이 극동공화국에서 코민테른 극동국(Dal'buro)으로 이관됨에 따라 한인문제를 다루는 중심지는 이르쿠츠크로 변경되었다. 이에 자유시의 대표들은 이르쿠츠크에 입거하여 극동국 당국과 군사상 협의회를 열고 극동국은 고려군대의 문제가 국민의회와 상해정부의 대립이 군계까지 미친것이라고 보았으며 "연측 이상 양 기관의 지배를 받지말고 국외에서 독립으로 고려군정의회를 조직"하려고 하였다.[27] 이에 출석대표 일부는 대표성의 문제를 들어 이에 반대하였으나 결국 1주일의 토론을 통해 비서부는 군정의회조직을 강행하였다. 그 이유는 "일본의 외교상문제를 피하려고 원동정부에서는 해 의병대를 속히 해산하게 하라고 의회정부중앙에 보고와 요구가" 있으며 "동양혁명을 전담한 동양비서부에서 동양혁명의 도화선이 될만한 고려혁명을 주목할 때에 고려혁명군대를 군인 하나라도 해산되게 하거나 일 시각이라도 문란하게 방임할 수 없으며 이뿐 아니라 그 의병대가 우리 주의를 흠모하고 흑룡주 지대까지 래주하였고 하물며 당원이 삼분의 일을 점한 군대를 동양비서부에서 등한히 할 수 없으니 가급적 속히 통일하여 지휘할" 필요에서라고 하였다.[28]

이 말은 소비에트정부가 추구하려는 목표를 충실히 보여주고 있다는 점에서 진실을 담고 있다고 보인다. 문제의 핵심은 결국 극동정부로 하여금 외교상의 곤란에서 벗어나게 하자는 것이었으며 그리하여

---

27) 「沿革」, p.20
28) 「沿革」, p.20

통일된 의병대는 원동정부지대를 벗어나 두만압록 양 강 상류의 중국 길림성 안도 무송 삼림 간에 둔진하고 고려를 향하여 의병식으로 출몰하며 전투를 벌인다는 계획을 가지고 있었다.29) 그러나 바로 이 후자의 계획은 사실상 구실에 불과한 것이 아닌가 생각될 수 있다. 한인무장대의 해산을 추구하는 목적과 상치되는 목적이기 때문이다. 그렇기에 한인무장대를 흡수하려는 전술적 차원에서 고려된 것이 아닌가 생각되는 것이다.

여하튼 이르쿠츠크파가 중심이 되어 새로이 임시고려군정의회를 조직하였다. 총사령관에 칼란다리슈빌리30), 의원에 김하석, 채성룡 기타 사령부관에 오하묵 임시참모부장에 유수연을 선임하였고 군정의회를 지원하기 위해 소련정부5군단내의 기병 6백여 명을 부속하였고 또 이르쿠츠크에 조직된 합동민족군대 600여명을 부속하였으며 또 "주의적 정치문화운동 및 선전" 임무를 위하여 이르쿠츠크 공산당 정치학교 제1회 졸업생 16명을 대동하고 칼란다리슈빌리는 군사상의 수속상 동시에 출발하지 못하고 부관 오하묵이 임시사령관이 되어 자유시로 출발하게 되었다.

---

29) 「沿革」, p.21
30) Kaladarishvili, Nestor Aleksandrovich(1876-1922) 그는 1903년 티플리스 사범학교에 공부하는 도중 사회혁명당에 가입하였다. 1917년에 무정부적 공산주의에 경도되었으며 이르쿠츠크에 소비에트를 성립시키는데 기여하였다. 1918년 봄에 이르쿠츠크의 지하볼셰비키 위원회에 의해 빨치산을 조직하도록 설득되었고 1919년 여름 빨치산대장이 되어 콜차크 제독에 대하여 용감한 공격을 감행하였다. 1920년 봄에는 자바이칼 지역에서 세묘노프와 투쟁하였으며 1921년 봄에는 볼셰비키당에 입당을 신청하였다. 그의 입당은 그의 공로를 고려하여 1917년으로 소급되어 적용되었다. 1921년에 한국인부대를 지휘하였고 1921년 12얼에 야쿠츠크주의 군사령관으로 임명되었고 1922년 3월 6일 소비에트에 반대하여 일으킨 농민반란에서 사망하였다.(Cf.*The Modern Encyclopedia of Russian and Soviet History*, vol.15, pp.182-3

2차 군사위원회조직(한인부, 상해파)

그런데 이르쿠츠크파가 임시고려군정의회를 조직하던 그와 거의 같은 시기에 한인부에 의해 흑하로 파견된 장도정과 계봉우는 바로 사할린군대 주둔지인 마사노프로 가서 이용, 박 일리야 등과 협의하여 군사위원회를 조직하였다. 이는 1921년 3월 중순의 일이며 극동국에서 임시고려군정의회를 조직하던 것과 거의 같은 시기였다. 이들은 명예회장으로 레닌, 트로츠키, 크라스노셰코프, 이동휘를 선임하고 군사위원에 이용, 채영, 한운용, 장기영, 박 일리야등 5인으로 정하고 군사위원 이용으로 하여금 원동정부에 교섭하기로 하였다.31) 그러나 원동정부는 고려군부를 처리할 권리가 없다고 하였고 이에 이들 한인부는 난처한 입장에 빠지게 되었다. 왜 이런 일이 일어났는가? 그것은 이미 이르쿠츠크파에서 선수를 쳐서 고려군대의 관할을 코민테른의 극동국이 담당하기로 하였기 때문이다.

이르쿠츠크파는 일을 두 갈래로 나누어 진행하였다. 이르쿠츠크에서는 고려공산당대회가 개최될 준비가 진행되었고(대회 5.4-15) 치타에서는 군권 통솔의 문제가 부각되었다. 오하묵, 김하석, 유수연은 치타로 향하고 채성룡은 공산당대회준비를 위해 이르쿠츠크시에 머물렀다. 치타행은 정치학교졸업생 16명, 간도군대대표와 같이 1921년 4월 14일에 이르쿠츠크를 출발하여 3일후 치타에 도착하여 원동정부군부총장 에이헤를 면담하고 해 군부의 명령으로 2군단에 송달하여 한인의병 각 부대를 임시고려군정의회에 인계토록 요청했다.

군대와 파르티잔을 사령관이 담당하지 못하고 당이 지휘하게 된다는 것은 원동정부로서도 탐탁한 일이었다고 볼 수는 없다. 에이헤는 이 일로 인하여 당의 지도자들과 논쟁을 벌이고 극동 인민혁명군 총사

---
31) 「沿革」, p.23

령관직을 사임하게 된다. 그렇기에 이 문제는 단지 한인 사회주의운동에 관련된 문제만이 아니고 소비에트의 국가와 볼셰비키당의 갈등도 동시에 드러나는 문제라고 볼 수 있을 것이다.

한편 극동국 한인부는 이르쿠츠크시에 코민테른 극동국 한인부가 조직됨과 동시에 해체되었다하며 단지 문건을 정리하는 일이 있어 늦어지는 것이라 했다.32) 임시고려군정의회는 한인부의 당국자 계봉우, 박애, 김진, 이용, 김규면, 이한영, 임상춘, 한형권을 상면하였으나 우호적인 답을 듣지 못하였다. 여하튼 극동정부에 기대던 한인부는 전면적으로 몰락하게 되는 것이다. 이 때까지 우세한 입장에 있던 이들은 갑자기 궁지에 몰리게 되어 원동정부 군부에서는 1921년 4월에 계봉우, 김진, 박애, 이용, 장도정 등을 이르쿠츠크로 압송하고 이용은 40만원의 자금 중 5천원을 가지고 한인농촌에 도피하였다가 7월 하순에 연해주로 도주하였다. 이는 이르쿠츠크파가 설치한 임시고려혁명군사법원 재판에 의한 것이다.

5월 6일의 임호와 홍범도 등과의 협의회

치타에서 니항군대의 지지세력인 한인부를 제거한 후 임시고려군정의회는 5월 2일에 자유시에 도달하였다. 그러나 이때 현지의 사태는 이미 사할린군대의 수중에 들어간 상태였다. 이들은 자유대대를 방문하여 그간의 사정을 설명하였다. 4일에는 하바로프스크의 2군단에 임호의 도착과 사할린군대 인계를 전보로 요청하였다. 6일에는 홍범도, 최진동 등과 협의하였다. 그간 이청천은 간도로 향하는 중 흑하에 머물렀고 홍범도 최진동은 자유시에 있었다.

이 회의에서 이들은 일단 사할린군대에 위원을 파견하여 설유하기

---

32) 「沿革」, p.24

로 하고 김광, 이훈, 송세주, 최혼, 여인빈 5인을 선정하였다. 같은 날 이청천에게도 사람을 파견하였다. 7일에 이들 설유위원은 사할린군대에 도착하였다. 그러자 박일리야는 이들을 이르쿠츠크파라 하여 위원 5인을 즉시 수금하고 마사노프 마을 입구를 군인 수 십 명으로 방어하였다.

9일에 2군단장의 전보가 군정의회에 도달한바 고려의병대에 통지했다는 내용이었다. 11일에 홍범도와 최진동이 자기들의 군대를 방문하기 위해 마사노프에 갔었는데 사할린군대는 이들 양인이 김하석과 오하묵에게 매수되었다하여 최진동을 구금하였다가 수일만에 석방하였다. 12일에 자유대대를 자유시에 이동케하고 사할린군대에 대해 임시 고려군정의회의 지휘를 받을 것을 요구하였다. 13일에 사할린군대는 오하묵으로 직접 마사노프로 와서 군대를 인수하라고 요구하는 전보를 보냈다. 그러나 오하묵은 이를 거부하였다. 같은 날 이청천이 흑하에서 임시고려군정의회에 도착하므로 토의의 결과 이청천을 고려 각의병대 교관으로 선임하였다. 14일에 사할린군대를 인수하기 위해 김표도르, 최진동, 김혜선, 임호, 12여단 참모부장, 군정위원장, 지방수비대장교 2인 모두 8명을 파송하고 이들 8인에게 인계를 요구하였다.

같은 14일에 이르쿠츠크시에서 합동민족군대 120명이 도착하였다. 15일에 자유시 지방수비대와 지방 공산당기관에서 사할린군대의 무장해제를 요청하였는바 임시고려군정의회에서는 책임진다는 언명을 하고 무장해제를 거부하였다.

그러던 중 18일에 당림이 이용의 서신을 가지고 가다가 적발되었다. 5월 4일자로 된 이 편지는 한운용과 채영에게 군대의 불복을 호소하고 비서부와 고려군정의회를 박멸하겠다는 내용을 담고있었다. 이 사실을 극동국에 보고하였다.

정식의 고려군정의회는 5.4-17일의 고려공산당대회가 끝난후 5월

18일에 조직되었다. 그 위원은 고려공산당 중앙간부에서 후보자를 추천하여 극동국이 승인한 것이다. 그 결과 칼란다리슈빌리, 유동렬, 최고려가 선임되었다. 임시고려군정의회는 19일에 이르쿠츠크를 출발하여 4일후에 치타에 도착하였고 이들은 원동정부 총사령관 라뻰을 만나 협조를 약속받았으며 23일에 치타를 출발하여 6월 6일에 자유시에 도착하였다.

19일에 김표도르가 전보로 군대를 인수하였다고 했다. 그러나 21일에 김표도르 등은 돌아와서 단지 형식상의 서류로만 군대를 인수하였고 내용으로는 박 일리야가 임시고려군정의회에 불복한다 하였다. 군정의회는 이를 즉시 비서부에 보고하였다. 21일에 합동민족군대 200명이 도착하였다. 22일에는 정식군정의회가 치타에 도착하였다. 28일에는 합동민족군대가 도착하여 전후 3회에 모두 600여명이 전원 도착하였다.

6월 2일에는 마사노프에 주둔해있던 홍범도군대 440여명이 밤에 탈출하여 자유시 군정의회에 도달하였다. 6월 6일에 정식고려군정의회 총사령관 칼란다리슈빌리, 유동렬, 최고려는 코사크 기병 600여명을 데리고 자유시에 도착하였다. 7일에 임시군정의회는 그간의 전말을 작성 정식군정의회에 인계하였다.

고려군정의회조직(이르쿠츠크파)

이때에 사할린군대, 총군부군대, 독립단군대, 국민군, 다반군, 이만군 등 1400여명은 연대가 편성되어 그리고리예프와 박 일리야의 휘하에 있었고 자유대대, 홍범도부대, 합동민족연대만이 임시고려군정의회의 관할에 있었다.

7일에 자유시에 군대를 회집시켜 경위를 설명하고 총사령관이 직접 마사노프 사할린군대로 전보를 통하여서 박 일리야에게 군대를 이끌고 자유시로 오라 명령하였다. 그러나 박 일리야는 오히려 총사령관으로 마사노프까지 오는 것이 좋겠다 하므로 다시 크라스노야르까지만 오라고 답전하였다. 8일에 칼란다리슈빌리, 오홀나(국제공산당 파견원), 최고려가 크라스노야르까지 갔다. 사할린 군대도 도달해있었으므로 해 군대 군정위원의 보고를 접수하였다. 9일 오전에 사할린군대 전부를 앞에 놓고 설유하였던바 한인은 환영하였고 이에 총사령관은 자유시를 향해 출발하라고 명령하였다. 그러나 그리고리예프와 김민선이 오하묵에 의해 체포되어 구금되어 있었다. 오하묵이 이들을 체포한 이유는 군대를 인수하라는 명령불복과 설유위원을 구금한 것, 그리고 무단으로 타지에 임의동작했다는 것이다. 또 한 박 일리야는 안무가 7일밤에 탈영하였다는 보고를 하였으나 일행은 그대로 자유시로 들어오게 되었다. 이날 오후에 박 일리야는 그리고리예프와 김민선의 방송을 요구조건으로 내걸었으나 무조건 출래를 명령받았고 이날밤에 안무의 군대 역시 자유시에 도달하였다. 10일에는 총군부 및 기타 탈출군인이 70여명이 되었다. 이에 군정의회측은 사할린군대 군인들의 공포심을 덜기 위해 그리고리예프와 김민선을 방환하였다. 그러나 사할린군대가 점차 도망한다는 보고가 들어옴으로 칼란다리슈빌리는 사할린군대의 무장해제의 문제를 제출하였다. 사실상 고려군정의회와 마사노프 주둔 군대의 긴장이 고조되는 가운데 마사노프에 주둔하고 있는 군대는 나선의 금광지대로 이동하려고 하였다(김규면은 수고에서 5월이라고 기록하고 있으나 그런 일이 있은지 1주일만에 자유시사변이 있었다고 하는 것으로 보아 6월임이 분명하다). 군정의회의 통제에서 벗어나 군대를 이동시키는 것은 물론 단독으로 이루어질 수 있는 성질의 것은 아니었다. 김규면은 아무르주위원회와 제2군단 참모부의 동의를 얻었으며 한인사회당 군사부위원의 자격으로 마사노프 주둔 군대의 사령부원 경리부원을 대동하고 이동부대를 강제로 수송할 계획을 가지고 이를 아무르주 당국과 협의하기 위하여 블라고베셴스크에 임시로 체류하게 되었다.33)

사할린군대의 무장해제 기도는 두 가지 방면에서 진행되었다. 하나는 사할린군대 자체를 무장해제 시키는 것이고 다른 하나의 방면으로는 사할린군대를 지원하고 있는 상해파 고려공산당계를 체포하는 것이었다. 전자의 목적을 위하여 자유시주변에 진지를 구축하였다.

그것은 보츠카레워에 주둔한 마병대로 사할린군대의 도주전로를 차단케하고 총사령관과 오홀나 자유시수비대 제12여단의 수 개 중대를 영솔하여 사할린군대의 후로를 추적하는 것이었다. 13일에 총사령관과 오홀나는 크라스노야르에 도착하여 사할린군대 호위병 기 십 명을 무장해제 하였으나 그리고리예프가 도착하여 복종을 서약하기로 하여 무장해제를 비밀히 그만두고 자유시로 돌아오게 되었다. 사할린군대 등은 그리하여 자유시 3리 지점의 수라세프카에 주둔하게 되었다.

고려공산당계를 체포하기 위해서는 블라고베셴스크로 특립부장 이훈과 김표도르를 파견하여 그곳에 체류하고 있는 김규면, 한운용, 박원섭, 남시욱, 주영섭, 안태국, 임상춘과 군인 1명등 8명(김규면에 의하면 13인)을 체포하였다. 체포대를 파견한 것은 6월 11일 경이라고 보여진다.

어느 날(11일로 추산된다-필자) 갑자기 무장대 수 십 명이 김규면 이하 13인을 체포하여 정거장 길로 향하였는데 도중에 파수병을 만났

---

33) 『김규면수고』, p.29 본래 이 자료는 필사본으로 되어 있는 것을 신문사를 통하여 입수하여 본고에 자료로 활용하게 되었다. 필사본은 국판 노트에 표지에는 『誠齋略傳에 關한 回想記』로 안쪽에는 『李東輝(誠齋)略傳에 관한 회상기』라는 제목이 붙어 있다. 1963년에 집필된 것으로 되어 있다. 본고에 인용된 것은 필사본에 필자가 임의로 페이지를 매긴 것임을 밝힌다.

고 정거장에 당도하기 전에 수비대 당직장교가 검사하는 도중에 아무르주위의장 오케비토의 비서도 당도하였다. 그러나 서류를 검사한 결과 지방당국의 문의없이 이루어진 일이라는 것이 밝혀져서 김규면 등을 체포하는 일은 실패로 끝나게 되었다. 김규면 체포부대는 되돌아가고 김규면 등은 정치부 울안 보호실에서 유숙하게 되었다. 김규면을 이를 가리켜 "칼란다리시빌리, 오하묵, 최고려, 김하석 등 군정의회에서 자유시 나와서 첫 행동이 그것이었다. 군대를 토벌하기전에 그 군대 정치지도 후견자들을 체포하려는 불법행동이었다"34)고 하였다.

이훈과 김표도르는 김규면을 체포하는 동시에 그들의 서류도 압수하였는데 김규면 일행은 3만여 원의 금은전과 비밀문서를 가지고 있었다. 그러나 이훈은 이도 손에 넣지 못하고 러시아관청이 이를 보관하게 되었으며 이훈은 이를 군정의회에 보고하게 되었다.

그러나 군정의회는 김규면 등을 체포하기 위하여 계속 노력하였다. 체포가 실패로 끝난 이튿날에 블라고베셴스크의 신문 *Volna*에서는 김규면이 일본 육군대학을 졸업하고 러일전쟁시에 고급장교로 공훈이 많았고 3·1운동 이후에 일본군사정탐부 고등계장교로 복무하고 조선, 만주, 원동을 비밀리에 왕복하였다는 기사를 발표하였다. 그 다음날에 문창범 등의 국민회의파는 긴급성명을 통하여 김규면에 대한 성토문을 내고 김규면을 국민의회에 넘겨달라고 그리하여 정탐관계 연루자를 많이 알아낼 수 있다고 주장하고 외무부장 김기룡을 정치부 나찰니크(책임자)에게 보내었다. 그러나 나찰니크는 김규면을 넘겨줄 수 없다고 거절하였다. 그러자 그 다음날 오하묵이 와서 김규면을 군정의회에 넘겨달라고 직접 교섭하였다. 그러나 그 역시도 거절되었다. 그 다음날에는 칼란다리슈빌리, 오하묵, 기타 부관 그리고 국제당 대표까지 동반하여 다시 나찰니크인 드루츄코프에게 말하였다. 그러나 나찰니크는

---

34) 『김규면수고』, p.30

김규면은 고려혁명군사회의 위원장이고 고려공산당대표로 콩그레스 선언에 서명한 국제당청년이고 중앙정부와 기밀관계가 있는 사람으로 직접 중앙정부명령이나 국제당 명령이 없는 한 김규면을 내어줄 수 없다고 하였다. 장갑차를 타고 왔던 이들은 다시 돌아갈 수밖에 없었다. 이로써 한인사회당계를 동시에 체포하려는 계획은 실패에 귀착하였다.

무장해제

김규면 등의 상해당 계열의 인사를 체포하는데 실패한 군정의회는 이제는 사할린의용대를 해체하는 방법밖에는 없었다. 6월 19일 칼란다리슈빌리는 자유시에 귀환하여 분대장에서 연대장까지의 장교회의를 소집하였다. 총사령관은 이에 단결을 호소하였다. 연설은 과거를 묻어두고 고려혁명의 성공을 목표로 단결하자는 것이었으며 이에 소집된 장교단은 총사령관의 의지를 적극 지지하기로 하고 회의는 끝났다. 장교단은 차후에 고려공산당 중앙간부와 고려혁명군정의회에 복종할 것을 서약하였다.

그러나 이러한 회의에도 불구하고 사할린군대는 장교단회의에 불복하였다. 20일 특립부의 보고는 사할린군대의 군인사이에서 총사령관과 군정의회에 대한 악성 유언비어가 나돌았으며 이를 반영하듯 21일에 그리고리예프와 박일리아등 장교 7명이 혈서를 총사령관에게 제출하였는데 그것은 군정의회에 복종을 하되 김하석, 오하묵, 최고려를 축출해 달라는 내용이었다.

22일에 총사령관은 군대 전부를 모아 다시 설유하여 단결을 호소하였다. 이날 우여곡절을 거쳐 군대는 통일의 기운을 보이는 것 같았다. 그리하여 군대편제, 공급, 기타 정치적 문제는 군정의회에서 연구토론한 결과에 따라 군대편제는 의병식에 편외한 점을 취하고 1중대를 장교 및 하사 합 100명으로 하고 1대대를 3중대로 1연대를 3대대로 편성키로 하였다. 23일에 군인대표회를 소집하여(10명당 1인) 군대편제, 공급 기타 정치문제를 토의하였으나 결정 없이 산회하였다. 24일에 다시 회의에서 사할린군대는 1중대를 150명으로 편제하자고 주장했고 자유대대는 100명을 주장하였다. 거수표결의 결과 100명 편제안이 다수였다.

25일에 총사령관, 오홀나, 유동렬은 수라세프카에 모여서 군대편제안을 밝혔는데 그것은 사할린군대 총 1008명을 3개연대로 편성하는 것이었다. 1연대(총군부, 합동민족군대), 2연대(니항군, 독립단군) 3연대(자유대대, 국민군, 독립군) 경비대(이만군, 다반군)로 하는 것이었다.

27일에 그리고리예프와 박 일리아는 군대편제를 이전대로 니항군대와 간도군대들을 같이 편제해달라고 요청하였으나 거절당하였다. 그리고 사할린군대대표는 회의장을 나가버렸으며 이날에 무장해제가 결정되었다.

28일 오전 1시경 자유시수비대 29연대와 교섭하여 4개 중대를 우선 출동시켜 수라세프카에 파견하여 사할린군대의 동정을 탐지하고 뒤를 이어 특립부원을 파견한 후 오전 4시에 수라세프카 방면에서 기십발의 총성이 있었는데 그것은 29연대가 사할린군대 보초선에 임박하였다하여 보초들이 발사한 것이었다. 오전 5시에서 오후 4시까지 장갑차가 도착할 때를 기다려 29연대장은 조정적 권고를 하였고 사할린군대는 실제무장해제의 위협이 느껴지자 3시간의 여유를 요구하였다. 다시 그는 1시간 반의 시간을 요구하였고 다시 30분 및 15분의 시간을 요구하였다. 그것은 전투준비를 위한 것이었으므로 이제 즉시공격을 선언하였다. 사할린군대는 응전하여 몇 시간을 교전하다가 혹은 항복하고 혹은 도망하였다. 사망 36명 포로 864명 병자로 불참한자가 19명 박 일리야가 데리고 도망한자 34명 기외 59명 행방불명이었다. 무장해제를

집행한 군대는 사자 1명 29연대 사자 1명이었다.35)

4. 자유시사변의 후의 고려군대의 진행과 고려공산당

 김규면은 혹하의 정치부 보호기숙실에서 자유시사변을 듣게 되었다. 김규면과 함께 있던 13인중에서 한운용, 김춘호, 한빠샤등은 이만 빨치산 전선으로 파송하였고 김규면은 서기와 통역원을 데리고 원동국민군 30연대 병영 장교 기숙실에서 사변에 대한 일을 기록하여서 이를 중앙정부, 국제당, 고려공산당대표 이동휘에게 전달하여 달라는 서류를 작성하여 원동정부 직통서류특별우편에 모스크바로 송부하였고 프리아무르주로 되돌아왔다.36)
 그런데 엄청난 희생을 치르고 이루어진 니항군대의 무장해제는 과연 목표로 하는 반일투쟁과 연결되었는가? 이점에 있어서 자유시사변은 아무런 소득을 가져오지 못하였다. 자유시사변이 있은 지 일주일만에 7월 5일 이르쿠츠크의 코민테른 극동국으로부터의 전보는 고려혁명군대를 만주로 출동시킬 계획을 중지하고 속히 군대를 영솔하고 이르쿠츠크로 입래하라는 것이었다. 출전정지의 구실은 일본과 극동공화국사이의 대련회담의 개최였다.37) 이같은 출전의 중지는 한인의병 모두에게 깊은 실망감을 안겨주었다.
 그렇다면 과연 소련의 공산당이나 코민테른은 한국혁명의 문제를

---

35) 자유시 사변의 희생자수에 대하여는 여러 기록이 서로 다른 것을 보게된다. 이르쿠츠크파측의 고려군정의회는 사망 37 부상 4 도망 50여명 포로 900여명이라고 하였다. (국사편찬위원회 편, 『韓國獨立運動史』, 제3권, 1967, p.926) 그러나 독립신문에 경재란 이름으로 쓴 기사에서는 사할린군대 1천 400여 명 중 900여명이 포로가 되고 사자 40여명을 제외하고는 행방불명이라고 하였다. (국사편찬위원회 편, 『韓國獨立運動史』, 제3권, 1967, p.934)
36) 『김규면수고』, p.32
37) 「沿革」, p.43

다루는데 있어서 일관성이 있었는가의 문제를 검토해보는 것이 필요하다. 과연 러시아는 고려혁명군을 중령에서 싸우게하려는 의도를 진지하게 추구하다가 어쩔 수 없이 상황 때문에 고려군대의 출동중지를 명령하였는가? 아니면 극동공화국의 안보를 위한 계획적인 책략이었는가? 이것은 해결되어야 할 의문으로 남아있다.

이 문제에 대하여 정치부장 드루츄코프와 김규면의 대담은 여러 가지로 시사적이다. 김규면은 자유시사변을 비판하면서 자신들도 일본과의 관계상 문제를 피하기 위해 처벽한 지대로 이동하기를 준비하였다고 하였다.38) 또한 정치부장은 일본군측에서 원동국측에 독립군을 양성한다는 질문요건을 만들어 놓았다고 하였다. 이는 일본과의 관계를 고려하여 독립군문제가 고려되고 있음을 단적으로 말해주는 것이다. 따라서 소비에트정부가 대규모 무장투쟁을 위한 한인독립군부대를 지원하거나 양성하는 것은 애당초 존재하지 않은 계획이었다고 보아야 할 것이다. 한인의 부대가 소용되는 것은 오로지 그들의 백군을 격파하기 위한 적군으로서의 의미만을 가질 뿐이라고 하는 사실이 명백해지는 것이다.

다음에는 자유시사변의 종결이 어떻게 되었는지를 살펴보기로 하자. 6월 30일에 포로로 된 군인들의 재판을 위하여 임시검사부를 조직하여 검사원 5인으로 하여금 1주일간 계속 검사하게 하였고 그 결과 총군부군대는 사할린군대의 위협 하에 부득이 참여하였으므로 그 본의를 인정하고 기타 신임있는 개인의 보증이 있는 경우를 골라 364인을 군정의회군대에 재편입하고 기타 500명은 다시 취조하였다. 이중 중대범죄자로 판명된 장교 및 군인 72명은 이르쿠츠크로 압송하고 428명은 원동정부 2군단에 인도하였다.

8월 5일에 가서 자유시의 군대는 이르쿠츠크로 가게 되었는데 많은

---

38) 「沿革」, p.32

군인들이 낙망하여 개인적으로 탈출하는 자들도 많이 있게 되었다. 이르쿠츠크에 도착한 한인군대는 이리하여 모두 1745명이 되었다. 그와 동시에 군정의회는 취소되고 한인군대는 적군5군단의 관할을 받게 되었고 일반교육의 편의를 위하여 1개 여단을 편성하게 되었는데 여단장에 칼란다리슈빌리 군정위원장에 박승만이 되었다. 10월 3일에는 칼란다리슈빌리 대신에 오하묵이 여단장으로 선임되고 동시에 정치부를 설치하여 채동순이 정치부장이 되었다.

다시 1921년 10월 28일에는 사관학교를 설립하여 200여학생을 양성하게 되었다.

1922년 2월 17일에는 여단을 특립연대로 편성하고 연대장 오하묵 군정위원장 박승만이 되었다. 병력은 장교 137명 군인총수 1451인이었다.

이후에 군대를 원동으로 이동하여 전투에 참가케하려는 계획이 있었지만 다이렌회담에 악영향을 미칠 것을 우려하는 극동공화국때문에 실행되지 못하였다. 그러다가 1922년 8월에 가서 소비에트정부와의 타협이 이루어져서 8월 15일부터 원동으로 이동하게 되었는데 이 때에 장교 및 군인 중에 선발된 70명은 수학을 위해 모스크바로 파견되었다. 또한 노약자로 500여명이 제대하였으며 이들은 원동의 자기 근거지로 돌아갔다. 정식으로 남은 군인은 0000군부의 인도 하에 고려특립연대로 원동 하바로프스크 근처에 주둔하게 되었다.[39] 이 때 하바로프스크에 도착한 군대는 군정위원 몇십명을 연해주에 보내어 이만(이용), 수청(김응천, 채영), 채분(이중집, 김규식), 니콜스크(박 일리야)등지의 이동휘계의 무장단을 자기파의 휘하에 넣으려고 하였는데 이들 부대는 위원회의 명을 받으면서도 갈등을 일으키고 있다고 하였다. 그러나 이 극동으로 진출한 이르쿠츠크 한인병력도 그후 영외로 방추되거나

---

39) 「沿革」, pp.51-52

무장해제 당하였으며 극소수에 한하여 소련정규군으로 편입하였다는 것이다.40)

『십월』에 의하면 이 군대는 자유시사변후 이르쿠츠크로 이동하여 러시아적군 5군단내 특립고려여단이 되었다. 이리하여 군인훈련을 주로하였는데 여러 난관으로 1922년에는 우르간 금광으로 옮기어 금광을 하다가 1923년 봄에는 부득이 해산하게 되었다고 한다.41)

이러한 결과에서도 알 수 있듯이 자유시에 집결하였던 군대는 한인 군대들이 원하는 전투에의 참여를 하지 못하고 적군 내에 편입되어 대기하고 있는 것에 불과하였다. 소비에트 러시아나 극동공화국으로서는 그 이상의 다른 정책을 가지기가 곤란했을 것이라고 생각된다. 그러나 한인부대들의 활동은 그 후에도 그치지 않는다. 그러나 그 활동은 극동공화국의 영향력이 실제로 미치지 못하는 연해주에서 있었을 따름이다. 자유시사변에서 탈출에 성공한 이용, 김규면, 박일리야 등이 다시 연해주에서 군사활동을 재개한 것이다.

마용하, 임표, 이용, 김덕은, 김찬, 주영섭, 김규면, 강재관, 박춘근, 정희연, 최중천, 임상춘, 한운용, 김홍일, 김택 등의 인사는 1921년 9월 이만에 모여서 혁명군사위원회를 조직하고 러시아군과 연락하여 군사교육을 시키는 등의 일을 하였다. 이들 부대는 연해주에서 신화적인 전투를 하였다. 한운용은 제2중대를 맡고있었다. 제1, 3중대는 우수리강 전선을 맡고있었고 제2중대는 한초로크촌을 맡고 있다가 이만으로 옮기었다. 제2중대는 전초가 되어 모로봉까지 백군의 전초를 격퇴하고 인정거장에 되돌아 왔는데 인은 이미 수천 백군의 진지가 된 상태였다. 포위당한 제2중대는 사력을 다해 싸워 백군의 항복을 받았다. 그러나 그 때 바로 백군의 응원군이 도착하였다. 이 부대는 마지막 순간까

---

40) 『韓共』 1, pp.348-9
41) 『십월』, p.60

지 적 605여명을 죽이고 1명을 빼고는 전멸을 당하였다. 백군은 이 치욕을 복수하기 위해 다른 지방에서 잡은 한인군인 13인을 95명의 칼잡이로 난자하고 죽였으며 12명의 군인들은 혁명만세를 외치며 죽었다고 한다. 그후에도 고려군은 계속 후퇴하지 않으면 안되었다. 제3의 김홍일 중대는 흑룡강 건너편의 라디미로프카촌에서 수비하다가 습격을 받고 다시 보코로프카 정거장에 돌아왔다가 다시 습격을 받아 거짓 항복하였다가 탈주하여 위기를 모면하고 12월 18일 인 정거장에 도착하였다. 23일에 백군이 다시 습격하였으나 12시간 동안 역전하여 수 백명의 사상자를 내고 적 천여 명을 사살하고 격퇴하였다. 1922년 2월에는 전군을 5대로 나누어서 백군의 근거지인 볼로차예프카를 공격하였다. 이 신화적인 공격에서 적 2천여 명을 사살하는 대신 6백여 명이 희생되었고 한인부대의 용맹성때문에 러시아군장교들은 "이르보!페료드!"란 구령을 하였다고 한다. 이들 고려의병대는 고려군독립연대를 조직하여 보코로프카-인 사이에 주둔하게 되었다가 안식하게 되었다.42)

　1922년 6월 28일에 연만주의용군대와 우수문 노동대 그리고 이르쿠츠크독립군의 대표자들은 이만 부근에서 읍고서를 발표하였고 이것이 1922년 7월 2일자 독립신문에 발표되었다. 이 호소문에 의하면 흑룡주 철도수비대로 있는 동안에 러시아당국에서도 칭찬이 많았으며 이르쿠츠크에 주둔하고 있는 한인군대도 연해주출동을 원하였는데 이르쿠츠크파에서 러시아 비밀기관에 밀고하여 이용 등이 자유시사변 연루자라고 체포하라는 전보를 각 기관에 보내고 군심이 해이해지게 되었다. 그리하여 500여명 군대는 도망하거나 해산하고 또 100여명은 잡아서 우수문 산속에서 벌목하는 징역을 살게 하였다고 한다.43) 이에 대하여

---

42) 『십월』, pp.74-77
43) 국사편찬위원회 편, 『韓國獨立運動史』, 제3권, 1967, p.937

는 김홍일의 회고가 있다. 김홍일의 회고에서 하바로프스크 수복 후 그 공으로 한인부대를 적군 산하의 특별보병대대로 발전시켜 대대장에 이용 부대대장에 김홍일이 되었다고 하며 이 때의 병력은 8백이었다고 한다. 이 한인부대는 니콜라예프카에서 인스크 사이의 5백마일에 달하는 지역의 철도 교량 및 지방치안을 담당하는 흑룡주수비대로 바뀌었고 김홍일이 수비대 사령관이 되었다. 그러나 이용의 부대 안에는 볼셰비키 정치장교 박창인, 김춘선, 심상구 등이 이용을 내어쫓으려고 하여 군대는 평안하지 않았다. 이용은 결국 일부 대원을 이끌고 이만으로 이탈하여 갔으며 1922년 7월 15일경에는 인스크 주재 중의 제2중대 대원들이 자유대대출신 중대장 최미하일을 연금시키고 이만으로 집단 탈주하였다. 이때 특별보병대대는 제1중대, 기관총중대, 특무중대 등이 대대본부 근방에 주둔하고 제2중대는 인스크에 제3중대는 비라에 주둔하고 있었다. 2중대가 도망쳤다는 소문을 들은 적군사령부는 비라의 제3중대를 무장해제시켜 치타의 우수문 노동병으로 편입시켰다. 이는 이르쿠츠크파의 공작에 의하였다는 것이다. 제 2,3중대의 문제를 가지고 김홍일이 적군 사령부에 출두하였는데 사령부의 정치위원은 적군뿐 아니라 중국, 일본과 충돌할 것을 우려하였으며 그리하여 중앙에서는 이미 한인부대를 이르쿠츠크나 옴스크로 이동시키라는 지령이 와있었다고 하였다. 대대전원은 이르쿠츠크로의 이동보다는 무장해제의 편을 선택하였다. 한편 이만으로 탈주한 2중대는 중국으로 갔으나 마적대로 조직된 손오부대장에 사기당하여 간부들은 주연중에 사살되고 부대원들은 무장을 강탈당한 후 분산되고 말았다고 한다. 우수문 노동병은 1922년 8월 9일에 석방되었다.[44]

한편 이르쿠츠크에는 채영 이청천 등의 장교 70여명이 러시아감옥에서 검은 떡 1근으로 버티고 있는데 이는 이르쿠츠크파가 이르쿠츠크

---

44) 『韓共』 1, pp.345-8

군대를 해산하여 연해주의 이용군대와 연합하게 하려는 혐의 때문이라고 하였다.

그런데 이동휘 일행의 여행과 자유시사변의 관계를 잠시 언급하는 것이 필요할 것이다. 그러나 무엇보다도 중요한 것은 1921년 5월 이동휘일행의 모스크바 여행이라고 하겠다. 이동휘가 이 여행을 마련한 것은 상해에서 급히 조직된 고려공산당을 코민테른에 보고하고 그의 신임을 얻기 위하였던 것으로 보인다. 왜냐하면 같은 시기에 이르쿠츠크에 새로운 당중앙을 표방하는 고려공산당이 결성되었기 때문이다. 그러나 이러한 모스크바로의 여행을 준비함에 있어서 이동휘 일행은 육로를 이용하지 못하였다. 그럴 경우 시베리아에 영향력을 행사할 수 있는 코민테른 극동국에 의한 견제를 받을 것을 두려워했던 것이다. 이러한 사정으로 인하여 잘 알려져 있듯이 이동휘는 배편을 이용하여 모스크바로 향하였고 그것은 충분히 추측할 수 있는 일이지만 많은 시간을 요하는 일이었다.

이동휘의 일행은 박진순과 홍도의 3인이었고 모스크바에 도착해서는 아파나시 김이 통역을 담당했다. 이동휘는 모스크바에 도착해서 이르쿠츠크파의 분당행위에 대해 비난하였을 것이다. 그리하여 코민테른은 한국문제에 관한 회의를 열고 문제를 다루지 않을 수 없게 되었다. 그리하여 코민테른 집행위원회와 러시아공산당 중앙위원회는 한국문제를 다룰 심사위원회를 구성하였는데 이 위원회는 벨라 쿤, 쿠시넨, 사파로프 및 전로군사위원회대표인 일류신에 의해 구성되었다. 이 심사위원회는 회의결과 1921년 11월 15일에 결정문을 발표하였다.

심사위원회의 결정은 상해파가 이르쿠츠크그룹보다 더 오랜 역사를 가지고 있다고 하였으며 한인사회당이라는 명칭으로 박진순과 박애가 1919년에 코민테른과의 관계를 수립했다는 사실을 인정했다. 그와 함께 심사위원회는 이르쿠츠크그룹이 1920년 6월에야 조직되었으며 이 그룹이 대한국민의회와 합병되었고 대한국민의회는 1921년 4월에 가서야 공산주의조직으로 되었다고 했다.

심사위원회의 양 그룹에 대한 평가는 어느 정도 공정하다고 볼 수 있을 것이다. 심사위원회는 양 그룹이 한인혁명가적 요소들로 이루어지고있다고 하였으며 그렇기 때문에 양 그룹의 통합을 강조하였다. 심사위원회는 코민테른 극동국이 이르쿠츠크그룹을 선호하여 자유시사변의 책임이 일단이 그에 있다고 하였다.

심사위원회의 관점에서는 자유시사변의 주 원인은 이르쿠츠크그룹과 박 일리야에 의해 지도되는 한인파르티잔부대 사이의 충돌에서 비롯되었다고 하였다. 그러나 여기에서 이르쿠츠크그룹이 더 큰 책임을 지고있다고 했다. 이 사변은 "이르쿠츠크그룹의 순전히 파당적인 투쟁"이었으며 이르쿠츠크그룹은 "정치투쟁을 전장에서의 군사적 전투"로 확대시킨 것이다. 그리고 이르쿠츠크그룹이 조직한 특별한인군사혁명재판은 이르쿠츠크그룹의 심사위원회에 불과하였다고 보았다. 법정은 박애에게 8년의 지역을 선고했던 바 심사위원회는 박애를 즉시 석방하여 모스크바로 송환할 것을 결정하였다. 그러나 박 일리야 역시 전투를 예견하였음에도 불구하고 그것을 막지 못한 책임을 지웠다. 심사위원회는 동시에 이르쿠츠크그룹에 의해 감금된 80여명의 다른 포로들도 석방할 것을 지시하였다. 그리고 자유시사변에 대한 다른 심사위원회를 구성할 것을 제안하였다. 마지막으로 심사위원회는 다음에 당 대회가 소집되기 전까지 양 그룹이 동시에 참여하는 임시중앙집행위원회를 조직할 것을 결정하였다. 이에 포함된 양당간부는 상해파의 경우에 이동휘와 홍도, 이르쿠츠크파의 경우에 한명세와 안병찬이었다.45)

---

45) Suh Dae-sook, *Documents of Korean Communism*, 1918-1948, Princeton : Priceton University Press, 1970, pp.67-70

이러한 코민테른의 결정은 분명히 이동휘 그룹에게는 큰 위안이 되는 것이었다. 적어도 자유시사변 이후에 세가 불리했던 이동휘에게는 도덕적인 위안이 되기에는 충분한 것이었다. 거기에 이동휘 일행은 레닌과도 면담을 통하여 어느 정도 지지를 받고있음을 과시하였다. 이러한 유리한 결정을 얻은 후에 이동휘는 1922년 1월에 소집될 예정으로 되어있는 극동노력자대회에 이르기까지의 기간동안에 이르쿠츠크로 가서 그에게 필요한 지지를 획득하기 위해 노력했던 것으로 보인다.

이동휘는 그가 모스크바에서 대동하고 온 張基永을 흑룡주와 연해주로 파견하여 김규면, 박 일리야, 이용으로 하여금 군정의회(3차)를 조직하도록 하였으며 이르쿠츠크에 주둔한 군대를 해산하여 이들 군정의회의 산하에 두어 전투를 벌이려고 하였으며 또 朴密陽을 치타에 파견하여 베르흐네우딘스크 고려인노동회로 하여금 이르쿠츠크에 있는 군대를 주선하여 원동으로 보내라는 것을 요구하였다. 그러다가 극동노력자대회가 폐회될 무렵에 이동휘와 홍도는 모스크바로부터 소환명령을 받아서 들어가게 되었고 이르쿠츠크에서는 채영과 이다물이 이동휘의 위임을 받아 군대를 원동으로 출동시키기 위한 노력을 계속하였다. 그러나 다이렌회담이 진행되는 중에 일본군에 구실을 주지 않으려는 극동공화국의 입장 때문에 실행되지 못하였다. 아니 그보다도 이동휘의 요구는 소비에트의 기본적인 외교정책에 위배되는 일이었으며 따라서 실현될 수 없었다.

자유시사변은 한인독립운동에 있어서의 일대 타격이었을 뿐 아니라 그후의 독립운동권에도 두고두고 논쟁거리를 제공하였다.

한편 자유시사변은 한인사회당의 내분과도 깊은 관계를 가지고 있으므로 이에 자유시사변의 결과를 한인사회주의운동과의 관련하에서 살펴보는 것이 필요하다고 하겠다. 자유시사변의 일차적인 원인은 러시아-한인민족운동 사이의 대립관계이지만 그러한 대립을 비극으로 만든 데에는 한인내부의 대립도 큰 역할을 하였음은 부정할 수 없는 사실이다. 자유대대와 이항군대 사이의 정서적인 대립을 이르쿠츠크파의 공산당과 상해파공산당이 대립하며 증폭시켰고 이러한 대립은 결국 러시아군대의 무력사용을 불가피하게 만들었다.

그와 함께 자유시사변과 같은 사건을 통하여서 상해파와 이르쿠츠크파 사이의 우세는 뚜렷하게 드러나기 시작하였다. 한국혁명을 최고의 과제로 생각하고 있었던 상해파는 더 이상 러시아공산당의 조직에 긴밀히 연계되어 있던 이르쿠츠크파의 상대가 될 수가 없었다. 그렇기에 자유시사변의 본질은 한인사회주의그룹의 양파의 대립이라기 보다는 한국혁명을 목표로 하는 이동휘계의 고려공산당과 러시아의 국익을 우선시하는 러시아공산당 사이의 대립이었다고 볼 수가 있다. 이르쿠츠크파는 이 국면에서 러시아공산당의 하수인에 불과했던 것이다. 한인 독립운동가들이 비난의 화살을 이르쿠츠크파에 퍼부은 것은 일리가 있다. 그러나 그 이면에는 러시아공산당 정책의 본질적인 모습을 파악하지 못했던 점도 지적할 수밖에 없다. 이 점은 러시아공산당이 발한 해방의 메시지와 러시아공산당이 취하였던 러시아 이해 우선의 정책을 충분히 파악할 수가 없었기 때문에 있었던 일인 것이다.

5. 맺음말

한인의 사회주의운동사상에 있어서 자유시사변은 각별한 의미를 지니고 있다고 볼 수가 있다. 러시아혁명이 일어난 이후 노령 한인사회의 지나친 사회주의에의 경사와 소비에트정부사이의 오해가 자유시사변의 제일 큰 원인이라고 볼 수가 있다. 이러한 관점은 자유시사변을 한인무장부대 내의 혹은 한인사회주의운동 내의 파벌투쟁에서 자유시사변을 보는 것에 대하여 일정한 정도의 수정을 요구하게 된다.

러시아혁명 이후 한인사회가 볼셰비키정부에 걸었던 기대는 사실이라고 볼 수 있다. 그 이유는 소비에트정부가 강국으로서 유례없이 강력하게 약소민족해방의 기치를 높이 들었고 그것이 일본의 억압하에 있었던 한인들에게 호소력을 가지는 메시지로서의 역할을 수행하였기 때문이다. 그러나 소비에트정부가 내걸었던 약소 민족해방이란 소련 외교정책의 전술가운데 한 가지일 뿐이었다. 물론 볼셰비키들이 그 이상으로 그러한 생각을 간직하고 있었다고 볼 수는 있다. 그러나 보다 중요한 것은 이것이 소련의 외교정책으로 집행되었을 때 약소민족의 해방이란 사실상 소련외교의 기본적인 정책이라고 볼 수는 없다. 단지 제국주의에 대항한다는 의미에서 약소민족과의 연대를 강조하였고 그러한 의미에서 그것은 전술적이었으며 이러한 전술은 약소민족의 희생하에 언제나 다른 전술로 대치될 수 있었다.

1920-21년의 시점은 그러한 소련외교정책의 전술적인 변화가 쉽게 관찰될 수 있는 시기였다. 혁명 초기의 이상주의는 이미 빛을 바랬을 뿐만 아니라 소비에트정부의 생존을 위한 고려는 약소민족해방을 위하여 소련이 할 수 있는 것이 아무 것도 없을 뿐만 아니라 실제로 할 의사가 없었음을 보여주고 있다. 약소민족해방이란 메시지는 사실상 언제나 프롤레타리아트 국제주의에 복속되어야 한다는 것은 이미 레닌을 비롯한 볼셰비키들의 기본입장이었으며 그것은 또한 소비에트라는 제국을 건설하는데 있어서 잘 부합되는 이론이기도 하였다.

그러나 한인무장부대는 말할 것도 없고 한인사회주의자들도 분명히 이점을 간과하고 있었다. 한인민족운동 지도자들은 어떠한 열강도 그들을 지원해주지 않는 절박한 환경 속에서 러시아에 기대를 걸 수밖에는 없었으며 다른 선택을 가지고 있지도 않았다. 그러나 한인들이 가졌던 기대는 지나치게 안이한 것이었음이 자유시사변을 통하여 나타났다. 그러나 그럼에도 불구하고 한인사회주의자들의 환상은 부서지지 않았다. 그리고 바로 그로 인하여 한인사회는 앞으로 감당하지 않으면 안되는 계속적인 비극을 아무런 준비 없이 맞이했다고 할 수 있을 것이다. <『韓國史學』, 제14집, 한국정신문화연구원, 1994>

고려공산당연구(1921-1922)

1. 머리말

　1921년 5월에 상해파와 이르쿠츠크파는 서로 분리된 당대회를 치름으로써 한인사회당은 공식적으로 2개의 당으로 갈라지게 되었다. 이 이후의 시기를 우리는 고려공산당의 시기로 부를 수 있을 것인데 이는 1922년 12월에 블라디보스톡에 코르뷰로가 설치되기까지의 시기를 가리키는 말이다. 이 시기는 총괄적으로 말한다면 분열된 양 조직이 다시 하나의 단일한 당조직 건설을 위하여 경쟁하며 노력했던 시기라고 볼 수 있다.
　기본적으로 이러한 노력은 1921년 6월에 자유시사변으로 크게 금이 가지만 1922년 1월에 개최된 극동노력자대회에서 어느 정도 화해의 필요성이 강조되며 1922년 10월에 열린 베르흐네우딘스크 통합당대회에서 양 그룹의 통합을 위한 노력이 최종적으로 기울여지기는 하지만 결국 성공을 하지 못하고 양 그룹은 1922년 11월 5-12월 5일 사이에 열린 코민테른 제 4차 대회에서 차가운 푸대접을 받고서 1922년 말에는 양당은 해산되어 코르뷰로로 강제 통합되기에 이른다. 이러한 전 과정

의 역사에 대하여는 이미 개괄적인 연구들이 나와있는 상태이기는 하다.[1]

그러나 이르쿠츠크와 상해의 양파가 어떠한 입장의 차이를 가지고 있었는지 또한 코르뷰로에 이르기까지의 과정에서 무엇이 걸림돌이 되었는지에 대하여 해명되지 않은 아쉬운 부분이 적지 않게 존재한다고 본다. 그리하여 고려공산당이 과연 한국의 사회주의운동에 어느 정도의 영향력을 행사하였는지 그리고 이 고려공산당이 역사적으로 어떠한 평가를 받아야 하는가는 좀더 실증적인 연구를 진행한 후에 결론을 내려야 할 것이라고 본다. 말하자면 파벌싸움의 대명사처럼 이해되고 있는 고려공산당에 대하여 그 진정한 모습을 편견 없이 들추어내려 한 것이 본고의 목적이다.

2. 1921년 5월의 한인사회당의 분당 이후 극동인민대회까지

1) 분당시의 양파의 강령비교

상해파와 이르쿠츠크파가 한인사회당을 해체하여 각기 공산당대회를 치를 정도로 양 파 사이에는 정책과 노선의 차이가 있었던 것일까? 이러한 의문점에 대하여 실증적인 분석을 해보는 것은 필요한 과제라고 생각된다. 다행이 1921년 5월에 두 개의 공산당대회에서 채택된 강령이 남아있기 때문에 이러한 작업을 통하여 양파가 분리된 진정한 원인이 무엇이었는가 살피는 것은 필요한 작업이라고 생각되는 것이다.[2]

---

1) 김준엽, 김창순, 『韓國共産主義運動史』, 제1권, 청계연구소, 1986 및
   이정식, 스칼라피노(한홍구역), 『韓國共産主義運動史』, 제1권, 돌베게, 1986
2) 필자는 拙稿「한인사회당연구(1918-1921)」(『韓國史學』11집, 1990.11, 한국정신문

우선 이르쿠츠크파는 1921년 5월 4-15일에 공산당대회를 치르었으며 그 과정에서 강령을 발표하였다.3) 이에 대하여 상해파는 5월 20-23일에 공산당대회를 치르고 「고려공산당선언서」, 「당강령」, 「당규」를 채택한 일이 있는 바4) 이들 양 강령을 비교분석하여 양 파 간의 차이가 무엇이었는가를 살펴보기로 하자.

이르쿠츠크파에서는 공산당대회에서 다음의 고려공산당 강령(안)을 채택하였다. 강령(안)은 우선 고려공산당을 "조선의 노동자, 고농, 근로농민의 당"으로 규정하였다. 그와 함께 코민테른에로의 소속을 명백히 하였다.

> 제3국제공산당은 1919년 3월 승리의 러시아 프롤레타리아트의 국가에서 창설되고 전 세계의 선진적 프롤레타리아트의 공산당들에 의해 지지를 받고있고, 그것은 진정으로 전폭적인 인민들의 우애에 대한 칼 마르크스의 가르침의 실천 위에 존재하고 있는 세계적 전투사령부인 것으로 보인다. 무엇보다도 노동계급을 배반하고 부르조아지의 진영에 선 제2차 황색인터내셔널은 결정적으로 분해되었다. 벌써 제국주의적 유럽전쟁의 초기에 상호 살륙을 위해 노동자들을 전장에 파견함에 따라, 노동계급은 스스로를 장사지냈다. 현재 제2인터내셔널에는 노동계급의 배반자와 적들 이외에는 아무도 남아있지 않다.

화연구원)에서 이에 대해 간략히 언급한 바가 있다. 그러나 그 분석이 철저하지 못하였기 때문에 유감으로 생각하고 있었으며 이제 본고를 통하여 양 파의 강령을 보다 철저히 소개 분석하고자한다.

3) 이를 위해서 살펴볼 자료는 이르쿠츠크 쪽의 강령은 "Proekt programy Koreiskoi Kommunisticheskoi Partii, priniatoi uchreditel'nym s'ezdom Korkompartii"(*Narody Dal'nego Vostoka*, Irkutsk, 1921, no. 3, pp.353-368) 이며 당대회를 치르면서 코민테른에 한 보고서 "Doklad Koreiskoi Kommunisticheskoi partii III kongressu Kominterna"(*Narody Dal'nego Vostoka*, Irkutsk, 1921, no 2., pp.249-260)를 동시에 살펴보려고 한다.

4) 金正明 編,「高麗共產黨宣言書-黨綱領-黨規」,『朝鮮獨立運動』, 제5권, 東京:原書房, 1967, pp. 1000-1007 이하 이 책의 인용은 『朝鮮獨立運動』 5 로 책명과 권수만 약기한다.

강령(안)은 공산주의적 지향을 명백히 하여서 "고려공산당은 세계의 프롤레타리아트의 세계의 부르조아지에 대한 투쟁이 아니고서는 조선해방을 위한 투쟁을 생각하지 않는다"고 하였다.

그리고 조선의 프롤레타리아트에 의한 혁명을 고려하였다. "조선의 근로대중은 일본제국주의의 피묻은 손으로부터 조선의 해방자가 되는 것은 조선의 프롤레타리아트 자신과 조선근로자 자신이며 그들이 혁명의 붉은 기를 높이 들고 모든 억압의 근원인 세계자본에 대하여 최후의 투쟁을 하는 가운데 세계 프롤레타리아트로 합류해야만 한다는 것을 이해하였다. 조선의 프롤레타리아트는 흡혈적 일본 제국주의로부터 전 국토를 해방시키기 위한 투쟁에서 바람직한 조력자이며 친구는 노동의 붉은 깃발이 성공적으로 날리고 있는 세계 최초의 국가인 러시아연방공화국이라는 것을 이해하였다."

강령(안)은 이러한 선택을 단언적으로 제시하였다. "러시아연방공화국을 선두로 하여 세계프롤레타리아트와 함께 무조건적인 자신의 해방으로 갈 것인가 아니면 언제나 자기의 아니면 외국의 압제자의 노예로 남아있을 것인가. 다른 선택은 없다"고 하였다.

강령(안)은 특히 소비에트건설을 지상적인 과제라고 보았다. 강령(안)은 부르조아 민주주의적 대안은 아무런 의미가 없다고 보았다. "각각의 노동자와 농민은 어떠한 '크거나' '작은' 민주공화국도 그에게 완전한 해방을 주지 않을 것이라는 것을 알아야한다." 따라서 소비에트의 건설이야말로 유일한 길이다. "결국 조선에서 권력의 소비에트적인 형태가 단지 다른 소비에트국가들과의 동지적 관계, 상호부조, 도움에 기여하게 할 뿐 아니라 다른 무엇보다도 중요한 것은 근로한국이 사회주의경제로 넘어가는데 고통 없이 최단의 길을 확보해줄 것이라는 것이 중요하다." 이러한 이유로 한국에서의 소비에트권력의 창출은 불가피하다는 것이다. 이같은 인식은 사회주의로의 발전의 비자본주의적

길이라는 레닌의 테제를 충실히 따른 데서 나온 것으로 보인다.[5]

 강령(안)은 경제문제에 대하여 농업문제에 특별히 많은 주의를 기울이고 있음이 주목된다. 강령(안)은 한국의 전통적 농업관계를 봉건적이라고 보았다. 그리고 일본제국주의의 정복적 기구에 의하여 중농과 빈농의 희생하에 일본지주들의 지배가 확대되고 있다고 하였다. 이러한 인식 하에 강령(안)은 가까운 과제로서 1) 일본자본 및 조선의 지주, 고리대금업자, 부농의 지배로부터 해방하여 지역 및 중앙의 소비에트 창설을 통하여 고농 및 근로농민의 손에 국가권력이 넘겨져야 하고 조선에 '소비에트 노농 공화국'을 건설해야 한다고 했다. 2) 대지주의 토지, 동척, 그리고 육체적으로 노동하지 않고 빈농을 착취하는 사람들, 그리고 때로는 중농의 토지까지도(양반이나 구 황실가족) 무상몰수해야한다고 하였다. 3) 국유 토지를 임대하는 것을 금지시키고 대규모 임대자를 금지시키고 모든 농업용 가축이나 기타 농구를 몰수한다 4) 종래의 모든 토지관계법을 금지시키고 모든 토지를 국유화하여 개인적 노동에 의해서만 경작할 수 있게 한다는 것이다. 단지 고용을 사용하지 않는 소규모의 토지만 몰수의 대상에서 제외한다는 것이다. 5) 착취자로부터 관개시설을 무상으로 몰수하여 농민소비에트의 관할 하에 둔다. 6) 모든 화폐부담은 폐지하고 이를 현물세로 통일한다. 그 댓가로 도시는 농민에게 공산품을 공급한다. 7) 모든 농민들의 모든 정부에 대한 조세는 철폐한다. 8) 농민의 계획적 국가보급을 조직한다. 9) 농민생산협동조합을 조직한다. 10) 빈땅에 집단경영 및 소비에트 경영을 조직한다.

 이같은 농업문제강령(안)은 이 강령(안)이 전시공산주의 러시아의

---

[5] 이러한 비자본주의적 발전에 대한 레닌의 테제는 코민테른 제2차 대회에서 제시되었으며 이 대회에 참석하였던 박진순도 이 테제를 따르고 있었다. (拙稿, 「코민테른의 민족-식민지 논쟁과 한국의 민족해방운동」, 『역사비평』, 1988년 겨울, pp.186-198)

농업강령을 그대로 모방하고 있음을 보여준다.

한편 노동문제에 대한 강령(안)에서 가까운 과제로 다음을 제시한다. 1) 모든 기간 및 주요산업을 전부 몰수하여 국유로 하고 착취가 없는 산업만 몰수에서 제외한다. 2) 8시간 노동일 그리고 일주에 6일 노동제를 확립한다. 3) 건강요양시설의 확보 4) 불구와 노후의 연금 5) 생산단위로 노동조합을 결성한다. 6) 문맹자와 노동자의 교육을 위하여 학교망을 설치한다. "공산주의는 지식의 빛이 지배하는 곳에서 가능하다."

위의 강령(안)은 두말할 필요도 없이 극좌적인 강령이라고 말할 수 있다. 그것은 1918년에서 1921년까지 러시아에서 실시되고 있었던 전시공산주의의 정신에 잘 맞추어져 있는 것이었다. 식민지 조선의 농업부문이 절대적이라고 하는 점에서 농업강령(안)을 자세하게 한 것은 좋았지만 그러나 그 내용은 아무런 현실적 근거를 가진 것이었다고 보기가 어렵다. 이같은 강령(안)의 제시는 혁명을 진행하고 있는 상태에서 가능한 강령일 것이다. 러시아공산당의 경우도 그러하지 않았는가? 그러나 한국은 이제 겨우 사회주의사상이 몇몇 지식인에 의하여 보급되는 중이였으며 혁명의 전면적인 전개는 꿈도 꿀 수 없는 형편이었다. 따라서 위의 강령(안)은 러시아의 강령과 정책을 기계적으로 모방한 것에 불과하다고 평가할 수밖에 없는 것이다.

그러나 상해파에서 제시한 강령도 이르쿠츠크파에서 제시한 강령(안)과 그 기본 정신에서 큰 차이가 있는 것은 아니었다. 상해파에서는 고려공산당이 마르크스와 엥겔스에 의해 공포된 강령의 사명을 계승하는 것을 자부한다 하였다. 그것은 다름 아닌 전세계의 역사를 계급투쟁의 역사로 본다는 것이고 봉건제도가 혁파된 결과로 산출된 현대의 유산사회는 유산계급과 무산계급사이의 투쟁이 전개되는 시기라고 보았다. "모든 사회에 있어서 압박자와 피압박자 약탈자와 피약탈자

즉 강자와 약자간의 대치와 적시는 날로 점차 격렬해져서 극도에 달하여 밖으로는 식민지민중의 민족적 해방운동으로 되고 안으로는 유산계급에 대한 무산군중의 운동으로 되었다."

선언서가 일제의 식민지지배를 규탄한 것은 물론이지만 공산당선언으로서의 특색을 가진 점은 민족해방운동을 궁극적인 목표로 삼기를 거부했다는 점이다. "우리의 민족해방운동은 사회혁명의 제1단계로서 결코 목적이 아니며 우리는 현 사회의 모든 계급을 철저적으로 타파하는 것을 목표로 하고 있으며 이는 곳 우리의 신조인 동시에 세계의 모든 무산대중의 공통의 최후의 표적"이라고 하였다.

나아가서 이러한 목표를 가지고 있기 때문에 선언서는 적을 일본의 군벌과 재벌을 포함한 세계의 약탈계급이라고 보고있으며 "세계무산자의 대시험인 살아있는 교훈인 러시아의 무산계급의 10월혁명에 대하여 특수의 기대로서 충심으로 축복하며 중국무산계급, 혁명단체의 활약 및 최근 일본사회주의 동맹의 출생, 공산당의 순산을 깊이 신뢰하고 그에 대하여 기대하는 바가 많다"고 하였다. 그와 함께 선언서는 국제연맹을 "제국주의와 자본주의의 주구가 된 세계적 대기형아"로 보았고 제2국제사회당은 동지가 아니며 "세계사회혁명의 유일한 대본영"인 코민테른이 "진실로 우리의 동지"라고 하고 고려공산당이 코민테른의 분소임을 선언하였다. 나아서 한국에 실현할 정치적 목표로 "무산자독재 한국소비에트정치의 실현"을 기하고 "한반도 전 인구의 10분의 7을 가지는 도시 및 농촌의 무산군중은 반드시 동일보조로서 계급전쟁의 최후의 승리를 기해야할 것"이라고 하였다.

이 선언서가 가지고 있는 논리적인 허점을 지적하는 일은 그리 어려운 일이 아니다. 선언서는 식민지의 입장에 처해 있는 공산당의 선언답지 않게 계급투쟁을 제1차적인 목표로 내걸고 있으며 무산계급과 농민의 범주를 혼동히고 있으며 따라서 공산주의적인 수식에도 불구하고 전혀 과학적인 분석이 결여되어 있다고 말할 수 있다. 이같은 입장은 선언하고 민족주의 세력에 대해 유연한 입장을 가진다든지 농민과의 동맹관계를 진지하게 성찰해 본다는 일은 대단히 어렵다고 보아야 할 것이다.

다음에는 고려공산당의 강령을 분석하기로 하자. 강령은 총설 및 민족해방문제 그리고 국민교양문제 종교문제로 구성되어 있다.

총설에서 강령은 "현 사회의 모든 죄악의 연원은 모두 자본주의적 제도에 있다"고 하였다. 그렇다면 이에 대하여 어떠한 사회를 건설하려는가? 강령은 "현 사회의 모든 계급을 타파하여 자본주의적 제도의 골수로서의 산업계무정부상태의 원동인 생산기관의 사유와 자유경쟁은 이를 반드시 혁파하여 집중공영적 생산분배의 방식으로 교체함으로써 우리의 사회는 절대평등 대동세계라는 것을 얻는다"라고 하였다. 강령은 나아가서 "보편적 절대자치의 소비에트정치로서 무산계급집정의 유일의 정체"라고 하였고 이를 실행하기 위해서는 "계급전쟁의 피를 흘리지 않을 수 없다"고 보았고 "무산자의 혁명"은 불가피한 것으로 보았다. 이같은 전제하에 강령은 다음의 목표들을 제시한다.

강령은 최대목표로서 다음을 제시하였다. 우선 자유경쟁과 사유재산제를 철폐하고 "집중병영적생산분배의 방식"으로 대체한다. 교육에서는 "무료국민교육제를 실행"하고 노령에 달하면 의무적으로 노동에 복무시키고 여자의 해방을 위하여 "공공유아원, 공동식당, 공동세탁소"등의 시설을 하고 "자본계급의 사유물은 몰수한다."

강령은 또한 시급히 시행하여 할 과제(최소강령)로서 다음을 제시하였다. 하나는 민족해방의 문제이다. 강령은 "민족적 해방이 사회혁명의 전제"라고 하였다. 혁명에 무력이 필요하다는 것을 말하였다. 두 번째 국민교양문제에 있어서는 무산자와 여자해방의 기본요건인 사회혁명의 중견인 인구의 10분의 7을 차지하는 농촌 및 도시의 무산군중에 대하여 조직적 훈련의 방법을 통하여 국민교양에 노력하고 공산주의의 선전 및 보급을 위주로 한다고 하였다. 마지막으로 종교문제에 있어서는 "종교적 미신은 사회해방의 장애"가 되기 때문에 "과학적 문화운동 및 종교배척운동"을 실행한다고 하였다. "단지 신자의 신앙심을 모욕하는 행동은 이를 일체 피한다"고 하였다.

이 강령에서도 선언서와 마찬가지의 문제점이 드러난다. 이 강령은 무엇보다도 전시공산주의의 분위기를 풍기고 있다. 계급전쟁의 절대불가피론 이라든지 병영적 생산분배방식의 이상화라든지 한국적 현실에서 별로 중요하다고 볼 수 없는 반종교운동이 강조되어 있다는 점에서 그러하다. 고려공산당의 선언서나 강령은 당시의 러시아의 공산주의운동의 성격을 보여주는 데에는 성공하였는지 모르지만 한국적 현실을 배경으로 하고 있는 것은 아니었다.

따라서 양파의 강령이 모두 비현실적이며 극좌적이고 전시공산주의를 모델로 하고 있었다고 말할 수 있다. 양 파는 경쟁적으로 자파가 공산주의의 정신에 충실하다는 것을 보여주려고 노력하였으며 이들은 공산주의라는 단어에서 전시공산주의 이상의 관념을 가질 수가 없었다. 그것은 초기의 한인사회주의자들이 얼마나 러시아의 영향을 깊이 받고 있었고 또한 지적 토대가 빈약했는가 하는 것을 잘 보여준다. 한인사회주의자들은 결코 비판적으로 공산주의를 인식할 수 있는 능력을 가지지 못하였던 것이다. 우둔한 학생은 교사에게 맹종한다는 의미에서 그들은 러시아볼셰비즘의 우둔한 학생에 불과했던 것이다.

그러나 이러한 식의 모방이 일시적으로 일어난 것은 아니다. 이런 모방은 또한 한인사회주의자들의 정신상태에 뿌리깊은 영향을 남기도록 각인되었다. 한인사회주의자들은 눈앞에서 일어나고 있는 전투만 볼 수 있었고 전쟁은 다른 형태의 정치라고 하는 말의 중요성을 인식하지 못하였음이 틀림없다고 말할 수 있겠다.

2) 양 파의 활동

(1) 상해에서의 한인사회당의 분열과 상해파의 활동

상해에서의 한인사회당은 비록 단일한 그룹으로 출발하였지만 이것이 나중에 두개의 그룹으로 분열되기에 이른다. 필자는 이에 대하여 "한인사회당연구"에서 간략히 지적한 바가 있지만 그점이 충분치 못하다고 판단되어 이에 다시 상해에서의 한인사회당의 분열과정을 서술하고자 한다.

상해에서 한인사회당이 형성된 것은 의심할 바 없이 이동휘 일행이 국무총리에 취임하기 위해 상해로 오면서부터 시작된다. 한인사회당원들이 상해로 들어오게 되는 것은 우선 처음에는 이동휘와 김립이 임정 요인으로 취임하면서 시작되었고 이로써 상해임시정부는 좌우합작 연립정부의 성격을 가지게 되었다. 이는 1919년 중반의 일이라고 말할 수 있다.

노령의 한인사회당원들은 1919년 제2차 당대회를 통하여 집결한 후 이동휘의 주력이 상해로 이동하였기 때문에 노령에는 잔류당원들이 1920년 장도정 등을 중심으로 재집결하여 한인사회당을 재구성하게 된다. 그런데 1920년 3월에 이루어진 신한촌에서의 한인사회당대회와 같은 달의 대한국민의회의 임원구성을 보면 양자 사이에 중복이 많은 것으로 보아 결코 김만겸이 이동휘와 대립되는 세력을 형성하고 있었던 것은 아니라고 보여진다.[6] 그러한 상태에서 4월에 신한촌 참변을 맞이하게 되었으며 이후에 한인사회당원들 중의 일부는 상해로 이동

---

6) 이상에 대하여는 拙稿 "한인사회당연구"(『韓國史學』, 제11집, 한국정신문화연구원, 1990)를 참고

한 것으로 보인다. 이러한 사정이 배경이 되어서 일경문서는 1920년 5월 12일 총독부 경무국장 발신으로 블라디보스톡에서 상해로 과격파 10명이 도착하여 이동휘 등과 제휴하고 불일 만주방면으로 향할 것이라는 보고를 하였다. 또 일인 사회주의자 北輝次郎이 상해임시정부와 제휴를 기도하고 있다고 보고하였다.[7]

그런데 1920년 4월의 신한촌 참변 이후에 노농정부는 블라디보스톡을 극동적화의 근거지로 삼는 것이 불가능하다고 판단하고 또 중국도 북방에서부터 적화를 시도하는 것은 불가능하며 남방으로부터 북방으로 적화를 시키는 것이 유리하다고 판단하여 상해를 적화의 근거지로 택하였다는 것이다.[8] 이리하여 그 다음부터 상해로의 공작원의 파견이 활기를 띄게 되었다.

이러한 사정과 관련되어서인지 김만겸이 1920년 8월에 블라디보스톡으로부터 강한택이라고 하는 사람과 함께 "노농정부의 과격파 선전원"의 사명을 받고 4만원을 휴대하여 상해에 도착하였다"는 기록이 있다.[9] 이들 일행은 당연히 이미 상해에서 터전을 잡고있는 이동휘, 김립 등과 접촉하여 공산주의운동을 벌여 나가게 된다. 이들의 초기활동은 활발하고도 의욕적이었던 것으로 보인다. 이들은 『신대한독립보』라는 신문을 발간하고 「사회주의연구회」를 만들고 공산당의 여러 기관들을 설치하였다.

국제공산당으로부터 선전요원이 파견된 것도 이 시점의 것으로 판단된다. 1920년 여름에 국제공산당으로부터 보이친스키가 도착하게 되어 중국방면에 공산주의를 선전하게 되었다. 그는 김만겸을 통하여 "독립운동자중의 유력자와 회견을 가지고 싶다"고 주선을 부탁하였고

---

7) 『朝鮮民族運動史<未定稿>』, 제6권, 고려서림, 1989, p.17 이하 이 책은 『未定稿』 6 으로 약기한다.
8) 朝鮮總督府 警務局, 『大正 十一年 朝鮮治安狀況』, 제2권, pp.364-5
9) 『未定稿』 6, p.8

이에 여운형도 보이친스키의 권고에 의하여 이동휘의 공산주의자그룹에 참여하게 되었다. 동시에 이 그룹은 임시정부에 관여하는 조완구, 신채호, 안병찬, 이춘숙, 조동우, 최창식, 양헌, 선우혁, 윤기섭, 김두봉 등을 당원으로 참여시켰다.10) 이 때에 여운형이 입당하게 된 것은 독립운동을 노농정부가 지원한다는 약속을 보이친스키가 했기 때문이다. 그는 "독립운동을 원조하는 자는 누구와도 손을 잡을 것을 생각하여 공산당도 독립을 목적으로 하고있다고 들어서 입당하게 된 것"이라고 하였다.11) 그는 "당시 조선은 국가가 없기 때문에 그 당을 이용하여 조선이라는 국가를 얻은 후에 공산사회인가 아닌가의 문제가 일어난다고 생각하고 조선독립문제가 제1차의 문제라고 생각했다."12) 또 그는 "기독교신자이지만 공산주의의 경제방면의 문제에는 공명하고 단지 그 주의가 유물론으로 전부를 해결하려 하는 것은 반대한다"고 하였다.13) 결국 그는 영미불 등의 국가는 "단순히 도덕적 원조"를 준 반면에 노농정부는 "200만원을 원조해준다는 소문을 듣고 독립달성에는 노농정부와 악수하는 것을 필요로 하고 그 악수하는 것에는 공산당에 참가하는 것이 가까운 길이라고 자각했다"는 것이다.14)

그 당시 상해 독립운동자들의 경제적 궁핍이 이들로 하여금 사회주의와 가까와지게 했다는 것은 어느 정도는 설득력이 있다. 1920년 말의 임시정부의 재정은 극도로 어려워져서 직원들의 薪水費도 지급하지 못하는 상황이었으며 경비를 절감하기 위하여 국무원 청사 내에 각 부를 이전 병치시키는 형편이라고 하였다. 일반적으로 독립운동자들의 생활이 어려워졌으며 이러한 이유로 많은 한인운동자들이 사회주의와

---

10) 「呂運亨調書」, 『韓國共産主義運動史資料篇』, 제1권, 고대 아시아문제연구소, p.248 이하 이책은 『韓共資』 1 로 표기한다.
11) 「呂運亨調書」, 『韓共資』 1, p.301
12) 「呂運亨調書」, 『韓共資』 1, p.302
13) 「呂運亨調書」, 『韓共資』 1, p.308
14) 「呂運亨調書」, 『韓共資』 1, p.308

의 타협을 모색하게 되었다. 여운형과 이춘숙은 「신한대회」라 칭하는 사회주의연구회를 조직하고 미국에 있는 여운홍으로부터 동국의 사회주의자로부터 자금을 받으려고 하며 이춘숙은 1920년 여름 동경에 왕복하여 일본사회주의자와 결탁을 도모하고 홍면희, 김용원, 최창식, 황학수는 「오인구락부」를 만들어 과격파와 제휴하여 만선시베리아로부터 자금을 얻으려한다고 하였다. 생활상의 위협이 이들의 사상의 변화의 주원인이며 김만겸의 소개에 의하여 이들은 매주 화 금의 양일 모러시아인이 와서 과격주의의 강연을 하는데 상당수의 많은 한인들이 청강한다고 하였다.15)

한인사회당의 영수인 이동휘는 김립, 계봉우와 함께 한인사회당에 신채호, 남형유, 박용만 등을 관여하게 하였다. 이러한 일로 박용만은 1920년 늦은 여름에는 모스크바에 가서 비밀조약을 체결하기까지 하였다는 것이다. 그 이후 그는 치타에 와서 길림에 체제중인 김립, 계봉우을 초치하여 중로과격파선전부와 연락하여 무기를 모집하고 군대를 연성하는 등의 활동을 하고 있다고 하였다.16) 일경의 이 보고는 의심스러운 점이 있다. 우선 박용만은 한형권이 아닌가? 다음 비밀조약은 타당성이 있는 것인가? 이 점을 살피기 위하여 조약 전문을 다음에 소개하기로 하자.

조약문

노농정부와 대한민국 임시정부는 지난날 러시아-한 양국수교에 기초하여 공수동맹을 체결하고 상호 다음의 조항을 지킨다.

1. 노농정부는 전 세계 인류의 요구하는 공산 평등주의를 동양에 선전하고 대한민국 임시정부는 이를 찬동원조하여 공동동작을 집행한다.

---

15) 『未定稿』 6, pp.19-20
16) 『未定稿』 6, p.20

2. 대한민국 임시정부는 한족의 자립을 기도하여 또 동양평화를 영원히 확보하고 노농정부는 이를 찬동원조하여 공동동작을 집행한다.
3. 노농정부는 중로(시베리아)지방에 대한민국 임시정부의 독립군대 주둔 또는 양성을 승인하고 이에 대하여 무기탄약을 공급한다.
4. 대한민국 정부는 중로지방에 주둔하는 독립군으로서 노농정부 지정의 로군사령관의 명을 받아서 행동하게 하고 중로지방 공산주의선전 및 중로지방 침략의 목적을 가진 적국과 대전하는 경우는 임시 사용할 수 있는 것을 승인한다.
5. 전 각 항의 목적을 달성하기 위하여 중로지방에 중로연합선전부를 설치하고 동선전부는 노농정부 지정위원 및 대한민국 임시정부 지정위원으로써 조직한다.
6. 대한민국 임시정부는 본 조약 제2항의 목적을 달성하여 정식 정부를 수립하는 날로부터 10년 내에 자국 군대에 사용한 무기탄약의 상당 대가를 노농정부에 상환하고 또 사례장을 발송한다.[17]

이 조약이 상해정부의 비준을 받은 일이 없었을 뿐 아니라 상해정부의 공식적인 특사도 없었기 때문에 이 조약이 효력이 있었던 것은 아니다.[18] 그러나 이동휘계의 인사와 노농정부 사이에 이러한 조약이 체결됨과 동시에 자금지원이 이루어졌으리라고 보는 것이 자연스럽다. 그럴 때 그 뒤에 이루어지는 사건들이 자연스럽게 이해된다. 따라서 조약의 유효성여부에도 불구하고 이 조약이 잠정적으로나마 비밀리에 체결된 것은 사실이라고 본다. 이러한 것은 두 말할 것 없이 이동휘 한인사회당의 성과라고 말할 수 있을 것이다.

그러나 한인사회당은 곧 내부의 불화를 맞게된다. 일경문서는 그 불

---

[17] 『未定稿』 6, pp.22-23
[18] 김준엽, 김창순의 『韓國共産主義運動史』(제 1권, pp.282-282)는 1920년 12월 30일자 중국신문 『大陸報』에 임시정부가 한로공수동맹의 허구를 주장하는 성명이 있었다는 것을 소개하면서도 "모스크바와 상해 사이에는 혹종의 고차적 합의가 성립되어 있었던 것"으로 생각한다고 하였다.

화의 원인이 최창식에게 있다고 보았다. 최창식은 원래 국무원비서장의 자리에 있다가 그 자리를 김립에게 빼앗기게 되자 이동휘와 김립을 타도하려는 의도를 품고 중국인 요작빈과 제휴하여 장붕을 이용하여 사회주의연구회의 실권을 장악하게 되었다는 것이다. 그는 다시 청년공산당청년사회당을 조직하여 김만겸과 결합하여 잡지『공산』을 발행하였다. 당시 이동휘와 김립은 김만겸에게 8천 원을 주어서 조완구, 조동우, 김두봉, 이동수, 정해리 등에게『신대한독립보』를 발간하게 하였는데 3호까지 발행한 후에 최창식의 방해에 의하여 계속 발행하는 것이 불가능하기에 이르렀고 이에 이동휘는 직접 러시아인과 결합하려는 생각으로 블라디보스톡에 은둔하려고 생각하였으나 이규홍, 이동녕 등의 만류에 의하여 그만두었다는 것이다.19)

그러던 중에 모스크바로부터의 자금 건에 관계되어 김립은 국무원비서장 직을 사임하게 되고 사면의 공격을 받아 노령으로 가고 이동휘는 일시 광동으로 가서 진독수와 악수하고 동시에 국무총리사표문을 제출하였다는 것이다.20)

모스크바 자금문제에 있어서는 출발에서부터 이동휘에게 많은 문제가 있었다. 그중 제일 중요한 것은 한형권의 모스크바파견 문제이다. 본래 임시정부 최고간부들의 결정에 의하여 독립운동의 원조 및 교섭을 위하여 상해 임시정부는 안공근, 한형권, 여운형의 3인을 파견하게 되어 있었는데 이동휘는 비밀히 한형권 1인만을 파견하였던 것이다. 이동휘는 한형권을 파견한 후 한 달 뒤에 여운형에게 그 사정을 말하였다.21) 한형권은 당연히 임정의 대표로 노농정부와 교섭하여 200만원의 지원을 약속받았다. 그중에서 그는 60만원을 수령하여 20만원을 맡겨두고 40만원을 가지고 돌아오게 되었다. 그는 치체린이나 카라한같

---

19)『未定稿』6, p.10
20)『未定稿』6, p.10
21)「呂運亨調書」,『韓共資』1, p.339

은 외무부 관리들을 만나서 교섭하고 카라한의 손을 통하여 돈을 지원 받았다.22) 앞서 소개한 한로비밀조약이 이 때에 체결된 것이 아닌가 하는 생각이 든다.

그런데 상해 한인사회당에서는 1920년 여름에 당대표로서 또 김립을 국제공산당에 보내게 되었다. 그것은 여운형에 의하면 고려공산당의 조직을 보고하기 위한 것이었다.23) 여운형은 그런데 나중에 김립은 이동휘가 개인으로서 파견한 것이며 임시정부나 공산당이 파견한 것은 아니라고 했다.24) 그런데 김립과 한형권은 치타에서 해후하게 되어서 한형권의 자금을 임시정부가 아니라 당에만 전달하기로 하여 한은 40만원을 김립에게 넘겨주고 나머지 20만원을 찾으러 다시 모스크바로 갔다.25)

그리고 김립은 치타에서 박진순과 도모하여 20만원씩을 나누었는데 박진순은 만주리에서 하르빈-북경에 이르렀는데 여기에서 20만원을 모두 소모하였다는 것이다. 그리고 김립은 몽고를 경유하여 1920년 12월 상해에 돌아와 여운형 등의 동지에 대해서도 극동공화국총리 크라스노셰코프를 만나 모스크바로 갈 필요 없어져서 1만원을 교부받아 3천 원을 여비로 쓰고 7천 원을 가지고 있었으나 이 돈도 임시정부에 주지않고 고려공산당이 사용해야 한다고 허위보고를 하였으며 임시정부에 대해서도 정당히 보고를 하지 않아서 임시정부로부터 공격을 받

---

22) 「呂運亨調書」, 『韓共資』 1, p.374. 40만원이라는 돈의 규모를 짐작하기 위하여 다음의 예를 들자. 여운형에 의하면 1919년에서 1922년까지 4년간 임시정부의 비용으로 40만원이 들었다고 하였다. 그 경비로 직원 30여명의 급료및 사무소비, 여비에 충당했다는 것이다. 이 기간에 미국으로부터 송금된 총액수가 30만원 그리고 조선에서 송금된 것이 10만원이었다.(「呂運亨調書」, 『韓共資』 1, p.295)
23) 「呂運亨調書」, 『韓共資』 1, p.249
24) 「呂運亨調書」, 『韓共資』 1, p.339
25) 한형권은 나머지 20만원을 찾아서 1922년 여름에 상해에 도착. 그러나 돈은 고창일 윤해에게 넘겨주었다.(「呂運亨調書」, 『韓共資』 1, p. 341)

기에 이르러 이동휘, 김립, 현정건이 탈퇴하여 1921년 고려공산당 대표회를 소집했다고 한다.26) 김립은 또 크라스노셰코프로부터 돈을 빌렸다고 핑계하여 당비 1만원을 인출하여 그 돈으로 번역출판의 사업을 했다는 것이다.27)

이러한 자금사건을 계기로 하여 이동휘와 김만겸은 극히 사이가 나쁘게 되었다. 김만겸은 모스크바로부터 유입된 자금에서 완전히 소외되었던 것이다. 이러던 중에 노농정부의 대표자는 비밀리에 원동공산당의 실정을 조사하기 위하여 북경에 잠복하고 있다는 소식을 듣고 김만겸과 최창식은 비밀리에 상통하여 소주에서 회견하여 종래의 이동휘와 김립의 결점을 지적하여 악평을 가하였다. 이들은 그들의 의견을 노농정부 대표자에게 전하였고 이 대표자는 이들의 의견을 노농정부에 보고하게 되었다.28)

노농정부가 이들의 보고에 의하여 이동휘파에 대하여 불신을 품게 되는 것은 당연한 일이었다. 그리하여 노농정부는 노령에서 박진순파의 3명을 체포하고 또 김립파로서 상해로 향하고있던 계봉우도 역시 체포하여서 그 영양이 점차 김립에게 미치고 있었다.29) 이 사실을 노농정부는 또한 임시정부에 통보하였다. 노농정부는 약속된 200만원의 자금 중에서 140만원의 지출을 중지하였다.30)

이같이 상해파가 수세에 몰리던 중에31) 이동휘와 김립은 김만겸 일

---

26) 「呂運亨調書」, 『韓共資』 1, p.249
27) 「呂運亨調書」, 『韓共資』 1, p.303
28) 『未定稿』 6, p.13
29) 『未定稿』 6, p.13
30) 「呂運亨調書」, 『韓共資』 1, p.340
   여운형은 1922년 모스크바에 갔을 때 이 사실을 유린에게서 들었다고 했다.
31) 물론 이러한 대립이 순연히 이동휘파의 내부분열에 의한 것만은 아니었다고 본다. 문창범은 같은 시기에 김하구 조응순에 위촉하여 수 십 만원을 휴대하여 상해로 왔는데 그 이전부터 상해에 있던 문창범의 부하 원세훈과 의선이 합하지 못하여서 김하구등은 오히려 김립 일파와 합하게 뇌고 이때문에 김하

파가 노농정부 대표자에 대하여 함해했던 사정을 탐지하고서 다시 조선의 각도 및 중국의 각성의 대표자명록을 작성하여 계속하여 홍도로 하여금 청년 7-8인을 이끌고 블라디보스톡으로 가게 하였다.32) 이러한 사정은 이동휘가 고려공산당대회를 치르게 된 사정을 설명해준다.

그러면 이동휘를 그렇게 곤란하게 만들고 나아가 당을 분열시키기 하지 했던 모스크바 자금은 어떻게 사용되었는가?

일단 경비문제에 대하여는 한인사회당 자체의 보고를 참조해야 할 것이라고 본다. 한인사회당은 1921년 3월에서 1922년 5월 26일 현재까지 모스크바자금 40만원의 지출보고를 다음과 같이 하고있다.

> 1. 금 11만 2천원(전한인사회당에 책임있는 문부가 없기에 내역 불가능)
> 1. 금 6만원(이에 대해 책임은 한형권에 있고 본인이 없어서 내역 불가능)
> 1. 금 3만원(이에 대한 책임은 김무면에 있고 본인이 없어서 내역 불가능)
> 1.금 4만 8천원(몽고 미풍양행 천진지점의 손으로 송금할 시 금 12만원에 대한 손금)
> 1.금 15만원(조선공산당 성립 후 그 본부에 인도한 것으로 내역 별지와 같음)
> 지출합계 40만원
> 1922년 5월 31일
> 전한인사회당간부33)

구는 권총휴대자로부터 습격을 받았으나 외출중이어서 무사한 일까지 있었다. 이는 원세훈의 사촉에 의한 것이었다고 본다.(『未定稿』 6, p.14)
32) 『未定稿』 6, p.14
33) 金正柱 編, 『朝鮮統治史料』, 제7권, 東京:韓國史料研究所, 1971, pp.192-3 이하 이책은 책명과 권수만 약기한다.
여기에 김무면은 김규면의 오식인 것으로 보인다.

이리하여 고려공산당이 인수받은 자금은 15만원인바 그에 대한 지출내역은 다음과 같다.

  1.금 2만 3백원 본부의 사업비
  1.금 2만6천원 교통비
  1.금 8천원 본부원 생활비
  1.금 2천4백원 인쇄공 생활비
  1.금 4만5천원 내지 총부에 인도함
  1.금 1천9백원 북경지방회용
  1.금 9천원 지나, 서북간도 및 요하지방회용
  1.금 3천2백원 간부원 김무면에 인도함
  1.금 1만1천원 지나 및 대만공산당에 보조함
  1.금 1만 1천 5백원 일본공산당에 인도함
  1.금 1천5백원 집기비
  1.금 4천5백원 잡비
  차인잔고 3천2백원(상해본부에 있음)[34]

위의 지출보고를 살펴보면 이동휘측의 자금 지출에 대해 의문의 여지가 있는 것은 사실이다. 특히 고려공산당에 이전된 자금을 제외하면 명백하게 내역을 밝힐 수 없는 부분이 거의 전부이기 때문에 원래의 자금의 목적에 맞게 자금이 사용되었으리라고 보는 것은 무리이다. 따라서 자금문제에 대한 지출로 말미암아 한인사회당이 분열되는 것

---

34) 『朝鮮統治史料』 7, p.193
  지출금합계에서 2천5백원 부족
  고려공산당의 자금지출에 대하여는 일본경찰의 다음 조사가 있다.(1921년 5월 이동휘는 근등에게 2만원을 교부 근등은 하관에 돌아가다가 체포(「呂運亨調書」,『韓共資』 1, p.344) 1921년 1-3월에 김립과 박진순이 자금을 가져온 후 일본으로부터 近藤榮藏을 불러서 선전비 6천원을 주고 귀국시키고 다시 경성에 있는 고려공산당위원 최팔용(사망) 장덕수에게 3만원을 보내었다는 것이다.(『未定稿』 6, p.6, 201)

은 상당부분 이동휘측에 그 책임이 있다고 볼 수 있다.

이동휘는 당을 결성하자 당결성을 보고하기 위하여 모스크바로의 여행을 준비한다. 통역으로 이극로를 대동한 이 여행은 1921년 봄에 준비되었다. 그 이유는 이극로가 여행에의 동행요청을 봄에 전보로 받았기 때문이다.35) 이러한 사정은 상해파의 고려공산당을 결성하기로 하면서 이동휘의 여행이 결정되었다는 추측을 가능하게 해준다. 일경문서에 의하면 이동휘의 출발일자는 1921년 6월 20일이었다. 여행지는 일단은 프랑스여객선을 타고 마르세이유로 가는 것이었다.36)

여행에 앞서서 이동휘는 자신의 입지를 설명해 줄만한 재료를 찾지 않으면 안되었다. 일경문서는 이동휘가 이러한 일을 위하여 노백린, 김규식, 윤X선, 이택, 박용만, 황학수 외에 다수의 유력자의 명단과 또 문창범이 교섭의 결과 공산당의 수령이 되기로 하였다는 보고를 담고 있었다고 하였다.37) 또 다른 일경문서는 모스크바행의 목적을 좀 더 자세히 열거하고 있다.38)

이동휘의 모스크바행의 주 목적은 당의 결성을 코민테른에 보고하고 지지를 획득하기 위한 것이었다. 이동휘는 박진순을 대동하고 통역으로 이극노를 대동하였다. 그러나 이들의 일행에 포함되어 있지는 않았지만 홍도는 모험을 각오하고 흑하사변도 조사할 겸 시베리아를 경

---

35) 李克魯,「放浪20年 受難牛生記」,『間島流浪40년』, 조선일보사,1989
36) 金正明 編,『朝鮮獨立運動』, 제5권, 東京:原書房, 1967, p.279
   (또는 7월 20일「呂運亨調書」,『韓共資』1, p.341)
37)『未定稿』6, p.15
38) 문서는 이동휘의 여행 목적을 다음의 4가지로 정리했다. 1.노농정부로부터 자금을 얻어 주의를 선전하는 동시에 일면 조선의 독립운동을 진행시키는 것. 2.무기양식을 얻어 시베리아에 신병을 모집하고 스스로 이의 장이 되어 조선에 무력침입을 실행하는 것. 3.이상의 협정이 성립된 후에는 모스크바 재류 조선인을 포옹하는 원동정부를 설립하여 동양에 대해 대대적으로 선전을 하는 것. 4.이상의 목적을 달성하기 어려울 때에는 영원히 모스크바에 재주하는것.(『未定稿』6, pp.30-31)

유하여 모스크바로 갔다.39) 그렇기에 이동휘, 박진순, 홍도, 아파나시 김의 대표단이 구성되는 것이다.

이동휘가 모스크바로 향한 후에 상해에서는 상해파의 활동은 위축될 수밖에 없었는데 이러한 이유 때문에 일경문서는 이동휘파가 비밀을 엄수하고 있다고 하고 단지 김두봉만이 다소 활동하고 있는 형적이 있다고 하였다.40) 그러나 중령이나 간도 혹은 일본이나 한국에서는 활발한 활동을 벌이고 있었다.41)

우선 중국방면의 실적을 보면 상해파는 다음의 지회를 설치하였다. 1)북간도지방회의 본부를 돈화현에 설치하였다. 각 현에는 9개의 군회를 설치하였고 당원 수는 1만에 달하는데 1921년 11월 심사의 결과 그 중 충실한 당원 1300인을 정당원으로 하고 그 나머지는 출당시켜서 현존당원은 정당원 1721인 후보당원 829인이라고 하고 그 외 용정에 46인의 회원으로 조직된 공산당청년회가 있고 또 간도의 다수 주민으로부터 조직된 국민회(독립혁명단원)와의 연락을 취하여 현재 간부원 12인중에 8인이 당원으로서 선거되었고 국부를 설치하는 사업이 진행중이라고 하였다. 2)서간도 지방에는 본부를 길림에 설치하고 6개소의 군회 사업을 진행중이며 그 당원수는 정당원 153인 후보당원 65인이다. 3)요하현지방회는 본부를 요하에 설치하고 5개소의 구역회를 직할하며 사업을 진행중이고 그 당원수는 정당원 275인 후보당원 87인이다.42)

상해파가 일본사회주의자들과 관계를 가지게 되는 것은 1920년 모스크바 자금을 획득하고 나서의 일이다.43) 즉 상해파의 자금을 가지고

---

39) 「김철수 친필유고」, 『역사비평』, 1989 여름, p.354
40) 『未定稿』 6, p.16
41) 국내에서의 활동에 대하여는 본고 4절을 참조
42) 『朝鮮統治史料』 제7권, pp.190-191
43) 일본에 있어서의한인들이 사회주의사상을 받아들이게 되는 것은 비교적 이른 시기인 것으로 보인다. 이미 1914년에 大阪에서 鄭泰信이 사회주의자 橫田宗

이춘숙은 동경에 잠입하여 이증림과 모의하여 사회주의운동을 일으키려는 의도하에 1920년 7월에 이증림을 상해에 보내어 1천1백원의 자금을 획득하고 양 자는 大杉榮을 방문하여 운동자금을 얻기 위해 상해로 갈것을 권유하여 大杉은 1920년 10월 상해로 가서 운동자금 3천원을 얻어 귀경했다는 것이다. 大杉파 사회주의자는 이래 상해파와 연계를 가지게 되었으며 또 이증림은 이래 近藤榮藏, 荒田勝三, 山川均, 近藤憲二, 高津正道, 橋浦時雄, 堺利彦 등과 알게 되었고 1921년 4월에는 또 近藤榮藏을 상해에 밀항시켜 김립으로부터 6천2백원을 수령하게 한 사실이 있다.44)

또한 한인유학생에 대한 실적을 보면 동경의 조선유학생회에 당원을 파견하여 동경에 있는 주의 단체와 연락을 취하게 하여 현재의 정당원 30인 후보당원 20여인이 되었다고 하였다. 그 중에서 동경의 조선고학생 및 일본 각지에 산재해 있는 조선노동자 등의 발기에 의해 1920년 3월 성립한 노동자적 단체인 同友會는45) 그 본부가 동경에 있고 지부가 大阪, 神戸, 九州 등에 있어서 회원수 3천에 달하는데 그 간부 중에 4인의 당원을 들여보내어서 국부를 조직하고 사업진행중이며 장래의 전부 지배를 계획 중이라고 했다. 또 유학생학우회는46) 1912년

一郎 일파와 접촉한 일이 있다는 기록이 있다. 그러나 본격적인 활동은 1919년 4월 백남훈, 변희용, 김준연, 최승만등이 일본의 사상단체 여명회에 가입하는 것을 시작으로 한다.(朴慶植 編, 『在日朝鮮人關係資料集成』, 제1권, 三一書房, 1975, p.124 및 p.145)

44) 朴慶植 編, 『在日朝鮮人關係資料集成』, 제1권, 三一書房, 1975, pp.124-5
45) 고학생동우회라는 단체가 1920년 11월 창립되어 고학생및 노동자의 상호부조를 목적으로 하고 있는데 당초에는 박열, 김약수, 백무, 최갑춘, 황석우, 임택용등을 간부로 하여 2배 이상의 회원을 가졌으나 1921년 이래 분열되어 상애회, 형설회등으로 갈라졌다.(朴慶植 編, 『在日朝鮮人關係資料集成』, 제1권, p.140)
46) 조선유학생학우회는 1912년 10월 창립되어 1천명 정도가 회원인데 『학지광』을 기관지로 하였고 그중요 위원으로는 이여성, 한위건, 이동제, 김송은, 옥예진, 이각, 신현성이 있었다.(『在日朝鮮人關係資料集成』, 제1권, p.138)

부터 시작된 유학생의 단체이며 현 1천명의 회원이 있는데 당원이 유학생의 중추적 위치에서 사상계를 지배하고 있고 6인의 당원이 간부원으로 되어있으며 일본사회주의자와의 관계를 취하고 있고 개인의 명의로 잡지 「대중보」1호 「전진」2호 각 1천부를 발행하여 주의의 선전 및 연구를 제고하고 있다고 하였다.[47]

(2) 이르쿠츠크파의 활동

상해에서 김만겸과 최창식의 반이동휘 세력이 결성된 이후에 이르쿠츠크파는 러시아공산당으로부터 특히 코민테른 극동국의 지원을 받으면서 활발한 활동을 벌이게 되었다. 상해에서 양파가 본격적인 대립을 보이는 시점은 모스크바자금이 유입되던 1920년 12월에서 1921년 1월의 시점이기 때문에 이 시기에 양파의 갈등은 가장 첨예하게 나타난다고 말할 수 있다. 반이동휘의 중심인물인 최창식은 청년사회당(공산당?)을 만들어 매일 2시간씩 강연을 하는 등 분주히 활동을 하였는데 그 그룹에 참여하는 대표적인 인물로서 여운형, 고한, 임원근, 김원경, 박헌영, 강한택, 안공근, 김만겸을 들고 있다. 이들은 인쇄기관을 蘇州에 설치하고 있었다.[48]

이 당시 최창식 등 상해의 이르쿠츠크파의 활동 및 사상적 태도에 대하여 살펴볼 수 있는 자료가 있다. 「상해고려공산당임시간장」 「고려공산당기율」 「고려공산당정략」이 그것이다. 이들의 제반 규정들은 고려공산당의 것이 아니라 고려공산당상해지부의 것이었다. 이 문건들은 1921년 1월 23일에 결정되었다. 이를 통하여 당시의 이르쿠츠크파 공산주의자들의 태도를 살펴보는데는 대단히 유용한 것임은 틀림이 없다.

---

47) 『朝鮮統治史料』, 제7권, pp.190-191
48) 『未定稿』6, p.15

「상해고려공산당임시간장」은 "본당의 주지는 마르크스공산당선언에 의한다"고 하였다. 당회는 매월 1회 개최되기로 규정되었고 집행위원회가 당회에서 선거되는 5인으로 조직되어 직무를 집행하기로 되어있다. 집행위원회는 당무부, 출판부, 통신부, 노동부의 5부로 구성되었다. 집행위의 인장은 고려공산당상해집행위원회로 하기로 하였다.[49]

「고려공산당기율」은 모두 5개의 계율을 제시하고있다. 첫째는 비밀주의이다. 당의 시설과 동작에 대해 절대비밀을 요구할 뿐 아니라 당원 간에도 상호관계사 이외에는 상통하지 않고 부서간에도 상호연락의 임무 이외에는 탈섭하지 않을 것을 요구하였다. 둘째는 "전일한 소양과 장기"를 요구하였다. 즉 직업주의를 요구한 것이다. 셋째는 혁명수행기의 결속의 필요로서 "중앙집권의 존중"을 요구하였다. 넷째는 수양과 훈련을 요구하였는데 그것은 주의의 연구 및 혁명에 필요한 기술습득, 군사적 기술에 노력할 것이다. 다섯째는 공산주의적 모랄의 요구이다. 그것은 "구사회의 협일한 감정과 습태를 모두 혁신하고 가족 및 누열한 관념을 단절하고 일상생활 및 언어동작 등을 모두 주의적으로 하라는 것이었다."[50] 이같은 계율의 요구는 음모적 혁명적 당의 유지에 필요할 것이었다.

「고려공산당정략」은 "금일한인의 최대문제는 독립인고로 한인은 개인과 단체를 물론하고 모두 총체적으로 차의 독립의 하나의 깃발 아래 심신을 집중한다"고 하였다. 그러나 그 독립은 처음에는 단지 민족주의였지만 그 후의 도솔자는 그 이상으로 "현대식 자본가적 민주주의"를 실현하려 하고 있다고 하였다. 그리하여 한인의 독립운동이 현재 거의 일종의 자본국가적 정치운동화하고 있다는 점을 비판하였다. 「정략」은 베르사이유 이후의 체제가 제국주의열강 및 일본의 식민정책 및

---

49) 『未定稿』 6, pp.33-34
50) 『未定稿』 6, pp.35-38

소약자에 대한 침략행위를 방기하게 할 수 없음으로 이러한 사태 하에서는 도저히 민족자유와 소약자 독립은 이루어질 수가 없으므로 진정한 자유와 독립을 요구하기 위해서는 우선 제국주의를 파괴하는 동시에 자본주의의 혁명을 병행함으로써 정권을 노동군중이 장악해야한다고 하였다. 따라서 협동적 사회혁명을 요구하였는데 이는 세계의 혁명적 무산계급과의 연대를 의미하는 것이었다. 둘째로 당략 실행상 선결임무가 한국의 독립운동이라는 점을 밝혔으나 이는 본당의 근본주의에 의거하는 방책을 견실 엄밀히 실행해야 한다고 하였다. 셋째로 조국광복은 공산 및 노농집정이 전제가 되는 혁명에 임시정부 및 기타 혁명단체를 찬조하게 하여 가급적 본당의 주의를 관철시킨다고 하였다. 넷째로 자본의 압박을 당하는 자는 나라의 구별이 없기 때문에 일본노동군중의 혁명화로 일본제국주의의 자멸을 기도한다고 하였다. 다섯째 주의선전과 아울러 혁명을 위한 무력준비를 급설해야 한다고 하였다.[51]

이르쿠츠크파의 이러한 각종 당률과 당략을 볼 때 그 출발에 있어서부터 통일전선의 개념이 대단히 희미했거나 오히려 전혀 없었다고 보아도 과언이 아니다. 그리고 이러한 경향은 이르쿠츠크파만의 독자적인 것이 아니라 한인사회당 창당 이래의 전통이었다.

최창식 등의 고려공산당파가 형성되면서 이르쿠츠크파는 중요한 변화를 맞게 된다. 노령에서 1921년 5월에 공산당대회를 소집하게 되었기 때문이다. 최창식의 고려공산당이 상해에서 성립할 당시에는 최창식의 당이 이르쿠츠크당의 지부로서의 역할을 담당했다고 보기는 어렵다. 왜냐하면 이르쿠츠크의 공산당은 아직 정식으로 결성된 것이 아니었으며 단지 1920년 7월대회의 결과 임시로 파벌의 중앙위원회만이 결성되어있는 상태였기 때문이다. 따라서 만일 최창식이 이동휘의 중

---

[51] 『未定稿』 6, pp.38-41

앙위원회의 권위를 인정하지 않았다고 한다면 그것은 차후의 당결성을 위한 독자적인 당그룹조직이거나 아니면 이르쿠츠크파와 밀접한 관계를 가지는 그룹을 형성한 것에 불과하다.

한편 노령의 이르쿠츠크파는 당대회에서 새로 임원을 선출한 이후에 활동을 본격적으로 개시하였다. 이성에 의하면 1921년 5월의 이르쿠츠크당대회를 주도한 것은 남만춘, 한규선, 김철훈의 3인이었으며 임시의장으로서 안병찬이 임시부의장은 한명세가 담당하였다. 당대회는 집행위원을 선출하였는데 이에는 한규선, 한명세, 남만춘, 안병찬, 그리고 김철훈이 선출되었다. 이성은 이 집행위원에 선출되지는 못하였다.52)

이르쿠츠크당대회가 종료된 이후에 이르쿠츠크파는 북경을 그의 활동의 근거지로 삼기로 하였던 것으로 보인다. 안병찬과 김철훈이 양위원이 되어서 국제공산당으로부터 선전비 1500원을 받고 북경에 부임하였다.53) 그리고 나머지 3인은 국제공산당대회에 참가하기 위하여 모스크바로 가게 되었다. 그러나 북경에서의 상황은 그리 여의치 못하였다. 북경에 먼저 부임하였던 안과 김도 모스크바로부터의 지시를 기다리느라 대기하고 있었고 이미 북경에는 상해파로부터의 선전원이 와있었기 때문에 양파의 반목은 심각했었다.54) 이성도 이때 북경에 있었지마는 상해파 때문에 활동을 할 수 없게 되어서 1922년 2월경에 치타에 되돌아오게 되었다.55) 안병찬은 이성보다도 약 1개월 전에 상해파와의 대립이 심한 것을 알고 국제공산당으로부터 호출을 받아 북경을 떠나게 되었다. 이러한 사건의 배경에는 상해파의 이동휘와 김철수 이르쿠츠크파의 안병찬과 한명세가 국제공산당으로부터 타협의 권유

---

52)「鄭在達-李載馥調書」,『韓共資』1, p.171
53)「鄭在達-李載馥調書」,『韓共資』1, p.171
54)「鄭在達-李載馥調書」,『韓共資』1, p.171
55)「鄭在達-李載馥調書」,『韓共資』1, p.172

를 받아들여서 고려공산당을 새로이 조직하기 위하여 준비회를 개최하는 것에 양자가 일치하였기 때문이다. 1921년 겨울에 국제공산당으로부터 양파 해산의 명을 받았다고 이성은 증언하고 있는 것이다.56)

그러나 다른 면에서는 북경의 중심지설은 사실이 아닌 것으로 보인다. 여운형의 진술에 의하면 오히려 상해가 중심지가 아니었나 생각된다. 여운형은 안병찬이 1921년 여름에 상해에 와서 이르쿠츠크파의 고려공산당 상해지부를 결성하였다고 한다. 그 책임은 김만겸, 여운형, 조동우며 당원으로서는 김주, 임원근, 박헌영, 최창식, 김원경, 양헌, 안공근을 들고 있다.57)

이전에 이동휘의 세력이었다가 이르쿠츠크파에 속하게된 金萬謙이 중심이 되어 1921년 6월 29일에는 최창식, 박헌영, 박원근(임원근), 김모등의 고려공산청년단이 조직되었다.58) 이들은 고려공산청년단총대의 회의 앞에서 임기단강을 만들고 "고려공산당의 충실한 후견"을 자처했다. 이어서 이들은 상해회 임시회규를 만들어 30세 이하의 자를 회원으로 하고 30세 이상에는 찬성원으로 선거될 때에만 결의권을 가지는 것으로 하였다. 이들은 매 토요일마다 회의를 열기로 하였고 조직 구성에 있어서는 총회에서 집행위원을 선출하며 집행위원 5인으로 간부(회)를 구성하는데 간부는 3개월을 임기로 하고 단무를 책임지며 단원의 이단을 허가하는 등의 권한을 가지게 했다. 이들은 임시회 구성 이후에 상해회집행위원장으로 최창식, 비서로 박헌영을 선출하였다. 그리고 당원을 동경과 한국에 특파하여 지국을 설치하려고 했다. 일본에 파견한 대표가 소지한 위뢰장에는 "1.고려공산청년단 동경회 조직을 협동할 것. 2.고려공산청년단 임시연합회 대표 소집을 전달할 것 3.한

---

56) 「鄭在達-李載馥調書」,『韓共資』 1, p.172
57) 「呂運亨調書」,『韓共資』 1, p.250
58) 「呂運亨調書」,(『韓共資』 1, p.250)에 의하면 김모는 김주인 것으로 보인다.

국 및 일본 고려노동청년단체 연락책을 타상할 것"으로 되어있는 것으로 보아 이들은 각지에 지국을 설치하고 그것을 바탕으로 하여 정식으로 고려공산청년단 대회를 개최하려고 하였던 것이다. 한국의 경우에는 조직책으로서 경성도서주식회사의 주간을 맡고있던 최팔용이 위촉되었다.59)

특히 1921년 7월경에 안병찬은 시베리아에서 상해로 와서 사회주의연구소를 조직하고 입회자에게는 학자금을 지급하였다. 그리하여 당시 궁핍했던 박헌영도 이 연구소에 입회하여 1주에 월 화 수 목 4일간 연구소의 국제공산당헌법, 국제공산당독본, 올라正報(고려공산당간), 사회주의연구, 개조, 노동신문, 해방(일본간)등의 출판물과 안병찬의 강연에 의해 학습을 하였다.60)

이들의 활동은 그후 더욱 강화되었다. 1921년 9월경에는 국제공청본부에서 함경도인 조근(조훈?)이 조선공산청년당 동양사무취급으로 상해에 도착하여 1921년 10월 1일 밤에 福康里 32호에 고려공청단원 20여명을 소집하여 집회를 가지고 각지 공청의 상황을 연술하였다. 그는 상해에 본부를 두고 안병찬, 여운형, 원세훈, 김만겸, 최창식 등을 간부로 하여 사무를 개시했다고 하는바 이들은 공산주의 독본을 출판하고 또 『정보』라는 신문도 발간할 계획을 가졌다. 또 9월 30일에는 이르쿠츠크에서 金愚振이 상해로 와서 모종의 일을 꾸미고 있다고 했다. 이 상해회의 임원들의 활동사항에 대해 일경은 다음과 같이 파악하고있다. 최창식은 고려공산당 청년단의 회계 및 보관금 수지불명의 점으로 인책사퇴하고 여운형이 이를 대신 맡게 되었다. 안병찬은 모스크바로부터 상당의 자금을 받아 선전원이나 병사로서 훈련시키기 위해 청년들을 모집하여 모스크바로 보내고있으며 여운형은 조근(훈)과 같이 10

---

59) 『朝鮮獨立運動』 5, pp.280-281
60) 『朝鮮獨立運動』 5, p.309

월 5일 남경에 갔는데 이는 지부설치를 위한 것이었다.61)

　이 무렵에 이르쿠츠크파의 활동에 풍부한 자금이 지원된 것은 사실이었던 것으로 보인다. 일경문서에 50원-100원의 봉급을 받는 공청원이 김주, 박헌영, 최창식, 여운형, 김만겸, 안병찬, 원세훈, 정해룡, 박원근, 최창훈의 10명이나 보고되고 있기 때문이다.62) 또 여운형에 의하면 상해파에 대해 그들의 자금이 대단히 부족했다고 말하면서도 이르쿠츠크파의 상해지부 선전비로 보이친스키가 매월 약 100원을 지급했다고 하였다. 바로 이러한 선전비를 이용하여 여운형은 상해지부에서 번역을 담당하고 있었기 때문에『공산당선언』1천부,『직접행동』1천부,『공산주의독본』500부 같이 3종류의 인쇄물을 조선문으로 번역하여 만주 및 조선 경성에 김시현을 통해 그 대부분을 송부했다고 하였다.63) 그중에서도 공산당선언은 강한택이 번역한 것을 오역을 바로잡아서 고쳤다고 했다.64) 또 나중에는『직접행동』이외에는 강한택과 같이 협의하여 번역을 했다고 하였다.65) 그 배포를 담당한 것은 상해지부의 출판부원이었던 조동우로서 그는 당시에 안동현 안동에 상해정부 교통부 연락원으로 재직하고 있으면서 양헌 편에 수 백부를 송부하고 양헌의 손에 의해서 김시현에 전달되어 각지로 전달되었다고 했다.66)

　이러면서 양파의 활동은 경쟁을 넘어서 상호모해하는 국면으로까지 발전되기도 하였다. 1921년 10월 12일에 불국 공부국에서는 이동휘파인 김하구의 집을 가택수색하였는바 마침 김하구는 부재중 이었고 집에 있던 4명의 한인이 체포되어 그중에 3명은 풀려났으나 1명은 구금

---

61)『朝鮮獨立運動』5, p.282
62)『朝鮮獨立運動』5, p.283
63)「呂運亨調書」,『韓共資』1, p.251
64)「呂運亨調書」,『韓共資』1, p.377
65)「呂運亨調書」,『韓共資』1, p.405
66)「呂運亨調書」,『韓共資』1, p.252

중인데 이러한 조처는 일본총영사의 청구에 의해 **金河球, 金立, 金鉉澤**을 체포하기 위한 것이었는데 일경은 분석하기를 일본총영사는 이를 요청한 사실이 없기 때문에 김만겸파가 이동휘파를 착란하기 위해 꾸민 음모로 보고있는 것이다.67) 이에 대한 이동휘파의 반발도 있었다. 1921년 12월 18일 한 청년이 김만겸을 살해할 목적으로 김만겸의 집에서 면회하려다가 대신 이위와 면담하는 중 권총을 발사해 이위는 다리부분에 총 2발을 맞았다는 것이다.68) 그런데 이 청년은 김립의 부하로서 김만겸을 제거하는 것이 목적이었으며 그 이후에 김만겸과 안병찬은 주소를 바꾸어가며 행적을 비밀로 하고 있다는 것이다.69)

이같이 암살을 통하여서까지 정적을 제거하려는 배경에는 자유시사변에서의 이르쿠츠크파에 대한 깊은 증오심이 개재되어 있었다. 조응순은 1921년 9월중에 하르빈에 체재 중에 독립단원의 유지들과 상의하여 결사대를 조직해 독립단과 공산당을 사칭하는 인물을 제거하기로 했다. 그리하여 하르빈에 거주하는 최동규, 계영화, 박찬익, 김창하, 이동빈, 김영준, 장일과 함께 결사대를 조직했고 그후 조응순은 또 상해로 가서 이용호, 이여삼, 박찬하, 김명준, 최창호를 가입시켜 결국 13명의 대원을 확보했던 것이다.70) 조응순은 1921년 11월 말에 다시 상해에서 공산당과 임시정부를 탐지하고 안병찬, 이성, 조훈, 김립 등의 공산당인사를 살해하기로 했다. 그 이유는 자유시사변에서의 책임과 "제 3국제공산당으로부터 다수의 선전비를 받아서는 하등 주의를 위해서는 진력하지 않고 오히려 주의에 위배되는 일이 많았기"때문이었다.71)

---

67) 『朝鮮獨立運動』 5, p.283
68) 그러나 이 총에 맞은 자는 이성이었다.(『朝鮮獨立運動』 5, p.297) 그리고 총을 쏜 청년은 고려공산당 동아한인부위원인 조응순과 한 패라고했다.(『朝鮮獨立運動』 5, p.291)
69) 『朝鮮獨立運動』 5, p.291
70) 『朝鮮獨立運動』 5, p.296
71) 『朝鮮獨立運動』 5, p.296

결국 김립이 테러의 희생이 되었다. 일은 결국 1922년 2월 8일 오후 1시에 김립의 암살로 이어졌다.72) 여운형에 의하면 김립은 임시정부원으로부터 상해에서 암살된 것이다.73) 김철수에 의하면 임시정부에서는 한형권의 추가자금 20만원을 확보하기 위하여 김상옥을 시켜 윤해에게 총을 쏘았으나 폐를 상하게 하고 죽이지는 못하였고 김구일파는 다시 김립을 백주대로 상에서 난사살해하였다고 하였다. 그때에 김하구, 윤진희, 김철수가 함께 당했다는 것이다. 김철수는 문서처치와 김립 사체처분을 타인에게 맡기고 바로 은행에 가서 남은 돈을 옮겨놓았다. 이때 상해파의 모험파(최동욱, 최계립, 이호반, 한광우 등)는 복수를 하자고 하였으나 김철수는 동족상잔을 하지 말자는 이유로 만류하였다.74) 그런데 또 안병찬도 모스크바에서 상해로 귀환도중 암살되었다.75)

한편 극동노력자대회가 애당초에 이르쿠츠크에서 1921년 11월 11일부터 개최될 예정이었기 때문에 동 대회에 파견되는 대표자를 선정하기 위한 회의가 10월 23일 개최되어 모두 10명의 대표를 선출하였고 이들은 10월 24일-26일에 걸쳐 상해를 떠나 이르쿠츠크로 향하였다.76) 또 후에는 박헌영도 공산당대표로 이르쿠츠크시로 출발하였다.77) 또 신한청년당의 대표로서 김규식, 그리고 여운형과 김기섭도 출발했는바 이들은 모 러시아인이 자금을 가지고 안병찬과 협력 분배

---

72) 『朝鮮獨立運動』 5, p.301
    또 다른 정보에 의하면 김립은 2월 6일 밤 상해 곤북보통로에 13발의 권총탄을 받고 총살되었다고 하였다.(『未定稿』 6, p.148)
73) 「呂運亨調書」, 『韓共資』 1, p.296
74) 「김철수 친필유고」, 『역사비평』 1989년 여름, p.356
75) 「呂運亨調書」, 『韓共資』 1, p.341
    안병찬은 원래 평양에서 변호사를 하던 인물로 이동휘의 소개로 임시정부에 들어와 법무차장까지 지냈었다.
76) 『朝鮮獨立運動』 5, p.284
77) 『朝鮮獨立運動』 5, p.285

한다고 했다.78) 이들은 일단 이르쿠츠크에 집결하였는데 한인들의 총수는 120명이나 되었으며 상해로부터 30여인 조선 내지로부터 12인이 출석하였다. 이들 가운데서 일부가 극동노력자대회의 개최지인 모스크바로 향하게 되었던 것으로 보인다. 이들은 특별열차를 타고 모스크바로 향하였다.79) 바로 이러한 이유로 인하여 이르쿠츠크파 인사들이 대거 극동노력자대회에 참석하게 되는 것이다.80)

대회가 끝난 후 여운형은 코민테른으로부터 선전비를 받아 귀환했으며 조동우, 나용균, 김상왕, 김주, 임원근도 3월 10-17일 사이에 귀환하였다.81)

3) 임시연합간부

코민테른 극동국으로부터의 지원을 받지 못한 이동휘는 모스크바에 직접 호소하기 위하여 중국공산당 대표 요작빈과 함께 모스크바로 여행을 하였지만 이동휘의 공산당도 요작빈의 공산당도 모두 승인을 얻지 못하고 말았다.82) 코민테른은 중국공산당의 보고를 접수조차 하지 않았고 또 한형권에게 약속했던 돈 중 남아있는 140만원을 인출하는 데에도 실패하였다. 여운형의 증언은 한푼도 이동휘의 손에는 들어가지 않았다는 것이다.83) 이동휘가 이렇게 별 소득이 없었던 이유는 슈마츠키가 미리 선수를 쳐서 모스크바당국과 접촉한데 있다고 보여진

---

78) 『朝鮮獨立運動』 5, p.285
79) 『未定稿』 6, p.100
80) 극동노력자대회에 대하여는 拙稿, 「제1차 극동노력자대회및 극동혁명청년대회에서의 한국혁명의 문제」(『정신문화연구』, 제40호, 한국정신문화연구원), 1990.9, pp.89-103) 참고
81) 『未定稿』 6, p.102
82) 「呂運亨調書」, 『韓共資』 1, p.251
83) 「呂運亨調書」, 『韓共資』 1, p.532

다. 슈먀츠키는 이동휘의 모스크바행을 탐지하고 1921년 9월 21일 김철훈, 한 안드레이 등을 데리고 선수를 쳤다. 슈먀츠키는 모스크바 방문을 마치고 11월 3일에 이르쿠츠크에 돌아와 당간부의 강화에 착수하였다. 이같은 슈먀츠키의 활동이 선행되었기 때문에 이동휘의 외교적 노력은 그 성과가 반감되었다. 그러나 이동휘는 1921년 11월에는 레닌과의 면담을 할 수 있게 되었다. 이 회담에는 레닌과 박진순, 홍도가 참여하였는데 통역으로 아파나시 김이 참여하였다. 그런데 이 회담은 이동휘의 입장을 지지하는 것이라기 보다는 일정한 정도의 방향전환을 요구한 것이 아닌가하는 느낌을 가지게 된다. 왜냐하면 이동휘가 직접 회고하듯 레닌이 "직접행동으로 폭동 혹은 암살 등 일을 하는 것은 혁명 도정에 많은 지장"을 준다고 하였다는 것은 이동휘의 노선에 대한 방향전환과 충고의 성격이 강하기 때문이다.84)

그렇기에 레닌 면담은 이동휘의 기대에는 미치지 못하였다. 단지 상해파의 일방적인 수세를 만회하는데는 도움이 되었던 것으로 보인다. 레닌정부나 코민테른 측으로서도 서로 공산주의를 표방하고 있는 두 단체중의 어느 하나를 굳이 회피해야 할 필요는 없었다고 보아야한다. 그리하여 양 파의 합동에 대한 요구는 상당히 강력하게 요구되었던 것으로 보인다.85) 그리하여 코민테른은 당의 문제와 자유시사변의 문제를 일괄하여 한국문제로 논의하였다.

1921년 11월 15일 벨라 쿤, 쿠시넨, 사파로프로 구성된 조사위원회

---

84) 이상의 이동휘의 레닌회견기는 1925년 1월 25일자 『선봉』 62호에 실렸던 것으로 이동휘의 아들 리영일의 수고에서 인용한 것이다.
85) 여하간 일경문서는 1922년 1월 31일의 보고에서 상해에서의 공산당 파벌을 다음과 같이 분류하고있다.
이동휘파-이동휘, 김립, 박진순, 김하구, 홍도, 김창수, 현정건, 김덕, 주철수, 오창강, 박민섭, 조웅순, 이한호, 김규섭, 이강희, 이종호, 김담수, 정혜원(여) 김만겸파-여운형, 김만겸, 안병찬, 장건상, 최창식, 고한, 이성, 현좌현, 박헌영, 임원근, 김정기, 유화영, 노무령, 김원경(여), 권애라(여) 여운형파-조완구, 조동우, 김두봉, 서모, 원세훈, 김철훈(『未定稿』 6, p.147)

의 결의는 결국 당의 문제에 대하여는 상해 이르쿠츠크의 양파의 화해를 권고하면서 통합을 위한 새로운 당대회를 개최해야 하고 그 사이에 양 파 동수로서 임시연합간부를 구성할 것을 제의한 것이다. 그리고 이의 집행을 극동국에 맡겼다.

한편 자유시사변에 대하여는 박애의 잘못을 인정한 부분은 1)한인부를 러시아공산당 극동국에 설치하는 것을 거절했다는 것과 2)이르쿠츠크파의 대표들의 활동을 방해했다는 것 그리고 3) 한인부를 이르쿠츠크로 이동하라는 슈먀츠키의 명을 거부했다는 것 4)이르쿠츠크의 고려공산당대회를 방해했다는 것이었다.[86]

코민테른의 이같은 결정은 이동휘의 상해파에게는 보다 불리한 것이었다고 볼 수 있다. 대체로 보아 자유시사변의 책임을 박애가 지고 있었고 특히 명령에 대한 거부는 중요한 죄목을 형성할 수 있기 때문이다.

어쨌든 1921년 11월에 코민테른의 결정에 의하여 양파에 각 4인씩 모두 8인이 임시연합간부로 선정되었다. 이가운데서 우선 이동휘와 홍도는 나머지 6인이 극동에서 아직 도착할 수가 없는 상황에서 모스크바의 장기영과 도용호와 함께 12월에 이르쿠츠크로 향하였다.[87] 일경문서에서도 이동휘가 1921년 12월 상해에 전보를 쳐서 안병찬 일파와 합동하고 모스크바로부터 선전비를 받아 상해로 귀래한다는 내용을 알렸다는 것이다.[88]

물론 이것은 이동휘에게는 일단 유리한 조건이 되었다고 볼 수있다. 이제 두 당의 통합은 코민테른의 지시에 따라서 이루어지지 않으면 안되게 되었다. 이러한 기회에 이동휘는 이르쿠츠크에 있는 한인무장부

---

86) Suh Dae-Sook, *Documents of Korean Communism, 1918-1948*, Princeton: Princeton University Press, 1970, pp.67-70
87) 「在魯高麗革命軍隊沿革」, 『韓共資』 1, p.46
88) 『未定稿』 6, p.147

대를 자파에 흡수하려고 노력하였던 것으로 보인다.

그런데 일경문서 「高警第二五六號」에 의하면 이동휘, 김립, 박진순과 "이르쿠츠크공산당비서부"와 교섭하여 "종래 독립운동을 목적으로 하는 대한의용군은 고려공산당이라고 개칭하고 공산주의를 신봉하는 것으로 되고 이동휘, 박진순, 김립등이 수령이 되어서 러시아공산당극동국(동양비서부)과 다음의 협약을 체결했다"는 것이다.

1. 고려공산당은 러시아 동양비서부의 명을 받는다.
2. 고려공산당은 주로 동양방면에 동 주의 선전을 위해 설치된 것으로서 상해에 그 중앙총부를 설치하고 점차 도회, 군향촌회를 조직하여 이를 선전한다.
3. 동양비서부는 시베리아각지에 있어서 고려공산당에 무력양성을 인정하고 또 이를 보호하여 무기 탄약을 지급할 것.
4. 동양비서부는 동방방면 선전을 위해 상해중앙총부에 30만원의 선전비를 지급할 것.[89]

먼저 이같은 종류의 협약이 체결된다면 그것은 어느 때에 가능했을까? 그것은 아무래도 극동국의 비서 슈먀츠키, 상해파의 이동휘, 이르쿠츠크파의 남만춘 등이 모두 한자리에 모일 수 있는 시기 즉 극동노력자대회가 열릴 시기의 모스크바로 보아야 할 것이다. 그리고 위의 협약문에서의 로국공산당동양비서부란 코민테른 극동국으로 보아야할 것이다.[90]

---

89) 『朝鮮獨立運動』 5, p.286
  일경문서는 이 협정의 주체를 이르쿠츠크공산당 비서부라고 하다가 또 노국공산당 동양비서부라고 하여 혼동하고 있으나 서대숙은 이것이 러시아공산당과의 협정이라고 하고 있다. 그러나 노국공산당 극동국은 치타에 있었고 이르쿠츠크에 있는 것은 코민테른 극동국임으로 이 협정의 주체는 코민테른 극동국이리고 보아야한다.
90) 서대숙은 그의 Documents of Korean Communism, 1918-1948에서 동 협정의 연

그런데 위의 협약문에서 보듯이 이는 여지껏 위축되어있던 상해파에게 하나의 활력소가 된 것은 사실이었다. 그리하여 김립 등 30여명이 상해에 중앙총부를 설치하고 공산주의 선전서책을 인쇄하고 중국 및 한국에 배포했으며 박진순(박 일리야의 착오?)은 이르쿠츠크에 공산주의 선전의 사관학교를 설립하고 **蔡英**과 **李靑天**을 교관으로 하여 군대교육을 실시하고있고 그 수는 약 300이 된다고 하며 또 이만에도 같은 종류의 사관학교를 설립하여 **李鏞** 등의 교관으로 교육을 실시케 하는 바 현 600여명이 있다고 했다. 또 박진순은 극동국이 발간하는 공산주의관계서적을 번역을 위해 이를 상해중앙총부로 보내고 김립과 남공선등으로 하여금 인쇄배포케하고 김하구에게는 5천원의 선전비를 주어 길림성, 돈화, 간도에서 적화운동에 종사케하였다. 김하구는 그리하여 1921년 12월 7일에 돈화현성에 군회를 조직하고 그 역원으로서는 방진성, 이홍수, 김창순, 남세극, 염태익, 그리고 서기로 김하석을 선거 하였다.91) 또 김하구는 국민회의 구춘선 등도 공산당에 가입케했으며 강구우, 염태익, 최원일, 강백규, 유찬희, 마진 및 도예균 등의 주요 인물을 공산주의에 가입시켰으며 이들 입당자는 대표자를 보내어 액목현에 체재중인 안무, 최량을 이르쿠츠크공산당대회(극동노력자대회를 의미?)에 보내어 길림성일원의 대표자자격으로 극동국을 방문하여 원국민회원전원을 공산주의에 가맹시키겠다고 신고할 예정으로 1921년 12월 25일 액목현을 출발했다는 것이다.92) 그리하여 원 대한국민회 중부지 방총회장이었던 **姜九禹**는 1921년 12월경에는 국민회원 100여 명, 의군단 산포대원 100여명과 함께 고려공산당북만지부를 조직했

  대추정을 1920년 후반이라고 하고있는데 이는 잘못된 것이며 1921년말 또는 1921년 초가 유력하다고 볼 것이다. 그리고 러시아공산당 극동국은 치타에 있었기 때문에 이르쿠츠크에 있던 것은 코민테른 극동국이라고 볼 것이다.
91) 『朝鮮獨立運動』 5, pp.286-7
92) 『未定稿』 6, p.142

다.93)

한편 문창범과 김하석일파도 자유시에 사관학교를 설립하여 군인을 양성케하고 그 수가 200내외에 달하며 이만에도 약간의 무장대가 있다고 했다. 그리하여 양파의 통합기운이 높아가는 가운데 "종래의 노령 및 간도지방에 있어서 불령선인은 거의 위의 공산당에 가입했으며" 단지 대한군정서계만이 밀산현에 근거를 가지고 상해임시정부를 봉대하고있다고 했다. 그의 중심인물은 김좌진인바 그는 虎林縣에 사관학교를 설치하고 김좌진이 교관이 되어 200의 장정을 훈련하고있고 안도현 삼도하자에도 동일한 목적의 사관학교가 있어서 50여의 학생이 있었다는 것이다. 그러나 전반적으로는 민족주의보다는 공산주의계열이 그 인원에 있어서 우세할 뿐 아니라 러시아동양비서부(극동국-필자)로부터 무기, 탄약의 물질적 원조를 받아 전체적으로 그 세력을 키워나가고 있었던 것이다.94)

한편 이 무렵에 문창범 일행과 러시아정부사이에는 로한조약이 체결되었다고 하는바95) 이 시기는 아마도 1921년 말일 가능성이 높다. 그렇다면 이는 오히려 앞서의 상해파 고려공산당과의 사이에 체결된 것보다 선행한다고 보아야한다. 그 이유는 1921년 11월 10일 박진순과 한형권이 러시아극동선전원 3인과 같이 북경에 도달하여 박용만 일파 40명 및 신채호와 함께 20일에 북경에서 회의를 가졌는바 이 회의에서는 북경, 상해, 노령의 한인들이 일치단결하여 러시아정부와 체결된 로한조약을 존중할 것을 결의했기 때문이다. 또 이 회합에서 북경과 상해방면의 한족결합을 위해 각당파대표자회를 하르빈에서 1921년 12월 말에 하기로 하고 태평양회의에 대한 반대입장을 표명한 것으로 되어 있다.96) 이때 박용만, 안창호, 신채호 등 20여명은 1921년 12월 10일

---

93) 『朝鮮獨立運動』 5, p.290
94) 『朝鮮獨立運動』 5, p.287
95) 『大正十一年朝鮮治安狀況』, 제2권, 고려서림, 1989, pp.37-40

하르빈에 체제중이며 문창범은 노령의 각 대표들에게 하르빈으로 올 것에 대한 호소를 진행했던 것으로 보인다.[97] 그러나 최종적으로는 하르빈이 아닌 이르쿠츠크에서 회의를 진행하려 하였다가 모스크바에서 회의가 열리게 된다.

3. 베르흐네우딘스크당대회 및 코르뷰로의 조직

극동노력자대회가 끝난 후에 상해를 비롯한 각 지역으로 대표들은 귀환하였다. 극동노력자대회가 한국혁명의 기본적인 원칙에 대하여 한국의 대표들에게 필요한 지침을 준 것은 사실이다. 현실적으로 극동노력자대회는 한인사회주의자들에게 통합을 요구하였다. 그것은 이미 임시연합간부의 설치로서 나타났으며 그에 따라 각 파벌은 이제 통합을 하지 않으면 안되게 되었다. 그러나 한인사회주의들의 통합을 가로막고 있는 요인이 엄연히 존재하고 있었다. 그러한 것 중의 하나는 자유시사변의 책임문제를 둘러싼 마찰이었다.[98] 그러나 무엇보다도 급무는 코민테른의 지시대로 양파 합동하여 단일한 고려공산당을 만들어내는 일이었다.

왜냐하면 극동노력자대회를 전후하여 코민테른으로부터 고려공산당의 통합에 대한 압력은 가속화되었기 때문이다. 분파주의는 비판되었고 한인공산주의자들은 이제 그러한 통합을 위해서 구체적 행동을 보여주지 않으면 안될 상황이 되었다. 물론 이러한 과제를 직접적으로

---

96) 『朝鮮獨立運動』 5, p.289
97) 『朝鮮獨立運動』 5, p.289
98) 극동노력자 대회에 참석했던 대표들이 상해로 돌아와서 가진 회의에서도 한인들은 자유시사변의 문제와 책임의 소재를 규명하기를 원했고 이때에 나용균은 책임의 소재가 이르쿠츠크파 공산당에 있다고 하였으며 이에 여운형은 반박하여 당에는 아무런 책임이 없다고 주장하였다.(『未定稿』 6, p.104)

지시한 것은 코민테른이었지만 이러한 통합의 목표는 한인사회주의운동을 통합한다는 것뿐만 아니라 민족주의 세력과도 통일전선을 구축하여 반제전선을 세운다는 보다 광범위한 목표와 연결되어 있는 것이기도 하였다.

이러한 목표에 따라 고려공산당의 통합을 위한 움직임은 진행되었지만 양 그룹의 관계가 대단히 악화되어서 그것은 그리 쉬운 일이 될 수는 없었다. 그러나 코민테른의 주도에 의하여 새로운 공산당대회의 소집을 위하여 각 파가 활발히 움직이고 있는 사실은 어렵지 않게 확인될 수 있다.

그러한 사실을 나타내는 것 중의 하나로 이재복의 진술에 의하면 안병찬이 국제공산당으로부터 상해파와 이르쿠츠크파의 타협방안을 의뢰받아서 이동휘, 김철수 그리고 안병찬과 한명세의 4명이 회합을 하여 고려공산당의 연합을 이루고 4명이 간부로 되었다고 하였다. 이것이 1922년 2월경 이루어졌다는 것이다.99) 그러나 이는 통합을 위한 노력의 일단을 보여주기는 하는 것이지만 이때에 통합이 이루어진 것은 아니었다. 왜냐하면 그 이후에 코민테른에서의 한국문제의 논의를 살펴보면 각 파벌간의 대립이 계속되고 있음을 분명히 보여주고 있기 때문이다.100)

1922년 3월 16일에 코민테른 집행위원회의 간부회는 한명세와 김동산이 참석한 가운데 한국문제를 다루었다. 이 회합은 당의 노선을 확정하기 위한 것이었다. 1922년 4월 4일에 다시 간부회는 한국문제를 다루었다. 이 회합에서 브란들러, 사파로프, 쿠시넨으로 이루어진 위원회를 구성하기로 하였으며 조직문제가 다루어졌는데 위원회는 한인공산주의자들의 성격문제를 검토하였다. 이는 한인공산주의운동 내부

---

99)「鄭在達-李載馥調書」,『韓共資』1, p.104
100) 코민테른에서의 한국문제에 대한 논의를 정리한 것으로는 水野直樹,「コミンテルンと朝鮮」(『朝鮮民族運動史研究』, no.1, 1984)를 들 수 있다.

의 대립이 코민테른에 대단히 부정적으로 비쳐졌다는 것을 의미하는 것이다. 이 위원회는 1922년 4월 22일에 한국문제에 관한 결의를 채택하였는데 코민테른의 결의는 고려공산당내부에 규율을 세우기 위하여 많은 노력을 기울인 흔적을 보였다.

코민테른 위원회의 결의는 자유시사변을 종결하고자하는 의도를 비추었다. 결의문은 이전에 이르쿠츠크파에 의해 추방되었던 상해그룹 공산당원을 복권시켰으며 양 그룹의 주요한 간부들의 활동을 하나의 고려공산당이 성립하기 전까지 정지시켰다. 이들은 모두 4명이었는바 박진순, 박애, 최고려, 김규극이었다. 코민테른 집행위는 양 그룹에게 3개월 이내에 통합하라는 명령을 하달하였으며 통합 전까지는 당은 재정문제에 있어서 얀슨의 감독 하에 있게 될 것이라고 하였다. 코민테른은 또한 김립과 한형권에게 이전에 지출된 자금을 반납하라고 지시하였다. 코민테른은 또한 고려공산당의 중앙위원회를 치타에 둘 것과 한국 내에 고려부를 설치할 것을 지시하였다. 마지막으로 코민테른은 한국, 러시아, 극동공화국에서의 정치활동을 지도할 정확한 강령을 실현할 것을 지시하였다.101)

이 결정 이후에 양 그룹은 통합하지 않으면 안되었다. 그리하여 당대회를 위한 준비는 구체화되어서 양 그룹은 1922년 6월에 블라고베셴스크에서 모이게 되었다. 소비에트러시아로부터 3명의 파견원, 코민테른 극동국에서 비서 크리스노시브(?)가 참석하였다. 이 회합에 의하여 두 그룹은 하나의 중앙을 결성하고 당대회를 준비하게 되었다. 새로운 중앙은 고려중앙정청이라고 불리웠다. 고려중앙정청의 의장은 최고려, 고문은 이동휘, 문창범, 위원은 오하묵, 박 일리야, 박 그레고리가 되었고 이와 동시에 군사문제를 담당할 징집위원회를 두어서 의장에 오하묵, 위원에 최진동, 홍범도, 허근, 안무가 담당하였다. 이러한 인적 구

---

101) Suh Dae-Sook, *Documents of Korean Communism*, 1918-1948, pp.71-72

성은 이르쿠츠크파가 주도적인 위치를 차지했음을 보여준다. 이 고려 중앙정청은 그와 함께 상해임시정부를 러시아령으로 옮길 생각을 가졌고 일본군이 철수한 후에는 본부를 블라디보스톡으로 옮길 생각이었다.

고려중앙정청은 또한 당대회를 1922년 9월 1일에 소집할 예정으로 있었다. 그 외에 다음과 같은 사항이 결정되었다.

1. 한인무장부대를 시베리아의 중요지점에 집중시키고 군사훈련을 실시한다.
2. 한국과 만주에 선전원을 파견하여 공산주의의 선전을 행한다.
3. 선전원을 보호하기 위하여 수시때때로 무장부대를 간도의 동서 방면으로 보내고 한국국경을 공격함으로써 주민들을 선동한다.

그런데 고려공산당의 통합을 위해 개최될 예정이었던 당대회는 처음에는 치타에서 1922년 9월 10일에 열릴 것이었지만 대표자의 참석이 이루어지지 않고 또한 일본군 철퇴 후에 열리는 것이 좋을 것이라는 생각으로 연기되었다가 치타에 일본관계자가 재류하기에 비밀의 누설을 염려하여 1922년 10월 15일 베르흐네우딘스크에서 열리게 되었다. 대표자는 모두 120명이었다.[102] 그러나 일경의 밀정으로 동대회 상황을 보고한 김영순에 의하면 동 대회가 치타대신 베르흐네우딘스크에서 열린 것은 극동공화국의 수도인 치타에서 한인이 공공연히 공산당대회를 개최하는 것은 일로국교 상의 영향이 있기 때문에 동 대회에 명령하여 개최지점을 베르흐네우딘스크로 변경시키고 동시에서 10월 17일부터 개최되었다는 것이다.[103]

이 대회는 또한 1922년 11월 5일에서 12월 5일로 예정되어있는 코민

---

102) 『朝鮮統治史料』 7, p.286
103) 『未定稿』 6, pp.170-171

테른의 4차 대회에의 대표파견을 위하여도 필요한 것이었다.
　일경문서는 대회에 참석한 대표들을 계파별로 분류하고 있다.

지명	상해파	이르쿠츠크파
연해주	5인	40인
북간도	28인	4인
서간도	7인	3인
선내	22인	8인
일본		2인
상해	4인	4인
북경		2인[104]

　그런데 위의 표를 보면 상해파와 이르쿠츠크파는 각기 그 근거지를 달리하고 있음을 알 수 있다. 상해파가 주로 북간도와 서간도 그리고 조선 내에 근거지를 가지고 있음에 비하여 이르쿠츠크파는 연해주에 주 근거지를 가지고 있었다.[105] 이동휘파인 김철수는 동지들과 같이 하르빈에 집합하였다가 선편으로 흑하에 가서 베르흐네우딘스크대회

---

104) 『未定稿』 6, p.172
　　다음은 대회에 참석한 양당의 중요 간부들이다.
　　상해파-이동휘, 김 아파나시, 계봉우, 장기영, 홍각, 김진, 이용, 김창숙, 문세환, 김하구, 윤자영, 유예균, 장덕수, 최팔용, 이르쿠츠크파-남만춘, 현명서, 김만겸, 박승만, 조훈, 장건상, 오하묵, 이성, 서천민, 김철훈, 임호, 김응섭, 이청천, (『未定稿』 6, pp.174-5)
105) 또 다른 분류에서는 다음과 같이 서술되고 있다.
　　상해공산당대표　이동휘외 20명
　　간도대표 약 20명
　　치타대표 남만춘, 최고려, 김하석, 한명석, 이승 외 15명
　　조선대표 5명
　　연해주대표 약 25명
　　흑룡주대표 약 17명
　　그외 길림및 모스크바대표 약간명(하르빈대표 없음)(『未定稿』 6권, pp.166-7)

에 참석하였다.106) 또 정재달에 의하면 이외에도 상해파에서 윤자영 그리고 일본에서 정태신이 참석하였다고 하였다.107) 또 그는 국내 대표가 20수명 된다고 하지만 이들은 정식으로 실제로 내지에서 대표로 온 사람은 없으며 그 대표들의 주의에 대하여도 지극히 회의를 표명하였다.108) 실제로는 국내대표가 거의 없다고 하였다. 대회는 상해파가 다수를 점하였다.109)

이 때에 국내 대표로 참석하였던 정재달은 1922년 9월에 경성을 떠나서 안동-하르빈를 경유하여 쌍성포에 갔다가 다시 만주리로 가서 노령으로 들어갔다. 입국 중에 그는 노국관헌에 붙들렸으나 동경발행의 『대중』지에 실린 그의 글을 통해 주의자임을 입증하고 풀려났다는 것이다. 그는 치타에서 박재도를 만나 베르흐네우딘스크 공산당 대회에 대한 이야기를 듣고 국내의 공산주의자 개인자격으로 참석하였다. 그는 참석자를 150명이라고 하였고 상해파가 3분의 2를 차지하였다고 하였다.110) 그런데 정재달은 상해파와 니콜리스크파(이르쿠츠크파를 의미) 양 측으로부터 아무런 신용을 얻지 못하였다고 하였다. 그러다가 한명세에게 설명하여 신용을 얻었지만 상해파는 악감정을 가지고 있었고 그파는 정을 탐정이라고까지 선전하였다는 것이다.111)

대회는 쿠비야크112), 포스틔셰브113), 스모로진이 참석하여 지도하였

---

106) 「김철수 친필유고」, 『역사비평』, 1989년 여름, p.357
107) 「鄭在達-李載馥調書」, 『韓共資』 1, p.182
108) 「鄭在達-李載馥調書」, 『韓共資』 1, p.114
109) 그러나 정은 국내대표의 자격문제를 들어 대회의 무효를 주장하였고 많은 사람들은 정을 밀정이라고 의심하였으나 나중에 한명세가 탐정이라고하는 오해를 풀었다는 것이다. (「鄭在達-李載馥調書」, 『韓共資』 1, p.182)
110) (「鄭在達-李載馥調書」, 『韓共資』 1, p.113) 반면에 김철수는 발언권만가진자를 포함하여 200여명이라고 했다.(「김철수친필유고」, 『역사비평』, 1989년 여름, p.357)
111) 「鄭在達-李載馥調書」, 『韓共資』 1, p.114
112) Kubiak, Nikolai Afanas'evich (1881-1942) 그는 직업적 혁명가였으며 1898년부

다고 했다. 달뷰로에는 공산당의 당쟁적 행위를 금지시키고 반드시 연합통일시키라는 지시가 내려졌다. 대회는 달뷰로의 감독하에 진행된 것이다.114) 대회집행부는 김일성, 장건상, 윤자영, 김철수가 맡았다.115)

대회 초일에 윤자영의 사회로서 개회가 이루어졌다. 대회는 임시집행부를 조직하고 사무를 처리함과 동시에 대표자의 위임장 심사부를 설치하여 위원8인을 선정하여 위임장의 진위, 대표자발언 채결권의 유무를 사정하게 되었다. 임시집행부위원은 다음과 같이 구성되었다. 상해파로서는 윤자영, 김창숙, 홍각, 김 아파나시 그리고 이르쿠츠크파로서는 김철훈, 김하석, 김응섭, 서천민 그리고 러시아인으로서는 크소세요프, 베르흐네우딘스크시장으로 구성되었다.116)

그러나 막상 회의가 진행되면서 향후의 고려공산당을 어떻게 이끌어가야 하는 가에 대하여 이동휘와 남만춘의 견해는 전혀 달랐다. 회

터 러시아사회민주노동당에 가입하였다. 공장노동자출신이었고 1905-7년의 혁명에 가담하였으며 1908-12년에 짜르의 감옥에서 감금되었고 1917년에는 페트로그라드소비에트의 의원으로 볼셰비키혁명에 가담하였다. 1920년에는 잠시 '노동자 반대'에 포함되었다. 베르흐네우딘스크대회가 열리던 1922년에는 그는 러시아공산당 극동국(Dal'buro)의 서기였다. 이 자격으로 그는 한인공산당 대회에 참석한 것이다.(The Modern Encyclopedia of Russian and Soviet History, vol.18, p.137)

113) Postyshev, Pavel Petrovich (1887-1940?) 에르마크라는 이름으로도 알려진 혁명가였다. 그는 이바노보-보즈네셴스크에서 방직공집안출신으로 났다. 14세부터 혁명활동을 하기 시작하여 1904년에는 러시아사회민주노동당에 가입하였다. 내전기간중에 그는 아무르에서 빨치산부대를 지휘하였다. 운게른장군과도 싸우고 볼로차예프카전투에서는 블류헤르와 공동의 지휘자였다. 1920년에는 러시아공산당 극동국(Dal'buro)의 후보위원이 되었고 극동공화국의 임시혁명위원회및 군사위원회의 위원이었다. 1923년에 그는 우크라이나로 전근되었다. 따라서 그도 러시아공산당극동국 후보위원의 자격으로 베르흐네우딘스크대회에 참석한 것이다.(The Modern Encyclopedia of Russian and Soviet History, vol.29, p.116-117)

114) 『未定稿』 6, p.171
115) 「김철수친필유고」, 『역사비평』, 1989년 여름, p.357
116) 『未定稿』 6, p.176

의는 대표자격의 문제로 6일을 끌었다.[117]

회의 벽두에 이동휘는 러시아국적을 가진 한인은 조선공산당에 포함시킬 수가 없다고 하였으며 따라서 발언권을 인정한다 하더라도 결의권은 가지지 못한다고 주장하였다. 이에 대하여 남만춘파는 국적 여하에 불구하고 민족적으로 국제공산당의 일 단체가 되어야 한다고 주장하였다. 또 간도파는 중립을 유지하였다고 한다. 이들은 홍범도 김좌진, 문창범으로 이들은 양파의 중재에 노력했다는 것이다.[118] 이에 대하여 회의를 감독하였던 치타 원동부장인 쿠비야크는 이동휘의 주장에 동감하여 남만춘의 의견은 관철되지 못하였다. 이것은 국적주의를 채택한 것이다. 일경문서는 이 원인이 쿠비야크가 모스크바로부터 극동으로 파견된지 2달밖에 되지 않아서 실정이 어둡기 때문이라는 것과 또 이미 모스크바에 있을 때부터 상해당에 동정을 가져서 상해당을 극력원조한 것이라고 보고있다.[119]

상해당은 대회의 주도권을 잡기 위하여 러시아인들과 내약하여 대표자를 소집하는 구역을 조선, 일본 및 서간도에 한정하여 노령연해주를 제외하게 되자 이르쿠츠크파는 이에 극구 반대하였지만 감독자인 러시아인의 명령을 듣지 않을 수 없었으며 결과적으로 이르쿠츠크파의 대표는 정식 대표자격을 가진 자가 13명만이 남게 되었다. 그 반면에 상해파는 모두가 대표가 되었다.[120]

제2일에 회의는 이르쿠츠크파의 상해파에 대한 반격이 시작되었다. 이르쿠츠크파은 이동휘가 선전비 40만원을 시말을 청산보고 할 것과 이동휘가 이시에 있는 한인군대 1개 여단을 해산할 것을 코민테른에 청원한 것에 대한 질의를 하였다. 이에 대하여 이동휘는 이 문제가 비

---

117)「鄭在達－李載馥調書」,『韓共資』1, p.114
118)『未定稿』6, p.169
119)『未定稿』6, p.172
120)『未定稿』6, pp.176－177

밀에 속한 사항이므로 공개하기 곤란하여 후일에 코민테른에 자세히 보고하겠다고 하였다. 그러나 이르쿠츠크파는 이에 승복하지 않고 종일 논쟁하게 되어서 이동휘는 이 문제를 분과 심사부에서 심사처리하도록 제의하였다. 이에 대해 상해파는 찬성하였으나 이르쿠츠크파는 대단히 분개하여 이같은 불공평한 연합대회에는 참가하지 않겠다고 탈퇴를 선언하여 회장에 일대분란을 일으키고 그 결과 회의는 결렬되었다.121)

이에 대하여 이동휘는 이르쿠츠크파의 행동을 대회의 진행을 방해하는 반혁명적 행동으로 규정하고 책임간부 김철훈, 서천민, 신기영 등을 체포하여 투옥함과 동시에 이르쿠츠크당간부에 대하여 보고서류를 연합대회의 집행부에 인도할 것을 요구하였으나 이르쿠츠크파는 이를 거절하여 간부이하 60여명이 치타로 가서 회의는 결렬되었다. 그리하여 이동휘는 이 사정을 치타원동부장 쿠비야크에 타전보고 하였으며 동인은 답전하여 이르쿠츠크파의 인원이 단 1인이라도 있을 경우에는 이를 연합대회로 인정하여 코민테른에 보고하겠다고 하여 이동휘는 대단히 기뻐하여 이르쿠츠크당의 연소한 대표 2인을 매수하여 다시 연합대회의 이름으로 회의를 계속 진행하여 다음의 사항을 의결하였다.122)

의결사항
1. 최고기관간부를 노령연해주에 두고 간부 중에 일부인원을 조선 내에 상치하여 각 도군면에는 도회 군회 면회를 배설할 것.
   중앙간부(연해주) 제1비서부 북간도
   　　　　　　　　제2비서부 서간도
   　　　　　　　　제3비서부 조선내
2. 치타에 공산선전학교를 건설하여 학생을 모집하여 8개월간 공산학교

---
121) 『未定稿』 6, pp.177-178
122) 『未定稿』 6, pp.179-180

입학시킨 후 선전자로서 조선 내에 파견한다.
3. 노농정부의 원조를 받아 하바로프스크시에 선인의 적색사관학교를 세우고 공산주의장교를 양성한다.
4. 서북간도 및 노령에 있는 공산당원 및 독립군을 초모하여 공산적색군의 기본대를 편성하여 점차 이를 확장하여 서북간도 및 노령에 약 3만의 적색정규군을 양성한다.
5. 독립단과 연락하여 동일전선을 이루어 우리 당이 독립운동의 선봉으로서 그들을 지도한다.
6. 공산지식이 있는 다수 청년을 선내에 보내어 주로 노동자 및 소작인 간에 공산주의를 선전하여 무산자동지를 모집하여 또 학생계에 혼입하여 선전을 한다.
7. 일본의 군벌, 관료, 자본계급에 대하여 적대행위를 취하여 그들의 노력을 박멸할 것을 노력한다.(적대행동이라는 것은 일본 및 조선에 있는 요로의 대관 및 부호를 암살하는 것을 의미한다)
8. 일본공산당, 사회주의단체 및 노동단체와 협동작전하여 일본 내지에 있는 10여만 인의 조선인노동자로서 직접 일본의 노동운동에 가입하게 한다.
9. 경제문제를 해결하기위해 노농정부로부터 서백리 연해주에 광산삼림의 채벌권을 얻어서 또는 일대 농지를 불하받아서 이를 경제적으로 경영한다.
10. 연해주에 거주하는 일반선인에 대하여 민치권(자치)을 얻는다.
11. 신중앙간부는 특별검사부를 설치하여 이르쿠츠크당간부의 연합대회 진행방해죄 작년 흑하사변책임죄 상해파당원 김진 계봉우 박애 채영 등 무죄한 자 수 백 명을 반혁명죄명으로 이르쿠츠크 감옥에 투옥시킨 책임죄 이상 3대죄를 심사하여 진정한 책임자를 엄중히 처벌한다.
12. 당칙 및 금회연합대회의 회록을 제작하여 각 당원에 분여한다.[123]

대회는 신중앙간부선정에 대해서는 비밀을 지켜서 투표지를 밀봉하여 이를 치타원동부 기밀부에 보내어 동부에서 개봉되었다는 것인

---

[123] 『未定稿』 6, pp.180-183

데 전언에 의하면 신간부는 다음과 같다는 것이다.

>   중앙간부 이동휘, 윤자영, 김창숙, 홍각, 김진, 김 아파나시
>   제1비서부 장기영, 계봉우, 유예균, 김하구, 이용
>   제2비서부 왕삼덕, 김규면, 허영, 이근화, 김일봉
>   제3비서부 문세환, 서영환, 김원하, 장덕수, 최팔용.124)

그러나 이동휘는 실수를 범하였다. 이르쿠츠크파는 자파가 주동이 되어 치타에서 연합대회를 열어서 상해당의 횡포를 코민테른에 타전 보고하였으며 이에 코민테른에서는 양 대회를 모두 인정하지 않았고 쿠비야크에 대하여 이르쿠츠크파를 원조하라는 명을 내려서 이동휘는 대단히 실망하여 80여명의 대표자를 원주소에 보내는 여비조차 궁하게 되었다.125)

이에 이동휘파는 블라고베셴스크에 숨어버리고 이르쿠츠크파는 장건상을 의장으로 하고 김하석, 김만겸, 한명세, 이성, 박승만을 위원으로 하여 치타한족회관에 모여서 3일간 회의하여 다음의 사항을 결정하였다.

>   1. 우리 당은 금후 상해당에 대하여 당쟁적 행동을 중지하고 전력을 다하여 당의 실력충실을 계획한다.
>   2. 우리 당은 세계의 대세를 보아 코민테른의 지도를 받고 다음과 같은 정책을 정한다.
>   1. 우리 당은 경제적으로 독립하기 위하여 노농정부로부터 시베리아의 광산 삼림 농작지 등의 경영특권을 얻어 이를 당의 경영사업으로 하고 가능하면 한국내의 자본가와 이윤을 나누는 합동경영을 하여 경제기초를 세운다.

---

124) 『未定稿』 6, pp.183—4
125) 『未定稿』 6, p.185

2. 우리 당은 앞으로 조선의 독립운동 및 무산혁명운동에 대하여 맹동하지 않고 침묵 하에 기 십 년이라도 실력을 양성한 후 전세계에 혁명이 일어나거나 혹은 전 동아에 혁명이 일어날 시에 그의 일 분자로서 적극적으로 용감히 일어선다.
3. 우리 당은 금후 전력을 다하여 조선내 및 만주노동자소작인계급에 공산주의를 선전하여 그들의 단결을 강고히 하고 동시에 다수의 선량한 동지를 모은다.
4. 목하 우르간 금광에 재한 대한독립연대를 기본대로 하여 러시아중국 양 령에 혁명군을 둔전병제하에 양성한다.
5. 하바로프스크시에 적색사관학교 및 공산선전학교를 세우고 인재를 양성한다.
6. 노령만주조선으로부터 다수의 학생을 모집하여 모스크바공산대학에 보내고 또 각 전문학교에 입학시켜 유물적으로 각 과학을 연구 습득시킨다.
7. 일본, 중국의 공산당과 연락하여 협동전선을 이루고 또한 일본 내지에 있는 선인노동자간에 선전지도자를 특파하여 그들의 방향을 잡고 그들로서 일본노동혁명운동에 가맹하게 한다.
8. 실력없는 목하의 독립군이 중령 및 북선 지방에 있어서 소극적으로 출몰 활동하여 일본중국양국간의 문제를 야기시키는 것에 반하여 자기들의 운동 및 활동범위를 축소하지 않으면 가급적 그들 독립주의자의 급진주의를 완화시켜 우리당의 정책과 서로 일치하여 전진하는 것을 유도한다.[126]

이 회의의 결과 신중앙간부가 구성되었으나 간부 및 선전기관을 선내에 배치하는 것은 극비이기 때문에 코민테른만이 이를 알고 있으며 당연히 이르쿠츠크파가 권한을 잡고있는 것이 당연하다.[127] 그런데 1923년 2월 28일의 일경보고에서 이훈이라고 하는 극동국의 선전부원으로 일하던 자의 진술에 의하면 그 면모를 짐작하는데 어려움이 없을

---

126) 『朝鮮統治史料』 7권, pp.287-288
127) 『未定稿』 6, pp.188-9

것이다. 그에 의하면 이르쿠츠크 고려공산당 수뇌인물의 인물 및 분담 사무는 다음과 같다.

> 당수뇌 : 남만춘, 최고려, 김하석
> 상해지부수뇌 : 조훈
> 동양비서부장 : 김철원(김철훈?)
> 조선사무 : 이성(안병찬의 후임)
> 남북만주 : 유동혁
> 연해주지방 : 김겸석
> 일본내지 : 문상욱
> 일반선전사무 : 이두진[128]

한편 남만춘은 이 양 연합대회에 대하여 다음의 청원을 하였다.

1. 금 회의 양연합대회를 승인하지 않을 것.
2. 금후 양당에 대하여 절대 선전사업비를 지급하지 말고 각자 자력으로 활동하게 할 것.
3. 1.2년후 양당의 성적여하에 의해 완전한 당으로서 인정하는 동시에 코민테른에 가입하게 할 것.
   이르쿠츠크당은 코민테른에 대회의 경과보고 및 진정을 위하여 김만겸, 한명세, 조훈 등을 모스크바에 파견한다.[129]

그런데 이 회의에서 정재달이 취하였던 입장은 다소 독특하다. 그는 양 편의 어느 쪽에도 가입하지 않고 대회가 결렬된 이후에 코민테른에 전보를 쳤다. 그것은 상해-이르쿠츠크의 양 파를 모두 비난하는 내용이었다.[130] 이에 대해 정은 주의자로서의 입장을 분명히 하기 위한 것

---

128) 『未定稿』 6, pp.195-196
129) 『未定稿』 6, pp.189-190

이라고 하고 있지만[131] 그러한 입장을 취하게 된 것은 모스크바로부터 확실한 주의를 받아보겠다는 정의 개인적 야망도 작용한 것으로 보인다.

이러한 정의 작전은 주효한 것으로 보인다. 그리하여 그는 별 이름도 없는 무명인사에서 모스크바로부터 이동휘, 윤자영, 한명세, 김만겸과 같이 정태신과 함께 소환을 받아서 1922년 12월 중순경 모스크바에 간다.[132]

김철수는 대회가 끝난 후 봉천에 가서 국민대표대회에 내지 대표들을 참석시킬 준비를 하고 12월 말경에 상해로 향하였다.[133]

베르흐네우딘스크대회는 결국 실패로 끝나고 말았다. 코민테른 4차 대회(1922.11.5-12.5)에서의 에피소드가 그것을 잘 보여준다. 코민테른 4차 대회에서 자격심사위원회의 에베르린은 다음과 같이 보고하였다.

> 자격의 심사는 간부회의 결정에 의해 1922년 10월 16일 트릴리세르, 피아트니츠키, 에베르린으로 구성된 위원회에 의하여 우선 이루어졌다. 다음에 확대집행위원회는 결정적인 심사위원회를 선발했는데 거기에 이미 선발된 3명 이외에 탈하이머(독일), 카바크치예프(불가리아), 셰플로(노르웨이) 그람시(이탈리아)가 임명되었다.
> 이 위원회는 모스크바에 도착한 동무들의 대표권을 검사하였으며 모든 위임권이 좋고 하자 없음을 확인하였다…
> 고려공산당에 대하여. 1명의 대표가 초청되었으나 4명의 대표가 도착하였다. 고려공산당 내에 존재하는 이견이라고 하는 것은 너무나 생생하여 사람들은 누가 진정한 공산당의 대표인지를 가릴 수 없다. 2명이 손님의 자격으로 받아들여지고 2명은 돌려보냈다.[134]

---

130) 「鄭在達-李載馥調書」, 『韓共資』 1, p.139
131) 「鄭在達-李載馥調書」, 『韓共資』 1, p.182
132) 「鄭在達-李載馥調書」, 『韓共資』 1, p.182
133) 「김철수친필유고」, 『역사비평』 1989년 여름, p.357
134) *La Correspondance Internationale*, le 29 décembre, 1922, supplément

결국 이러한 문제를 가지고 해결을 볼 수 없게 되자 코민테른은 고려공산당의 재조직을 명령하게 된다. 정재달에 의하면 베르흐네우딘스크대회의 실패는 그 자신에 의하여 코민테른에 전보로 보고되었고 그 5-6일 후 국제공산당은 상해파의 이동휘, 윤자영, 이르쿠츠크파의 한명세, 김만겸, 그리고 정과 정태신의 6명을 지명하여 모스크바로 출석하라는 전보를 보냈고 이에 6명은 12월 중순 모스크바로 가게 되었다.135) 모스크바에서 정재달은 가타야마센을 만나서 그에게 베르흐네우딘스크대회의 경과보고를 하였다.136) 이에 대해 국제공산당위원회는 "쌍방의 가부를 명백히 하지 않고 서로 타협하여 조선공산당을 완전히 성립시키라고 명령했다"는 것이다.137) 정재달은 이에 장덕수, 최팔용에 대한 것 그리고 이르쿠츠크파의 黃鈺의 행위 등을 설명하였고 이에 코민테른은 종래의 분파를 모두 해산하고 새로이 조직할 것을 말했다는 것이다.138) 이리하여 고려공산당위원회(코르뷰로)가 조직되었는데 이의 위원으로는 이동휘, 윤자영, 한명세, 장건상의 4인이며 정재달은 고문으로 임명되었다. 이들 5명은 1923년 1월 말경 블라디보스톡에 집합하려 했으나 윤자영과 장건상은 상해국민대표대회때문에 나머지 3인만 블라디보스톡에 집합하였다. 이들은 2월부터 코르뷰로의 사무에 착수하여 4월까지 시베리아에 있는 한인공산당의 정리를 하였고 정재달은 조선내 공산당의 기초를 조직할 목적으로 4월에 블라디보스톡을 출발하여 일본을 경유하여 입선한 것이다. 그리하여 경성에는 1923년 6월경에 도착하는 것이다.139)

그러나 정의 법정 진술에 의하면 코르뷰로의 조직은 상해파의 이동

---

135) 「鄭在達-李載馥調書」, 『韓共資』 1, p.114
136) 「鄭在達-李載馥調書」, 『韓共資』 1, p.140
137) 「鄭在達-李載馥調書」, 『韓共資』 1, p.114
138) 「鄭在達-李載馥調書」, 『韓共資』 1, p.114
139) 「鄭在達-李載馥調書」, 『韓共資』 1, p.114

휘, 윤자영, 이르쿠츠크파의 한명세, 김만겸, 장건상에 의해 이루어지고 러시아인 보이친스키가 회장이 되었으며 정재달은 당원이 아니기에 조선의 실정을 아는 인물로 사무의 촉탁을 받은 것에 불과한 것이다.140)

한편 여운형에 의하면 코르뷰로는 보이친스키, 가타야마센, 한명세, 이동휘, 정재달이었다.141) 그러나 이도 정확한 것 같지는 않다. 코르뷰로의 조직은 정의 진술이 보다 정확한 것으로 보인다.

4. 고려공산당의 국내공작

고려공산당은 국내에 공산주의를 선전하기 위해 당연히 많은 노력을 기울였다. 그러나 해외의 지도부가 두 파로 갈라져 있었기 때문에 자연히 국내공작도 두 파가 개별적으로 행하고 있는 것을 볼 수 있다.

우선 일경문서에 의하면 1921년부터 볼셰비키계열의 주의자들이 조선에 잠입하여 활동하는 흔적을 살필 수 있다. 1921년 10월 6일 총독부경찰국장이 외무차관에게 하는 보고에 의하면 본격적으로 과격파운동이 벌어지고 있지는 않지만 "용의 러시아인 한인의 통과가 약간 있고 1, 2건의 불온문서의 우송도 발견된다고"고 하였다. 또 천도교 및 노동공제회가 국외과격파와 연락을 가지고 있다는 것이 풍설로 있다고 하였다.142) 또한 조선에 있는 정규정이라는 자가 상해청년공산당본부와 연락의 용무로 1921년 10월14일 상해에 도착했다는 경찰보고가 있다.143) 이자가 누구인지는 알 수 없으나 국내와의 접촉이 이루어지

---

140) 「鄭在達-李載馥調書」, 『韓共資』 1, p.183
141) 「呂運亨調書」, 『韓共資』 1, p.252
142) 『未定稿』 6, p.47
143) 『未定稿』 6, p.61

고 있다는 증거는 될 수 있을 것이다.

1) 상해파의 국내공작

상해파의 국내공작은 비교적 일찍 시작된다. 이동휘가 부재중일 때 상해에서는 김립이 주가 되어 활동을 폈는데 김립은 북경에서 한국에 대한 선전에 진력하며 선전원 약간을 한국에 잠입시켰다고 하며 경성의 모 신문사 관계의 조선인은 입당권유를 받고 김립의 파견원으로부터 자금을 받았다는 것이다.[144]

상해파가 국내의 공산주의선전에 있어서 이르쿠츠크파보다도 보다 앞서있었던 것은 사실인것 같다. 다소 과장이 없다고는 할 수 없겠으나 1922년의 보고에 의하면 고려공산당은 그 본부를 경성에 두고 지방에 20여개의 지방회를 두었으며 그 당원수는 정당원과 후보당원이 각 1천명 내외라고 하였다.[145] 그러나 상해파가 독자적으로 이러한 세력을 구축했다고 보는 것은 무리이다. 상해파는 국내에 여러 경로를 통하여 도입되고 있던 사회주의, 민족주의, 또는 진보적 이론에 공명하고 있던 여러 주요한 세력들과 관련을 가짐으로써 이들을 자신의 세력으로 간주하고 있었다는 것이 정확한 설명이 될 것이라고 생각한다. 그렇기에 이미 국내에서 성장하던 제 사회세력과 상해파가 어떻게 관련되는 지를 살펴보기로 하자.

1)우선 청년회연합회와의 관계이다. 1920년 10월 창립이래 10개 단체 2만 3천의 회원이 참가하고 있는 이 청년회연합회를 고려공산당은 "내지유일의 혁명단체로 인정"하여 1921년 6월부터 이와의 연합을 취하고 있으며 그중의 간부청년회에 몇 사람을 입당시켜서 국부를 설치

---

144) 『朝鮮獨立運動』 5, p.282
145) 1922년 1월경에 붙잡힌 조응순의 공술에서 상해파의 국내지부가 원산, 함흥, 경상, 전라, 황해의 각도에 설치되어있다고 했다.(『朝鮮獨立運動』 5, p.297)

하게 했다는 것이다. 또 지방청년회에 순회강연을 하여 당원들과 밀접한 관련을 가지게 하였고 1922년 4월의 제3회 연합총회에는 출석대표 중에 수를 다수를 차지하여 간부원 20명중에서 14명이 선거되었고 또 상무위원 5명중 4명은 당원으로 또 나머지 1인도 당에 절대적으로 당에 동조하고 있어서 연합회는 완전히 고려공산당이 지배한다고 하였다.

2) 또 노동공제회에 대하여는 지부 30여개 회원 3만에 달하는 단체로서 1921년이래 간부원 중에 수인을 입당시키고 간접의 연락을 취하게 되었으며 1922년 4월의 총회시에는 5인의 당원이 간부로 되어서 국부를 설치하는 사업을 진행중이며 "일체 우리 당의 사업노동단체와 하등 배타되지 않아서 우리당의 의견이 통과실행되는 현상"이라고 하였다.146) 한편 이르쿠츠크파 고려공산당에서 노동공제회에서 발행하고 있는 기관지 『共濟』를 서울의 공산주의 조직의 출판물이라고 코민테른에 보고하는 것을 보면147) 노동공제회에 사회주의자들이 관여하고 있었다는 것은 분명한 것으로 생각된다. 그러나 이 때의 사회주의자는 상해파에 속했다고 보아야 할 것이다.

3) 농업부문에는 홍농회와 관계를 가지고 있는데 홍농회는 1920년부터 준비중이지만 1921년 10월초에 완성한 조선 유일의 농민적 단체로서 그 지부는 3개소에 있으며 회원 수는 3천에 달하고 고려공산당은 그 발기 당시부터 7인의 당원을 발기회에 참여시켰으며 그 총회시에는 간부원 7인중 3인이 고려공산당원이라고 하였다. 그리하여 국부를 설

---

146) 그러나 노동공제회에 대한 金森襄作의 「朝鮮勞動共濟會について」(『朝鮮史叢』 제3호, 1980년 6월, pp.131-157)에 의하면 이 단체는 오히려 민족주의단체이며 청년운동의 고양에 의해 주도권을 상실당하게 된 장덕수등의 인물에 의해 지도되는 단체로 보고 있다.
147) "Doklad Koreiskoi kommunisticheskoi partii III kongressu Kominterna", *Narody Dal'nego Vostoka*, Irkutsk, p.259

치하는 사업이 진행중이며 그 외에도 당원중에 개인이 언론기관이나 기타 혁명단체에 참가하여 그 수가 작지 않으며 청년회연합회 명의로 1921년 여름 조선전도에 순회강연대를 파견하여 혁명적 선전을 하였고 주의문제에 대하여 소책자 10여종을 당원개인의 명의로 출판시키기 위해 현재 기고중이라고 했다.[148]

또한 위의 일경사료에는 직접 언급되어있지는 않지만 1922년 1월에 창립된 '신생활사'에 사회주의자들이 관여하고 있었다는 것은 분명하다. 1922년 한 해 동안에 발간되었던 이 잡지의 창간과 유지는 상해파로부터의 자금유입이 중요한 역할을 했다고 볼 수 있다. 김철수를 통하여 들어온 모스크바 자금은 장덕수에게 전달되고 그리하여 이 잡지는 김명식, 정백, 이성태 등 소위 서울계의 사회주의자들을 길러내는 온상역할을 하였는데 이러한 연결을 통하여 서울-상해계의 파벌이 이루어진 것으로 보인다.

상해파 고려공산당은 조직의 확대를 통하여 당을 조선에 성립시키려는 생각을 궁극적으로는 가지고 있었겠지만 1922년까지는 아직은 당의 조직을 시도하려 했던 것은 아니라고 본다.

2) 이르쿠츠크파의 국내공작

이르쿠츠크파의 국내공작은 김찬(김낙준)의 활동이 처음이었던 것으로 보인다. 김찬은 일본 중앙대학에 재학 중에 사회주의사상에 대하여 흥미를 가지고 있다가 자유협회의 간부 茂木久平을 알게되어 러시아의 실정을 알아보려는 목적으로 그와 동반하여 블라디보스톡-치타를 거쳐 이르쿠츠크에 까지 이르게 되었다.[149] 그가 이르쿠츠크에 체류한

---

148) 『朝鮮統治史料』, 7, pp.188-89
149) 「金洛俊調書」, 『韓共資』 1, p.7

것은 1920년 9월부터 한 달 정도의 기간이었는데 그는 별도의 소개장 없이 그가 알고 있던 김하석, 최고려, 김철훈의 소개로 슈먀츠키와 보이친스키를 만나게 된다. 김찬은 슈먀츠키를 코민테른 극동국장이라고 하였지만 동 극동국은 1921년 1월에 설치되므로 이는 공산당 시브뷰로를 잘못 안 것이거나 아니면 극동국의 전신인 시브뷰로의 소수민족부를 혼동한 것이라고 보겠다. 이 때에 러시아공산당과 접촉한 김찬은 극동인민대회에 30명의 일본대표파견의 사명을 받고 하르빈-블라디보스톡을 거쳐 동경에 귀임한다.150) 그가 다시 노령으로 들어가는 것은 1922년의 일로서 이때에 그는 조선 내에 공산당조직을 결성하려는 목적을 가지게 된다. 이 후 그는 신철, 김재봉과 화요회계의 공산당을 만들고 이 조직들이 1925년 4월에 조선공산당 및 고려공산청년회가 된다.151) 그러나 이에 대하여는 본고에서 다루는 시기를 넘어서므로 다음 기회에 다루고자 한다.

다음으로 중요하게 들 수 있는 것은 박헌영 등의 잡입기도이다. 여운형에 의하면 1921년 국제공산청년회대표 조훈이 상해에 와서 1년반 정도 있었다. 그때에 상해 공청의 책임자는 박헌영이었고 지도자는 최창식이었다. 그런데 조선내에 공산당청년회를 조직할 필요가 있어서 김단야, 임원근, 박헌영은 1922년 봄 조선에 가게 되었다. 여운형은 이 때 위의 3인을 자택에 초청하여 만찬을 베풀고 조선 내에 있어서 고려공산청년회를 조직하기 위해 노력해줄 것을 격려하고 원조했다.152)

이르쿠츠크파는 상해에서 1922년 4월경에 김태연, 박헌영, 임원근의 3인을 국내로 파견잡입시키려 하였다. 이들은 상해에서 기선 北海丸을 타고 안동현에 4월 1일 도착하여 怡隆洋行의 최준 등의 출영을 받고 4월 3일에 김태연이 단독으로 건너가 동 시에서 승차권을 구입하여 남

---

150) 「金洛俊調書」『韓共資』 1, p.8
151) 「金洛俊調書」『韓共資』 1, p.5
152) 「呂運亨調書」『韓共資』 1, p.272

행하려다가 신의주서에 체포되었다. 또 박헌영과 임원근은 안동현 시가지에서 중국요리점 영빈루에 잠복해 있었는데 이를 탐지한 일경이 안동경찰서장에 협력을 구해 체포하였다.153)

그런데 김태연은 본래 3·1운동시에 의성에서 참가하였던 사람으로 그후 상해에 밀항하여 있었는데 그가 사회주의에 접하게 된것은 김만겸의 영향하에서였다. 그는 조선독립을 위한 목적으로 공산주의를 선전하려는 논리에 동조하여 1921년 12월에 상해에서 공산당에 가입하였고 조선에서 공산주의를 선전하기 위하여 1922년 3월 22-3일경 김만겸으로부터 명을 받고 박헌영, 임원근과 같이 각 150원의 선전비를 받아 3월 25일 상해를 출발했던 것이다.154) 이들은 조선에서 우선 노동자들에게 평이하게 주의를 선전하고 점차 유식계급에까지 미치게 하며 공산당에 가입을 권유하여 가입신청서를 김만겸에게 송부하는 것이 목적이었다. 이것은 당세확장이 이 시기의 국내공작의 목표였음을 말하여 준다. 그리고 같이 체포된 박헌영의 목적은 조선청년연합회를 매수하는 것이었으며155) 또 노동자출신인 임원근은 선전비 100원을 받고 하층계급에 속하는 조선인에 대한 선전을 행하는 것이라고 했다.156)

임원근은 1919년 상해에 와서 영어를 공부하고 있다가 1921년 공청을 결성하고 1922년 모스크바에 갔다가 동년 상해를 거쳐 조선에 들어왔다.157) 그러나 임원근 자신은 공청이 아니라 「사회과학연구소」를 세워 사회과학연구에 열심했다고 하였다.158)

또한 여운형에 의하면 당조직을 준비하기 위해 조동우를 파견할 계

---

153) 『朝鮮獨立運動』 5, pp.306-7
154) 『朝鮮獨立運動』 5, p.308
155) 『朝鮮獨立運動』 5, p.309
156) 『朝鮮獨立運動』 5, p.310
157) 「呂運亨調書」, 『韓共資』 1, p.310
158) 「呂運亨調書」, 『韓共資』 1, p.312

획을 가지고 있었으나 1922년말 고려공산당이 해체되었기 때문에 포기하고 말았다.159) 그것은 베르흐네우딘스크대회에서(여는 이르쿠츠크로 잘못 진술) 조선 내에 공산당을 조직하기로 하여 김만겸, 여운형, 조동우가 회의한 결과 조선사정에 정통한 조동우를 파견하여 당조직운동을 벌이기로 했다는 것이다. 이를 1923년 겨울의 일로 보고있다.160)

결국 이같이 하여 1922년이 저물어갈 때까지 이르쿠츠크파에서는 효과적으로 국내세력과의 연결을 하지 못한 것으로 보인다. 확실히 국내에서의 조직기반에 있어서 상해파는 이르쿠츠크파보다도 압도적인 우위를 차지하고 있었다는 결론이다.

5. 맺음말

고려공산당은 한인사회당이 상해파와 이르쿠츠크파로 분리되면서 각파가 각자의 당에 붙인 명칭이다. 이로써 서로 파벌을 달리하는 두 당은 같은 고려공산당으로 경쟁을 벌이게 된다. 이러한 고려공산당의 경쟁적 활동은 코민테른에 의하여 양 파가 해산명령을 받고 1923년 1월 코르뷰로로 통합되기 전까지 계속된다. 이 고려공산당의 시기는 한인사회주의운동사상에 있어서 중요한 의미를 가지고 있다. 이 시기는 물론 한인사회주의운동의 여명기에 속한다. 이 여명기에 한인사회주의 활동의 주 무대는 노령 연해주일대를 비롯한 극동 지방이었으며 그 다음으로는 한인들의 정치적 활동이 활발했던 상해에서 고려공산당활동이 있었다. 그리고 운동은 점차로 만주 일대로 파급되고 있었으며 조

---

159) 「呂運亨調書」, 『韓共資』 1, p.272
160) 「呂運亨調書」, 『韓共資』 1, p.272

선 내에도 진출하려는 움직임을 강하게 보이고 있었다.

　그렇지만 이 시기의 운동을 개괄해 보면서 우리는 다음의 몇 가지를 이 시기의 특징으로 잡을 수 있게 된다. 첫째로 이 시기의 한인사회주의운동의 동력은 고려공산당 스스로에게 있었다기 보다는 러시아공산당 및 코민테른에 있었다고 보아야 할 것이다. 고려공산당의 영고성쇠는 러시아공산당 및 코민테른의 방침과 불가분의 관계를 가진 것이었으며 상대적으로 말해 한인사회주의자들의 자율성은 확보되어 있지 않다고 보인다. 이는 고려공산당이 한인들 사이에 대중적 기반이 약했었다는 것을 의미하며 특히 당조직의 문제에 있어서는 그것은 거의 국내에서는 시급성을 가진 문제로 생각하는 집단은 없었던 것이다.

　둘째로 한인사회주의자들은 이시기에 조선의 문제에 대한 깊이있는 성찰을 바탕으로 한 운동이론을 발전시키지 못하였고 대체로 기계적인 계급투쟁이론을 전개하였으며 이는 식민지하의 민족운동에서 한인사회주의자들이 적극적인 역할을 하는 데에 방해가 되는 요인으로 작용하였다.

　셋째로 사회주의운동은 아직 고려공산당 시기에는 조선 내에서 어떠한 정도의 역할을 하지 못하였다고 말할 수 있다. 고려공산당은 조선 내에 운동의 거점을 마련하려는 노력을 보이기는 하지만 그리고 일부 그러한 노력이 구체화되어 나타나고 있기는 하지만 대체로 보아 이 시기에는 아직은 사회주의이론이 단편적으로 소개되는 데에 그치고 있다고 본다. 따라서 이 시기에 사회주의운동과 관련된 사람은 주로 해외에 있거나 아니면 극소수의 지식인에 국한되었다고 본다.

　이러한 조건에서 해외에 거점을 가진 고려공산당은 대체로 민족운동의 방향전환을 위한 대안의 모색이라기보다는 주로 모스크바의 지원에 의한 주도권의 장악에 초점을 맞추고 있었다. 그러한 이유로 말미암아 대개 고려공산당은 어느 파벌을 막론하고 강한 파벌투쟁의 양상을 보였다. 이러한 파벌투쟁은 전술상의 갈등에서 빚어졌다기 보다는 인맥간의 갈등인 경우가 많다고 볼 것이다. 이러한 이유로 인하여 고려공산당은 파벌투쟁의 오명을 남기게 되었다. 그러나 코민테른 역시 고려공산당에 대하여 공평무사했던 것은 아니다. 중립적인 지도가 아니라 파벌의 친소관계에 따라 서로 다른 지원을 함으로써 코민테른은 결과적으로 한인사회주의운동 세력간의 갈등을 더욱 강화시킨 감이 없지 않다. 이로써 한인사회주의운동은 고려공산당시기에 그 내적 갈등을 극복하지 못하고 코민테른에 의한 해산이라는 불명예를 맛보게 되는 것이다. <『韓國史學』13집, 한국정신문화연구원, 1993>

조선공산당 성립과 코민테른(1923-25)

1. 머리말

고려공산당은 베르흐네우딘스크 대회에서의 통합노력에 실패함으로써 코민테른으로부터 파벌투쟁을 중지하라는 명령과 함께 해체되기에 이르렀다. 이러한 해체는 물론 고려공산당 활동의 종식을 의미하는 것이 아니라 새로운 통합된 중앙위원회의 결성을 위한 새로운 당대회를 준비하라는 지시로 받아들여져야 할 것이다. 이러한 새로운 과제를 담당하기 위하여 해체된 고려공산당 대신에 당대회의 조직을 담당하게 될 코르뷰로가 조직되었다. 그러나 이 코르뷰로는 종래의 이르쿠츠크—상해파의 대립을 해소시키는데 실패하였다. 무엇보다도 공산주의의 첫 세대인 이들을 대체할만한 세력은 존재하지 않았다. 결국, 코르뷰로와 코르뷰로의 뒤를 이은 오르그뷰로는 애당초의 목표인 통합된 고려공산당을 결성하는데 실패하였다. 그리고 그 사이에 한인사회주의운동의 주도권은 노령에서부터 한국에 있는 사람들의 손으로 넘어가게 되었다. 1925년 4월에 한국에서 결성된 조선공산당이 해외의 각 파벌과 연계를 가진 것은 사실이지만 그러나 그 결성의 주도력이 한국에 있는 사회주의자들의 노력에서 나왔다는 사실을 감안하면 한인사회주의운동의 주도권 이전은 주목할 만한 것이었다고 말할 수 있다.

고려공산당의 해체와 코르뷰로의 결성은 또한 소련의 대한인 정책과 연계되지 않고서는 그 이해가 어려울 것이라 생각된다. 소련의 대한인 정책의 분기점이 명백하게 나타난 것은 1922년 말부터이며 1925년의 일러기본협약에서 그것은 분명히 드러났다. 즉 이 시기는 적백내전시의 우군으로서의 의미를 강하게 가지고 있었던 노령한인의 존재가 소비에트당국으로부터 귀찮은 존재로 여겨지는 인식의 전환이 초래되는 상황이었다. 그렇다면 이 시기의 한인사회주의자들의 유용성은 무엇이었는가? 그것은 소비에트정책 집행의 보조역할과 다른 지역에 있어서의 선전원의 역할이었다. 이러한 역할을 넘어서서 민족운동에 그 에너지를 집결한다는 것은 새로운 상황에서 안정을 추구하려는 소비에트의 기본정책과 배치되는 것이었으며 그러한 점에서 한인사회주의운동 그리고 민족운동과 소비에트정권의 밀월시대는 이 시기를 전환점으로 하여 막을 내리게 되는 것이라고 보지 않으면 안된다.

결국 이러한 논지는 코르뷰로의 역할 그리고 코르뷰로와의 직접적 내지 간접적으로 관련되어 활동했던 한인 사회주의운동이 소비에트의 정책과 가지고 있던 거리를 다시 한 번 확인시켜 주게 될 것이다. 그리할 때에 조선공산당의 결성이 가지고 있는 의미를 다시 한번 분명하게 파악할 수가 있을 것이다.

2. 코르뷰로의 설치 및 해외에서의 사회주의 운동

코르뷰로는 두 개의 고려공산당이 파벌간의 알력을 극복하지 못해 외부의 힘에 의해 강제로 해산당한 후 성립한 코민테른 산하조직이다.

이는 당적 기능을 갖추지 못하고 당을 준비하는 기능을 가졌다고 보아야 할 것이다. 고려공산당이 코민테른으로부터 해산지시를 받은 것은 1922년 말이지만 코르뷰로의 인적구성이 실제로 이루어진 것은 1923년에 들어와서야 가능했다고 본다.1)

우선 코르뷰로는 블라디보스톡에 설치되어 있었고 코민테른 극동국(Komintern Dal'buro)의 소속이었다. 이재복은 코르뷰로를「국제공산당 고려총국」이라고 칭하였다. 즉 달뷰로의 사무소적인 기관이었다. 그것은 블라디보스톡의 일본영사관 부근에 한어로 개성이라고 불리는 지역에 설치되어 있었다.2)

그러면 1923년 1월경에 있어서 블라디보스톡에 어떠한 인사들이 집결하여 활동하고 있었는지를 조사해보는 것은 그 이후의 코르뷰로의 성격을 이해하는데 있어서 대단히 중요할 것으로 보인다.「정재달-이재복조서」에 의하면 정재달은 1923년 1월경에 블라디보스톡에 거주하였는데 이 때에 블라디보스톡에는 공산주의자로서 최고려, 한명세, 이동휘, 이영선, 김사국, 김재봉, 이성(이재복) 그리고 독립주의자로서 김규식, 윤해, 원세훈, 문창범이 있었다고 하였다.3) 김재봉도 1923년 2월경 블라디보스톡의 신한촌 조선인 민회에서 정재달을 만났다고 하였으므로4) 1923년 초에 블라디보스톡에 한인공산주의자들이 집결되어 있던 것은 사실로 보인다.

그런데 코르뷰로의 역할은 무엇이었는가? 원래의 설치목적대로라면

---

1) 1922년 말에 고려공산당이 해체되고 코르뷰로가 결성된 이후의 활동은 초기 한인사회주의 운동 중에서도 가장 덜 밝혀져 있는 부분이다. 이에 대하여는 선행의 연구가 존재한다. 김준엽과 김창순에 의해 집필된『韓國共産主義運動史』제1권의 제5장 4절「꼬르뷰로및 오르그뷰로」가 그것이다.
2)「鄭在達-李載馥調書」,『韓國共産主義運動史<資料篇>』, 제1권, pp.112, 141 이하 이 책은『韓共資』1 로 표기한다.
3)「鄭在達-李載馥調書」,『韓共資』1, p.100
4)「鄭在達-李載馥調書」,『韓共資』1, p.129

코르뷰로라면 당연히 한인 공산당을 준비하는 일을 하였어야 할 것이다. 그러나 실제로는 코르뷰로는 오히려 러시아공산당의 지부로서의 역할에 더 충실하였던 것으로 보인다. 그리고 실제로는 코민테른 코르뷰로와 러시아공산당 연해현지부 고려부의 구성인물이 동일하였기 때문에 내전이 끝난 상황에서 코르뷰로의 이러한 역할을 어느 정도는 불가피하였다고도 말할 수 있다. 그렇기에 코르뷰로의 당면의 과제는 우선적으로 노령에 거주하는 한인들의 소비에트화에 있었다. 그리하여 연해주의 한인관리들중에 주의자가 아닌 사람들을 숙청하는 일을 코르뷰로가 담당하였다. 심사의 결과 비주의자로 지목되는 사람 30명 내외를 도태시키고 새로이 주의자로서 보충한 결과 약 300명의 주의적 관리를 만들어내었다.5) 이 조사작업을 진행한 것은 보이친스키의 감독하에 한명세, 이동휘, 김만겸, 정재달의 4명이었다. 그중에서도 한명세는 상담에 많은 기회를 가졌다. 통상 일주일에 한번씩 회합하여 이상의 사업이 종료된 이후에 조선문제를 여하히 다룰까하는 동기가 일어났다.6)

그러나 하나의 통합된 조선공산당을 위한 역할에 코르뷰로는 한계를 가질 수밖에 없었다. 베르흐네우딘스크 대회가 상해파의 이동휘에게 유리한 조건을 제공하였다고 한다면 당연히 그의 실패는 이동휘의 몰락을 의미하는 것이었다.7) 코르뷰로는 실제에 있어서 이르쿠츠크파가 장악했다고 하여도 지나친 말은 아니다. 코르뷰로에 참여한 이동휘는 단지 형식상으로만 원로대접을 받았을 것이라고 보여진다.

그런데 1923-25년 사이의 한인사회주의운동을 관찰해보면 종전과는 다른 양상이 나타나고 있는 것으로 보인다. 우선 한인사회주의운동의 진폭이 대단히 확대되었다. 이제 한인 사회주의 운동은 노령뿐 아

---

5) 「鄭在達-李載馥調書」, 『韓共資』 1, p.140
6) 「鄭在達-李載馥調書」, 『韓共資』 1, p.140
7) 拙稿, 「고려공산당 연구」, 『韓國史學』, 제13집, 한국정신문학연구원, 1992

니라 만주일대의 중국, 그리고 한반도에까지 그 세력을 확대하고 있었으며 이러한 가운데서 각지에서는 새로운 세대의 사회주의자들이 나타나기 시작하였다. 사회주의운동이 폭이 넓어진 만큼 공산당을 결성하려는 노력이 생겨나게 되었다는 것은 당연하다. 그러나 공산당의 결성활동이 통일적인 조직에 의하여 움직여지지는 않았다. 각 세력들은 스스로의 노력에 의하여 조직을 확대하며 공산당결성에 주도적인 노력을 경주하였고 그 결과를 바탕으로 하여 코민테른의 승인을 받아내려는 태도를 보이게 되었다. 이제 이러한 모습들을 검토하여 보기로 한다.

1) 코르뷰로와 상해의 사회주의운동

먼저 재외 한인 사회주의운동 특히 상해파의 중심지로서의 역할을 담당하였던 상해지역의 한인사회주의 운동을 살펴보기로 하자. 코민테른으로 부터의 고려공산당의 해산지령은 상해지부에는 치명적인 영향을 준 것으로 보인다. 이 결과 상해지부는 거의 그 활동이 정지된 것이다. 여운형이 "해산명령후 상해지부는 자연해체되어 당원이었던 조동우, 임원근, 박헌영, 김주(김단야) 등은 조선 내에 귀환하고 안병찬은 전에 암살되고 기타의 동지는 탈당해버림으로써 이시파로서 상해에 거주하는 자는 나 혼자뿐이 되었다"고 한 데서 그러한 사정을 알 수 있다.8) 또한 일경문서에서 보더라도 상해지방간부회는 여운형, 김만겸, 강한택, 조동우, 김두봉으로 구성되며 조동우가 책임비서인데 "작금 하등의 경비를 가지지 못하고 활동을 볼 수 없다"고 하여 여운형의 증언과 일치함을 본다.9) 고려공산당의 해산은 상해파에게도 마찬가지의 충

---

8) 「呂運亨調書」, 『韓共資』 1, p.252
9) 『朝鮮民族運動史<未定稿>』, 제6권, 고려서림, p.199
    이하 이 책은 『未定稿』 6 으로 약기한다.

격을 준 것으로 보인다. 상해파의 당원들도 내지귀환하거나 또는 탈퇴하는자가 있어서 윤자영, 현정건 등이 상해에 머물러 있는 것에 불과하고 공산당의 사업은 양파 모두 끝나게 되었다고 한 것이다.10)

일경문서는 1923년 4월 30일의 보고에서 상해에서의 한인공산당의 분포를 다음과 같이 보고하였다.

  이파(고려공산당) : 여운형, 양헌, 조동우, 강경선, 선우섭, 장건상, 이완, 강한택, 김우진, 최창식, 김두봉, 김원훈
  상해파(한족공산당) : 왕삼덕, 현정건, 김정하, 문시환, 윤자영, 장기영, 김철수, 서영완, 오창환11)

1922년 말부터 양파 모두 상해에서의 공산주의활동은 급속히 약해졌고 여운형도 이러한 상황에서 공산주의활동보다는 '한국노병회'를 창설하여 그의 활동에 많은 힘을 기울이게 된다. 그는 국민대표대회와 1924년 한국독립시사촉진회 등의 활동으로 분주하여 좌우합작 또는 민족운동적 성격이 강한 운동에 종사한다.

일경문서의 보고에서도 "상해에 있어서 선인공산당원은 대정 12년 10월[대정 11년의 착오-필자] 노국 적군의 노령연해주점령 이래 다수는 블라디보스톡 방면으로 이동하여 그들의 상해에 있어서의 활동으로서는 하등 볼 것이 없고"라고 함에서도 알 수 있다.

이렇게 본다면 1919년 이동휘가 한인사회당 수뇌부를 대동하고 활약하던 상해는 유력 인사들이 각지로 흩어지고 또한 고려공산당의 해산에 의하여 자금원이 고갈됨으로써 자연히 쇠퇴에 빠질 수밖에 없었던 것으로 보인다. 요컨대 상해지역은 공산주의운동이 일어날 수 있는 자생력을 가지지 못하였기 때문에 1923년부터 이러한 현상이 분명히

---

10)「呂運亨調書」,『韓共資』1, p.252
11)『未定稿』6, p.198

드러난 것으로 보인다.
  물론 1923년 1월부터 6월 사이에 상해에서 개최된 국민대표대회는 한인사회주의 운동과 관련되어 중요한 시사점을 던져준다. 국민대표대회가 이미 소련의 자금지원으로 이루어지고 있던 만큼 상해지역에서의 공산주의운동의 쇠퇴는 한인사회주의운동에 대한 소련측의 방침변경이라고도 해석할 수 있을 것이다. 즉 독자적인 공산주의운동을 일으키기 보다는 상해임시정부를 좌우합작체로 개편하여 협동전선의 형태로 상해임시정부에 영향력을 행사하고자 하는 의도가 개입되었을 것으로 생각된다.
  상해지역이 한인사회주의운동의 중심지 역할을 하다가 소련측으로부터의 지원이 끊기면서 급속히 쇠퇴하게 되는 것은 상해가 교민사회를 기반으로 하는 지역이 아니라 단지 망명 정치인들의 집합처이기 때문에 불가피한 것이며 따라서 1923년 이후 한인사회주의운동의 근거지는 한인교민들이 집중적으로 거주하고 있는 만주지역과 한반도 내로 이동되는 것이라고 생각된다.
  상해지역에서의 사회주의운동은 별다른 진전이 없다가 1925년 1월 10일 여운형, 최창식, 윤자영, 조동우, 김단야 외 수명은 중국인 왕걸 외 5명과 상해 불조계 숭일리 8호에 집합하여 다음의 사항을 협정했다고 한다.

    1. 중국공산당은 국민당과 합체하여 노력한다
    2. 중국공산당은 조선독립을 위하여 노력할 것.
    3. 선인측공산당인 이르쿠츠크파 및 한인공산당 및 상해공산당은 합체하여 공산주의선전에 노력할 것.
    4. 시국에 대하여는 오는 3월 1일을 기하여 조선독립의 선전문 및 공산독립당의 선언을 보급배포한다.
    5. 선내의 연락은 조동우 및 김단야에 있어서 담임할 것.
    6. 재력에 대하여는 여운형 및 왕걸이 러시아인과 연락하여 노력할

것.
7. 세계약소국의 독립당과 연락하여 자기단체의 행위를 선전할 것.12)

그러나 위의 협정이란 것도 그 존재가 의심스로울 뿐이다. 상해 지역은 한인사회주의운동에 있어서의 주도권을 잡을 수가 없었던 것이다. 이미 운동은 만주 및 한반도로 옮아갔다.

2) 코르뷰로와 간도지방에서의 활동

사회주의운동이 간도지방으로 이전하면서 사회주의운동은 활발하고도 지속적인 성격을 가지게 되었다. 간도지방에서의 한인사회주의운동은 고려공산당 시기부터 전개되었으며 이미 국민회와 의군단의 일부를 중심으로 하여 1921년 12월에는 고려공산당북만지부가 조직되기까지 하였다.13) 그러나 특히 1923년부터는 그 운동이 대단히 활발하게 전개된 감이 있다. 다른 무엇보다도 1923년부터는 연해주의 독립운동의 주요한 세력들이 만주지방으로 이동하게 되었음을 주목할 필요가 있다. 이에는 두 가지의 이유가 있는 것으로 보인다. 하나는 연해주에서 일본군이 철수하게 됨으로써 그 존재가치를 인정받지 못하게 된 한인 무장대는 적군으로부터 구축당하게 되었고 두 번째로는 고려공산당이 해체되고 새로운 당대회 준비를 위하여 코르뷰로가 조직됨으로써 보다 유리한 고지를 차지하기 위하여 상해 및 이르쿠츠크 양파의 세력확대 경쟁이 다시 가열화되었기 때문이다. 특히 만주지방에는 한인들이 다수 거주하고 있었기 때문에 사회주의 운동이 자생력을 갖추기 위해서는 만주지방의 한인들 사이에서 뿌리를 내려야 하며 이러한

---

12) 『未定稿』 6, p.239
13) 金正明 編, 『朝鮮獨立運動』 5, p.290

조건하에서 고려공산당의 만주지방 공략은 두드러지게 나타나고 있다고 본다.

그러나 비록 블라디보스톡의 고려부에서 이르쿠츠크파가 주도권을 차지하기는 하였지만 이들의 세력은 간도지방에는 크게 미치지 못하고 있었다. 간도 지방에는 민족주의적 색채가 강한 각종 독립운동단체의 아성이었을 뿐만 아니라 공산주의를 받아들인다고 하여도 무장투쟁과 밀접하게 연결되게 되었다. 이는 만주에 한인들이 다수 부락을 이루고 살고있기 때문에 일종의 자치행정이 가능하기 때문에 나온 것이었다. 이러한 점에서 이르쿠츠크파는 만주에 그 세력을 별로 부식시키지 못하였다. 기본적으로 1926년 5월에 조선공산당 만주총국이 설치되기까지 공산주의운동의 주도권은 이동휘계의 상해파 그리고 만주의 토착 공산주의자들이 장악하고 있었다고 생각된다. 이들은 코르뷰로로부터 지시를 받지 않고 독자세력을 구축하며 후에 당으로서의 지위를 가지려하였던 것으로 보인다.

간도에서의 공산당의 조직활동을 보면 이 시기에 적기단의 활동이 두드러진다. 그렇다면 이 적기단의 조직과 활동에 대하여 주목하지 않을수 없다.

일 외무성문서는 적기단이 1921년 가을 이만에서 군비단, 국민회, 신민단, 광복단, 구국단 등의 남은 인사들과 상해공산당에 속하는 당원 및 노령에 있는 무소속의 독립운동자들 사이에 조직된 것으로 공산제 건국을 목표로 주의가 동일한 자는 종족의 자타를 불문하고 제휴하여 내외각지에 있어서 하급노동자 및 무산계급의 각성을 촉진하여 단결을 도모한다는 것을 목적으로 하고있다고 하였다.[14] 이의 기구는 두 단계로 나누어 블라디보스톡에 총본부 액목현에 중령본부를 설치하고

---

14) 『朝鮮共産黨關係雜件』, 제1권, 고려서림, 1990, p.375 이하 이 책은 『共雜』1 같이 약기한다.

총본부에는 최고위원 1명 비서 3명을 두고 중령본부에는 집행위원 8명 및 비서 9명을 두어 단무는 모두 집행위원합의를 이루어 최고위원의 동의을 얻어 집행한다는 것이다.15) 동단의 간부인 위원은 물론 단원의 대부분은 거의 고려공산당에 가맹해있으며 당원인 동시에 단원이므로 적기단은 고려공산당의 별동대이다. 동 단은 상당정도의 학식을 가진 신진청년을 망라하고 있다는 점이 특징이라고 하였다.16)

위의 문서에 기초해서 유추해본다면 적기단은 자유시사변 이후에 탈출하거나 원동에 남았던 구 독립운동계열의 인사들이 주축이 되어 구성되었을 것이며 당연히 이들은 이르쿠츠크파와는 적대관계에 놓인 이동휘계의 무장투쟁세력이었을 것으로 짐작된다. 이 적기단의 조직시기에 대하여서는 여러 가지 의견이 있다. 김준엽과 김창순은 이 적기단이 1915-6년부터 서북간도와 시베리아에서 결사대 또는 맹호단이라는 이름으로 항일무장투쟁을 벌였던 독립운동단체의 후신이라고 하였다. 그리고 이의 조직시기를 일경문서에 의거하여 1923년 2월로 보고 있다.17) 그리고 적기단은 최응렬, 한상오, 오성륜, 김강, 이열, 김규식 일파 등에 의해 조직되었다.18) 적기단의 선포문이 1923년 2월 1일자로 되어있기 때문에 이러한 설명에는 다른 이의가 없다. 그렇지만 선포문대로 적기단이 맹호단과 같은 단일한 조직의 후신이라고 보는

---

15) 위 문서가 제시하는 임원은 다음과 같다.
　　블라디보스톡 총본부 최고위원 이동휘및 비서 3명
　　중령본부 집행위원 최계립(구국민회 부사령)
　　동 장해 (일명 도정 상해공산파)
　　동 마용화(구 국민회장)
　　동 장기영(상해공산파)
　　동 이하소(동상)
　　『共雜』1, pp.378-9
16) 『共雜』1, pp.375-6
17) 김준엽, 김창순, 『韓國共産主義運動史』 4, p.227 이하 이 책은 『韓共』으로 표기한다.
18) 『韓共』 4, pp.227-8

것은 타당치 않다고 본다. 적기단의 구성원을 볼 때 이들 구성원들이 이전에 단일 조직하에 활동했다고는 볼 수 없기 때문이다.

한편 적기단의 선포문을 보면 이 적기단이 테러 지향적 무장단체로 조직되어있다는 것을 알게된다.

> 곧 본 단의 목적은 대세를 변화시켜 참다운 정의와 인도를 위한 세계무산계급의 혁명대열에 일치코자 하는 것이다. 동시에 붉은 혁명을 위하여 불완전한 사회제도를 타파하고, 혁명에 장애되는 자연인을 박멸하고자한다. 또 지금 제국주의 왜적을 멸하기 위해서는 이중의 방침이 필요하다. 문화운동과 무장행동이 바로 그것이다. 무장투쟁을 하기 위해서는 1.2만으로는 부족한 느낌이 없지 않다. 그러므로 가장 급히 할 일은 능히 일당백할 의혈건아의 게릴라전이 이 시기에 불가결한 중요임무라 인정된다. 곧 모험단체의 사업이다.[19]

이러한 선포문에서 볼 수 있듯이 적기단은 테러리스트단체이며 그러한 거친 표현을 내걸고 있는 것으로 보아 코민테른과의 직접적 연계를 가지고 있다고 보이지는 않는다. 적기단은 이동휘계의 인사들이 주축이 되어 오히려 코민테른의 도움을 받으려고 시도한 것이 아닌가 하는 생각이다.

적기단의 활동에 대하여는 간헐적으로 일경의 보고가 있으며 1923년의 경우 4월경에는 왕청현 나자거우를 행동의 책원지로 하기 위하여 4월 하순이래 최웅열 등 십수명이 도착하여 단원을 모집하였는바 입단자가 130여명에 달한다고 하였다.[20] 이들은 5월 하순 단원 모집을 위하여 연길현 방면으로 최완(원 고려혁명군 제3군소대장), 김약산(원고려혁명군제1군소대장), 김홍국(원의군단중대장) 화룡현 방면으로 이달

---

19) 『韓共』 4, p.229에서 재인
20) 梶村秀樹, 姜德相 編, 『現代史資料-朝鮮』, 제5권, p.465
　　이하 이 책은 『現代史資料-朝鮮』 5 로 약기한다.

(원고려혁명군소대장), 강근(원대한군정서소대장)을 파견하였다. 또 안도현 방면에도 지부설치를 위하여 5월 중순 김진, 윤성한 등 3명을 파견하였다.21) 고려공산당 중앙총감부에서는 안도현 본부에 폭탄 80개를 송부하고 모연원 이송(박창렬), 박길산을 8월 초순 안도현에 향하게 하였다. 안도현 빈린구의 귀화한인 박모는 적화단 지부를 설치하고 안도현 통신국장 김정화를 지부장으로 겸하고 현 단원은 13명인데 주의 선전 및 군자금을 위하여 조선에 파견하는 것을 목표로 삼는데 최근 폭탄 50개와 불온문서 다수를 가지고 길주군 합수에서 집합하여 무산군 삼장을 경유하여 귀래하는 것을 목표로 삼았다. 이의 대장은 강일로 이들중 7명은 함남 혜산진, 4명은 함북 삼장 3명은 화룡현 태마대 선장으로부터 침입계획을 가지고 있다는 것이다.22) 8월경에는 적기단의 세력범위가 동녕, 목릉, 밀안, 액목, 길림, 돈화, 안도, 화룡, 연길, 왕청, 혼춘의 각 현에 미치고 있는 것으로 보고되고 있다.23)

 노령의 고려공산당과는 별개로 1923년 5월 초순 적기단 계통의 인사는 고려공산당간도집행위원회를 조직하였고 간도 및 북선의 주요지에 기관을 설치하려고 하였다. 집행위원장에는 최계립, 집행위원은 이태평, 우명근이다.24) 이러한 간도집행위의 조직은 블라디보스톡으로부터의 원격조정이 사실상 어려운 가운데 일어나 일이 아닌가 보여진다.

 이어서 영안현 영고탑에 근거를 가진 적기단 간부 최상오 등은 동지의 독립파와 제휴하여 통일적으로 적화운동을 활발히 할 계획으로 원군정서, 국민회, 의군부의 세력에 대하여 초대장을 발송하고 1923년 6월 2일 영고탑에서 협의회를 개최하였다. 이 협의회에는 블라디보스톡

---

21) 『現代史資料-朝鮮』 5, p.465
22) 『現代史資料-朝鮮』 5, p.467
 이 시기에 고려공산당은 해산되어 있기 때문에 고려공산당 총감부란 적기단을 지휘하는 구 고려공산당을 의미한다고 보아야 할것이다.
23) 『現代史資料-朝鮮』 5, p.467
24) 『共雜』 1, pp.264-5

에서 고려공산당간부 임호외 수명 그리고 왕청현 나자구 적기단 선전
부원 수 명이 참여하였다. 이 회의에서는 다음이 결정되었다.

    1. 본 회의에 참여하는 각 단체는 종래의 민족독립사상을 방기하고
       순공산주의를 받들 것.
    2. 주의선전에 대하여는 재로고려공산당의 지도를 받는다.
    3. 각 단체로부터 모험청년을 선출하여 적기단에 입단시키고 조선내
       지 및 간도방면 적화선전을 위하여 파견한다.

여기에는 적기단 간부 한상오, 최웅렬, 오성륜, 최용붕, 이우, 이상호 외 십수 명이 참석하였다. 군정서에서 현천묵, 김좌진, 나중복 외 수명 국민회측에서 마진, 남세극외 수명 의군단에서 김홍국, 최풍산 외 수명이었다.[25] 나아가서 1923년 6월 30일 돈화현 대교하에 중앙총감부 임시대회를 개최하고 금후의 방침 등에 대하여 협의하여 역원을 선거하였는바 다음의 사람들이 당선되었다.

    간부 구춘선 마진
    재정부장 최한
    외교부장 김호석 부원 허영권, 배영진
    편찬부장 김계산
    통신부장 김창립 지방통신국장 액목현 마용화 안도현 김정화 돈화
현 최영산 연길현 마문걸

이들은 무관학교를 건립하기로 하고 300명을 수용할 교사 16간 건물 신축에 착수하고 교관으로는 이추산과 채영 등을 추천하여 이동휘에 신청하였고 중국관헌의 지휘하에 보위단 설치를 인정받았는데 그

---

25) 『共雜』 1, pp. 241-244 1921년 12월에 고려공산당중령총회가 조직되었다. 이 총회에서는 액목현 현성구 (현리로부터 3리 정도 떨어진 선인부락 호수 16호)에 고려공산당총감부를 두었다.

내용은 의용단으로 정원은 160명이고 이청천을 단장으로 병사 24간을 신축하는 것을 내용으로 하며 노령으로부터 무기를 이송받아 이미 연안현에 도착하였다는 것이다.26) 이러한 사업에 필요한 경비는 적기단이 조달하기로 하였다.27) 블라디보스톡의 본부로부터 권총 50정 탄약 150개를 교부한다는 통신을 받고 23년 6월 하순에 총감부에서는 최승관, 문희천, 김국한 등 5명을 노령에 파견하였다.

또 적기단의 활동으로 고려혁명군의 나학초, 김응열, 의열단의 허승환 김하평, 적기단의 장도정, 장철 등 적화색채를 가진 단체들은 1923년 12월 하순 돈화현 황토요자에 대표회의를 열고 연합행동을 하기로 하였다. 이들은 연길현 춘양향 북하마탕 지방을 책원지로 하여 무기운반대를 제2대로 나누어 편성하고 5대로 모연대도 편성하였다.28)

적기단은 또한 1924년 1월 5-8일에 걸쳐 영안현 동경성에 간부회의를 개최하고 다음을 결정하였다. 간도를 중심으로 하여 인접 각현에 통신부를 설치한다. 통신총부장에 조승준 그리고 연길 화룡 왕청 혼춘 동녕 영안 액목 돈화 안도 9개현에 통신부장이 임명되었다. 적기단은 또한 행동부대를 편성하여 김옥현 이하 50인으로 결사대 김덕재 이하 50인으로 파괴대 장문호 이하 20인으로 별동대를 만들었다. 이들은 결빙기 중에 함북 무산방면으로 침입할 계획이었다.29)

적기단은 24년에 들어가서 새로운 계획을 수립하였는데 그것은 1) 동지연선부터 주의를 달리하는 단체를 방축하고 교통상 편리한 지점을 택하여 중령에 본부를 이전할 것. 2) 本 年은 일반선인의 기대가 많고 미신이 많은 해이므로 이를 이용하여 선전 유세 및 기타의 방법으로 내지의 사회개혁에 일층 노력할 것. 3) 내외 각지에 위원을 파견하

---

26) 『現代史資料-朝鮮』 5, pp.469-470
27) 『現代史資料-朝鮮』 5, p.470
28) 『現代史資料-朝鮮』 5, p.467
29) 『現代史資料-朝鮮』 5, p.468

여 가능한 한 동지를 모집가입 시킬 것. 4) 모스크바 국제공산당에 대표를 파견하여 과거의 상황 및 장래의 계획을 보고하고 원조를 청원할 것. 5) 운동상 필요하다고 인정될 시는 언제라도 무장행동을 이룰 수 있을 정도로 군사계획을 수립할 것. 6) 천도교와의 제휴를 일층 견고히 하기 위하여 양파의 대표회의를 개최하고 금후의 방침을 의정할 것. 7) 간도방면의 운동은 동지의 교육회에 당분간 일임할 것. 8) 본년 모스크바 파견학생을 본단으로부터 50명 선정하기로 고려공산당과 협정할 것. 9) 일본관헌의 시설이라고 하더라도 각지 거류 노농무산자인 동포의 생활안정에 관한 것은 가능한 원조할 것. 10) 본년도 경비는 코민테른으로부터 지출을 올리고 아직 정해지지 않았을 때는 의연금을 모집하여 충당할 것. 11) 단무의 진행을 방해하는 자 및 단의 비밀을 일중 관헌에 탐보하는 자는 용서 없이 단연히 조치를 취할 것. 이상을 집행위가 결정하고 가까운 시일 내에 총회를 소집하여 부의할 것이라고 하였다.30)

또 총본부의 비서 박응칠은 중령본부에 중령본부의 집행위원 장해는 총본부에 주재하여 상호 연락하고 있다. 나머지는 연해주, 삼분구, 채분하, 소채분, 밀산, 영안, 액목, 장백, 돈화, 연길, 호림, 요하의 각 현에 산재하며 무기는 요하 장백, 액목, 영안의 각 현 및 나자구에 노식5연발보병총 탄약 권총 다수를 은닉하고 있다. 액목현에는 기관학교를 두고 병술 선전 양과를 두어 각과의 생도 1기(1년) 35명을 양성하고 또 『신생활』이라하는 월간 잡지를 발행하기로 중령본부에서 계획중이다.31)

이렇듯 활발한 움직임을 보이던 적기단은 1925년까지 그 활동이 이어진다. 1925년 4월 초에 동청철도연선의 해림에서 장기영, 최계립, 장

---

30) 『共雜』 1, pp.376-378
31) 『共雜』 1, pp. 378-9

해, 백인민, 김동식, 김철 외 10여명이 참석하여 적기단 간부회의를 개최하였다. 이 회의에서는 남북만주의 한인에 대하여 선전을 계속하며 이에 필요한 선전비를 3분의 2는 코민테른에서 3분의 일은 적기단이 지출하고 이 경비로 적기단 안에 북만전위사를 조직하고 전위라는 잡지를 발간하고 공산청년학교를 설치하여 영내의 청년들에게 공산교육을 실시하며 이에 필요한 교육비로 주민들로부터 매호당 년간 대양 2월씩 징수하고 적기단 관구 내의 50호 이상의 촌락에는 청년회를 조직하여 예비단원을 양성한다는 것이다.32)

그러나 적기단의 이러한 활동은 그 기반이 겹치는 신민부와 충돌하지 않을 수 없었다. 신민부와 적기단은 반목관계에 있다가 1925년 7월에 적기단원이 신민부원을 밀고하여 신민부원 김연원 박제집이 체포되었고 신민부원은 또한 적기단원을 공산당원이라고 밀고하여 장남원 외 2인이 체포되었다. 이때문에 적기단원은 김군삼을 암살하였다. 동아일보의 1926년 12월 9일의 기사에 의하면 1926년 11월에 신민부와 적기단이 합류되었다고 한다. 적기단은 신민단으로부터 압력을 받았을 뿐 아니라 26년 5월에 만주공청이 세워진 후에 자연히 위축될 수밖에 없어서 결국 신민부와 합류한 것으로 보인다. 그러나 적기단이 코르뷰로와 관련을 가지고 있다고 해도 그것은 이동휘와 연결이 되는 조직으로 생각된다. 이르쿠츠크계는 직접적인 관계를 가지기가 어려웠을 것으로 본다.

한편 이르쿠츠크계의 코르뷰로에서는 간도지방에 독자적인 지부를 설치하려고 하였던 것으로 보인다. 재블라디보스톡 공산당 고려부에서는 간도지방에 동 당의 지부를 설치하여 대대적으로 주의를 선전하려고 하였다. 1923년 6월 중순 이래 동부의 선전위원 허기(원 간도국민회원 모스크바 공산학교 졸업자) 박웅세(동)의 2명을 선출하여 간도지

---

32) 『韓共』 4, p.234

부설립 준비위원에 임명하고 간도에 파견했는데 이들은 6월 하순 혼춘 한민회 나정화 외 3명과 같이 연추지방을 경유하여 6월 하순 혼춘현 대육도구에 도착하여 나정화 외 2명은 혼춘지방 선전을 위하여 동지에 잔류하고 허기 박웅세 외 1명은 연길현 명월구에 도착하여 동지에서 동지 전창권, 이환수, 김성한 등과 협의하여 간도 각 지방의 구 동지를 방문하여 동 주의 선전과 함께 필요한 지점에 지부설립의 계획을 세우고 8월 중순에 연길현에서 회의를 개최키로 하였는데 이들이 블라디보스톡으로 떠난 후 임호와 임호의 실제 임병석 및 임중필이 비밀통신을 맡고 있다는 것이다.33) 그러나 그 이후 이르쿠츠크계의 활동은 크게 주목할 만한 것이 나타나지 않는다.

3) 코르뷰로와 노령지방에서의 활동

노령지방에서는 연해주로부터 일본군이 철병한 이후에 한인무장대가 강제로 무장해제 되면서 한국독립운동 세력에 대한 러시아당국의 지원이 억압으로 바뀌게 되었다. 박 일리야는 김철훈과 반목하다가 김의 사촉에 의하여 1923년 4월 하순 적군에 총살되고 그의 부하 200수십 명은 남부 우수리방면으로 도주하여 5월 초순 그중 일부 50명은 연추의 북방 약 5리의 주류포상소에 잠복하였다. 김의 밀고에 의해 적군이 50여명 출동하여 권총 등 기타를 압수하고 간부 김재순 등 3명을 인치할 당시 발포하여 한인 3명의 중상자를 내었고 대환란이 있었는데 배후에는 이동휘, 김하석의 암투가 있었다.34)

---

33) 『共雜』 1, pp.204-205
34) 『共雜』 1, p. 252
   그런데 M.T.김의 『일제하 극동 시베리아의 한인 사회주의자들』(김준형역, 역사비평사, 1990)에 의하면 박이 평화건설기에 법률과정을 이수하고 하바로프스크주의 검사국에서 일했다고 한다.(p.240) 이는 위의 일본문서의 박 일리야의 총살이 잘못이라는 것을 알려준다.

또한 1923년 9월 18일부로 노국은 한인무장투쟁의 전개에 지장을 줄만한 조치를 발하였다. 그것은 1. 아 관헌의 행동을 탐지하기 위하여 입국한 일지관헌의 밀정을 발견하였을 시에도 상당한 수속을 경유하지 않고 이를 살해하는 자는 사형 또는 무기징역에 처한다. 2. 일지관헌밀정 과 기맥을 통하고 간첩행위를 하는 자는 전항에 준하여 처벌한다. 3. 입국의 허가서를 가진 외국인을 발견하였을 시에는 상당수속을 경유하지 않고 이에 능멸을 가하거나 소지품을 탈취하는 자는 장기의 금고 또는 5년 이상의 징역에 처한다. 4. 외국인에 총기, 화약류 기타 전투용의 병기를 밀매하는 자는 사형에 처한다.35) 이는 한인무장대에 대단히 불리한 조건이었음에 틀림없는 것이다.

그렇지만 한인 무장대는 1925년의 일로기본조약의 체결 전까지는 계속 압박을 받으면서도 묵인되었던 것 같다. 일본문서에 의하면 연해주지방의 고려혁명군이 독립운동자금이라 칭하는 강도행위를 하기 때문에 1924년 9월 하순 적군이 구축하게 되어서 200명은 동녕현 삼분구를 경유하여 왕청현 나자구 지방에 약 백 명은 혼춘현 토문자 부근을 경유하여 대황구 지방에 들어와 군자금을 모집하고 있다는 것이다.36) 이같은 사실은 한인무장대가 소비에트 당국의 엄중한 감시하에 놓여 있었으며 소비에트 당국이 지속적으로 한인 무장대를 추방하고 있었다는 사실을 말해주는 것으로 볼 수 있을 것이다.

한편 이르쿠츠크파가 중심이 된 한인공산당원들은 공산주의의 선전을 위하여 많은 노력을 기울이고 있었다. 이는 러시아공산당의 방침이 무장투쟁에서 평화기의 선전으로 그 방침이 변경된 데 기인하는 것으로 보인다. 이르쿠츠크파의 선전원 양성 및 파견에 대하여 낱낱이 살필 수는 없지만 사료에 나타난 몇 개의 예를 들어보면 다음과 같다.

---
35) 『共雜』 1, p.356
36) 『共雜』 1, pp.402-3

이르쿠츠크파는 경제학교를 경영하여 그 졸업생들을 선전임무에 종사시켰는데 그중에 성적이 우수한 자는 모스크바의 공산대학에 보내어 장래를 기대할 수 있게 하였다. 현재(1923년 2월 보고)의 동대학에 재학중인자는 박 베치야(27세), 김 이나겐(25세), 박 마르크(26세), 송겐나푸스케(30세)라고 했다.37)

블라디보스톡의 공산당고려부는 공산주의선전원양성을 목적으로 7월 하순 이래 극동혁명위원회 및 적군 총사령관의 양해하에 각 청년회로부터 18-30세의 청년중 2명씩 선출하여 모스크바에 파견하여 노농정부가 지정하는 학교에 2년간 수학하고 고려부직속의 선전원으로 행동하도록 하였다. 이미 모스크바에 보낸 자가 50인이며 용정촌 동양학원 등 중학생 중에서 현재 노령에 귀국하는 자로서 선발된 자도 수명에 이른다.38)

또 수청 우즈미와 시코토보에서도 1개월 훈련의 군사훈련을 시켜서 1개소 1백 명씩 수용하여 국민개병주의에 입각하여 훈련하고 있다. 표면적으로는 비적방비 및 치안유지이다.39)

고려부는 또한 여자 중에서 선전원을 양성하여 1924년 3월 16일 간도방면으로 채마리아 박이정 북선지방에 소기린 정죽이를 파견하였다.40)

노령 지방이 더 이상 한국공산주의 및 민족운동의 근거지로서의 역할을 할 수 없게 된 데에는 국민대표대회에서의 공산주의자들이 주축이 된 창조파의 정책상의 실수가 큰 몫을 하게 된 것으로 보인다. 국민대표대회의 주비위원회가 결성되자 이르쿠츠크당에서는 이를 적극 지지하였다. 김규면에 의하면 이르쿠츠크당이 슈먀츠키 지도하에 당을

---

37) 『未定稿』 6, pp.196-7
38) 『共雜』 1, p.345
39) 『共雜』 1, p.345
40) 『共雜』 1, p.366

결성하고 보이친스키 후원 하에 국민대표기관을 형성하여 민족운동이나 공산주의 운동에 헤게모니를 차지하려는 것이었다고 보고 있다.[41] 국민대표대회 자체는 코민테른의 기본적인 방침을 따라서 실시되었던 것으로 보인다.

그러나 창조파는 상해임시정부를 중심으로 하여 좌우연합을 시도하려고 하였던 코민테른의 정책에 위배되게 오히려 강경노선을 견지하여 오히려 상해임시정부로부터 추방되는 결과를 초래하였다. 국민대표회의가 결렬된 후에 창조파는 극동혁명위원회 및 노농정부에 5개조의 청원을 내었다.

1. 노농정부는 고려임시정부의 블라디보스톡 이주를 승인할 것.
2. 임시정부를 고려공산당 중앙총부로 호칭할 것.
3. 재외조선인의 각 단체는 고려공산당중앙총부에서 이를 통할할 것.
4. 각종의 운동비 기타의 경비는 노농정부가 이를 융통할 것.
5. 고려공산당중앙총부는 노농정부로부터 무기탄약의 공급을 받아 군대양성의 승인을 얻음과 동시에 그 지휘명령을 따를 것.[42]

그러나 윤해, 김규식, 원세훈, 신숙 등이 한명세, 문창범 등의 환영을 받았지만 이는 코민테른으로부터의 지지를 획득하지는 못하였다. 코민테른에서 가타야마센이 대표로 파견되어 국민위원회의 상황을 보고받고는 국민위원회집행부 전원을 24시간 안으로 추방하라고 지방당국에 명령하였다. 국민위원회는 쫓겨나지 않으면 안되었다.[43]

이에 대하여 한명세는 이동휘 일파가 반대한 까닭에 국민대표회의

---

41) 『김규면수고』, p.29 본서에 수록된 「자유시사변연구」의 주 33참고.
42) 『共雜』 1, pp.259-260 이 문서는 이동휘의 후원 아래 한형권및 한 아브라모비치가 교섭위원이 되었다고 하여 상해파가 창조파의 지지세력인것 처럼 말하고 있으나 사실 거꾸로 파악하고 있는 것이라고 본다.
43) 『김규면수고』, p.43

가 파열되었다고 원망하고 한인사회당 상해파 사람들을 이류분자로 몰고 상해파의 아파나시 김을 니콜라예프스크로 귀양보내었다고 한다.44) 김규면은 이것이 상해당은 파멸시키고 이르쿠츠크파는 연해주당으로 전화시키고 조선에는 다른 당을 조성하려는 슈먀츠키-보이친스키의 소원이 이루어지는 것으로 파악하였다.45) 김규면의 수고는 노령에서 약간의 부침이 없었던 것은 아니지만 그럼에도 불구하고 이르쿠츠크파가 확고하게 상해파를 제치고 주도권을 유지하고 있었음을 잘 드러내주고 있다.

3. 연해주조선인공산당원책임자연합대회 및 오르그뷰로

고려부가 해체되고 오르그뷰로가 조직되는 것은 국민대표대회에서의 창조파의 활동 및 그의 실패와 밀접한 관계를 가지고 있다. 이미 전 절에서 살펴본 바와 같이 국민대표대회에서의 창조파의 활동은 이르쿠츠크파의 노선에 따라 진행된 것이라고 볼 수가 있다. 그것은 공산당의 조직에 있어서 이르쿠츠크파의 헤게모니를 관철하고 나아가서 국민대표대회 주비회측과 연결하여 민족운동의 헤게모니를 공산당의 장악하려는 기본적인 전략에서 나온 것이었다.

그러나 자신의 전략에 따라 창조파를 지원하려던 이르쿠츠크파의 계획은 넘어설 수 없는 난관에 부딪히게 되었다. 그 이유는 창조파들의 독단적인 의사진행으로 말미암아 다른 입장을 가진 세력들을 설득하기는 커녕 오히려 배척을 받게 되어서 창조파의 위상이 현격히 저하되어 창조파를 중심으로 민족운동의 집결체를 만들어낸다는 코민테른

---

44) 『김규면수고』, p.44
45) 『김규면수고』, p.47

의 구도 자체에 심각한 손상을 주었기 때문이다. 이에 따라 고려부는 해체의 운명을 맞이하게 되었다.

고려부가 해체되는데에 가장 결정적인 역할을 하엿던 것은 상해국민대표대회에서의 창조파-개조파의 논전과 그에 대한 처리방안이었던 것으로 보인다. 이성에 의하면 창조파가 자파만의 정부를 조직하여 가지고 블라디보스톡으로 왔을 때 한명세는 이를 원조하려 하였다. 그러나 이동휘는 이를 반대하여 고려부에서 탈퇴하였으므로 자연히 고려부는 붕괴하게 되어 국제공산당은 다시 고려공산당을 조직시킬 목적으로 준비회를 소집하게 되었다는 것이다.46)

이성의 진술을 뒷받침해주는 자료가 일경문서에서 발견된다. 1924년 2월 26일자의 보고에서 이 사실이 명백히 드러난다. 그 보고의 요지는 이동휘이라의 운동방침이 중대한 변화를 야기했다는 것이다. 즉 이동휘는 상해의 국민대표회의 활동을 배제하고 또 코르뷰로의 일파도 배제하는 독자적인 노선을 선포하게 되었다. 1923년 12월 31일자로 이동휘, 전우(정재달), 이성의 3인의 이름으로 (공산당원회 임시집행부원)발표된 성명서는 코르뷰로에 대한 격렬한 비난으로 가득 차있다.47)

성명서는 "코르뷰로는 설치 이래 국제당의 결정과 같이 각파 공산당 단체의 청결조직등 실제사업에 대하여는 몽상하지도 않고 또 국제당에서 지정한 위원의 원만한 회합을 도모하지 않고 단지 당파적 충돌의 특성을 가진 공산주의의 가면을 쓴 위원으로 인하여 이 방면에 파쟁의 암류는 의연히 재연되어 고려의 유치한 공산주의의 분규를 일으켜 소용돌이중에 빠지게 하였다"고 했다. 코르뷰로는 협동전선의 기치하에 민족혁명의 신조직을 강구하는 대신에 "지방적 당파적 의정권쟁탈전에 열중"했다고 비난하고 이리하여 "코르뷰로는 고려혁명운동중앙기관의

---

46) 「鄭在達・李載馥調書」, 『韓共資』 1, p.174 이는 이성의 진술에 의한 것이다.
47) 『未定稿』 6, p.223

자격을 상실"했다고 하였다.48) 그리하여 임시중앙기관을 자처한 이동휘는 "고려공산당 제1차 대표회를 소집하는 시기까지" "국제공산당이 이미 지정한 내지부를 임시중앙기관으로 한다"고 하였다. 그리고 중령이나 일본에는 지방국을 설치하며 지방국은 내지국에 직속하고 노령에는 비밀국을 설치하여 국제당과 내지부와의 연락을 취하게 한다는 것이다. 그리고 대표회를 가급적 신속히 소집하되 소집장소를 내지로 한다고 하였다.49)

다음으로 성명서는 민족문제에 대한 당의 방침을 밝혔다. 성명서는 "통일적 혁명전선의 조직을 실현해야 할 당적 중추를 요구한다"고 하고 "상해국민대표회로부터 분열된 개조창조 등 영업적 혁명가를 혁명의 행렬에서 이를 제거하고 단지 국제당협동전선의 표어하에 있어서 내지에 가장 유력한 혁명원소로서 조직된 노동, 농민, 청년의 단체와 기타 각종 사상단체를 중심으로 하여 외지에 있는 각 혁명단체를 차에 귀일시켜 민족혁명단을 조직함에 노력해야한다"고 하였다.50)

성명서는 코르뷰로의 죄악을 성토하고 임시중앙총국의 성립을 성명하며 사이비단체를 숙청하고 신조직을 편성한다고 하였다. 무엇보다도 중요한 것은 민족당에 대한 대책이라고 할 것인데 그것은 1)강령을 제정하고 2)민족당조직에 관한 선전을 하며 3)상해국민대표회 및 국민위원회의 내용을 폭로하고 4)민족당대표회를 소집하기 전에 각 민족단체의 수평선연락을 취하며 5)민족당을 조직하기에 앞서서 민족당 야체이카를 조직하며 6)민족당 조직 시기는 이를 지도할 공산당의 조직 후로 하나 단 그전이라도 시기가 도래하면 이를 조직한다고 하였다. 그 다음 국민위원회에 대하여는 1)국민위원회의 궤멸 탈퇴성명서를 신문에 발표하고 2)동위원회분자의 활동에 대해 감시협박하며 3)신문지를 이

---

48) 『未定稿』 6, pp.224-5
49) 『未定稿』 6, pp.225-6
50) 『未定稿』 6, pp.227-8

용해 계속적으로 비난공격하고 4)대표를 파송한 각 단체에 있어서 자기의 대표를 공격하고 각 단체가 연합적으로 성토문을 발표한다는 것으로 되어있다.51)

 이동휘의 이러한 선언에 대하여 코민테른으로부터의 조사가 진행되었고 결국 가타야마센의 조사 후에 창조파는 추방당하게 되었던 것이다. 그러나 창조파의 추방만으로 문제가 해결될 수는 없었다. 이미 고려부는 그 기능을 상실하게 되었으므로 고려부 역시 해체되기에 이르렀다.52)

 이같은 사태는 코민테른 지도부에서의 논의 과정에서도 나타나고 있는 것으로 보인다. 가타야마센은 1924년 2월 19일 코민테른의 기관지 『공산주의 인터내셔널』에서 「코민테른과 극동」이란 글을 기고하고 그 가운데서 한국에서의 공산주의운동과 코민테른과의 관계에 대하여 다음의 말을 하고 있다.

> 코민테른과 한국에서의 혁명운동은 지금까지는 충분히 가깝지 않았다. 여지까지는 대체로 망명그룹들과 관계를 가져왔던 것이다. 한국에서의 상황은 점차적으로 명백히 혁명적인 색조를 띠어가고 있는데 그것은 민족운동에 참여하고 있는 새로운 젊은 요소들 때문에 그리고 민족주의적 조직들이 순수히 민족주의적인 과제에만 국한하지 않고 사회적이고 계급적인 성격의 문제들에 주의를 기울이면서 일본혁명운동을 오로지 한국민족운동의 성공에 협력할 수 있는 것으로 보는 경향이 성장하면서 보다 적극적인 투쟁방법을 체득하지 않을 수 없기 때문에 그러한 것이다.53)

---

51) 『未定稿』 6, pp.228-31
52) 그런데 『朝鮮統治史料』8에 의하면 1923년 1월에 상해파와 이르쿠츠크파가 합하여 일시에 통일된 고려공산당이 결성되고 그 가운데서 싸움이 일어나 1924년 봄에 해산명령을 받았으며 그 이래 연해현공산당고려부로 통합되었다는 것이다. 그리고 1925년 5월의 상황에서 이영선이 동부의 비서라고 하고있는 것이다. (p.124)

가타야마센의 이러한 언급은 차후의 코민테른이 한국내의 사회주의 그룹 및 민족운동 세력과 보다 긴밀히 관계를 가지게 될 것임을 예고하는 것이며 상해파나 이르쿠츠크파와 같이 해외의 정치적 망명세력들을 중심으로 하여 코민테른이 맺어왔던 관계가 약화되고 한국내에서 성장하는 세력으로 하여금 스스로 지도력을 행사하게 하는 방침이라고 해석할 수 있을 것이다.

그와 함께 고려부를 대체할만한 새로운 당적 사무기구가 성립되어야 할 필요성이 제기되었다. 오르그뷰로는 이에 성립하게 된 것으로 보인다. 그런데 오르그뷰로의 조직을 새로운 관점에서 볼 것이 요청된다. 그것은 다름이 아니라 오르그뷰로는 이전의 상해-이르쿠츠크파의 통전문제 논전이 1923년의 국민대표대회의 문제에서 창조-개조 논전으로 연결되면서 상해파의 발언권이 강화되는 것이 아닌가하는 점이다. 그러나 이것이 곧 상해-이르쿠츠크파의 관계의 역전으로는 이해되지 않는다. 왜냐하면 이성이 1924년 음력 1-2월경에 선봉신문사가 창조파를 고려부가 원조하는 것이 부당하다는 논설을 신문에 게재한 것 때문에 인데르손으로부터 호출을 받아서 블라디보스톡공산당구락부에 가서 그로부터 질책을 받은 적이 있었기 때문이다.54) 따라서 코민테른 중앙으로부터의 지시에 의하여 고려부가 해체되기는 하였어도 인데르손이 중심이 된 고려부는 여전히 새로운 오르그뷰로의 조직에 있어서도 주도권을 쥐고 있었으며 이르쿠츠크파는 여전히 신조직에서도 당권을 쥐고 있었던 것으로 보인다.

연해주조선인공산당원책임자연합대회(고려공산당대회 준비회)는 이러한 상황에서 개최되었다. 고려공산당대회준비회가 1924년 3월 블라디보스톡에서 열리게 되었는데 그의 출석인원은 20여명이었다. 노령거

---

53) Sen Kataiama, "Komintern i Dal'nyi Vostok", *Kommunisticheskii Internatsional*, no.1, 1924, Moskva, p.210
54) 「鄭在達-李載馥調書」, 『韓共資』 1, p.177

주자가 20명이었고 중령거주한인은 3명이었다. 그리고 그의 결의사항은 다음과 같은 것이었다.

1. 국제공산당으로부터 종래의 고려공산당이 해산을 명령받은 것을 일반 한인들에게 주지시킬 것.
1. 금후에 상해파와 이르쿠츠크파의 분규 절대 논하지 말 것.
1. 민족문제에 대해서는 창조파 개조파의 구별없이 전부 부인할 것.
1. 공산당에 대해서는 당기관의 설비가 급무이지만 국제공산당으로부터 조선 내지에 공산주의자의 존재는 인정하지만 완전한 그의 기관은 인정하지 않으므로 현상으로서는 완전한 공산당적 기초의 기관설립에는 노령거주조선인공산당원을 중심으로 하여 설립하는데 진력할 것.
1. 당의 기관설립에 관해서는 준비위원을 선임할 것[55]

이러한 결의사항에는 표면상 상해파 및 이르쿠츠크파를 모두 비판하고 창조-개조 논전에서 양 입장을 모두 비판하고 있지만 그것은 사실상 코민테른 중앙의 입장을 희석시키고 있는 것이다. 따라서 여전히 이르쿠츠크파의 입장이 반영되어 있음을 보게 되는 것이며 노령거주 공산당원들이 중심이 되어 공산당을 설립하는데 진력한다는 것도 여전히 이르쿠츠크파가 기존의 헤게모니를 유지하려는 의도를 표출한 것이라고 말할 수 있다. 따라서 연해주조선인공산당원책임자연합대회(정재달이 말하는 고려공산당대회 준비회) 및 그 결과 조직된 오르그뷰로는 조선에 공산당을 조직하기 위하여 계속 요원을 파견하고자 한다.

이때에 선출된 준비위원은 인데르손, 장도정, 장건상, 이형건, 박응칠, 남만춘, 김철훈이었고 조직은 조사부(최고려, 최이수, 채 그레고리) 선전부(오성묵, 김미하일, 김철훈) 조직부(김하석, 이영선, 김 아파나시)

---

55) 「鄭在達-李載馥調書」, 『韓共資』 1, pp.120-121

경제부(박군팔, 박애, 김만겸)로 조직되었다.56) 이같은 조직과 아울러 준비위원회는 조선대표로 김약수, 신백우, 이봉수의 3인을 선정하였다.57) 오르그뷰로는 그리하여 장도정, 김 아파나시, 박애와 같은 이동휘의 측근 인사들을 보충하였으나 여전히 이르쿠츠크파가 지도적인 입장을 차지하게 구성되었던 것이다.

그렇기에 코민테른 제5차 대회에서 가타야마센이 7월 1일 한 발언에서 양 파가 "파벌싸움에 염증을 느끼고 합의에 성공하여 공산주의 제 세력을 통일할 필요성을 인식하고 있다. 동시에 국내에도 공산당 창설에 대한 강력한 희망과 운동이 존재하고 있다"58)라고 한 것은 분명히 공식회의에서의 외교적 표현이었다고 할 수밖에 없을 것이다.

1924년 말의 상황으로 연해주의 오르그뷰로는 공산당의 창당에 계속 주도적인 역할을 하려고 하였다. 이들은 임시중집위를 구성하고 정치(김철훈), 비서(한명세), 조직(오병묵), 선전(김하석), 재무(남만춘), 노동(박진순), 교양(오하묵), 보안(최고려), 검사부(이형순)를 구성하였다. 교양부위원 오하묵은 모스크바에서 선인청년의 공산학교 또는 사관학교의 입학을 주선감독하며 조직부장 오병묵 선전부의 김하석은 블라디보스톡을 근거로 하여 선내 및 만주의 도군구 야체이카를 조직중이며 정식중집위를 발족할 것이라고 하였다.59) 그런데 이에서 보면 박진순 일인만이 상해파인 것이다. 따라서 오르그뷰로 역시 창설되고 얼마 가지 못해 이르쿠츠크파가 주도권을 차지하고 상해파를 배제한 것을 알 수 있다.

그런데 1925년 1월 20일에 일소기본조약이 북경에서 체결되면서 오

---

56) 「鄭在達-李載馥調書」, 『韓共資』 1, p.121
57) 「鄭在達-李載馥調書」, 『韓共資』 1, p.122
58) 水野直樹, 「코민테른대회와 조선인」(임영태편, 『식민지시대 한국사회와 운동』, 사계절, 1985), p.332
59) 『現代史資料-朝鮮』 5, p.472

르그뷰로는 그 역할을 제대로 할 수가 없게 되었다. 일소기본조약은 소련측의 입장에서는 북사할린에서의 일본군의 철수와 열강과의 외교를 통하여 자국을 안정시키겠다는 의도 하에 추진한 것이었으며 일본으로서는 점령지에서 철수하는 대신에 사할린에서의 석유와 석탄의 채굴권을 차지하여 실리를 확보하고 동시에 공산주의운동의 확산을 막으려는데 기본 뜻이 있었다.60) 특히 조약의 제 5조는 이러한 목적으로 이루어진 것이었다. 이 5조는 상호간의 선전 및 파괴활동과 그에 대한 지원을 금지한다는 내용이었고 일본측에서는 이러한 조약문을 삽입한 것은 일본과 만주 그리고 한반도에서 확산되고 있던 사회주의운동을 막으려는 데 기본적인 뜻이 있었던 것이다.

소련이 자국의 안보적인 차원에서 체결한 이 조약은 한인 민족운동가들에게는 심대한 타격을 주게 되었다. 이 조약을 계기로 하여 러시아공산당 및 코민테른의 한국 사회주의운동에 대한 공식적인 밀월관계 내지는 지원관계는 막을 내리게 되었다. 소련은 한국의 사회주의운동에 대하여 공식적인 지원을 할 수가 없게 되었으며 나아가서는 한인 민족운동가들의 활동으로 인하여 자국의 안보가 위협을 받게 될지도 모른다는 사실을 강하게 의식하고 있었기 때문에 한국에서의 사회주의운동의 확산에 적극적이지도 않았다.

이러한 상황에서 오르그뷰로는 그 역할을 제대로 할 수가 없었음은 물론 오히려 그 존재의의를 완전히 상실하였다고 보아야 한다. 따라서 조약의 체결과 더불어 소련의 대일 외교관계를 고려하여 오르그뷰로는 폐지되고 같은 해 3월에 오르그뷰로의 활동은 연해현위원회 약소민족부의 조선인부로 개편되어버린다.61) 이로써 조선공산당의 창설에 주도권을 쥐려고 하였던 노령의 한인사회주의자들의 역할은 막을 내리

---

60) 信夫淸三郎 編, 『日本外交史』, 제2권, 東京:毎日新聞社, 1974, pp.328-331
　　『極東國際政治史』, 下卷, 東京:平凡社, 1957, pp.15-17
61) 坪江汕二, 『(改訂增補)朝鮮民族獨立運動秘史』, 고려서림, 1986, pp.114-115

게 되었다. 이제 조선공산당의 조직을 지도하는 공식적인 기관은 사라지게 되었다. 조선공산당의 조직이 필요하다면 이제 그것은 조선내의 운동가들 스스로에게 맡겨진 일이었고 실제로 조선공산당은 이러한 상태에서 오르그뷰로가 폐지된 후 그와 연관이 없이 조직되게 된다.

4. 조선공산당의 조직

1920년경부터 한국에 사회주의가 도입되어 운동가들에 의해 당의 조직이 이루어지기까지의 5년간 조선공산당을 성립시키기까지 공산당을 준비하던 각 그룹의 대립과 반목 또한 작지 않은 것이었다. 또한 이 시기에 소련 및 코민테른의 노선 자체도 변화를 보이고 있으므로 이와 관련된 세력들의 연계를 정확히 설명하는 일은 쉬운 일은 아니다.

그러나 조선공산당이 코민테른의 전폭적인 지원 하에 결성되었던 것은 아니며 조선공산당의 결성이 결코 긍정적인 평을 받은 것도 아니다. 그것은 뒤에 12월테제에 의하여 당이 해체되며 혹독한 비난을 받게 된데에서도 그 사정을 짐작할 수 있는 일이다.

일제의 식민지라는 조건에서 당을 결성하게 된 사회주의자들은 계급투쟁의 모델을 해석하는 가운데 급진적으로 운동을 추진하려고 기도하였으며 한국의 사회주의운동을 콘트롤하는 입장에 있었던 코민테른은 한인사회주의운동가들의 활동이 그들의 전반적인 전략에 부합되도록 하기 위하여 노력하였다. 1925년까지 이러한 상이한 입장의 차이는 여러 갈등을 만들어내게 된다.

이미 1920년부터 한인사회당은 조선에 공작원을 파견하여 사회주의운동을 일으키려고 하였으며 1921년 상해파와 이르쿠츠크파의 양립

이후 이러한 노력은 배가되었다. 한국에 있어서의 공산주의운동은 활발히 전개되고 있었다.

코르뷰로가 블라디보스톡에 설치된 이후에도 코르뷰로는 공작원을 파견하여 한국에 공산주의운동을 일으키려고 하였다. 이 과정이 어떠한지 그리고 조선공산당을 성립시킨 주역들의 공산주의에 대한 사상은 어떠한지를 살펴보도록 하자.

한국 내에 공산당을 성립시켜야 하겠다는 논의가 일어나기 시작한 것은 1923년부터의 일로 보인다. 그것은 이전에 고려공산당이 이미 성립해 있던 때에는 고려공산당을 중심으로 생각하였으나 이미 당으로서는 해체되었고 또한 코민테른의 대한전략도 변화를 보여서 한국 내에 당을 건설해야겠다고 생각하였기 때문이다. 그리하여 1923년부터는 당건설을 목적으로 하여 자천 타천의 요원들의 활약을 하게 되었다. 이러한 목적을 가지고 파견된 요원중의 첫 인물은 김찬인것 같다.

김찬은 1921년 중앙대학을 퇴학한 후에 1922년 여름 만주의 金子雪齊의 주선으로 도항하여 북만영안현에 있다가 다시 블라디보스톡으로 가서 2-3개월 거주하게 된다. 그러나 그는 茂木久平의 일 때문에 신임을 받지 못하였기 때문에 공산당조직선전의 과업을 위임받지는 못하였다.62)

김찬은 블라디보스톡에 1923년 1월 도착하였고 약 2개월간 머무르게 되었다. 이 때는 일본군이 철수한 직후였다. 그는 이주화와 같이 기거하면서 김하석, 최고려, 김철훈, 임호, 이영선을 만났다. 당시에 소비에트정부는 민족주의운동에 대하여 압박을 가하고 있던 상태였기 때문에 의군부의 이춘성, 김규식은 이미 중동선 방면으로 떠나버렸고 이르쿠츠크군정학교를 졸업하여 블라디보스톡에 와있던 신철, 김재봉을 만났다. 이때 김찬은 귀선을 말하였고 이들도 귀선의사를 밝혀서 양자

---

62)「金洛俊調書」,『韓共資』1, p.10

들은 서로 운동을 위해 합할 것을 약속하였다. 그는 이주화와 동반하여 이주화는 중동선 방면에 남고 그는 하르빈을 경유 대련에 도착하였다. 그는 거기에서 금자설제를 만나 여비 50원을 얻어 1923년 4월초에 경성에 도착하였다.[63]

그런데 귀국시에 김찬은 블라디보스톡에 살고있는 신철을 국내에 파견하자는 제안도 했지만 그것도 받아들여지지 않았으며 그는 그때문에 단독 입국하여 "실지운동을 통하여 성적을 올린다"는 생각으로 신철과 김재봉에게 약속을 하고 블라디보스톡을 출발하게 된다.[64] 그가 이 때에 블라디보스톡에서 만난 공산당관계 인물은 김하석, 최고려, 이영선으로 이동휘는 만나지 못하였다고 했다.[65] 이로서 그가 접촉한 인물은 이르쿠츠크파의 인물이었음을 알게 된다. 그러나 그렇다고 하여도 그는 아무런 지원을 받은 것은 아니었으며 이러한 점에서 고려부의 파견원이었다고 볼 수는 없는 것이다. 그럼에도 불구하고 그가 이르쿠츠크계열과 가까운 인물이었다는 점은 지적할 수 있겠다.

그는 귀국 후에는 경성의 경운동 91번지에 차가를 마련하여 친우들을 만나 조선공산당을 결성하기 위한 준비를 진행시켰다. 이때에 그가 접촉한 인물은 申伯雨, 元友觀, 尹德炳, 李準泰 등이었다.[66] 그러나 김찬의 귀국 직후에 고려부에서는 4월에 신철, 5월에 김재봉을 국내로 잠입시켜 공산당 조직에 착수하도록 하였다. 이때의 김재봉의 사명은 공산당 내지부인「조선총국」을 건설하는 일이었고 신철은 공산청년회를 조직하는 일이었다. 그러나 이들은 국내사정에 어두운 관계로 김찬하고만 접촉하고 있다가 청년회관에서의 김찬의 강연을 계기로 김재봉도 회견하게 되어 국내의 인사들과 접촉을 하게 되었다.[67] 그리하여

---

63)「金洛俊調書」,『韓共資』1, p.54
64)「金洛俊調書」,『韓共資』1, p.11
65)「金洛俊調書」,『韓共資』1, p.10
66)「金洛俊調書」,『韓共資』1, p.11

김찬 신철 김재봉은 5월에 서로 만나게 되었다. 그런데 이들은 모여서 무엇을 논의하게 되었는가? 이들은 베르흐네우딘스크에서의 통합대회의 실패 이후에 국제공산당으로부터 양파는 해체의 명을 받고 양파의 대표자의 협의 결과 "조선의 공산주의운동"을 지도하기 위해 이동휘, 정재달, 한명세로 트로이카를 구성하였으며 이는 조선 외에서의 조선의 운동을 금지시킨 것이었다. 그리하여 신철과 김재봉은 이 트로이카의 명을 받고 경성에 들어오게 되었다고 하였다.68) 그러나 그것이 구체적으로 코르뷰로(=조선총국)을 조직하라는 지시는 아니었다고 한다.69)

그런데 국내부 즉 조선총국은 과연 코민테른의 지시에 의한 것이었는가? 이에 대하여 김찬은 부정적인 견해를 표명하고 있었다. 즉 국내부 건설의 지시를 코민테른으로부터 받은 것이 아니고 이르쿠츠크파로부터 받은 것 같다는 견해를 피력한 것이다.70)

이러한 증언을 종합하면 고려부에서는 공산당 조직의 과업을 김재봉에게 위임하였고 김찬을 그를 위한 연락원으로 파견한 것이다.

그러나 신철의 진술은 다소 다르다. 신철이 김찬을 만난 것은 1923년 2월의 일이다. 그는 문학에 뜻을 두고 있는 청년으로서 당시 블라디보스톡에 있는 동양대학에 입학할 뜻을 품고 도항하였다. 그러나 대학에 들어가기 위해서는 러시아의 중등학교를 졸업해야만 했다. 따라서 그는 무위도식하던 차에 동지에서 김하석과 한명세를 만나게 되었다. 그는 "대학입학에 대하여 다소의 편의를 얻어보려는 생각으로 방문하여 의뢰하게 되었는데" 그러던 중 김찬을 만나게 되었다. 그는 1923년 5월에 귀경하여 김찬이 주간으로 있는 『신인공론』사의 기자가

---

67) 「金洛俊調書」, 『韓共資』 1, p.11
68) 「金洛俊調書」, 『韓共資』 1, p.55
69) 「金洛俊調書」, 『韓共資』 1, p.56
70) 「金洛俊調書」, 『韓共資』 1, p.12

되었다. 그런데 그가 블라디보스톡을 출발할 시에 김하석, 한명세로부터 여비를 지급받은 것은 사실이지만 그러나 공청을 조직하라는 구체적 지시를 받은 것은 아니라고 본다.71) 신철은 23년 4월 블라디보스톡으로부터 입선하여 국내의 정황을 시찰하고 당조직이 가능하다고 판단하여 5월에 블라디보스톡에 다시 밀항한 후 코민테른에 당조직의 유망함을 보고하고 코르뷰로조직의 양해를 얻었다는 것이다. 그후 1923년 9월에 다시 정재달이 블라디보스톡으로부터 와서 당의 실황을 보고받았다.72)

그러나 김재봉도 블라디보스톡에서 입경하여 있었고 그는 가회동에 있으면서 김찬을 통하여 경성의 주의자들과 접촉하고 있다가 1923년 8월에 김찬의 운니동 집에서 코르뷰로를 결성했다는 것이다.73)

그런데 이에 대하여 정작 가장 중요한 당사자인 김재봉의 진술은 당혹스럽다. 김재봉은 1923년 8월에 조선총국이 조직되었다는 것을 부정하고 있는 것이다. 즉 모여서 공산주의의 비밀결사가 필요한가 아닌가에 대하여 토의하였고 토의 결과는 비밀결사의 조직은 시기상조라고 하였다는 것이다. 그리고 당원이 130명이었다는 것도 그가 조선일보 세포를 지도하였다는 것도 부정하고있다.74) 그러나 이는 나중에 그가 조선공산당 창립시의 책임비서로 선출된 점으로 볼 때 관헌에게 조직의 비밀을 알리지 않기 위하여 한 진술이라고 생각된다.

그런데 위의 요원 외에 정재달이 또한 별도의 계통을 통하여 공산당 조직운동에 참여하게 된다. 정재달은 위의 3인이 파견된 직후인 1923년 6월에 입선하였다. 정재달은 조선에 공산당기관을 설치하기 위한

---

71) 「金洛俊調書」, 『韓共資』 1, p.43
72) 「金洛俊調書」, 『韓共資』 1, p.13
73) 「金洛俊調書」, 『韓共資』 1, p.43
74) 「金洛俊調書」, 『韓共資』 1, p.64 정종명도 김재봉에 동의하고 있다.(같은 책, p.65)

조사원으로서 입선한 것이다.75) 그것은 다른 무엇보다도 정재달 자신의 말과 같이 "당원으로서의 경력도 없고 훈련도 없기 때문에 그러한 사명을 가질 수는 없지만 타일 조선 내에 공산당의 기초를 수립한데 대하여 선내 일반 주의자의 성명 및 그 행동 등을 조사해야할 필요가 있었기 때문에 그를 위해 피고를 조선에 파견했다"는 것이 정확한 진술이라고 보여진다.76)

정재달에게 당기관조직의 임무가 부여되지 않은 것은 분명하다. 그 이유는 "당생활자로서 인정하기가 곤란하며 또한 나이가 어리기 때문에 이같이 중대임명을 하는 것은 과중하다는 의견이 있었기 때문"이다. 그리하여 그는 조사하는 임무만을 부과받았음에도 불구하고 "기관설치에 착수"한 것이다.77) 그는 고려공산당지부설치를 목적으로 귀국하지 않았음을 분명히 밝힌다.78)

그런데 정재달이 1923년 6월에 입경하였으나 국내의 공산주의운동은 정재달이 예상했던 것 이상으로 발전해 있었다. 정은 우선 일본을 거쳐 입경하였는데 동경에서는 김약수와 정태신을 만났고 대판에서는 宋章福을 만났다. 입경해서는 김찬의 집에 머물러 있으면서 이봉수(동아일보사), 신백우, 이영 등과 면회하였다.79) 정재달은 또한 김찬의 숙소에서 김재봉을 2차례에 걸쳐서 면회하였으나 별다른 이야기는 나누지 못하였다고 하였다.80) 정재달은 또한 김사국과도 면회하려 하였다. 그것은 김이 정에 대해 악선전을 늘어놓아 그것을 해명하기 위한 것이었다고 하는 것이다. 그러나 정은 2회 정도 김사국과 만났지만 그로부터 주의의 문제및 해외에서의 행동 등에 대하여 힐난을 들었을 따름이

---

75) 「鄭在達-李載馥調書」, 『韓共資』 1, p.140
76) 「鄭在達-李載馥調書」, 『韓共資』 1, p.183
77) 「鄭在達-李載馥調書」, 『韓共資』 1, p.140
78) 「鄭在達-李載馥調書」, 『韓共資』 1, p.184
79) 「鄭在達-李載馥調書」, 『韓共資』 1, p.115
80) 「鄭在達-李載馥調書」, 『韓共資』 1, p.128

다.81) 정이 서울청년회계의 거부를 받고 아무런 성과를 낼 수 없었다는 것이다.

정재달은 입경 후 김약수, 이봉수, 이영, 신백우, 원우관, 정태신 등과 접촉하였다.82) 그러나 정은 이 과정에서 정태신에게만 자신이 코민테른으로부터 사명을 받았다는 것을 얘기하였고 나머지 사람들에게는 베르흐네우딘스크대회와 코민테른대회 그리고 코르뷰로의 조직의 경위만을 설명하였다. 정태신은 모스크바의 코민테른대회에 같이 참석하였던 인물이었다. 정태신 자신이 국내의 운동자들에게 자신이 좋지 않게 소문이 나있는 것을 알고 있었다. 그는 한명세 일파에게 매수당한 자 또는 스파이로서 소문이 나있었던 것이다.83)

정재달은 이들에게 코르뷰로의 내지부를 조직할 것을 역설하였으나 조선내의 인사들은 이에 응하지 않았고 그 이유를 조선내의 주의자들의 통일이 이루어지지 않았기 때문이라고 하였다.84) 그러나 진정한 이유는 국내의 주의자들이 정재달의 지시를 받아들이지 않았기 때문인 것이다. 정은 국내의 여러 인사들을 만났지만 그 결과는 좋지 않았다. 정은 이봉수와의 대담에서는 이가 정이 최고려와 친한 관계인가를 캐묻는 등 반감을 가지고 있었고 김약수는 정의 이야기를 듣고만 있었고 신백우는 "공산당공산주의기관의 비밀결사를 이르는 것은 이르고 요컨대 민중의 자각을 기다리는 것 이외는 없다"고 하였다.85) 원우관은 이 때에 정의 주의단체를 조직하려는 것에 대하여 국내의 사상단체들간의 관계가 원만하지 못하기 때문에 불가능하다고 하였다.86)

이리하여 정은 1923년 8월 말에 동소문내의 산에서 노동공제회의

---

81) 「鄭在達-李載馥調書」, 『韓共資』 1, p.138
82) 「鄭在達-李載馥調書」, 『韓共資』 1, p.114
83) 「鄭在達-李載馥調書」, 『韓共資』 1, p.141
84) 「鄭在達-李載馥調書」, 『韓共資』 1, p.115
85) 「鄭在達-李載馥調書」, 『韓共資』 1, p.141
86) 「鄭在達-李載馥調書」, 『韓共資』 1, pp.151-2

차금봉, 한모, 이모로부터 구타까지 당하였다. 구타의 이유는 청년당대회와 노동공제회를 정이 자신의 힘에 의해 조직한 것이라고 블라디보스톡의 공산당에 보고하였기 때문인 것이다.87) 원우관은 이 구타사건이 정이 가져온 자금을 차에게 숨기고 있었기 때문이라고 하나88) 어쨋든 간에 이 사실은 정이 국내의 주의자들로부터 그 권위를 인정받고 있지 못하였음을 잘 말해주는 것이라 하지 않을 수 없다. 김창순의 경우는 이 구타사건은 서울청년회의 사주에 의한 것이었다고 한다.89)

바로 이러한 이유 때문에 정재달은 조선체류를 단념하고 일본 神戶을 거쳐서 9월 중순에 상해에 도달하고 블라디보스톡에는 10월 초에 들어가게 되는 것이다.90) 정은 그전에 원우관과 신백우에 실망하여 이들이 "도저히 선내의 주의자를 통일하는 임무를 당할 수 없다고 인정"했다는 것이다.91)

결국 정재달은 아무런 성과를 올리지 못하고 국내부 및 당결성은 김재봉및 신철에 의하여 이루어진다. 그런데 이들이 당을 조직하기 위해서는 당시의 2개의 실세였던 조선노동연맹세력(신백우 지도)과 서울청년회(이영, 한신교, 김유인, 임봉순)를 통합하여야 했다. 그러나 서울청년회와의 교섭은 원활하지 못해서 1923년 8월에 경운동 91번지 김찬의 가에서 그와 신백우, 원우관, 신철, 김재봉이 모여 코르뷰로가 조직되었다. 이 조직은 블라디보스톡 이르쿠츠크파의 지시를 충실히 이행한 것으로 보인다. 그결과 김재봉은 책임비서가 되고 신철은 청년회의 책임비서가 되었다(당의 간부는 신백우, 원우관, 김약수, 이봉수 청년회의 간부는 김찬과 안병진이었고 그 외의 당원은 윤덕병, 이준태, 홍덕

---

87) 「鄭在達-李載馥調書」, 『韓共資』 1, p.115
88) 「鄭在達-李載馥調書」, 『韓共資』 1, p.127
89) 『韓共』 1, p.407
90) 「鄭在達-李載馥調書」, 『韓共資』 1, p.115
91) 「鄭在達-李載馥調書」, 『韓共資』 1, p.185

유, 홍증식, 홍남표, 구연표, 진병기, 독고전, 어수갑 이하 2-30명이며 청년회는 홍일점으로 정종명이 기타 임형관, 김원식(마산)등 20명 이하의 수가 있었다).92) 이 국내부는 조직원들을 계속 확대하여갔는데 이를 좀 더 자세히 살피면 다음과 같다.

경성부(7개)	- 시대일보 세포(홍남표 및 시대일보사원 4-5명)
	노동총동맹 세포(권오설 및 3-4명)
	조선일보사 세포(김재봉 및 6-7명)
	화요회세포(홍증식 및 7명)
	신흥청년동맹 세포(全無에 의해 지도)
신의주	독고전이하 조동근 등 7명
마산	김명규가 김상주 이하 8명
광주	신동호 및 8명
대구	최원택 이하 8명
평양	진병기
인천	안기성외 4명93)
재령	?
함흥	?
동래	백광흠
진주	강달영
공산청년회	전무, 염창렬, 김원식,임형관, 정종명94)

국내부는 조직된 이후 당 결성을 위한 준비활동을 활발히 전개하였다. 그것은 외곽조직을 장악하고 그를 기반으로 하여 당을 결성하는 것이었다. 이러한 구도하에 국내부는 조선노동연맹을 조선노동총동맹으로 조직하였다. 1923년에 준비된 이 계획은 관동대진재 때문에 1924

---

92) 「金洛俊調書」,『韓共資』1, p.12
93) 「金洛俊調書」,『韓共資』1, pp.13-14) 같은 책 p.56에는 경성에 8개
94) 「金洛俊調書」,『韓共資』1, p.56

년에 가서야 이루어졌다. 한편 청년회는 서울청년회를 올라타서 쟁취하려는 작전을 폈으나 성공하지 못하였다.95) 그 대신 무산청년회를 신흥청년동맹으로 재조직하였다.96)

그러나 신철은 김찬과 뜻이 맞지 않아 청년회를 탈퇴하기에 이른다. 특히 그는 화요회계의 인물(홍덕유, 홍증식, 이준태, 진승기 등)이 당원이었는지의 여부를 알지 못하였다고 하였다.97) 신철은 1923년 9월 경성종로서에 검거되었는데 동년 10월말경 출소하였을 때에 김찬이 자기의 세력을 부식하여 신철이 활동할 여지가 없게 되었다는 것이다. 그리하여 그는 북풍회계의 송봉우, 서정희, 김약수 등과 교유를 시작하여 1924년 3월에 이르러 내홍은 표면화되어서 그는 청년회의 책임을 사양하고 회 자체에서 탈퇴하여 그들과의 활동을 끊었다는 것이다.98)

한편 정재달과 이재복이 1924년 여름 블라디보스톡에서 입경한 것은 조선공산당조직과 어떤 관계가 있는가? 먼저 정재달의 경우를 살펴보자. 정은 자신의 입국목적이 오르그뷰로의 조선대표 3명을 선정하기 위한 것이었다. 그러나 정의 목적은 이루어지지 못하였다. 정이 김재봉과 만난것에 대해서는 김재봉의 증언이 있다. 김은 1924년 9월 10일경 정의 소식을 듣고 동대문밖 박홍빈의 집에서 정을 면회하였다. 또 이성도 동시에 만났다.99)

정은 인데르손의 요청에 의하여 5월 22일경 그리고 이성은 7월 9일경 블라디보스톡을 출발하여 포세트상륙-간도-청진-원산을 거쳐 경성에 7월 26-7일경 도달하였다.100)

그런데 정재달이 김사국과 3회에 걸쳐 만났을 때 정재달은 창조-

---

95)「金洛俊調書」,『韓共資』1, p.13
96)「金洛俊調書」,『韓共資』1, p.44
97)「金洛俊調書」,『韓共資』1, p.44
98)「金洛俊調書」,『韓共資』1, p.44
99)「鄭在達-李載馥調書」,『韓共資』1, p.130
100)「鄭在達-李載馥調書」『韓共資』1, p.122

개조의 논전 중에 자신이 탈퇴하였기 때문에 자신을 반혁명자라고 하여 입선했다고 하였다.101) 이러한 진술은 대표파견을 위하여 입국했다는 앞의 진술과는 어긋나는 것으로 보인다. 따라서 이 문제를 좀 더 자세히 살펴보기로 하자. 정은 7회의 조서에서 "금회는 선내지에 있어서 합법적 일종의 단체를 조직하여 나의 주의를 달성하기 위한 목적으로 입국하였고 만일 선내에도 나를 배척하여 공명하는 자가 없으면 나 혼자라도 몇년이 걸리더라도 실행을 보겠다고"하였다.102) 그리고 정은 합법적인 정당을 이루겠다고 하였다. 이러한 진술은 일종의 국민당을 만들겠다는 진술인 것이며 이 진술은 앞에서의 대표파견을 목적으로 입국했다는 진술과는 어긋나는 것이기에 어느 것이 옳은 것일까? 만일 후의 진술이 타당하다고 한다면 정은 해외파와 손을 떼고 독자의 세력을 구축하기 위하여 입국한 것이다. 그런데 판사 앞에서는 전혀 공산주의를 위해 입국한 것은 아니라고 하였다.103)

이봉수의 진술에서 이점이 좀 더 잘 부각되는데 이봉수는 정재달을 1924년 6월경 만났는데 그 때 정은 "블라디보스톡에 있었던 조선인단체가 그후 해산되어 버림으로써 나도 생활하는 것도 곤란하게 되어서 선내지에 돌아와서 선내에서 운동하여 볼 생각을"하였다는 것이다.104) 이 발언은 정이 고려부에서 소외되었기 때문에 입국하였다는 말이 되는데 정은 藤村英 판사 앞에서 그는 공산당을 1923년에 탈퇴하여 제명되었고 동년 12월 귀국한 것이고 그것은 결코 공산당선전을 목적으로 한 것이 아니라고 하였다.105) 그러나 이봉수는 정이 자기와 함께 활동하여보자고 했으나 거절하였다고 했다.106)

---

101) 「鄭在達-李載馥調書」, 『韓共資』 1, p.138
102) 「鄭在達-李載馥調書」, 『韓共資』 1, p.142
103) 「鄭在達-李載馥調書」, 『韓共資』 1, p.188
104) 「鄭在達-李載馥調書」, 『韓共資』 1, p.144
105) 「鄭在達-李載馥調書」, 『韓共資』 1, p.178
106) 「鄭在達-李載馥調書」, 『韓共資』 1, p.193

그러나 김약수의 경우에는 정재달과 대표파견의 문제를 둘러싸고 논전을 벌려 사이가 나빠졌다는 이야기를 하고 있는 것이다. 김약수는 대표파견 및 해외운동과의 관계에 대하여 소극적인데 정이 이를 적극 주장하여 사이가 벌어졌다는 것이다. 그리고 신백우도 시기문제만 제기했을 뿐 대표문제에 대해 불찬성한 것은 아니라고 말한다.107)

이성의 경우에는 선봉의 기사를 위하여 동아일보를 통하여 경제통계표 등을 얻어내려는 것이었다. 이 목적도 하나의 이유가 되어 그는 동아일보사 기자인 이봉수와 1924년 7월경 접촉하게 된다.108) 그러나 진정한 이유는 정재달의 입국과 관련되어있다. 정재달은 오르그뷰로의 요청으로 조선대표 3명을 파견하기 위하여 입국하였으나 그후 2개월이 지나도 아무 소식이 없자 코민테른 대표 인데르손은 초조해져서 정재달과 연락하기 위하여 이재복을 파견한 것이었다.109)

그러나 이재복도 이혁노, 신백우, 김약수 등과 회견하여 블라디보스톡의 상황을 알리고 자신의 입경 이유를 설명하였으나 그들은 "조선 내에서 단독으로 공산당을 조직하여 국제공산당에 직접 가입하기 때문에 해외의 자들은 간섭하지 말라"고 하였으며 유진희도 같은 의견을 피력하였다.110) 그 동안 이성은 김약수, 신백우, 이혁노, 유진희, 이봉수, 원우관, 김재봉, 주종건 등과 면회하였지만 마찬가지로 아무런 성과를 얻지 못하였다.111)

결국 오르그뷰로가 파견한 정재달이나 이재복이 아무런 성과도 얻지 못한 것이었다.112) 국내의 조선총국을 중심으로 하는 운동은 이미

---

107) 「鄭在達-李載馥調書」『韓共資』 1, p.190
108) 「鄭在達-李載馥調書」,『韓共資』 1, pp.111, 146
109) 「鄭在達-李載馥調書」,『韓共資』 1, p.117
110) 「鄭在達-李載馥調書」,『韓共資』 1, p.117
111) 「鄭在達-李載馥調書」,『韓共資』 1, p.123
112) 이기하는 『韓國共産主義運動史』(제1권, 통일원, 1976, p.307)에서 코르뷰로가 정재달의 후속으로 이르구츠크파의 임창식등 7명을 파견하여 국내조직을 시

이르쿠츠크계열의 인사들에 의해 독자적으로 발전하고 있었다. 또한 서울청년회계의 김사국이 주도하는 공산당도 1924년 7월부터는 독자적인 당조직에 착수하여 10월경에는 당의 성립을 보기에 이른다.113) 이러한 사실은 정재달이나 이재복은 오르그뷰로의 신임을 받지 못한 상태에서 일을 하였기 때문이라고 볼 수밖에 없다. 이들은 이동휘와 가까운 사람들이었던 것이다. 이점에 있어서 이재복이 후에 김규면에게 했다는 말에서도 그 사실이 드러난다. 이성은 김규면에게 이르기를 "국민의회니 일꾸츠크파니 두 가지로 말하는 것은 자기들이 책임회피에 소용하려난 말이지, 실상 하나이고 두리 아니라고, 그 사람들은 혁명운동이나, 정치활동에도 투기상업적 방식으로 성의 없고, 애국심이나 동포애도 볼 수 없다"고 했다는 것이다.114)

신백우의 진술은 국내부가 과연 조직되어 있었는가에 대해 많은 의문을 가지게도 한다. 그는 1923년 병원에서 퇴원 후 고향에 돌아가서 1924년 2월 20일 경 상경했다. 이 때에 주의자 간에 정재달이 블라디보스톡에서 와서 내지부를 조직하였으며 그 구성원이 김약수, 이봉수, 신백우의 3인이라는 말을 들었다고 하였다. 또 김재봉도 내지부의 일원이라는 말도 들었다고 하였다.115) 그러나 그 자신은 이러한 사실을 부정하였다. 신백우의 진술에 의하면 결국 신백우, 김약수, 이봉수 3인 모두가 내지부의 존재를 부정한 것이 된다. 또한 1924년에 정이 귀국하였을 때 그 사실을 신백우가 질문한 결과 정도 사실이 아니라고 했다는 것이다.116) 그러나 그의 진술은 비밀유지를 위한 것으로 보인다.

도하였다고 한다. 이들은 1924년 9월부터 파견되어 동 11월 경부터 검거되었다고 하는데 이들이 당의 조직과 직접 관련되어 있는지는 의문이다.
113) 『韓共』, 2, p.221
114) 『김규면수고』, p.46
115) 「鄭在達-李載馥調書」, 『韓共資』 1, p.147
116) 「鄭在達-李載馥調書」, 『韓共資』 1, p.147

1924년 8-9월경에 신백우가 정과 만났을 때 양자는 국내의 운동에 대하여 근본적인 차이를 가지고 있었던 것으로 보인다. 신백우는 기본적으로 외부와 연락하여 운동을 전개하는 것에 대하여 반대하고 있었다. 그 이유는 "1. 조선내의 운동은 외부와 연락하여 운동할 정도로 진전되어있지 않다는 것 2. 외부와의 연락은 각파와의 분규를 일으키는 원인을 조장하게 될 뿐만 아니라 아무런 운동도 이루어질 수 없다는 것 3. 외부와 연락한다 하여도 하등의 이익 없이 조선내의 운동을 저해하게 된다는 것."의 점을 들어 이것을 이성에게 설명했다는 것이다.117)

신백우는 대표문제를 듣기는 하였지만 그것은 정에서가 아니라 "선내주의자들과의 연락을 위해 잠입한 블라디보스톡 거주의 백초에게서 들은 것이다"118)라고 김약수는 말했다. 이후에도 박응칠과 김철훈이 잠입하여 약 3주간 있었지만 정, 이, 신백우 등이 검사국에 송치되고 관헌이 이들의 잠입을 알게 되어 퇴경하였다.119) 백초란 이백초를 의미하여 이성은 이백초가 1924년경 7월까지 오끼야레스키노라는 곳에서 간병치료했다고 진술했다.120)

이제 이 문제를 마무리해 볼 필요가 있다. 국내부 또는 조선총국의 조직 문제에 대하여 우리는 적어도 블라디보스톡의 고려부로부터 두 갈래의 움직임이 있었다고 파악해야 할 것이다. 우선 첫째는 김찬-신철-김재봉 트리오의 입국에 의하여 1923년 8월에 고려부에 의하여 조선총국이 조직된 것이다. 그리고 이 조직된 조선총국은 당연히 이르쿠츠크파가 지도하는 것이었다고 볼 수가 있다. 다음으로 고려부로부터의 정재달-이재복의 입국과 관련된 것인데 정의 1차 입국은 아무런

---

117) 「鄭在達-李載馥調書」, 『韓共資』 1, p.150
118) 「鄭在達-李載馥調書」, 『韓共資』 1, p.191
119) 「鄭在達-李載馥調書」, 『韓共資』 1, p.191
120) 「鄭在達-李載馥調書」, 『韓共資』 1, p.208

성과를 내지 못하였고 정의 2차 입국(1924) 및 이재복의 입국은 오르그뷰로의 조직과 관련되어 조선대표 3인을 선정하고 이들을 국내부의 요원으로 삼으려는 시도와 관련되어 있었던 것으로 보인다. 그러나 정재달-이재복이 국내의 운동가들과의 접촉에서 아무런 성공을 하지 못하였는데 이는 이미 국내 운동가들이 이르쿠츠크계에 의하여 움직이고 있었기 때문이라고 말할 수 있다. 따라서 조선공산당의 결성은 상해계를 배제하고 서울청년회계를 배제한 채 이르쿠츠크계에 의해 성립하게 되는 것이다.

이들이 조직한 조선총국은 1925년 4월 15-17일의 전조선기자대회를 틈타서 4월 17일 동대문 밖 야유회의 날에 당을 조직하였고 4월 18일에는 공산청년회를 조직하였다. 4월 17일 오후 1시 경성부 황금정 一丁目 아서원에서 회의가 개최되었다(참석자 : 김재봉, 유진희, 주종건, 조동우, 김약수, 정운해, 김찬, 이봉수, 홍덕우, 윤덕병, 조봉암, 송봉우, 최원택, 김기수, 신동호, 진병기, 독고전, 박헌영 외 1-2명). 김재봉이 개회사를 한 이후에 본래는 강령규약을 통과시키려 하였으나 시간을 절약하려고 이를 생략하고 간부에 일임키로 하고 간부선거에 들어갔다. 간부선거는 전형위원으로 조동우, 조봉암, 김찬 이하 5명이 선거되어 이들이 간부를 선정하였다.(책임비서 김재봉, 조직부책임 조동우, 선전부책임 김찬, 무임간부 김약수, 주종건, 유진희, 정운해) 간부에게 모든 것을 일임하기로 하고 음식을 먹고 산회했다.121)

그런데 이 당시에 국내공산당조직사건에 관련되었던 인물들의 사회주의에 대한 관념을 점검하여보는 것은 의미가 있다고 본다. 정재달은 충북출생으로 일본에 유학하다가 러시아에 입국하였는데 "주의에 관한 연구는 학자금 없이도 교육받을 수 있다는 견해가 있어서" 1922년 봄경 조선에 귀국하여 약 4개월간 향리와 경성에 거주한 후에 1922년 9

---

121)「金洛俊調書」,『韓共資』1, p.16

월중순경 경성을 떠나 안동쌍성포-하르빈-만주리를 거쳐 치타로 들어갔다. 1922년에 그가 러시아에 입국할 때 그는 치타에서 러시아관헌에 걸렸지만 정태신, 김약수 등이 발행했던 『大囚時報』에 그의 글이 하나 게재되어 있는 덕택에 정탐이 아닌 학생으로 인정을 받아 방면되었다. 그는 방면된 후에 박재도라 하는 공산당원의 집에 머물렀고 그를 통하여 이르쿠츠크파의 공산당과 연계되었다. 정은 박재도로부터 한명세를 소개받았고 그로부터 "베르흐네우딘스크에 있어서 이번에 개최되는 공산당대회에 당원으로서 출석하면 자연 모스크바에 공부할 기회를 얻을수 있기 때문에 출석하라는 권유를 받고" 대회에 참여하게 되었던 것이다.122) 그러나 그는 상해-이르쿠츠크 양파의 대립이 심하여 어느 쪽에라도 가담하면 모스크바유학이 어렵다고 생각하여 "개인주의자로서" 참가했다고 밝혔다.123)

그와 등촌영판사와의 대담은 그의 사회주의에 대한 관념이 대단히 피상적이었다고 하는 사실을 잘 말해준다.

    문 : 피고가 공산주의에 흥미를 가지게 된 동기는 어떠한가?
    답 : 그것은 고학생으로서 생활이 불안정한데 처하게 되어 자연 자본주의의 현재사회상태에 대하여 다소의 반감을 가지게된 것이 동기라고 생각한다.
    문 : 공산주의에 관한 서적을 읽은 것이 있는가?
    답 : 荒田씨의 유물사관 및 동씨의 마르크스번역본 기타 일본 내지의 사회주의자의 저술된 사회주의에 관한 서적은 주의하여 충분히 읽어왔다.
    문 : 그러한 서적을 읽은 후 여하한 생각을 가지게 되었는가?
    답 : 현재의 자본주의를 물질적 방면에서 개조하지 않으면 안되겠다는 생각을 가지게 되었고 차제에 결국 재산의 평등분배를 해야하

---

122) 「鄭在達-李載馥調書」, 『韓共資』 1, pp.179-181
123) 「鄭在達-李載馥調書」, 『韓共資』 1, p.181

는 것은 다음의 일이라고 생각했다.
문 : 재산의 평등분배를 한 후 급 분배를 받은 것을 평등히 보전할
　수 있는가 아닌가에 대하여 생각해본 적이 있는가?
답 : 아직 연구 중으로 그러한 데까지 생각해보지는 않았다. 그러한
　것을 연구하기 위해 러시아에 가려고 했던 것이다.
문 : 각 인의 욕망에 따라 평등에 제한을 두는 것이 가능한가 아닌가
　에 대하여 생각해본 적이 있는가?
답 : 그것까지는 생각해보지 않았다.
문 : 각 사람이 얻은 재산의 운용에 대하여 평등이 이루어지는 것이
　가능한가에 대하여 생각해본 적이 있는가? 그점도 확실히 생각해
　보지 않았다.[124]

정에 대해 또 동료였던 김약수는 그가 같은 黑濤會員이기는 했지만 정이 무정부주의자였기 때문에 "항상 의견이 달랐다"고 했다.[125] 또 그에 대해 평하기를 "행동은 극히 온순한 것이 있지만 두뇌는 어느 정도 치밀하지 못하고 비상히 감격성이 풍부한 인물이다" "원래 머리가 정밀하지 않아서 과학적 사회주의의 사상을 가진 자로 보기에는 생각할 수 없고 또 당지에 모여 사회주의 공산주의에 관하여 의견의 교환도 있었지만 적확한 것은 결국 이해하지 못했다"고 한 것이다.[126]

신백우는 1925년 당시 39세로 만 20세까지 향리에서 한문교육을 받고 17년전에 경성에 있는 공립외국어학교에 입학하여 1년간 일본어를 학습하고 또 사립 법률학교에서도 수학하였다. 그는 노동공제회의 『共濟』지에서 1920-21년 일년간 기자생활을 하다가 그후에는 회의 일을 맡았고 다시 1923년 봄부터 서대문 밖의 정칙강습소에서 교편을 잡았다. 동년 가을에 일단 향리에 갔다가 경성에 노동연맹회가 생겨 잡지를 발간한다는 소식을 듣고 왔다가 아니라서 다시 향리로 갔다가 1923

---

124) 「鄭在達-李載馥調書」, 『韓共資』, p.179
125) 「鄭在達-李載馥調書」, 『韓共資』 1, p.189
126) 「鄭在達-李載馥調書」, 『韓共資』 1, p.205

년 8월에 상경하였다. 조선일보에는 1924년 9월경 입사하였다. 그는 신사상연구회에는 1923년 8월에 가입하였다.127)

신백우는 해외의 운동자들과는 다른 운동관을 가지고 있었다. "무산자해방운동이란 어떠한 운동인가?"라는 질문에 대하여 신은 "러시아의 경우와 같이 혁명도 필요하다는 것을 알고있지만 현재는 무산자의 지식을 향상시키는 운동으로서 예컨대 「팜플렛」같은 것을 많이 발간하여 점차 무산자의 지식이 향상되어 역사진화에 따르는 운동을 말하는 것"이라고 말했다.128) 즉 신은 점진적인 운동, 그리고 현 단계의 운동이 노동자의 계몽에 있다는 점을 분명히 하였던 것이다. 그점에 있어서 신은 판사에게 "사회주의라고 하는 것은 나쁘지 않다고 생각하지만 공산주의라고 하는 것은 아직 연구하여보지 않았기 때문에 여하한 내용을 가지고 있는지 모르겠다"고 하였다.129)

원우관의 경우도 정을 만나 단결의 필요성을 말하기는 하였으나 그 성과에 대하여는 비판적이라고 하였다.130) 원우관의 진술도 국내부의 존재를 의심하게 해준다. 원우관은 1924년 8월 초에 정재달과 만나서 노농총동맹, 청년총동맹 등의 형식상의 통일과는 달리 "계통적 단체의 세력투쟁으로부터 개인간의 감정의 충돌에 이르기까지 이전보다도 불리한 상황이며" 이러한 갈등을 원만히 해결할 때 정이 생각하는 바와 같이 "직접 제3국제공산당과 악수하여 운동하는 것은 나도 충분히 조력하겠다"고 하였다.131) 이에 대하여 정은 원우관의 의견을 받아들여 선내의 갈등이 원만히 해결되면 자신은 물러서더라도 외부와 연락하는 일이 남아있다고 하였다.132)

---

127) 「鄭在達-李載馥調書」, 『韓共資』 1, p.196
128) 「鄭在達-李載馥調書」, 『韓共資』 1, p.151
129) 「鄭在達-李載馥調書」, 『韓共資』, p.200
130) 「鄭在達-李載馥調書」, 『韓共資』 1, p.152
131) 「鄭在達-李載馥調書」, 『韓共資』 1, p.158
132) 「鄭在達-李載馥調書」, 『韓共資』 1, p.158

이봉수는 정재달이 공산주의운동에 대하여 "심연한 지식을 가지고 있지만 파괴적인 운동이 아니라 과학적 선전성을 위한 것이라고 상상하였다"고 했다.133)

이봉수는 공산주의에 대한 관념이 해외의 자들과는 달랐다고 볼 수 있다. 그는 스스로 말하기를 "나는 강하게 공산주의라고 하는 주장을 가지고 있지 않으며 소위 사회주의라는 것을 가지고 있는 것으로서 내가 말하는 바 금차의 사회주의가 민중의 이익이 되는가 아닌가는 연구중이며 만일 이익이 된다면 일반민중에 선전하고 싶습니다"라고 했다.134) 그리고 그의 실행방법에 있어서도 "타의 힘에 의하지 않고 일반의 자각을 촉진시켜 근거 있는 자체의 발달이 가장 필요하다고 생각합니다"라고 했다.135)

그는 1920년 명치대학 상과를 졸업하고 재학시에 사회주의경제학에 대하여 관심을 가졌는데 경도대학의 河上의 책을 주로 읽었고 머리를 개조하는 중이라고 하였다. 그는 그리하여 주의자가 될 결심을 한 것은 아니라고 하였다.136)

또 조선공산당 창당시의 책임비서였던 김재봉의 경우에도 그의 인식은 유물론의 기계적인 인식을 벗어나 있다고는 보기 어렵다. 그가 재판에서 판사와 나눈 대담을 살펴보기로 하자.

    문 : 그런데 노동자, 무산자에 대하여 공산주의를 선전하는 궁극의 목적은?
    답 : 노동자, 무산자로 공산당원을 만들고 사회의 대부분을 공산주의를 받드는 데까지 이른다고 하는 사회자연의 진화에 따라 현대의 불합리한 경제조직을 없이 하는 것입니다. 이러한 사회의 실현이

---

133)「鄭在達·李載馥調書」,『韓共資』1, p.155
134)「鄭在達·李載馥調書」,『韓共資』1, p.155
135)「鄭在達·李載馥調書」,『韓共資』1, p.155
136)「鄭在達·李載馥調書」,『韓共資』1, p.194

목적입니다.
문 : 그 자연의 진화라든가 법칙이라든가 하는 것은 여하한 의미를 가지고 있는가?
답 : 역사에 나타나는 바와 같이 봉건제도가 멸망하면 자본주의 경제 조직이 현대에 나타난 것과 같이 현대의 자본주의국가에 이어서 공산주의 사회로 이행하는 것을 말합니다.
문 : 당신들이 신봉하는 공산주의는 여하한 것인가?
답 : 현대의 사회는 자본가가 무산자를 착취하고 있는 사회이기 때문에 그 계급을 타파하고 모든 자본을 사회가 공유하여 평등히 분배하는 것을 말합니다.[137]

 이상에서 살펴본 바와 같이 제1차 조선공산당을 창당했던 주역들은 주로 러시아나 일본으로부터 마르크스주의를 받아들였으며 그 내용은 기계적인 유물론이었다. 이들은 평등에의 욕망을 가장 강하게 가지고 있었으며 사회주의사회의 실현이 역사의 진보를 실현케 해준다고 생각한 것으로 보인다. 이들은 그러나 당시에 유행하고 있었던 사회주의로부터 어떠한 종류의 문제를 느끼거나 이론적 혁신을 시도하려고 하지는 않았다. 그것은 이들 사회주의자들의 범위를 벗어나는 일이 되었을지도 모른다. 이들은 깊은 이론적 탐구를 바탕으로 하여 사회주의 이론을 전개한 것이 아니라 여러 가지 경로를 통하여 사회주의운동에 편입되었으며 운동의 과정에서 사회주의 이론을 초보적으로 파악하고 있는 듯이 보인다. 물론 이러한 이론적 빈곤은 이미 해외의 사회주의자들 사이에 전개되었던 논의보다는 한 단계 차원이 저하되었다고도 말할 수 있을 것이다. 그러나 중요한 것은 이론의 수준의 문제에 있다고 보지는 않는다. 이데올로기적인 정합성이나 세련성이 부족하다고 하더라도 이미 사회주의의 기치를 들고나선 당의 조직되어 활동하기 시작했다는 것이다. 그것은 그 이래 식민지시대 한국사회에 어쩔 수

---

[137] 『韓共資』 1, p.477

없이 깊은 영향력을 행사하게 되는 것이다.

5. 맺음말

고려공산당이 해체되면서 결성된 코르뷰로 그리고 코르뷰로에 뒤이어 결성된 오르그뷰로는 1923년에서 1925년 사이에 한인 사회주의운동에 지대한 영향을 미쳤다. 무엇보다도 이 시기는 해외의 공산주의운동이 급속히 한국으로 전파되며 공산당의 창당이 국내에서 이루어져서 공산당의 주도권이 한국내의 공산주의자들의 손으로 넘어가는 시기인 것이다. 이로써 상해파와 이르쿠츠크파로 갈리어 해외의 망명자들 사이에서 벌이던 파벌투쟁의 시대는 일단 마감을 하게 되었다고 말할 수 있을 것이다.

그러나 공산당의 주도권이 국내의 공산주의자들의 손으로 넘어오게 된 데에는 소련과 코민테른의 정책상의 변화가 있었기 때문에 가능하였다고 본다. 당시의 공산주의자들이 코민테른에 대해 가지고 있었던 충성심이나 소련에 대해 받는 영향력은 지대한 것이었기에 이러한 논의는 당연하게 받아들일 수 있을 것이다.

문제는 이 시기의 소련이나 코민테른의 기본적인 대한정책이 무엇이었는가 하는 점이다. 러시아 극동지방에서의 일본군의 철수와 내전의 종식, 그리고 사할린 반환을 위한 소련정부의 노력, 그리고 무엇보다도 전쟁으로부터 회복을 원하는 소련정부의 경제적 요구, 이러한 것들은 복합적으로 노령내의 한인들의 민족운동에는 부정적으로 작용하였다고 말할 수 있다. 무장투쟁을 지향하는 한인들의 입장은 안정을 바라는 소련측에 걸림돌이 되었다. 소련은 무엇보다도 한인들이 극동지방의 안정을 저해하지 않기를 바랐고 한인들의 민족운동 때문에 소련이 신경을 쓰게되지 않기를 바랐다고 말할 수 있다. 이점에 있어서 코민테른의 지도부와 러시아연해주 당국의 입장에는 차이가 있었던 것으로 보인다. 코민테른의 지도부가 전반적으로 통일전선을 추구하며 반제 연합전선을 위한 혁명역량의 구축에 노력하고 있었다면 현지에서는 될 수 있는 한 이러한 문제들이 말썽 없이 이루어지기를 바랐다. 이러한 점 때문에 1923년부터 공산주의운동이나 민족운동의 활성화가 한인교포들이 밀집해사는 간도지방에서는 적기단을 중심으로 하여 이루어진 반면 연해주 자체는 더 이상 운동이 전개되지 못하였으며 단지 원격조정의 참모부로서의 역할만을 하고 있었다. 바로 이 때문에 보다 더 관료적인 통제가 가능한 이르쿠츠크파가 운동선상에서 상해파를 제치고 소련의 정권당국과 밀착될 수 있었다고 보아야 할 것이다.

한국에서의 조선공산당은 이같은 상황에서 이르쿠츠크파가 주축이 된 고려부-오르그뷰로의 연계 하에 조직되었다. 물론 조선공산당 조직의 구성원들은 국내에 뿌리를 내리고 있었지만 이들은 이미 그 이전에 국내에 뿌리를 내리고 있었던 상해파나 서울파를 포섭할 수도 없었으며 그러한 의미에서 한국사회주의운동가들의 당적 결합체라고 부르기에는 대단히 많은 문제를 가지고 있었다. 또한 이들이 대체로 기계적인 유물론에 충실한 이상 한국사회에서 도출되어 나올 수 있는 민족운동의 문제라든지 계급의 문제에 대하여서도 그리고 차후의 전망에 있어서도 깊이 있는 이론을 가지고 있었다고도 보여지지 않는다. 이들은 우선 당 중앙을 건설하였고 당강령이나 당헌이 정해진 것은 그 다음의 일이었다. 더구나 운동가들의 이데올로기적 수준은 이들이 이론적으로 독자성을 가지기 어려웠다고 말할 수 있을 정도이다. 이러한 상태에서 이들의 코민테른에 대한 충성심이나 소련에 대한 무비판적 이상화는 이해될 수 있는 일이다.

이러한 점 때문에 조선공산당의 결성이 이전의 해외 망명한인들의 유산을 소화해 낼 수도 없었고 나아가서 발전시킬 수는 없었다. 조선공산당의 결성은 한인에 의한 최초의 사회주의정당 건설이 아니다. 그것은 이미 한인사회당에 의해 이루어졌다. 조선공산당의 역사적 의의는 국내에서 처음으로 공산주의를 지향하는 당이 결성되었고 그것이 코민테른으로부터 승인을 받았다는 사실에 있다고 할 것이다. 이 당의 자신의 지도력을 얼마나 확대하여 갔는지 그리고 식민지 시대 한국에서 어떠한 기여를 하였는지의 문제는 차후에 논의의 대상이 될 것이다. <『韓國史學』, 제13집, 한국정신문화연구원, 1993>

제 3 부 코민테른과 한인 사회주의자

코민테른의 민족·식민지논쟁과 한국의 민족해방운동

1. 머리말

코민테른 제2차 대회(1920년 7월 19일~8월 7일)는 민족·식민지문제의 논의에 결정적인 중요성을 가지고 있는 대회였다. 인터내셔널의 차원에서 민족·식민지문제가 논의의 대상이 된 것은 제2인터내셔널의 런던대회(1896년) 및 파리대회(1900년) 이래의 전통이 되었다.[1] 그러나 제2인터내셔널의 식민지문제의 논의는 다소간에 사회주의자들의 도덕적 비판에 불과한 것이었다 코민테른은 식민지문제에 있어서 제2인터내셔널과는 현저히 다른 입장을 가지고 있었다. 코민테른은 혁명

---

1) 개념상의 문제를 정리해 두기로 하자. 광범위한 의미에 있어서 식민지문제는 민족문제의 일부를 구성한다. 그런데 19세기 말 20세기 초의 유럽에 있어서 일반적으로는 민족국가를 구성하지 못하고 있는 소수민족의 문제를 민족문제로 생각하고, 아시아·아메리카 등 유럽의 식민지의 문제를 식민지문제로 이해했다. 민족문제는 런던대회 이래 논의되기 시작했고, 식민지문제는 파리대회 이래 논의되기 시작했다. 민족문제와 식민지문제를 하나의 문제로서 취급하는 것은 레닌주의적 이론의 특징이라 할 수 있다. 본 논문의 내용은 일제식민지하의 한국문제를 다루는 것이므로 편의상 식민지문제라는 표현을 앞으로 자주 사용하게 된다.

의 불길을 식민지에 붙이려고 시도하였다. 식민지문제는 이제 실제적 행동의 문제가 된 것이다.

　코민테른의 이같은 방향선택은 제1차 세계대전과 러시아 10월혁명의 뒤를 이은 식민지체제의 위기와 유럽에서의 혁명운동의 침체에 기초를 둔 것이라고 볼 수 있다. 제1차 세계대전 이후에 아시아에서의 민족해방운동의 고양은 의심할 바 없이 강력한 것이었다. 한국의 3·1운동이나 중국의 5·4운동을 비롯하여 식민지·반식민지에서의 강력한 민족운동의 출현은 제1차 대전에 의해 소진된 제국주의 열강들이 강요하는 식민지체제의 전면적인 위기를 초래한 것이다. 이제 아시아의 민족운동은 세계정치를 좌우하는 하나의 요소로 들어가게 되었다.

　한편 레닌, 트로츠키를 비롯한 많은 볼셰비키당의 지도자들이 기대하였던 유럽에서의 혁명은 점점 더 가능성이 희박하게 되었다. 독일과 헝가리에서의 소비에트공화국은 완전히 실패로 끝났고, 이제 러시아는 자본주의 국가들에 의해 전면 포위되었다. 전쟁을 통해서 자본주의 열강의 힘이 소진된 것은 사실이지만 그것이 자본주의 자체를 파국으로 몰고 가지는 않았다. 자본주의는 다시 힘을 회복하고 새로이 형성된 러시아 소비에트체제의 심각한 위협이 된 것이다.

　이러한 상황에서 러시아공산당 그리고 코민테른이 아시아의 민족운동의 고양에 희망을 걸게 되는 것은 당연한 일일 수 있다. 그러나 그를 위해서는 몇 개의 이론적 문제들이 검토되어야만 했다. 과연 공산주의는 민족주의와 같은 발판 위에 서 있을 수 있는 것인가. 그렇다면 그것은 언제까지인가. 이러한 문제는 사실상 코민테른 제2차 대회 이전에는 미해결의 문제였다. 아무도 그 문제에 심각한 주의를 기울이지 않았다. 코민테른 제2차 대회는 그 문제에 대해 처음으로 명백한 이론적 입장을 표명하게 된다.

　한국 공산주의운동에 있어서도 코민테른 제2차 대회는 결정적인 중요성을 가지고 있다. 1918년 4월 28일 연해주에서 한인사회당이 창당된 이래,[2] 한인사회당은 선명한 계급투쟁의 노선을 계속 주장했다. 그것은 한국에서 아직 민족운동이 본격적으로 성장하기 이전의 상태에서, 한인사회당의 활동이 주로 시베리아에서 한인의 역량을 소비에트권력을 옹호하기 위해 집결시키는 데에 있었음에도 그 원인을 찾을 수 있을 것이다. 그러나 한인사회당은 창당 이후 몇 달이 안되어 붕괴되었다. 1918년 8월 노령극동에서의 소비에트권력은 붕괴되고, 이 과정에서 한인사회당 창당에 주도적 역할을 한 알렉산드라 김도 백군에 의해 처형을 당하게 된다.[3]

극동에서의 소비에트권력의 붕괴는 한인사회당의 합법적 존재를 불가능하게 만들었다. 한인사회당은 1919년 3월까지 사실상 조직적인 활동을 하지 못하게 된다. 그러나 3·1운동은 한인사회당에 새로운 자극을 주었다. 1919년 4월 블라디보스톡 당대회에서 한인사회당은 '신민단' 및 '사회혁명단'과 연합하여 한인혁명운동을 주도하려는 의도를 갖게 된다.[4] 한인사회당은 당시 노령연해주의 중심적 민족주의 단체인 '대한국민의회'와 대립되는 노선을 취하게 된다.

---

2) 여태까지의 연구는 일본경찰문서에 근거를 두고 한인사회당의 창당일자를 1918년 6월로 보고 있다. 그러나 많은 소련측 자료에서는 일본경찰문서와 다른 일자를 보여주고 있다. 필자는 한인사회당의 창설에서부터 그 이후의 다른 여러 가지 점에 대해서 소련측 자료를 검토한 결과, 기존의 설과는 다른 새로운 견해를 가지게 되었다. 이에 대해서는 다른 논문에서 검토하고자 한다. 단지 위의 창당일자는 소련에서 출판된 다음 자료에 근거를 두고 있음을 밝힌다. 10월혁명십주년원동기념준비위원회 편찬, 『10월혁명 십주년과 고려민족』, 해삼위도서주식회사 크니스토예델로, 하바로프스크-블라디보스톡, 1927.

3) M. T. Kim, *Koreiskie internatsionalisty v bor'be za vlast' sovetov na Dal'nem Vostoke(1918~1922년)*, Moskva:izdatel'stvo<Nauka>, 1979, p.55 이 책은 이준형에 의하여 『일제하 극동시베리아의 한인사회주의자들』(역사비평사, 1990)이라는 제목으로 번역되었다. 필자는 감수를 하였다.

4) Kim Syn khva, *Otcherki po istorii sovetskikh koreitsev*, Alma-Ata:Izdatel'stvo <Nauka>, 1965, p.95

블라디보스톡 당대회에 참석했던 한인사회당의 이론가 박진순(1892~?)에 의하면, 당대회는 '순수한 계급 원칙'을 채택했다. 당대회는 이어서 국제적 지지를 획득하기 위해 대표를 손약선 정부, 일본, 그리고 러시아에 파견하게 된다. 박진순은 바로 이때 소비에트 러시아에 파견되었고 또 코민테른 제2차 대회에 참석하게 된다.

따라서 박진순은 선명한 계급투쟁의 기치를 내걸고, 민족부르조아지와의 결별을 선언하며 코민테른 제2차 대회에 참석하게 된다. 우리는 이제 식민지문제에 대한 코민테른 제2차 대회의 입장과 박진순의 입장, 그리고 동대회가 한국공산주의운동에서 가지는 의미를 살펴보기로 하자.

2. 코민테른 제2차 대회에서의 민족·식민지문제

1919년 3월의 제1차 대회 이후 1년 4개월만에 열린 코민테른 제2차 대회에는 41개 국가의 67개 조직으로부터 169명의 의결권을 가진 대표들과 48명의 참고권을 가진 대표들이 참석하였다.[5] 코민테른 제2차 대회는 두 종류의 이데올로기에 대한 레닌주의의 투쟁으로 유명한데, 하나는 개량주의에 대한 투쟁이고 다른 하나는 좌익소아병에 대한 투쟁이었다. 그러나 민족·식민지문제에 대한 논쟁에서는 주로 레닌주의와 좌익소아병의 대립이 두드러진다. 우리는 민족·식민지문제 특히 식민지문제에 논의를 국한시키기로 하자.

코민테른 제2차 대회(이하 제2차 대회로 표시함)에서는 의사일정에

---

5) B.Kun(red.), *Kommunisticheskii internatsional v dokumentakh, 1919-1932*, Moskva: Partiinoe izdatel'stvo, 1933, p.89 이하 몇 러시아 문헌을 인용함에 있어서 일일이 페이지를 밝히지 못하는 것은 원래 출판된 이후 오랜 시간이 경과하여 일일이 문헌을 확인하지 못하였기 때문이다. 독자의 양해를 구한다.(1998.12 권희영)

따른 토론주제마다 소위원회를 구성하였다. 민족·식민지문제에도 역시 소위원회가 구성이 되었는데, 이 소위원회에는 러시아에서 레닌, 카메네프를 비롯하여 19개국에서 20명의 대표가 참석한다. 한국을 대표한 박진순도 역시 이 소위원회에 참여하였다.

민족·식민지문제는 7월 26일과 28일의 본회의에서 토론이 되는데, 이 토론을 검토할 필요가 있다. 소위원회에서의 토론은 속기록이 출판되지 않았기 때문에 그에 대해 상세한 고찰을 하기가 힘들다. 단지 본대회에 나타난 토론을 통해 그 내용을 짐작할 수 있을 따름이다.

레닌은 7월 26일의 본회의에서의 발언을 통해 소위원회에서 나타난 의견의 차이를 분명히 밝히고 있다. 소위원회에서는 레닌의 테제와 로이의 테제가 서로 대립했다. 레닌에 의하면 두 가지 점에서는 두 개의 테제 사이에 아무런 차이가 없다. 그것은 "억압하는 민족과 억압받는 민족의 구분"이다.[6] 다음으로는 세계의 국가체제를 "소수의 제국주의적 민족들의 그룹이 소비에트운동과 소비에트 국가들에 반대하는 투쟁"으로 정의할 수 있다는 것이다. 그러나 셋째 문제에 들어가서는 두 개의 테제 사이에 결정적인 차이가 있게 된다. 그것은 후진국에서의 부르조아민족운동에 관한 것이다.

문제는 "후진국에서의 부르조아 민주주의적 운동을 코민테른과 공산당이 지원해야 한다는 것이 원칙적으로 그리고 이론적으로 타당한가 아닌가"에 있었다. 그런데 소위원회에서의 논의는 공산주의자로서 식민지의 민족해방운동을, "이 운동이 진정으로 혁명적일 때, 이 운동의 대표자들이 공산주의자들로 하여금 농민 및 광범위한 피압박대중을 혁명적 정신 속에서 양성하고 조직하는 것을 방해하지 않을 때에만" 지원해야 한다는 것이었다. 그 결과 '부르조아 민주주의'운동이라

---

[6] 이하 코민테른 제2차 대회의 내용은 러시아어판 속기록을 이용하였다. 『코민테른 제2차 대회』(1920년 7~8월), 모스크바, 1934.

는 표현을 '민족혁명적'운동이라는 표현으로 바꾸게 되었다. 레닌의 생각에 의하면 "모든 민족운동은 단지 부르조아 민주주의적일 수밖에 없지만," 로이에 대해 표현상의 양보를 한 것이다.

그런데 로이는 소위원회에서, 코민테른은 인도에 대해서 오로지 공산주의운동의 형성과 발전만을 도와주어야 하며, 인도공산당은 민중의 계급적 이익을 위한 투쟁을 위해 광범위한 인민대중의 조직에 대해서만 염려해야 한다고 주장했다. 역시 소위원회에서 레닌은 로이를 비판하면서 "인도의 공산주의자들은 부르조아 민주주의운동을, 그 운동과 결합됨이 없이 지원해야 한다"고 강조하였다. 이어서 레닌은 "인도에는 오백 만의 노동자와 삼천 칠백 만의 무토지 농민들이 있음에도 불구하고, 인도 공산주의자들은 그 나라에 인도공산당을 형성하는 일을 지금까지도 성공하지 못했고, 벌써 이 점에 있어서 로이의 관점은 상당한 정도로 근거가 없는 것이다"라고 로이를 공격하였다.[7]

레닌이 소위원회에서의 토론을 통해 로이에게 표현상의 양보를 한 것에 대해 로이는 그가 처음에 가지고 있었던 식민지민중의 독자적 투쟁의 생각을 수정하게 된다. 그리하여 7월 26일의 본회의 발언에서, "물론, 이러한 인도대중에 의해 일어나는 혁명은, 첫 번째 단계에 있어서 공산주의혁명이 되지 않을 것이다. 물론 첫 번째 단계에서는 혁명적 민족주의의 역할을 하게 될 것이다. 그렇지만 모든 경우에 있어서 혁명적 민족주의는 유럽제국주의의 실패를 가져올 것이고, 유럽 프롤레타리아트를 위해 엄청난 의미를 가지게 될 것이다"라고 말하게 되었다.

제2차 대회에서의 레닌과 로이의 논쟁은 민족·식민지문제에 있어서의 레닌주의와 좌익소아병(레닌이 사용한 냉소적 표현)과의 이론적

---

[7] A. B. Reznikov, "O strategii i taktike kommunisticheskogo internatsionala po natsional'no-kolonialnomy voprosu", *Komintern i Vostok*, Moskva:Izdatel'stvo <Nauka>, 1969, p.119

대립을 나타내는 것이었다. 그런데 왜 아시아 공산주의자들의 첫 세대에 로이와 같은 성향이 강하게 나타난 것일까.

페르시츠(Persits)는 이 질문에 대답하기를, 좌익소아병은 동방의 공산주의자들이 사회주의혁명을 앞질러서 성취하려는 의욕과 전술에 있어서 민족부르조아지의 반(反)제국주의적 역할을 잊는 데서 오는 것이라고 하였다. 그리고 두 번째 원인을 가리켜, 그것은 식민지의 민족적·사회적 해방에서 전쟁적 요소를 과대평가하는 데서 나타난다고 하였다.8)

페르시츠는 아주 흥미있는 예를 들고 있다. 로이는 인도의 해방전쟁을 위해 실제로 해방군대를 조직하고, 투르크스탄에 인도혁명가들을 위한 군사학교를 세웠다. 그것은 1920년 말경이다. 그러나 카불정부가 인도혁명가들의 군대가 아프가니스탄의 국경을 넘는 것을 거부했기 때문에 뜻을 이루지 못했다는 것이다. 제2차 대회가 끝나고 로이가 인도원정을 위해 타슈켄트로 떠나게 되었을 때, 레닌은 로이의 모험주의를 지적하고 그 나라의 혁명적 상황에 접근할 수 있는 투쟁방법이 필요하다는 것을 증명했다는 것이다. 아시아 공산주의의 첫 세대들의 기대와 달리, 레닌은 소위 '혁명수출'에 반대하는 입장을 보인 것이다.

레닌과 로이의 대립은 단지 혁명의 전술에서 뿐 아니라 전략적인 면에서도 차이점을 보이고 있다. 로이가 제2차 대회에서 발언한 내용 가운데 하나는 "서방의 운명은 오로지 동방의 국가들의 혁명적 운동의 발전과 그 힘의 정도에 달려있다"는 것이었다. 이에 대하여 페르시아 대표 술탄 자데(Sultan-Zade)는 강력한 반발을 보였다. 7월 28일의 본회의에서 그는 말하기를,

---

8) M. A. Persits, "Vostotchnye internatsionalisty v Rossii i nekotorye voprosy natsional'no-osvoboditel'nogo dvizhenia(1918-iun'-1920)", *Komintern i Votok*, p.84

……로이 동무가 주장하듯이, 세계공산주의의 운명은 동방에서의 사회혁명의 성공에 달려있는가? 물론 아니다. 그렇지만, 예컨대 투르크스탄에서 온 많은 동무들이 마찬가지의 오류에 빠져 있다. 식민지의 착취가 식민지에서 혁명적 동요를 가져온다는 것은 아주 정당한 것이지만, 다른 한편으로는 식민지의 착취라는 바로 그 요소가 중심부의 귀족적 노동자들 사이에서 반혁명적 분위기를 가져오게 된다……… 오늘날 인도에서 공산주의혁명이 일어난다고 가정해보자. 이 나라의 노동자들이 영국과 유럽에서의 혁명적 운동의 도움없이 부르조아지의 공격을 물리칠 수 있을까. 물론 아니다. 이 점은 우리에게 페르시아와 중국혁명의 실패의 비극적인 경험이 증명해 주었다. 그리고 지금 터어키와 페르시아의 혁명가들이 강력한 영국의 도전을 물리친다면, 이것은 그들이 강력하게 되어서가 아니라 세계 제국주의적 강도들의 연약함 때문으로 보이는 것이다. 서방에서의 혁명의 천둥같은 폭발이 동방의 땅을 흔들었고, 페르시아와 터어키의 혁명가들에 힘을 더해 주었다. 전세계적 혁명의 시기가 초래되었다.

혁명의 전략적인 측면에서 아시아 중심주의적 태도를 비판하면서도 ──이 점에서는 레닌의 입장을 취하면서도─ 술탄 자데는 전술적 입장에서는 로이와 마찬가지의 태도를 가지고 있었다. 그는 "주어진 상황에서, 부르조아 민주주의적 경향과 반대적인 순수 공산주의적 운동을 만들고 지원해야 한다. 모든 요소들의 다른 평가, 모든 다른 결론들은 우리에게 가장 통탄할 만한 결론을 가져오게 될 것이다"고 하는 것이다.

이같은 논쟁의 분위기를 살펴볼 때, 전반적으로 좌익소아병적 요소가 민족·식민지문제의 토론에서 상당히 강력했음을 지적할 수 있다. 물론 민족·식민지문제 소위원회에서는 그 경향이 한층 더 심했지만, 레닌과의 논쟁을 통해 본회의에서는 그것이 상당히 약화되어 나타나는 것이다. 그리하여 새롭게 수정된 양 테제(레닌, 로이)의 일치성을, 마링(Maring)의 경우 발견할 수 있었다.

나는 레닌의 테제와 로이의 테제 사이에 어떠한 차이를 보지 못함
을 천명한다. 그것들은 근본적으로 같다. 어려움이라고 하는 것은 단
지, 후진국과 식민지에 있어서, 혁명적 민족운동과 사회주의운동 사
이의 관계의 올바른 설정을 발견하는 데 있는 것이다. 실제로는 이러
한 어려움은 나타나지 않는다. 혁명적 민족주의적 요소와의 공동작업
은 거기에(식민지 및 후진국—인용자) 있어서 불가결한 것임이 명백
하며, 우리가 이러한 운동들을 무시하고 마르크스주의 독트린으로부
터 분리될 때, 우리는 반쪽 일만 하게 되는 것이다.

그러나 좌익소아병은 단지, 아시아측의 대표들로부터만 나온 것은
아니다. 이탈리아의 세라티(Serrati)는 민족·식민지문제 소위원회에 참
가하지는 않았지만, 7월 28일의 본회의에서 다음과 같은 발언을 하게
된다.

나는 개인적으로, 레닌과 로이에 의해 대회에 제출된 민족·식민
지문제에 대한 테제들에 있어서 몇 가지의 모순을 발견할 뿐 아니라,
특히 선진국들의 공산주의적 프롤레타리아트의 입장에 있어서, 특히
전(前) 혁명적 시기에 있어서 공개적으로 적들과 모든 계급적 협력관
계에 남아 있어야 한다는 심각한 위험성을 발견하게 된다.

특히 세라티는 레닌의 입장에 정면으로 반대하여 "전반적으로 모든
부르조아 민주주의적 당파의 민족해방적 행동은 봉기의 수단을 사용
한다 해도 혁명적 행동으로 보이지 않는다"고 하였다. 그에 의하면 후
진국에서도 프롤레타리아는 계급투쟁에서 완전한 독립성을 유지해야
만 하는 것이다. 그리고 그와 아울러 세라티는 테제의 선택에 대한 투
표에 참가거부를 공식적으로 선언한다.
이것은 상당한 물의를 불러일으킨다. 세라티의 발언은 지노비에프

(Zinoviev), 로이, 그리고 바인코프(Vainkov) 등의 강력한 반발을 초래했고, 로이에 의해 세라티의 발언을 속기록에서 삭제하자는 의견이 제시된다. 그러나 삭제의 건은 지노비에프 의장에 의해 거절된다. 테제는 레닌의 테제를 주테제로, 로이의 테제를 보충테제로 하여 채택이 된다. 투표에서는 3명이 기권을 하고 나머지 전원의 찬성으로 양 테제가 채택된다.

제2차 대회에서의 민족・식민지문제에 대한 격렬한 토론은 그만큼 이 문제에 대한 마르크스주의자들의 전략 및 전술적 입장이 선명하게 -그 이론에 있어서나 그 실천에 있어서-제시되지 않았다는 것을 의미하는 것이다. 동시에 제2차 대회는 그 문제를 레닌주의의 입장에서 확정시켰다는 의의를 가지고 있다. 레닌은 선진국의 부르조아지는 물론 사회민주적 개량주의자들에 대해서도 단호한 투쟁의 태세를 명백히 했지만, 아시아 일반적으로 후진국에 대한 그의 태도를 보면 소위 민족부르조아지에 대해 보다 관대한 입장을 보였다. 그것은 식민지・반식민지의 민족운동이 세계 혁명운동의 일부를 구성한다는 전제에서, 그리고 그 민족운동은 어쩔 수 없이 부르조아 민주주의적 성격을 가질 수밖에 없다는 레닌의 생각에 기초를 둔 것이었다.

그런데 한국을 대표한 박진순은 어떠한 입장을 가지고 있었고, 한국에서의 혁명과 민족운동의 문제를 어떻게 제기했는가 살펴보기로 하자.

3. 박진순과 한국혁명의 문제

최초의 한인 공산주의조직인 한인사회당의 창당, 그리고 블라디보스톡 당대회(1919면 4월)는 코민테른과 직접적인 관계를 맺고 있지 않다.

코민테른이 창설되는 것은 1919년 3월의 일인데, 박진순의 기록에 의하면 블라디보스톡 당대회에서는 모스크바에서 코민테른이 창설되었다는 것을 몰랐다고 한다.

우선, 코민테른과의 관계를 가지기 이전에 러시아 볼셰비즘의 영향을 통해서 성장한 최초의 공산주의자 그룹이 민족·식민지문제에 대해 어떠한 견해를 가지고 있었는가 하는 것을 살펴보는 것은 대단히 흥미있는 일로써 검토해볼 가치가 있다. 그에 대해 우리가 알 수 있는 자료는 박진순이 모스크바에 파견된 후 1919년 말경 코민테른 집행위원회에 보고한 「한국에서의 사회주의운동」과 「혁명적 동방과 코민테른의 다음 과제」라는 논문이다. 후자의 논문은 제2차 대회 직전에 발표된 것이다. 이 논문들의 논지를 순서대로 검토해보자.

1919년의 논문에서 읽을 수 있는 것은 한인사회당의 구성원들이 민족운동의 전술에 있어서 극좌적 성향을 보였다는 것이다. 1919년 4월의 블라디보스톡 당대회에서는 "순수하게 계급적 원칙"에 집착하는 좌파와 "토착부르조아지 및 지주계급과의 긴밀한 관계"를 주장하는 우파 사이에 논쟁이 있었는데, 주도권을 장악한 것은 좌파였고, 회의는 좌파의 승리로 끝났다는 것이다. 그 점은 당대회가 채택한 프로그램을 통해서 볼 때 여실히 드러난다. 한인사회당이 채택한 프로그램에 의하면 한국은 "자본주의적 단계에 들어가고 있는 중이며", 한인사회당은 "프롤레타리아트와 근로자적 요소들을 조직해야 하며 그들을 혁명적 마르크스주의의 정신 속에서 교육하고, 자본주의와의 일상 투쟁을 지도해야 한다"는 것이다. 그리고 한인사회당은 "소비에트적 형태를 가장 합당한 정부의 형태"로 생각한다는 것이다.

이러한 견해가 마르크스나 레닌의 혁명이론을 충분히 이해하지 못한 상태에서 나온 것임은 의심의 여지가 없다. 인구의 압도적 다수가 농민으로 구성되어 있는 한국에서 농민문제에 대해, 또 대농민전술에 대해 일언반구의 언급이 없다는 것은, 위의 논문이 한국의 현실을 구체적으로 이해하고 그에 따른 혁명전술을 생각한 것이 아닐뿐더러, 러시아혁명의 과정조차도 제대로 이해하지 못하고 있음을 보여주는 것이다. 러시아에서도 농업문제는 모든 진보적 성향의 제정당들(볼셰비키, 멘셰비키, 사회혁명당)에 있어서 중심문제 가운데 하나였다. 우리가 전 절에서 본 바와 같이 많은 아시아의 대표들이 레닌의 테제에 반대하는 극좌적 입장을 보였다고 했는데, 한인사회당과 그를 대표하는 박진순도 그 경향에서 벗어나지 못하고 있는 것이다.

그러나 러시아공산당 및 코민테른에서의 많은 토론은 박진순의 견해에 일정한 궤도수정을 요구한다. 제2차 대회 시작 직전에 발표된 「혁명적 동방과 코민테른의 다음 과제」는 이러한 점을 잘 보여준다. 이 논문에 의하면, "10월혁명은 프롤레타리아적 서양과 혁명적 동양의 간격을 연결하는 첫 다리"가 되었다는 것이다. 그러나 이러한 상황진단에서 그는 곧바로 로이적 입장으로 진입한다. 즉 "동방에서 세계혁명의 운명이 결정될 것이다"라고 평가하여 혁명의 전략적 비중을 동방에 두고 있는 것이다. 그러나 혁명전술에서는 레닌적 입장에 보다 접근한다. "기쁘게도 이데올로기적인 민주주의자들의 다수는 혁명의 편에 있다는 것을 증명했다"고 하는 것이다.

박진순은 7월 28일의 본회의의 발언에서 위의 견해를 재확인한다. 그러나 레닌적 테제로의 접근이 다소간 동요되고 있음이 다음의 인용문을 통해 볼 때 분명히 드러나고 있다.

> 한국을 식민지로 유지하려는 일본의 정책은 한국 부르조아지로 하여금 한국에 공장과 회사를 건설하는 가능성을 막았다. 이것이 한국의 부르조아지를 일본으로부터 멀어지게 한 이유 중의 하나이다. 이러한 이유 때문에 부르조아지는 근로대중과 함께 투쟁을 했는데, 그래서 최근 2~3년 동안 우리는 그들과의 사이에 경계를 그을 수가

없었다. 그리고 우리는 경제적 상황이 우리에게 그 가능성을 주기 전
까지는, 물론 그렇게 하지 않을 것이다. 그렇지만 우리 당은 계급간
의 경계를 긋고 혁명적 운동을 지도할 것인데, 한국에서 그 운동은
순수히 농업적 성격을 가지고 올 것이다…… 결국에 가서 한국이 민
족적 굴레를 집어던지게 될 때, 2~3년 동안은 바로 부르조아지가 이
해하는 대외 독립된 한국이 그들이 갈망하던 행복을 그들에게 주지
않기 위한 기간이 될 것이다. 독립된 한국이 그들에게는 모든 물질적
이익의 박탈을 의미한다는 것을 알고 있고, 이 때문에 그들은 벌써
지금부터 한국혁명에 반대하고 있고, 자신의 운명을 일본제국주의와
관계하고 있다.

이상에서 보듯, 박진순은 가능한 한 부르조아지와의 경계를 설정하
려고 했고, 즉각적 투쟁의 입장을 보이고 있다. 이러한 점에서 제2차
대회가 박진순의 입장에 어느 정도의 변화를 준 것은 사실이지만, 그
것이 한국혁명의 문제에 대한 전략적 문제의 평가에까지 영향을 주지
는 못했다. 그는 "서유럽의 프롤레타리아트는, 식민지들이 부르조아지
의 힘의 원천으로 남아있는 한 승리할 수 없다"고 하였다.

그러나 이같은 입장의 차이에도 불구하고 박진순은 제2차 대회로부
터 긍정적인 의견의 일치를 발견할 수 있었다. 예컨대 서양의 노동운
동이 식민지의 민족운동을 전폭적으로 지원해야 한다는 대목이 그것
이다. 라덱(Radek)은 다음과 같이 말한다.

> 만일 영국노동자들이 부르조아적 편견에 반대하여 싸우는 대신에,
> 영국제국주의의 행동을 지지하거나 또는 그에 대해 소극적으로 대처
> 할 때, 그들은 바로 영국에서의 모든 혁명운동을 가장 억압하는 일에
> 협력하는 것이다. 영국의 프롤레타리아트는, 그들이 식민지의 혁명운
> 동을 지지하지 않는다면, 자본주의의 질곡으로부터 벗어날 수 없다…
> … 코민테른은 영국의 공산주의자들에 대해서 그들의 *Call*이나
> *Worker's Dreadnought*의 기사들에 의해 판단할 것이 아니라, 식민지에

서의 선동을 위해 감방에 투옥된 동무들의 숫자로서 판단해야 할 것이다.

이러한 발언은 확실히 식민지의 운동가들을 고무할 것임에 틀림이 없었다. 박진순 역시 "동방의 민족들과 서유럽 프롤레타리아트의 공동적 혁명투쟁의 필요성"을 강조하였다.

제2차 대회에서 박진순의 주목을 끌었던 문제 중의 하나는 후진국에서 자본주의적 발전을 경유하지 않을 수 있는 가능성의 문제였다. 박진순은 이러한 입장을 제2차 대회의 개최 직전에 발표한 논문「혁명적 동방과 코민테른의 다음 과제」에서 설명하고 있다.

> 동방에서의 이러한 사회주의-농업혁명을 기대하면서, 코민테른은 즉각적으로 새로운 사회-공산주의 사회-조직의 혁명적 방법을 만들어야 한다. 말하자면 동방에서의 사적 자본주의의 발달의 잔혹한 시기를 피하면서, 농업체제로부터 사회주의체제로의 가장 고통없는 전환을 위한 경제적 계획을 만들어야 한다.

물론 비자본주의적 발전의 문제는 식민지문제에 대한 레닌 이론의 일부를 구성하는 것이다. 제2차 대회에서 레닌은 그것을 다음과 같이 분명히 표현했다.

> 만일 혁명적인 승리의 프롤레타리아트가 그들 '식민지 민족' 가운데에 체계적인 선전을 하고, 소비에트정부들이 가능한 모든 방법으로 그들을 돕는다면, 후진국의 민중들에 있어서 자본주의적 발달이 불가피하다는 것은 올바른 것이라고 볼 수 없다……. 코민테른은 이론적인 차원에서, 선진국 프롤레타리아트의 도움으로 후진국이 소비에트체제에 도달할 수 있고, 몇 단계 발달을 거쳐 자본주의적 단계를 회피하고 공산주의로 이를 수 있다는 원칙을 세우고 정당화시켜야 한다.

라덱은 이 논지를 받아서 더 구체적인 제안을 한다.

만일 독일, 프랑스, 그리고 영국의 프롤레타리아트 대중에 의해 사회주의를 성취하는 것이 가능하게 된다면, 우리는 식민지 민중에게 자본주의에 의해 우리에게 남겨진 모든 근대적 생산수단을 줄 뿐 아니라, 사회주의가 창조하는 새로운 생산방법도 주게 될 것이다. 우리는 그들을 봉건적 야만으로부터, 수공업과 매뉴팩처의 단계를 통과하지 않고, 근대적 기술을 이용할 줄 아는 그러한 생산으로의 올바른 길을 발견하도록 도울 것이다.

4. 맺음말

코민테른 제2차 대회는 국제적 차원에서 처음으로 식민지·반식민지의 민족운동에 대한 문제를 집중적으로 검토하고, 민족운동에 대한 국제적 지원을 확인했다는 점에 그 의의가 있었다.

민족·식민지문제를 검토함에 있어서 코민테른은 제2인터내셔널의 지도자들이 가지고 있던 개량적 노선에 대해 단호히 반대입장을 표명했다. 그와 동시에 공산주의자들 내부에 형성되어 있던 좌익소아병에 대한 투쟁을 전개했다.

이러한 과정을 통해서 제2차 대회에 의해 채택된 민족·식민지문제에 관한 테제를 어떻게 평가할 수 있을 것인가.

첫째, 제2차 대회는 식민지·반식민지의 민족운동은 식민지·반식민지의 모든 혁명세력의 과제일 뿐 아니라, 선진국 노동계급의 과제 및 의무임을 강조하였다.

둘째, 제2차 대회는 식민지·반식민지의 민족운동에서 공산주의자들이 취해야 할 전술적 태도를 분명히 했다. 많은 논쟁이 있었지만 결국 그것은 다음과 같이 요약된다. 후진국의 민족운동은 본질적으로 부르조아민주주의의 성격을 가질 수밖에 없는데, 공산주의자들은 이러한 운동에서, 민족부르조아지가 노골적으로 반(反)혁명적 입장을 취하지 않는 한 이를 지원해야 한다는 것이다. 그러나 이것은 공산주의운동이 그 독자성을 상실하고 민족주의운동에 융합되어야 함을 의미하는 것이 아니다. 오히려 그 반대로 언제나 독자성을 유지해야 하지만, 식민지·반식민지에서 민족부르조아지가 가지고 있는 혁명적 요소를 이용해야 한다는 것이다.

셋째로 지적할 수 있는 점은, 식민지·반식민지의 후진국에서 자본주의적 발달을 피할 수 있는 가능성 문제이다. 코민테른 제2차 대회는 처음으로 식민지에서 자본주의적 발달을 거치지 않고, 전근대적 사회로부터 적절한 단계를 거쳐—사회주의체제의 도움으론—사회주의체제로 나아갈 수 있다는 이론적 입장을 확인했다.

이러한 제2차 대회는 물론 한국의 공산주의운동에 깊은 영향력을 행사했다. 이 대회에서의 전술적 문제의 논의는 한국에 있어서는 통일전선의 형성에 관한 문제로 귀착이 된다. 1919년 4월의 블라디보스톡 당대회는 부르조아 민주주의와의 결별을 선언했다. 그러나 국내의 3·1운동의 진전과정을 통해, 특히 상해임시정부에로의 참여를 통해 1919년 7월 이후에는 사실상 민족주의자와 사회주의자의 통일전선이 형성되어 있었다. 그리하여 한국에서 최초의 통일전선이라고 볼 수 있는 이 시기는 코민테른으로부터의 직접적 영향력 없이 이루어진 것이 특징이다. 그러나 상해파는 코민테른의 전반적 노선과는 반대되는 길을 걸어갔다. 박진순이 제2차 대회에 참석하여 코민테른의 노선을 알고 있음에도 불구하고, 한인사회당은 통일전선을 유지하는 데 적극적이지 않았다. 1921년 1월 이동휘의 임정탈퇴는 최초의 통일전선을 무너지게 했다. 이러한 한인사회당의 태도는 한국 공산주의운동에서의 그의 주도권을 약화시켰다. 왜냐하면 비슷한 시기에 소위 이르쿠츠크파는 대한국민의회와의 합작을 통해 그들 나름대로, 러시아내의 한인사회에 관한 한, 통일전선을 이룰 수 있었기 때문이다. 코민테른과 반대의 노선을 걸어갔다는 사실은 상해파의 몰락과 이르쿠츠크파의 부상을 설명해 준다.

마지막으로 1920년대 일제의 소위 '문화정치'는 민족운동의 분열을 위한 공작 즉 통일전선을 방해하기 위한 공작이었다고 이해할 수 있다. 1920년의 민족·식민지문제에 대한 테제의 발표와 더불어 통일전선의 이론적 기초가 한국공산주의자들에게 주어졌음에도 불구하고, 그것의 성공은 1927년의 신간회에 가서야 가능하게 된다. 이는 그만큼 일제의 정책이 식민지 한국에서의 민족운동의 분열에 유효하게 작용하였음을 말해주는 것이다. 이러한 과정의 구체적 내용을 검토하는 것은 앞으로의 연구과제가 될 것이다. <『역사비평』, 1988년 여름호>

제1차 극동노력자대회 및 극동혁명청년대회에서의 한국혁명의 문제

1. 머리말

코민테른의 제2차 대회 이후에 코민테른 지도자들의 동방으로의 경주는 아주 주목할만한 것이다. 그리하여 우리는 바쿠대회(1920년 9월)를 보게되고 이 대회에서 '동방민족의 선전 및 행동평의회'의 조직을 보게 되며 또 코민테른의 극동국이 이르쿠츠크에 조직되는 것을 보게 된다. 이러한 경향을 살펴볼 때 러시아공산당(볼셰비키)과 코민테른이 혁명의 불꽃을 동방에 당기려고 하는 것은 명백한 사실이 되었다.

그런데 그 시기에 동방에서의 사정은 대단히 복잡하였다. 우선 극동공화국은 한창 내전을 치르고있었다. 1921년 5월 이래로 일본군에 의해 지지를 받고있던 메르쿠로프(Merkulov)정부는 신생 극동공화국의 존재에 종지부를 찍으려하고 있었다. 일본은 시베리아에서 군사개입을 결코 포기하려하지 않았다. 극동에서의 헤게모니를 위한 투쟁이 미국과 일본사이에 전개되었다. 그리고 미국에 의해 소집된 워싱턴회의는 외교적 수단에 의해 극동에서의 일본의 의도를 좌절시키려는 의도를 가지고 있었다.

그런데 이러한 워싱턴회의에 대한 소비에트러시아의 전술은 어떠한 것이었던가? 그것은 이중적이었다고 보인다. 소비에트러시아는 워싱턴 회의에 참석하려 하였으며 이 때문에 극동공화국의 대표를 워싱턴에 파견하였다. 이것은 일본과 미국사이의 마찰을 이용하기 위한 것이었다. 다른 한편으로는 소비에트러시아의 보조세력을 형성하기 위하여 극동에서의 반제국주의운동을 조직하려하였다. 제1차극동노력자대회는 바로 이러한 두 번째의 목표에 의하여 코민테른에 의해 개최된 것이었다.

한편 극동노력자대회를 극동반제세력결집의 기회로 이용하면서 동시에 청년들의 운동을 활성화시키기 위하여 극동혁명청년대회가 극동노력자대회의 회기중인 1922년 1월 30일 모스크바에서 개최되었다. 그러나 종래의 연구는 이에 대해 전혀 언급하고 있지 않는바 이에 대한 올바른 인식이 필요하다고 생각된다. 따라서 본고는 이 극동혁명청년대회를 별도의 항목으로 고찰하고자 한다.

2. 대회의 조직에 대하여

워싱턴회의의 계획이 발표된 이후에 코민테른은 이 대회의 성격을 분석한 후에 "이 대회가 보다 큰 제국주의 앵글로-색슨 흡혈귀의 이해를 보다 약한 흡혈귀인 일본 제국주의, 그리고 중국과 러시아의 희생을 통해 해결하기 위한 시도"라고 결론지었다.[1] 따라서 제국주의세력에 대항하여 소비에트러시아의 주위에 힘을 결집시키기 위하여 극

---

1) "Tezisy ispol'koma kommunisticheskogo internatsionala o vashintonskoi konferentsii", *Billuten I.K.K.I.*, no. 2, 1921.9.20, Petrograd, p.51 이 테제는 1921년 8월 15일에 발표되었다.

동의 제민족들을 조직할 필요가 있었던 것이다.

이러한 테제를 실행하기 위하여 코민테른 집행위원회는 극동노력자 대회를 조직하게 된다. 코민테른 극동국은 이 대회를 조직하는 역할을 맡게 된다. 그런데 원래 코민테른 극동국은 워싱턴회의에 대항하는 차원에서 회의를 조직하려 구상하고 있었기 때문에 워싱턴회의가 개최되는 1921년 11월 11일에 즉 같은 날에 회의를 개최하려 하였다. 그러나 신속한 대회의 준비가 어려운 상황에서 다소 늦게 모스크바에서 1922.1. 21-1922. 2. 1일 사이에 개최되었으며 마지막 회의는 러시아 혁명의 성지인 페트로그라드에서 1922. 2. 2일 개최되었다.

극동의 여러 나라들로부터 온 대표들이 이 회의에 참석하였다. 한국, 일본, 몽고, 부랴트, 칼묵, 자바, 인도, 야쿠트, 극동공화국, 러시아연방공화국(Rsfsr), 그리고 동방노력자공산대학의 학생들이 이 대회에 참석하였다. 서양 공산당의 대표들도 역시 이 대회에 참석하였다. 미국으로부터는 카(Carr)가 영국으로부터는 월터(Walter)가 프랑스로부터 케르(Ker)가 인도로부터는 로이(M.N.Roy)가 러시아로부터는 지노비에프와 사파로프가, 일본으로부터는 가타야마센이 참석하였다. 그리고 대회의 서기는 슈먀츠키가 맡게 되었다.2) 대표자격심사위원회의 규칙에 의하면 사회주의적, 공산주의적 또는 민족혁명적 대중조직들마다(당, 노조, 조합, 군사조직) 극동노력자대회에 대표를 파견할 수 있었다.3)

한인들은 이 대회에 가장 많은 대표들을 파견하였다. 모두 123명의 결정권을 가지는 대표들 중 한인은 54명을 차지하였다. 그러나 다음의

---

2) *Izvestia*, no. 16(1475), 1922.1.22
3) *The First Congress of the Toilers of the Far East*, Petrograd, 1922, p.237 각 단체들마다 회원이 100명 미만일시는 2명의 의결권을 가진 대표및 3명 이하의 참고권을 가진 대표를 파견할 수있었다. 회원수가 100명을 초과할때마다 의결권이 1표씩 추가되며 참고권을 가진 대표는 2명 이하로 제한된다. 대표자격심사위원회가 마련한 규칙에 해당되지 않는 단체도 참고권을 가진 대표를 파견할 수 있었고 그의 심사는 심사위원회가 맡았다.

도표에서 보듯이 한인들은 실제로 56명이나 결정권을 가진 대표였다. 모스크바의 한인학생들이 두 명 참가하였기 때문이다.

표1. 극동노력자대회 참가자들의 국적별 현황[4]

지부	결정권	참고권
조선	54	
중국	37	5
일본	13	3
몽고및 부랴뜨	14	4
자바	1	
칼묵	2	
인도		2
야쿠트		3
동방노력자공산대학	2	
모스크바의 한인학생	2	
계	125	17

정확한 숫자를 제시했다고 보이지는 않지만 슈먀츠키에 의하면 60명의 한인대표들이 대회에 참석하였다고 하였다. 그런데 대회당국에 의해서 참가대표들의 사회적 지위, 교육, 당소속 등이 표시되어있기 때문에 그것을 분석해보는 것이 대단히 유용할 것이다. 대회당국에 의한 조사는 한인들의 경우에 모두 48명에 대한 조사가 나타나 있다. 그런데 대표들은 20세부터 55세까지 걸쳐있었다. 그중 20대는 23명, 30대는 18명 40대는 6명 50대가 1명이었다. 이 유일한 50대는 홍범도라고 추측된다. 직업에 대한 조사에 있어서 농민이라고 답한 사람이 25명을 차지해서 과반수를 약간 넘었고 인텔리로 답한 사람은 13명 노동자로 답한 사람은 3명이었으며 기타가 2명이었다. 이 사실은 이 대회에 참석한 한인들이 당시의 한인들의 평균치를 보여주는 것이 아니라 적어도

---

4) *Ibid.*, p.237

엘리트층을 많이 대표하고 있다고 보아야 하는 증거가 된다. 교육정도에 있어서도 문맹은 하나도 없고 초등교육이수가 9명 중등교육이 29명 그리고 고등교육도 10명이나 되었다. 당소속에 있어서는 공산당소속이 무려 37명 공청소속이 5명 그리고 비당원이 6명으로 나타나있었다.5) 이렇다면 대회참석자들의 평균치는 20대의 농민출신으로 중등교육을 받았고 공산당에 가입한 사람이라는 것이 드러나게 된다. 이러한 사실은 평균치로 볼 때 이들은 농촌의 중농이상의 경제적 배경을 가진 집안에서 교육을 비교적 잘 받은 청년들이라고 말할 수 있는 것이다. 즉 한인사회주의운동의 초기에 그 운동가들은 대체로 당시의 한인사회를 감안하면 중산층에 속해있는 청년들이었다고 말할 수 있는 것이다.

한편 이 대회에 참석한 한인단체들은 다음과 같은 조직이라고 전해진다. 한국광복단, 한인공제회(민족혁명적 대조직), 서울의 노동조합조직, 한국, 중국, 미국의 공산주의조직, 한국과 간도의 농민조직.6)

다음으로 문제되는 것은 이 대회에 과연 구체적으로 누가 참석했는

---

5) *Ibid.*, p.238
6) B.Shmiatskii, "S'ezd trudisshchikhsia Dal'nego Vostoka", *Izvestia*, no. 15(1454), 1922.1.21
한편 대회의 속기록에는 다음의 단체들이 참여한 것으로 되어있다. 단 ()안의 한글표기는 필자가 조사확인한 한글 원명칭이다.
The Big Workers' Union of Korea―《Keng―San―Do》
the Trade Union of Workers of the province of Shi―do belonging to
the Communist Party the Union of Communist Youth of Korea(대한공산청년회)
the revolutionary patriotic 《League of Korean Christians》―To―Kun―Go
the organisation : 《The Restauration of Korea》
the revolutionary Korean Troops(대한광복군총영)
the Amalgamated Union of the organisations of the Korean Youth(대한연합청년단)
the Union of Youth : 《New Korea》(신한청년당)
the Union of Korean Students in China
the Club of Korean Students in Japan
the Central Union of Korean Students
the editors of the paper : *The Independence of Korea*

가 하는 점이다. 이 참석자에 대해서는 완벽한 리스트가 작성되어있지
않기때문에 그 전모를 파악하기는 어렵다. 그러나 다음과 같은 자료들
을 종합하면 그래도 상당수의 인물을 확인할 수 있다.

표2. 동방노력자대회의 한인참석자

자료	서대숙1)	김단야2)	이정식3)	마트베이 김4)
金元慶 ┐애국 權愛羅 ┘부인회		김원경	김원경	
崔昌植 ┐ 金柱 │ 林元根 │ 金丹冶 │ 朴憲永 ├공청 조훈 │ 원세훈 │ 高漢 ┘ 정해리		김단야	김단야 박헌영	
金永鎭 ┐청년 유진현 ┘(柳健赫)?				
白南信 ┐광복군 張德震 ┘ 鄭光好 ──학생 김만겸 ┐ 안병찬 │ 김철훈 │ 張建相 │이르 呂運亨 ├쿠츠크계 羅容均 │ 조동우 │ 박희곤 │ 김상덕 ┘		여운형	장건상 여운형 나용균	
김규식 金始顯 민종용 박애		김규식 김시현	김규식 김시현	
尹琦燮(상해임시정부)5)				

	최고려		최고려
	현순		
		李東輝	
		朴鎭淳	
			홍범도
			한명세
			마뜨베이 김

1) Suh Dae-sook, *The Korean Communist Movement, 1918-1948,* Princeton, 1967, pp.37-38 및 金正明 編,『朝鮮獨立運動』5, p.284
2) 『朝鮮日報』, 1925.1.29
3) Lee Chung-sik, R.A.Scalapino, *Communism in Korea,* vol.1, 1972, pp.37-40
4) M.T.Kim, *Koreiskie internatsionalisty v bor'be za vlast' sovetov na Dal'nem Vostoke(1918-1922),*   Moskva, 1979
5) 金正明 編,『朝鮮獨立運動』5, p.285

위의 표에서는 모두 35명의 인물이 신원 확인될 수 있다. 어쨋든 이 대회는 한국으로서는 특별한 의미를 가지고있다. 한인사회당은 1918.4월에 알렉산드라 김의 주도에 의해 하바로프스크에서 창설되었으며[7] 이 당은 주로 시베리아의 한인정치망명자들로 구성이 되어있었다. 이 당은 1919년 4월에 블라디보스톡에서 제2차 대회를 가진후에 코민테른에 가입을 신청하게 된다. 그러나 이 당의 지도부는 얼마 되지 않아서 극동에서의 한국혁명운동을 지도하려는 야심을 가지고 상해로 이동한다. 1920년 6월에 다른 한인공산주의자그룹이 이르쿠츠크에서 형성되었다. 그리하여 이 두 공산주의자그룹의 경쟁을 보게된다. 결국 이 두 그룹은 1921년 5월에 각기 공산당대회를 치르게 된다. 그러나 한달 후에 자유시사변이 일어나게 되어서 이 사건은 두 공산주의자그룹을 거의 화해할 수 없는 상태로 이끌어간다. 따라서 코민테른의 중요한 목

---

7)『십월혁명 십주년과 쏘베트고려민족』, 블라디보스톡, 1927. p.47

표중의 하나는 이 두 그룹을 통합하는 일이라고하지 않을 수 없는 것이다. 그리고 그 이후에는 이들 공산당과 민족 혁명적 요소들과 함께 반제국주의전선을 구축하는 일이다.

코민테른의 이같은 의도는 당시에 이르쿠츠크에서 발행된 코민테른 극동국의 기관지 『극동의 제민족』(Narody Dal'nego Vostoka)에 발표된 그란트의 논문을 통해서 살펴볼 수 있다.[8] 이 논문에서 그란트는 고려공산당이 중심이 되어서 민족부르조아지를 포함하는 통일전선을 구축해야한다고 하였는데 이러한 입장은 그리 단순한 것이 아니기 때문에 또 사실상 이후에 전개될 대회의 성격과 밀접한 관계를 가지고 있기 때문에 그란트의 입장을 다소 자세히 살펴보기로 하자.

그란트는 3·1운동이 오로지 부르조아지의 지도하에 있었다는 것을 비판하면서 계급투쟁의 필요성을 강조하고있다. "투쟁의 과정 중에 민족의 단일성이라는 연극은 깨어지며 부르조아적 지도자들은 이탈하게 되고 공산주의의 영향력은 강화된다." 그러나 일본제국주의와의 투쟁을 전개하는 가운데서의 다양한 세력들의 마찰이 투쟁을 방해하기 때문에 민족적 적과의 투쟁을 위해서 잠정적으로 전민족해방적 중앙(obchshe natsional'nyi osvoboditel'nyi tsentr)이 필요하다는 입장이다. 즉 "단지 일본인들을 구축할때까지만" 이러한 통일전선이 필요하다는 입장을 피력하였다.

> 단일한 중앙을 건설하려는 대중의 경향은 대단히 크기 때문에 현재의 한인들의 운동에 있어서 초미의 문제로 되어있을 정도이다. 그같은 전 민족적 중앙은 가장 빠른 시일 내에 창설되어져야한다고 간주된다.

---

8) Norman Grand, "Etapy osvoboditel'nogo dvizhenia v Koree", *Narody Dal'nego Vostoka*, Irkutsk, 1921, no.5, pp.613-622

그와 동시에 그란트는 고려공산당이 과거에 부르조아민족주의자들과 그들의 중앙에 대한 투쟁을 전개한 것을 긍정적으로 평가하고 현재에도 대중들 사이에 그 영향력을 깊이 행사하고 있음을 지적하며 단지 상황적 조건 때문에 통일전선을 이루게 됨을 깊이 강조하고있다. 그리고 이러한 통일전선에서 공산당이 주도적인 역할을 해야된다는 것을 강조하고있는 것이다.9)

그런데 코민테른의 이러한 입장은 이후의 대회에서도 보듯이 당시의 극동국 지도자들의 공통된 입장으로 파악된다.

한편 극동노력자대회에 참석했던 한국측의 인사들은 주로 이르쿠츠크계열의 사람들이었다. 따라서 이 대회에서 표명되었던 한인대표들의 의견은 주로 이르쿠츠크계의 입장을 반영한다고 보아야한다. 그러나 상해파가 대회에 참석하지 않았던 것은 아니다. 이동휘와 박진순도 이 대회에 다른 대표들과 함께 참석했던 것이다.10) 그런데 중요한 것은 이들 두 공산주의자 그룹이 한국혁명의 전술에 있어서 차이를 가지고 있었는지를 살펴보아야한다.

---

9) Ibid., p.622
10) 서대숙은 그의 책 *The Korean Communist Movement, 1918-1948* (Princeton: Princeton University Press, 1967, p.37)에서 이동휘나 박진순이 이 대회에 대회가 다 끝난후에 참석했다고 주장한다. 그러나 이들은 이미 모스크바에 1921년 11월에 도착하여 레닌과 회담을 가진 바도 있기 때문에 서대숙의 주장은 잘못된 것이라고 보여진다. Cf.A.A.Kim, "Koreiskaia delegatsia veseduet s V.I.Leninym", *Tikhookeanskaia zvezda*, 1929.1.22, in *O Vladimie Il'iche Lenine. Vospominania. 1900-1922. gody*, Moskva, 1963, pp.616-617

3. 대회가 본 식민지문제

아시아에서 혁명운동을 발전시키기 위한 볼셰비키 지도자들의 의지는 단지 시작만을 의미한다고 하더라도 지대한 것임에 틀림이 없었다. 코민테른집행위원회의 의장인 지노비에프는 동방의 대표들을 열심히 설득하려고 노력하였다 : "우리는 말뿐 아니라 행동으로도 유럽노동자들뿐 아니라 전세계의 노동자들의 조직이 되도록 노력하고 있습니다."11) 이점에 있어서 이 대회는 코민테른 제2차 대회 및 바쿠대회의 구호 "모든 나라들의 공산당 및 모든 억압된 민족들의 근로자들이여 단결하라!"를 따르고있는 것이었다.

보다 구체적으로 말한다면 극동노력자대회는 워싱톤회의에 의해 성립된 "4마리 흡혈귀"(영국, 프랑스, 일본, 미국)의 질서에 대한 반동이었다. 이러한 관점은 지노비에프에 의해 뚜렷이 제시되고있다. "극동의 문제는 세계정치의 축이다…그리고 프롤레타리아트와 억압된 민족의 해방의 전 운동의 축이다."12)

그런데 이러한 상황에 대하여 어떻게 반응할 것인가? 전략적인 면에 있어서 동방의 혁명은 더 이상 유럽에서의 혁명에 제쳐져있는 것이 아니다. 왜냐하면 이제부터 "유럽혁명은 세계혁명의 지도 위에서의 한 부분, 작은 구석에 불과하기 때문이다."13) 따라서 지노비에프에 의하면 이제 유럽혁명의 우위성이란 존재하지 않는다. 전술적인 면에 있어서 민족혁명운동과 공산주의적 성격의 프롤레타리아운동의 결합은 "필요하고도 불가피하다." 그런데 이 결합은 "소비에트러시아의 주위로" 결집되어야한다. 왜냐하면 소비에트러시아는 민족문제를 해결하는 그의 능력을 벌써 보여주었기 때문이다. "러시아에는 더 이상 존재하지 않

---

11) *The First Congress of the Toilers of the Far East*, p.3
12) *Ibid.*, p.23
13) *Ibid.*, p.35

는 문제가 하나 있는데 그것은 민족문제이다."14) 이러한 진술이 사실이 아닌 것은 분명하다고 말할 수 있다.

지노비에프가 그렇지만 프롤레타리아적 서방과 혁명적 동방을 동맹관계로 서게 하려는 점은 명백했다. 이 점에 있어서 지노비에프는 낙관을 하고있었다. "여러분들 중에서 많은 사람들이 세계혁명의 사실적인 최종의 승리를 살아서 보게 될 것입니다." 이러한 전망이 러시아에서는 1921년에 러시아공산당 10차 전당대회가 신경제정책을 도입하면서 이미 폐기된 것임은 두말할 필요가 없다. 따라서 지노비에프의 발언은 현실적 전망이라기 보다는 선동에 가까운 것이었다.

그렇지만 동방의 거의 모든 대표들은 지노비에프에 의해 발표된 테제즉 반제국주의 통일전선을 긍정하였다. 하나의 예외는 중국대표인 타오였는데 그는 국민당의 정강을 공산당의 정강과 동일시하였다. 거의 모든 대표들에게 나타난 이러한 모습을 보고 지노비에프는 흡족하지 않을 수 없었다. "동무들, 제국주의의 본질은 유럽노동계급의 어떤 요소들보다도 더잘 극동의 민족들에 의해 이해되었다고 우리는 생각합니다."15)

그렇지만 지노비에프가 자본주의국가들의 힘을 과소평가하고 자본주의 세계의 안정화를 그가 실제로 이해하지 못하였다는 점은 분명하다.

지노비에프가 강조한 또 하나 다른 점은 한국이나 중국에서 프롤레타리아가 존재하지 않음에도 불구하고 소비에트의 구호를 내걸라고 요구했다는 점이다.16)

지노비에프가 강조한 이 부분은 코민테른 제2차 대회의 결정에 배치된다는 것을 우리는 지적할 수 있다. 코민테른 제2차 대회는 소비에

---

14) *Ibid.*, p.36
15) *Ibid.*, p.153
16) *Ibid.*, p.153

트의 구호에 대한 테제 "언제 어떤 조건에서 노동자대표소비에트를 형성할 수 있는가"에서 구호를 내세우기 위한 전제조건을 다음과 같이 열거하는 것을 보게 된다.

   a) 노동자, 병사 및 노동인구일반에게서 대중적 혁명기운의 상승 ;
   b) 경제 및 정치적 위기가 악화되어서 권력이 기존정부의 손에서 벗어날 정도가 되었을 때 ;
   c) 권력을 위한 결정적이고 체계적이며 잘 조직된 투쟁을 시작할 진지한 단호함이 노동자들의 중요부분 특히 공산당의 당원사이에 성숙하였을 때17)

 코민테른 제2차 대회는 위의 조건들이 성숙되지 않았을 때에는 소비에트의 구호를 내걸지 말라고 하였다. 왜냐하면 "프롤레타리아혁명이 없는 소비에트란 반드시 소비에트에 대한 우스꽝스러운 모방으로 끝나기 때문이다."18)
 이 점에 있어서 지노비에프는 동방의 대표들에게 많은 혼란을 주었다고 이야기할 수 있다. 레닌주의적인 전술을 준다고 하면서 사실 그 대신에 모험주의적 전술을 주었던 것이다.
 사파로프의 발제는 동방에서의 혁명에 대해 구체적인 문제를 던진 것이라고 할 수 있다. 사파로프의 테제는 그 본질에 있어서는 지노비에프의 테제와 일치한다. 그렇지만 그는 민족해방운동에 있어서 프롤레타리아트의 헤게모니를 강조하였다. "우리는 모든 혁명운동을 지원해야하는데, 그렇지만 그 운동이 프롤레타리아운동에 반하지 않을 때에만 그것을 지원한다."19)
 그에 의하면 프롤레타리아트의 헤게모니는 절대적인 조건이다. 그리

---

17) *Kommunisticheskii internatsional v dokumentakh*, Moskva, 1933, p.112
18) *Ibid.*, p.113
19) *The First Congress of the Toilers of the Far East*, Petrograd, 1922, p.167

고 그는 민족운동이 공산주의운동에 복종할 것을 요구하였다. "우리가 민족 민주운동을 지원하는 만큼 노동운동에 대해 공산당의 노동계급의 운동에 대해 충실한 태도를 요구한다."20)

사파로프도 역시 동방에서의 혁명의 구호에 찬동을 표하였다. "소비에트는 프롤레타리아혁명이건 농민들의 나라이건 간에 각국의 근로자들의 손에 있는 가장 좋은 무기이다.21) 따라서 노동계급의 독립적 정치적 역할을 확실히 하려 하였던 것이다.

한국의 대표들은 사파로프의 입장에 동의하였다. 한국대표인 코르한은 사파로프의 테제를 지지하였다." 우리는 유보조건 없이 모든 민족혁명적 및 부르조아조직을 지원하려하지만 그것들이 제국주의자들을 따르지 않는 한에 있어서이다… 우리 한국의 공산주의자들은 타협정책을 추구하는 세력과는 결코 타협하지 않을 것임을 선언한다."22)

일본대표인 야코바는 사회주의혁명을 서둘러 실현하기를 희망하였다."만일 가능하다면 우리는 정치혁명과 사회혁명 둘을 한번에 실현해야한다."23)

동방의 대표자들에 대한 답변에서 사파로프는 그의 입장을 정리하였는데 그에 의하면 근본적인 문제는 민족혁명운동과 혁명적 프롤레타리아운동과의 상호관계이다. 그는 이 관계에 대하여 언급하면서 민주혁명의 구호가 공산주의자들과 민족주의조직들의 협력의 신호가 된다고 파악하였다. 그렇지만 프롤레타리아적 요소와 非프롤레타리아적 요소가 계급동맹에 있어서 독립적으로 조직되어야한다고 하였다.24)

어쨋든 사파로프가 강조한 것은 두 경향의 융합이 아니라 "노동의

---

20) *Ibid.*, p.173
21) *Ibid.*, p.167
22) *Ibid.*, p.178
23) *Ibid.*, p.189
24) *Ibid.*, pp.192-193

분업"에 의한 협력이었다.
 이제 우리는 이 문제가 한국대표들에 의해 어떻게 이해되었는가를 살펴보기로 하자.

4. 한국혁명의 문제

 극동노력자대회에서의 한국대표들의 입장은 대회의 개회식에서의 박경의 연설로 나타난다.

> 모스크바는 여기에서 세계 프롤레타리아 혁명운동의 중심지로 나타나며 우리는 모스크바가 극동의 억압된 인민들을 혁명적 운동 속에서 두 팔을 벌려 환영할 것이라는 것을 우리는 알고 있습니다. 여기에서 워싱턴은 자본주의적 착취의 중심지로 그리고 세계 제국주의 팽창의 중심지로 나타납니다.[25]

 이어서 한국 대표들은 3개의 보고서를 제출하였다. 원경의 「워싱턴회의와 그의 한국에 대한 관계」, 박경의 「한국의 혁명운동」 그리고 호의 「한국의 경제상황」이었다.
 우선 원경의 보고서를 살펴보기로 하자. 이 보고서는 한인들이 워싱턴회의에 대하여 깊이 실망했다는 것을 잘 드러내고 있다. 원경에 의하면 이 회의는 아시아대륙의 착취를 위한 국제적 트러스트에 불과하다는 것이다. 한국은 단지 그 협상의 대상물에 불과하였다.

> 의심할 바 없이 미국은 워싱턴회의에서 중국에서 가장 많은 특권을 차지하려하였고 일본에게는 그 대신에 보상으로 한국을 완전한

---
25) *Ibid.*, p.12

노예상태로 만드는 것을 허용했다. 그리고 이러한 의미에 있어서 한국의 혁명운동은 미국에 있어서 억압된 대중의 해방으로 이끌어 가는 투쟁으로서가 아니라 미국과 협상하는 동안에 일본을 보다 불리한 조건에 놓기 위하여 유용했던 것이다.26)

이러한 이유로 인하여 소비에트러시아는 한인들에게는 그들의 자유를 위한 투쟁에 있어서 "마르지 않는 에너지의 원천"이 되었다고 하였다. 원경은 이어서 세계의 프롤레타리아트와 극동의 혁명운동과의 결합을 그리고 제국주의를 전복하기 위하여 소비에트러시아와 코민테른을 강조하였다.27)

그 다음으로 호의 보고「한국의 경제상황」을 보기로 하자. 호는 한국이 경제적인 모든 면에서 완전한 지배의 상태에 놓여있다고 하였다. 85%의 한인들은 농민들이며 그의 대부분은 소작인이다. 그는 토지조사사업이 일본의 이민을 위한 한국농민으로부터의 토지의 박탈을 의미한다고 하였다. 그리고 그는 이러한 제국주의정책에 대한 한국농민의 저항에 대하여 설명하였다. 그는 한국민족의 투쟁을 단지 민족적 투쟁뿐 아니라 계급적 투쟁의 성격도 가진 것임을 지적하였다.28)

노동자들의 상황에 대하여는 그는 한인 프롤레타리아트의 수는 28만이며 그 이외에 또 농촌과 어장에 90만이 있다고 하였다. 그들의 노동시간은 10-11시간이며 노동자들의 임금을 가지고서는 3인 가족이 살기 힘들다고 하였다. 그러면서 그는 한인노동자들의 투쟁을 어렵게 하는 원인 하나를 지적하였다. 그것은 일본 노동자들의 존재인데 이들은 한국에서는 그들 자신이 제국주의자들이라고 하였다. 그들은 한인노동자들보다도 30-50%나 높은 임금을 받고 있다. 따라서 한인노동

---

26) *Ibid.*, p.73
27) *Ibid.*, p.74
28) *Ibid.*, p.118

자들은 그들을 일상의 적으로 생각하고있다는 것이다.29)

그는 또한 노동총동맹과 노동공제회에 대해 보고하고 이 단체들이 450개의 지부와 25만 2천의 회원을 가지고있다고 하였다.30)

그런데 아마 가장 중요한 보고는 박경의 「한국에서의 혁명운동」이었을 것이다. 그는 그의 보고에서 "현재 고려공산당은 사실상 한국혁명운동의 중심적 힘이 되는 중"이라고 하였다.31) 그리고 그는 현 상황에 대한 고려공산당의 전술을 설명하였다.

> 고려공산당의 정책은 한국대중들을 제국주의열강들의 착취에 반대하는 통일된 저항으로 결집하는 것이며 시급히 일차적으로 취해져야 할 한 단계로서 한국인민을 실제로 해방하기 위하여 노력을 기울이는 것이다.32)

그리고 그는 혁명적 중앙지도기관의 창설을 위한 국민대표대회의 소집을 위한 고려공산당의 노력을 강조하였다. 그는 한국의 혁명운동이 마침내 "세계적 사회혁명의 길에 들어갔다"고 하였다.33)

한국공산주의자들이 지노비에프와 사파로프에 의해 제시된 모든 관점을 받아들였다는 것은 명백하다. 그렇지만 여기서 제기되어야 할 문제는 다음과 같은 것이다. 이 대회에서 제시된 한국공산주의자들의 입장이 또한 상해파 공산주의자들의 입장과 일치하는가의 문제이다. 왜냐하면 상해파는 그때까지 코민테른의 노선과는 반대되는 입장을 가지고있었기 때문이다. 상해파 고려공산당은 상해임시정부와 1921년 봄에 결별하였다. 따라서 그것은 통일전선을 파괴한 것이다. 그리고 1921

---

29) *Ibid.*, p.119
30) *Ibid.*, p.120
31) *Ibid.*, p.97
32) *Ibid.*, p.98
33) *Ibid.*, p.98

년 5월에 상해파 고려공산당은 계급투쟁에 보다 중점을 두는 전술을 채택하였다. "우리의 민족해방운동은 사회혁명의 최종적 목표를 위한 한 걸음에 불과하며 우리는 현 사회의 모든 계급을 완전히 철폐하려한다."[34]

이러한 사실을 통해볼 때 상해파가 민족주의자들과의 통일전선에 보다 부정적 입장을 취하고 있었음은 분명하다. 그렇지만 코민테른 제3차 대회에 참석하였던 남만춘도 이르쿠츠크파의 공산당원이면서도 같은 입장을 취하지 않았던가? "민족주의자들은 지난 2년 동안 혁명투쟁을 지도하는데 있어서 그들의 완전한 무능력을 보여주었고 그들은 이제 막다른 골목에 와있다. 이러한 이유 때문에 그 대답은 코민테른에 의해 지도되는 공산주의자들의 지원을 받아 1921년 5월에 이르쿠츠크대회에서 창설된 젊은 고려공산당 일수밖에 없다"고 그는 선언했던 것이다.[35]

그리하여 통일전선은 사실상 극동노력자대회 이전에는 한인공산주의자들 사이에서 별로 환영을 받지 못했음을 보게 되는 것이다. 그렇기 때문에 통일전선의 노선은 코민테른에 의해 충동되었고 이르쿠츠크그룹은 보다 빨리 이 노선을 채택한 것이라고 볼 수가 있다. 왜냐하면 이 그룹은 이후 해외에서의 모든 혁명적 요소들의 반제전선으로의 결집을 위해 노력하는 것을 볼 수 있기 때문이다.

5. 극동혁명청년대회

코민테른은 극동노력자대회를 준비하면서 동시에 극동의 청년들을

---

34) 「高麗共産黨宣言」(金正明 編, 『朝鮮獨立運動』 5 수록), p.1001
35) *Tretii vsemirnii kongress kommunisticheskogo internatsionala—stenograficheskii otchet*, Petrograd, 1922, pp.473—474

결집시키는 대회를 조직하려고 하였다.36) 그것은 극동노력자대회의 부속적 성격을 띤 것이고 극동노력자대회가 개최될 같은 날인 1921년 11월 11일로 예정되어 있다가 동 대회가 연기됨에 따라 같이 연기되었다가 동대회가 개최되면서 그 회기 중에 개최되기에 이른다.

극동노력자대회는 모스크바에서 실제로 1월 27일에 회의가 끝나게 되었다. 그리고 그와 함께 1월 30일에는 극동혁명청년대회가 개최되었다. 이 대회는 따라서 이미 극동노력자대회에 참석하고있었던 청년단체 대표자들의 회의라고 하는 인상을 준다. 한국은 8개 청년단체의 94000명을 대표해 21명의 대표가 중국은 30개 조직 73000명을 대표하여 37명의 대표 부랴트몽고는 4개 조직 300명을 대표하여 14명의 대표 일본은 공산주의 및 노동조합조직에 참여한 청년 5명이 대표로 참석하였다.37)

이 대회는 극동노력자대회의 주최가 코민테른 극동국인데 비해서 공산청년인터내셔널(KIM) 극동국이 주최가 된 것이었다. 이 대회에서 다룬 의사는 1)공산청년인터내셔널의 극동의 공산청년에 대한 관계 2)현지보고 3)청년들의 과제 4)선언서였다. 첫 번 째 주제에 대해서 집행위원인 슐레르(Shller)는 각국의 청년운동들이 1919년 러시아의 청년들이 공산주의의 구호를 채택한 이래 공산청년동맹이 조직되고있다고 하였다.

1월 31일에는 현지보고가 있었는바 여기에서 한국의 대표들은 한국의 노동청년의 어려운 상황을 보고하였다. 공장에서 소년들이 10세부터 일을 하고 노동시간은 10-12시간이나 되며 그 수는 3만에 달하고 농촌에서는 20만에 달한다고 보고하였다. 그리고 한국의 청년들은 문

---

36) "Vozzvanie Dal'ne-Vostochnogo sekretariata kominterna molodiozhi Kitaiskomu soiuz molodiozhi, Koreiskoi federatsii ligi molodiozhi, ko vsei rabochei molodiozhi Iaponii", *Narody Dal'nego Vostoka*, no.4, Irkutsk, 1921, pp.501-502
37) *La Correspondance Internationale*, no.13, 1922.2.18, p.100

명민족에 대한 마지막 환상을 워싱턴회의로 깨버리고 붉은 청년과의 연대를 통해서만 해방이 가능하다는 것을 이해하게 되었다고 하였다.38)

1922년 2월 1일의 오전회의에서는 슐레르의 보고에 의한 결정을 만장일치로 채택하였다. 또 달린(Dalin)의 보고 극동에서의 혁명청년의 연합형태에 대한 토의를 하였다. 거기에서는 극동에 공산청년인터내셔널의 특별기구가 있어야한다고 주장되었다. 회의는 극동청년운동의 과제에 대한 테제를 만장일치로 채택하고 선언서의 작성을 의장단에 위임하였다.39)

이러한 회의의 개최는 보다 행동적인 청년들을 실천적으로 동원하기위하여 개최된 것이었으며 원칙적인 문제를 달리 논의한 것은 아니라고 보여진다. 그러한 점에서 극동혁명청년대회는 극동노력자대회의 보조적인 성격을 가진 대회였다고 보여진다. 그러나 구체적 행동을 위한 테제나 선언서는 필자가 입수하지 못한 관계로 그 내용을 소개 분석하지 못하는 것은 유감으로 생각한다.

6. 맺음말

제1차극동노력자대회는 한국혁명운동에 대단히 깊은 충격을 주었다. 우선 그것은 워싱턴회의에 의해 실망한 한인들에게 다른 대안인 소비에트러시아를 주었다. 그리하여 이 대회는 한인들의 볼셰비키화를 촉진하였다.

두 번째로 이 대회는 독립운동을 위한 투쟁의 시기에 있어서 민족주

---

38) *Izvestia*, 1922.2.5
39) *Izvestia*, 1922.2.7

의운동과 공산주의운동과의 관계를 다시 생각하게 하였다. 이 두 가지 점이 그 당시 지도적 민족주의자였던 김규식에 의해 나타난다.

> 우리는 종종 극동의 혁명적 세력들과 "통일전선"과 "협력된 행동"에 대해 말해왔다. 최근에 우리는 이전 어느 때보다도 그것을 잘 알게 되었는데 왜냐하면 서유럽과 아메리카의 자본주의 열강들이 어떻게 전 동아시아를 공동으로 착취하기 위하여 협력했는가 하는 것을 잘 보았기 때문이다.[40]

그러나 실제 문제에 있어서 반제전선의 문제는 많은 어려움에 부딪치게 된다. 우선은 두 방면에서 문제가 제기되는데 첫째는 자본주의국가들의 노동계급과 억압된 민족들 두 번째는 억압된 민족 내에서의 민족부르조아지와 노동자농민의 통일전선이다. 첫 번째 문제는 대회에서 한국대표가 발언했듯이 어려운 문제임이 판명되었다. 그것은 한국내의 일본인노동자들의 반동적 성격 때문이었다. 김규식은 그 점을 다음과 같이 말했다. "일본의 비혁명적 프롤레타리아트는 중국과 한국의 노동대중을 동료노동자로 보는 것이 아니라… 그들 차례로 착취하기 위한 피조물로 보고있다."[41]

두 번째 문제도 역시 어려운 문제였다. 우리가 보았듯이 지노비에프 자신이 이 작업에 대해 모순된 지침을 내리고 있다. 그것은 소비에트와 부르조아 민주혁명의 문제이다. 한인대표들은 통일전선의 전술을 완벽하게 이해 할 수 없었다. 그를 위해서는 아마 양보와 타협, 인내가 필요했을 것이다. 그렇지만 한인공산주의자들은 그러한 것을 원하지 않았다. 그들은 민족주의자들이 고려공산당에 굴복해야한다고 생각하

---

40) Kim Kyui-sik, "the Asiatic Revolutionary Movement and Imperialism", *Communist Review*, vol.III. no.3, 1922.7. in Suh Dae-sook, *Documents of Korean Communism, 1918-1948*, Princeton, 1970, p.91
41) *Ibid.*, p.94-95

였다. 젊은 고려공산당은 민족주의세력을 너무 과소평가 하였다. 이들은 너무 소비에트러시아에 의존하려 하였다. 그들은 부르조아 민족주의자들에 대한 양보가 공산주의에 대한 배반이라는 생각을 가지고 있었다. 그렇기 때문에 이후에 소집된 국민대표대회는 실패에 처하게 된 것이다. 그러나 한인대표들의 이러한 분위기보다는 당시의 코민테른 극동국의 책임자였던 슈먀츠키가 어떻게 한국 민족부르조아지의 성격을 파악하고 있었는가를 살펴보자.

> 일본의 굴레는 너무 단단해서 물론 부르조아지도 가난한 계급보다는 덜 고통을 받는 것은 사실이지만 어떤 계급도 편안하지 못하다. 부르조아계급은 불만족스러운데 왜냐하면 이민족 정복자가 노동계급의 착취를 통해 얻어진 이익의 가장 큰 부분을 가져가기 때문이다. 그리하여 한인 부르조아지 내부에서 대민족주의당인 소위 "야당"의 가입자들을 발견하게 되는데 이 당은 수십만의 가입자를 가지고있고 미국자본주의와 함께 변화를 희망하고 있다.[42]

코민테른으로부터 한인공산주의자들에게 통일전선을 형성하라는 요구는 지속된다. 그러나 그것은 1927년에 가서야 어느 정도 만족할만한 결과를 얻는다. 제1차 극동노력자대회는 통일전선을 한인공산주의자들에게 지침으로 제시하였다. 이 대회가 민족주의자들의 많은 수를 공산주의에 호감을 가지게 했던 것은 사실이다. 그렇지만 이 대회가 동시에 좌익적 지침을 줌으로써 상해정부의 민족주의자들과의 협력은 어려운 일이 되었다. 따라서 공산당을 중심으로 모든 혁명세력을 결집하려는 야망에도 불구하고 그 노력은 1920년대 전반기에는 실패로 끝나는 것이다. 그러나 이 대회이후 1920년대의 모든 논의는 통일전선의 문제가 중심이 되는 것을 우리는 보게된다. 그리고 이러한 점에서 물

---

42) B.Chmiatskii, "La Coree sous le joug", *Inprekorr*, Ed. francaise, 1922.3.8, no.18, p.135

론 제1차극동노력자대회는 한인들의 혁명운동사상 하나의 전기를 이루었다고 말할 수 있다. <『정신문화연구』, 제40호, 한국정신문화연구원, 1990>

조선노동공제회와 『共濟』

1. 머리말

 1920년 한국에서는 처음으로 노동문제를 연구하고 노동운동을 지향하는 전국적 노동단체로 조선노동공제회가 결성되고 그의 기관지로 『共濟』가 발간되었다.1) 이는 한국 사회에 있어서 특기할만한 사실이라고 말할 수 있다. 왜냐하면 조선노동공제회의 활동 그리고 그 기관지 『共濟』를 통하여 표출된 담론들은 한국의 기존의 담론체계에 새로운 자극을 던져주고 변형시켰기 때문이다. 그것은 『共濟』를 중심으로 하여 형성된 담론들이 노동에 대하여 새로운 의미를 기존의 의미체계에

---

1) 이 조선노동공제회가 과연 최초의 노동단체인가에 대하여 의문을 제기하고 동 단체를 민족주의 단체라고 보는 견해도 있다. (金森襄作, 「朝鮮勞動共濟會につい て」, 『朝鮮史叢』 3호) 그러나 이는 문제제기 자체가 온당한 것이라고 보기 어렵다. 노동단체의 주도권을 민족주의적 유력 인사들이 장악한 것은 사실이지만 그렇다고 해서 이 단체가 노동운동단체가 아닌 것은 아니다. 이 조선노동공제회는 근대적 노동운동단체라고 볼 수 있는 것이다. 그 점은 잡지『共濟』에서 나타난 여러 담론들을 분석할 때 분명히 드러나게 될 것이다. 『共濟』는 한홍구, 이재화에 의하여 편집되어 『韓國民族解放運動史資料叢書』(京沅文化社, 1988)의 제1권에 수록된 것을 자료로 활용하였다. 이하의 인용은 잡지명과 권수만을 약기한다.

부가시켰기 때문이다. 이같은 노동에 대한 새로운 의미부여는 물론 노동에 대한 담론을 발전시킨 새로운 사회그룹 그리고 이들 그룹에 의한 새로운 운동과 긴밀하게 연결되어 있다.

그러나 본고의 목표는 노동을 중심으로 새로이 형성되기 시작하는 담론의 주체자들을 운동사의 차원에서 고찰하고자 하는 것이 아니다. 물론 이러한 관계를 전혀 도외시할 수는 없으나 그보다는 잡지『共濟』를 통하여 표출된 담론들이 어떻게 짜여져 있는가 하는 것을 살피는 것이다. 이 경우에 있어서『共濟』는 반드시 조선노동공제회의 의지대로 짜여졌다고 보기는 어렵다. 따라서『共濟』에 나타난 담론을 3가지 차원에서 구분하여 분석하려 한다. 하나는 조선노동공제회 지도부의 담론 그리고『共濟』편집진의 담론 그리고 마지막으로는『共濟』에 게재된 일반 기고문들의 담론을 분석하려고 한다. 그럴 때 이 각 차원에서의 담론이 어떠한 차이를 가지고 있는가가 드러날 것이며 그러면서 전체적으로『共濟』에서 표출된 담론이 표출하는 의미들이 어떤 충격을 기존의 담론체계에 던져주었을까 하는 문제를 살펴볼 수 있으리라고 생각한다.

2. 조선노동공제회와『共濟』

1) 조선노동공제회의 조직과 사업

3·1운동 이후에 한국에서는 노동문제에 대한 관심이 고조되었다. 3·1운동이 진행되는 과정에서 노동자들은 파업으로 그들의 존재를 과시하게 되었으며 노동문제는 새로운 사회적 문제로 대두되었다. 이러한 분위기를 배경으로 하여 1920년 초에는 일종의 노동운동 단체를 조직

하려는 움직임이 구체화되기에 이르렀다.

그러나 비록 1919년부터 노동자들의 존재가 부각된 것은 사실이지만 노동자들 스스로가 어떠한 사회운동을 할 정도는 되지 못하였다. 따라서 새로운 노동단체의 조직도 새로운 근대적 사상으로 무장한 청년층이 중심적인 역할을 담당하게 되었다. 즉 노동단체의 출발을 지식청년들이 시작한 것이다.

1920년 2월 7일에 43인의 인사가 조선노동문제연구회를 시작하였다.[2] 여기에 주도적 역할을 하였던 인사들은 김사용, 박중화, 박이규, 박돈서 등이었다.[3] 청년지식층들은 세계적으로 고양되고 있는 자유주의적 혹은 진보적 분위기에 고양되어 한국사회에 새로운 문제로 부각되고 있는 노동문제를 연구해보려는 것을 목표로 가지고 있었다고 보아야 할 것이다. 이들 인사들 스스로가 노동자들이 아닌 이상 이들은 당장에 노동조합을 만드는 것이 목표일수는 없었다. 그리고 노동운동을 벌이는 것도 시기상조의 문제로서 고려되었다고 본다. 당시의 공제의 지상을 통하여 노동문제를 제기하는 것을 시기상조라고 보는 견해에 대한 비판이 많이 실린 것으로 보아 조선노동문제연구회를 만들 당시 이러한 신중론이 우세하게 되어 연구회로 명칭이 붙여졌던 것이라고 본다.

그러나 1920년에 들어서서 한국사회는 하루가 다르게 그 분위기가 변해가고 있었다. 사회개조의 분위기가 전 사회에 확산되는 분위기였으며 전반적으로 보아 사회운동을 위한 낙관적인 토대가 마련되었다고 볼 수 있다. 이는 의심할 바 없이 세계 사조의 변천 그리고 일제 총독부가 실시하고 있는 문화정책의 결과라고 볼 수 있을 것이다. 그리고 이같은 분위기에 따라 약 한달 만에 노동문제를 연구하려던 것보

---

2) 『共濟』 1, p.166
3) 김준엽, 김창순, 『韓國共産主義運動史』 2, 청계연구소, 1986, p.20 이하 이 책은 『韓共』으로 표기한다.

다 한 걸음 더 나아가서 노동운동을 시도해보는 쪽으로 방향이 바뀌었던 것으로 보인다.

그리하여 조선노동문제연구회에서는 다시 동년 3월 6일에 26인의 유지가 재차 협의한 결과 같은 달 16일 조선노동공제회발기회를 조직하였다. 이에는 75인의 발기회원 그리고 2500원의 후원금이 모였다. 다시 4월 3일에는 발기총회를 열었는데 발기인이 132인이고 98인이 출연금을 내어 5141원 50전에 이르렀으며 기관잡지경영을 자담하는 인사 2인이 있어서 동년 4월 11일에 창립총회를 열었다. 이에 286인의 발기인과 678인의 회원으로 조선노동공제회가 성립하게 되었다.[4]

조선노동공제회의 발기 자체가 1920년의 한국에서는 특이한 현상이었다고 볼 수 있을 것이다. 왜냐하면 그것은 근대적 의미에서의 노동자들의 상호부조단체이면서도 노동운동이나 노동조합이 존재하지 않은 상태에서 최초로 노동운동을 표방하고 선전하는 단체가 출현하는 것이었기 때문이다. 바로 이러한 성격상의 모호한 점 때문에 조선노동공제회의 방향을 둘러싸고 처음부터 가벼운 논전이 벌어졌으며 이러한 논전은 노동공제회의 존속기간 동안 계속되었다. 그리고 그것은 이미 공제회의 기관지인 『共濟』에서도 분명하게 드러났다. 조선노동공제회에 대하여 사회주의적 입장을 가지고 있던 유진희는 1920년 5월 1-2일 「노동자의 지도와 교육—차편을 특히 노동공제회제군에게 고함」에서 노동자 자신의 힘을 강조하면서 노자협조주의를 비난하고 나섰던 것이다. 유진희는 『共濟』 1호의 기고문 「촌감」에서도 격렬한 문체로 "온정주의"를 비난하며 투쟁을 내건다.

> 개조를 말하며 해방을 이악이하는 책상머리의 노동운동자들아 신을 언하고 선을 설해가며 우리노동회는 세계의 그것과 가티 위험한

---

4) 『共濟』 1, p.166

것이 아니라고 신발명자의 과장을 흉내내는 민중운동자들아 소위 이지의 동작을 자랑하는 얼골누르고 사지느러진 도의군자국의 자손들아 낮잠에도 실징이나서 나태한 잠꼬대로 타인을 흉내내는 사상가들아 민연한 군등의 주창은 모두 무서운 현상긍정이다. 반동세력의 부활이며 구세력의 잠재이다. 구사상에 대한 집착이며 구문명에 대한 동경이다. 국가라는 신비한 형이상학적 미명하에 횡포를 자행하는 특권계급에게 유순한 귀의를 뵈이는 불순한 정체를 가진 군등이여 다 가거라 가서 저 지상지옥의 독와사의 세례를 바다라5)

유진희의 이러한 기고문을 보더라도 노동공제회는 그 출발에 있어서 이미 지도부의 노자협조주의적 입장과 일부 좌익인사들의 계급투쟁적 입장이 대립하고 있음을 보여주고 있다. 그리고 이러한 대립은 그 어느 영역을 막론하고 1920년의 출발을 알리는 한국적 시대징후라고 보아도 지나침이 없을 것이다. 한국의 진보를 주장하는 청년 사회주의적 논객들은 도처에서 전통과 권위의 파괴에 나섰기 때문이다.

조선노동공제회가 내건 기치는 이미 청년회의 조직을 배경으로 하고 있었기 때문에 급속히 파급되었다. 1920년 10월에 인쇄된 『共濟』 2호에는 각 지회에 『共濟』 분매처를 지정하였는데 여기에 평양, 대구, 개성, 인천, 예산, 황주, 북청, 광주, 정읍에 지회가 설치되었음을 알 수 있다.

조선노동공제회는 창립된 이래 1920년 4월 15일 첫 임원회를 열고 노동강습소, 노동회관 건축 등의 안건을 통과시켰다. 같은 달 19일에는 회관기성회를 열고 공사비를 김기동, 오상은 외 5명이 부담하기로 하였으며 5월 1일에는 강연회도 가졌다. 강연회는 김명식, 정태신, 염상섭(장덕수 대신)이 연사가 되어 「부조와 경쟁」, 「계급사회의 모순」, 「노동조합과 세계의 현황」을 말하는 강연회가 열렸고 용산철도공장

---

5) 『共濟』 1, p.133

직공 김길인의 즉흥연설도 있었다.6) 그후에도 수시로 공제회는 강연회를 개최하였다.

조선노동공제회가 벌린 사업중의 하나는 노동야학의 운영이었다. 공제회교육부는 1920년 10월 10일자로 노동야학의 강습소 모집공고를 내었다. 강습소는 중앙노동강습소(종로 이문내 중앙예배당)와 용산과 동대문에 설치하여 모두 3개소를 운영할 계획이었다. 강습생의 자격은 노동자 또는 노동자의 자제이며 교육정도는 초등과 정도로 하는 것이었으며 수강과목은 수신, 조선어, 한문, 국어(일본어)의 4개 과목이었다.7)

조선노동공제회는 또한 한국 최초로 소비조합활동을 벌였다. 1921년 7월 15일부터 공제회 시설부에서는 서울 관수동에 소비조합상점을 설치하고 노동자들에게 식량과 일용필수품을 공급하였다. 조합원 1인당 5원의 주금을 5개월 분납으로 하여 공제회원은 모두가 조합원이 되는 방침을 세웠다. 이 소비조합의 중역은 이사장 유양호, 전무이사 이수영, 이사 임일근, 성홍석, 감사 서계원, 이경희였다. 이 무렵 서울에는 약 2천의 공제회원이 있었다고 한다.8)

그러나 이러한 활동에 대하여는 사회주의파에서는 그 비판도 만만치 않았다. 송사생은 노동조합의 결성을 촉구하면서 기존의 활동을 다음과 같이 비판하였다. "목하의 유명무실한 무슨회 무슨회하는 소위노동회인 위조물이 실질잇고 내용잇는 노동단체로 회전하기를 열망하는 것 뿐만 아니라 강습소니 강연회니 하는 성의업는 불순한 교육수단이 하루밧비 진실하고 자력적인 교육기관으로 귀정되기를 切望하는 까닭

---

6) 『韓共』 2, p.63
7) 『共濟』 2
　한편 1920년 8월에 정태신과 남정철을 강사로 하는 노동야학이 인사동, 숭의동, 숭사동에 설치되었으며 주로 회원을 교육시켰고 그 뒤 노동야학은 중앙과 지방에서 모두 성황을 이루었다고 한다.(『韓共』 2, p.65)
8) 『韓共』 2, p.64

이올시다."9)

　보다 급진적인 편으로부터의 비판이 있었지만 조선노동공제회는 발전을 계속하여 1921년 3월 13일에 경성부 제 1회 정기총회를 개최하였다. 경성의 황금정 광무대에서 개회하였는데 총간사대리 홍순녕이 식사를 하고 임시의장 오상근이 사회를 맡았다. 회의의 경과보고에서 지회가 평양, 대구, 개성, 인천, 예산, 황주, 북청, 광주, 정읍, 영흥, 영주, 안동, 강화, 양양, 고산의 15개소에 설치되었고 용산출장소가 1개소 설치되었다. 경성본회의 재적회원은 6703인이고 각지회의 재적회원은 11186인이며 모두 17259인이었다. 1년중의 수입은 4966원57전 5리고 지출은 4772원 62전 5리며 회원 연조금 미수납액이 4964원이고 경비 미지변액이 760원 13전이었다. 또한 사업으로는 노동야학강습소를 3개 설치하여 운영할 계획인바 현재는 중앙강습소 1개소가 설치되어 생도 35인이 있고 강연회는 3회를 개최하였다. 또한 사망이나 부상, 처나 친의 상을 당한 자에게 부의를 전달하고 직업소개도 하였으며 회보와 잡지를 발간하였는데 총부수는 16500부라고 하였다. 또 신임원을 개선하였는데 개선된 임원은 다음과 같다. 회장 김명식, 총간사 홍증식, 의사장 장덕수이며 그 외 간사 60인 의사 30인 연합총회출석대표 61인을 선출하였다.10)

　조선노동공제회는 경성부 총회에 이어 본회의 제2차 총회를 1921년 4월 2-3일에 개최하였다. 제2차 총회에서는 회칙개정과 임원개선이 있었다. 회칙개정을 통하여 회장제는 위원제로 변경되었다. 임원으로는 박이규 외 39명이 집행위원 장덕수 외 19명이 평의회원이 되었다.

　조선노동공제회가 해외의 한인사회당 혹은 고려공산당과 연결되는 것은 1921년 이후의 일로 보인다. 고려공산당은 1921년이래 조선노동

---

9)「노동조합의 교육적 의의」,『共濟』 7, p.40
10)『共濟』 7, p.92

공제회의 간부 중 수명을 입당시켰으며 1922년 4월의 총회시에는 5명의 당원이 간부가 되었으며 『共濟』는 공산주의 조직의 기관지라고 코민테른에 보고하였다.11)

1922년 4월 3-4일에 제3회 정기총회가 열렸다. 이 대회에서는 마침내 내부폭발을 일으켜서 서울청년회계(차금봉), 장덕수계, 화요회계(윤덕병)가 서로 대립하였다. 이러한 알력관계를 해소하지 못하고 결국 1922년 10월 15일에 서울 인사동에서 임시총회를 열어 조선노동공제회는 해체되고 각 파벌에 따른 조직체가 새로이 결성되기에 이른다. 그것은 1920년대 들어와서 진행되고 있던 자유(민족)주의계의 운동과 사회주의계의 운동의 분열을 반영하며 또한 사회주의계 내의 두 계파(상해-서울파, 이르쿠츠크파)의 분열과정과 일맥상통한다고 보아야 할 것이다.

그것은 또한 다음의 『共濟』의 담론 분석에서 살필 수 있듯이 노자협조주의와 계급투쟁주의의 대립을 극복하지 못하였기 때문에 나타난 불가피한 결과였다고 판단된다.

2) 『共濟』의 발간과 운영

『共濟』에는 창간시에 조성순, 김두희, 정태신, 남상협의 4인이 담당하여 1호와 2호를 발간하였고 그러다 조성순이 사고를 당하여 발간을 중지하다가 김두희 남상협이 사면하였고 조성순 대신 그의 친구 여환옥이 다시 잡지인수를 받고 이견익이 간사를 맡았으나 3호에서 6호까지는 검열에 걸려 출간되지 못하였다. 그러다 1921년 3월 조성순은 6개월의 옥고를 치르고 다시 『共濟』편집에 참여한다. 따라서 7호부터는 조성순, 여환옥, 신백우, 이견익, 유진희의 5인이 4-5인 객원의 도

---

11) 拙稿, 「고려공산당연구」, 『韓國史學』, 제13집, 한국정신문화연구원, p.247

움으로 편집을 담당하였다. 김두희와 정태신은 동경에서 사회문제연구에 몰두한다.12)

공제는 제7호부터 8호까지는 잡지의 표지에 "노동문제연구"와 "신사상선전"의 기치를 분명히 내어 걸었다. 즉 잡지는 분명한 사회주의 선전의 잡지로 변해가고 있었던 것이다. 미처 발간되지는 못하였지만 공제 8호에 소개되었기에 그 목차를 알 수 있는 9호를 보면 그러한 경향은 더욱 뚜렷해진다. 필자를 확인할 수는 없지만 9호에는 신사상선전과 관련된 논문으로「중류계급의 몰락을 촉함」,「피패하여가는 문화운동」, 사유재산의 기원」,「유물사관에 대한 제비평」,「사회주의는 엇더한 것이냐」,「따윈설과 맑스설」이 있고 노동문제에 관련된 논문으로는「노동문제의 개조운동」, 노동문제 통속강화」「직공조합론」같은 것이 있어서 사상문제에 오히려 더 큰 비중을 두고 있음을 보게된다.

3. 공제의 담론 분석

조선노동공제회의 성격을 분명히 파악하기 위해서는 『共濟』에서 나타난 담론들을 정확하게 분석할 필요가 있다. 그러나 『共濟』를 통하여 나타난 담론은 적어도 3가지 그룹으로 나누어서 살펴보아야 할 것이다. 우선 첫 번 째로 조선노동공제회의 임원을 맡으면서 대표적 역할을 했던 인물들의 입장을 살피는 일이다. 다음으로는 편집진의 입장이다. 이 경우 편집진의 입장이 과연 정확하게 지도부의 입장과 일치하는지 혹은 아닌지의 여부를 알 수 있게 될 것이다. 마지막으로는 기고문들의 입장을 살펴보아야 한다. 물론 기고문들은 일단 편집진의 의도에 의하여 선택된다고 보아야 하지만 그럼에도 불구하고 편집진의 의

---

12)『共濟』7, pp.93-94

견과는 차별성이 나타날 수 있다고 볼 수 있다. 이같은 구분을 염두에 두면서 우리는 잡지 『共濟』에 나타난 담론들을 분석하여 보기로 하자.

1) 조선노동공제회 간부진의 담론

조선노동공제회장 박중화는 「조선노동공제회주지」에서 조선의 실상이 노동자의 지위와 조건 문제를 제기하는 것은 차치하고 "목전의 생활난을 절규"하는 상황이기 때문에 이 문제를 해결하는 일이 급무라고 하였다. 그는 일반노동의 이상적 실시는 아직 장래의 문제라고 보고 노동공제회가 담당해야 할 최선의 급문제를 노동자교육, 경제, 위생이라고 파악하였다. 그리하여 그는 공제회의 주지를 7가지로 요약하였다. 1.지식계발 2.품성향상 3.환난구제 4.직업소개 5.저축장려 6.위생장려 7.일반노동상황의 조사연구가 그것이다.[13]

박중화가 가지고 있는 이러한 생각을 다른 주요한 간부들도 공유하고 있었다고 본다. 김명식은 「노동문제는 사회의 근본문제이라」에서 노동문제를 일종의 현실적이고 근대적인 문제로 파악하기보다는 보다 보편적이며 추상적인 문제로 파악하고 있었다.

> 노동은 사회의 국부문제도 아니오 계급문제도 아니오 또 산업혁명이 발생한 이후 문제도 아니라 인생의 기원과 그 기원을 가티한 인생의 시초문제이며 인생의 전체문제이며 사회의 근본문제이다.[14]

따라서 노동문제에 대한 그의 해결책 역시 일종의 초역사적 해결책을 제시하고 있음을 보게된다.

---

13) 『共濟』 1, pp.167-170
14) 『共濟』 1, p.17

문화와 물질을 막론하고 가치를 창조하는 동작을 영위하는 자는 모다 노동이 아님이 아니니 그런고로 노동의의를 역사히 광의로 해석하야 노동문제를 사회문제로 인생문제로 각득하고 근본적 해결을 구치 아니하면 도저히 노동문제의 해결은 희망치 못할 것이다. 가령 자본과 노동을 구별하여 논하는 것도 그 근본으로써 관찰하면 또한 긍정치 못할 바이니 자본은 하며 노동은 하인고 그런데 자본을 노동으로 노동을 자본으로 서로 화하야 그 일을 작하면 자와노의 문제가 무할것이오 자와노의 문제가 무하면 딸아 노동문제고 국부적으로 존재치안을 것이니15)

 이같이 볼 때 김명식은 육체노동자가 중심이 된 근대적 의미의 노동운동과는 다른 방향에 서 있음은 분명하다.
 또한 인천지회장 강영표나 의사장 김홍래, 인천지회총간사 최형묵도 그들의 축사에서 공통적으로 노동의 신성을 강조하고 있다.16) 이는 전통적으로 개화기 이래의 실업의 장려와 같은 애국계몽운동적 차원의 논의와 비슷한 것이라고 말할 수 있을 것이다. 왜냐하면 그것은 무엇보다도 노동을 귀중하게 여기는 새로운 윤리를 의미하는 것이기 때문이다. 여기에서는 노동은 다른 무엇보다도 일이라는 보편적 개념에 가까운 것이기 때문이다.
 그러나 공제회의 지도부의 다른 일각에서는 공제회를 분명한 계급적 운동으로 발전시켜 나가려는 의지를 가지고 있었다고 본다. 공제회의 평양지회장 정세윤은「창간을 축함」에서 사유재산문제가 노자문제의 근간임을 말하고 이같은 인식하에서 노동문제를 해결할 것을 촉구하고 있었다. 그는 "노동문제를 해결코저하는 자는 그 문제를 사회에 우는 인생에 관한 중대문제로 지하고 설령 국부문제로 해결할지라도 전체를 고찰하야 해결하려는 신념이 무하면 도저히 그 목적을 달치 못

---

15)『共濟』1, p.21
16)『共濟』2, pp.73-76

할 것이다"라고 하였다.17) 또한 서울청년회계의 오상근은 노동의 상품화에서 노동문제가 발생한다고 보고있으며 따라서 사유재산제도에 대하여 의문을 제기하고 있다. 그는 자본이 사유 독점되었다는 사실에 대해 자본은 사회나 국가 또는 노동조합이 관리하여도 가하다고 한 것이다. 또한 노동자의 문제제기는 자본가 개인에게 있는 것이 아니라 "노동자의 공격은 제도에 잇스며 노동자의 기대는 제도개혁에 있다"고 하여 노동문제를 해결하기 위한 노자협조나 화해중재의 방법은 실패에 귀착할 것임을 역설하였다.18)

공제회의 지도부의 한 사람으로 중요한 역할을 하고 있는 장덕수는 다소 독특한 논문을 창간호에 발표하였다. 그것은 「부인해방론」으로 이는 노동문제를 다룬 논문도 아니고 사회주의를 선전하고 있지도 않은 논문이지만 해방을 중요한 메시지로 하여 한국의 여성들이 해방되어야 함을 역설한 근대지향의 논문이었다. 그에게 있어서 여자는 여자이기 이전에 한 사람이며 그러는 한 고유의 성을 가지고 있다. 그리고 그 성을 인격적으로 발양시키도록 해야한다는 것이다. 그가 부인해방을 위해 구체적으로 지적한 두 가지 사항 중 첫째는 여자도 사람으로 국민으로 교육을 받아야 한다는 것이었으며 둘째로 강제와 권력에 기초한 제도는 여자에게 고통을 주므로 사회개혁이 있어야 한다는 것이다. 그는 가정의 근본은 연애이어야 하며 그러한 의미에서 자유결혼과 자유교제를 주장하고 있는 것이다.19) 장덕수의 입장은 1920년 한국의 청년 지식인이 가지고 있는 근대지향적 운동을 분명히 짐작하게 해준다. 공제회 역시 바로 이같은 근대지향적 성격을 가지고 있었던 것이다. 이는 장덕수가 진보적인 자유주의적 원리를 충실히 표현하고 있다고 볼 것이다.

---

17) 『共濟』 1, p.23
18) 「어대서보고」, 『共濟』 1, pp.143-144
19) 『共濟』 1, pp.92-93

이러한 지도부의 논의를 보면 지도부내에서 대다수는 공제회를 계몽적 노동단체로 생각하거나 근대지향적 단체로 생각하지만 일부는 사회주의적 관점에서 노동문제를 전망하는 사람들도 포함되어 있다는 것을 보게 된다. 이같이 볼 때 일단 공제회는 자본가들에 대한 노동자들의 협상과 투쟁을 위한 단체라기보다는 노동자들의 계몽을 위한 지식인단체이며 또한 노동자들의 상호부조를 돕기 위한 공제단체라는 사실이 명백해진다. 그러나 이시기에 생겨난 노동단체가 그렇게 기능이 명백히 분화된 것은 아니었다. 그러한 의미에서 조선노동공제회는 단순한 공제단체를 벗어나며 또한 그렇게 지향하고 있었다. 지도부의 일부에서도 사회주의적 관점에서 노동문제를 보는 사람들이 존재하며 이들이 공제회를 그러한 단체로 키울 생각을 가지고 있었다고 보아야 할 것이다.

2) 『共濟』 편집진의 담론

그러하다면 잡지를 편집의 책임을 맡은 사람들은 이제 어떠한 입장을 가지고 있었는가를 살펴보기로 하자. 공제의 편집은 두 단계로 나누어진다. 제1호와 2호는 조성순, 김두희, 정태신, 남상협이 편집을 담당하였고 제7호 및 8호 그리고 9호는 조성순, 여환옥, 신백우, 이견익, 유진희가 담당하였다. 이 편집진의 상당수는 후일 조선공산당의 창립 멤버가 되는 사람들이라고 하는 것은 주지의 사실이다. 그런데 이들이 1920-21년 공제를 편집할 당시에도 이미 사회주의 사상을 가지고 있었는지를 살펴보도록 하자.

우선 제1기에 편집에 중요한 역할을 하였던 조성순은 「노동만능론」을 발표하고 있다. 조성순은 시대적 낙관론을 공유하고 있었다. 그에 의하면 세계의 "사회는 진보됨이 정칙이라"고 하여 악이 가고 선이 오며 암흑이 가고 광명이 오며 전쟁이 가고 평화가 오며 약육강식이 가고 인도정의가 오며 군국주의대신 민주주의가 오며 황금만능시대가 가고 노동만능시대가 오며 파라다이스가 일보씩 가까워 오는 것이다.[20] 이같은 낙관에 기초하여 그가 파악하는 노동문제란 노동의 가치를 드높이는 일이다. "우리는 노동을 구가하고 우리는 노동을 찬미하자"는 것이다.

김두희의 입장도 기본적으로 조성순과 일치하고 있다. 그는 러시아에서 혁명이 폭력을 폭력으로 다스리는 일이라고 개탄하면서 노자의 협조를 강조하고 있다.

> 차라리노자양급의 간에 화해적 기관을 공설하고 접촉토의의 기회를 다작하야 일면의 자각을 고케하고 타일면의 반성을 촉하야 환연 자진하야써 평화의 간에 평화를 구함이 최선의 방법일뿐 안이라 황차 자본계급의 改悛의 색태가 현저한 금일에 재함이리오.[21]

남상협의 논문에서도 노동문제는 계급적인 시각으로 조망되지는 않는다. 그에 의하면 노동문제의 제기는 "노동의 가치를 인정하고 노동의 신성을 설명"하는 것이며 노동문제를 해결한다하는 것은 "귀천상하가 생활상 안정을 득하야 다가티 잘살려함"인 것이다.[22] 그는 노동문제를 일반적 인도주의의 입장에서 관찰하고자한다.

> 인류는 일체 평등이라는 인도주의하에 행복환락을 공향공수하자는 주장이니 하등 복수적 의미를 함유한 것도 아니요 하등 報酬的 성질이 존재한 것도 아니며 빈인약자의 반항도 아니요 공자왕손의 패배도 아니며 빈인약자의 독히 희할 것도 아니요 공자왕손의 무슨 비할

---

20) 『共濟』 1, p.8
21) 「전후세계대세와 조선노동문제」, 『共濟』 2, p.6
22) 『共濟』 1, p.12

것도 아니니라23)

이렇게 볼 때 1기 편집진의 경우에 대부분 노자협조주의적 입장에서 노동문제를 고찰하고자 하는 입장이 지배적임을 알 수가 있다. 이에 대하여 정태신의 경우에는 뚜렷하게 사회주의적 색채를 띄고있는 것이다. 정태신은「진리의 성전」이라는 논문에서 정의의 이름으로 당대 민중의 반항을 합리화하고 있었다.

> 자본가계급의 전권적탐난의 보루가 육박을 당하고 귀족계급의 봉건적 전횡의 철성이 돌격을 조하니 그의 루가 비록 견하고 그의 성이 비록고할지라도 이천하민중의 열호분기로 절대의의 진리의 무기로 개막되는 이 진리의 성전에는 제아무리하여도 반듯이 그들의 결정적운명으로…24)

라고 하여 편집진중에서 유일하게 노자타협노선에서 벗어나 계급투쟁을 선전하고 있는 것이다.

또 그는 우영생이란 필명으로 민중의 반항을 촉구하고 나섰다. 그는「톨스토이의 사상」에서 이렇게 말하였다.

> 간악과 부정에
> 양심의 분노로
> 불가티 이러나는
> 민중의 반항심을 묵살하는
> 힘을 가진 그의사상
> 그의사상의 권위는
> 민중의 권위를 묵살하는

---

23)『共濟』2, p.46
24)『共濟』2, p.1

그의 사상의 권위일뿐이다.25)

 정태신이 공제의 1-2호에 걸쳐 소개하고 있는 영국, 불란서, 독일, 미국의 노동운동사도 결국은 이러한 그의 입장을 뒷받침하기 위하여 집필한 것이라고 판단된다.
 『共濟』가 2기에 들어서면 사정은 전혀 달라진다. 제1기에서는 사회주의를 표방하며 계급투쟁을 강조하는 자는 편집진 중에서는 유일하게 정태신 일 인이 있었을 뿐이었다. 그러나 2기에는 편집진의 대부분이 사회주의자들로 구성된다. 여환옥의 경우는 글이 없어서 사상적 경향을 알 수는 없으나 조성순을 제외한 신백우, 이견익, 유진희는 모두 사회주의를 선포하는 맹장 노릇을 하게되는 것이다.
 우선 신백우의 경우를 살펴보기로 하자. 그는 신사상이라고 하는 사회주의를 보급하는데 주력하고 있었다고 보인다. 즉 어느 정도 분업이 이루어져서 신백우는 사회주의의 보급, 이견익은 노동문제를 다루고 있었던 것 같다. 신백우는 그의 「유물사관 개요」에서 마르크스의 사상을 소개하고 있다. 그것은 주로 마르크스의 유물론적 철학을 소개하고 계급투쟁설을 소개하기 위한 것이라고 볼 수가 있을 것이다. 그는 신흥계급의 독립사상을 신사상이라고 보고 이로부터 변혁을 위한 모티브를 끌어내려고 한다.

> 일차 시기가 농숙하야 사회의 경제가 변혁하면 금번은 그 신사상이 스스로 개혁적 요소가 되야 사회의 구사물의 파괴를 조성한다. 그런 경우에는 경제적 변혁으로부터 직접 이익을 몽하는 계급들은 그 경제적 이익의 사실은 거의 망각하고 다만 주의사상을 위하야 타는 듯한 정열을 이기지 못함과 동시에 중간계급들과 또는 그 경제적 변혁과 전혀 이해가 상반한 계급들도 역시 신주의 신사상에 동하게 되

25) 『共濟』1, p.134

야 신사회사물을 동경하게 되는 것이다.26)

그런데 흥미로운 것은 신백우의 논의가 「계급사회의 사적 고찰」에서 보여지는 바와 같이27) 전 시기의 우승열패라는 사회진화론적 분위기에 마르크스주의가 섞여져 있는 것이다. 이는 구한말에 한창 지식인 사회에 회자되었던 사회진화론이 마르크스주의자들에게 계승 혹은 접목되는 현상으로 주의를 요하는 부분이다.

이견익의 경우에는 주로 노동문제를 다루고 있었다. 그는 「노동의 해방」이라는 논문에서 "자본주의의 사회적 환경에 재하야는 사회적 제약이 넘우나 부자연하게 설립되었다 즉 그 제약이 사회적 이지로써 표현된 것이 아니라 혹 특수계급의 지배하에서 각 개인은 자기의 이지에 의하야 자기의 본능을 조절할 자유의 대부분을 상실하얏다."28) 라고 자본주의 사회를 비판하며 노동의 해방을 주장하였다. 또한 「노동문제는 인류전체의 문제」라는 논문에서는 인류최대의 목적을 생존이라 보고 소외의 문제를 언급하고 있다. "자본이라는 인상적인격의 활물하에는 총인류자체의 인격권까지 희생하고 말엇다"29)라고 하여 노동문제를 다루는데에 온정주의를 배격하는 것은 물론이거니와 경제조건의 개선에 국한하는 것도 배격하고 노동의 총체적 문제해결을 주장하고 있는 것이다.

유진희의 경우에는 이미 1-2호에서 본바와 같이 사회주의적 색채를 분명히 드러내고 있다. 그는(무아생) 「노동문제의 요체」에서 자본주의제도가 기계적 맹목적 강제노동이라고 보고 있으며 그 대신에 자발적 독창적 자유노동을 주장하였다. 그것이 생산상으로도 더 효율적일

---

26) 『共濟』 7, p.13
27) 『共濟』 8
28) 『共濟』 7, p.4
29) 『共濟』 8, p.25

것이라고 하였다. 따라서 그는 자본주의를 "정의와 이성의 양방면"으로부터 부인되는 것이라고 보았다. 자본주의는 근대인의 가장 절박한 요구인 "개성의 독립, 존중의 요구"와 모순된다는 것이다.30) 그는 근대인의 정서는 "개성의 완전한 자유"를 요구하며 그가 파악하는 정의란 "일체의 개인에게 생존권이 평등히 분배"되는 것이다. 이점에 그는 자유주의적 담론을 구성한다. 그러나 그것은 "이상상의 순서"이며 실제로는 그럴 수가 없다. 왜냐하면 사정은 급박하기 때문이며 "본능적 충동처럼 강력한 위력"으로 노동운동을 전개해야 한다. 그리고 노동문제의 강적은 다름아닌 "유혹과 타협"이다. 따라서 노동운동을 위해서는 "명확한 신념과 강렬한 희망과 곤궁을 감내하는 침착한 용기를 유일의 생명으로 할것이라"고 하였다.31) 이로써 전투적인 노동운동론이 명확하게 제시되고 있는 것이다. 유진희는 『共濟』가 발간되는 전 기간을 통하여 최대의 사회주의 논객이었으며 그의 담론은 다른 어떤 경우보다도 강하게 투쟁적인 요소를 가지고 있다.

따라서 편집진의 글들을 분석하여 보면 이 2기의 시기에는 공제는 거의 사회주의적 색채를 가진 잡지로 변하였다고 말해도 지나치지는 않을 것이다. 이는 신생활보다 앞서서 공제가 최초의 한국에서 출판된 사회주의선전잡지였다는 말이된다. 그리고 그러한 점에서는 『共濟』가 공산주의 조직의 기관지로 코민테른에 보고되는 것도 큰 무리가 있다고 보지는 않는 것이다.

3) 기고문들의 담론

다음으로는 『共濟』에 기고된 기고문들이 담고 있는 메시지를 살펴

---

30) 『共濟』 8, p.3
31) 『共濟』 8, p.4

보기로 하자. 일단 우리가 전제할 수 있는 것은 기고문들은 대체로 지도부의 의견과 유사하거나 편집진들의 의견과 유사할 것이라는 점이다. 이러한 점에서 우리는 기고문의 내용을 일단 지도부 및 편집진의 기사들을 분석하였을 때 나타나고 있는 바 담론의 차이를 중심으로 하여 두 가지 형태의 담론으로 나눌 수 있다고 본다. 하나는 노자협조주의적 담론이며 다른 하나는 계급투쟁주의적 담론인 것이다. 그리고 이러한 차이를 넘어서서 공통적으로 이들 담론이 근대주의적 특성을 가지고 있음을 보게 될 것이다.

그러면 기고문들 중에서 주로 노자협조주의적 노선에 입각해 있는 기사들을 살펴보기로 하자.

이인택은 「아반도유산계급의 맹성을 촉하노라」에서 노동과 노동자의 신성을 주장하면서 유산계급의 반성을 촉구하였다. 그러나 그것은 조선노동공제회가 중심이 되어 "목하 반도에 재한 유산계급의 존재를 적시치 아니하는 가장 평온우애적 열정으로 위선 절절히 유산가 제군의 정신적 맹성을 환기"하자는 것이었다.32) 또한 「공제주의의 선전」에서는 "공제주의 아래에는 소위 구제자도 업스며 피구제자도 업슴니다. 만세간 인류가 거개 구제자며 거개 피구제자외다. 노동자호상이 그러하며 자산가호상이 그러하며 노자호상이 그러하야 전세계인류가 다 서로 온난한 애의 연쇄로써 전포후부하며"33) 라고하여 노자협조의 태도를 분명히 하였다.

이태능은 「유형전쟁과 무형전쟁(2)」에서 유형전쟁을 무력전쟁(사욕전쟁)으로 보고 무형전쟁을 생계전쟁(공리전쟁)으로 보면서 "利己利人" 하는 공제를 주장하였다.34)

김광식은 「계급을 타파하라」에서 세계가 개조하는 시점에 부자가

---

32) 『共濟』 1, p.64
33) 『共濟』 2, p.10
34) 『共濟』 2, pp.56-57

빈자에 대한 천대, 지우자가 우열자에 대한 교만, 남자가 여자에 대한 권위의 야만적 풍기를 제거할 것을 주장하였다. "대동태평의 공향함"을 주장하고 있는 것이다. 이는 제목과는 달리 사회주의적 계급투쟁론에 입각해있는 것은 아니라고 판단된다.35) 그는 또한 「세계개조와 노동문제」에서 "보편적 인류사회에 공익동리주의로 인의와 도덕을 목적"해야 한다는 것을 주장하였다.36) 석여가 쓴 「평등의 광명과 노동의 신성」에서 노동신성과 평등광명에 대한 노동자의 자각을 촉구하는 한편 유산가의 자각을 촉구하여 "눈직근감고 뭉텡이돈들을 좀집어내어 노동교육 혹은 일반교육계를 위하야" 노력할 것을 촉구하였다.37)

변희용은 「노동자문제의 정신적방면」에서 어떤 특정한 이데올로기를 주입하기 보다는 노동자들이 지식의 정도가 비교적 낮고 자작이 부족하기 때문에 이 문제를 해결하기 위해 노동자들에게 일반적 교육을 시여하는 것이 필요하다고 하였다. 그리고 그를 위하여 "동정잇는 식자의 상당한 힘을 비는 것이 필요"하다고 하였다. 그리고 이를 위해 공제회가 필요하다고 하였다.38)

다른 기고문들도 노동의 신성을 강조하고 노자협조를 강조함에는 큰 차이가 없다. 이만규는 「공제를 창간함에 대하야」에서 노동을 신성하게 여기고 노동자를 문화의 길로 나아가게 해야한다고 하였고 『共濟』에서 "노동장려"와 "공제실천"을 기대하였다. 농부라는 필명으로 쓴 한 기사에서는 노자간에 "幷育而不相害"를 주장하였다.39)

기고문들 중에서 1호와 2호의 경우에 계급투쟁주의를 견지하고 있는 것들은 다음과 같다.

---

35) 『共濟』 1, p.81
36) 『共濟』 2, p.59
37) 『共濟』 1, p.71
38) 『共濟』 1, p.77
39) 「조선노동계에 고하노라」, 『共濟』 2

「모공장의 일직공」으로 기명되어 쓴 「노동자의 절규」에서 노동의 신성을 주장하며 자선사업은 사회질병을 치료하는 응급수단에 불과하다고 보고 "우리 노동자의 문제는 우리 노동자가 해결하여야만 한다"고 하였다.40) 東園의 「노동을 저주하는 국민에게」에서는 우리는 전통적으로 노동을 천하게 여겼다고 보고 "노동운동의 이상은 노동자가 자기의 생산한 바를 기생자한테 농단을 당하지 아니하고 노동하니만큼 생산으로 래하는 물질상 행복을 향락하려는 것이 그의 최초 최고의 이상"이라고 하였다.41)

이동식은 자본가들에게 노동자들의 교육에 관심을 가질 것을 호소하면서도 노동계급을 "문명에 상속자될 세계의 전권자될" 계급이라고 보았다.42)

나경석은 당 사회를 자본계급과 노동계급의 계급투쟁의 시기로 보고있다. 그러나 독특 것은 지식계급의 지도에 대하여 반대하고 있다는 점이다. 그에 의하면 지식인들이 노동자들에게 무엇인가를 전수하여 한다면 그것은 곧 "노동자를 독살"하는 것이다. 지식계급은 노동자의 장래의 자각을 촉진하게 하기 위하여 현재의 궁핍을 구제하고자 할진대 소비조합운동을 경영하여야 한다고 하였다. 그것은 "단결의 습관"을 길러주고 "호상부조의 덕의를 함양"케 하여주기 때문이다. 또한 그는 조선사회문제의 대부분은 농촌에 있음을 지적하며 소작조건의 완화를 위한 주장을 하고있다. 그는 "조선의 대혁명의 복선은 농촌에 있다"고 한 것이다.43)

안확은 단호하게 계급투쟁론을 전개한 것은 아니지만 계급투쟁의 관점에서 사회를 보았으며 노동의 신성론을 주장하였다. "인격은 노동

---

40) 『共濟』 1, p.107
41) 『共濟』 1, p.110
42) 『共濟』 2, p.73
43) 『共濟』 1, pp.51-56

에 인하야 성립하고 노동에 인하야 실현하나니"라고 하였으며 노동신성주의에서도 노동이 일개인을 위한 것이 아니라 "일체공동사회"를 위하여야 한다고 하였다.44) 또 그는 「유식계급에 대하야」에서 직접적으로 사회주의를 선전하는 것은 아니지만 중간계급(지식계급)의 몰락론을 제기함으로써 당파성이 불가피함을 역설하고 있다. "중간계급적 심리를 유지코자 하는가 자본가와 협력코자하는가 노동계급과 협력코자 하는가"45) 라는 질문하였다.

金壽觀은 국가에 대한 비판을 하며 "제도는 사람의 노력에 의거하야 아모 때던지 개폐할 수 잇스니 금일에 합리로 인식한 것이라도 명일에 지하야 그제도가 돌이여 사람의 저능과 패덕을 확대케하는 기관에 불과하다는 이유를 발견할 경우에는 잠시도 주저치말고 모조리깨트려버릴수잇다"46)고 하였다.

또 金壽觀은 「검열관의 허가를 득하야 전국노동제군에게 격을 송하노라」에서 노동의 상품화 현상을 비판하고 "노동의 신성"을 주장한다. 노동은 자유창의의 표현인 까닭에 하고십흔바를 조차하는 것이 당연이오 또 자연"인 것이다. 그렇기에 "예술도 또한 노동의 범주에 속한 것"이라고 보고 있다. 그리하여 그는 노동자가 생산한 모든 것을 자본가들의 창고에서 해방시키며 노동자의 생산물에 "기생하는" 자본가들에게 노동의 낙을 알게 해야 한다고 하였다.47) 이어서 그는 노동자들에게 자본주의제도의 문제를 파악하고 궐기할 것을 촉구하고 있다.

유진희는 1기에 편집진의 일원은 아니었지만 여러 이명(무아생, 유무아)으로 글을 발표하였다. 그리고 이같은 것을 바탕으로 하여 2기에는 편집진의 일원이 되고 있는 것으로 보인다.

---

44) 「인민의 삼종류」, 『共濟』1, pp.57-60
45) 『共濟』 2, p.24
46) 「국가의 이성급정책과 진리의 반항」, 『共濟』 2, p.32
47) 『共濟』 1, pp.39-52

그는(무아생) 「노동자의 문명은 여사하다」에서 그의 유토피아적 사회주의사상을 주장하였다. 생산자인 노동자는 "행복의 원천"이다. 노동자의 철학은 "애와 창조와 성장의 철학"이다. 노동자의 과학은 "엇더케하면 사람을 사랑하고 사람을 살리고 사람을 구조할가하는 과학"으로 그것은 "애"여야 한다. 노동자의 예술은 "생의 향락"에 있다. 노동자의 정치는 "애와 자유와 평등으로서 호상부조와 본연의 사회성을 기초로 하고 성립할 외에 하등의 강력한 억압을 절대로 용납치 못할 것이다." 그리고 만물의 소유권은 노동자에게 속하며 자본가의 생명까지도 소유하고 있다.[48]

그는 「노동운동의 사회주의적 고찰」에서는 노자협조주의적 노선에 반기를 들고 정면으로 계급투쟁노선을 주장하고 있다.

> 노동문제 해결책으로 온정주의니 협조주의니하는 것은 자본가의 주구의 섬어이라 일고의 가치가 업슴은 무론이어니와 금일의 노동자가 다만 현재의 물질적 환경에 불만을 포함으로 풍부한 물질적 욕망을 득하랴는 요구가 노동운동이라는 주장은 역시 노동문제의 부분적 요구이요 결코 운동의 전체는 아니다. 시간단축, 임은증률등 노동조건의 개선이 결국 하등의 만족도 초래할 수 업슬것이다.[49]

이같은 인식을 바탕으로 하여 그는 노동문제를 「노동자해방의 문제」로 "인권회복운동운동"으로 보고 있다. 그는 노동문제는 결국 "재능대로 생산하고 수용대로 소비"하기 전에는 해결되지 못한 것으로 보며 노동운동과 사회주의의 결합을 주장하였다.[50] 그와 함께 시대의 경향인 문화주의 대신에 그 사회적 정치적 전제조건의 획득을 위한 노동운동으로 방향이 전환되어야 할 것임을 주장하였다.

---

48) 『共濟』 1, pp.34-38
49) 『共濟』 2, p.11
50) 『共濟』 2, pp.11-12

그(무아생)의「분열과 대립에서 전일과 통합으로」에서는 기존의 체제가 분열과 대립을 일으키고 있다고 보고 일체의 자유와 평등을 주장하고 있는 것이다. "신체에서도 그대립을 초월하고 의식에서도 그대립을 극복하고 문화에서도 그 대립을 철거한 경지 최후에는 신체의식문화의 삼자를 전일적으로 융합한 경지 이곳에 비롯오 평등과 자유가 잇다"고 하였다.[51]

그는(유무아) 또한 번안극인「온정주의(각본)」에서 공장스트라이크와 기업주의 온정주의를 주제로 하는 각본을 발표하기도 하였다.[52] 이러한 일련의 기사들을 살펴보면 유진희의 사회주의가 유토피아적 성격을 지향하고 있다는 것은 분명하다. 아직 당에 의한 통제라는 명제는 드러나지 않는다. 그러나 절대적인 자유와 평등, 그리고 이것이 투쟁을 통하여 이루어져야지 노자협조주의로는 되지 않는다는 것이 분명하게 제시되었다.

신백우는「소작인조합론」을 발표하였는데 이는 대부분의 글에서 노동주의가 강조되고 있는 상황에서 조선의 현실상 소작인문제가 우선시되어야 한다는 것을 나타내고 있는 독특한 글이라고 말할 수 있다. 그는 노동문제가 서양에서 주로 공장노동자문제를 중심으로 발전한 문제임을 지적하고 "그런데 우리조선은 피와 여한 대규모의 공장도 업고 딸아서 임은노동자도 소수인 반면에 농업노동자가 최다수이오 농업노동자는 거진 소작인이라고 할만한데"라고 하여 조선에선는 무엇보다도 소작인문제가 중심적이어야 함을 지적하였다. 그는 한국에서의 노동자들의 생활이 열악한 것은 사실이지만 "우리 소작인 노동자에 대조하면 우월한 문명생활이오 안락한 행복적 생활이로다"라고 하였다.[53] 따라서 그는 소작인조합 조직을 주장하였다.

---

51)『共濟』2, p.65
52)『共濟』2
53)『共濟』2, pp.38-39

김약수(약수)는「생활난」에서 그의 관점을 시를 통하여 표현하였다.

> 물가가 나렸다나?
> 종소리는낫지마는
> 해는도다퍼젓지마는
> 입어야먹어야나가지
> 되쌀팔아먹기에
> 뭇사람의눈뒤집히인판에
> 별장이무엇이며예술이무엇인가[54]

이러한 점을 보면 계급투쟁을 강조하는 담론들은 그 속에 무엇보다도 전통파괴적 요소를 강하게 담고 있는 것이 특징이다. 그리고 그 전통파괴란 기존의 문화적 가치가 노동자들의 억압 위에 기초해있다는 것 때문에 그것을 부수고 새 문화를 이루어야 한다는 것이다. 그리고 이러한 문화의 담지자로 "신인"을 요구하는 그러한 것이다. 이에서 이들 사회주의자들의 담론의 중심이 있는 것이다. 그러나 바로 그런 점에서 이들의 담론이 또한 반문화주의의 요소도 가지게 되었다.

『共濟』7호와 8호에서는 계급투쟁주의가 보다 강화되어 나타난다. 이제 노자협조주의적 기사는 그 자취를 감추게되고 기고문들은 거의 모두가 계급투쟁주의적 노선을 견지하고 있다. 이러한 점에서 본다면 『共濟』의 7-8호에서는 사회주의자들이 기관지를 완전히 장악했다고 말해도 과언이 아니다. 이미 편집진의 개편에서 예고된 바이기는 하지만 기고문들까지도 이같이 전반적으로 사회주의적 담론에 합류했다고 하는 것은 사실상 지도부의 노자협조주의에서 출발한『共濟』가 그 성격이 완전히 바뀐 것이라고 보아야 할 것이다.

Y생은「노동가치설연구」에서 마르크스의 노동가치설을 소개하고 지

---

54)『共濟』2, p.81

극히 간단한 결론을 내리고 있다. "이 결정(노동의 결과로서의 가치-필자)은 일하는 사람 즉 노동자의 소유올시다. 이 결정으로써 일체의 가치가 유통행정에 잇다고 화폐쪼각을 가지고 놀고도라단이며 일꾼을 00하든 경제학을 불사르고 이결정으로써 미곡은 지주와 소작인의 협력에서 생산하는 것이라고 추수기를 들고 두러누워서 일꾼을 000이는 경제학을 불사를 것이올시다."55)

적선풍은 「문화운동자의 불철저」에서 당대의 문화운동자들을 유심론에 빠져있는 신사들로 규정하고 이들이 주장하는 심적 개조의 방법이 전혀 잘못되어있다는 것을 주장하면서 반문화주의적 혁명을 주장하고 나섰다. "장래가업는 명사제군의 국한 논평에 오배는 다시 이를 경치안이하랴합니다. 그리하고 제군에게 기대하든 인류해방의 원망도 지금은 단념하랴 합니다. 그리하고 순진한 청년의 궐기를 촉합니다. 그럿슴니다. 시대는 방금무명의 청년을 요구함니다. 시대는 반다시 재능을 요구치 아니하고 반다시 지식을 요구치 안이함니다. 또 매음매명의 지사명사도 요구치 안이함니다. 다만 순진한 양심과 강인한 실행의사를 소유한 무명무후의 청년을 요구함니다."56)

적선풍은 또한 「지식계급의 현상과 노동운동」에서 지식계급의 각성을 촉구하고 있다. 그는 한국의 지식인들을 가혹하게 비판하고 있다. 그들은 "자기와 사회를 묵살하는 무서운 미망의 해독의 소유자"이다. 이들이 주장하는 문화운동이란 명리운동에 불과할 따름이다. 그러나 지식인들의 역할은 필요하다. "노동자는 자기의 현상에 블평을 포할 수는 잇서도 차를 운동화할만한 지식적 용기"는 없기 때문이다. 러시아의 예와 같이 노동운동에 있어서 시초에 지식계급의 공헌이 필요하다. 물론 계급으로서의 지식계급은 장래가 없다. 그리고 그에게 남은

---

55) 『共濟』 7, p.30
56) 『共濟』 7, p.20

것은 자본주의에 복종하여 노예가 될 것인가 아니면 자본주의에 반항하고 인간이 될 것인가의 문제이다.[57]

적선풍은 그렇지만 「문예는 교화의 도구인가?」에서는 기계적으로 사고한 것은 아니라는 흔적을 보여준다. 그는 문예를 도구로 삼으려는 기도를 비판하면서 그럴경우 문예는 오히려 교화를 위한 효용도 사라지게 된다고 하였다. "다만 순진하게 문예자신을 위하야 자연한 인간성을 제공하는 때에 비로소교화를 진정한 효과가 잇슬것이올시다. 그럿습니다. 문예는 교화의 구속적 도구가 안이올시다"라고 하는 것이다.[58]

정태신(정우영)은 「민중문화의 제창」에서 기존의 문화를 계급문화로 규정하고 대신에 민중문화를 주장하고 있다. "무산계급의 대중의 행복과 자유와 생활을 유약속박하는 계급문화의 중독된 오인의 사회는 해방의 서광과 인간성의 회복에서 신장될 민중문화의 창조로 민중개개의 행복을 실현하야 민중전체의 행복을 실현함을 약속 할 것이올시다"[59]

고순흠은 「다원설과 맑스설」에서 19세기 후반의 위대한 사상가로 다원과 맑스의 2인을 소개하고 있다. 이는 그 자신의 글이라기 보다는 초한글로 보이는데 글이 계속되지 않아서 맑스에 대한 소개는 없는 것이 유감이지만 양자를(하나는 생물체에 대한 다른 하나는 인간사회에 대한) 모두 진화설이라고 하는 공통점으로 파악하고 있는 것이 특징이다.[60]

그런데 『共濟』에서 비록 노자협조주의와 계급투쟁주의가 서로 대립을 보이고 있기는 하지만 그럼에도 불구하고 양자의 담론에서는 기존

---

57) 『共濟』 8, pp.7-11
58) 『共濟』 8, p.13
59) 『共濟』 8, pp.58-48
60) 『共濟』 8, p.64

의 담론을 변경시키는 새로운 요소가 보이고 있다. 그것은 노동의 신성을 강조하는 담론이었다. 그것은 전통적인 노동의 의미를 완전히 역전시켜 노동을 신성시고 노동자를 창조적인 주역으로 설정하는 담론이었다. 이 과정에서 평등에 대한 지나칠 정도의 강조로 평등의 이데올로기가 산출되었고 말할 수 있을 것이다. 대부분의 담론에서 평등은 전혀 의문의 여지가 없이 전제되고 있기 때문이다.

또한 그와 함께 반지식주의 내지는 반문화주의가 강력하게 나타나고 있음 또한 주목을 요하는 부분이라고 말할 수 있다. 지식과 노동의 양분법을 통하여 그리고 자본가과 노동자의 양분법을 통하여 그 위치를 전복시키는 과정에서 이러한 반문화주의는 어느 정도는 불가피한 경우라고 보여진다. 더구나 당시의 문화운동론자들에 대한 반기를 들고 일어선 사회주의자들의 경우에는 이러한 반문화주의는 그들의 담론에서 보다 중요한 역할을 하였다고 보아야 할것이다.

『共濟』에서 강하게 드러난 것 중의 하나는 지극히 낙관적인 진보적 역사관이다. 『共濟』기사의 도처에서 보여지고 있는 기사들에서 이 해방의 담론은 강하게 드러난다. 이 담론은 단지 사회주의적 담론에만 있는 것은 아니며 노자협조주의적 담론에서도 강하게 드러난다.

그러나 그와 함께 지도주의적 입장이 강하게 표출되는 것이 특징이다. 이는 지식계급지도라는 전통에 입각한 담론도 있으며 그 반대로 지식계급의 지도에 반대하는 노동자 스스로의 조직이라는 새로운 관념에 입각한 것도 있다. 그러나 아직 이 시기의 담론에는 전위당의 지도라는 담론은 형성되지 않았다.

다음으로 『共濟』는 그 독자로서 노동자를 대상으로 한 것은 아니며 지식인을 대상으로 한 사상잡지라고 보아야 할 것이다. 한문투의 국한문 혼용체가 주를 이루고 있음에도 그를 알 수 있다. 이는 또 하나의 역사적 아이로니라고 말할 수가 있을 것이다. 노동운동을 지향하는 잡지가 그 대상을 지식인으로 하였다는 것은 노동운동을 넘어서서 사실 이 잡지가 지식인들의 사상개조를 우선으로 하고 있었다는 증거로 제시될 수 있다.

4. 맺음말

조선노동공제회와 그의 기관지로 출현한 『共濟』는 1920년대 한국의 기존의 담론체계에 깊은 충격을 던져주었다. 1920년의 지적 분위기는 무엇보다도 낙관적이었으며 진보적 역사관과 변혁의 분위기가 지배적이었다고 말할 수 있다. 물론 이는 전후의 세계의 분위기 그리고 한국에서는 3·1운동 이후의 일제의 부분적이나마 완화된 문화정책과 관련되어 있다.

그러나 중요한 것은 1920년을 기점으로 하여 새로운 담론들이 기존의 담론체계 밖에서 등장하기 시작하였다는 것이다. 그러한 데에서 『共濟』의 역할을 우리가 인정할 수 있을 것이라고 본다. 『共濟』는 그의 지도부가 가지고 있던 노자협조주의적 담론이나 아니면 일부 편집자나 기고문이 보여주는 계급투쟁적 담론이나 그 차별성에도 불구하고 노동을 중심적인 문제로 간주해야 한다는 것을 보여주었다. 그리고 바로 이 점은 한국의 개화기이래 한국의 근대주의적 담론이 유지하였던 것 이외에 새롭게 부가되기 시작한 담론이라고 말할 수 있을 것이다.

그러나 이러한 공통적인 담론에도 불구하고 『共濟』에는 서로 갈등을 피하기 어려운 두 가지 형태의 담론이 존재하고 있었다. 그 중 노자협조를 강조하는 담론은 전통적인 권위와 긴밀히 연결되어 있으며 노동의 의미를 부각시키면서도 전통적 담론의 연장선에서 노동의 문제를 부각시키려 하였다. 그러나 사회주의적 담론은 전통과의 단절을 통하여 새로운 가치로 노동의 의미를 생각하였다. 그리고 새로운 요소가 기존의 권위를 전복한 위에 새로운 질서를 세울 것을 주장한 것이다. 그러나 그렇다고 하여도 사회주의적 담론이 당의 통제에 해방의 의미를 종속시켜야 한다는 차원으로까지 나아간 것은 아니었다. 그만큼 『共濟』 시기의 사회주의적 담론은 아직은 사회주의적 계몽의 차원에 놓여있는 것이었다. 그러한 의미에서 『共濟』 시기에 나타난 사회주의적 담론은 당이 없는 상태에서의 해방의 메시지가 보다 강하게 부각된 담론이었다. 그렇기에 『共濟』 시기의 담론은 입장의 차이에도 불구하고 전후의 낙관주의, 진보관, 그리고 희망을 공통적으로 실어 나르고 있었다고 볼 수 있을 것이다. <『정신문화연구』, 제51호, 한국정신문화연구원, 1993>

소련의 식민지 조선에 대한 인식
―1920년대 남만춘의 조선문제에 대한 인식―

1. 머리말

한국이 일제의 지배를 받는 식민지 상태에서 러시아는 1917년에 혁명을 통하여 새로운 국가로 변모되었다. 제정러시아의 소련으로의 변모는 여러 면에서 우리 나라에 많은 영향력을 행사할 수밖에 없었다. 우선 그것은 다소 뒤쳐지기는 하지만 제국주의국가의 일원으로서 한국에 영향력을 행사하던 한 국가의 소멸이지만 동시에 소련이라는 형태의 새로운 국가로서 탄생하여 한국에 정치적 이데올로기적 영향력을 이전보다 한층 더 강화하게 되었다. 일제시대에 있어서 소련이 한국에 행사하던 이러한 영향력이 총체적으로 보아 얼마나 바람직했건 또는 아니건 간에 이러한 실재에 대한 규명은 우리의 학적 과제로 남아있다.

이러한 의미에 있어서 소련이 식민지 상태에 있었던 한국을 얼마나 정확하게 인식하고 있었는지 또 그 인식의 수준은 여하하였는지 나아가서 한국에 대한 인식이라는 것이 어떻게 조직되었는지의 문제를 규명하는 것은 식민지시대 한국과 소련의 상호관계를 인식하는데 있어서 가장 중요한 기초적인 과제가 될 수 있을 것이다.

이러한 문제의식을 가지고 필자는 남만춘의 조선문제에 대한 인식을 하나의 사례로서 발표하고자한다. 이같은 방법을 택하게된 것은 몇가지 이유가 있다. 우선 첫째로는 소련의 대한인식에 대한 연구가 거의 존재하지 않은 상태에서 성급하게 일반화해서 논문을 쓰기가 어렵다는 점이 있으며 두 번째는 남만춘이 가지고있는 비중으로 보아 충분히 연구의 가치가 있다고 판단했기 때문이다. 남만춘은 우리 학계에 잘 소개가 안된 인물이기는 하지만 그는 1920년대의 한인사회주의운동가들 중의 몇 안되는 이론가중의 한사람이었으며 박진순이 상해파의 이론가인데 비해[1] 그는 이르쿠츠크파의 대표적 이론가이기 때문에 상해-이르쿠츠크 양파의 입장의 차이도 살펴볼 수 있는 기회가 된다는 점에서 남만춘의 조선문제인식을 소련의 대한인식에 대한 그 사례로서 선택한 것이다.

다만 문제가 되는 것은 소련의 대한인식의 문제는 소련의 대외정책의 기반이 되는 문제임으로 이에 대한 연구가 활발히 진행되어 한소관계의 심층적 이해가 요청된다는 점이다. 이점을 염두에 두고 필자 스스로도 정진하려 한다.

2. 남만춘의 활동과 역사적 위치

남만춘은 아무르주의 블라고슬로벤노예촌에서 1892년에 출생하였다. 1901년에 그는 블라고베셴스크로 가서 공부하게 되었지만 그의 생활

---

1) 박진순에 대하여는 다음의 논문을 참고할 수 있다.
拙稿 「코민테른에서의 민족-식민지논쟁과 한국의 민족해방운동」, 『역사비평』, 1988년 겨울호, pp.186-198
拙稿 「고려공산당 이론가 박진순의 생애와 사상」, 『역사비평』, 1989년 봄호, pp.285-294

은 어려웠기 때문에 만춘 자신이 담배와 신문팔이를 했다고 한다. 학교공부도 그리하여 그만두게 되었는데 신학교교장이 그를 거두어 공부하게 하였다고 한다. 1908년에 만춘은 신학교를 그만두고 치타로 떠났다. 그는 거기에서 채소를 군대에 납품하는 부친을 도왔으며 김나지움입시를 준비하여 1910년에 5학년으로 입학하게 되었다. 그는 학창시절에 비합법혁명조직과 연계를 가지기 시작했으며 철도파업에 관여하였기에 체포되어 제적될 뻔도 하였으나 교사들의 청원으로 제적을 면하였다. 그는 1914년에 메달을 받고 학교를 졸업하였다. 그는 키에프 의과대학에 입학하려하였으나 실패하고 전쟁이 발발하자 징집되어 사관학교에 입학했다.

1915년 2월에 그는 소위보로 임관하였으며 옴스크로 파견되었다. 일년 뒤에 소위로 진급하였고 2월혁명 후에는 연대군사위원으로 선출되었다. 1917년 5월에 그는 536연대의 1개 중대를 지휘하다가 다리부상을 입고 전선에서 예카테린부르그로 후송되었다. 퇴원 후 그는 장교식당 관리인으로 일하다가 1918년 1월에 병역면제를 받아 귀향하였다.

고향에서 그는 적극적인 혁명활동에 가담하였고 그의 집은 볼셰비키의 비밀회합장소가 되었다. 그러다 그는 백군들의 추적을 피해 이르쿠츠크로 이사를 갔는데 그는 거기에서도 포로출신으로 민병대를 구성하는등의 활동을 하였다.

1920년 1월에 국제공산주의사단이 이르쿠츠크에 창설되었을 때 남만춘은 이 부대의 참모장이 되었다. 이때에 이르쿠츠크주당위원회는 그를 공산당원으로 받아들였다. 같은 해 3월에 그는 주당대회에서 주당위원으로 선출되었다. 그리고 주당위원회 소수민족부장을 역임했다.2)

---

2) 이상의 그의 약력소개는 M.T.Kim, *Koreiskie internatsionalisty v borbe za vlast' sovetov na sovetskom Dal'nem Vostoke*, Moskva, 1979, pp.68-69를 참고

그런데 이르쿠츠크에서 결성되었던 합동민족군대는 남만춘의 이력에 큰 영향력을 행사하게 되었다. 이르쿠츠크에서 한인들이 비밀활동을 하게된 것은 1919년 11월 경이었으며 1920년에 들어와서 이르쿠츠크가 적군의 손에 장악된 이후에 공개적인 활동을 하게 되었다. 우선 이르쿠츠크 거주 각 민족들은 11개 민족이 합동민족군대(국제공산사단)를 조직하였고 그 중의 한인부대는 고려특립중대란 명칭으로 35명에 의해 구성되어 있었으며 이들은 동시에 당원으로서 이르쿠츠크공산당 내에 고려부를 조직하게 되었다. 이 고려부가 조직된 것은 1월 22일의 일로서 이때에 남만춘은 고려부의 회장이 되었다. 고려군대는 카펠군과 교전하기 위하여 2월 8일에는 당원 22명을 즈나멘스코예-브레멘스코예로 파견하였으며 백군이 격파된 이후에 각 군대는 모두 해산되었으나 "동양혁명을 위한다는 의의하에서"[3] 고려군대와 중국군대는 해산되지 않았다. 이때에 고려군대는 70여명에 달하였으며 적군 5군단이 이르쿠츠크시에 주둔하게 됨으로써 고려군대는 5군단의 관할에 들어가게 되었다. 그후 옴스크에서도 사관학교졸업생 81인, 크라스노야르스크에서 조직된 군대 40여명이 이르쿠츠크시에 도착하고 이들 군대는 모두 대대로 편성되어 출전을 위해 베르흐네우딘스크에 주둔하였다.

그러나 극동공화국의 성립과 완충전략이 채택됨으로써 고려군을 출전시키는 것이 불가능해짐으로써 이 한인대대는 다시 이르쿠츠크시로 돌아오지 않을 수 없었고 후에 옴스크에서 다시 30여명이 도착하여 한인대대에 편입되었고 군인을 그 동안 증모하기도 하여 총수가 600여명에 달하게 되었다. 그리하여 군대를 2개 대대로 편성하고 중국군대 1개 대대를 합하여 합동민족연대라 칭하였고 연대장은 최진래가 담당

---

[3] 김준엽, 김창순편, 『韓國共産主義運動史<資料篇>』, 제2권, 1980, 고대 아세아문제연구소, p.22

하였다.
 이르쿠츠크에서의 한인군대의 밀집은 이르쿠츠크가 한인사회주의운동에서 중요한 비중을 차지하게 만들었다. 1920년 7월 12일에 이르쿠츠크시에서 개최된 러시아공산당내 고려공산단체 대표자회의가 조직된 것은 이같은 고려군대를 배경으로 하여 이루어진 것이다. 그리고 이 무렵부터 이르쿠츠크시에서 새롭게 세력을 결집하게된 이르쿠츠크 신지도부가 한인사회주의운동을 통할하려고 시도하게 되는 것이다.4) 그후에도 이르쿠츠크파가 주도권을 장악할 수있는 유리한 조건들이 계속 마련되었다. 1921년 1월에는 코민테른의 극동국이 이르쿠츠크시에 설치되었으며 동시에 고려부는 코민테른 극동국의 고려부로 변경되었다. 남만춘은 이러한 과정에서 한인사회주의운동의 핵심적인 세력으로 부상될 수 있었다.
 그런데 이르쿠츠크에서의 회의이후 지도부가 구성이 되자 이 지도부는 자연히 기존의 중앙위원회와 충돌하지 않을 수 없게 된다. 이 당시 이동휘 등의 지도부는 상해에 있으면서 모스크바와 좋은 관계를 가지고 있었다. 박진순은 모스크바에 머물면서 활발한 저작활동을 벌이고 있었고 또한 코민테른 제2차 대회에도 정식 의결권을 가진 한인사회당의 대표로 인정을 받았다. 또한 이동휘는 상해 임시정부에서의 국무총리로서 그의 위치는 확고한 것이었다. 그렇다면 한인사회당의 이동휘 그룹이 그 활동의 정점에 있던 시점에서 그들이 배제된 상태에서 '소비에트러시아 및 시베리아 조선공산조직대회'가 소집되는 것을 우리는 어떻게 이해해야 할 것인가. 왜냐하면 그것은 균열을 의미하기 때문이다. 사실상 이 이후부터 이르쿠츠크를 중심으로 결성된 지도부와 상해의 중앙위원회는 당대회소집의 문제를 둘러싸고 대결하는 양상을 보이는 것으로 보인다.

---

4) 拙稿,「한인사회당연구(1918-1921),『韓國史學』,제11집, 한국정신문화연구원, 1990

이미 지적된 대로 상해에서의 공산주의운동의 정점에 있던 이동휘 그룹은 1920년 7월의 시점에서 가장 유리한 고지를 점유하고 있었다. 한인사회당은 코민테른의 승인을 획득하였으며 박진순은 모스크바에 상주하며 외교적으로 유리한 고지를 차지하고 있었다. 또한 한형권 역시 이동휘의 파견에 의해 모스크바에 상주하면서 이동휘 그룹의 입지를 유리하게 하였다. 그러나 반면에 이러한 외교적 승리에 도취하여 이동휘 그룹은 민족운동의 다양한 세력을 결집하는 데에 적극적이지를 못하였다.

우선 외교도 중요한 것이기는 하였지만 현지에서의 실질적 역량을 확보하는 것이 더 중요한 일이었다. 그러나 이동휘의 한인사회당의 구지도부는 가장 중요한 노령에서의 조직활동에 소홀히 하였다. 1919년 말부터 조직된 한인의 투쟁은 러시아공산당 한인부의 형태로 러시아공산당에 의해 지도되었다. 이같은 사태는 한인사회당의 구지도부가 노령 내의 한인공산주의자들에 의한 지도력을 상실하게 되었다는 것을 의미하는 것이다. 따라서 외교적으로 가장 화려한 활동을 벌이던 그 시점에 한인사회당 구지도부는 현지에서의 영향력을 점차 잃어가고 있었던 것이다.

그와 동시에 지적될 수 있는 것은 러시아공산당의 태도이다. 내전을 진행하는 도중의 극동의 볼셰비키들이 고도의 규율을 요구하며 소수민족으로서의 한인의 입장에 대해 충분한 고려를 기울일 수 가 없었다. 이들은 러시아공산당에 의한 지도를 강력히 요구하고 있었다. 이러한 상태에서 극동 현지의 볼셰비키들이 한인사회당 구지도부에 대해 충분한 고려를 했을 수가 없다. 이들이 당면한 문제는 극동의 해방이고 그 해방의 과제에 모든 역량이 집결되어야 하는 것이고 한인들의 독립운동도 그 범위에서 생각되어져야 할 것이었다. 이 점에 있어서 극동의 러시아공산당은 물론 모든 조건을 고려치 않는 오류를 범하였다. 그렇기 때문에 극동의 러시아공산당의 태도를 우리가 직접적으로 러시아공산당 중앙위원회의 태도로 볼 수는 없다. 그러나 한인에게 먼 중앙보다는 가까운 현지의 영향력이 우선 더 클 수밖에 없는 것이다.

1920년 7월의 이르쿠츠크 대회에는 한인사회당의 당원들이 역시 참가하였다. 그리고 박애, 이한영의 한인사회당 구 지도자들은 "러시인들이 한인 조직들을 지도한다는 것에 타협할 수 가 없었다." 이러한 한인사회당대표의 관점에 대해 이르쿠츠크 신지도부는 "민족-쇼비니즘", "소부르조아적 경향"으로 "개인주의"라는 용어로 비난을 하였다.5)

우리가 좀더 객관적으로 평가한다면 민족쇼비니즘에 깊이 물들어서 국제주의의 원칙을 위배한 것은 오히려 러시아공산당의 극동 볼셰비키였다고 말할 수 있을 것이다. 1920년의 전시공산주의에 익숙한, 그리고 내전에서의 파르티잔적 규율에 익숙한 러시아공산주의자들에게 한인민족운동에 대한 이해가 만족할만한 것은 아니었던 것이다. 이들은 한인사회당의 구지도부에 대한 예우를 분명히 소홀히 하였다. 그것은 분명히 러시아공산당 극동지도부의 관료주의적 태도 및 민족쇼비니즘을 나타내는 것으로 보아야 할 것이다. 이러한 러시아공산당의 오류는 한인공산주의운동을 분열케 하는데 일조를 한 것이다.

한인사회주의운동의 분열 이후에 각파는 자파의 세력확장을 위해 서로 노력을 기울였는데 1921년 5월에 이르쿠츠크에서 이르쿠츠크파에 의한 고려공산당창립대회가 열렸을 때 남만춘은 이 대회에서 코민테른 제3차대회에 대표로 선출되어서 간단한 연설을 하기도 했다. 그해 가을 그는 코민테른의 지시에 따라 북경으로 갔다가 경찰의 추적으로 만주로 다시 갔다가 이후 치타로 돌아갔다. 그후에 그는 공산당중

---

5) "Doklad Koreiskoi kommunisticheskoi partii III kongressu Kominterna", *Narody Dal'nego Vostoka*, no.2, 1921, p.255

앙위원회 극동국 소수민족부장이 되어서 1924년 말까지 이 직책으로 근무하였다. 1925년 말에 그는 책임있는 임무를 띄고 상해로 파견되었다. 그러나 그 이후의 경력에 대하여는 알 수가 없다. 가능한 추측은 1937년에 숙청되었을 것이라는 점이다. 왜냐하면 그의 여동생 남 알렉산드라 니키포로브나의 경우에도 연해주 떼르네이 구역당의 제2비서로 있다가 1937년에 숙청당했기 때문이다.6)

그런데 남만춘의 경력에 대해 이의를 제시하는 사람도 있다. 소련의 리영일은 「20세기초 원동에서 전개되었든 조선독립운동과 사회주의 혁명을 위한 활동투쟁 력사의 한 페이지!」7)에서 남만춘이 "구 황제 로시아 헌병대 밀탐 남창식의 아들. 백파군대 장교"라고 하였다. 이같은 주장은 남만춘이 기회주의자라는 것을 강조하려는 듯이 보이나 남만춘이 백군의 장교였다는 것은 사실이다. 그러나 그는 초급장교에 불과했고 게다가 혁명운동에 빠르게 적응하였다. 이점이 10월혁명 이후의 상황에서는 남만춘에게 유리한 요건으로 작용하였다.

3. 남만춘 저작에서 나타난 조선문제인식

남만춘의 경력에서 우리가 이미 살펴보았듯이 그는 한인사회당의 이르쿠츠크파에 속해있던 사람이고 이르쿠츠크파벌의 형성에 대단히 중요한 역할을 했던 사람이었다. 더구나 그가 귀화한인이며 블라고슬로벤노예출신이라는 것, 그리고 10월혁명 이전에 장교출신으로 참전했다는 점, 이러한 사실들은 한인사회에서 그가 상당한 비중을 가질 수 있음을 말해주는 사건이었던 것이다.

남만춘의 논설이 처음으로 나타나는 것은 그가 코민테른의 제3차

---

6) 강상호, 「혁명가들」, 『레닌기치』, 1990.6.6
7) 고송무, 『쏘련의 한인들』, 서울, 이론과 실천, 1990, 39-40쪽

대회에 한국을 대표하여 참석하였을 때의 그의 속기록에 실린 발언이다.8)

그는 이 대회에서 고려공산당을 대표하여 발언하고있기 때문에 그의 보고를 그 자신의 저작으로 보기에는 어려운 점이 있다. 그러나 그가 고려공산당을 대표하고있다는 것은 또한 그의 입장이 발언내용과 공유되는 부분이 많다는 점으로 생각될 수도 있다. 이러한 점에서 그의 발언내용을 살펴보기로 하자.

그는 이 대회에서 일본의 조선침략, 조선의 민중의 생활의 어려움, 조선의 독립운동, 공산당이 앞으로의 운동에서 헤게모니를 잡게될 필연성에 대해 간결하게 말하고 있다.

> 민족주의자들은 지난 2년 동안 혁명적 투쟁을 지도하는 데에 완전한 무능력을 보여주었고 기력이 빠져버렸다. 이 때문에 대답은 하나 밖에 없는데 이르쿠츠크 창립총회에서 1921년 5월에 창당된, 코민테른에 의해 지도되고 공산주의자들 그리고 모든 나라의 프롤레타리아트에 의해 지원되는, 젊은 고려공산당이 그것이다.9)

「현대의 한국」은 남만춘이 러시아공산당 극동국의 소수민족부장으로 있을 당시에 동 국의 기관지인 『우리의 길』에 발표한 논문이다.10) 이 글에서는 남만춘의 한국문제에 대한 사회경제적 분석과 아울러 운동세력에 대한 분포도가 묘사되어있다. 그런데 이 논문에서 주목되는 부분은 일본제국주의의 정책을 기본적으로 단일민족혁명전선(edinyi natsional'nyi revoliutsionnyi front)을 붕괴시키려하는 것으로 파악하고있다는 점이다.11)

---

8) *Biulleten' III kongressa Kommunisticheskogo Internatsionala*, 1921, no.23, pp.495-6
9) Ibid., p.496
10) "Sovremennaia Koreia", *Nash Put'*, no.13-14, 1923, pp.22-33
11) Ibid., p.23

그는 그리고 이 논문에서 농민과 노동자의 사회경제적 상황을 분석하고 나아가서 일본노동자들과의 갈등도 언급하고있다. 그는 1919년 무렵의 지주를 16274가구, 중농을 14112가구, 소작지를 가지는 소농을 1005606가구, 소작지 없는 영세농을 585830가구, 순소작농을 1043003가구로 파악하고 있다. 그러나 이중에서 한인지주는 50%가 되지 않으며 중농도 거의 대부분이 일본이민으로 구성되어있다는 점을 지적하였다.12) 그리고 그는 한국의 농촌을 보는데 있어서 중요한 현상으로서 일본자본과 한인대지주에 의한 농지의 집중 그리고 농민경제의 분해 및 한국농민의 급속한 빈궁화의 과정에 주목하였다.13) 이는 당시의 농촌현실에 대한 정확한 파악이라고 말할 수 있을 것이다.

다음으로 그는 노동자의 상황에 대해 언급하면서 일본자본이 대개 제조업부문에는 관심이 없고 수취산업에만 관심이 있다는 사실을 지적하였다. 또 그는 한국의 노동자들이 농촌과의 관계를 차단하지 않고 있으며 도시와 농촌사이를 이동하며 고농들이 겨울에 광산, 염전, 어업에 종사하는 것을 말하였다. 그와 함께 가장 견고한 프롤레타리아트의 간부로서 운수노동자를 말하였다.14) 그는 노동자의 수를 약 백만으로 계산하였는데 그 중에 항상적 노동자로 간주할 수 있는 제조업 노동자 24559명, 운수노동자 132540인을 제외하면 나머지는 계절적 노동자이기 때문에 그는 이 당시 노동자의 성격을 정확히 파악하고있는 셈이다.

이러한 현실인식을 바탕으로 하여 그는 당시의 정치상황을 분석하고있다. 그는 정치블록을 4개로 구분하여 문화운동, 자치운동, 좌익테러혁명그룹, 민족부르조아 운동그룹으로 나누고있다. 문화운동의 중심세력으로서는 조선청년회연합회와 동아일보를 들고있으며 이들이 구

---

12) Ibid., p.25
13) Ibid., p.26
14) Ibid., p.26

관료계급과 인텔리로서 구성이 되어있고 특히 1923년 무렵에는 동아일보가 은밀히 조선총독으로부터 보조금을 받아서 총독정치를 방어하는 노선을 취하고 있다고 하였다. 그는 또한 자치운동의 대표로 閔元植의 국민협회를 들고 있으며 그 기관지로『시사신문』을 지목하였다. 그리고 그가 암살된 후에는 평야에서 鮮于전과 그의 간행하는 잡지『共榮』을 지목하였다. 좌익테러혁명그룹으로는 무장봉기당(?)을 지목하고 있다. 이 당을 그는 무정부주의적 요소로 파악했다. 마지막으로 그는 민족부르조아 운동을 지목하여 물산장려운동을 들었고 이 운동이 상업부르조아지가 자기 손에 시장을 장악하려는 것으로 파악하였다.15)

이같은 논의를 통하여 그가 주목하고있는 것은 1923년에 새로 일어난 전조선청년당대회와 경성고무직공파업사건이었다. 그는 전조선청년당대회에 대하여는 이것이 마르크스주의자들의 영향하에 계급적 성격을 가졌다는 것에 주목하였다. 그러면서도 그는 운동이 순전히 계급적 방향으로 진행되는 것에 대해서는 반대의 입장을 분명히 했다.

> 여기에 청년의 혁명적 조직들에서 불가피한 좌익 소아병이 있다는 것을 언급하지 않으면 안된다. 몇몇 조직들은 지금까지도 "일본제국주의에 대한 단일한 민족전선"이라는 구호를 소화하지 못하였다. 그들은 이 구호의 불가피함과 생생함을 거부하고 그 대신 순수히 계급적인 구호를 내건다. 이러한 소아병은 곧 사라지게 될 것이다.16)

결론적으로 그는 그의 논문에서 주어진 상황에서의 노동자와 혁명조직의 과제는 "일본제국주의에 대하여 혁명적 민족부르조아지 및 인텔리와 같이 단일한 민족전선을 창설"하는데 있다고 하였다. 이러한 주장은 그가 한인사회당의 창당 이후에 계속되어온 좌익적 경향에 대하여 공격하고있는 것이라고 보아야한다. 그는 그럼으로써 한인사회당

---

15) Ibid., pp.28–9
16) Ibid., p.33

상해파와 연결된 서울청년회를 공격하고있는 것이다.

그 다음으로 남만춘의 저작이 나타나는 것은 1925년의 한편의 논문과 한편의 팜플렛이다. 그런데 이 글을 저술했을 시기의 경력에 대해서는 알 수가 없다. 마트베이 김이 1924년 말까지 소수민족부장으로 있었다고 할 때 1925년에는 이 직을 떠났음에는 틀림없다. 그렇지만 1925년 말까지는 무엇을 하고 있었을까? 아마도 코민테른 및 그의 방계조직에서 활동하고있었을 것이라는 추측을 하는 것이 가능할 것이다. 왜냐하면 그가 발표한 2편의 글이 한편은 농민인터내셔널의 기관지에 실린 것이고 다른 하나는 국제혁명가원호협회(MOPR)에서 발간된 것이기 때문이다. 이제 이 두 논문을 살펴보기로 하자.

우선 「조선에서의 농민상황과 그 운동」은 1920년대 전반기의 농업문제에 대한 분석을 한 훌륭한 논문이라고 말할 수 있다.17) 이 논문은 농민인터내셔널의 기관지에 실린 것인데 1925년의 이 논문에서는 다른 무엇보다도 민족해방운동세력의 분열과 그에 대한 대응책이 논의의 초점이 되어있다.

그는 사이토 총독의 정책이 "한국사회의 분열정책"이라고 보고있다.18) 그리고 이에 따라 정치세력을 4개로 구분하고 있는데 첫째는 공산주의운동이나 노농운동과의 대결을 강조하는 친일적, 파쇼적 운동 둘째는 문화적 민족자치를 지향하는 운동 셋째는 문화교육에 중심을 두는 문화운동 그리고 마지막으로 그는 젊은 노동계급과 혁명적 빈농의 혁명운동을 들고있다.19) 그는 새롭게 성장하는 혁명운동을 조망하려는 입장에서 농업-농민문제를 분석하고있다.

그의 분석은 일단 한국이 인구의 82.5%가 농업에 종사하는 농업국

---

17) "Polozhenie krest'ianstva i ego dvizhenie v Koree", *Krest'ianskii Internatsional*, no.8-9, 1925, pp.72-88
18) Ibid., p.73
19) Ibid., p.74

가라는 사실에서 출발한다. 그후에 그는 한국에 있어서의 농지의 분포가 일인이 농업인구의 0.028%를 차지하면서도 농지는 56.6%를 차지하고 한인은 농업인구의 99.68%를 차지하면서도 농지는 36.8%밖에는 차지하지 못한다고 하는 민족적 모순을 지적하고있다. 그 다음으로 그는 농지의 소유와 경작의 분석을 통하여 농업에 있어서의 계급적 모순을 지적한다. 그는 이러한 분석을 통하여 77%의 농민들이 토지가 없거나 부족한 농민이라는 것을 밝혔다. 그 다음에 그는 동양척식회사가 한인들의 농지를 일본이민에게 분여해주고있다는 사실을 지적하고 수확의 50-60%에 이르는 소작료를 지적한 후에 농민운동에 대한 점검을 한다. 그는 1920년대 전반기를 전반적인 농민운동의 고양기로 보고 있으며 이러한 농민운동의 고양에 대처하여 일본이 농민운동의 분열책을 강구하고있다고 주장하였다.

그러한 분열책의 한 방법은 경제적 혜택을 공여하여 친일적 농민조합을 만드는 일이다. 그러나 남만춘은 이러한 방법이 별 효과를 거두고있지 못하다고 했다. 다음으로는 농민내부의 내적 모순을 이용하는 일인데 그것은 완전소작농민과 半소작인과의 모순을 이용하는 일이다.[20] 특히 후자는 소자산가적 심리(sobstvennicheskaia psikhologia)를 가지고있기 때문에 투쟁에서 강인하지 못하고 그 때문에 선동적 조직적 사업이 필요하다고 했다.[21] 그 다음으로 농촌의 고농은 조직되지 않은 대중이며 이들은 "파업분쇄자"로 이용될 수 있음을 지적하였다.[22]

이러한 분석을 통하여 그는 "구체적 요구와 구호에 잠시 머무르는 이것이 필요하다"고 하며 그러한 의미에서 그는 당면의 구호로서 60%의 소작료를 40%로 인하할 것을 제시했다. 그리고 그와 함께 소작농민조합을 인정할 것과 소작농민과 지주와의 계약을 조합을 통해서 그

---

20) Ibid., p.85
21) Ibid., p.85
22) Ibid., p.85

리고 조합의 참여를 통해서만 결정할 것을 주장하였다. 그리고 마지막으로는 중간소작인제도를 없앨 것을 주장하였다.23)

결론에서 그는 동양에서의 혁명적 운동의 상승이 한국근로대중의 혁명화 과정을 가속화하고 있다고 하였다. 그리하여 그는 차후의 농민운동의 과제로서 다음과 같은 제안을 하고있다.

> 한국의 선진적 노동자와 농민은 일본인으로부터의 한국의 해방이라는 협소한 과제의 위임으로부터 프롤레타리아트와 식민지 피압박 근로자들의 국제적 연대를 이해하기까지 성장하였다.
> 한국의 노동자와 농민은 노동자건 자본가이건 모든 일본인들에 대한 일반적인 증오에서 한국근로자들과 일본근로자들의 이해의 공통성을 이해하기까지 성장했다. 한인들은 이제 "하나의 2천만 한국"이라는 민족주의자들의 물신은 이제 없으며 친일적, 부르조아적, 반혁명적 그리고 혁명적인 두개의 한국이 있다는 것을 이제 이해한다.24)

이 논문이 세계사회혁명의 기대 속에서 씌어진 것은 분명하다. 그렇다면 그의 입장이 변했다는 것을 의미하는 것일까? 분명히 그의 논문은 1923년의 논문보다는 계급혁명적 성격을 강조하는 입장을 취하고 있다. 그러나 1925년의 남만춘의 입장에 대하여는 그의 논문 한편을 더 분석하여 보고 결론을 내리기로 하자.

『억압된 한국』은 국제혁명가원호협회에서 발행한 것이다. 이 팜플렛은 남만춘의 입장과 한국현실에 대한 분석이 종합되어서 서술되어있으며 그러한 점에서 한국에 대한 대중적 팜플렛으로 발간되었다는 생각을 가지게 된다. 그 점은 이 팜플렛의 발행부수가 1만 5천부가 되는 것으로 보아서도 그러한 것이다.

이 팜플렛은 앞의 두 논문과 크게 다를 것은 없다. 단지 마지막 항

---

23) Ibid., p.86
24) Ibid., p.87

목의 「백색테러와 억압기구」에서 일제의 잔학상을 고발하는 내용이 두 논문에 비해서 새로운 점이라고 말할 수 있을 것이다. 그렇기에 이 팜플렛에 대한 자세한 소개는 오히려 필요 없을 것이라고 생각되며 단지 한국혁명에 대한 문제에 대해 그의 입장이 1923년과 어떤 차이를 가지고있는지를 밝히면 충분할 것으로 본다. 그는 그의 팜플렛에서 「혁명운동」이라는 항목에서 그의 의견을 다음과 같이 피력하고있다.

> 점차 한국에서의 모든 종류의 대중운동은 일본제국주의와의 투쟁의 과정에 있어서 공동의 물레바퀴로 수렴하며 민족해방운동의 단일전선으로 나가고있다. 청년운동이 아직 조직적으로 형성되고있는 중의 시기라는 것은 분명하다. 청년운동중의 많은 것이 아직 결함이 있다. 청년운동의 지도자들 중에는 극단적인 좌익편향을 보이고있는데 그것은 일본의 무정부주의조합주의의 영향이 없지 않으며 우리에게는 "좌익소아병"이라는 이름으로 알려져 있다. 이 편향은 민족부르조아지와 귀족들 상층부의 친일적 편향에 대한 지당한 반응으로 보여진다. 그렇지만 지금부터 운동의 긍정적 진단을 해야할 기초들이 있다. 그것은 의심할 바 없이 완전한 혁명적 열정을 가진 지도자들의 지도하에 그리고 조선공산당의 지도하에 가까운 장래에 완전히 형태를 갖추게 될 것이며 소위 "좌파운동"은, 유럽과 아메리카의 프롤레타리아트의 세계적 운동과 일본, 중국, 인도의 노동자 및 농민운동과의 긴밀한 연대 속에서 전 한국민족해방운동의 진실된 중심이 될 것이다.25)

이러한 입장은 남만춘이 코민테른의 정통파 입장을 표명하고 있는 것이라고 보여진다. 1925년에 있어서의 코민테른은 러시아공산당과 마찬가지로 트로츠키와 부하린-스탈린의 투쟁이 치열하던 시기였다. 코민테른의 동방문제를 둘러싼 논전에서는 제5차 대회에서 스탈린의 입장을 가진 마누일스키와 트로츠키와 근사한 로이가 대립하였으며 이

---

25) *Ugnetennnaia Koreia*, Moskva, 1925, p.16

러한 식의 혁명전술을 둘러싼 논쟁은 단지 러시아나 코민테른에만 국한된 것은 아니었으며 한인들 사이에서도 영향력을 가지고있었다. .

이미 한국에서도 1923년의 서울청년회가 전조선청년회에서 분리되면서 그리고 특히는 1923년에 전조선청년당대회를 치르면서 표방한 구호 그리고 그의 독자적인 계급투쟁노선은 코민테른 정통파의 입장에 서있는 조선공산당 주도세력과의 마찰을 일으켰던 것이다. 이렇게 볼 때 남만춘은 이미 계보적으로 그와 연결되어있는 조선공산당을 비호하면서 이전의 그의 대립세력이었던 상해파와 연결된 서울파의 운동노선에 대해 비판의 화살을 돌리고있는 것이다.

이러한 사실에 대한 인식은 남만춘의 조선현실에 대한 인식은 이르쿠츠파계열 그리고 후에는 조선공산당계의 보고를 통해서 입수될 수 있는 자료들을 바탕으로 이루어진 것이라고 보여지고 그러한 점에 있어서 남만춘의 조선농업이나 정치상황에 대한 인식은 그리고 분석의 방법은 상당히 현실에 가까운 점이 없지않다.

남만춘의 이같은 현실인식은 분명히 1921년 고려공산당창당시에 보여준 현실인식과 비교해볼 때 많은 진전을 한 것도 사실이다. 그러나 1923년과 1925년의 차이를 볼 때 남만춘이 민족해방운동의 단일전선을 강조하면서도 민족부르조아지에 대한 역할을 현저히 경시하고있다는 결론을 내리게 해준다. 이러한 이유는 어디에 있을까?

혁명운동의 상승기라서 부르조아지에 대한 평가가 소홀히 된 것일까? 아니면 부르조아지의 분명한 반동성 때문이라고 볼 것인가? 그 이유야 어찌되었던 간에 부르조아지와 단일한 전선을 구축하면서 공산주의운동이 헤게모니를 가진다는 것은 한국에서는 풀기 힘든 문제임이 밝혀지는 것이다.

1920년대 전반기의 한국현실문제에 대한 인식에 있어서의 남만춘의 긍정적 역할을 평가하는데 인색할 필요는 없지만 민족운동에 대한

1925년의 그의 평가는 상당한 주의를 요하게 한다.

4. 맺음말

 이상으로 우리는 남만춘의 경력과 그의 저작물에 대하여 살펴보았다. 이러한 간략한 검토에서 파악할 수 있는 것은 1920년대 전반의 상황에서 소련의 한국에 대한 인식은 우선적으로 한국의 민족해방운동을 소련의 사회주의와 연계시키려는 선에서 이루어졌으며 이러한 점에서 한국의 사회경제적 조건이나 한국의 혁명운동 등에 많은 관심을 가지게 만들었다.

 소련에서 한국에 대해 파악하고있던 이러한 정보들은 사실상 학문적인 것이라기보다는 실천적인 목표를 가지고있었다. 그것은 우선 코민테른이나 소련의 공산당이 대한정책을 집행하는데 있어서 필요한 정보를 공급하고 필요한 지침을 내리는데 목표가 있었다고 보여지는 것이다.

 학문적인 차원에서 소련의 대한인식이 이루어지지 않은 것에 대해 그 한계를 지적하는 것은 어려운 일이 아니지만 그럼에도 불구하고 어느 정도의 정확성을 가지고 소련이 한국을 인식하고 있었다는 것은 우리가 주목을 요하는 부분이다. 그 이유는 한국의 사회주의자들로부터의 보고가 코민테른에 들어갔기 때문으로 보인다. 그와 함께 소련에서는 한국문제를 잘 파악할 수 있는 한인전문가들의 존재가 이미 상당수 존재했던 것이다.

 그러나 전반적으로 볼 때 한국문제에 대한 소련의 인식은 결코 폭이 넓거나 관심이 다양했던 것은 아니다. 이러한 점은 장기적인 차원에서의 한국의 문제를 이해하는 데에 불리한 여건을 마련했을 것이라고 생각할 수 있으며 단기적인 치원에서도 실수를 저지를 가능성을 많이 가지고있는 것이다.

일본이 이 시기에 축적하는 연구물을 감안해 볼 때 비록 그 연구물들이 문제가 많은 것이었다고 말할 수는 있지만 그에 대한 대안으로서의 연구가 같은 시기에 소련에서도 충분히 생산되었다고 보기는 어렵다. 그러나 소련의 대한인식이 기본적으로 한인사회주의자들에게 구체적으로 많은 영향력을 행사했는지의 문제는 앞으로 좀더 검토를 요하는 문제인 것이다. <『韓國史學』, 제12집, 한국정신문화연구원, 1991>

일제하 좌우합작론의 연구
―사회주의자들의 담론을 중심으로 하여―

1. 머리말

 일제하의 좌우합작론은 그 동안 적지 않게 많은 사람들에 의해 주목을 받아왔다. 좌우합작운동과 좌우합작론이 그 동안 우리학계에서 주목을 끌게된 이유는 다음의 몇 가지로 짚어볼 수 있을 것이다. 먼저 우리 사회의 이데올로기적인 갈등과 그에 대한 해결책의 모색이 문제의식이 되었을 것이라는 것을 말할 수 있다. 한국에서는 적어도 사회주의가 들어온 이래 이데올로기적인 갈등이 끊이지 않았다. 이 이데올로기의 갈등은 일제시대 동안에도 계속 되었으며 급기야는 해방을 맞이하여서도 남북으로 국토가 양분되는 데에 일정한 역할을 하였다. 해방 이후 북한에서는 김일성의 독재체제가 폭력적인 방법으로 구축되어 갔으며 그에 따라 북한에서는 적어도 이데올로기적인 갈등은 사라졌다. 그러나 남한에 있어서는 반공주의가 국가정책으로 강하게 요구되었음에도 불구하고 자유민주주의체제가 가지고 있는 상대적으로 자유로운 사상적 공간 때문에 사회주의적 논의들이 사회의 일각에서 형성되었다. 간헐적으로 형성되던 사회주의적 담론은 1980년대에 폭발적으로 터져 나왔다. 그 이유는 광주민주화운동과 그에 대한 군부의 진압으로 인한 참상에서 지식인들이 남한의 체제에 대하여 반사적인 증오를 가지고 그 반발로 사회주의 이념에 경도되었기 때문이라고 본다.

이같은 사정을 배경으로 하여 남한에는 극단적인 양대 이데올로기가 대립되게 되었다. 국가정책으로서의 반공주의와 체제에 실망한 운동가들의 사회주의가 그것이다. 좌우합작론이란 이러한 대극적인 이데올로기의 대립 가운데 서로 연결되는 점을 찾아내어서 사회적 평화를 이루고자 하는 문제의식에서 나온 것이며 다른 하나는 사회주의자들이 점차적인 혁명전술의 일환으로 지배세력을 고립시키고 광범위한 저항의 전선을 형성하기 위한 문제의식에서 나온 것이다. 전자의 경우에 우리는 그들을 중도파라고 부를 수 있을 터이지만 후자의 경우에는 우리는 어떤 경우에도 그들을 평화지향적이라고 부를 수가 없으며 단지 본격적인 투쟁을 위해 준비하는 단계로서 볼 수 있을 것이다. 1980년대에 많이 이루어진 좌우합작에 대한 연구는 대개 이러한 문제의식들을 배경에 깔고 있었다고 말할 수 있다.

그러나 1980년대에 이루어진 연구의 문제는 좌우합작을 연구대상으로 삼았지만 그 안에서의 사회주의적 헤게모니론에 그대로 함몰되어 버린 연구가 작지 않았다. 이러한 연구들은 사회주의자들의 멘탈리티 자체에는 의문을 제기하지 않고 단지 그들의 전술상의 미숙만을 지적하는 경우가 많았다. 즉 사회주의자들의 방향은 기본적으로 옳았지만 단지 그들의 전술만이 문제된다고 지적하는 것이다. 이러한 연구들은 기본적으로 후진 사회주의적 사회주의의 특징인 시민사회와 유리된 사회주의의 전통을 그대로 계승하여 그 담론을 되풀이하고 있는 것이라 여겨진다. 그리하여 본고는 이러한 담론들이 근본적으로 1920년대 이래 일제시대 사회주의의 역사적 성격과 그 한계를 정확하게 파악하지 못하고 있다고 본다. 따라서 필자는 좌우합작론이라는 특정한 담론을 분석하여 일제시기 사회주의자들에 의하여 이루어진 좌우합작론은 민주적 시민사회적 가치와는 적대적인 사회주의자들에 의하여 단지 전술적인 차원에서만 이루어졌다는 것을 지적함으로써 일제시대의 좌우합작론이 민족운동적 차원에서 긍정적인 역할을 하지 못하였다는 것을 지적하려 한다.

2. 1920년대 전반 한인사회주의운동과 민족문제

1920년에 들어오면서 국내에서는 사회주의적 입장을 표명하는 담론이 이루어지기 시작하였다. 이 사회주의는 전후의 개조론과 그 궤를 같이하면서 한국사회를 변혁시킬 수 있다는 유토피아적 희망과 함께 들어온 것이 특징이다. 조선 내에서 한국인들의 언론매체를 가지고 논의가 이루어질 수 있게 된 것이 1920년부터이기 때문에 이 때부터 몇 진보적 지식인들에 의하여 사회주의에 대한 소개와 논의가 함께 이루어진다.

1920년부터 이루어지기 시작한 사회주의적 담론은『東亞日報』,『朝鮮日報』와 같은 신문을 통하여 그리고 천도교에서 발행하는 잡지『開闢』을 통하여 그리고 조선노동공제회가 발행하는 잡지『共濟』및 그 후에 본격적인 사상잡지를 표방하고 나선『新生活』등을 중심으로 하여 전개되었다. 우리는 이러한 언론매체들에 기고문을 제출한 사람들을 살펴봄으로써 사회주의자들의 분포를 짐작해낼 수 있다.

『東亞日報』에서는 1920-1922년에만 하여도 김우평, 유진희, 이순탁, 일기자, 신동기, 유우근, 허영호, 만오생, 양원모, 전일, 이상환, 선우전이 나타난다.『朝鮮日報』에서 사회주의적 논설이나 기고문이 실리는 것은 대개 1923년 이후의 일로 보인다.

『開闢』에서는 일기자, 고엽, 선우전 등이 집필하였고 1921-22년의 『共濟』에서는 평양지회장 정세윤이 사회주의적 입장을 나타내었으며 주로 편집진중에서 그리고 기고문에서 소수의 사회주의자들이 활발한 활동을 전개하였다. 정태신(우영), 신백우, 유진희, 이견익은 『共濟』의 편집자로 그리고 '모공장의 일직공', 동원, 이동식, 나경석, 안확, 김제관, 김약수, Y생, 적선풍, 고순흠같은 사람들이 정도의 차이는 있지만 계급투쟁노선에 입각하여 사회를 분석하고 있었으며 노동계급의 해방을 주장하였고 그러한 의미에서 사회주의자들이라 불리울 수 있을 것이다.[1] 1922-23년의 『新生活』에서는 신일용, 정백이 명백하게 사회주의에 경도되어 있었으며 이성태는 무정부주의적 색채를 가진 사회주의자라고 말할 수 있을 것이다. 1921년 서울청년회의 기관지인 『我聲』에서는 제관, 채, 악예, 김탁, 흑귀 등의 이름이 나타난다.

이같이 1920년 이후에 국내에서는 사회주의사상에 대한 소개가 이루어졌으며 점차 사회주의적 이념에 공감하여 적극적인 주의자가 나타나기 시작하였다. 물론 이러한 사회주의적 이념의 전파는 노령이나 일본보다는 뒤늦게 나타난 것이었다. 그리고 대체적으로 보아 국내의 사회주의운동은 노령과 일본으로부터의 영향력을 강하게 받고 있었다.

이미 노령에서도 1918년 4월 한인사회당이 결성될 때에나 1921년 고려공산당이 결성될 시에 타협 없는 계급투쟁과 노농소비에트정부의 수립을 목표로 하는 급진적인 프로그램이 제시된바 있었는데 해외에 있는 한인사회주의자들의 급진적인 성향은 곧바로 국내의 사회주의자들에게 영향력을 주게 되었다. 1921년부터 상해파계열의 공산당과 국내의 운동은 연결되는 모습을 보인다. 이때에 상해파가 가지고 있었던

---

[1] 拙稿, 「조선노동공제회와 『共濟』」, 『성신문화연구』, 제51호, 한국정신문화연구원, 1993, pp.139-157

급진적인 프로그램이 상당한 영향력을 주었을 것이라는 추측을 할 수가 있다.

그러나 국내에서 일단의 인사들이 공개적으로 계급투쟁의 노선을 선명하게 들고 나온 것은 1922년 1월 일본의 고학생동우회의 간부들이 서울로 들어오면서 2월 4일자 『朝鮮日報』에 발표한 동우회선언문이라고 할 수 있을 것이다. 동우회는 "계급투쟁의 직접적 행동기관"임을 자처하였던 것이다. 이로부터 한국사회에는 일제로부터의 해방을 궁극적인 목표로 삼기보다는 사회해방을 궁극적인 목표로 삼는 운동이 본격적으로 가동되기 시작하였다고 볼 수 있다. 이러한 경향은 계열을 달리하지만 1922년 3월 잡지 『新生活』의 창간으로 뒷받침되었다. 이 잡지를 통하여 사회주의를 소개하는 글들이 본격적으로 소개되기 시작하였다. 그런데 사회주의가 도입되는 시기임을 감안하더라도 이 시기의 논조는 민족주의에 대하여 대단히 부정적이었다. 예컨대 신일용은 "만일 오늘날 엇던사회주의자가온대 민족주의를 떠나지못한자가 잇다면 그것은 도로혀 사회주의의 반역자 교의의 모독자임을 기억하라. 그뿐아니라 민족주의와 사회주의사이에는 불가입성의 모순이 유한 것이다"라고 하였다.2) 또 정백은 「지식계급의 미망」에서 지식계급을 "특권계급의 주구"로 "양심을 파는 노예"로 규정하였다. "소위지식계급은 모름직히 양서적 태도를 버리고 특권계급과 정식결혼을 행하야 매춘생활을 계속하다가 동시에 갓치쓰러지든지 그럿치안으면 자체를 분해하고 무산계급화하야 노동계급의 권내로 입하든지 양자중에 그하나를 택하여야 할것이외다"고 하였다.3)

새로이 형성된 좌파 지식인들의 성향은 1923년 3월에 열린 전조선청년당대회에서도 잘 드러난다. 이들은 "민족자결 및 민족독립은 오늘

---

2) 『新生活』, 제7호, p.17
3) 『新生活』, 제3호, p.21

날 무용이다. 무산계급의 해방을 제 1의적 급무로 한다"고 한 것에서 볼 수 있듯이4) 급진적인 계급투쟁이론을 전개하였다. 이같은 태도는 물산장려운동을 둘러싼 논전에서도 비교적 잘 드러나는 것이다.

　1923년 물산장려운동이 본격화되면서 이들 사회주의자들 사이에서는 일대 논전이 벌어진다. 이 논전은 동아일보를 중심으로 하여 『開闢』등지에서 벌어지며 부분적으로 『朝鮮日報』나 『東明』같은 잡지에도 언급되었다. 보통 대부분의 연구에서는 1925년 이전에 사회주의자들이 계급지상주의에 입각해있었다고 한다. 그러나 그것은 사실이 아니다. 이미 물산장려운동에서도 살펴볼 수 있듯 사회주의자들은 한편 계급지상주의를 주장하였지만 다른 한편 민족적 입장을 강하게 견지하고 있었음이 드러난다.

　물산장려운동을 둘러싼 논의에서는 세 종류의 논의가 이루어지고 있었다. 하나는 노자협조주의의 입장에서 자본가 및 토착 수공업자들의 이니시어티브로 국민경제를 이룩해보고자 하는 적어도 국민경제부문에 대한 확대생산 내지는 보호를 목적으로 하는 논의이며 둘째는 사회주의의 입장을 가지면서도 단계론에 입각하여 선국민경제보호 및 역량확대를 통하여 후 사회혁명을 목표로 하는 논의이며 세 번째는 즉각적으로 계급투쟁노선에 입각하여 사회혁명을 추진하고자 하는 논의이다. 우리는 편의상 첫 번째 입장을 자유주의적 입장으로 두 번째 입장을 좌우합작적 논의로 세 번째 입장을 혁명적 국제주의로 칭하기로 하자.

　우선 첫 번째의 노자협조주의는 1920년이래 조선의 사회운동계에 있어서 주도권을 잡았던 자유주의=민족주의적 입장이었다고 말할 수 있다. 이 담론은 조선노동공제회의 주된 담론이었으며 그러한 의미에서 1920년대 사회운동계의 처음의 주도권은 이들이 잡았다고 말할 수

---

4) 김준엽, 김창순, 『韓國共産主義運動史』, 제2권, p. 120

있다. 이들은 노동의 가치를 귀중히 여기면서 새로운 시대의 새로운 담론 한 마디로 근대주의적 담론을 전개하였다. 이들은 새로이 대두되는 노동계급에 대하여 적대적이 아니었기 때문에 이들은 말하자면 후에 좌우합작을 이룰 수 있을 만한 준비를 갖추고 있었다. 식민지시대에 노골적으로 노동자나 농민계급에 대하여 적대감을 표시하는 담론은 그리 강하지 않았다고 본다. 민족론은 이들 논의의 초점을 이룬다.

두 번째의 담론은 좌우합작에 있어서의 좌의 입장을 대변하는 논의라고 말할 수 있다. 나공민, 오춘, 이순택 등의 주요 논객들이 바로 이에 속한다고 말할 수 있다. 이들 사회주의자들은 당에 가담하지 않은 사회주의 지식인들이라고 말할 수 있을 것 같다. 좌우합작론은 바로 이들 논의의 중점을 이룬다.

세번째의 담론은 국제주의적 혁명론으로 주종건, 이성태 등이 이에 해당하며 물산장려운동의 시기에 결코 이들의 발언권은 크지않았을 뿐만 아니라 사회적 영향력도 그리 강한 것이 아니었고 이들의 논의는 민족운동세력 전체에서 볼때에는 주변부에 있었다고 판단된다. 북풍회(북성회, 일월회)계의 논의가 주로 이에 속하며, 신사상연구회(화요회)계, 서울청년회계의 논의도 이에 속한다고 보겠다. 당을 결성한 자들은 주로 이러한 논의를 가지고 있었다. 그러나 당의 논의가 곧 사회운동계의 일반적 논의라고 보기는 어렵다. 민중론은 이들 논의의 초점을 이룬다.

물산장려운동에 대한 논의가 일어나는 시기는 서울청년회가 전조선청년당대회를 개최하는 시기와 일치한다. 1923년에 전조선청년당대회를 통하여 민중론은 조선의 사회주의운동의 주도권을 장악하였다. 좌우합작론은 그에 비해 열세를 면치 못하였으며 그에 따라 1923년부터 1925년에 조선공산당이 결성되는 시점까지 그리고 그 이후 얼마간은 새로이 결성된 당을 중심으로 하여 민중론이 논의의 중심이 되었으며 또 당과 사상단체에 의하여 각종의 사회운동단체들이 조종되는 형편에 있었기 때문에 사회주의의 영향력은 극대화되었다고 말할 수 있을 것이다.

그러나 전조선청년당대회에서 표방된 구호의 힘을 과장되게 이해할 필요는 없으리라고 생각한다. 좌경화된 서울청년회는 1922년 3월 조선청년회연합회의 헤게모니를 장악하는데 실패하여 이탈하였으며 1923년 3월 전조선청년당대회의 소집을 통해 그들의 좌파적 담론을 공식적으로 규정하는데 성공하기는 하였으나 그것은 조선의 사회운동을 위한 주도권의 장악이라기 보다는 분파적인 운동의 시작이었다고 볼 수 있을 것이다. 국제공청과 일본공청에서는 국제주의적 혁명론을 고무하는 메시지를 대회에 보내왔다. 이로써 청년당대회는 국제적으로도 유리한 고지에 섰다고 말할 수 있을 것이다. 그러나 이는 자유주의적 운동과의 결별 및 그 과정에서의 극좌적 분파적 행동을 대가로 이루어진 것이었다.

이같은 결별을 바탕으로 이들은 동아일보 불매운동 및 물산장려운동, 민립대학에 대한 반대운동을 펴기에 이른다. 그러나 이것이 또한 일반 민중의 정서에 부합되지 않았다는 것은 말할 필요가 없다. 이들은 그들만의 조직을 분리하기를 원하였으며 그러한 의미에서 한국의 사회운동계는 이들에 의하여 자유주의=민족주의적 운동과 사회주의적 운동으로 분립되었고 사회주의는 민족주의에 대립된다고 하는 의미를 이때부터 분명하게 가지게 되었다고 말할 수 있다. 그러나 모든 사회주의자들이 이같이 서울청년회의 담론에 동의하였던 것은 분명히 아니다. 이미 논전에서 보듯 나공민, 오촌, 이순탁 등의 인사들은 이들의 입장과 구별되었으며 비록 사회주의운동이라고 하는 좁은 테두리에서의 주도권을 이들이 장악하고 있었던 것은 아니지만 그렇다고 하여도 전조선 청년당대회의 입장과는 구별되는 사회주의자들로서 이들의 존재를 무시할 수는 없다고 본다. 이들은 민족주의=자유주의자들과의 연대를 계속 가지고 있었다. 좌우합작의 논의를 위해서는 이들 인사들의 논의가 극히 중요하다고 본다. 그렇기에 나공민의 논의를 중점적으로 살펴보기로 하자.

나공민의 관점을 비판하기 위하여 그가 애당초 민족주의자라고 보는 연구가 있다.5) 그러나 과연 그러한가? 나공민의 글이 처음으로 발표되는 것은 『共濟』지를 통하여서이다. 그는 확실히 당대의 다른 사회주의자들과는 구별되는 독특한 글을 발표하였다. 「世界思潮와 朝鮮農村」이라는 글에서 그는 원론적인 계급투쟁론에 치우쳐 있는 다른 사람들과는 달리 농촌의 문제에 주목한 사람이며 『東亞日報』나 『開闢』에 기고된 글에서도 사회주의적임을 알 수는 있으나 민족문제에 대하여 보다 분명한 자각을 하고 있었다.

나공민은 「물산장려와 사회문제」라는 기고문을 통하여 왜 사회주의자라고 하더라도 물산장려운동을 지지하여야 하는가에 대하여 설명하고 있다. 그의 논지는 셋으로 나누어진다. 첫째 그는 일본의 정치적 압박=식민지라는 조건에 의하여 조선의 유산계급과 무산계급이 공동의 이해관계를 가지게 되었다고 하였다. 그는 "정치의 권력을 이한 산업은 재산의 형태로 증가하지 못한다"는데 대하여 동의하며 바로 그 이유로 인하여 우선 정치적 권력을 장악하는 것이 궁극적은 아니지만 당면한 과제이며 그 때문에 물산장려운동을 지지해야 하는 것이다. 그리하여 물산장려운동은 "위선 조선무산자의 응급생활책의 일 계단이 되고 차로 종하야 조선의 유산자가 부력을 다소 증식케됨은 그 목적이 되는 것이 아니고 오히려 부득이한 사세가 될 것이다"고 하였다.6) 세계혁명이라는 것이 곧 이루어지지 못하는 상황에서 우선 조선인은 혁

---

5) 장상수, 「일제하 1920년대의 민족 문제 논쟁」, 『한국의 근대국가형성과 민족문제』, 문학과 지성사, 1988, p.120
6) 『東亞日報』, 1923.2.26

명을 위하여 무산자의 단결을 통하여 준비하여야 하며 그러한 의미에서 그는 그의 입장을 면사주의로 규정하고 있다. 이 점에 있어서 그의 논의는 현실적이다. 조선무산자의 실력양성이라는 과제를 그는 생각하였으며 무업자가 아닌 무산자의 생존과 단결을 위하여 그는 물산장려운동이 필요하다고 본것이다.

둘째 그의 논의는 사회의 생산력을 충실하게 하는 것이 신사회건설에 불가피하다는 논의이다. 그는 러시아혁명의 예를 들면서 생산관계 뿐 아니라 생산력의 중요성에 대하여 언급한다. "로서아가 대혁명을 완성하고도 기근과 궁핍에 대중을 일천오백만 명이나 희생되게 한 것은 구사회의 생산력이 충분히 발전되지 못한 까닭"이라고 보았다. 그는 "생산력을 증대함이 혁명이 돌발하는 순간까지 사회생존의 필요한 조건이 되는 이상에는 이윤의 분배가 불공평하기 때문에 차를 정식할 수 없는 것이라. 조선사람이 생산능률을 증가함이 현사회제도에 잇서는 소수자의 이욕을 충케할지라도 신사회의 생활관계를 도모함에도 귀중한 기초가 되는 것은 부정할 수 업스리라"고 한 것이다. 그는 나아가서 정치적 관계가 변함없을 때 "필경 조선에 재한 유산계급은 전체 일본인이 되고 무산계급은 전체 조선인으로써 대치되고 말 것 뿐이다"라고 하였다.

셋째 그의 논의는 혁명준비론이라고 말할 수가 있다. 그는 "구사회 내에 재하야 무산자의 단결력이 완실한 토대를 작하야 그 물질적 조건과 형세가 능히 타계급을 압도할만한 때에 그 사회의 간난과 궁핍을 기회삼어 혁명이 돌기되어야 무산자의 승리를 필기할 것"이라고 하였다. 그리고 그를 위한 준비로 한국에서는 브나로드운동을 전개해야 할 것이라고 하였다. 그리고 조선에서는 이것이 최대문제라고 하였다.

이같은 논의는 농촌문제를 일관되게 중요하게 보고있는 그의 입장에서 충분히 나올 수 있는 일이라고 하겠다. 그의 논의를 요약해보자.

그는 식민지라는 조건에서 조선인들이 정치권력을 박탈당했기 때문에 조선에서는 유산계급과 무산계급이 공동의 이해관계를 가진다. 즉 식민지라는 조건에서 민족문제가 우선적으로 해결되어야 한다는 것이다. 그와 함께 혁명을 위하여서 뿐 아니라 생존을 위하여도 생산력을 증대시키는데 무산자가 참여하여야 한다는 것이며 이러한 의미에서도 유산계급과 무산계급은 지향점은 다르더라도 이해를 같이 나눌 수 있다. 또한 혁명을 준비하는 입장이 강조될 때 과정상에서의 무산계급은 실력을 준비하고 헤게모니 장악을 위하여 노력하여야 한다고 볼 수 있다. 그리고 그러한 의미에서 농민을 의식화시켜야 한다. 투쟁이 우선시되는 것이 아니라 계급의식의 선전과 각성이 우선시된다. 이러한 입장은 좌우합작을 위한 기초를 충분히 준비한 논의라고 말할 수 있다. 적어도 이러한 논의의 기반 위에서는 결정적인 혁명의 순간이 오기까지는 조선의 유산계급과 무산계급이 대립할 필요가 없는 것이다. 무산계급은 전면적인 경제질서의 변혁 즉 생산관계의 변혁을 기하기보다는 정치적 혁명 즉 정치적 독립을 우선적인 과제로 생각하여야 한다고 말할 수 있을 것이며 이러는 한 무산계급은 독립을 최우선적 과제로 생각하는 자유주의=민족주의자들과 서로 힘을 합하여 하나의 운동에 참여할 수가 있을 것이다. 이것이 나공민의 논리인 것이다. 실로 후의 좌우합작을 위한 이론적 근거는 나공민이 마련하였다고 하여도 과언이 아닐 것이다.

그러나 주종건, 이성태 등의 무정부주의적 혹은 패배주의적 사회주의자들의 논의 때문에 나공민의 좌우합작적 논의는 사회주의자들에 의해 이해되지 못하고 당적 사상운동권의 주변에 머물러 있었다. 왜냐하면 1923년 무렵의 당적 조직은 코르뷰로에 위하여 주로 국내의 화요회계 및 북성회계, 상해계 등 좌파에 의해 구성되어 있었기 때문이다.

이같이 좌우합작론은 1920년대 한인사회주의자들의 급진적인 성향을 고려해볼 때 쉬운 과제가 아니었다고 생각한다. 그리고 과연 한인 사회주의자들이 진정한 의미에서 좌우합작을 고려하였는지를 한 번 음미해보는 것이 필요할 것이다.

한편 좌우합작론의 정확한 평가를 위하여 방해가 되고 있는 선입관 하나를 지적하고자 한다. 사회주의자들의 논의에서 나타나는 것으로 3·1운동 이후의 민족운동의(해방운동) 헤게모니가 부르조아지에서 프롤레타리아트에게로 넘어온다는 논리이다. 이같은 사회주자들의 자신의 힘에 대한 과장된 평가는 좌우합작을 불가능하게 한 주요 요건의 하나가 되었다.

사회주의자들은 프롤레타리아트 헤게모니라는 추상적인 신념에 집착하여 민족운동 속에서 그들의 위치와 역할을 제대로 평가할 수가 없었다. 더구나 민족주의자들에 비해 그들의 존재는 미미하였다. 민족주의자들이 전국적 명망가들이며 재력을 가지고 있었는데 비하여 그들은 조직과 투쟁이 전부인 존재들이었고 현실적으로 그들에게 의존할 수밖에 없었다.

따라서 기본적으로 민족주의자들의 헤게모니가 문제가 되는 것은 신간화가 해소에까지 이르게 된 1931년 이후가 아닌가하고 생각된다. 이후에는 민족주의자들의 운동은 브나로드운동과 같이 제한된 의의밖에는 가지지 못하는 운동이 되었다. 그러나 이것이 같은 시기의 적색 농조운동에 비해 전투적이 아니었다고 해서 농촌운동의 헤게모니가 사회주의자들에게로 넘어갔다고 말할 수는 없을 것이다. 단지 1931년 이후는 사회주의자들이 노골적으로 민족주의자들의 헤게모니에 도전하는 시기였다고 말할 수 있을 것이다. 민족주의자들의 정치투쟁은 국내에서는 이루어질 수가 없었고 오로지 해외에서만 그 명맥을 유지하게 되었다.

3. 정우회선언과 민족유일당론

1923년의 물산장려운동은 좌파 사회주의자들의 반발때문에 소기의 성과를 거두지 못하였다. 좌파사회주의자들은 조직적으로 청년당대회의 지도부를 장악하는데 성공하였고 그를 바탕으로 하여 물산장려운동을 약화시키는데 큰 역할을 하였기 때문이다. 그러나 물산장려운동시 좌파 사회주의자들이 구사했던 담론은 문제를 안고 있었다. 이들의 담론은 민족주의 혹은 자유주의적 운동으로부터 자신들만의 독자적인 운동조직을 갖추기 위해서는 필요할지는 모르나 이들이 주도가 되어 사회운동의 주도권을 장악해나가는 데에는 역부족인 담론이었다. 왜냐하면 극단적인 국제주의는 민족적 내용을 공허하게 함으로써 소수 지식인들의 써클적인 성격으로 운동을 만들어버릴 위험이 있었기 때문이다.

바로 이러한 이유로 인하여 1923년은 민족문제에 대하여 사회주의자들의 입장을 정리한 해가 아니라 본격적인 논의가 전개된 출발점의 시기라고 말할 수가 있을 것이다. 좌파 사회주의자들이 나공민류의 좌우합작적 논의에 대해 인정을 할 수는 없으면서도 일부 민족주의세력과의 제휴의 필요성은 느끼고 있었다. 이러한 필요성은 여러 가지 차원에서 검토되어왔다. 이미 코민테른의 방침이 알려지면서 국제공산당이 좌우합작을 원한다는 것을 알 수가 있었을 것이고 중국에서의 좌우합작도 좋은 예가 되었을 것이며 또한 이론적으로도 민족문제는 결코 국제주의적 입장에서 배척되어야 할 문제가 아니고 사회주의자들의 입장에서 잘 정리해두어야 할 대단히 중요한 문제중의 하나라고 하는 사실이 명백하게 드러났을 터이다. 편의상 나공민류의 사회주의자를 우파 사회주의자라고 한다면 좌파사회주의자들도 1923년에는 우파 사회주의에 대해 반발하였지만 1924년에 들어와서는 그들의 주장에 일정한 정도의 궤도수정을 해나가려고 하는 것을 보게 된다.

우선 1924년도에는 1923년에 비해 사회주의사상계에 많은 변화가 있게 된다. 1923년의 청년당대회를 주도한 그룹은 서울청년회계였다. 그러나 1923년부터 많은 사상단체가 생겨나게 된다.

1923년 1월 15일에는 일본동경에서 김약수, 김종범, 송봉우, 변희용, 김장현, 이여성 등이 흑도회로부터 분리되어 북성회를 결성하였다.7) 이들은 건설사, 북풍회 등으로 조직을 바꾸면서 1925년 1월에는 일월회를 조직하였다. 이들은 일월회를 결성하면서 기관지로『思想運動』을 발간하였다. 그런데 그 1호에 안광천은 민중해방운동을 주장하며 다음과 같이 선언한다.

  일. 대중본위의 신사회의 실현을 도함
  일. 모든 압박과 착취에 대하여 계급적, 성적, 민족적임을 불문하고 민중과 가치 조직적으로 싸울 것
  일. 엄정한 이론을 천명하여 민중운동에 자공할 것.8)

안광천의 이같은 강령제시는 일월회가 민족해방이 아니라 민중해방, 민족적 단결이 아니라 민중적 단결(韓日의)을 주장하고 있는 것으로 통일전선이란 아직 분명한 관념으로 제시되지 않았다.

북풍회는 1924년의 11월 27일 선언과 강령을 통하여 민족운동에 대한 협동적 자세를 표명하였으나 그것은 주변적이었다. 동월 12월 16일 12인 집행위원의 명의로 한국혁명을 위해 한일무산계급의 연대를 강화하자는 등사물을 동경과 대판의 일본인들 사상가들에게 발송하였다

---

7) 김준엽, 김창순,『韓國共産主義運動史』, 제2권, 청계연구소, 1986, p.38(이하 이 책은『韓共』으로 표기한다.)
8) 황민호 편,『(日帝下雜誌拔萃)植民地時代資料叢書』, 제11권, 계명문화사, 1992, p.30(이하 이 자료는『植資』로 표기한다.)

는 것을 보아 이들의 입장이 아직 세계혁명적 국제주의에 기울어져 있었음은 말할 필요도 없는 것이다.9) 이들은 또한 1923년 5.20 토요회를 발기하기도 하였다.10)

또한 1923년 7월 7일에는 신사상연구회가 홍명희, 홍증식, 윤덕병, 김병희, 이승복, 조규수, 이준태, 강상희, 구연흠, 홍덕유(소죽), 원우관, 박돈서, 김낙준(김찬), 박일병, 김홍작 등에 의해 조직되었다. 이들은 1924년 11월 19일에 명칭을 화요회로 바꾸었다. 이르쿠츠크파의 박헌영계는 이에 합류한다.11) 조선노동당이라는 단체가 1924년 8월 17일에 전일, 이남두, 이봉길, 이정수, 이충모, 이극광, 김연의 등이 결성하였다. 또한 서울청년회는 1924년 12월 6일에 사회주의자동맹을 결성하였다.

이상에서 대략 언급하였듯이 1923-24년에는 일본에서 사회주의자들이 속속 귀국하여 국내사회주의운동의 주도권을 장악하기 위하여 이미 서울에 포진하고 있던 서울청년회계가 대립하고 있는 시기였다. 경쟁의 두 축은 서울청년회계와 화요회계였다. 이 과정에서 서울청년회계는 해외의 상해파와 제휴하였고 화요회는 이르쿠츠크파와 제휴하였다. 이들 양파는 경쟁적으로 사회운동의 선명성을 부각하고자 노력하였기 때문에 1925년 4월에 조선공산당이 결성되기까지 민족문제같은 것은 이들에 큰 문제가 되지 못하였던 것으로 보인다.

조선공산당이 결성되면서 사회주의자들은 민족문제에 대하여 비로소 눈을 돌릴 수 있게 된 것으로 보이는데 그것은 어떠한 의미에서였는가? 그것은 기본적으로 사회주의자들의 결집된 힘을 바탕으로 하여 자유주의자=민족주의자들이 차지하고 있는 조선의 사회운동의 주도권을 차지하려는 의도에서 출발하였다고 본다. 따라서 이들은 전술적인

---
9) 『韓共』 2, pp.38-9
10) 『韓共』 2, p.42
11) 『韓共』 2, p.41

측면에서 협동전선론을 주장하게 된다. 그 전술이란 조선의 부르조아지를 양대 세력으로 구분하여 타협적 부르조아지와 혁명적 부르조아지로 구분하고 혁명적 부르조아지와 제휴한다는 입장이었다. 바로 이 혁명적이라는 수식어를 통하여 이들은 그들과 제휴할 수 있는 자유주의자들을 그들의 의도를 충분하게 관철시킬 수 있는 대상으로 국한하였다.

그러나 그럼에도 불구하고 이러한 전술의 변화는 의미를 갖는다. 왜냐하면 이는 그 동안 그들이 구사해왔던 담론의 구조를 바꾸는 것을 의미하기 때문이다. 1923-25년 사이의 논의가 자유주의와 사회주의를 확연하게 구분하고 사회주의란 혁명적인 국제주의를 의미하는 것이었다면 이제 자유주의와 사회주의에 공유할 수 있는 공간을 만들기 위하여 사회주의의 국제주의적인 원칙에서 한 걸음 물러설 수밖에 없었다. 그리하여 이제 사회주의는 국제주의적인 것이 아니라 일국혁명적인 성격을 가지게 되었다. 과연 이는 소련에서 진행되던 세계혁명대 일국사회주의혁명론의 대립과 일국사회주의론의 승리와 그 관련이 없는 것일까? 분명한 것은 조선공산당은 1926년 6월 7일의 선언에서 밝혔듯 민족혁명의 기치를 들었다.[12] 그리고 세계혁명으로부터 민족혁명이라는 관점으로의 전환은 분명한 의미를 가지는 사건이었다.

그리하여 1926년 후반기에 좌우합작을 위한 새로운 담론이 본격적으로 제기되었다. 1926년 7월에 조선민흥회가 결성되어 이들에 의하여 그리고 몇 달후인 1926년 11월에는 정우회선언이 발표되어 이들에 의하여 좌우합작의 필요성이 제기된 것이다.

그런데 중요한 것은 좌우합작을 위한 공간을 열 필요가 있을 경우에 나공민의 논리가 다시 나오지 않을 수 없었다는 상황이다. 6.10 만세시

---

[12] 姜德相 編, 『現代史資料』, 第29卷, 東京:みすず書房, 1968, p.419 이하 이 책은 서명과 권수로만 약기한다.

에 대한독립당의 격문으로 살포된 문건에서 식민지민족은 총체적으로 무산계급이라고 규정되었다. 이는 곧 나공민의 논리였다. 그리고 정치적 권리의 탈환이 아니면 사지를 벗어날 수 없다는 논리 또한 마찬가지인 것이다.

그러나 조선공산당에서는 스스로 합작의 기반을 좁히는 일을 하였다. 이들은 좌우합작을 추진하면서도 민족혁명적 관점에서 혁명적 부르조아지만을 합작의 대상으로 삼았다. 타협적 부르조아지는 합작의 대상에서 제외되었다. 이같이 합작의 기반을 좁힘으로써 조선공산당은 이론적으로 실천적으로 어려운 문제에 봉착하게 되었다. 1)이론적으로는 혁명적 부르조아지와 타협적 부르조아지를 어떻게 구분할 것인가 하는 문제 2)실천적으로는 최린 등과의 교섭문제에서 보듯이 어떤 범위까지를 합작의 대상으로 삼을 것인가 하는 문제이다.

정우회선언 및 그에 대한 전진회의 검토문 논전을 보며 이러한 문제점이 그대로 노출된다. 이 시기의 문제점은 방향전환의 정도가 어느 정도인가 하는 문제와 구체적으로 방향전환시에 이제는 불가피하게 설정된 통일전선의 조직과 운영을 어떻게 해나갈 것인가의 문제였다. 우선 1926년부터 방향전환의 정도문제를 가지고 정우회와 전진회측의 논전이 있게 된다.

우선 정우회선언을 살펴보기로 하자. 정우회선언은 4가지 내용으로 요약된다. 1) 파벌주의에 대한 비판과 사상단체의 통일을 주장하였다. "과거형태의 무의미한 분열정신"을 매장하고 "모든 전위분자가 한 기치하에 모여서 일방으로 공공연하게 구체적으로 전위적 운동을 행"할 것을 주장하였다. 2) 대중의 조직과 교육을 강조하였다. "대중의 무식과 자연생장성을 퇴치"하고 그것은 "활발한 일상투쟁"에서 얻어진다고 하였다. 3) 과거의 운동을 소아병적으로 규정하고 경제투쟁을 정치투쟁으로 전환할 것을 촉구하였다. "종래의 국한되어 있던 경제적 투쟁의 형태 그보다 일층 계급적이며, 대중적이며, 의식적인 정치적 형태로 비약하지 아니하면 아니될 전환기"로 상황을 인식하고 "민족주의 세력에 대하여는 그 부르조아민주주의적 성질을 명백하게 인식하는 동시에, 또 과정적 동맹자적 성질도 충분히 승인하여, 그것이 타락하는 형태로 출현되지 아니하는 것에 한하여는 적극적으로 제휴하여, 대중의 개량적 이익을 위하여서도 종래의 소극적 태도를 버리고 분연히 싸워야 할 것"이라고 하였다. 4)개량주의를 비판하기 위한 이론투쟁을 벌여 나갈 것을 주장하였다. "목전 개량에서 만족을 기대하려는 모든 환상에 대하여 무자비한 비판을 가하여야 할 것이다"고 하였다.13)

이 선언에 대하여 종래의 많은 연구는 이중에서 3)에만 주의를 기울여왔다. 그러나 사실 정우회선언의 제일 중요한 요소는 바로 그 1)번이다. 그것은 정우회계가 좌익사상단체를 해소통일하고 헤게모니를 장악하기 위하여 필수적인 것이었다. 사상단체 해체론은 바로 그 이유로 인하여 제시된 것이다. 즉 중요한 것은 1926년 들어서면서 특히 정우회선언 이후로 종래의 춘추전국적 사상운동 이후에 조선공산당의 명백한 조정의도가 나타나게 된다는 것이다. 특히 당의 외곽에 있는 사회주의자에 대한 비판을 통하여 사상적 통제를 강화하고 이를 이론투쟁과 조직통일의 방법으로 실현하고자 하는 것이 엿보이는 것이다. 이것이 사상단체해체론으로 나타났다.

여하튼 정우회선언이 발표되면서 그 선언에 부응하기 위하여 정우회의 통제단체들이 그에 상응하는 조치를 취하였다. 사상단체해체론의 불길을 당긴 것은 동경의 일월회였다. 일월회는 1926년 11월 28일 정우회선언을 지지하면서 해체선언을 하였다. 이후 3월회, 혁청당, 정우회(1927.2.1)등의 단체가 큰 문제없이 해체되었다. 그리고 이후에 사상단체해체론을 지지하는 단체나 개인들의 논쟁이 시작된다. 정우회측의

---

13)『韓共』3, pp.9-11

상상단체해체론이 알려지면서 서울청년회계에서는 그 반론이 제기되었다. 우선 『朝鮮之光』에 순앙과 독고독의 「사상단체해체시비」가 게재되었다. 먼저 순앙의 논지를 살펴보도록 하자. 순앙은 사상단체가 해체되어 당으로 변화하는 것은 당연한 일이지만 조선에서는 그것이 맞지 않는다는 상황론을 전개하였다. 또한 독고독 역시 같은 이유로 사상단체해체론을 반대하였다. 김만규는[14] 다소 다르지만 역시 사상단체해체론을 반대하였다. 그러나 이에 대하여 정우회계 등에서는 스스로 해체를 결의하면서 세를 몰고 나갔다.

우선 『朝鮮之光』에서 최익한은 「사상단체해체론」에서 사상단체를 러시아의 경우에 레닌이 비판하던 크루조크(그룹)와 같다고 보고 이들을 모두 해체하여 단일한 당을 조직하여야 한다고 하였다. 그리고 사상단체의 유지를 주장하고있는 독고독을 시대착오적이라고 비판한 것이다.[15]

이같은 방향은 방향전환론을 통하여 당을 결성하고 이 과정에서 반파벌투쟁의 명목으로 헤게모니를 장악하려는 것이다. 그리고 이는 마르크스주의의 해석을 중앙기관이 독점한다는 새로운 담론의 등장으로도 말할 수가 있을 것이다. 그점에 있어서 1)은 4)와 밀접히 연관되어 있다. 그것은 표리관계에 있는 것이다. 단지 1)은 조직론의 문제이고 4)는 이론투쟁의 문제인 것이다. 여하튼 정우회선언이 제기한 문제중의 하나로 발단된 사상단체해체론은 일단 신간회가 성립된 이후에는 양당론 논쟁으로 방향을 잡았다. 왜냐하면 전진회계는 사상단체해체론에서 다소 밀리는 감이 있자 조선사회단체중앙협의회의 발기를 통하여 재기를 도모하였기 때문이다. 이와 관련된 양당론 논쟁은 다소 나중에 고찰하여 보기로 하자.

정우회선언중에 2번은 논쟁의 대상이 되지 않았다. 그리고 1번과 함

---

14) 「조선의 신흥운동의 조직문제에 관한 일고찰」, 『朝鮮之光』, 1927.3
15) 『植資』 11, p.594

께 첨예한 논쟁의 대상이 된 것은 3번으로 이는 방향전환 논쟁이라고 볼 수 있을 것이다. 정우회 선언가운데 민족주의자와의 공동의 장 마련을 위한 노력이 엿보이고 있는 것은 사실이다. 동 선언은 "민족주의적 세력의 필연적 형세로 전개되는 정치적 운동의 경향"과 "적극적으로 제휴하야 대중의 개량적이익을 위하야서도 종래의 소극적 태도를 버리고 분연히 나아가야 할 것"을 주장하였다.

정우회의 방향전환론의 골자는 경제투쟁에서 정치투쟁으로 그리고 그 과정에서 민족주의자와 제휴한다는 것이었다. 그리고 이 방향전환론에 대한 가장 극렬한 비판은 전진회측에서 제기되었다. 전진회는 1926년 12월 15일자로 정우회선언을 개량적인 것으로 규정하였고 정치 경제투쟁의 동시진행을 주장하는 「전진회검토문」을 발표하였다.16)

그러나 전진회는 그 검토문에서 "정치적 투쟁"과 "정치적 운동"을 구분하였다. 정치적 투쟁이란 "정치적 현실을 부인하여 가면서 정권의 탈취를 목적하는 것임으로 그 성질이 비타협적이며" 정치적 운동은 개량적 타협적인 운동이다. "목금 조선의 정치적 현실에 잇서서 만일 공연한 정치적운동이 잇다고 하면 그는 반드시 그러한 소극적 타락적인 정치운동(보선연장 의회특설 내정독립 반자치운동등)"밖에는 있을 수 없다고 보고 있다.17) 그리하여 정우회선언을 "개량주의적 우경론"으로 비판하고 있다.

전진회측의 논의는 음미할만한 가치가 있다. 전진회는 민족운동의 성격 나아가서 무산계급운동의 성격에 대하여 색다른 의미를 부여하고 있다.

---

16) 노정환은 이 논쟁에서 전진회와 서울청년회가 대립하여 전진회를 약화시켰다고 보고있다. 「조선사회운동의 시저 고찰(완)」, 『植賓』 11, p.267
17) 「전진회검토문」, 『朝鮮日報』,(신주백 편, 『日帝下 新聞社說 連載 資料集』, 영진문화사, 1991, 6권, p.590) 이하 이 자료는 『日新賓』로 표기한다.

무단정치밋헤서 미증유의 가혹을 당하게 되엿다. 그리하야 그 정치적 극단 고압의 반동력은 마침내 조선민족운동사상 특필의 일항을 차지할만한 민족적 정치투쟁의 성질인 기미운동을 분출식히엇고 그운동의 식지아니한 정치적 투쟁열은 다시 사회운동으로 전환케 된 것이다. 그럼으로 조선의 무산민중운동은 경제적으로가 아니오 정치적으로 발단되었다는 것이다. 따라서 조선무산민중운동은 어느 시기까지 경제적 투쟁보다도 오히려 정치투쟁에 강미를 가지게 되는 동시에 半식민주의적 색채를 가지게 된다고 할 수도 있다. 그것은 정치적 경제적 특수한 환경의 지배로 말미암은 필연의 세인 줄 안다. 따라서 그것이 조선민중운동발달의 특질이 되는 것이다. 그럼으로 그것의 사실을 말하건대 조선의 민중운동은 그 발단된 이래 지금까지에 질과 양의 실적에 잇서서 항상 경제적 실제적 문제보다도 정치적 관념문제 즉 정치적 의미를 가한 시사문제등에 치중하엿섯다. 또한 모든 민중운동단체는 강령을 무산계급적 정치적 투쟁을 의미한 최대한도의 강령으로 하여 가지고 잇다.18)

전진회측의 이 지적은 조선에서의 민족운동 및 사회운동을 총체적으로 고찰하는 한 올바른 지적이라고 할 수 있다. 경제적 조합주의적 운동이라기 보다는 처음부터 체제변혁을 목표로 하는 사상단체가 중심이 되는 운동이 조선에 있어서의 사회주의운동의 특징이었기 때문이다. 조선에서는 사회주의가 먼저 들어왔으며 그후에 비로소 조합주의운동이 시작되었다는 말이 지나치지 않을 것이다. 그리고 조선에 있어서의 사회주의는 출발에서부터 정치적 성격을 가지고 있었다. 조직의 규모나 범위의 문제가 아니라 그 성격에 관한 지적에 있어서 전진회측의 주장은 타당한 것이다.

그런데 주목할 것은 서울청년회가 정우회에 대해서뿐 아니라 전진회검토문에 대하여도 비판적 태도를 취하였다는 것이다. 서울청년회는 전진회를 비판하여 정우회선언을 기본적으로 지지하는 입장을 취하였

---

18) 『日新資』 6, pp.694-5

고 또한 종래에 서로 대립하였던 경성여자청년동맹과 경성여자청년회가 합동하여 통일을 이루게 된 것이다.19) 이에 서울청년회는 분열하여 서울청년회계의 일부(신파)가 정우회계에 가담케하는 결과를 초래하였고 그러한 점에서 정우회의 파벌통일 전술은 일단의 승리를 얻은 것이라고 볼 수가 있다.

그런데 정우회가 투쟁을 계급적 의식적(주의적) 대중적으로 한다는 말은 민족운동의 방향을 사회주의에 입각하여 설정하겠다는 말이다. 즉 기본적인 골격은 사회주의의 헤게모니하에 일정한 혁명적 부르조아지를 통일전선에 포괄시키겠다는 논의였다. 그런데 전진회가 이에 대립한 것은 결국 정우회가 그 합작의 범위에 타협적 부르조아지를 포함한 부르조아지 일반을 설정한 것이 아닌가 하는 우려 때문인 것으로 보인다. 그렇기에 일단 좌우합작의 공간을 열기로 한 이상 정우회와 전진회측의 차이는 근본적인 것은 아닌 것으로 판명된다. 그렇기에 이 논전과 아울러 사상단체 해체론에 대한 논전까지 포함하여 일단 신간회건설이 가능했던 것이다.

그러나 정우회측에서의 용어정의를 좀 더 자세히 살펴보기로 하자. 정우회측에서는 정치운동을 본격적인 의미에서의 계급투쟁이라는 의미로 정의하려고 하였다.

> 무산자의 운동은 결코 처음부터 완전한 계급적운동의 형태로써 시작되는 것이 아니고 유치한 형태로부터 시작되어 점차점차로 고급의 형태로 발전하는 것입니다. 분열되어잇는 노동자가 개개의 자본가에 대하야 조합을 조직하야 싸호는 운동과정을 제일의 과정이라고 하면 그것들이 다시 전국적으로 결성되어서 개개의 부르조아에 대해서가 아니라 부르조아 전체 즉 부르조아계급에 대하야 계급적으로 싸호는 과정은 제이기입니다. 그런데 엄정한 말로써하면 전자는 아즉 계급적

---

19) 『東亞日報』, 1927.1.1.

싸홈이 못되는 것이고 후자의 형태에 도달해야 비로소 진정한 계급적 운동이 전개되는 것입니다.[20]

즉 정우회는 원시적, 자연생장적 단계에서 고급한 형태로의 계급투쟁이라는 의미에서 정치운동을 말하는 것이다. 따라서 경제주의란 저급한 단계의 계급투쟁을 의미하는 것이다. 그렇기에 정치운동이란 "민중을 타락식히려는 것이 아니라 민중의 의식을 앙양식히려는 것"이다. 결국 전진회는 정우회의 운동이란 용어 때문에 시비를 건 것이 되고 전진회가 의미하는 정치투쟁의 의미를 정우회는 운동이라는 용어로 포괄하고 그 운동아래 각 단계별로 설정을 하여 조합주의를 초보적인 운동으로 포괄하였기 때문에 전진회의 비판은 단지 말의 시비에 그친 감이 없지 않다. 우회식의 논법으로는 운동의 투쟁단계를 한 단계 끌어올리자는 것이고 이는 전진회측에서도 반대할 수가 없는 것이다. 그렇기에 뒤를 이은 좌우합작은 실은 전열을 가다듬은 사회주의자들이 민족주의자들을 분열시킴으로써 조선사회운동의 주도권을 장악하려는 발상에서 시작된 것이라고 말할 수 있다. 즉 기본적으로 민족주의자들을 이간하려는 전술이었다.

그렇다면 정우회의 정치운동론은 몇 가지 문제를 해결하여야만 할 것이다. 운동의 변증법적 규정으로 정치운동을 경제운동(조합운동)보다 질적으로 높은 위치에 둔다는 것은 계급투쟁을 전면적으로 전개한다는 의미이다. 그럴 때 혁명적이라고 할지라도 부르조아지와의 제휴는 과연 이 이론에 타당할 것인가? 부르조아지와 합작을 하면서 계급투쟁을 전면적으로 전개할 수 있는가? 즉 부르조아지와의 합작을 어떻게 정당화하는가의 문제이다. 이는 정우회의 정치운동의 정의와 실제 운동상의 모순관계를 드러낼 수밖에 없는 일로서 정우회측에 고민을 안

---

20) 『植資』 11, p.123

겨주게 되었다. 프로헤게모니론은 이 모순에서 벗어나고 하는 과정에서 도출된 것이다.

4. 통일전선의 유지와 그 문제 : 조선민흥회와 신간회

정우회선언 이후 사상단체의 해체가 본격화되고 정후회선언에 입각한 좌우합작체의 건설이 사회운동의 대세를 형성하게 되었다. 문제는 남아있으되 좌우합작체의 건설은 이미 기정사실화된 것이다. 그리하여 이제 문제는 좌우합작체 건설이 아니라 기정사실화된 좌우합작체 건설에 있어서 누가 주도권을 장악하게될 것인가의 문제로 되어버렸다. 물론 이 단계에서도 투쟁은 서울청년회계열(전진회)과 조선공산당계열(정우회) 사이에 일어났다. 이 과정에서 서울청년회계는 기선을 제압하여 민흥회를 조직하였지만 결국 조선공산당계가 조직한 신간회에 흡수되어 버렸다.

서울청년회계가 민흥회를 조직할 때 유산계급과 무산계급의 역할분담을 생각하였다. 좌우합작의 필요는 인정하되 서로 다른 계급이 한 조직에서 함께 활동할 수는 없기 때문에 각 계급에 따라 조직을 달리해야 한다고 생각한 것이다. 만일 좌우합작이 이루어진다면 이는 무산계급의 당의 조직적 순수성을 손상시키지 않는 범위에서 이루어져야 한다고 보았다. 그런 까닭에 좌우합작을 담당하는 것은 무산계급의 당이 아니라 별도의 조직이 필요할 것이다.

바로 그러한 이유로 서울청년회계는 조사협(조선사회단체중앙협의회)와 민흥회를 동시에 필요한 기관으로 생각하고 이를 준비하였던 것이다. 그리하여 전진회는 1926년 2월 17일 조사협의 발기를 결의하였고 돌연 7월에는 민흥회를 발기하였다. 조선민흥회는 그 발기 취지서에서 "조선민족의 공동이익을 위하야 분투노력함에는 반다시 전민족인 각계급의 역량을 총집중한 조직력의 활동으로써야 가능할 것임으로 조선민족의 중심세력이 될 유일한 조직체를 완성하기 위하야 조선민흥회발기준비회를 조직하기로함"이라고 하였다.21)

이는 조선민족의 공통된 이익을 목적으로 조직된 것이었다. 이로써 1920년대에 들어와서 의식적인 좌우합작단체가 처음으로 조직된 것이다. 조선민흥회는 조공계의 정우회와 서울청년회계의 전진회가 대립되는 상황에서 발기된 것이므로 통일전선의 세력범위는 그리 크지 못하였다고 보는 것이 타당할 것이다. 그러나 의식적으로 그리고 조직적으로 좌익의 입장과 우익의 입장이 통일체를 이루어내었다는 점에서 이는 1920년대 최초의 통일전선체라고 보아도 지나침이 없을 것이다. 그러면 조선민흥회가 어떠한 논의에 근거하여 조직되었는가를 살피는 일은 대단히 중요할 수밖에 없을 것이다.

민흥회는 서울청년회계의 좌파와 조선물산장려회계의 민족주의 인사들이 결집한 단체였다.22) 조선민흥회는 "정치, 경제, 산업 등으로 조선민족의 공통한 이익을 목적"으로 하여 조직된 단일전선이며 그 취지는 "조선민족의 공동이익을 위하여 분투 노력함에는 반드시 전 민족적인 각 계급의 역량을 집중한 조직력의 활동으로서야 가능할 것이므로, 조선민족의 중심세력이 될 유일한 조직체로 완성하기 위하여 조선민흥회 발기주비회를 조직"한다고 하였다.23) 이같은 취지문에서 볼 때 조선민흥회를 좌우합작의 통일전선체로 규정했다는 것은 명백하다. 그러나 서청계 인사들은 통일전선체에 일차적 비중을 두지는 않았다. 오히려 민흥회의 배후에서 혹은 그와 대립하여 조사협을 조직하여 그를

---

21) 『東亞日報』, 1927.1.2
22) 이균영, 「조선민흥회와 신간회를 둘러싼 제논의의 검토」, 『한국근대민족주의운동사연구』, 일조각, 1987, pp.117—178
23) 『韓共』 3, p.45

통하여 헤게모니를 장악하려는 말하자면 좌파의 천하통일을 우선 생각하고 있었기 때문에 민흥회의 진전이 별다른 소득이 없었던 것으로 판단된다. 그리하여 민흥회는 새로이 신간회가 발기됨에 따라 자연히 신간회로 흡수되게 된다.

일단 혁명적 부르조아지와의 타협이라는 이론적 근거를 바탕으로 조선공산당계가 사회주의자들의 중심이 되어 신간회를 성립시킬 수 있었던 사회주의자들은 그러나 신간회를 어떻게 운영할 것인가의 문제에 대하여는 통일된 입장을 가지지 못하였다.

사실 신간회의 결성은 민족주의자들로부터도 강력하게 제기되었다. 그 이유는 1925년 말 조선총독부가 자치제 실시를 검토하면서 1926년에 민족주의 인사들 가운데 자치제에 대한 논의가 이루어지고 있었기 때문이다. 최린 등이 밀고 있는 자치론에 대한 우려와 반발이 민족주의자들로 하여금 좌파인 사회주의자들과의 타협을 모색케 하였고 이것이 신간회 발기의 한 원인이 되었던 것이다. 오늘날의 관점에서 볼 때 자치운동 그 자체는 독립에 대한 전망의 차이 때문에 실력양성론을 보다 더 구체화할 경우에 취할 수 있는 방법이었다고 볼 수 있다. 총독부에서도 나름대로 민족운동에 대한 회유책으로 자치제를 구상하고 있었기 때문이다. 따라서 타협/비타협이란 민족주의자들 사이에서는 자치론에 대한 찬반을 의미하였으며 사회주의자들에게는 좌우합작에 대한 찬반의 여부로 서로 이해가 달랐던 것이다. 민족주의자들은 자치론에 대한 분명한 반대운동을 위하여 사회주의자들의 조직을 이용하고 일대 민족유일당을 건설함으로써 자치론에 쐐기를 박고자 하는 것이 신간회를 결성하는 목적이었다고 한다면 사회주의자들은 차제에 그들에게 제휴를 제의한 민족주의자들에 대해 어떠한 태도를 취할 것인가가 문제였다. 결국 일부 민족주의자와의 제휴를 위한 이론적 논의가 그 이후의 긱종의 논쟁으로 발전된 것이다.

우선 1927년 2월 좌우합작이 신간회의 결성을 통하여 기정사실화되자 사회주의진영에서는 신간회를 어떻게 이용할 것인가의 문제를 놓고 즉각 양당론 논쟁이 일어나게 된다. 이는 전진회측이 3일간의 예정으로 1927.5월 16일 개최한 조선사회단체중앙협의회의 성격규정이 계기가 되어 일어난 논쟁이었다. 이 대회에서 재일본무산청년동맹의 대표로 참석한 최익한은 조선의 민족운동은 "반자본주의운동인 사회주의운동의 일부분"으로 볼 수 있다고 주장하고 "민족단결전선을 결성하여 그 속에 들어가서 모든 것을 전취"해야 한다고 주장하고 "조선과 같은 특수사정에 있어서는 반자본주의의 2개의 요소가 2개의 정당으로 대립할 것 없이 협동단일정당하에 집중하는 것이 필요하다"고 하였다.24) 그는 사회운동과 민족운동의 융합적 성격을 강조하며 협동단일정당론을 내세웠고 이를 근거로 하여 조사협의 비상설론을 주장하였다. 이에 대하여 전진회측(박원희, 이항발, 한신교, 박봉춘)은 유산계급과 무산계급의 분리에 따라 조선에 있어서도 그것이 불가피하므로 무산계급의 당 혹은 그의 준비기관으로 민족적 단일정당인 신간회와 협동 혹은 대립해야 한다는 것이다. 즉 조선은 "무산계급의 단일정당을 필요"로 하고 적어도 그 "준비기관"이라도 만들어 "민족적 단일당과 협동 혹은 대립"할 필요가 있다는 것이다.25) 이것이 양당론이다.

이 논쟁은 길게 이어지지는 않았지만 중요한 문제는 모두 제기하고 있다 최익한은 사회주의자가 협동전선에 들어가서 그 내부에서 헤게모니를 장악해야 한다는 주장인 것이고 전진회는 계급적 순수성을 유지하는 무산정당이 별도의 기관으로 존재해야한다는 주장이다. 전진회측과 정우회측의 의견대립은 국공합작을 둘러싼 스탈린―트로츠키의 논쟁을 상기시킨다. 전진회측은 트로츠키의 이론에 따라 무산계급 독

---

24) 이균영, op.cit., p.152
25) 『東亞日報』, 1927.5.18

자조직을 주장하였고 정우회측은 스탈린의 이론에 따라 일당론을 주장하였던 것이다. 일단 정우회측이 승리를 하였다. 그러나 정우회측이나 전진회측 모두가 내심에 가지고 있었던 프롤레타레아트 헤게모니 쟁취문제는 계속 남아있는 문제가 되었다.

양당론과 관련하여서 우리는 대개 세 가지로 입장을 가를 수 있다. 하나는 조사협의 상설화를 주장하며 양당론을 전개하는 것이다. 이후의 지상논쟁에서 박원희는 「제국주의시대의 민족운동과 사회운동」[26]에서 사상단체들이 써클적 상태에서 당으로 발전하기 위하여 대중집단으로 결합할 단계라고 주장하였다. 조사협의 상설화를 주장하는 논리는 다른 사람들에게서도 나타난다. 솔뫼는 「중앙협의회를 파괴한 이유가 어데잇는가?」[27] 「중앙협의회상설론의 재음미」[28] 등에서 조사협의 상설화를 적극적으로 주장하였다.

이에 대한 반론의 제기는 노정환이 담당하였다. 그는 「중앙협의회상성 주장의 이유는 어데잇는가」[29]에서 이를 비판하였다. 단일당론은 사상단체해체-유일당건설-프로헤게모니관철(조공의 지도) 그리고 감추어진 담론으로 조공의 헤게모니를 관철하려는 담론이었다. 여하튼 대회에서 상설론은 패배하였고 반상설론자들에 의해 대회가 장악되었기 때문에 이우적, 최익한, 이평권, 이병의, 박치호, 김영식 등 7인의 의안 작성위원에 의해 작성된 안으로 이들의 입장을 살피는 것이 필요하다. 이들은 대부분 정우회계의 인사들이었다.[30] 의안에서는[31] "선진국의 무산계급운동과 후진국…의 약소민족은 동일한 반자본주의적 성질을 가지고 있다"고 하고 그리하여 "전민족적 단일당" 조직의 필요가 제기

---

26) 『朝鮮日報』, 1927.5.23
27) 『朝鮮之光』, 제68호
28) 『朝鮮之光』, 제69호
29) 『朝鮮之光』, 제69호
30) 『韓共』 3, p.24
31) 『韓共』 3, pp.28-33

되며 "무산계급 스스로 수뇌가 되어" 이의 조직을 위해 노력해야 한다고 하였다. 또한 의안은 "당면쟁취목표인 부르조아민주주의를 쟁취하기 위하여 모든 반자본적 각계급층과 전민족적 협동전선"을 결성하고 "각인민층을 우리의 주의아래 지도, 훈련, 쟁취하여야 한다"고 하였다. "그러나 당분간 우리는 각 인민층과의 투쟁양식을 이론투쟁에 제한하지 않으면 안된다". 또한 의안은 세계의 정세인식에 있어서도 "현세계 자본주의는 '안정'의 외관을 보여주고 있으나, 그 '안정'의 내면에는 자체의 최후 모순을 여지없이 나타내고 있다"고 하였다.

결국 우리가 이같은 의안의 내용을 살펴보면 일당론자들의 주장이 논리적으로 자체모순에 입각해있으며 좌우합작의 논리를 끌어내려 함에도 불구하고 여전히 계급투쟁적 논리에 집착해 있다는 것을 보게 된다. 우선 이들이 인식한 세계정세가 자본주의의 안정을 단지 외관으로만 인정하기 때문에 결국 이들의 혁명준비는 계속되어야 한다는 논리로 발전할 수밖에 없으며 제국주의에 대항하는 선진국의 무산계급운동과 후진국의 약소민족의 반자본적 민족운동의 연대를 강조하고 있기 때문에 민족운동을 광범위하게 포괄하는 것에 스스로 제약을 가하고 있다. 이들이 추구하는 협동전선이란 오로지 반자본적인 계급층에 국한된 것이며 더구나 무산계급이 수뇌가 되어야 하고 다른 인민층을 지도훈련해야 한다는 것을 강조하고 있기 때문에 오로지 좌우합작이란 민족주의자들을 이용하기 위한 차원에 불과하다는 것이 드러난다.

논리적인 구조상 좌우합작을 염두에 두는 순간 프로헤게모니의 문제가 대두된다는 것은 이미 밝힌 바 있다. 그렇다면 좌우합작체로서 신간회가 성립된 후 이 신간회를 어떻게 움직일까에 대한 논의는 사회주의자들의 입장에서는 프로헤게모니의 문제라고 하는 사실을 지적하지 않을 수 없으며 그리하여 이 프로헤게모니의 문제를 둘러싸고 끊임없는 문제와 논쟁이 있게되었다.

신간회가 성립한 후 프로헤게모니의 문제를 공식적으로 들고나온 것은 노정환의 「신간회와 그에 대한 임무」[32]였다. 왜 신간회 성립 이후 1년도 채 안되어서 이 문제를 들고 나오게 되었는가 하는 것은 명백하지 않다. 그러나 분명한 것은 신간회를 좌파인사들이 장악하기 위한 것이 아니었는가 하는 것이다. 그는 신간회가 당으로서는 물론 아직 협동전선으로서도 완성되지 않은 것이라고 보았다. "명확한 지도정신이 아즉 결정되지 못하여잇고 따라서 통일된 행동도 전개되지 못하엿다"고 하였다. 그리하여 그는 신간회를 "민족적 단일당(협동전선)의 매개형태라고 규정하였다. 그는 이어서 다른 제계층이 운동을 주도해 나가는데 문제가 있으며 따라서 "신간회에 잇서서의 우리의 당면긴급 임무는 헤게모의전취에 잇다"고 하였다. 그리고 제 부르조아층은 "이용할 수 잇는 것이며 또 이용하지 아니하면 아니된다"고 하였다. 그의 논조는 부르조아지와의 협동보다는 투쟁에 가깝다. "우리의 당면운동은 뿌르죠아민주주의운동이다. 그럼으로 노동자는 인민을 계몽하야 뿌르죠아책사의 허위를 폭로하고 피등의 말을 밋지안토록…아니하면 아니된다." 이같은 논조는 사실상 놀라운 것은 아니다. 이미 신간회 준비시부터 즉 정우회선언에서부터 이러한 의도는 명백히 드러난다. 그러나 그럼에도 불구하고 왜 분열을 위한 선언에 가까운 이같은 논문을 집필하게 되었을까? 이에 대해 민족주의자들의 신간회진출이 적극화되자 이에 대해 신간회의 지도를 상실하게 될 것을 저어한 것이었다는 설이 있다.[33] 여하튼 노정환의 이 논문은 좌우합작을 파기하자는 것에 가까울 정도의 논조였으며 이에 대한 반론이 사회운동계 일각에서 제기되었다. 그것이 이른바 청산론의 등장이었다.

일제시대의 좌우합작운동상에서 청산론의 등장은 각별한 의미를 가

---

32) 『朝鮮之光』, 제73호, 1927.11
33) 이균영, op.cit.

지고 있다. 왜냐하면 그것은 1923년의 나공민 이래 다시 좌우합작을 원칙적으로 최소한 전략적으로 확립시키려는 노력이었기 때문이다. 사회주의자들이 특수조선이라는 상황인식하에 민족문제를 계급문제보다 우선시키는 일을 분명히 한 것은 그것만으로도 주의를 끌기에 충분하다. 그것은 한국의 사회주의자들이 사용해왔던 담론과 구별되는 하나의 특수한 유형의 담론이기 때문이다.

청산론의 진원은 그러나 조선내부에서라기 보다는 일본 동경에서 그 진원지를 가지고 있었다. 『조선운동』을 중심으로 모인 인사들이 청산론을 주장하고 있었던 것이다. 1927년부터 발간되기 시작한 이 조선운동은 당시의 조공계의 프로헤게모니론을 비판하면서 민족문제를 전면에 부각시키는 일을 담당하였다. 청산론은 춘경원당이 그 배후에 있으므로 서울파인 춘경원당의 논리라고 하는 것이 분명해진다.[34] 그런데 왜 춘경원당이 조공계의 이론과 대립되는 담론을 공식적으로 채택하게 되었는가의 문제는 아직 분명하게 해명되지 않았다. 그것을 단순히 전술적인 문제였다고만 보기는 어렵다. 왜냐하면 한인사회주의자들의 풍토에서 계급대신 민족을 전면에 부각시키는 것은 그에 따른 논리적인 뒷받침과 인식의 변화 없이는 불가능하였기 때문이다. 그렇다면 이 같은 분화의 근거는 무엇이었는가? 어떤 이유로 인하여 이같이 과감하게 과거의 전통과 구별되어 특수조선론을 내세우게 되었는가?

그같은 배경에는 소련에서의 좌파블럭의 패배, 일본에서의 福本주의의 청산 등의 요소가 복합적으로 작용했다고 보는 것이 타당할 것이다. 국제공산주의운동은 1928년에 근본적인 선회를 하게 되지만 1927년에는 그 반대방향으로 가고있었다. 이러한 점이 프로헤게모니를 강조하는 조공계의 논리와 상이한 논리를 구사하도록 하지 않았는가 하고 판단된다. 또 다른 것으로 청산론자들이 청산론을 주장하게 되는

---

34) 이균영, op.cit.

이론적 근거를 레닌의 민족자결론에서 발견할 수 있었다고 볼 수 있다. 제국주의 시대의 민족적 모순에 대한 레닌의 이론이 한국의 사회주의자들에게는 충분히 감지되어 있지 않았었다. 그러나 청산론자들은 이에서 그들의 주장을 합리화할 수 있는 근거를 발견하기에 이르렀다. 이점에서 주목할만한 논문이 신일성의 「제국주의시대의 민족운동의 진화」이다.35) 신일성의 논문은 레닌의 민족문제에 대한 이론에 입각하여 제국주의 시대의 민족문제가 민족의 분리독립을 우선적으로 추구해야 하고 이것이 프롤레타리아트의 국제주의와는 모순되지 않는다는 입장을 표명한 것으로 이것은 조선민족의 총체가 민족해방운동세력이 될 수 있다는 것을 시사한 대단히 중요한 논문이었다고 말할 수가 있다. 그는 자본주의의 독점단계인 제국주의시대에 있어서 민족적 해방운동과 국제주의는 서로 배타적이 아니라고 주장하였다. "세계경제의 한계내에 잇는 국민경제의 한계내에 잇는 국민경제내의 푸롤레타리아트와 세계경제에의 피착취민족은 그본질에 잇서서 하등 상이한 바"가 없다고 하였다. 그는 그것을 레닌의 민족자결권으로 설명하였다. 그리하여 "자본주의사회에서 사회주의사회로 넘어가는 과도기에 처한 현대에 잇서서는 또한 장래에 잇서 실질적으로 "자유의사에 의한 민족적 융합"을 실현하기 위하야는 위선 민족의 정치적XX를 시인하지 안흐면 안된다. 이것은 사회변혁의 전과정으로 보아 하등 상반됨이 업다. 아니 돌이어 이러케하여야 비로소 "모순"의 변증법적 전개가 될 줄 안다"고 하였다.

결국 피압박민족은 대체적으로 보아 동일한 계급이다라는 주장이 나오게 되는 것이다. 물론 이같은 명제가 정확하게 레닌의 이론과 일치한다고 보이지는 않는다. 그러나 일치여부가 중요한 것은 아니라고 본다. 중요한 것은 사회주의적 입장에서 민족적 과제를 우선시하는 담

---

35) 『朝鮮日報』, 1927.2.-3

론이 사회주의의 이름으로 이루어졌다는 것이다. 따라서 우리는 이를 독특한 유형의 담론이라고 말할 수가 있다. 이것은 시기적으로 보아 이전의 나공민의 담론과도 일치하는 부분이 있다. 비록 전투적 사회주의자들이 주도권을 잡았기 때문에 나공민류의 담론은 그 다음에 자취를 감추게 되었지만 1927년에 청산론으로 다시 발현된 것이라고 말할 수가 있다.

청산론의 주요 논객의 입장을 다시 보도록 하자. 장일성의 입장을 다시 정밀하게 보자.[36] 장일성이 논문에서 제시하는 요점은 다음과 같다. 1)조선이 식민지로서 가지게 되는 특수성이다. "식민지나 반식민지에 잇서서는 무산자운동이 독립한 계급운동으로써 다시 말하면 집단적 조합운동으로서 출발하지 못하고 국민운동에 의존하게 되는 필연성이 잇다."는 것이다.(27.11.13) 그런데 방향전환을 주장하는 자들은 사실상 노동계급의 지식인들이 아니라 인텔리들에 불과하고 이들의 현실인식은 공상적이라는 것이다. 그들에게는 "조선도 없고 현실운동도 업다" 단지 "소시민적 자유주의자의 영웅심리를 만족"시키는 것에 불과하다는 것이다.(27.11.15) 이같은 비판 후에 그가 전개하는 것은 조선의 구체적 현실에 입각하자는 것이다. 그는 마르크스주의자의 관점을 버리지는 않지만 자치론을 적극적으로 검토해야 하며 나아가서 이것이 독립과는 어떠한 관계 속에 놓여지는지 그리고 이상적인 아닌 구호에 그친 운동목표 이외에는 모든 것을 타락으로 여기는 그러한 태도가 잘못되었다고 한다. 따라서 국민운동에 입각할 수밖에 없는 조선의 현실에 서서 "민족유일전선" 결성을 위하여 "대동세력의 집약"은 필요하며 거기에는 목적으로 자치를 주장하는 자들로부터 좌익, 우익, 타협 비타협, 개량주의의 모든 요소들이 포함될 것이다. 운동과정에서 지양의 과정이 나타나게 될것이라는 것이다.(27.11.18)[37]

---

36) 「당면의 제문제」, 『東亞日報』, 1927.11.7-30

이어서 홍양명의 「조선운동의 특질-번역주의의 극복과 특수조선의 인식」38)을 검토하여 보기로 하자. 홍양명은 특수조선론을 주장하였다. 홍의 논리는 기본적인 점에서 장일성의 논리와 일치하였다. 문제의 초점은 제국주의 시대에 있어서 민족전체가 공동의 운명을 가지고 있다는 것이다. 홍양명의 논리가 일본에서 코민테른에 의해 福本주의가 격렬하게 분열주의로 비판된 이후의 분위기를 반영하고 있는 것으로 보아 소련에서 좌파에 대한 총공세가 가해지던 1927년도의 분위기를 그대로 전하고 있는 것으로 보인다. 이 때문에 1927-8년에 걸쳐 청산론이 동경을 중심으로 하여 성행하였던 것으로 보인다. 청산론은 스탈린-부하린의 지도노선에 입각하여 그들의 입론을 마련하려고 했던 것으로 보인다. 그리하여 그들 역시도 방향전환론을 주장하였던 조공계를 좌익소아병으로 비판하였고 신간회를 중심으로 단합해야 한다는 분위기를 전하게 되었던 것이다.

김만규는39) 단일전선당인 신간회로 모든 역량을 결집시켜야 한다는 것을 주장하였고 그도 기본적으로 민족전체가 하나의 공동의 이해관계를 가지고 있다는 점을 말하였다. 최익환도40) 신간회를 강화시키기 위한 강한 주장을 하였다. 권태석의 경우도 청산론의 한 날개를 담당하였다.41)

청산론은 자치에의 참여가능성조차도 배제하지 않았고 국민국가건설론까지 전개함으로써42) 일제하에서 제3의 노선의 가능성을 보여주

---

37) 그가 운동에서 배제해야 할 세력으로 들고 있는 것은 국민협회와 시국대동단 뿐이다.
38) 『朝鮮日報』, 1928.1.1.
39) 「전민족적 단일당의 조직과 그 임무에 대하여」, 『朝鮮日報』1928.1.1
40) 「조선전체운동의 중요원리급각 문제」, 『朝鮮日報』, 1928.2
41) 『朝鮮日報』, 1928.1
42) 김형국, 「1920년대 식민지조선의 사회주의와 '청산론' 연구」, 한국학대학원 석사학위논문, 1993, pp.65-75

었다. 비록 성공할 수 없는 노선이었다고 하더라도 이는 비유럽지역에서의 사회주의가 사회민주주의적 노선의 가능성을 보여주었다는 점에서 중요한 사상적 의의를 가진다.

이같은 청산론의 대두는 조공의 지도력에 근본적인 도전이었다고 말할 수가 있다. 그리하여 조공으로서는 이에 대한 반박을 하지 않을 수 없는 상황이었다. 그리하여 조공은 1928.3월「민족해방운동에 관한 논강」[43]에서 청산론을 비판하였다. 청산론을 프로헤게모니를 포기하는 것으로 간주하고 있어 이와는 동맹을 맺을 수 없다고 주장한 것이다. 이어서 조공계의 인사들 사이에서 청산론에 대한 비판이 연이어 나왔다. 사공표는「조선의 정세와 조선공산주의자의 의무」에서 청산론에 대하여 다음의 비판을 가한다.

> 쁘띠부르조아 '사회주의자'들이, 조선혁명의 부르조아 민주주의적 성질의 일면만을 보고 그것에 있어서의 프롤레타리아트의 전위적 역할, 프롤레타리아트의 헤게모니의 필요성을 부인하는 것, 심지어 프롤레타리아트의 '계급운동의 철거'를 주장하는 것은 그들의 최대의 변절로 생각하지 않으면 안된다. 그들은 '특수조선'을 팔면서 오히려 '특수조선을 말살, 호도시켰다. 조선의 부르조아 민주주의 혁명은 프롤레타리아트의 '계급운동의 철거'에 의해서가 아니라 반대로 그것의 활발한 전개에 의해서 강화될 것이며, 프롤레타리아트의 헤게모니의 단념에 의해서가 아니라 반대로 그것의 실현에 의해서 확보될 것이다.[44]

이리하여 그는 계속 프로헤게모니론을 주장하였다. 한편 김영두(고경흠)는「조선운동발간선언의 비판」에서『조선운동』그룹을 비판하면서 청산론을 공격하였다.[45] 그 비판의 초점은 이들이 민족주의적 관점에

---

43) 안광천이 작성한 것으로 되어있다.
44) 배성찬편,『식민지시대 사회운동론 연구』, 돌베게, 1987, p.109

서있다는 것이다.

청산론에 대한 강력한 반발 특히 장일성의 논문에 대한 비판이 CH생에 의하여 제시되었다. 그는 장일성의 관점이 민족적 입장을 강조하는것이었다고 비판하고 국제적 관점에 서야함을 지적하였다. 장은 운동을 "세계사해결의 일부분 따라서 프롤레타리아운동의 일부분"으로 이해하지 못하였다는 것이다.[46] 또한 그는 이미 "부르조아민족주의적 민족운동은 세계사의 현단계에 잇서서는 벌서 승리의 필연성을 갖지 못"하였다고 하였다. 그리고 조선의 사회주의자들은 이미 부르조아지들로부터 "조선민중에 대한 지도권을 탈취키 시작한 것이다" 그리하여 "우리는 무산계급이 선두대가 되어 조선인민의 각층투쟁요소와 협동하야 그들을 지도하야 역사적 일 과정으로서 민족운동을 적극적으로 전개하지 아니하면 아니된다"는 것이다.[47] 즉 프로헤게모니의 강조이다. 즉 "계급적 독립성을 엄하게 보전앙양하여라"는 것이다.[48] 즉 그들의 지도하에 농민 소부르조아 기타 요소를 결속하고 우경 및 탈락의 필연성을 가지고 있는 요소들을 항상 분리해낼 준비를 해나가는 것이다.[49]

한위건은 "특히 전위는 협동전선의 결성에 있어서 노동계급의 독립성을 주장하였고 그 정치적 임무를 정당하게 규정함으로써 노동계급의 영도권을 주장함에 있어서 모든 타락적 경향과 구별되었다"[50]고 하여 청산론을 비판하였다.

이상으로 청산론과 조공계의 프로헤게모니론을 중심으로 하는 논쟁을 종합적으로 평가한다면 청산론이 조선사회운동의 역사 및 상황진

---

45) *Ibid.*, pp.209-217
46) 『東亞日報』, 1927.12.11
47) 『東亞日報』, 1927.12.13
48) 『東亞日報』, 1927.12.14
49) 『東亞日報』, 1927.12.16
50) 배성찬편, *op.cit.*, p.160

단에 보다 구체적이었던 반면 조공계는 이론적인 면에 치우쳐 있었다고 말할 수 있다. 그와 함께 조공계는 프로헤게모니를 주장함으로써 실질적으로 신간회의 유지를 곤란하게 하였고 청산론은 양당론의 주장과는 달리 신간회를 강화시키는데 그 역량을 동원해야 한다고 주장하였다.

그러나 대세는 조공계가 장악하고 있었다. 청산론이 제기되었을 때도 그러나 조공은 신간회를 해소시켜야 한다고는 생각하지는 않았다. 소련에서의 지도노선이 아직 스탈린-부하린에 의해 움직이고 있었던 때였다. 그러나 소련에서의 좌파블록이 패하고 이어서 1928년말 부하린이 권력투쟁에서 밀려나면서 스탈린의 노선은 급속하게 좌선회하기 시작하였다. 이제 조공은 소련공산당의 노선변화를 급속하게 추종하지 않으면 안되게 되었다. 신간회는 이제 프로헤게모니를 위해 필요한 존재가 아니라 오히려 방해가 되는 존재로 재규정을 받을 운명에 놓이게 되었다.

5. 신간회해소론의 대두와 해소

1928년 코민테른은 제6차 대회를 개최하였다. 제6차 대회에서 코민테른의 방향은 근본적인 선회를 하게 되었다. 소련공산당에서 부하린을 비롯한 우파들이 일소되고 스탈린의 좌선회를 통한 위로부터의 혁명이 시작되는 때였다. 이러한 소련공산당과 소련의 정세변화는 한국의 좌우합작에도 큰 영향을 주게되었다. 코민테른은 제제6차 대회에서도 한국문제에 관한 방침을 발표하였고 그후에 이 방침은 보다 구체화되어서 그해 말에 12월 테제로 발표되었다. 그리고 이 12월 테제의 발표와 아울러 이 테제를 수용하는 논설들이 잇따르게 되었다. 조선의 사회주의자들은 이 테제를 기꺼이 받아들였다. 이 12월 테제에 대한 거부감이 거의 없었다는 것이 오히려 놀라울 정도였다.

조선의 사회주의자들 사이에서 12월 테제에 대한 거부감이 없었다는 것은 조선사회주의자들의 성향에서 일별하여 볼 수가 있다. 조선의 사회주의자들 사이에서 주도권을 행사하고 있던 ML계 인사들은 이미 신간회에서부터도 줄곧 프로헤게모니를 강조하고 있었으며 1927-8년 사이에 걸쳐 청산론에 대한 공격으로 일관해왔었다.

신간회를 유지하는 기간 중에도 늘 프로헤게모니를 강조하며 공산당의 지도를 내세우는 이들이 12월테제와 아울러 신간회를 해소해 버리자는 논리를 내세우게 되는 것은 어쩌면 당연한 논리라고까지 말할 수 있을 것이다. 하여튼 1930년 12월 6일 신간회부산지회대회에서 김봉한에 의해 정식으로 표명된 해소론은 각 지방대회로 파급되어갔고 급기야 1931년 5월 신간회 전체대회에서 해소를 결의하고 말았다.[51] 그러나 이 해소에 이르기까지 주요한 사회주의 지도자들의 담론을 분석하여 보기로 하자.

코민테른 제6차 대회 이후에 한국의 사회주의운동 및 좌우합작문제에 대하여 기본적으로 제6차 대회와 같은 입장에서의 문제를 제기한 인물은 안광천이었다. 그는 1928년 7월 일제의 검거를 피하여 중국으로 망명하여 그곳에서『레닌주의』에 그의 글을 기고하게 된다. 안광천은 사공표라는 필명으로「조선의 정세와 조선 공산주의자의 당면임무」를 집필하였는데 이 논문은 1928년 8월 10-25일 사이에 집필되었다가 1929년 5월『레닌주의』1호에 발표되었다. 그의 논문에 첫머리에 "국제의 일반정세는 코민테른 제6회 대회의 정치문제결의 및 강령참조-5월 1일, 필자"로 표기되어 있는 것으로 보아 이 글이 코민테른 제6차 대회 이후에 그 대회를 알고 씌여졌다는 것을 알 수 있다. 그런데 중

---

51)『韓共』3, pp.66-67

요한 것은 안광천의 이 글이 프로헤게모니를 강조하던 그의 이전 논조와 같을 뿐만 아니라 제6차 대회로 인하여 그의 지론이 더욱 확실한 뒷받침을 받게 되었다는 것이다. 물론 안광천 역시도 12월 테제 이후에 보다 더 급진적인 스탈린주의자들(이철악, 고경흠)에 의해 비판을 받기는 하지만 그럼에도 불구하고 안광천의 논문은 프로헤게모니를 강조하고 좌우합작을 대단히 제한된 범위에서만 받아들이려는 입장이 잘 나타나 있다.

우리는 안광천의 입장을 살피기 위하여 그의 논지를 다소 상세히 살펴보기로 하자. 먼저 그의 계급 및 계층분석을 살펴보기로 하자. 그는 조선의 계급을 다음과 같이 분류하고 있다. 민족운동과 관련하여 각 계급에 대한 그의 평가는 다음과 같다.

귀족 및 양반계급 : "일본 제국주의에 많이 매수되었을 뿐 아니라 봉건유제의 옹호자로서 모든 진보계급을 적시하며 모든 방면으로 혁명운동에 반대한다"

지주계급 : "…기생적 계급이다…그들가운데는 과거에는 일본제국주의와 투쟁한 분자도 있었다. 그러나 현재에는 그것을 볼 수가 없다."

부르조아지 : "자신이 지주이기 때문에 토지혁명을 주장할 수 없는 그들은 조선농민을 자신의 지도하에 둘 수 없을 뿐 아니라 처음부터 농민운동에 대립한다…조선부르조아지가 완전한 개량주의로 혹은 적에게 투항하여 타락하는 것은 필연적이다. 조선 부르조아지는 중국혁명으로부터 노농대중과의 협동의 필요를 배우지 않고, 노농운동을 방해할 필요를 배웠다."

인텔리겐챠 : "여기에 속한 자들은 그 사회적 특성으로 동요가 많고 따라서 정치적으로 결점이 많지만 일본 제국주의의 압박에 대하여 기타 사회모순에 대하여 비교적 예민한 불만을 갖는다…이 계급은 정치적 활동에 있어서 하나의 통일된 세력을 이루지 못하고 부단히 양대방향으로 분열한다."

도시 소부르조아계급 : "그들은 사유의 관념의 소유자로서 점원이나 도제의 착취자가 되는 일이 있어서 프롤레타리아트와 대립하지만 그 극동의 불안과 빈궁은 양자의 동맹을 가능하게 한다."

농민(자작농 / 자작겸 소작농 / 소작인 / 농촌프롤레타리아트) : "자작농…그들 가운데 다수는 농사경영에서 남의 노동력을 착취하는 대농이다…조선혁명운동은 일본제국주의와 투쟁함에 있어서, 봉건유제와 투쟁함에 있어서, 자작농을 그 속의 빈궁한 층을 통해서 혁명의 측으로 조직할 수 있다. / 자작겸소작농…상층은 대농의 범주에 속할 것이니…농촌 프롤레타리아트를 착취하는 자다…하층은 일본제국주의및 지주에 대하여 강하게 대립한다. / 소작인…이층은 반프롤레타리아트로서 노동계급의 신뢰할 수 잇는 동맹자이다. / 농촌프롤레타리아트…가부장제의 영향과 그 분산성은 그들의 자각을 크게 방해한다. 이 층은 아직 투쟁에 동원되거나 조직되지 아니하였다. 그러나 노동자로서 농촌에서의 그들의 장래 역할을 기대할 수 있는 것이다."

프롤레타리아트 : "이 계급은 항상 진보적 계급이며, 가장 철저한 계급이다. 그리고 수에 있어서나 질에 있어서 끊임없이 발전하여 가는 유일한 계급이다."[52]

각 계급에 대한 이러한 평가를 통하여 안광천은 스스로 의지할 수 있는 동맹대상자를 극소화시켰다. 그와 함께 좌우합작체로서의 신간회에 대한 그의 평가도 역시 부정적이었다.

민족해방운동의 전선에는 아직 노동자, 농민이 동원되지 못하고 있으며, 민족해방운동 단체를 구성하고 있는 것은 대부분 소부르조아 인텔리겐챠층이다. 신간회도 그러하며, 청년동맹, 근우회도 그러하다. '협동전선'에서는 우익이 고립되는 대신 좌익이 고립되고, 전투회피의 타락사상이 퍼지게 되었다.[53]

---

52) 배성찬편, *op.cit.*, pp.89-97
53) 배성찬편, *op.cit.*, p.99

이같은 인식을 바탕으로 하여 그가 구사하려는 전술은 1) 프롤레타리아트의 전위 및 지도 2)노농동맹을 바탕으로 다른 계급과의 임시적 협동 3)신간회지부활동을 통한 우익간부 고립이라고 요약할 수 있겠다. 이같은 전술에서 신간회의 역할은 과소평가될 수밖에 없는 것이고 그는 그러한 사실을 감추지 않았다.

> 혁명의 완전한 지도는 오직 유력한 프롤레타리아트당의 출현을 통해서만 기대할 수 있는 것이다. 어떤 의미에 있어서는 조선혁명에 있어서 신간회의 역할은 크게 평가할 수 없는 것이다. 일본제국주의의 극단적인 반동에 의한 합법적 투쟁영역의 축소, 간부의 전투성 마비 및 기타 현재 신간회가 가진 약점들에 의해서 신간회의 역할은 더욱 낮게 평가된다. 그러므로 우리는 신간회가 가질 수 있는 모든 혁명적 역량을 흡수하면서 혁명운동을 신간회의 태도 여하에 구속됨이 없이 우리의 독자적인 활동으로서 광범하게 일으키고 조직하여 기회가 있을 때마다 대중에게 오직 프롤레타리아트의 당만이 혁명을 철저하게 지도할 수 있다는 것을 교육하여야 한다.54)

안광천의 이같은 주장은 코민테른 제6차 대회의 분위기를 충분히 반영하고 있다고 보여지며 12월테제의 발표 이후에 이같은 방향선회는 조선의 사회주의자들 사이에서 일어나게 되었다. 12월 테제 이전에는 마지못해 좌우합작을 유지하고 있는 상태였지만 이제 노골적으로 신간회를 공격하고 좌우합작을 파기한다는 주장이 일어나게 되었다. 그같은 주장은 조선의 사회주의자들이 가지고 있던 조급한 사회혁명에의 기대를 반영한 것이었다고 볼 수 있다.

안광천에 이어서 1920년대 말 방향전환론이 제기되었을 때 이에 적극적으로 가담하여 활발한 활동을 벌인 사람으로 우리는 이철악(한위건)을 들 수 있다.55) 이철악은 독자적으로 그리고 광우(김경재)와 함께

---

54) 배성찬편, *op.cit.*, pp.113-4

1929-30년 사이에 많은 논문을 발표하였다. 그는 1928년 7-8월 경 해외로 탈출하여 중국 상해의 조계에서 조선공산당 재건사업에 힘을 쏟았고 양명과 함께 『계급투쟁』지를 발간하였다. 이철악은 방향전환기에 많은 활동을 했던 인물이기에 더욱 주목된다. 이철악은 대중적 협동전선의 결성 및 통일적 전위당의 건설을 기본적인 목표로 제시하였다. 조선에서의 혁명적 권력은 "제국주의와 투쟁하며 일체의 봉건유제를 청소할 뿐 아니라 사회주의 혁명으로 나아가는 과도기를 발전시키는 권력"이 되어야 한다고 하였다.56) 그러나 이같은 인식하에서도 그는 협동전선의 가능성과 현실성을 인정하였다.

"조선의 노동계급은 혁명의 현단계에 잇어서 아직도 많은 동맹자를 가지고 잇다. 근로농민과 도시 소자산계급 대중은 물론이요 일본 제국주의및 대토지소유자에게 직접 예속되어 있지 않은 민족자산계급부분도 아직까지 투쟁력을 완전하게 상실하지 않았다. 전위는 반제국주의 반봉건투쟁에 있어서 비록 일시적, 동요적, 신뢰하기 어려운 세력일지라도 그들이 투쟁력을 상실하지 않는 한 그들과의 협동투쟁을 단념하여서는 아니될 것이다."57) 그러나 이에 따른 협동전선은 전위적이 되어서는 안되고 대중적이 되어야만 한다. 왜냐하면 당은 두 계급이상의 동맹체가 될 수 없으며 유일한 혁명적 전위는 오직 노동계급의 전위이기 때문이다. 두 계급이상의 전위적 결합은 불가능하며 무의미하다. 특히 자산계급 및 우익 소자산계급은 탈락하여 일본제국주의와 결합할

---

55) 1896년 홍원 출생. 전주 오산학교 졸업후 경성의전 입학. 상해임시정부 내무위원. 1920년 귀국. 1924년 시대일보 이사. 1925-28 동아일보 기자. 1926년 정우회 가입. 1926.12.6 3차 조선공산당 가입. 신간회 발기인. 간사. 1928 조선공산장 검사위원장. 후에 중국공산당에 가입하여 활동.
56) 李鐵岳,「朝鮮革命의 特質과 勞動계급전위의 當面任務」,『階級鬪爭』, 창간호, 1929. 5. 1 ; (배성찬 편,『식민지시대 사회운동론 연구』, 돌베게, 1987, p.145)에서 인용
57) Ibid., p.149

것이므로 그 때에 협동전선은 새로운 내용으로 재편될 것이다. 특히 그것이 불가능한 이유는 "첫째, 중앙집권적인 당적 형태로는 모든 혁명 역량을 협동전선의 조직 속으로 포괄시킬 수 없을 것이며 둘째, 대중본위의 협동투쟁이 되지 못하고 소수 수령중심의 협동으로 타락될 우험이 잇으며 세째, 노동계급의 정치적 조직적 독립을 곤란하게 할것이며 네째 협동전선의 내용이 변경되고 새로운 계급적 내용으로 재편성될 때에 심한 혼란을 야기할 수 있을 것이다."58) 아울러 구체적으로 신간회에 대해서는 "그것의 혁명역량은 첫째 노동계급전위, 둘째 노동조합, 농민조합, 기타 계급적 대중조직으로 재조직되어야 할것이고 질적 양적으로 과거의 형태를 완전히 탈각하여 새로운 대중동원의 형태로 발전되어야 한다"고 하였다.59)

다음으로 그가 강조하고 있는 것은 전위의 독자적 활동과 대중조직의 지도이다. 그는 노동계급전위는 언제든지 그 독립성을 대중단체 속으로 해소시켜서는 안된다고 하였다.60) 그는 이같이 대중조직 속에 매몰되는 것을 청산주의라고 규정하고 대중조직으로부터 고립되는 것은 종파주의라 하였다. 따라서 대중조직과 생생한 교호관계를 가져야 한다고 하였다.

한위건은 요컨대 신간회의 해소를 명백히 밝히지는 않았지만 실제로 그의 해소를 전제로 하는 운동방략을 내어놓은 것이나 마찬가지이다.

이철악의 논리를 그대로 받아들인 사람은 고경흠이었다.61) 고경흠은 한위건과 밀접한 관계를 가지고 그와 연락하여 젊은 나이에 활발한 저

---

58) *Ibid.*, p.151
59) *Ibid.*, p.173
60) *Ibid.*, p.168
61) 1909년 생. 경성중학, 보성전문 수학. 1927년 동경으로 유학. 1928년 일본대학 전문부 입학 및 신간회 동경지회 가입.

술활동을 하였다. 그의 저술은 청산주의자들을 공격하는 문건으로 부터 시작되었다.62) 그는 조선운동을 주창하는 청산론자들의 특수조선론을 조소하고 이들의 관점이 소부르조아적이라고 비난하였다. 1928년 3월에 집필된 이 글은 아직까지 과격하게 방향전환을 주장하는 것은 아니며 단지 청산론에 대한 비판에 그 초점이 있다. 협동전선에 대한 직접적인 언급은 없다. 그러나 그는 이어서 신간회 해소론의 무기로 등장할만한 이론을 전개하였다. 그것은 다름아닌 노동계급의 운동확산을 목표로 공장 속으로 직접 들어갈 것을 주장한 것이다. 그는 과거의 무산계급 운동을 미화하는 대신 비판하였다. "조선에 있어서의 프로레타리아트운동은 전반적으로 볼 때 엄격하게 말한다면 아직도 소부르조아적 지식계급 운동의 영역을 벗어나지 못하였으니, 방대한 대중층은 아직 투쟁에 궐기되지 못하여 대중적 퇴폐의 위기에 직면하고 있다."63)

그리하여 그는 우선 공장 속으로 전위가 들어가야 하며 다음으로는 파벌주의를 청산하여야 한다고 주장하였다. 그것은 전위가 고립되어 있다고 판단하였기 때문이다. 그러나 그는 전조선피압박 대중이란 말 속에 프로의 계급적 독자성을 해소시키지 말아야 한다고 주장하였다. 그것은 명백한 정치적 오류이다. 따라서 대중 속으로 대신 그는 "노동자 속으로, 공장 속으로"를 주장하였다. 그리하여 전국적 노동조합을 재건설해야 한다는 것이다. 즉 이론의 초점은 프로의 역량강화에 있으며 이는 다른 무엇보다도 노조의 조직을 통하여 이루어질게 될 것이라는 것이다. 그리고 이러한 노조가 혁명적으로 지도되어야 한다는 것을 그는 원산노동쟁의에 관한 논설에서 분명히 하였다.64)

---

62) 배성찬 편, op.cit., pp.209-217
63) 南海明,「무엇으로부터 始作할 것인가」,『現段階』제2권, 1929. 4; (배성찬 편, op.cit., p.221)
64) 金榮斗,「改良主義와 抗爭하라 - 元山爭議에 대한 全朝鮮勞動者 大衆에게」,

한편 그는 협동전선문제에 대하여서는 어떠한 견해를 가지고 있었는가? 그의 경우에 협동전선의 문제를 직접적으로 언급하고 있는 논문이 있어서 주목된다. 그는 「조선에 있어서의 반제국주의 협동전선의 문제」라는 논문에서 직접적으로 신간회에 대하여 언급하고 있다. 여기에서 그는 분명한 형태로 신간회에 적용된 협동전선전술이 잘못된 것이었으며 그리하여 신간회를 해소하여야 한다는 주장을 하고 있다. 그는 과거의 신간회에 대한 당의 전술이 "계급적 지도정신"을 가지지 않았기 때문에 인민주의적이라고 보았다. 그렇기에 그것은 오류였다. 반제 반봉건 민족혁명에 있어서의 "공산당의 지도권은 당면한 모든 투쟁 하나하나에 있어서 그 계급적 지도권을 획득하지 않고서는 실현될 수 없는 것이기 때문이다."65)

그는 공산주의자와 민족주의자의 제휴는 근본적으로 환상이라는 것을 강조하였고 신간회는 공산당의 반대당파로 보았다. 그리하여 "신간회에 대한 금후의 일반적 방침은 이 집단의 해소, 해체를 위한 방향이어야 한다"고 하였다. 신간회 자체를 협동전선조직으로 발전시키는 것은 불가능하며 신간회의 대중은 공산당에 의해 조직되는 반제국주의반봉건 협동투쟁에서 만들어지는 여러 가지 형태의 일시적 또는 항상적인 제조직으로 재편성되는 것이 가능할 뿐이라고 하였다. 협동전선은 신간회에 의해서가 아니라 신간회 밖에서 전개되어야 한다.

> 현재 XX당이 신간회에 대해서 갖는 직접적인 임무는 이 집단 내부에 프락숀을 확립하는 것이며, 이것은 형평사, 천도교 등등의 다른 대중집단에 있어서의 그것과 마찬가지로 신간회의 회원대중 속에 X의 슬로건을 선전선동하고, X의 반제국주의 반봉건적 협동전선 에 이들 대중층을 동원하고 획득하기 위한, 내부로부터의 활동임무를 갖

『現段階』, 제2권, 1929. 4;(배성찬 편, op.cit.)
65) 배성찬 편, op.cit., p.272

는 것이다. 따라서 X은 현재 신간회 속에 전위분자를 침입시켜야 하며, 결코 대중을 참가시켜서는 안된다.

과거의 '노동자, 농민, 소시민 대중은 신간회로'라는 슬로건은 엄격한 비판과 함께 철저하게 청산되지 않으면 안된다.66)

그러면 이제 다시 1930년의 김민우의 논문을 살펴보기로 하자.67) 이 논문에서 신간회의 해소방침을 명백하게 제시하고 있기 때문이다. 우선 이들은 신간회가 반무산계급적이라는 전제에서 출발한다. 그리고 이후 신간회 해소론의 근거를 제시한다. 우선 이들의 논점은 민족주의의 평가에 있어서 민족주의를 민족개량주의와 좌익민족주의로 구분할 수 있으나 이들 모두가 국민혁명운동의 개량노선의 쌍생아에 불과한 것이다.68) 이러한 논거는 주로 좌익민족민족주의자와의 제휴의 가능성을 분쇄하기 위하여 제시되었다. 그 다음으로는 신간회의 성격규정이다. "조선에 있어서 소부르조아지의 정당조직이다. 그것 이외의 아무 것도 아니다. 제일로는 중앙집권적 정당조직이고 제 이로는 그것은 조선에 있어서 소부르조아지의 정치적 대변자이기 때문에 좌익민족주의자들의 일년에 의하여 지도되고 있는 정당조직이다."69) 그렇다면 이같은 신간회의 성격규정은 무엇을 의미하는가? 신간회는 "해소 해체"되어야 한다는 것이다.70) 과거의 민족단일당론 협동전선당론 협동전선의 매개체 등의 모든 개념들은 포기되었다. 바로 이같은 명백한 해소의 지침은 그후 신간회의 해소론자들에 의하여 되풀이되었다.

이같이 하여 12월 테제 이후에는 신간회의 역할을 극소화시키고 나

---

66) 배성찬 편, *op.cit.*, p.277
67) 김민우, 「朝鮮に於ける反帝國主義協同戰線の諸問題」, 『朝鮮問題』, 戰旗社版, 1930 ; (朴慶植 編, 『朝鮮研究資料集』, 東京:アジア問題研究所, 1982, 第7卷 소수)
68) Ibid., p.9
69) Ibid., p.20
70) Ibid., p.26

아가서 협동전선전술의 적용을 비판하여 신간회를 와해시키려는 움직임이 본격적으로 나타나게 되었다. 신간회 부선지회에서 해소론이 제기된 이래 이원지회에서는 1930년 11월 24일 제2차 정기대회에서 이원 사회운동자간담회를 겸한 회의를 가지게 되었다. 이 결과 신간회에 가입하지 않은 농민조합원, 어민조합원, 청년동맹원, 소년동맹원, 근우회원까지 의견발표 및 결의권을 가지게 되고 계급분화론, 혁신론(개조론), 해소론중 해소론이 다수로 가결되었다.71) 이러한 해소론의 근거는 두 가지이다. 하나는 신간회가 소부르조아지에 의해 영도되는 소부르조아지의 집단이며 계급적 지도정신에 의한 프롤레타리아트의 XX욕의 성장에 장애가 된다는 것이다.

이원지회에 이어서 경성지회에서도 1930년 12월 15일 신임중앙간부를 부인한데 이어서 『朝鮮日報』에 통의문을 게재하여 신간회의 해소에 동조하는 논조를 주장하였다.

이러한 논의들을 근거로 하여 신간회 해소운동이 전개되어 신간회는 1931년 존속 만 4년만에 해소되었던 것이다. 그 이후에 다른 어떠한 좌우합작단체도 국내에서는 조직되지 못하였다. 신간회 해소론이 전개되면서 민족주의 좌익은 이를 방지하려 안간힘을 썼으나 결국 사회주의자들이 장악한 대중들의 해소바람을 막지는 못하였다.

6. 1930년대 파시즘, 전쟁과 통일전선론

1) 신간회 해소 논쟁

전장에서 살펴본 바와 같이 이미 1920년대 말부터 신간회에 대한 비

---

71) 신주백, 『1930년대 민족해방운동론 연구』, 제1권, 새길, 1989, p.62

판은 사회운동자들로부터 공공연히 제기되었다. 사회주의자들의 해소론은 그 모두가 통일된 논리를 가지고 있는 것도 아니었다. 물론 민족주의자들로서도 해소에 대하여 모두 반대하고 있었던 것도 아니다. 그러나 신간회가 민족중동의 중심적 단체로서 좌우익을 모두 포괄하고 있었던 만큼 신간회의 해소문제는 조선의 사회운동계에 비상한 관심을 불러일으켰다. 그러나 이 해소론은 신간회중앙 뿐 아니라 각 지회에서도 광범위하게 벌어졌던 만큼 이 논의를 모두 결집하는 것은 본고의 목적이 아니다. 단지 해소론과 반해소론의 논점의 차이만을 명백하게 밝혀서 설명하기로 한다.

우선 해소론의 초점은 전절에서 지적하였듯 신간회가 사회주의자들의 기대를 만족시켜주지 못하였다는 데에 있다. 그리하여 사회주의자들은 신간회를 소부르조아지의 집단으로 보았으며 신간회의 헤게모니를 우익민족주의자들이 잡고있다고 보았다. 그리하여 신간회 이원지회를 출발로 하여 홍양명, 송병구, 정종명 등은 해소론을 전개하였다. 그러나 이 해소론은 코민테른 노선에 따른 운동이었다. 따라서 조선일보나 동아일보도 이 해소론을 반대하고 있었다. 사회주의자들 중에서도 이 해소론에 무조건 동조한 것은 아니다. 다음에 해소론을 반대하는 몇 논의를 살펴보기로 하자.

반해소론－사회주의의 입장

김동수는 사회주의적 입장에서 신간회 해소론이 정당치 못하다고 보았다.72) 그에 의하면 신간회가 소부르조아지의 집단이기 때문에 해소하여야 한다는 주장은 전혀 가치가 없는 주장이다. 문제는 대중을 전취하는 것이지 해소하는데에 있지 않다는 것이다. 조선일보가 해소론을 국제연장주의로 비판하고 동아일보가 오히려 신간회의 정화를

---

72) 金東秀,「各社會團體解消論 － 그 發展方向의 再吟味」,『彗星』, 1931. 5

내세우는 마당에 해소를 주장하는 것은 적을 이롭게 하는 것이라는 주장이다. 그는 해소를 소아병적으로 규정하였다. "협동적 XX은 이제과거와 가치 전민족적통일전선으로부터 노동자급농민대중의 통일전선으로서의 XX단계로 한거름 진전되어야 할것이지만은 좌익연맹의 시간적 존속으로 우익적 세력과 대립식히지 아니하고 이용할 수 잇는 부분 섭취할 수 있는 XX력을 그대로 방기한다면 이야말로 1920년경에 독일좌익소아병자등이 범한바와 가튼 과오를 재습하지 안이못할 것이다." 그리하여 그는 신간회 해소 대신에 "우익적 세력의 고립화의 정책 차의 정체를 폭로시키는 정책 노농민의 통일적 결집으로서 우익적 세력을 신간회에서 구축하는 정책등으로 해소의 XX을 대신하여야 할 것이다." 그는 신간회를 이용하여 "무산계급의 자기세력을 우익에게 할여하는 것이 아니라 우익세력은 대중과 격리식히여 고화무력화"하여야 한다고 하였다. 이는 신간회의 해소에는 반대하는 입장이지만 명백하게 좌우합작체로서 신간회를 유지하는 것에 대하여 반대하는 입장이다.

반해소론-중도파 사회주의자, 민족주의자의 입장

그러면 중도파 사회주의자들은 어떠한 입장에서 신간회의 해소를 반대하고 있는가? 우선 대표적 논객인 안재홍의 논리를 살펴보기로 하자. 안재홍은 해소론자들의 기본논리에는 동의하지만 운동의 발달단계와 현실적인 여건상 해소에는 동조할 수가 없다는 입장이다.[73] 즉 조선에서의 운동의 발달단계가 프로독재의 단계까지 진전된 것은 아니며 또한 현실적으로 노동자 농민운동의 전향집중이라는 상정된 목표만을 가지고 기존의 신간회를 해소한다는 것은 타당하지 않다는 것이다. 안재홍은 운동의 발생적 논리에 따라서 프로계급의 성장하면 그에

---

[73] 「新幹會 解消와 朝鮮運動의 今後展望」, 『彗星』, 1931. 5, p.11

따라 신간회에서 주도권을 장악하면 되는 것이지 그것을 해소할 필요는 없다고 본 것이다.74) 조선일보 필진이 대개 이에 속해 있다.

한편 동아일보는 민족주의자들만의 조직을 따로 조직하려 할 정도여서 신간회에 큰 미련을 가지고 있지는 않았다. 이들과 가까운 송진우는 신간회의 해소에 대하여 큰 미련을 가지지 않았다. "전민족의 협동기관이라면 외면으로는 물론좋고 다수인의 결합이니까 힘이 강할것 같지만은 실상은 아무힘도 없고 그양 뜨시시부시시하고 멀기가 쉽습니다"고 하였다.75) 따라서 그가 구상하고 있는 것은 이념적으로 동일한 집단의 구성이다. "그 단체의 구성분자가 철저한 의식과 주의가 서고 생명과 재산을 거기에 희생하겠다는 각오를 가진 인물이 아니면 안되겠습니다" 라고 한 것으로 그를 짐작할 수 있다.

해소론의 옹호

즉각적인 해소를 주장하는 것은 신간회 이원지회에서의 논의 이래 정동호에 의하여 옹호되었다.76) 정동호는 안재홍이나 홍양명같은 좌익 민족주의 혹은 신간회 유지에 긍정적인 사회주의 이론가들을 공박하며 신간회의 즉각해소를 주장하였다. 그것은 신간회를 반무산계급적인 소부르조아 정당이라고 규정하는데 근거를 두고 있다. 신간회는 민족단일당도 민족협동전선당도 아니다. 그것은 반무산계급적 소부르조아 정당일 뿐이다. 차후로 협동전선이 필요하지만 그것은 노동조합의 확대강화를 통하여 이루어지는 것이다. 노동운동의 확대가 차후의 협동전선을 위한 전제가 된다. 즉 협동전선을 원리적으로 부정하지는 않지만 그럼에도 협동전선에 초점을 맞추고 있는 것이 아니라 신간회의 해

---

74) 安在鴻,「解消反對者의 處地에서」,『批判』, 1931. 5
75) 「大協同機關組織의 民族의 當面問題 移動大座談會」,『彗星』, 1931. 3
76) 鄭東鎬,「新幹會解消論 － 果敢히 解消시키면서 잇다 －」,『批判』, 1931. 5 및 「新幹會解消論(續)」,『批判』, 1931. 6

소와 노동운동의 강화에 초점을 맞추고 있는 것이다.

해소론을 주장하고 해소에 찬성하였다고 하여서 사회주의자들이 협동전선의 필요성까지 거부한 것은 아니었다. 예컨대 김치옥은 신간회의 해소를 찬성하기는 하였지만 이 후에 협동전선이 필요하며 그것은 노동자 농민 소부르조아의 것이 되어야 한다고 하였다.[77]

박일형은 즉각적인 해소를 주장하기는 하였지만 그것은 협동투쟁을 배격한 것은 아니었다.[78] 박일형에 의하면 신간회의 해소는 "협동전선의 의의를 부정함에서 출발된 이론이 아니고 XX진영의 확대강화를 전제로 한 보담 강력적인 신협동전선의 편성을 욕구함에서 출발된 이론이"라고 하였다. 그리하여 이에 합당한 협동전선이란 "반X-반봉건적 협동X쟁조직"이다. 이러한 새로운 전선의 구성은 노동자 농민 소부르조아에 의하여 이루어진다. 그러나 문제가 되는 것은 소부르조아지이다. 이에 대하여 이종린 같은 경우 "다시는 계급운동자에게 이용되지 않겠다"라고 할 정도로 틀어졌기 때문이다. 이에 대하여 박일형은 소부르조아 민족주의자들이 프로의 지도하에 종속적 동맹체결을 할 수 밖에 없다고 보았다. 박일형은 좌우합작의 중추세력 역할을 할 수 있는 중간층 즉 좌익민족주의의 존재의 가능성을 부정하는 데로 귀결하고 있다.

"좌익민족주의의 운동도 구극적으로는 개량주의적 영역에서 일보도 진출하지 못하는 것이다. 그들은 자치주의자를 미워한다. 그러면서 한편으로는 반XX쟁의 전반적 담당자이오 가장 XX적 부대인 무산계급의 운동을 또한 미워한다…모든 X쟁은 XX적이거나 아니면 개량주의적인 것이오 양자의 중간적 지위를 점득할 절애적 경향이 잇을수" 없다고 하였다.

---

77) 金致鈺,「新幹會解消後의 民族的協同戰線을 엇절가」,『別乾坤』, 제6권 4호, 1931. 5
78) 朴日馨,「協同戰線의 今後展望」,『批判』, 제1권 2호, 1931. 6

권승덕 같은 경우에는 신간회의 해소를 인정하면서도 그것은 협동전선의 재구성에 초점을 맞추고 있었다.[79] "신간회가 해소된 것은 협동투쟁을 거부하는 데에서 생겨난 것이 아니라 계급의 독자성을 말살식히지 아니하는 협동전선을 재건확대 강화식히기 위한 일보전진"이라고 하였다. 박군식도 "신간회는 해소하되 협동전선은 그대로 긴요한 것이다"고 하였다.[80]

박창덕은 해소론을 주장하면서 민족운동을 거부하는 것이 아니라 계급운동자가 민족운동을 부담하는 것이라고 하였다.[81] 민족부르조아지의 민족해방이란 외국의 착취를 자신이 착취하는 차취기구의 이동에 불과하다고 하였으며 그는 민족의 해방을 넘어서서 "세계민족의 통일적 융합"을 믿고있었다.

이정섭같은 경우는 사회주의적 견지에서가 아니라 신간회에 지도적 인물이 없고 회원들의 성의가 적극적이지 못하기 때문에 사체나 마찬가지이며 해소되는 것이 당연하다고 하였다.[82]

2) 민족사회주의논쟁

신간회 해소논쟁의 여파로 1930년대 '민족사회주의'론이 제기된 것은 흥미있는 일이다. 이 논쟁은 송만과 안재홍의 논의를 출발로 하여 시작되었다.[83] 송만은 신간회가 해소된 이후의 상황에서라도 식민지에서의 민족운동은 계급의 연합이 필요한 것이며 또한 민족의 다수를 차

---

79) 權承悳,「思想戰線의 報告 - 民族運動과 社會運動」,『彗星』, 제1권 5호, 1931. 7
80) 朴君植,「신간회 해소 후의 대중운동은 어떻게 될까」,『別乾坤』, 제6권 7호, 1931. 7
81) 朴德昌,「反解消派의 頭上에 一棒」,『批判』 제1권 3·4 합호, 1931. 7·8합
82) 李晶燮,「民族單一黨論」,『農民』, 1931. 6
83) 송만,「민족사회주의논강」,『東光』 1931.8

지하고 있는 무산층을 사랑하여야 한다는 입장에서 민족사회주의를 주장한 것이다. 특히 이 민족사회주의 운동에 있어서 지식계급과의 연대의 필요성에 대하여 역설하였다.

안재홍도 신간회의 해소를 비판하고 민족적 단결을 촉구하기 위하여 논설을 집필하였다.[84] 안재홍은 신간회의 해소를 주장하는 좌익인사들의 행동이 소아병적 아희라고 비난하고 계급운동의 진전을 위해 해소를 주장하는 것은 타당치 않은 명분으로 신간회는 계속 존속되어야 한다고 하였다. 그가 계급운동의 진행을 진전시키기 위해서라도 신간회 존속은 필요하다고 보았다.

송만과 안재홍의 논의는 엄밀하게 말한다면 통상적인 의미에서는 민족주의적인 주장이라고 보기는 어렵다. 이러한 주장들은 이미 마르크스주의적인 범주를 인정하고 있으며 단지 그러한 계급들간의 단결된 운동이 현실적으로 필요하다는 것을 역설한 것이기 때문이다. 단지 이들에게는 좌익인사들의 해소를 통한 계급투쟁에로의 매진이 대단히 비현실적인 것으로 보여졌던 것이다.

그러나 이러한 입장조차도 극단적인 계급투쟁의 열풍 속에서는 아무런 호소력을 가질 수가 없었다. 우선 이들 입장에 대한 윤동식의 비판을 보자. 그는 이들의 입장을 변태적 민족운동론으로 비판을 가하였다.[85] 윤동식의 논의에 의하면 안재홍은 소부르조아지의 논리를 대변하는 것에 불과하며 소부르조아지는 자립할 물질적 기반이 없기 때문에 필연적으로 몰락할 수밖에 없으며 이들은 반동화하거나 무산계급의 영도력에 흡수되어야 한다는 것이다. 계급의 대립이 첨예한 현시점에서 중간존재란 있을 수 없기 때문에 신간회는 그 자체로 무산계급의 대립물이며 "사이비한 중간적 조직"에 불과한 것이다. 또 송만의

---

84) 「해소파의게 여함」, 『批判』, 1931.8
85) 「변태적민족운동론비판」, 『彗星』, 제1권 8호, 1931.11

이론은 논의의 가치조차도 없지만 운동의 헤게모니를 소부르조아지가 잡으려는 것에 불과하다고 비판하였다.

또한 일기자라는 인사는 민족사회주의에 대하여 마찬가지의 비판을 가하였다.86) 송만에 대한 비판을 가한 이 글에서 송만이 고유의 용어를 써가며 사회주의의 토착화를 주장하는데 대하여 강력히 비난하고 있다. 소부르조아의 사상이란 것이 비난의 요점이었다.

또한 안재홍은 『삼천리』 1931년 12월호에 「표현단체 재건의 필요」라는 논문을 발표하였는데 이는 다시 박만춘에 의하여 비판되었다.87) 박만춘은 안재홍의 논리를 소부르조아적으로 보고 안재홍을 사회파시즘의 주창자로 규정하였다.

> 소부르조아, 인텔리등이 의식적으로 성장된 노동계급의 대중적 조직과 그 행동을 무시하고 반무산계급적 입장에서 일시적 이익이나 국민적 이익이란 막연한 표방으로써 노농대중의 계급의식을 말살식히며 계급적단결을 분해식히려고 하는 것은 사회파시즘의 특명이 아닐 수 없는 것이다.
> 여기에서 우리는 반무산계급적인 일부 민족주의적 표현집단의 출현을 반대하는 것이다.88)

안재홍과 송만 등에 의해 주창된 민족사회주의는 당시 좌파 사회주의자들의 무분별한 국제공산당 노선추종에 대한 제동을 걸고 대중의 좌우합작조직인 신간회를 유지시키기 위하여 고안된 것이었다. 물론 이론적 수준이 세련된 것은 아니었으나 사회주의자들의 국제주의적 위험을 지적하는 데에는 일단 성공적이었다고 말할 수 있다. 그러나 이들의 주장은 일련의 사회주의자들로부터 무시당하게 되고 더 이상

---

86) 「『민족사회주의논강』 비판」, 『批判』 1931.10
87) 박만춘, 「안재홍씨의 표현단체재건론을 박함」, 『彗星』, 1932.2
88) Ibid., p.72

발전을 보지 못하게 된다.

3) 민족개량주의논쟁

민족사회주의론과 관련된 논쟁이 거의 마무리될 무렵에 이광수는 『東光』지에 「조선민족운동의 신기초사업」이란 논문을 집필하였다. 이 논문은 뚜렷하게 자유주의적 색채를 가지고 국제주의 노선을 추종하는 사회주의자들을 비판하고 있다.

> 근래에 민족이라는 말을 기하는 사람이 잇다. 그들은 얼맑시스트의 무리다. 그들은 대명을 조국이라 부르던 자와 같은 노예사상을 가진 무리다. 웨 그런고하면 적어도 이 세기에 있어서 오인의 인식에 들어오는 실재는 오직 민족이 있을 따름인 까닭이다…민족생활은 어느 종교보다도 크고 길고 어느 주의보다도 크고 긴 것이다…. 민족은 영원의 실재다.[89]

이광수는 이 논문에서 대단하게 사회주의자들을 공략하고 수양동우회와 관련된 그의 이론을 편다. 그 요지는 당장 정치적인 것보다는 그러한 것을 가능케하는 조건을 만들어내자는 실력양성의 논리였다. 그리하여 (1) 인텔리겐챠를 양성하고 (2) 노동자 농민을 계몽하고 생활을 향상시키며 (3) 협동조합운동을 통하여 생산력을 향상시킬 것을 주장하였다. 이광수의 이같은 주장에 대하여 사회주의진영으로부터 일제히 반발이 있었다. 그것은 이광수가 조선문단에서 차지하고 있는 비중으로 보아 있을 수 있는 일이다.

이광수의 소론에 대해 박일형은[90] 국제주의자의 신조를 가지고 반

---

89) 「민족운동의 삼기초사업」, 『東光』, 1932.2, p.13
90) 朴日馨, 「民族과 民族運動 — 修養同友會는 어대로 가나?」, 『批判』, 제2권 4호, 1932. 4

박하였다. 민족이 영원의 실재가 아니라 "부르조아적 사회질서가 존속되는 한에서는 계급대 계급의 충돌과 민족 대 민족의 알력은 그야말로 "영원의실재"가 된다고 하였다. 그리고 민족의 정당한 발전은 "단일인류집단에의 해소"라고 하였다. 그에게 이광수는 돈키호테이며 수양동우회는 반동적인 집단에 불과하였다. 그는 이광수의 3기초사업을 모둔 지주자본가의 이익을 위한 일이라고 비난하고 수양동우회의 성격을 규정하였다.

 그들은 먼저 자가의 정치적 세력을 소부르인텔리층 우에 축성하고 그리하야 그들 고유의 민족개량주의적 이데오로기-로써 노동자농민 및 소부르의 빈곤한 하층부대를 전복함에 의하야 객관적으로 조선의 민족XX를 파괴하려 하는 자들이다.

 제국주의 시대의 민족해방운동의 유일한 전담자는 프롤레타리아트 이기 때문에 그러하다는 것이다. 모든 세력은 프로에 가담하여 혁명적 직능을 하거나 반프로 진영에 반동적 직능을 하던가 이외의 다른 길이 없다는 것이다.

 정절성은 이어서91) 이광수의 행위와 말을 지칭하여 "극악저열의 망태 망상"이라고 공격하였다. 그는 이광수가 인종과 민족을 구분하지 못하였다고 하였다. "인종은 자연적 조건의 력과에서 생성된 인간의 외모적 특징의 총계다.그러므로 인간은 자연의 일부분으로서 인간인 것이오 민족은 인간의 자본주의적 결합의 관계인것이다." 그도 인류가 단일성을 향해가고 있다고 보았다. "세계의 제민족은…푸로레타리아트에 도솔되여..단일한 인류로서 등장하면서 있는 것이다." 그는 이광수를 후안무치하다고 공격하고 이광수의 이론을 파시즘의 이론과 동일

---

91) 丁絶聖,「인델리젠차와 民族運動 - 李光洙의 民族運動의 理論을 粉碎함」,『批判』, 제14호, 1932. 6

시하였다. "부르조아 사회가 그모든 추악성을 기만키위하야 추후승락적 국가주의의 철학을 요함과 가치 이광수는 자기의욕과 능력에 대한 빈곤과 자기존재사이에 있는 모순을…망각코저하여도 망각할 수 없다는 소인텔리겐챠적 비명에 부과한 것이니 우대한 노동자농민에 이서서는 총채 끝에 달린 몬지보담도 문제가 되지않는 이론이라 하자!"

한설야 역시 민족개량주의의 공격에 나섰다.92) 그에 의하면 조선의 민족주의는 사회파시즘에 투합하자는 것이다. "바야흐로 팽배해지는 XX파시즘의 조류에 자극된 저들은 조선의 민족부르와 소부르상층과 농민의 대부대를 망라하여 가지고 이에 투합하자는 것이다.93) 그리하여 민족개량주의는 "금일에 있어서의 조선 프로레타리아트의 최대의 적」이라고 하였다.94)

황영은 특히 이광수의 청년에게 고함이라는 논설을 비판하면서 95) 조선에서는 갑오개혁부터 기미까지는 민족주의의 선전이 어느 정도 유효한 시기였지만 그 이후 "민족해소의 과정이 가장 급속한 템포로서 진행"되고 있다고 하였다. 그리하여 이광수의 이론은 "의식수준이 나즌 근로대중을 민족주의의 요술로서 자기들의 영향알에 끄러들여 의식적 혹은 무의식적으로 XX계급에의 충성을 다하려는 것"이라고 하였다. 한철호도 역시 이에 가세하여 이광수의 소론이 쓰러져 가는 영향력을 만회하기 위한 것이라고 하였다.96)

요컨데 민족사회주의논쟁이나 민족개량주의 논쟁을 통하여 명백히 드러나는 것은 사회주의자들이 안재홍류의 중도파사회주의나 이광수(『東亞日報』,『東光』)류의 우파 민족주의(민족개량주의)에 대하여 이들

---

92) 韓雪野,「民族改良主義批判」,『新階段』, 1932. 11
93) Ibid., p.4
94) Ibid., p.9
95) 黃 榮,「『民族主義指導原理』의 批判」,『新階段』, 1933. 3
96) 韓鐵鎬,「民族改良主義에 對하여」,『新階段』, 1933. 4

이 모든 아무런 차별성 없이 프로레타리아트의 적이라고 규정하고 이들 조류를 사회파시즘의 조류로서 이해하고 있었다는 것을 알게된다. 그리하여 이들 중도파 혹은 우파 민족주의자들과 사회주의자들과의 연합의 가능성은 전혀 생각하기 어렵게 되었다. 사회주의자들이 스탈린 노선에 따라 민족을 해소하고 있는 과정으로 보고 있으며 극단적인 계급투쟁을 들고나오는 마당에 연합전선 구축의 문제는 요원한 것이 될 수밖에 없는 것이다.

4) 진영철과 김약수 논쟁

진영철과 김약수의 논쟁은 이 시기에 사회주의자들 사이의 전술논쟁이었다. 사회주의자들이 민족주의자에 대해 일제히 파시즘과 동일한 부류로 설정하고 비판하였음에도 불구하고 민족주의자에 대한 대처방법을 놓고 사회주의자들간에 논쟁이 공개적으로 일어났다는 것은 흥미있는 일이다. 이제 소개할 진영철-김약수 논쟁이 거기에 해당한다. 그 문제의 초점은 소부르조아지를 어떻게 활용하는가에 모아져 있었다. 진영철이 소부르조아지와의 제한된 협동을 주장하고 있는데 비하여 김약수는 소부르조아지의 분리전술을 주장하는 점이 차이다.

진영철은 신간회 해소 이후의 민족주의 활용전술에 관련된 논문을 발표하게 되었다.[97] 그는 식민지민족운동의 핵심은 농업혁명에 있다고 주장하여 이를 증명하기 위한 논문을 집필하였다. 진영철 논지의 핵심은 민족주의 세력을 일괄적으로 민족개량주의로 규정하여 버리지 말고 민족개량주의와 좌익민족주의를 분리하여 좌익민족주의 세력의 중립화 또는 제휴를 주장하는 것이다. 물론 그러한 연대가 프로의 지도라는 프로헤게모니의 개념에 입각해있다는 것은 두말할 필요도 없다.

---

[97] 陳榮喆,「『朝鮮運動』의 新展望 — 民族問題의 테−제」,『彗星』, 1931. 10

민족주의의 무조건적 배격이 아니라 전술적으로 좌익민족주의자들을 분리하여 그들이 영향력을 행사하고 있는 조직으로 들어가 그 대중을 장악하자는 것이 진영철의 논리인 것이다. 바로 이 핵심 논리에 대하여『批判』지는 일기자의 이름으로 비판을 가하였고 비판의 요지는 우익 개량주의와 좌익민족주의를 구분하기가 실제에 곤란한 것이며 따라서 진영철의 논리가 무리가 있다는 것이다. 이에 대해 진영철은 다시 자기의 입장을 옹호하였다.[98]

그러나 이 진영철의 자기옹호는 다시금 김약수의 비판을 받기에 이르렀다. 김약수는[99] 일기자의 논리를 이어받아(김이 일기자?) 진영철의 논리를 비판하였다. 김약수의 논점은 진영철이 이미 혁명성을 상실한 좌익민족주의자에게 타협의 눈길을 보내고 있다는 점에 초점을 맞춘다. 진영철은 "조선운동의 X(몰)락적과정인 부르조아민주주의XX(혁명)관에 도취하야 그 전도를 전연히 망각하였다"는 것이다. 김약수에 의하면 민족주의자들은 "민족파시즘"에 심취하여있다. 이러한 때에 그들과의 협동의 가능성을 거론하는 것은 "좌익민족주의자의 군문에 투항"하는 것이다.

김약수의 이러한 비판에 대하여 진영철은 다시금 반론을 전개하였다.[100] 진영철은 김약수가 과거 조선 사회주의운동의 지도자이기는 하였지만 그의 소론은 비판받을 수밖에 없다고 하였다. 그는 다시금 자신의 주장을 옹호하여 "협동은 목적이 갓지아니한 양세력의 동일한 방향에로의 진행중 일시적 유기적 연락을 갓는 것이다"라고 규정하고 좌익민족주의자들과의 협동을 주장한다.

---

98) 陳榮喆,「雜誌『批判』의 「批判의 批判」의 反批判」,『彗星』, 제1권 9호, 1931. 12
99) 金若水,「朝鮮運動의 新展開」,『批判』, 제2권 2호, 1932. 2
100) 陳榮喆,「金若水君의「朝鮮運動新展開」에 答함」,『彗星』, 제2권 3호, 1932. 3

신간회가 해소된 이래 민족주의적 세력은 분산되엿스나 그러나 일부 민족주의적 제세력이 광범한 민중적 조직을 기망하는 일방 좌익민족주의적 세력은 중립 또는 개량주의적 경향에로 전락되면서잇다. 이는 객관적 조건이 급격히 변화되는 일방 무산계급운동의 정치적 활동이 거기까지 미치지 못한 까락이다. 만일에 또 광범한 반 XXXX적 요소를 계급적 XX의 확대에서 조직적 결성을 갖게 되는 때에는 반드시 이 좌익민족주의자를 이 조직속에 느어야 할것이다. 이는 왜? 그들의 정치적 세력은 극히 적으나 그러나 그 존재와 밋활동을 볼 수 있기 때문에! 그럼으로 필자는 무산계급의 계급활동-즉 독자성을 말살식히지 아니하는 한에서 이를 기술적으로 그 X쟁을 결부식혀하야 하겠다고 다시 강조하고 싶다.

그러나 이에 대해 김약수는 다시 반박하여[101] 진영철의 주장이 "자기투쟁을 회피하는 동시에 무산계급의 독자성의 방기를 불원하는 반동적 주문'이라고 비난하였다. 이어서 그는 다시금 자신의 주장을 명백히 하였다.

요컨대 조선의 부르조아 민주주의XX 그것은 좌익민족주의자의 영향하에 있는 농민층을 동맹자로 한 푸로레타리아트가 그 대행자인 동시에 사실상의 전담자가 되는 것이다. 그러므로 오늘날 우리에게 부여된 과제는 무조건적 협동설을 되풀이할 것이 아니라 좌익민족주의자의 배후에 잇는 소부르조아지중의 XX적 요소인 빈곤한 하층부대를 그 들의 영향하로부터 분리시켜 무산계급의 진영에로 전취함에 있다는 것을 다시 주장한다.

김약수의 위의 주장에서 볼 수 있듯 민족개량주의로 지칭되는 우파 민족주의는 말할 것도 없으려니와 좌익민족주의도 김약수는 파시즘의 세력으로 규정하였다. 진영철(김경재)의 주장이 전술상 좌익민족주의자

---

101) 金若水,「民族的協同問題의 歸結 — 彗星誌 三月號 陳榮喆君의 所論에 依함」,『批判』, 1932. 4

와의 제휴의 가능성을 남겨놓은데 비하여 김약수의 주장은 그 가능성을 완전히 차단해버린 것이다. 그러나 이 양자가 모두 코민테른 노선을 추종하고 있으며 단지 그 해석상 미묘한 차이를 보이고 있는 것에 불과한 것이다. 북풍회출신의 김약수는 코민테른 노선에 다른 어느 세력보다도 적극적으로 공감하고 있었다.

그러면 신간회 해소의 여파로 나타난 제 논쟁을 간략하게 요약하여 보기로 하자. 신간회의 해소론이 제기된 이래 한국의 여론은 대개 세 갈래로 갈려있었다고 본다. 첫째는 해소를 주장한 사회주의자들로 이들은 노동운동의 확대강화를 목표로 하며 소부르조아 기구인 신간회를 해소하여야 한다고 주장하였다. 이에 대하여 중도파 즉 좌익민족주의자들은 신간회의 존속과 유지가 필요하다고 존속을 주장하였다. 마지막으로 우익민족주의자들은 신간회의 해소를 적극 주장하지는 않았지만 계속 유지에도 미련을 두지 않았다. 결국 사회주의자들은 지회를 장악하고 신간회는 해소되었다. 이는 신간회의 회원사이에 사회주의자들의 영향력이 작지 않았음을 보여주는 사건이다.

이러한 해소논쟁에 이어서 민족사회주의 논쟁이 나타나게 되었다. 이는 신간회의 해소가 전제가 된 상황에서 사회주의가 교조적으로 외국의 이론을 추수할 것이 아니라 민족적 성격을 가지지 않으면 안된다는 입장에서 나오는 중도파의 이론이었다 그러나 송만과 안재홍에 의해 제기된 이 이론은 사회주의자들의 집중적인 공격을 받았다. 사회주의자들은 민족을 부정하는 국제주의의 입장을 취하였다.

이 논쟁과 아울러 이광수의 논설에 의하여 민족개량주의 논쟁이 촉발되었다. 이광수는 사회주의자들의 행동과 이론이 반민족적이라고 맹렬히 공격하였으며 이는 사회주의자들의 집중적인 성토대상이 되었다. 이 논쟁의 진행으로 사회주의자들은 이광수의 민족개량주의를 파시즘으로 규정하기에 이르렀고 덩달아 안재홍의 중도파까지도 사회파시즘이라고 몰아부쳤다. 파시즘화 한 민족개량주의인가 아니면 혁명적 프롤레타리아트 국제주의인가의 양단의 칼날이 이들의 무기가 되었다.

한편 사회주의자들 내의 논쟁으로 진영철 － 김약수 논쟁을 들 수 있다. 이는 신간회 해소 이후의 국면에서 소부르조아지를 어떻게 활용하는가의 문제를 둘러싸고 일어나게 되었다. 진영철이 다소간 좌익민족주의자들의 영향력을 인정하고 그들과의 협동을 주장한데 비하여 김약수는 그들이 완전히 반동화하였기 때문에 협동은 아예 고려의 대상이 되지 않는다고 하였다. 이 논쟁은 사회주의자들 내부에 아직 협동전선의 문제가 완전히 포기된 것이 아니라고 하는 판단을 하게 해준다. 그러나 어느 논쟁을 통하여서도 사실상 협동전선의 새로운 결성이나 유지는 어렵게 되었다는 것을 알 수 있게 된다. 왜냐하면 그 가능성을 김약수처럼 아예 부정하거나 진영철같이 인정한다고 하더라도 그 범위를 사회주의자들의 헤게모니 하에 두려운 것이기 때문에 이러한 의미에서 민족개량주의와는 말할 것도 없고 민족주의 좌파와의 협력도 불가능하게 되었다는 사정을 짐작할 수 있다.

5) 코민테른 제7차 대회와 국내의 좌우합작론

코민테른 제6차 대회와 12월 테제의 발표에 이은 조선 사회주의자들의 적극적인 호응, 그리고 그로 인하여 조선공산당이 해체되고 신간회도 해소된 상황에서 조선의 사회주의자들은 당을 재건하는데 총력을 기울였다. 이미 전 절에서 살펴본 바와 같이 사회주의자들의 목표는 이제 더 이상 협동전선의 조직이 아니었다. 이들은 노동운동의 확대 그리고 이를 지도할만한 전위당의 조직에 모든 힘을 경주하게 되었다. 그들의 태도는 신간회 존속기간 중에 이미 그들이 신간회에 보이고 있던 미온적인 태도를 보아서도 충분히 짐작이 갈 수 있는 일이었다.
 그러나 국제적인 정세는 이들의 인식과는 달리 전개되고 있었다. 1930년대 들어가서 파시즘의 위기는 더욱 강화되었다. 그러나 1930년대 파시즘에 대한 대처에 있어서 소련은 대단히 미온적이었다는 사실을 우선 지적하여야 한다. 파시즘에 대한 인식과 그에 대한 대처방식에는 소련 공산당 내에서 대략 두개의 서로 다른 방법이 존재하였다.
 하나는 부하린의 방법으로 그는 파시즘의 위협을 제기하고 사회민주주의와의 연대를 통하여 파시즘에 대처하고자 하였다. 그러나 스탈린은 사회민주주의를 파시즘 세력의 일환으로 규정하고(사회파시즘) 오히려 사회민주주의와의 투쟁을 주장하였다. 이같은 정책은 당시 상황을 자본주의의 파국과 혁명적 위기로 보았기 때문이다. 따라서 임박한 혁명에서 권력의 쟁취문제를 생각하였기 때문에 파시즘의 위협에 대한 연대를 위한 구체적 노력이 부족하였던 것이다.
 스탈린은 민주세력과의 연대를 통하여 파시즘을 극복하는 대신 민주세력과 파시즘의 투쟁을 통한 어부지리를 얻으려 생각하였고 그것은 자본주의 블럭에서도 마찬가지였다. 볼셰비즘의 위협에 대한 해독제 역할을 파시즘이 할 수 있다고 생각했기 때문이다. 이러한 것은 파시즘에 대한 공동대처에 대단히 불리한 조건으로 작용하였다. 코민테른도 자본주의의 종말만을 꿈꾸며 대중가운데서 공산주의자들이 점차 고립되는데 기여를 하였다.
 코민테른에 있어서의 방향선회가 일어난 것은 1935년이었다. 그러나 그 선회의 주체는 소련도 아니었고 코민테른 자체도 아니었다. 그것은 프랑스에서의 밑으로부터 인민전선이 결성되고 움직이게 된데서 나오게 되었다. 프랑스에서는 1934년부터 공동전선의 움직임이 있게 되었다. 이전에는 그들도 여전히 파시스트란 칭호에 모든 비공산주의자를 지칭하고 있었다. 그러나 1934년 2월 12일 사회주의계의 노동총동맹

(CGT)가 조직한 총파업에 몇 공산주의자들이 참여하였다. 그리고 그날 저녁에 공산장 의원이자 셍드니의 시장인 자끄 도리오(Jacques Doriot)가 파시즘과의 투쟁을 위하여 사회주의자들과의 공동전선을 공개적으로 주장하자 당은 즉시 그를 제명시켰다. 알렝(Alain)을 비롯한 프랑스의 지식인들이 중심이 되어 3월에 반파쇼 행동 및 경계위원회를 조직하고 6월에 가서야 공산주의자들은 이에 합류하기로 결정하였다. 그때부터 배반자 사회파시스트를 벗겨내는 문제는 차치되고 사회주의자들에 대한 공격이 사라지게 되었다. 7월말에 비로소 사회주의와 공산주의자들간에 행동통일협약이 체결되었다. 10월에 가서 토레즈에 의해 라디칼이 참여하게 되었고 1935년 1월에는 비로소 공동전선의 형성이 가능하게 되었다. 1935년 7〜8월에 개최된 코민테른 제7차 대회는 이 변화를 인준하였을 뿐이다.[102]

1935년 코민테른 제7차 대회에서 디미트로프의 테제가 중심이 되어 반제전선의 문제가 중점적으로 거론되었다는 것은 잘 알려여진 사실이다. 그리고 이 대회에 한국대표로 김하일이라는 인물도 참가하여 발언하였다. 그는 민족부르조아지에 대한 관계설정에서 다음과 같이 언급하였다.

> 평화를 위한 전쟁반대투쟁을 조선의 민족해방을 위한 투쟁의 축으로 세워야 한다…
> 우리는 이 투쟁에서 조선 부르조아지와 일본제국주의간의 모순까지도 거의 이용할 수 있고 또 이용해야 한다. 중국에서의 일본의 전쟁에 대하여 허위적 태도를 취한 조선 부르조아지는 최근에 와서 그 태도를 다른 방면으로 취하고 있다…조선의 민족개량부르조아지는 전쟁의 결과로 일본제국주의자로부터 얼마간의 양보를 얻어낼 수 있고, 또 조선의 내부 시장에서의 지위가 조금이라도 좋아질 수 있는

---

[102] Ernst Nolte, *Les mouvements fascistes : l'Europe de 1919 u 1945*, Paris: Calmann-Levy, 1969, pp.135-136

조건이 주어질 것이라고 생각하고 있었다. 그러나 그 모든 예상과 기대는 수포로 돌아갔다…
　　일본제국주의자들이 만주를 점령할 때까지는 조선의 자치까지도 운운하여 조선부르조아지를 유인하려 했으나, 지금은 이 이야기도 완전히 사라져버렸다.
　　조선의 민족개량주의는 일본제국주의에 반대하여 철저한 투쟁을 하지않지만, 광범한 인민대중에게 영향을 잊고있는 것은 아니다.[103]

그러나 그것은 대단히 제한적이었다. 그것은 어디까지나 프로헤게모니를 확보하자는 의미였으며 좌우합작과 같이 부르조아지를 연대세력으로 보고있는 것은 아니며 단지 이용의 필요성을 강조한 것뿐이다. 그렇기 때문에 이러한 김하일의 노선천명이 국내에서의 민족부르조아지와 사회주의자들간의 연대모색을 위한 지침이었다고 해석되기는 곤란하며 실제로 그 지침에 따라 조선의 사회주의자들이 좌우합작을 통한 공동전선을 모색했다는 흔적은 국내에서는 좀처럼 발견되지 않는다.

1930년대 사회주의자들이 공장과 농촌으로 진출하면서 조직한 적색노조나 적색농조는 그것을 좌우합작체로 볼 수 없으며 그것은 오히려 계급투쟁을 반제투쟁으로 결부시킨 것이었다. 그렇게 볼 때 국내에서는 1935년의 코민테른 제7차 대회의 영향은 거의 없었다고 말할 수가 있다. 12월 테제가 의연히 한국의 사회운동을 지배하는 분위기였다.

1935년 이후의 몇 사회주의 운동자들의 지하운동과정에서 나타난 경향을 보아도 그것을 뚜렷하게 파악할 수 있다.

경성트로이카로서 1930년대에 활발한 활동을 벌였던 이재유는 그가 옥중에서 남긴 글에서 공산주의에 대한 이상적 유토피아를 그리고 있었으며 현실적으로는 조선의 혁명단계를 부르조아 민주주의혁명이라

---

[103] 신주백, 『1930년대 민족해방운동론 연구』, 제1권, 새길, 1989, p.324

고 규정하였다. 그러나 조선의 부르조아지가 이를 수행할 수 없으므로 민족혁명을 프롤레타리아트가 주도가 되어 이루어야 한다고 보았다. "따라서 현재 조선에서의 혁명은 노동자-농민을 주력부대로 하는 민족혁명, 즉 부르조아 민주주의적 성격을 띈 혁명"이라고 보았다. 그를 위하여 필요한 것은 진정한 볼셰비키당의 재건과 전민중적인 반제반파쇼전선이다. 이 때의 반제반파쇼전선은 1920년대의 신간회와 같이 민족주의자와의 합작을 의미하는 것이 아니라 "노동자-농민의 소비에트 정부 수립"을 위한 것이다.104)

다음으로 적색노조의 경우 어떠한 운동방침을 가지고 있었는가를 살펴보기로 하자. 적색노조 원산좌익 위원회는 자본민주주의혁명을 주장하였는데 그것은 앞서의 이재유의 주장과 마찬가지이다. 조선의 민족부르조아지는 일본제국주의의 슬하로 도피하였기 때문에 조선 자본민주주의혁명의 영도계급은 조선의 노동자계급이다. 노동자계급은 빈농을 확실한 동맹자로 견인하고 중농을 최소한 중립화시키면서 자본민주주의혁명을 이루어야 한다고 하였다.105)

분명한 것은 이 경우에도 민족부르조아지와의 합작은 고려되지 않는다는 것을 알 수 있다. 그렇다면 1935년의 코민테른의 노선변경이 무엇이었고 이를 조선의 사회주의자들이 어떻게 이해하였는가의 문제는 분명하다. 조선의 사회주의자들은 1935년의 통일전선전술을 결코 민족부르조아지와의 제휴를 의미하는 것으로 받아들이지 않았다. 오히려 민족부르조아지와의 투쟁을 통하여 노동자농민을 중심으로 하는 민중적 전선을 구축하고 이를 전위당이 지도해야한다는 생각을 가지고 있었다. 이를 통하여 보면 애당초 통일전선이란 지극히 요원한 과제이었음이 드러나는 셈인데 이는 해외의 경우와는 다소 구별된다고

---

104) 이재유, 「조선에서의 공산주의운동의 특수성과 그 발전의 능부」(신주백 편, *op.cit.*)
105) 신주백 편, *op.cit.*, p.94

할 수 있을 것이다. 국내의 사회주의자들은 일제의 탄압이 심한 이유도 있겠지만 그보다는 그들의 논의에서 애당초 자유주의자들과의 연결을 결정적으로 끝난 것으로 생각하고 있었던 것이다. 따라서 전투적 음모적 비타협적 사회주의의 형이 1930년대의 담론에서 가장 완성된 형태로 나타난다고 하여도 지난친 말은 아니다. 좌우합작은 이제는 더 이상 고려의 대상이 아닌 것이다.

그러나 1937년 중일전쟁이 발발하고 중국공산당이 내전을 중지하고 제2차로 국공합작을 이루고 일본제국주의와 투쟁하는 것을 목도하고 조선의 사회주의자들은 영향을 받았다. 노동자계급을 선두로 하여 농민을 동맹군으로 설정한 점은 종전과 변화가 없으나 소부르조아지나 인텔리겐챠 사이에서도 그들이 활동을 통하여 지도를 하여야 한다고 하였고 민족부르조아지에 대하여서도 유보적인 태도를 보인 것이다.

> 우리는 일상투쟁에서 민족부르조아지까지도 일본제국주의 타도투쟁으로 유도하기 위해 노력해야 한다. 그들의 흉중에도 조선인의 피가 흐르고 있다. 그들도 자유롭고 평화로운 전인민의 조선이 이상인 것이다. 아직도 남아있는 그들의 애국적 정열을 환기시켜야 한다.[106]

그러나 이를 일반적인 태도라고 볼 수 없다. 같은 신문에 얼마 되지 않아서 다음과 같은 기사가 실린다.

> 우리의 적은 일본제국주의이며 파시스트이다. 적의 도살의 총구는 그들에게 돌려져야 한다. 조선의 민족부르조아지는 지금까지 일본제국주의의 앞잡이가 되어 노골적으로 활동한 것은 아니었다. 그러나 지금 놈들은 조선독립이라는 표어를 쓰레기통에 던져버리고 '대일본제국'에 충성을 맹세하며 강도 일본제국주의의 조국수호를 위해 광분하고 있다.[107]

---

106) 신주백 편, op.cit., p.101

또한 다른 곳에서는 "일본제국주의의 이 하수인(민족부르조아지 — 필자)들은 중국 민중을 약탈하는데서 나오는 이윤의 부스러기를 주워먹으면서 날뛰고있다."108)

이제 1930년대 후반에 민족운동론을 기초한 이운혁의 이론을 점검하여 보기로 하자.

이운혁의 이론은 그가 기초한 테제를 통하여 알 수 있는 바 그는 노농민주독재를 주장하였다. 조선에 있어서의 혁명은 부르조아민주주의혁명이지만 선진국과는 달리 사회주의혁명의 과제를 준비하는 바의 것이며 조선의 민족해방운동은 노동계급의 패권하의 반제반봉건적인 것임과 동시에 민족자본가와도 투쟁하는 것이라는 것이다. 그리고 협동전선은 노동계급운동이 농민과 동맹하여 주도권을 잡는 가운데 민족개량주의나 좌익민족주의자들로부터 그들의 대중을 분리하여 지도자들을 고립시킨다는 전술이다. 이것은 기본적으로 코민테른의 제7차 대회로부터의 영향력을 받아 방향선회한 것이라고 볼 수 없으며 신간회 해소론 당시의 사회주의자 예컨데 김약수 등의 논리를 그대로 반복하고 있는 것이라고 보여진다.

이제 1935년의 코민테른 대회 이후의 상황을 요약하여 보자. 이미 살펴보았듯이 극단적 투쟁분위기에 휩싸여 있던 사회주의자들은 코민테른의 투쟁노선조차도 충분히 파악하지 못하였다고 보인다. 당면한 투쟁을 눈앞에 두고 있는 상황에서 그들은 여전히 통일전선보다는 계급투쟁을 큰 목표로 설정하였다. 김하일의 경우에 민족부르조아지와의 협동의 가능성을 열어두고 있는 바 그는 대회에 직접 참석하여 이미 코민테른의 지도를 받았기 때문이라고 볼 수 있으며 국내의 이론가들은 이재유나 이운혁, 그리고 원산그룹 모두 통일전선 전술에 대하여

---

107) *Ibid.*, p.104
108) *Ibid.*, p.105

큰 영향을 받지않았다. 이들의 의식은 여전히 1920-30년대의 투쟁적 분위기 통일전선보다는 노동계급의 헤게모니와 독자성을 확보하는 문제 심지어는 노농독재를 수립하는 등의 추상적이고 현실적인 아닌 문제들만이 머리 속을 차지하고 있었다. 이로써 이미 좌우합작의 가능성은 사라진 것이다. 좌우합작은 실제로 제기되지도 않았을 뿐 아니라 이러한 상태 속에서 실현될 가능성도 없었던 것이다.

7. 맺음말

일제시대 좌우합작론은 결국 민족국가의 건설에 적극적인 기여를 하지 못하였다. 그리고 그 주된 원인은 한국 사회주의의 특성에 있었다고 보아야 할 것이다. 한국 사회주의는 대단히 전투적이었다. 그것은 진보성과 국제성을 강하게 부각시켰고 무엇보다도 비합법적인 공간에서 일해야 한다는 부담이 가중되어서 음모적인 성격이 강화되었다. 그러나 한국사회주의의 담론에서 한국적 상황과 잘 부합되지 않는 원칙론이 주류를 형성하게 되었다. 그 말은 한국사회주의의 담론이 현실적인 운동이었다기 보다는 이론적인 운동이었다는 사실을 보여준다. 이 점에 있어서 우리는 한국사회주의자들의 지적 성향 혹은 심리적 성향을 보게된다. 그리고 그것은 한국의 문화와도 연결된 부분이라고 생각된다.

한국사회주의자들 사이에서는 순수한 계급성을 강조하고 순수한 투쟁을 강조하는 경향이 지배적이었다. 그러한 만큼 사실 좌우합작이라는 것은 그 순수성을 깨트린다는 생각이 지배적이었고 그리하여 좌우합작에 대하여 소극적이었다. 한국사회주의의 담론 중에 좌우합작에 대해 긍정적으로 나온 담론 물산장려운동기의 나공민류의 담론과 신간회 시절의 청산론 그리고 신간회 해소 이후의 민족사회주의론이라고 말할 수가 있겠다. 이 담론은 좌우합작의 기초를 확실하게 다진 담론이었다. 그러나 이 담론은 한국사회주의의 주류인 조공으로부터 거부되었다. 일제하의 사회주의자들은 프롤레타리아트의 지도라는 믿음을 버리지 못하였고 그것이 결국 소수의 의지에 의한 지배라는 환상을 그들에게 심어주었다. 그리하여 시민공동체의 성립에 어떠한 적극적 기여를 할 수 없는 상태에서 좌우합작론은 막을 내리게 된다.

일제시대 조선에서의 좌우합작론 담론의 역사는 불가피하게 사회주의의 한국적 수용과 그에 따르는 한국적 특성을 드러내게 된다. 이는 한국문화 와 사회주의의 접목이라고 말할 수가 있을 것이다. 이 접목의 결과 한국사회주의는 다음의 독특한 특징을 가지게 된다. 그리고 이 특징은 일반적으로 서유럽의 사회민주주의와는 구별되는 후진국형의 사회주의의 특징이라고도 할 수 있을 것이다.

1. 한국사회주의는 1917년 러시아혁명 이후에 비로소 수용되었다. 그리고 한국에서의 사회주의란 바로 이러한 조건에서 러시아식 사회주의를 의미하였다고 볼 수 있다. 물론 사회주의자들 가운데 상당수가 일본에서 사회주의를 배운 자들이지만 일본에서도 역시 사회주의란 러시아식의 레닌주의를 중심으로 하는 사회주의였기 때문에 러시아의 사회주의와 일본의 사회주의가 이점에서 차별성이 크게 부각되지는 않는다고 본다. 이는 무엇을 의미하는가? 러시아의 볼셰비즘이 (반드시 레닌의 이론이 문제가 아니라 일반적 볼셰비즘) 가지고 있는 전투성, 메시아니즘적 특성이 한국에 그대로 영향을 주게 되었다는 것을 의미한다. 러시아 사회주의는 사회민주주의와는 강한 차별성을 가지고 있었으며 그와 적으로 대립하는 관계에 있었다. 그리하여 이러한 러시아식의 사회주의가 한국에 영향을 주게 됨에 따라 한국의 사회주의는 사회민주주의적 성격을 가지기에 곤란한 그러한 특성을 가지게 된다.

2. 한국에서의 사회주의의 수용은 일제의 식민지라고 하는 조건에서 수용되었다. 이 조건은 한국의 사회주의적 논의에서 민족문제에 대한 논의가 중심적인 테마가 되도록 하였다. 한국사회주의의 논의는 민족해방운동에 있어서 프롤레타리아트의 역할 그리고 그와의 대립동맹관계 제국주의에 대한 투쟁 등이 중심적인 담론이 되었다. 이는 상대적으로 시민사회적 질서의 인정 속에서 사회주의가 성장할 수 없도록 하는 조건이 되었다.
  3. 한국에서의 사회주의는 노동운동이 바탕이 되어 노동자의 운동으로 시작한 것이 아니라 지식인들의 사상운동으로 시작되었다. 즉 이데올로기적인 운동이었다. 이 운동은 유토피아적 성격을 강하게 가지고 있었으며 이 이데올로기의 주체들은 몰락한 소시민계급의 신진 지식청년들이었다. 일제하 한국의 사회에서 사회적 뿌리를 발견할 수 없었던 이들 지식인들의 성향은 일반적으로 보아 공격적 파괴적이었으며 이것은 한국적 사회주의의 담론의 성격에 그대로 반영된다.
  4. 한국의 사회주의는 사회주의에 대한 이론적 탐구가 부족하였던 반면에 고도로 정치지향적인 이데올로기였다. 이는 사회주의의 수용주체가 실천적인 운동가들이었다는 사실과 무관하지 않았다고 본다. 이는 러시아의 사회주의가 이론적 사회주의로부터 시작하였다는 사실과도 구별되며 일본의 사회주의도 이론적인 전통이 강한 사실과도 대조된다. 이는 사회주의를 종교적 신앙의 대상으로 삼게 하는데 큰 역할을 하였다.
  5. 한국사회주의는 전통파괴적 근대화운동이었다. 한국의 사회주의자들은 모든 억압과 착취를 제거한다는 명분아래 전통에 대하여 과격하게 파괴적 태도를 견지하였다. 특히 반봉건의 담론은 한국의 문화적 전통에 대하여 부정적으로 태도를 가지게 하였고 이러한 점에서 한국의 사회주의자들은 전통문화를 거부하였다. 물론 이러한 점에서 사회주의운동은 자

유주의적 운동과도 어느 정도의 공통성은 있다. 자유주의 역시 전통파괴적이었기 때문이다. 그러나 자유주의가 그 초기의 유토피아적인 성격에서 벗어나면서 민족의 실체를 중시하고 전통과의 타협을 통한 실천으로 방향을 잡은 데 비하여 사회주의는 전통과의 단절 및 파괴를 주장하였다.

한국사회주의가 가지고 있는 이같은 특성 때문에 좌우합작은 성립하기가 곤란하였다. 좌우합작은 언제나 중심적인 테마가 될 수 있고 실제로 그리되었다. 그러나 그럼에도 불구하고 실제로 좌우합작은 신간회성립기인 1927-1931년의 단기간을 제외하고는 이루어질 수가 없었다. 그것은 한국의 사회주의자들이 가지고 있는 전통파괴적 메시아적인 종교적 계급투쟁의 숭배와도 관계가 있다. 그 때문에 좌우합작은 성립되기가 곤란하였던 것이다. 물론 그러한 중에서도 비주류로서 민족적 연대를 우선시하여 좌우합작을 가능케할 수 있었던 논의도 있었다. 나공민의 논의나 청산론, 민족사회주의론의 논의가 바로 그러한 것이었다. 그러나 이러한 논의는 내외적 조건의 불리함 때문에 주류를 형성할 수 없었다. 따라서 이는 한국적 사회주의의 비주류적 전통의 하나로 간주하여 둘 수는 있을 것이다.

이리하여 일제시대의 좌우합작의 논의는 부분적인 성과 이외에 효과적인 성과를 거둘 수는 없었다. 좌우합작을 언제나 일시적으로 이용하려는 주류인 조공계의 전술적 의도 때문에 좌우합작은 지속되기가 곤란하였다. 더구나 현실적 조건에 맞지 않는 프로헤게모니의 강조는 좌우합작에 불리한 조건만을 가중시켰다. 따라서 이러한 좌우합작론의 실패는 자유주의자나 민족주의자들로 하여금 사회주의자들을 민주적 국가건설의 동반자로서 인정하기에 곤란하게 하였다. 이것이 또한 일제하 한국사회에서 전투적 공산주의가 강한 영향력을 가졌으면서도 또한 반공주의가 강한 사회적 설득력을 가지게 된 이유중의 하나라고 말할 수가 있을 것이다.

<『韓國史學』, 제16집, 한국정신문화연구원, 1996>

제 4 부 한국사회주의의 역사적 특징

러시아, 러시아 사회주의 그리고 한국

1. 머리말

　러시아에서의 사회주의의 붕괴와 새 러시아의 출발은 사회주의와 러시아를 새롭게 조망하여야 하겠다는 지적 자극을 불러일으킨다. 그것은 러시아 사회주의가 우리 나라와 특별한 관계를 가지고 있었기 때문이다. 러시아 사회주의는 일제시대에 한국 지식인들에게 적지 않은 영향력을 행사하였으며, 한국에 사회주의 운동이 정립하도록 지원하였고 해방 이후에는 한반도의 이북에 사회주의 체제를 성립시켰다. 또한 러시아·사회주의는 반공을 국시로 삼고 있는 우리 사회에도 많은 자극을 주어서 1980년대에는 상당수의 지식인, 학생, 노동자들에게 러시아 사회주의를 한국의 기존 체제에 대한 대안으로 생각하도록 하였다.
　이러한 상황 속에서 동유럽에서의 사회주의 몰락에 이은 러시아 사회주의의 몰락은 우리 사회에 큰 충격으로 작용하였다. 왜냐하면 한국의 사회주의는 러시아 사회주의의 이미지를 따라서 형성되었으며 따라서 러시아 사회주의의 몰락은 한국 사회주의의 존재 가치에 대해서도 심각한 의문을 제기하게 만들기 때문이다. 본고는 러시아 사회주의와 한국 사회주의가 가지고 있는 이러한 특수한 관계를 분석하고 러시아 사회주의 몰락과 새 러시아의 성립이 우리 한국에 주는 의미를 설명하려는 데에 기본 목적이 있다.

러시아에 사회주의 체제가 정립하며 유지되고 있었을 때에 러시아(소련)에 대해 우리는 서로 상극적인 두 개의 이미지를 가지고 있었다. 악의 제국으로서의 러시아와 우리가 지향해야 할 유토피아로서의 러시아, 이 두 개의 이미지는 신념을 서로 달리하는 한국인들을 분열시켰다. 그리고 상극적인 이 두 개의 이미지를 넘어서서 러시아는 부인할 수 없이 초강대국으로, 사회주의 체제의 맹주로 우리에게 큰 영향력을 행사할 수밖에 없는 존재였다.

소련이 사회주의 혁명을 통하여 성립된 이래, 일부의 한국 지식인들에게 준 긍정적인 충격은 이해할 수 있는 일이다. 일제하의 한국에 있어서 소련은 사회주의적 지식인들에게는 의심할 바 없는 민족해방운동의 지원자이며, 지도자였고, 따라서 소련과의 유대를 굳게 함으로서만 한국이 살아나갈 길이 있다고 그들은 생각하였다. 소련은 일제시대 사회주의적 지식인들이 생각할 수 있었던 최대의 이상향이었다. 그것은 봉건유제, 자본주의, 식민지의 모든 모순을 해결할 수 있는 유토피아였다.

물론 사회주의적 신념을 공유하지 않았던 한국 지식인들에게 소련이 같은 이미지를 줄 수는 없었다. 자유주의를 지향하는 한국 지식인들은 소련사회가 분명히 인간의 자유와 개성을 억압하는 독재 국가임을 주시하고 있었고, 소련이 구호로 삼는 해방의 메시지가 거의 대부분 국익에 기초한 사탕발림이라는 것을 의식하고 있었다. 또 민족주의 지향의 인사들에게는 소련은 민족의 독립에 대한 걸림돌로 인식되었다. 일제시대에 서로 다른 신념에 기초한 서로 상이한 이미지는 평행선을 달리고 있었다.

1945년 한국이 일제의 지배로부터 해방되고 냉전시대가 도래하면서 소련에 대한 서로 다른 이미지는 오히려 강화되었다. 특히 한국전쟁을 거치면서 동족상쟁을 유발시킨 소련에 대한 일반적 이미지는 한국에서는 대단히 부정적이었다. 소련은 언제나 악의 제국이었다. 냉전시대, 그리고 반공주의의 법적 뒷받침 아래 소련에 대한 긍정적인 담론은 우리 사회에서 존재할 수 없었다.

그러다 1970년대 한국 사회의 급속한 변화, 권위주의적 리더십의 강화와 함께 한국에서는 사회주의적 담론이 새로이 등장하기 시작하였다. 기존의 정권에 불만을 느낀 지식인들과 학생들은 점차로 정권에 대한 비판을 심화시키면서 사회주의 체제를 그들의 대안으로 생각하기 시작했다. 그리고 이들 사이에서 소련에 대한 긍정적인 이미지가 확산되었다.

물론 한국의 1970-80년대는 일제시대와는 사회적 조건에서 구별된다. 소련도 양 시기에 같은 모습을 가지고 있었던 것은 아니다. 그럼에도 불구하고 1970-80년대 한국에서는 소련에 대한 일제시대의 긍정적인 이미지가 부활되었다고 말할 수 있다. 물론 일제시대와 같이 소련을 이상향으로 보는 것은 아니지만, 그러나 소련이 개혁을 필요로 하고 있음에도 불구하고 소련이 자본주의 사회보다 도덕적으로 우월하고 더 가능성이 있는 사회라고 하는 신념이 반체제적 지식인들 사이에서 퍼져 나갔다. 그리하여 1980년대 후반기에는 이러한 반체제적 지식인들 사이에서의 소련의 이미지와 일반 사회에서의 소련에 대한 이미지 사이에는 넘을 수 없는 간격이 존재하게 되었다.

그러다 1991년 8월 소련의 사회주의 체제가 결론적으로 종말을 고한 후 소련이 도대체 어떤 사회인가, 소련 사회주의가 어떤 것인가 하는 의문이 새롭게 제기되었다. 왜냐하면 소련 사회의 급속하고도 희극적인 몰락은 냉전적 사고의 양극에 섰던 어떠한 사람들에게도 놀라움이었기 때문이다.

　먼저 냉전적 사고의 오른 편에 섰던 사람들에게 소련의 급속한 몰락은 충격이었다. 전체주의적 체제가 어떻게 그 막강한 통제력들 급속히 상실할 수가 있는가? 변화의 가능성을 전체주의적 모델로는 설명할 수는 없는 것이 아닐까 하는 의문을 제기하게 만들었다. 소련의 체제가 외부의 압력이 아니고 자체의 힘에 의하여 붕괴되었기 때문에 그리고 급속히 反사회주의 노선을 채택하였기 때문에 이 사람들은 소련을 다시 이해해야 한다고 하는 필요를 느끼게 되었다.

　냉전적 사고의 왼편에 섰던 사람들은 더 큰 충격을 받았다. 이들에게 자본주의의 모순을 치료할 수 있는 대안으로 존재했던 소련이 스스로 붕괴하였을 뿐 아니라 급속히 자본주의 체제를 채택하기 위하여 노력하는 모습은 왼편의 사람들로 하여금 심각한 고민에 빠지게 만들었다. 이들은 처음에 소련 사회주의의 몰락은 스탈린적 체제의 몰락일 뿐이라고 생각하였으며 사회주의의 실험가능성은 여전히 남아있다고 생각하였다. 그러나 시간이 지날수록 새 러시아의 지도자들이나 민중이 어떠한 형태의 사회주의도 원하지 않는다는 것을 분명히 알게 되었다. 이러한 당혹에서 도대체 러시아가 무엇이며, 러시아 사회주의는 무엇인가 하는 의문이 새롭게 제기되게 되었다. 따라서 러시아와 러시아 사회주의의 문제를 새롭게 조망하는 것은 우리 모두의 관심사가 되었다. 본고는 바로 이러한 새로운 조망에 대한 필요에 의해 이루어진 일 시론일 뿐이다.

2. 한국에서 러시아 사회주의

　러시아 사회주의를 어떻게 새롭게 볼 것인가의 문제는 다음 절에서 다루기로 하고 우선 러시아 사회주의가 그 동안 우리에게 무엇을 의미하였는가를 파악하기 위하여 한국에서의 러시아 사회주의에 대한 이해에서 출발하고자 한다. 한국에서의 러시아 사회주의는 두 부분으로 나누어진다. 하나는 러시아 사회주의에 대하여 우리가 어떻게 이해하여 왔는가 하는 러시아 사회주의에 대한 우리의 담론이며 다른 하나는 러시아 사회주의의 연장·재생산으로서의 한국 사회주의의 담론이다. 전자는 이미 머리말에서 간략하게 언급한 바가 있다.[1] 본 절에서는 후자의 문제 즉, 러시아 사회주의는 한국에 어떠한 영향력을 행사하였는가, 러시아 사회주의는 한국의 사회적 풍토에 어떻게 수용되었으며, 러시아 사회주의에 의해 형성된 한국 사회주의는 어떠한 특징을 가지게 되었는가의 문제를 검토하고자 한다.

먼저 러시아 사회주의가 가지고 있는 특징에 대하여 간략히 살펴보자. 러시아 사회주의가 전위당 이론을 중심으로 하여 형성된 이데올로기라고 하는 것은 주지의 사실이다. 이 전위당 이론은 무지몽매한 민중, 보수적 관료제의 양 극단에서 어느 곳에서도 호흡할 수 없었던 러시아 인텔리겐챠의 특징을 반영한다. 나로드니키들의 운동이래 러시아 인텔리겐챠가 역사로부터 부여받았다고 생각한 사명 의식은 레닌에게서 그 완성된 형을 이룬다고 말할 수가 있다. 전위당은 프롤레타리아트의 대의를 위해 직업적으로 혁명에 투신하는 자들로 이루어지며 이 전위당은 사회를 지도하고 그의 의지에 따라 사회를 전면적으로 개편할 수 있다. 이러한 관념은 근대적 정신에서는 독특한 것이었다. 그것은 전위당이 '일반의지'를 가진다는 역사철학에서만 가능한 것이었다. 계몽주의적 정신이 표출한 바 있는 시민사회-공화제의 이상은 전위당 이론에 의해 독재를 가능케 하는 이데올로기로 변하였다. 러시아

---

1) 拙稿, 「일제시대 한국인의 소련관」(한국교육개발원, 1992. 8 개최 세미나)에서 다소 상세하게 논의하였다.

사회주의에서 전위당(공산당)의 의지는 언제나 일반의지였다. 당이 소수의 직업적 혁명가들로 구성되어 있으며 비록 당이 대중들로부터 지지를 받고 있지 못하더라도 당의 의지가 일반의지이다. 왜 그같은 판단이 가능한가? 그것은 당이 진리를 파지하고 있다는 생각 때문이다. 이 점에 있어서 레닌의 당이론은 권력과 지식을 결합시킨 가장 전형적인 예가 될 것이다. 대중은 교육되어져야하며, 혁명적 독재는 당이 파악하고 있는 진리를 확산시키는 일이 될 것이다. 근대의 어느 이론도, 파시즘을 예외로 한다면, 이렇게 노골적으로 권력과 지식을 결합시키지 않았다.

이 상태에서 권력에 대한 반대는 진리에 대한 반대이며, 그것은 이성에 대한 반항이며 광기에 불과하다. 따라서 당에 대한 반대자를 감옥이 아니라 정신병동으로 보내는 일이 가능해진다.[2] 그리고 이 점에서 사회주의는 시민사회를 억압하는 원리로 전변되게 하는 출발점이라고 말할 수가 있을 것이다. 따라서 러시아 사회주의가 표방하고 있던 모든 해방적 담론 —프롤레타리아트의 해방, 여성해방, 피압박 민족의 해방 등— 은 전위당에 의해 그러한 부분들이 통제될 수 있다는 담론과 표리관계를 이루고 있다. 해방의 담론과 시민사회를 억압하는 담론은 서로 균형을 이루었다기 보다는 후자가 우위를 차지하였다.

한국에서는 1920년대 초부터 러시아의 사회주의가 도입되기 시작하면서, 사회주의를 수용한 한국의 소장 지식인들은 봉건제뿐만 아니라 자유주의와 자본주의에서도 그들의 적을 발견하였다. 1920년대의 한국이 전형적인 식민지 농업사회였다는 사실에도 불구하고 한국 사회주의의 초점은 프롤레타리아트에 맞추어져 있었다. 무엇보다 주목할 만한 것은 러시아 사회주의의 전위당 이론이 거의 무비판적으로 수용되었다는 것이다.

---

2) M. Ferro, *L'Histoire sous surveillance*, Paris ; Calmann—Levy, 1985, p124.

1920년대의 한국 사회주의는 권력론에 그 초점을 맞추고 있었다. 지식인들의 거의 모든 사회주의적 담론에서 프롤레타리아트의 계급 헤게모니가 강조되고 있으며 그 위에 전술적인 차원에서의 계급동맹, 통일전선이 논의되었다. 전위당이 사회를 이끌고 지도하는 문제에 대한 근본적인 논의는 존재하지 않는 것으로 보인다. 그러한 논의가 존재하지 않는 이유는 러시아 사회주의의 전위당 이론을 그대로 받아들였기 때문이라고 판단된다.

1930년대의 한국 사회주의는 지식의 영역에까지 확대되었다. 사적 유물론이 가장 탁월한 혹은 유일한 연구 방법이 되었으며 이에 따라 사적 유물론을 연구방법으로 채택한 사회주의 성향의 연구자들은 특히 한국 역사를 그들의 역사 철학에 맞추어 재해석하려고 노력하였다. 그러나 한국 사회주의가 지식의 영역에까지 확대되었다는 것은 결국 지식("학문")의 정치(당)에의 봉사를 위한 것이었다. 사적 유물론을 채택한 사람들은 결코 정치로부터 학문의 분리에 대해서 생각해 보지 않았다. 이런 점에서 볼 때 한국 사회주의는 러시아 사회주의와 가장 닮아 있다고 말해도 지나치지는 않은 것으로 보인다. 이 점을 좀 더 자세히 살펴보기로 하자.

우선 러시아 사회주의의 해방의 담론이 일제시대 한국 사회에 환영받으며 수용되었다는 것을 이해하는 것은 그리 어려운 일이 아니다. 한국은 일제의 식민지였고 또한 중세적인 사회적 억압이 여전히 존재하고 있었다. 해방의 메시지는 노동자, 농민, 여성, 천인 등 모두에게 대단히 고무적인 메시지가 될 수 있었고, 바로 이 점에서 소장 지식인들에 의해 사회주의는 전폭적으로 수용되었다. 한국에서는 이러한 해방의 메시지를 통해 잃어야 할 것을 가지고 있는 사람들은 그리 많지 않았기 때문이다.

그러나 전위당 이론이라는 反시민사회적 이론이 쉽게 수용되었다는 것은 어떠한 이유에서인가? 이 점은 한국 사회가 시민사회적 전통을 가지지 않았었고 그에 따라 反시민사회적 이론에 민감하게 반응할 특별한 이유가 없었다는 데서 원인을 찾을 수 있을 것이다. 한국의 전제왕권은 사회의 혁명적 변화 없이 식민지 지배로 대치되었으며 그것은 본질적으로 점령이지 지배라고 말할 수는 없을 것이다. 왜냐하면 그것은 '동의'없는 지배였기 때문이다.

조선사회의 경우에는 그래도 전제왕권은 양반의 힘과 균형을 이루고 있었으며 그에 의해 지지되고 있었다. 물론 양반과 유림이라고 하는 좁은 범위이기는 하지만 조선 사회의 왕의 지배는 동의에 의한 것이었다. 일제의 지배가 동의가 없는 지배였기 때문에 한국인은 사회주의에서 특히 해방의 담론에서는 친근감을 가질 수 있었다.

따라서 전통적인 前시민사회적 통치와 일제의 새로운 反시민사회적 통치는 한국인들이 쉽게 전위당 이론을 수용하도록 하였다. 그것은 前시민사회적 전통에 부합되었으며 反시민사회적 통치를 행하는 일제에 대해 충분히 저항적이며 대항적이었기 때문이다.

한국 사회주의를 조심스럽게 살펴보면 러시아 사회주의와의 유사성이 나타난다. 한국 사회주의에서 민주주의에 대해 고민한 흔적이 거의 없다는 것은 무엇을 의미하는가? 소련이나 코민테른에 대해 거의 맹목적으로 추종하고 이상화한 것은 무엇 때문인가? 그것은 사실상 한국 사회주의가 보수적 사고 체계, 그 정신상태에서 벗어나지 못하였다는 것을 의미하는 것이 아닐까? 개성과 자율보다는 권위와 그 권위에의 복종을 위주로 하는 가부장적인 원리와 그 심성이 전위당 이론을 쉽게 받아들일 수 있게 하였던 것이다. 당이 사회의 지지를 묻지 않고 자기의 의지에 따라 사회를 지배한다는 이 전제야말로 한국 사회주의와 러시아 사회주의가 의심하지 않았던 부분이다.

러시아 사회주의는 이러한 점에 있어서 한국의 지적 풍토를 더 보수적인 방향에서 경색시켰다. 합리성과 자율, 개성을 억압하는 경향이 한국의 기존 지적 풍토에 상승 작용을 하여 한국의 사회주의적 지식인들로 하여금 개성적이고 신선한 사고를 할 수 없도록 만들었다.

러시아 사회주의의 해방적 담론을 수용함으로써 한국에서 수평적 사고가 널리 확산된 것은 사실이다. 1920년대 이후 한국 지식인들의 사고는 현저히 사회주의화되었다. 그러나 이 사회주의적 수평적 사고는 反권위적이면서도 동시에 고도의 폭력을 내포하는 권위와 그 권위에 대한 복종을 허용하였다.

한국 사회주의의 이러한 특색은 1953년 스탈린이 죽은 후 소련의 북한에 대한 영향력이 현저히 감소하게 된 상황에서도 북한에서는 反시민사회적 윤리가 도리어 극단적으로 강화되어 나가는 데서도 드러난다. 소위 주체사상은 한국 사회주의의 문제점을 그대로 집약해서 보여준 것이었다. 1980년대 유행했던 남한에서의 사회주의적 이데올로기에서도 이러한 경향은 비슷하다. 남한의 사회주의적 이데올로기의 제 경향 중에서 주체사상을 수용하는 경향은 일부에 불과하다고 말할 수 있겠지만, 그래도 전위당 이론을 수용하면서 反시민사회적 논리를 견지하고 있음은 주목을 요한다. 또 일부 사회주의 성향의 지식인들 가운데는 학문의 당파성을 옹호함으로써 지식의 권력에의 봉사를 주장하는 경향도 표출되었고 이는 결국 전위당 이론의 일부분을 구성하는 논리로 파악될 수 있다.

이러한 점에서 러시아 사회주의는 한국 사회주의를 형성하는데 가장 결정적인 기여를 한 것이다. 한국에서 러시아 사회주의를 한국적 사회주의로 만드는데는 큰 어려움이 존재하지 않았다.

3. 러시아 사회주의가 한국에 주는 의미

이제 우리의 논의에서 가장 핵심적인 문제를 다루지 않으면 안된다. 그것은 러시아 사회주의를 어떻게 이해해야 할 것인가의 문제이다. 그리고 그에 따라 러시아 사회주의의 문제점이 등장하게 될 것이다.

이러한 문제를 논의함에 있어서 우선, 우리 사회가 사회주의에 대해서 전통적으로 실시해왔던 비판의 방법을 바꾸어야할 것이라고 생각한다. 우리는 해방 이후 지금까지 반공의 입장에서 러시아 사회주의 및 사회주의 일반을 비판해 왔다. 이러한 방법은 공산주의에 대한 법적 체제와 관련된 것으로서 사회주의에 불법성을 결부시키게 하였다. 그 결과 한국 정치체제의 위기는 반공 이데올로기의 위기와 관련되어졌으며, 결국 1980년대를 통하여 다양한 경향의 사회주의 이데올로기가 사회에 확산될 수 있는 기반을 제공하였다. 이러한 환경은 사회주의가 생산한 신화, 그리고 사회주의에 대하여 형성된 신화를 강화시키는 역할을 하였다. 모든 악의 근원이 사회주의에 내재한다는 신화, 그리고 모든 악이 자본주의에 내재한다는 냉전적 신화를 강화시켰다. 그리고 이러한 신화를 옹호하기 위하여 폭력적인 수단이 동원되었다.

그러나 이제 우리는 반공의 입장에서 사회주의를 이해하기 보다는 정치와 학문을 분리시켜서 보다 더 사회주의에 대한 중립적인 이해를 시도하여야 할 것이라고 생각한다. 그것은 무엇을 의미하는가? 그것은 사회주의를 역사화시켜 이해하는 것이다. 그것은 사회주의를 발생시키고 성장하게 하고 몰락하게 했던 한 시대에 대한 역사적 이해를 의미하는 것이다.

이렇게 볼 때 우리는 사회주의가 독특한 추진력을 얻었고 또 몰락하게 되는 시대의 특성에 대한 이해를 해야만 할 것이다. 이러한 시대적 특성은 바로 근대성의 문제와 관련된다. 사회주의는 근대적 정신의 한 소산이었다. 사회주의는 근대적 세계의 변방에서 근대적 정신의 특이한 측면을 이상적으로 확대시키면서 시작되었다. 철학을 이데올로기로 변형시키면서 사회주의는 비상한 추진력을 얻게 되었다. 그러나 이러한 이데올로기를 궁극적으로 추진한 결과 사회주의는 근대정신 자체를 부정하는 입장에 처하고 말았다.

사회주의는 근대적 정신의 특징인 합리성, 비판정신, 과학을 궁극에까지 밀고 나가면서 바로 이 근대적 정신을 부정하게 되었다. 완벽한 전위당, 즉 배타적 폭력과 진리의 지배는 합리성과 과학 대신에 오히려 자의를 위치시켰다. 러시아 사회주의에서 이러한 경향은 뚜렸하였다.

러시아에서의 볼셰비키 정권의 등장 이후 볼셰비키는 그들의 의지에 의해 사회를 개편하려 하였다. 그리고 그들은 동시에 진리를 파지하고 있었다. 1920년대에 그들은 주로 인문 사회과학의 영역에서 볼셰비키의 진리에 학문을 복속시켰다. 이러한 과정에서 그들은 부르조아 과학과 프롤레타리아트 과학이라는 논리를 전개시켰다. 물론 진정한 과학은 프롤레타리아트 "과학"이었다. 1930년대로 접어들면서 과학에서의 두개의 캠프는 인문사회과학을 넘어서서 자연과학에까지 적용되었다. 어느 사회에서나 학문 내에서는 서로 다른 입장과 논쟁이 있기 마련이다. 그러나 1930년대 소련에서는 스탈린과 당이 진리를 파지하고 있었기 때문에 과학 논쟁에서의 해결은 당이 직접 담당하게 되었다.

이에 대해서 소련은 생생한 예들을 제공한다. 1929 — 31년 사이의 생물학 분야의 농장에서 티미랴조프(Timiryazov)생물학연구소를 중심으로 하는 학자들은 라마르크의 설을 옹호하였고 공산주의 아카데미의 자연과학부의 학자들은 유선학실을 옹호하였다. 그러나 1931 — 32년 스탈린은 이에 직접 개입하여 유전학자들을 "멘셰비키 이상주의"로 규정하고 유전학자들은 공산주의 아카데미에서 추방되었다.3) 그 결과는 사이비 과학인 리센코(Lysenko)의 이론이 향후 30년 이상 소련 사회를 지배하여 엄청난 학문적 및 경제적 손실을 초래하게 되었다.

생물학 분야 이외에서도 같은 예는 얼마든지 존재한다. 예컨대 정신분석학의 경우에 있어서도 소련에서는 프로이드(Freud)에 대한 연구는 금기시되어 있었다. 오로지 파블로프(Pavlov)의 이론만이 자의적으로 마르크스주의와 결부되었으며 프로이드의 학문은 부르조아적이기 때문에 거부되었다.4)

역사학 분야에서는 더 생생한 예가 제공된다. 문제는 1913년의 러시아는 낙후된 나라였는가 발전된 나라였는가 하는 것이었다. 레닌이 사회주의 혁명을 수행했다면 그것은 러시아가 발전된 나라라는 것이 된다. 그렇지 않다면 멘셰비키가 옳은 것이 될 것이기 때문이다. 따라서 1913년의 러시아는 발전된 나라라는 테제가 1918년부터 주장되었다. 1928년 중국 혁명의 시기에 몇 중국 지도자들은 사회주의 혁명을 이룩하려 하였고 이는 스탈린에 의해 거부되었다. 왜냐하면 중국은 러시아에 대해 한 단계 뒤져있기 때문이었다. 반대를 주장하는 자는 트로츠키스트이며 그리하여 1913년의 러시아가 낙후된 나라라고 주장한 바나그(Vanag)와 골드만(Goldman)은 배반자가 되어서 캠프에 수용되었고 그 반대를 주장한 시도로프(Sidorov)는 과학 아카데미의 회원이 되었다. 1936년에 독일로부터 침략의 위기에 직면해서 산업화된 독일의 침략에 대비하며 슬라브 민족들의 연대감에 호소하기 위해 1913년의 러시아는 낙후된 나라라는 것이 주장되었다. 시베리아의 캠프에서 생존

---

3) Zh. A. Medvedev, *The Rise and Fall of I.D.Lysenko*, New York and London ; Colombia Univ. Press, 1969, p.28
4) S.Bloch & P.Reddway, *Russia's Political Hospitals ; The Abuse of Psychiatry in the Soviet Union*, London : Victor Gollancz Ltd, 1977, p.40

한 바나그가 다시 돌아왔고 시도로프는 쫓겨났다. 1956년에 후르슈쵸프의 시기에 소련 학자들은 자신의 의견을 말할 수 있는 시대가 왔다고 생각하였다. 일단의 소련 역사학자를 대표하는 볼로부요프(Volobuev)는 1913년의 러시아는 발전된 나라라고 하였다. 그것은 1917년 이후 소련에서 발전이 거의 없었다는 것을 의미하며 그리하여 역사학 연구소의 소장이었던 볼로부요프는 시베리아의 캠프는 아니지만 모스크바 근교의 기술학교로 쫓겨났다.5)

이러한 예들로부터 사회주의가 진리의 이름으로 행사한 폭력에 대해 짐작하는 것은 어려운 일이 아니다. 물론 사회주의 이데올로기만이 폭력성을 가지고 있는 것은 아니었다. 근대문명 자체가 이성중심주의의 이름 하에 독특한 폭력성들 내포하고 있다고 보아야 할 것이다. 그런데 가난한 사람들을 위해 시작된 사회주의는 이 근대적 합리성 대신에 연대의 중요성들 강조함으로서 자유주의 이데올로기를 공격하였다. 그러나 자유주의 이데올로기에 대한 비판이 프롤레타리아트의 과학으로, 혁명의 과학으로 진화되면서 사회주의는 한층 더 강한 폭력성을 가지게 되었다.

그러면 이제 왜 사회주의 체제가 몰락하게 되었고 사회주의적 담론이 영향력을 상실하게 되었는가의 문제를 살펴볼 필요가 있다고 생각된다. 먼저 사회주의 체제의 비효율성과 경직성에 대해서는 이미 많은 사회과학자들에 의해 주장되어온 바이기 때문에 새삼스럽게 논란의 필연성이 없다고 본다. 다만 본고에서 한가지 더 지적하고 싶은 것은 사회주의 체제의 몰락은 동시에 사회주의적 담론의 몰락까지 의미한다는 점이다. 그리고 사회주의적 담론의 몰락은 언어적 폭력의 무제한적 확장으로 인한 정당성의 상실과 관련된다고 볼 수 있다. 사회주의

---

5) H.Ferro, "Comment l'Histoire est enseignee en URSS", *L'astrolabe*, 70. 89, 1988, pp.28-29

적 담론은 지식과 권력을 결합시키고 과학을 이데올로기화함으로써 스스로 세계를 설명할 수 있는 능력을 상실하였다.

그런데 과연 우리는 사회주의 체제나 그 담론의 몰락을 하나의 결정적인 계기로서 간주할 수 있는가의 문제에 부딪히게 된다. 말하자면 사회주의가 앞으로 다른 형태로 재생되고 영향력을 행사할 수 있을 것인가의 문제이다. 현대사회가 보여주고 있는 몇 주요한 경향들은 이 질문에 긍정적으로 답할 수 있게 하고 있다.

첫째로, 이미 지적한 바와 같이 시민사회를 지도할 수 있는 자격을 지니는 전위당의 관념은 결정적으로 파기되었다고 볼 수 있다.

둘째로, 프롤레타리아트 국제주의는 완전한 허구가 되었다. 특히 이전에 사회주의 체제를 유지했던 소련, 유고슬라비아 등지에서 인종 분규가 심각하게 일어나는 반면에 서유럽에서는 유럽연합을 형성해 나가고 있는 것을 볼 때 계급의 연대성에 입각한 국제주의는 설득력이 없음을 알 수 있다.

셋째로, 사적 유물론은 정치로부터 독립성을 획득하는데 실패함으로써 사이비 과학이 되었고 특히 마르크스주의의 전체주의적 "과학"은 이미 그의 시대를 마감했다고 볼 수 있을 것이다. 이 전체주의적 "과학"의 폭력성과 허구에 대해서는 상세한 예가 필요 없다고 본다.

이 같은 점을 고려하면 러시아에서 뿐 아니라 이미 사회주의가 몰락한 나라에서 사회주의가 재생하리라고 하는 기대를 하는 것을 상당한 무리라고 생각할 수밖에 없다.

결론적으로 러시아 사회주의를 앞서의 근대성의 문제와 관련하여 살펴본다면 사회주의는 ① 우선 근대화를 이루기 위한 노력이었고 ② 근대정신에서 파생되었으며 ③ 그러나 인위적 요소를 지나치게 강조함으로써 스스로 비근대화한 독특한 체제라고 말할 수 있을 것이다.

그러면 러시아 사회주의가 우리에게 어떤 의미를 준다고 보아야 하는가? 필자는 러시아 사회주의의 실패는 근대적 정신이 어떤 점에서 낳을 수 있는 그러한 문제에 대해 경계하는 데 도움을 준다고 생각한다. 이는 한국의 현실에서 독특한 의미를 가질 수 있을 것이다.

사회주의는 러시아에서 시작된 것은 아니지만, 그곳에서 최대로 성장했으며, 그곳에서 세계적으로 확산되었고, 그곳에서 몰락하여 세계의 사회주의는 종말을 고하였다.

러시아 사회주의의 예는 사고를 극단적인 방향으로 몰고가는 것이 변방의 특성이라는 것을 보여준다. 프랑스에서 시작된 사회주의가 독일의 마르크스를 거쳐 러시아의 레닌과 스탈린에 의해 계승되었을 때 그것은 극단화하였다. 바로 이 극단화의 위험은 우리 나라에도 나타나고 있다고 본다. 북한의 예와 1970-80년대를 거치면서 세계 자본주의 체제의 변방에 중진국으로 위치하게 된 남한에서 사회주의 이데올로기가 비상한 성장과 확산을 하게 된 것이다. 급속한 사회 경제적 변화와 그에 따른 부작용과 모순은 사회주의를 배려시킬 소지를 안고 있다. 그러나 러시아의 예는 사회주의적 대안이 이러한 부작용과 모순을 치유하는데 부적절할 뿐아니라 오히려 위험스럽고 부정적이라는 사실을 우리에게 보여주었다. 결국 우리는 변방에 위치한 사회에서의 사고가 빚어낼 수 있는 폭력성에 대해 충분한 주의를 기울이지 않으면 안 될 것이다. 왜냐하면 이 폭력성의 실현은 우리 사회의 통합성을 해체시키고 우리를 몇 십 년 후퇴하게 만들 것이기 때문이다.

우리가 러시아의 사회주의로부터 얻어낼 수 있는 교훈은 바로 이것이라고 생각된다. 우리는 변방에 위치해있다는 것을 알아야 하며 그것이 가지는 위험에 대해 대비해야 한다는 것이다. 러시아식 사회주의 운동을 우리 나라에서 전개하려는 것은 우리 사회의 발전에 별다른 도움을 주지 못할 것이다. 우리 사회에서 사회주의가 실시될 때 참으로 심각한 국면이 전개될 수도 있다는 것은 이미 북한 사회가 보여주고 있는 것이다.

 그렇기에 우리 사회의 계속적인 개방성의 유지만이 우리가 가질 수 있는 위험성에서 탈출할 수 있는 방법이다. 우리는 모든 것을 통제하려는 사고에서 벗어나 공간을 남겨두는 정신을 가져야할 것이다. 사회의 각 부분의 자율성이 존중되어야 하며 진리가 폭력적으로 행사되고 있지 않나에 대해 최대의 주의를 기울여야 할 것이다. 그럴 때에 우리는 새로운 사회에서 변방의 지위를 벗어나고 안정을 찾을 가능성을 가지게 될 것이다.

4. 새 러시아와 한국

러시아에서 사회주의가 몰락하게 됨으로써 러시아 사회주의에 대한 연구는 정치학에서 역사학의 영역으로 자리를 옮겼다고 말할 수가 있다. 물론 정치학과 역사학의 경계가 분명한 것은 아니지만, 사회주의가 더 이상 현재의 문제가 아니며, 역사가 과거의 정치라는 의미에서 러시아 사회주의는 보다 역사학적인 주제가 될 것으로 보인다.

이는 우리가 러시아 사회주의에 그 정당한 역사적 위치를 부여하여야 함을 의미한다. 먼저 사적 유물론은 이 러시아 사회주의를 역사적으로 위치시킬 수가 없다. 자본주의 보다 높은 발전단계로서의 사회주의를 주장하는 사적 유물론은 이 점에서 전혀 설득력을 가질 수가 없다. 자본주의 체제가 발전하는 과정에서 사회주의 체제가 성장했다. 몰락하는 것은 사회주의가 자본주의 문명 내부의 현상이라는 것을 말해준다. 그것은 자본주의 문명을 이루기 위한 하나의 우회노선(전혀 필연적이 아닌)으로 이해하는 것이 타당하지 않을까 하는 생각이 든다. 사회주의 체제는 세계 자본주의 체제의 변방에서 일어난 현상이었다.

그리고 사회주의 체제는 자본주의 중심의 변방화를 시도하였지만 실패하였다. 사회주의 국가들이 채택한 우회노선은 이들 국가들의 정치, 사회, 경제적 성장을 저해함으로서 이들은 한층 더 변방화되었다.

사회주의는 자본주의와는 결코 계기적 관계를 가지는 것이 아니라 동시성의 관계를 가진다. 이는 근대화에 관련된 문제이다. 사회주의는 따라서 근대문명의 변방적 특성의 하나로 이해되어야 할 것이다. 사실 이 근대문명은 여러 차례의 도전을 받았다. 18 - 19C에는 절대주의의 도전도 받았고 20C에 들어서는 파시즘의 도전도 받고 사회주의의 도전도 받았다. 그러나 게르만의 로마정복과 같은 현상은 일어나지 않았다. 그런데 이러한 도전들을 극복하면서 근대문명이 도달한 성과는 다른 여러 가지 중에서도 한가지 중요한 것이 있다. 그것은 전체주의적 사고를 거부했다는 것이다. 근대문명 속에 살고 있는 사람들은 전체주의 사고가 가져온 해악을 경험하였고 따라서 더 이상 그러한 사고를 가지지 않으려 한다. 그리고 나아가서 사회주의적 신념의 뿌리에 놓여 있던 계몽주의의 '진보'적인 역사철학에 대해서도 회의를 가지게 하였다.

근대가 역사의 진보에 대한 확신이 가득한 사회였다면 이제 그러한 시대는 끝이 나고 있지 않는가 생각된다. 물론 이 문제에 대해 우리는 여전히 서로 대립되는 담론에 부딪히게 된다. 하나는 근대의 경험을 계속 밀고 나가며 근대성의 신뢰를 가지게 되는 것이다. 그리고 다른 담론은 근대성을 비판하면서 근대정신의 기초를 허무는 것이다. 이렇게 대립되는 담론들을 살피면서 중요하게 생각되는 것은 근대성에 대한 재정립이 필요하지 않는가 하는 점이다.

한편 러시아 사회주의의 몰락 이후 새로 출발한 새 러시아가 어떤 문제를 가지고 있는가 살펴보자. 1991년 옐친과 함께 새로 출발한 러시아는 사회의 해체가 가지고 있는 문제점을 우리에게 보여주고 있다.

새 러시아가 직면하고 있는 가장 큰 문제는 사회의 해체라고 말할 수 있을 것이다. 이러한 해체는 여러 방향에서 진행되고 있다. 민족 분규에 의한 해체, 메카니즘의 해체, 권력의 해체, 사회적 공동체의 해체가 진행되고 있다. 이는 사회주의를 벗어나기만 하면 러시아가 문제를 풀어갈 수 있으리라는 안이한 전망을 희망 없게 만든다. 결국 새 러시아의 문제는 러시아가 그 동안의 사회주의를 통하여 근대적 지배에 필요한 기초를 확립하는데 실패하여 왔다는 것을 보여준다. 따라서 근대 시민사회적 기초가 확립되는 시기까지는 상당한 시일이 요구될 것이라고 말할 수가 있다.

지금 러시아 사회가 절실히 필요로 하는 것은 사회의 해체를 수습하고 일반 의지를 만들어 나가는 일일 것이다. 그러나 지금의 새 러시아는 일반의지를 도출해 내지도 못하고 따라서 정부가 사회를 관리할 수 있는 권위를 확보하고 있지도 못하다. 새 러시아의 문제는 결국 근대 문명은 또한 근대적 규율을 의미하기도 한다는 것을 우리에게 보여주고 있는 것이다.

마지막으로 새 러시아의 국제적 위상과 특히 한국과의 관계에 대하여 살펴보기로 하자. 소련이 붕괴함에 따라서 새 러시아가 이전에 소련이 누렸던 국제적 위상을 되찾을 수 없다는 것은 확실하게 되었다. 동시에 서유럽 국가들이 유럽연합을 구성해 나가고 있는데서 알 수 있듯 새 러시아는 냉전 이후의 세계에서 초강대국의 지위를 상실했다고 말할 수 있다. 이전에 소련이 누렸던 지위는 앞으로 유럽연합으로 넘어가게 될 것으로 보인다. 그리고 러시아는 빈약한 기술, 취약한 경제 때문에 국제 무대에서 확실한 발언권을 가지는 데에는 많은 어려움을 가지게 될 것이다.

그러면 이는 동북아에서도 이전의 소련의 역할은 그 한계에 도달했다는 것을 의미하는 것인가? 그렇다고 말할 수 있을 것이다. 새 러시아는 동북아에서도 초강대국으로 군림할 수는 없다. 단지 동북아의 데 땅트라는 차원을 넘어서서 동북아 지역의 평화와 협력이라는 관점을 가지고 조망할 때 새 러시아의 역할은 그러나 여전히 크다고 말할 수가 있을 것이다.

북방도서 문제를 둘러싸고 러시아와 일본이 가지고 있는 긴장은 양국의 경제협력을 곤란하게 만들고 양국이 이 지역에서 군비를 완화하는데 장애요인이 되고 있다.

한국으로서는 한반도가 위치해 있는 동북아가 경제적으로 번영하고 안정된 평화를 가지는 것이 물론 긴요하다. 그리고 이를 위해서는 러시아가 이 지역에 대하여 적극적인 관심을 가지게 하는 것이 필요하다고 생각된다. 유럽이나 미국이 블럭경제를 강화해 나가고 있는 이 때에 일본이 국익만을 생각하여 동북아의 평화와 발전에 별 관심을 가지지 않는다면 그것은 동북아지역의 성장에 장애를 가져올 것이며 나아가서 일본의 계속적인 성장에도 장애를 초래할 것으로 보인다. 따라서 적으로서의 소련이 사라지고 새 러시아가 등장한 이상 중요한 파트너로서 러시아를 동북아 평화건설과 발전에 적극 참여하게 하는 동북아 지역 국가들의 역할이 대단히 중요하다고 말할 수 있을 것이다.

5. 맺음말

러시아와 러시아 사회주의는 우리와 각별한 관계를 가지고 있었다. 러시아혁명 이후 소련은 약소민족 해방의 기치를 높이 들었고 한국에 적지 않은 영향력을 행사했다. 1920년대부터 형성되기 시작한 한국의 사회주의 이데올로기는 학생과 지식인 사이에 적지 않게 퍼져나갔다.

러시아 사회주의는 기본적으로 두 가지 형태의 담론을 축으로 전개되었다. 하나는 프롤레타리아트 및 억압받는 모든 인종, 민족, 계급에 대한 해방의 담론이었다. 당연히 이 해방의 담론은 일제하에서 억압받는 한민족에게 강력히 어필할 수가 있었다. 일제하에서 지식인들이 이 사회주의 이데올로기를 수용한 것은 무엇보다도 이들이 가장 민감하게 억압을 체험하고 표현할 수 있었기 때문이었다.

러시아 사회주의가 가진 또 다른 담론은 전위당 이론을 중심으로 하는 反시민사회적 담론이었다. 그런데 한국 사회에서는 시민사회를 형성한 역사적 경험이 결여되어 있었기 때문에 한국 사회의 前시민사회적 전통 속에서 러시아 사회주의의 反시민사회적 담론을 받아들이는 데 별 부담을 느끼지 못하였다. 권위와 복종, 사회로부터 분리된 권력에 의한 사회의 지배, 이러한 요소들은 러시아 사회주의와 일제하의 한국이 서로 공유하고 있는 부분이었다.

러시아 사회주의의 영향하에 성장한 한국 사회주의의 특징은 러시아 사회주의의 담론을 거의 그대로 수용하고 있으며 민주주의의 문제에 대한 고민의 흔적이 결여되어 있다는 것이 특징이다. 이 점은 양자가 근대 문명의 변방에 위치해 있었다는 특징을 반영한 것이라고 할 수 있을 것이다.

러시아 사회주의가 몰락한 현재 러시아 사회주의의 의미는 재평가되어야 하고 또 러시아 사회주의의 영향하에 형성된 한국 사회주의도 새로운 조망아래 비판될 여지가 있다. 러시아 사회주의는 근대문명의 변방에서 변방성을 탈피하려고 노력하는 가운데서 이루어진 체제였다. 그러나 사회주의가 추구한 비약, 사회주의가 자본주의보다도 우월하다고 생각하며 밀고나간 초이성(예컨데, 계획)은 전위당으로 하여금 사회와 분리되어 사회를 지배하는 존재로 만들어 버렸고 이에 따라 근대적 정신의 특징인 합리성, 비판정신을 상실하기에 이르렀다. 사회주의적 담론도 지나치게 그 영역을 확장함으로서 사이비 과학임을 스스로 입증하는 결과를 산출하였다. 러시아 사회주의에는 근대문명의 변방이 가질 수 있는 위험을 경고해 준다. 그리고 그러한 경고는 한국에도 적절히 들어맞는 것 같다. 우리 사회의 사고는 극단을 지향하지 말고 항상 개방성을 가지도록 노력해야 할 것이다.

  러시아 사회주의가 몰락하여 러시아 사회주의적 대안이 한국 사회의 문제를 해결할 수 있는 대안으로서의 설득력을 상실한 지금, 한국 사회를 직접적으로 위협하는 것이 더 이상 사회주의 자체일 수는 없다고 생각한다. 그러나 사회주의의 중요한 구성요인을 이루었던 것들은 여전히 한국사회를 위협하는 요소로 남아 있을 수가 있다. 사회와 분리되어 사회를 지배하는 권력, 수평주의, 욕망의 팽창으로 빈부의 차이를 비롯한 차이를 증오로 대처하는 심성, 집단 이기주의 등 이러한 요소들이 적절한 통제를 받지 못한다면 한국 사회는 근대문명의 변방들 벗어나는 대신 오히려 더 변방으로 멀리 나갈 가능성을 가지고 있다.

  한편 새 러시아의 정립은 한국에 새로운 가능성들 던져준다. 우리 경제의 지속적 성장을 바탕으로 러시아와의 협력을 강화함으로써 러시아로 하여금 동북아 평화에 적극적으로 관여하게 할 수 없는 가능성을 가지고 있는 반면에, 러-일 관계의 악화 및 한국 경제 성장의 한계 등의 문제가 제기된다면 러시아는 잠재적 위협이 될 요소가 여전히 남아 있으며 동북아에서의 안정과 평화는 그다지 만족스러운 수준이 될 수 없을 것이다.

  우리는 러시아 사회주의의 역사적 검토를 통해 그 경험을 타산지석으로 삼을 뿐 아니라, 새 러시아의 문제점을 파악하며 새 러시아와의 협력을 통하여 동북하의 평화와 발전에 양자가 공히 기여할 수 있도록 노력하여야 할 것이다.

  <『소련과 러시아 : 사회주의체제의 붕괴와 러시아의 재조명』, 나남, 1993>

근대화의 심성
— 일제시기 한국 사회주의자들의 심성분석 —

1. 머리말

근대사회의 존재는 단지 철도와 도로망, 전기와 가스, 기계화된 산업생산 같은 것들로서만 조건지어지는 것은 아니다. 근대사회를 원활하게 작동시키는데 필요한 이러한 물리적인 장치들은 물론 중요한 것이며 이러한 장치들 없이 근대사회는 효과적으로 작동되기 어렵다. 그렇지만 사회는 물리적인 장치와 아울러 그 장치들을 이용하면서 살아가는 사람들의 조직과 운용을 한다고 한다면 이번에는 정치나, 경제조직, 문화 등이 물리적인 장치들을 운용하는데 있어서 중요한 역할을 하게 된다고 말할 수 있다. 그런데 소프트웨어의 역할을 하는 사회문화적인 장치들은 바로 인간의 심성(mentality)과 긴밀히 연결되어 있는 것이다.

인간의 심성이란 인간의 정서적인 태도라고 말할 수 있다. 사회는 물리적이나 사회적인 장치들뿐만 아니라 사람의 정서적 태도에 의해서 그 성격이 크게 달라질 수 있다고 하는 것은 근간에 사회주의권이 붕괴하면서 시장경제에 직면한 구 사회주의체제의 사람들을 통해서 그 동안 비교적 인상적으로 묘사되어왔다. 이를 통하여 우리는 한 사회의 운용에는 그에 해당하는 심성이 결부되어 있으며 이러한 사회의 정확한 이해를 위해서는 그 사회를 지탱해주고 있는 심성을 이해해야 할 필요를 느끼게 된다.

그것은 근대사회에 대하여도 마찬가지로 적용할 수 있다. 근대사회는 그에 해당하는 정서적 태도가 결부되어 있으며 기본적으로는 사회와 심성은 서로에게 영향을 주면서 서로를 형성하는 역할을 한다고 말할 수 있을 것이다. 그런데 우리는 어떠한 사회를 근대사회로 부르고 있는가? 이에 대해 우리는 일단 기초적인 나름대로의 정의를 바탕으로 하여 출발하는 것이 타당하다고 생각한다. 우리는 근대사회를 몇 가지 측면에서 종합적으로 정의를 내려볼 수 있다. 경제적으로는 자본주의 즉 시장경제를 기본적인 질서로 삼는 사회이며 정치적으로 자유주의적 전제 즉 사회계약론과 같은 법적 정치적 질서를 기본적으로 인정하는 사회이며 문화적으로는 개인주의가 기본적으로 인정되는 그러한 사회를 우리는 근대사회라고 할 수 있다. 근대사회의 정치적, 경제적, 문화적 기준들이 위에서 언급한 물리적인 여러 장치와 동반되었을 때 우리는 비교적 충실하게 근대사회의 이미지를 그릴 수 있게 된다.

앞서 언급한 근대사회의 조건과 특징들을 고려할 때 한국은 19세기에도 여전히 전근대적인 사회였다. 단지 서양문화와의 접촉을 통하여 서양문화를 근대적인 문화와 등치시켜 이해하기 시작하였고 서양문화와 근대문화에 대한 심리적인 저항을 극복해가면서 19세기 후반 무렵부터는 한국 사회를 근대사회로 전환하려는 중요한 운동이 전개되었다. 우리 사회를 근대사회로 전환하려는 운동을 통칭하여 우리는 근대화운동으로 통칭할 수 있지만 이 운동은 다양한 계층이 다양한 방법으로 시도하였다.

가장 대표적인 것을 언급한다면 그것은 개화운동이었다고 할 수 있다. 개화운동은 우선 무엇보다도 근대화된 서양으로부터 물리적 장치의 힘과 효율성을 인식하였으며 따라서 그를 받아들여 한국에 그러한 물리적 장치를 갖추게 하려고 하였다. 그러나 그러한 물리적 장치를 갖추려하는 과정에서 그 장치에 필요한 사회적 제도를 갖추는 것이 절실하다는 것이 인식되었으며 이에 따라 독립협회나 애국계몽운동은 그러한 사회적 제도를 갖추는 작업에 많은 노력을 기울였다.

그런데 1920년 무렵부터 개화운동 이래의 전통적인 근대화운동에 대하여 강력히 반발하는 운동세력이 형성되기 시작하였다. 이 운동은 전통적인 권위를 모두 무시해버리고— 왜냐하면 전통에 무슨 존중할만한 것이 있다고 생각하지 않았기 때문에— 마르크스와 레닌이라는 우리 사회에는 그 동안 알려지지 않았던 지도자의 사상에 입각하여 우리 사회를 개조하려 하였다. 이들은 근대사회의 물리적인 기초의 가치를 인식한다고 하는 점에 있어서는 근대화운동자들과 생각을 공유하고 있었지만 사회의 운용에 있어서는 전혀 다른 가치체계를 주장하였다. 시장경제 대신 계획경제를 주장하였고, 사회계약론과 같은 자유주의 이론 대신에 계급투쟁과 계급독재의 이론을 주장하였으며 개인주의 대신에 집체적인 결정을 숭상하여야 한다고 주장하였다. 이들은 그들이 믿는 가치 체계가 근대사회의 물리적 장치들과 결부되어서 근대사회를 한 단계 높은 사회주의—공산주의사회로 나아가게 할 것이라고 생각하였다. 초기에 개화사상가들이 동도서기적 입장에서 사고했던 바와 마찬가지로 이들은 근대사회에 대하여 근대적인 물리적 장치에 사회주의적 제도를 접목하면 사회주의사회가 건설될 수 있는 것으로 생각하였다. 말하자면 '共道資器'가 사회주의 사회였던 것이다. 이보다 생산력의 수준이 한층 더 올라가게 되면 즉 '共道共器'의 단계에 이르게 되면 바로 이론이 말하는바 현실의 원칙과 쾌락의 원칙이 모순 없이 조화되는 공산주의사회 즉 유토피아에 이르게 된다고 보았던 것이다.

 그런데 유토피아가 바로 눈앞에서 전개될 수 없기 때문에 다시 말해 자본주의를 타도하고 사회주의 사회를 건설해야 하기 때문에 이 단계에서는 共道資器 단계의 원칙이 적용되어야만 하였다. 즉 사회주의가 주장하는 反부르조아 혁명과 사회주의적 건설이 필요한 단계였던 것이다. 이 단계에서 사회주의자들은 강철같은 규율을 가진 공산당의 존재가 이러한 문제를 풀어나가는 알파요 오메가라고 생각하였다. 당의 지도에 의하여 민중을 결속하고 민중을 이끌고 흐트러짐이 없이 사회주의 사회를 건설할 수 있다고 보았다. 그러나 바로 이 점에서 사회주의자들은 규율의 문제에 충분히 주목하지 못하였다. 이들은 혁명과 사회주의적 건설이 목적의식적으로 이루어져야 한다는 것을 알았으며 그러기 위해 혁명적 규율이 필요함을 알았다. 그러나 그들의 혁명적 규율이 사회를 어느 방향으로 나아가게 하고 있는지에 대하여는 충분히 자각할 수 없었다.

 그러나 이러한 문제에 대한 자각 없이 사회주의적 실험을 행한 이들은 그들 나름대로의 대가를 치러야 했다. 사회주의자들에 의하여 실시된 혁명적 규율은 결국 전체주의화의 경향을 조장시키고 내면적 규율에 의존하는 사회가 아니라 외적 폭력에 의존하는 사회를 만들었으며 결과적으로 문명을 후퇴시키는 반문명적 역할을 하였다고 말할 수 있다. 그런데 소련의 사회주의를 통하여 사회주의를 받아들인 우리는 과연 어떠한 문제점을 가지게 되었는가의 문제를 고찰하여 보고자 한다.

2. 근대의 개념과 근대적 심성

 근대에 대한 개념적 검토부터 들어가도록 하자. 본고에서는 근대의 개념을 근대적 심성의 형성과 지속을 의미하는 것으로 이해한다. 그렇다면 근대적 심성이란 무엇을 의미하는가? 근대적 심성이란 데카르트적인 주체설정의 방법에서 근대적인 심성이 정의된다고 말할 수 있다. 데카르트는 주체의 밖에서 설정될 수 있다고 믿어졌던 기왕의 보편적 객관성을 거부하고 오로지 주체의 사고(cogito)를 통하여 세계를 다시 구성하고자 하였는데 이는 주체가 세계를 대상화하는 것이었으며 근대적 심성이란 바로 이같이 주체가 세계를 대상화하는 심성이다.[1] 정신분석학의 용어를 차용한다면 근대는 편집적 지식(paranoid knowledge)이[2] 공인된 사회이다. 왜냐하면 근대사회의 주체에 있어서 대상이란 궁긍적으로 소외된 자아이며 지식의 대상은 근원적으로 소외된 자아에 대한 지식이기 때문이다.[3] 이런 점에서 근대는 개인이 역사의 전면에 등장한 획기적인 시대라고 말할 수 있다.

근대사를 심성적인 차원에서 추적한다면 바로 이같이 주체가 비판적인 시선을 통하여 세계를 대상으로서 재구성하는 것으로 나타난다. 대상은 이미 고정되어있는 것이 아니고 각 주체에 의해서 검증되어야 한다. 따라서 여기에서 회의론이 불가피하게 나타나지만 이러한 주체의 설정에 의해서 주체는 역사상 처음으로 절대적인 자리를 차지하게 되었다. 이의 결과로서 개인이 역사의 전면에 부각된 것이라고 할 수

---

1) 이같은 설명은 M.Heidegger에 의한 R.Descartes 해석에 의존한다. (R.B.Pippin, *Modernism as a Philosophical Problem : On the Dissatisfactions of European High Culture*, Cambridge : Bastl Blackwell, Inc., 1991, p.134)
2) 이는 라깡의 논의에 의존한다. 라깡의 "편집적 지식"이란 모든 것을 대상화하려는 지식이고 이 점에 있어서 근대인들의 표현적 지식(representational knowledge)과 異名同義인 것이다. Cf. M. Borch-Jacobson, *Lacan : the Absolute Master*, Stanford : Stanford University Press, 1991, p.57
3) "인식론적인 차원에서 우리가 실수하지 않기 위해서 우리는 물리학이 모든 직관적인 범주에 있어서의 근대적 진보에 있어서 아무리 정제된 것 처럼 보이더라도 의심할 여지없이 그리고 그만큼 놀랍게도 물리학을 구성한 사람의 지성의 구조물이라는 것을 제시하려한다."(J.Lacan, "Au-dela du ≪Principe du Realite≫", *Ecrits*, p.86)

있다. 개인적인 주체의 상정 그리고 이에 기초한 사회생활의 조직을 근대의 특징이라고 할 수 있으며 우리는 근대적 심성이란 결국 과학과 기술을 통하여 끊임없이 전 세계를 앎의 대상으로 만들어나가며 그렇게 만들어나가는 의지라고 볼 수 있을 것이다.

데카르트적인 사고와 심성은 계몽주의에 의하여 보다 보편적인 사고유형으로 정착되었다. 계몽주의적 기획으로 부를 수 있는 이러한 심성은 주체를 세계를 조직해나가는 중심에 설정하였다. 그리고 세계는 끊임없이 확장되고 정복되는 것으로 인식되었다. 이성에 의하여 질서는 점차 확립되고 삶은 점차 풍요로와진다는 심성이다. 즉 주체가 세계를 끊임없이 대상화하는 만큼 세계는 점차 진보되는 것이다. 이러한 진보는 그 목적이 없다. 이러한 믿음이 20세기의 전환기에 큰 회의에 부딪히게 되지만 우리는 일단 근대적인 심성이란 바로 이같은 계몽주의적 기획을 뒷받침하는 심성으로 보고자 한다.

문제가 되는 것은 이러한 근대적 심성 밑에 놓여있는 특별한 관심이다. 라캉식의 표현을 따른다면 근대의 파라노이드 지식의 성격이다.[4] 이 근대적 심성의 밑에 보편적 동일시와 모방의 강한 파괴적 충동이 놓여있다고 말할 수 있다. 즉 근대는 모두가 닮을 수 있다고 하는 사고가 널리 확산된 시대이다. 근대에 있어서의 욕망의 확장 아니 주체의 확장은 이러한 상태를 가능하게 하였다. 이렇게 볼 때 근대적 심성의 몇 특징은 분명히 나타난다. 시각적 기능의 우선 / 계산적 사고 / 확장적 사고 / 전문화되는 경향 / 획일성 / 균질화 / 모방의 확산 / 등이다.

그렇다면 근대에 있어서의 가장 핵심적인 정치이론인 계약이론이

---

[4] "인간적 세계가 대상들로 뒤덮인 세상이라는 것이 되게 하는 것은 인간적 관심의 대상이 작은 타자의 욕망의 대상이라는 데에 있다. 이것이 어떻게 가능한 것인가? 그것은 인간적 자아는 작은 타자이며 출발점에서 주체는 자기 자신의 경향을 가지기 보다는 작은 타자의 형태에 보다 근접하였기 때문이다."(Lacan, *Le Seminaire III : Les psychoses*, Paris : Edition du Seuil, 1981, p.50)

어떻게 근대적 심성과 연결되어있는지를 살펴보기로 하자. 계약이론은 자유로운 주체를 전제로 한다. 무한정한 욕망의 추구를 할 수 있는 개인들은 이 욕망의 추구가 개인과 사회의 파괴로 이어질 것을 막기 위하여 계약을 체결한다.5) 이 계약을 통하여 특정한 욕망을 통제할 수 있는 권위를 인위적으로 창출하고 이 창출된 권위에 대하여 복종한다. 이렇게 하여 인위적으로 만들어진 권위는 오히려 실체적인 권력보다도 더 강한 구속력을 가지고 인간을 지배한다. 이 권위는 지속적이고 보편적이기 때문이다. 바로 이것이 계몽주의적 기획에서 시도하고 있는 복종의 내화 즉 내적 규율의 의미라고 이해할 수 있다. 이는 사실상 정신분석학이 보여준바 있는 모든 사람이 거쳐야만 할 외디푸스라고 볼 수 있다. 자연에서 문화로 즉 자연에서 정치로의 과정은 이 욕망을 어떻게 통제할 것인가의 문제가 최대의 문제로 되어졌던 것이다. 근대에 와서 이 욕망은 보편적으로 확산되고 강화되었기에 이 파괴적 공포는 한층 더 강화되었다. 욕망의 무한정한 추구로 인한 파괴의 공포로 인하여 그 방어기제로 홉스는 리바이어던의 이론을 만들어내었다. 루소는 일반의지의 이론을 만들어내었다. 근대의 이러한 기도는 전통시대의 것보다도 더 가혹한 규율을 강조하였다. 왜냐하면 중세에는 인간이 복종해야 할 권위가 신과 왕에게 분산되었으나 근대에서는 이것이 일반의지로 한군데로 통합되었기 때문이다. 계약론은 보이는 폭력대신 보이지 않는 권위를 상정함으로써 이 권위는 주체의 밖에 존재하는 것이 아니라 주체의 내부에 옮겨져야만 하였다. 이것이 바로 자율이다.6) 이러한 자율에 대한 감시는 신의 몫이겠지만 그러한 상태

---

5) "소위 편집적 지식은 질투의 경쟁 속에서 설정된 지식인데…대상의 근본에 놓여있는 이 경쟁적인 기초는 제삼자의 관심을 끄는 한 정확하게 말 가운데서 극복된다. 말은 언제나 계약이고 동의이다. 사람들은 이것은 네것이고 저것은 내것이다, 이것은 이것이고 저것은 저것이다라는 식으로 서로 타협하고 서로 동의한다." Ibid., p.50
6) M.Foucault는 이렇게 근대가 창출한 인간을 "규율화된 개인"(l'individu discipli-

에 도달하기까지 근대사회는 감옥제도를 포함한 처벌과정의 변화를 거쳤다. 궁극적으로 근대사회가 노력한 것은 인위적으로 창출한 이 권위를 주체 내에 삽입하여 슈퍼에고화하는 것이었다.

그런데 마르크스는 이러한 규율의 문제에 대하여 어떻게 생각하였는가? 그는 후에 프롤레타리아트 독재의 원형으로 사회주의자들이 추앙하게 될 파리코뮨에 대한 분석을 통하여 그가 생각하고 있는 국가와 사회적 규율의 문제를 밝혔다고 생각된다. 먼저 그는 근대국가가 어떠한 모습으로 탄생하였는지에 대하여 다음과 같이 서술하고 있다.

> 군사, 관료, 서기, 법률적 기관들을 가지고, 마치 시민사회의 살아있는 몸을 보아구렁이처럼 감싸고있는, 보편적이면서 복잡한 중앙집중화된 국가기구는 처음에는 절대왕정의 시대에 봉건주의로부터 해방되기 위한 태생하는 근대사회의 무기로서 형성되었다.[7]

그러나 그 이후 국가기구는 계속 강화되기만 하였다. 그 동안 일어난 혁명은 항상 국가기구를 강화시키는 것으로만 귀착이 되었다. 그리고 파리콤뮌에 와서야 이를 전복시키는 사건이 나타난다.

> 꼼뮌은 사회를 지배하고 사회를 굴복시키는 대신에 오히려 사회의 생생한 힘이 되는 사회에 의한 국가권력의 쟁취이다. 그것은 인민대중 자신들에 의한 쟁취이며 이들은 자신들을 억압하기 위하여 조직된 힘 대신에 그들 자신의 힘을 대치시켰다. 꼼뮌은 적들이 그들을 억압하기 위하여 설정한 사회의 인공적인 힘을 대체하는 그들의 사회적 해방의 정치적 형식이었다.[8]

---

naire)이라고 명명하였다. (*Surveiller et Punir : Naissance de la Prison*, Paris : Gallimard, 1975, p.315)
7) K.Marx, *La Guerre Civile en France, 1871*, Paris : Editions Sociales, 1972, p.209
8) K.Marx, *Ibid.*, 1972, p.213

마르크스의 이같은 언급을 살펴 볼 때 시민과 국가의 관계에서 시민이 국가를 통제하는 입장을 지지하고 있었다는 것은 명백하다. 그러나 계급투쟁의 개념을 포기하지 않는 한 국가기구는 여전히 한 계급의 다른 계급에 대한 통제와 지배를 의미할 수밖에 없을 것이다. 시민이라는 것은 여전히 통합된 정치체가 아니고 분리되어진 상태일 수밖에 없기 때문이다. 그렇기에 마르크스가 생각한 사회적 해방이란 프롤레타리아트의 정치적 사회적 해방을 의미하는 것이다. 그와 함께 국가가 요구하는 규율에 복종해야 하는 것도 그것이 프롤레타리아트로부터 나온 것이기 때문이라고 해석할 수 있을 것이다. 결국 마르크스는 복종해야 할 모랄을 가지고 있는 실체로서 프롤레타리아트를 상정하였다. 그는 일반의지를 이 프롤레타리아트가 담지하고 있다는 전제를 가지고 있었던 것이다. 마르크스는 근대의 두 계급의 분열 즉 부르조아지와 프롤레타리아트의 두 계급에서 근본적으로 대립하는 결코 화해할 수 없는 두 실체를 보았다. 자본주의 사회에서 부르조아지는 프롤레타리아트를 지배하고 예속시키며 프롤레타리아트독재하에서는 프롤레타리아트가 부르조아지를 지배하고 예속시킨다. 그런데 역사적인 진보와 선과 정의는 프롤레타리아트에 있다.

그렇지만 마르크스의 규율은 이점에 있어서 근대적 규율과 한가지 점에서 차이가 있다. 계약론의 내적 규율의 문제를 프롤레타리아트의 독재이론을 도입함으로써 외적 폭력의 문제로 전환시켰다는 것이다. 물론 마르크스도 공산주의사회의 이론을 상정함으로써 궁극적으로 내적 외적 대립이 사라지는 그러한 단계를 생각한 것은 사실이다. 그러나 그것은 먼 역사적 종말의 문제였다는 점에 주목해야 한다. 마르크스가 관심을 가지고 있었던 현재의 문제 있어서 그는 독재를 통한 외적 폭력의 불가피성을 역설하였던 것은 틀림없는 일이다. 마르크스는 그의 외적 폭력의 이론을 정당화하기 위하여 부르조아 사회 자체가 얼마나 경찰이나 군대 등 외적 폭력의 장치를 가지고 있는가 하는 점을 논증하려고 애썼다.

프롤레타리아트 독재의 실천으로써 외적 폭력에 의한 통제는 마르크스의 계승자들에 의하여 더욱 강화되었다. 마르크스의 계승자인 그것도 현실적으로 그의 이론을 실험한다고 하는 성공적인 계승자인 레닌이나 스탈린은 이러한 외적 폭력 장치의 중요성을 다른 누구보다도 충분히 인식하고 있었다. 레닌은 마르크스보다 한 걸음 더 나아가서 소수의 전위당과 군대식 관료적 집행방법을 의미하는 전시공산주의를 합리화하였으며 스탈린은 철저히 보안기구로 무장된 국가 이외의 다른 국가 이미지를 가질 수 없었다.

즉 근대적인 규율이 자율의 논리라고 한다면 마르크스의 논리는 자율의 논리를 같이 전제하면서도 이 자율을 만들어내는 타율 즉 외적 폭력와 권력에 관련되는 전위당과 프롤레타리아트 독재의 이론을 부가함으로써 타율 쪽에 보다 더 현실적인 중점을 두었던 것이 아닌가 생각된다. 이점이 바로 분산적이고 개인화되는 근대사회 즉 개인적 시민사회에 대한 대칭적인 역할을 하게 되는 논리로서 마르크스주의가 기능했던 점이 아닌가 생각된다.

결국 마르크스주의는 개인화되는 것에 대한 두려움을 가지고 있었다고 볼 수 있다. 개성에 대한 두려움이 전체적 완벽성에 기초한 즉 집체적인 완성에 기대는 경향을 만들어내었고 근대의 집체적 완벽성을 가장 잘 표현해줄 수 있는 것이 이상화된 형태로서의 프롤레타리아트였다는 것이다. 이 프롤레타리아트는 무엇보다도 근대 자본주의사회, 부르조아 사회에서 상처 입은 자들이다. 그리고 그것은 공동의 외적 규율 하에 일할 수밖에 없는 개인화 되기 어려운 그러한 개인들이다. 개인화에 대한 두려움, 집체 속에서의 안정, 이것이 바로 프롤레타리아트의 심정적 상태였다고 말할 수 있다. 마르크스주의는 이러한 프롤레타리아트의 심성을 바탕으로 하여 전위당과 독재의 이론을 산출한 것이다.

그렇다면 한국인들이 어떤 연유로 마르크스주의를 받아들이게 되었는가의 문제를 살펴보기로 하자. 마르크스주의와 어떤 정서상의 유사성이 존재하지 않는가 하는 점을 살펴보기로 하자.

먼저 근대화의 핵심적인 주제라고 말할 수 있는 개인화의 문제를 검토하여 보기로 하자. 한국인들이 가족주의의 전통에서 살다가 근대화를 맞이하게 되면서 개인주의의 문제에 부닥치게 되었다. 그러나 이 개인주의의 정서는 심각한 마찰을 일으키게 된다. 우선 그것은 심한 거부감을 주게 된다. 한국인들에 있어서 개인주의가 왜 거부감을 불러 일으켰는가 하는 것은 한국인들의 전통적인 정서를 생각할 때 드러난다. 한국의 전통적 윤리체계는 君爲臣綱, 夫爲婦綱, 父爲子綱의 三綱과 父子, 君臣, 夫婦, 長幼, 朋友의 五倫을 중심으로 하는 예의 체계였다. 여기에서 개인은 태어나면서부터 예의 체계 속에 관계하는 실체로서 편입된다. 개인은 주어진 역할을 긍정하고 거기에 동일시되어야 한다. 주체의 성립은 일어나지 않는다. 주체가 있지만 그것은 역할로서의 주체이다. 자연적인 사람은 이러한 인륜의 체계에 편입되고 이에 동일화됨으로써 비로소 인간이 된다. 개인은 개념적으로 상정되지 않는다. 인간은 항상 인륜적 체계의 어떠한 역할에 의해서만 그 존재가 확인된다.

그러나 한국사회에 17세기 무렵부터는 기독교가 전래함으로써 개인적인 개념들이 들어오기 시작한다. 18세기에는 이러한 개념들이 실학자들을 중심으로 하여 논의되기 시작하며 19세기에는 부분적으로 기독교에서 말하는 인간의 개념을 수용하는 사람들도 나타나게 된다. 이런 점에서 본다면 19세기 무렵부터는 이미 사회는 부분적으로 근대화되고 있었다. 사회적으로는 심리적인 준비가 이루어지지 않은 상태에서도 외적 압력에 의해서 사회의 개인화는 진행되었던 것이다.
 이같은 이념이 정치적으로 표현된 것은 절대군주제를 확보하기 위한 노력에서였다고 본다. 유교국가가 기본적으로 유교적 관료집단 그리고 유교적 교양층인 사대부를 특권계급화시키고 민중과 사대부의 차별에 입각한 정치였다면 새로운 정치라는 것은 보편적인 정치공동체로 모든 국민들을 포함하게 되는 그러한 정치라고 말할 수 있다. 이것이 공화정의 형태를 취하지 않더라도 왕정의 실시로서도 그러한 목표는 도달될 수 있다. 그것은 왕도정치라고 말할 수 있다. 왕도정치의 이념은 백성들이 왕으로부터 동일한 사랑을 받는다는 환상 위에 기초한 개념이다. 따라서 왕도주의적 군주제의 이념은 유교적 권위주의보다도 더 근본적인 것이며 만일 이러한 이념이 철저히 이루어진다고 하면 이는 마치 종교개혁과도 같은 효과를 발휘할 수 있을 것이다. 일본의 메이지유신이 이와 같은 예이다. 김옥균의 쿠데타도 마찬가지의 심리적 기저에서 이루어진 것이다. 바로 이것이 근대화의 심리를 위한 중요한 단계가 될 수 있다. 왕과 백성들 사이에 막힌 장벽을 제거하고 왕을 중심으로 하여 백성이 일체가 되는 심리이기 때문이다. 물론 이같은 심리는 아직 개인심리(individual psychology)의 충분한 성숙이 전제된 것은 아니다. 이를 위해서는 시민들 사이에서 개인들의 결집을 전제로 하는 계약(pact)의 심리가 필요했다고 할 수 있다. 이러한 단계를 정치적으로 가장 선명하게 표현해 주는 단계가 바로 공화제의 단계이다. 이 계약은 일반의지라는 의제적인 아버지 혹은 신을 필요로 하였고 이의 표현자가 바로 공화제의 수장이다. 근대사회에서 대통령이란 바로 이같은 의지의 집합적 표현체이다.
 계몽사상이란 이러한 개인심리의 성숙성이 광범위하게 확보되는 것을 전제로 한 사고이다. 그러나 개인심리는 집단심리와는 동떨어진 것이 아니고 집단심리에 강하게 뿌리를 내리고 있다. 개인심리가 위협에 부딪혔을 때 다시금 집단심리로 퇴행한다. 일시적 퇴행이지만 이는 다시금 개인이 아이덴티티를 확립하여 에고의 통합성을 유지시키는 기능을 하게 한다. 19세기의 민족주의와 낭만주의가 바로 이러한 과정이라고 말할 수 있다.

한국에서 근대화가 어떠한 심성적 변화를 강요하였는가의 문제를 보자. 유교적 권위주의 하에서 양반 및 사대부들의 심리는 왕을 중심으로 하는 유사 가부장적 심리이며 이는 농민 및 상공인들의 심리와는 구별된다고 보아야 할 것이다. 조선 왕조에서 끊임없이 논의되던 군신론은 바로 이러한 관계 속에서의 논의라고 말할 수 있다. 그러나 근대화는 여하튼 이전에 국왕과 양반 사대부의 공동체로 표현될 수 있는 정치체를 전 국민적 정치체로 변환시키게 되었다. 이에 필요한 정치적 이론이 뒷받침되어야 하였다. 이른바 국민이라는 개념으로 새로운 정치공동체를 창출하여야 하는 것이다. 이는 새로운 변화라고 말할 수 있다. 그러나 문제는 개인의식이 성장하지 않은 가운데 이러한 새로운 정치체가 요구되었다는 점이다. 따라서 이제까지 개인적 의식보다는 가족적 의식 혹은 집단적 의식에 익숙한 사고가 이제는 곧바로 국민적 공동체라는 의식으로 전환되어야 하였다. 그러나 이 국민적 의식이란 개인적 의식을 배경으로 하고 있어야 하지만 사실 한국에 있어서는 국민적 의식이란 민족적 의식이라는 성격을 강하게 가지고 있게 되었다. 한국에 있어서 국민이란 무엇보다도 민족이었다. 이는 혈연을 같이하는 기본적으로는 종족적 문화적 공동체였다. 따라서 한국의 민족공동체는 '법의 공동체'라기 보다는 '피의 공동체'를 의미하였다. 특히 일제시기에 강조된 민족공동체는 바로 피의 공동체였다. 법의 공동체를 세우기 위해서는 국민적 통합과 아울러 국민적 독립이 불가피하였기 때문이다. 일본의 법에 피동적으로 종속 당해야 하는 입장에서 법의 공동체를 건설하는 것은 불가능하였던 것이다. 그리하여 일제시기에 성장한 이같은 민족의식의 발달은 법의 공동체의 기저로서의 개인의 식의 성장이라기보다는 민족이라는 피의 공동체를 확인하는 집단의식의 성장이었다. 따라서 일제시기 민족주의를 통한 근대화라고 하는 것은 독립된 법의 공동체를 찾기 위한 근대화 운동일 뿐만 아니라 다른 한편에서는 전근대적 공동체 유대를 새로 형성하고 강화시키는 것은 아니었는가 하고 생각해볼 수가 있다.

이와 같은 심리상태에서 1920년대 한국의 사회주의자들은 마르크스주의를 받아들이게 되었다. 이들이 마르크스주의를 서구와 같은 개념으로 이해하기 위해서는 먼저 이들의 의식이 개인주의적인 바탕과 결부되어야 하였다. 시민사회적 기반이 마르크스와 결부된다면 마르크스주의는 결국은 프롤레타리아트 독재이론을 포기하고 시민사회적 틀에 복종하여야 하는 사회민주주의적 이론으로 기능할 수밖에 없었을 것이다. 그러나 한국의 사회주의는 아직 전근대적인 틀 속에서 말하자면 아직도 심리적인 면에 있어서는 전근대적 유교적 정치공동체라는 정치적 틀이 완전히 깨지지 않은 상태에서 마르크스주의를 받아들이게 되었다. 때문에 한국의 사회주의자들은 심리적인 부담 없이 마르크스주의가 말하는 이론을 받아들이기가 쉽지 않았다. 한국의 사회주의자들은 우선 그 동안 그들이 길들여져 온 유교적 가부장적 심리에서 이탈하여야 하였으며 그렇기에 한국의 사회주의자들이 이러한 인륜체계로부터의 이탈을 의식적으로 선언하였지만 그것은 이들로부터 강한 죄의식을 불러일으키고 다른 한편 무의식적으로 다른 어떠한 종류의 권위―그 권위란 전통적인 인륜적 권위 즉 아버지의 권위를 대신할만한 그러한 권위―로 이들을 지향하게 만들었던 것이다. 전통적인 권위가 붕괴된 대신 이들은 보다 더 심정적으로는 절대적인 권위를 추구하였다. 그것은 인륜의 붕괴에 따른 보완적인 심리기제였다고 할 수 있다. 그리고 바로 이들의 아버지 역할을 해줄 수 있는 것이 공산당이었다.

그렇기에 마르크스 이론에 있어서의 전위당으로서의 공산당과 프롤레타리아트의 관계는 한편으로는 가부장적인 아버지와 아버지의 사랑을 갈구하는 상처받은 자식의 관계를 닮아있다.

3. 한국 마르크스주의와 소련컴플렉스

한국의 근대화과정도 같은 근대라는 말을 사용할 수 있는 한 이는 이미 서양의 심성사 속에서 나타났던 바와 같은 문제의 제기를 한다고 보아야 한다. 주체의 설정, 세계의 대상화, 모방과 같은 균질화 이러한 것들이 근대화의 주요한 징표인 것이다. 한국근대화과정에서의 이러한 모습들을 상세하게 고찰하는 것은 본 과제가 할 수 있는 일이 아니다. 단지 여기에서는 한국에서의 마르크스주의의 도입이 이러한 과정에 어떻게 관련되었는지를 살펴보는 것으로 한다.

마르크스주의가 우리사회에 어떠한 충격을 주었고 따라서 심성적으로 우리를 어떻게 변화시켰는가 하는 것이 본 과제의 주제이다. 마르크스주의는 대체로 보아 1918년 러시아 극동 지방 하바로프스크에서 한인사회당이 조직된 것을 기점으로 하여 한인들 사이에 전파되기 시작하였다고 보는 것이 무리가 없을 것이다. 물론 이전에 알렉산드라 김에 의하여 볼셰비즘이 수용되고는 있었지만 그것은 러시아 볼셰비키 조직 속에서의 움직임이며 한인들의 그룹이 조직된 것은 바로 한인사회당의 결성이 출발점이라고 보아야 할 것이다.[9] 이후에 사회주의 사상이 한국사회에 얼마만큼의 충격을 주었는지 하는 것은 분명치 않으나 한국 내에서는 1920년 무렵부터 사회주의 사상을 가진 그룹이 존재하게 되었다고 말할 수 있다. 무엇보다도 사회주의자들이 모인 잡지

---

9) 拙稿,「한인사회당연구」,『韓國史學』, 제 11집, 한국정신문화연구원, 1990

『共濟』가 1920년에 발간되는 것으로 보아 한인사회주의자들이 그 이전에 활동을 개시하고 그룹을 조직하고 있었다고 말할 수 있는 것이다.10)

시기적으로 보아 1920년부터 한국 사회에 도입되기 시작한 사회주의는 그러나 곧 지식인 사회에 활발한 논의를 야기시켰다. 그것은 시기적으로도 이 때부터 사회주의가 도입되기 시작하였지만 그와 함께 1920년부터 일제의 언론정책이 변화하여 한국지식인들이 활동할 수 있는 신문과 잡지가 생겨나게 되기 때문이었다. 즉 1920년부터 생겨나게 된『東亞日報』,『朝鮮日報』등의 신문과『共濟』,『新生活』등의 잡지 그리고 천도교계의『開闢』이 바로 신사조로서의 사회주의를 받아들이게 된 지식인들의 활동무대가 되었던 것이다.

1920년대 초의 지적인 분위기는 상당히 모순적인 상황이라고 말할 수가 있다. 1919년에 거족적으로 일어난 민족운동으로서의 최대의 항쟁이었던 3·1 운동이 무력으로 진압된 지 얼마 되지 않았기 때문에 운동의 실패로 인하여 한국의 지적 분위기는 어둡고 침울한 상태였다. 그러나 그와 동시에 1918년 제1차 세계대전이 끝나면서 널리 퍼지게 된 민족주의와 그와 동반하여 자유주의적 사조가 등장하면서 희망적인 세계관이 동시에 등장한 것도 사실이다. 1920년 출간된 잡지『開闢』이 제호를 그와 같이 단 것도 이같이 지식인들이 느끼고 있던 시대적인 분위기와 무관하지 않을 것이다.『開闢』은 그의 창간호 권두논문「世界를 알라」에서 다음과 같이 당시의 분위기를 표현하였다.

---

10) 김철수씨의 증언에 의하면 1920년 가을에 '사회혁명당'을 만든 것이 한국에서 최초로 한인 사회주의자들의 그룹이었다고 할 수 있다. 여기에는 김철수 이외에 최팔용, 장덕수, 주종건, 이봉수, 김일수, 이증림, 도영호, 최해제, 주종건, 도관호가 최린씨 집 사랑방에서 모임을 결성하였다고 한다.(김철수 육성녹음, 현재 미공개)

우리의 過去는 理性의 訴求로는 甚히 不思議의 中에 잇서왓도다. 優對劣者行爲, 富對貧者行爲, 智對愚者行爲, 乃至强對弱者行爲, 物質對精神行爲, 모도가 不公平이엇고 모도가 不理想이어섯다. 優者의 措處는 잇섯스나 劣者의 解釋은 업섯으며 富者의 待遇는 잇섯으나 貧者의 制度는 업섯스며 智, 强者의 舞臺는 잇섯스나 愚, 弱者의 樂園은 업섯나니 이것이 過去社會의 病的 狀態이엇스며 過去世界의 非人道 不正義한 實驗이엇도다.

仰過去 五年의 大戰은 如何튼지 우리에게 큰 敎訓이엇도다. 온 人類는 이 敎訓에 依하야 우수수하고일어나기를 始作하엿도다. 옛꿈을 깨고 새精神을 차렷도다…. 이를 抽象的으로 말하면 正義人道의 發現이오 平等自由의 目標라 하겟고 具體的으로 말하면 强弱共存主義, 病健相保主義라 하리로다.11)

1920년대에 한국의 지식인들이 느끼고 있던 이같은 낙관적인 희망 가운데 마르크스주의는 수용되었다. 특히 사회주의를 표방하고 등장한 러시아가 내전을 승리로 이끌면서 자본주의에 대하여 강하게 대립하고 있다는 것 자체가 사회주의를 받아들인 지식인들에게는 큰 희망으로 작용하였다. 당시의 한국이 모든 면에서 열악한 상태에 있었으나 평등을 강조하는 사회주의적 세계관이 한국지식인들에게 호소력이 있었음은 당연한 일이라고 할 수 있다. 더군다나 마르크스주의는 그 기본적인 역사관과 세계관에 있어서 한국 지식인들이 느끼고 있던 희망적인 이상에 걸맞는 것이었다. 한국이 당하고 있는 비참한 현실, 그리고 한국의 지식인들이 느끼고 있던 박탈감과 좌절감을 보상해줄 수 있는 미래가 곧 닥쳐오리라는 메시지가 한국의 지식인들이 사회주의에 호감을 가지도록 만들었다고 말할 수 있다.

한국에 마르크스주의가 도입되면서 마르크스주의가 강조하고 있는 특정한 몇 요소들은 그대로 한국에서 수용되었다. 우리는 한국에 마르

---

11) 『開闢』, 창간호, pp.6-7

크스주의가 도입되면서 다음과 같이 결정적으로 주요한 요소가 도입되었다고 본다.

1) 두 말할 필요 없이 계급투쟁 주의이다. 이는 마르크스주의에서 가장 중요한 부분이었다. 역사의 원동력을 계급투쟁으로 보면서 계급 간의 투쟁을 화해할 수 없는 적대관계로 설정한 것은 바로 마르크스주의였다. 그와 함께 마르크스주의는 인간이 가지고 있는 공격충동을 풀어놓았다. 부르조아지에 대한 폭력이 정당화되고, 여기서 고삐가 풀린 충동은 쉽사리 억제되지 못하게 되었다. 특히 소련의 마르크스주의는 끊임없이 폭력의 배출구를 창출하는 체제였었다. 이 점에 대해 프로이드는 다음과 같이 지적하였다.

> 러시아공산주의자들도 공동체의 모든 성원들에게 모든 물질적 필요의 만족을 보장하고 다른 면에서 평등을 확립함으로써 인간의 공격성을 사라질 수 있게 하기를 희망한다. 그것은 내가 생각하기로는 환상이다. 그들 스스로가 오늘날 가장 용의주도하게 무장하고 있으며 그들이 지지자들을 규합하는 중요한 방법중의 하나는 그들의 국경 너머에 있는 모든 사람에 대한 증오이기 때문이다.[12]

그리고 이러한 계급투쟁적 사고는 한국의 사회주의 지식인들 사이에 이분법적 논리를 강화시켰다. 이것은 논리적일 뿐만 아니라 정서적인 측면에서까지도 작용하였다. 계급투쟁의 노선을 따라 선과 악이 구분되고 진리와 오류가 구분되는 태도를 확산시킨 것은 바로 마르크스주의의 도입의 결과였다.

2) 다음으로 주목할만한 점은 민족주의적 요소를 강화시켰다. 이는 일면 첫 번째의 요소와는 모순을 일으키는 것으로 보여질 수도 있다.

---

[12] S.Freud, "Why War?", *The Standard Edition of the Complete Psychological Works of Sigmund Freud*, XXII, London : The Hogarth Press, 1964, pp.211–212

국민 내의 부르조아지와 프롤레타리아트의 화해할 수 없는 관계의 설정은 국민주의 자체의 존립기반을 무너뜨리게 되기 때문이다. 그러나 마르크스주의는 이점에 있어서 특별한 문제의식을 가지고 있었다. 식민지나 반식민지상태에 있는 민족들은 아직 온전하게 국민적 관계를 발전시키지 못하였으며 따라서 이들 지역에서 국민적 관계가 성립하게 되면 이들 민족들이 자연히 이들을 지배하는 제국주의에 대하여 반대하는 투쟁을 벌이게 되고 따라서 세계적 차원에서의 계급투쟁을 강화시킨다는 것이다. 따라서 민족주의란 마르크스주의의 체계에서는 전술적이고 보다 한시적인 목표에 봉사하는 것으로 설정되어 있었다. 그러나 여하튼 이러한 것이 한국과 같은 식민지 상태에 놓여있던 민족들에게는 민족주의를 즉 국민국가를 건설하려는 움직임을 강화시킨 것은 사실이다. 단지 이것이 가지고 있는 전술적 측면과 계급투쟁이 추구하는 원칙적 측면 때문에 양자의 관계를 효과적으로 설정하는 데에는 실제적인 많은 어려움이 있었음은 사실이다. 하여튼 마르크스주의는 프롤레타리아트의 승리를 강조하였을 뿐만 아니라 피압박민족의 해방을 주장하였으므로 이것이 당시의 식민지상태에 있었고 또한 민족 총체적으로 곤궁한 상태에 있던 한국의 지식인들에게 호소력이 강한 이념으로 받아들여질 수가 있었다.

 3) 다음으로는 해방관인데, 욕망의 분출과 관련하여 마르크스주의는 거의 모든 방면에서의 해방을 의미하는 것으로 이해되었다. 단지 노동의 해방만을 의미하는 것이 아니라 여성의 해방, 약소민족의 해방, 농민의 해방 등 자본주의 사회에서 그리고 역사적으로 불평등하고 불리한 입장에 있었던 모든 민족과 계층의 해방을 의미한다고 간주되었다.

 초기에 있어서 마르크스주의가 당적 규율이나 통제를 강조하는 측면보다는 해방의 측면이 강한 담론이었다는 사실은 초기 마르크스주의에 대한 소개기사를 통해서도 충분히 드러난다. 이는 당시의 지식인들이 주로 개벽적인 이상에 맞게 마르크스주의를 수용하였다는 말이 된다.

4) 다음으로는 진보관이라고 말할 수 있을 것이다. 이러한 진보관에 있어서 마르크스주의는 1920년대에 우리 사회에 역시 본격적으로 도입된 자유주의와도 맥을 같이 한다. 지금까지의 사회는 비참하였지만 희망찬 미래가 도래될 수 있다는 신념은 1920년대 초 지식인들이 공유하고 있던 분위기였다.[13]

5) 다음은 사회보장적 기대이다. 개인적 주체 대신 사회적 주체를 설정하고 이에 의하여 빈곤의 문제가 해결될 수 있다는 희망은 빈곤이 일반적이었던 당시의 분위기에서 큰 호소력을 가지고 있었다.

6) 마지막은 규율에 관한 부분이다. 이 점에 있어서 마르크스주의는 철저한 비밀준수와 같은 음모정당적 규율을 강화시켰다. 사회주의자들의 결집은 흔히들 철의 규율로 이해되었다. 철저하게 명령에 복종하고 생명을 다 바치면서 충성해야 한다는 규율의 강조는 마르크스주의 정당에 독특한 측면이라고 말할 수 있다. 특히 이점에 있어서 일사분란성을 강조함으로써 당의 무오류성과 같은 신비적인 요소들도 도입되었다. 그리하여 전체적으로 보아 이 규율에 관한 부분이 마르크스주의와 사회주의 사회를 전체주의화하게 하는데 기여하였다고 말할 수 있다.

그러나 문제는 이같은 요소들 뿐 만이 아니라 한국의 사회주의자들이 동시에 어떠한 정서적 태도를 가지고 마르크스주의를 대하였는가 하는 점이다. 이같은 정서적인 태도는 지식의 수용과 이행에 있어서 큰 편향을 갖게 한다고 말할 수 있다. 즉 특정한 방향으로 마르크스주의를 해석하게 하는 특성을 가지고 있다고 말할 수 있다. 동시에 이는 마르크스주의를 수용하면서도 이들이 한국인이고 그 시대의 분위기를

---

13) 拙稿, 「조선노동공제회와 「共濟」」, 『정신문화연구』, 제51호, 1993

떠날 수 없다는 점에서 불가피하게 한국문화와 관련되는 부분이다. 다시 말하여 시민사회같은 서구적 전통에서나 아니고 가부장적 유교사회에서 성장하고 이것이 깨어지는 환경에서 신지식으로서 근대적 교육을 받은 한국의 신진지식인들이 가지게 되는 정서적인 특성이 마르크스주의의 수용에 일정한 방향을 주지 않았는가 생각할 수 있다는 것이다. 말하자면 자연스럽게 한국의 사회주의자들이 받아들이고 표현한 주의 속에서 이들의 정서가 나타나있다는 의미이다.

정서적인 면에 초점을 두고 고찰해볼 때 마르크스주의는 초기에 거의 신성시되어 수용되었다고 말할 수 있다. 마르크스주의 이론이 궁극적인 목표로 삼는 공산주의는 낙원과 같이 동일시되었고 그 낙원의 이미지는 현실에서 그 사회를 건설하여야 할 책임이 있는 그리하여 공산주의 사회의 주역이 될 노동자에 대해 투사되어 그에 대한 지극한 예찬이 나왔다.

> 生産者인 勞動者는 일즉이 地球를 울려본적이 업다. 그는 갈(耕)고 심(植)으며 恒常 地球를 裝飾한다. 그래서 勞動者는 地球의 寵兒이다. 그가 門을 나서면 새는 空中에서 즘승은 山에서 그를 노래하고 讚美한다. 사람들아 너희는 神을 禮拜하기 전에 먼저 勞動者를 禮拜하여라 그는 神과 가티 地面을 거러다니면서 어대서든지 人類를 祝福하느니라.14)

또 마르크스주의는 새로이 승리하게 될 시대정신으로서도 이해되었다. 정백은 그는 "一般社會生活의 原動力이 되며 그 方向을 決定하는 思想이나 信條가 되는 主潮"를 시대정신으로 파악하고 한 시대에는 시대정신이 "반다시 唯一無二"하다고 보았다. 따라서 "特權階級을 本位 삼은 差別的 舊時代精神과 此를 否定하고 平等에 기초하야 民衆을 本

---

14) 無我生, 「勞動者의 文明은 如斯하다」, 『共濟』, 제1호, p.34

位한 新時代精神은 兩大潮流를 이루어 現今 世界 各部에서 互相衝突하여 社會生活上에 큰 波動을 일으키고 잇습니다…今日에 이 兩大 時代精神은 특히 定限된 社會의 事實만이 아니라 世界的 時代精神으로 볼 수 잇습니다. 現今 資本主義와 勞動者階級意識은 그 방향을 따라 점점 국경을 넘고 種族을 지내야 世界化되어가는 것은 실로 兩者의 鬪爭이 爛熟期에 處한 것을 證明하는 것임을 알겟습니다"15) 라고 하였다.

마르크스주의에 대한 이러한 환상적이기까지 한 고평가는 그후에도 지속되었다. 마르크스주의가 도입된 지 상당한 기간이 지났음에도 불구하고 박형병은 마르크스의 견해가 철저하고도 결점이 없다고 하였다.16)

그런데 문제가 되는 것은 마르크스주의를 환상적인 것으로 보고 받아들이면서 한국사회주의자들이 소련에 대하여 컴플렉스를 가지게 되었다는 것이다. 여기서 소련컴플렉스라는 용어에 대하여 일단 논의하기로 하자. 먼저 컴플레스에 대하여 정신분석적인 정의는 다음과 같다. 컴플렉스는 "부분적으로 혹은 전체적으로 무의식적인 거대한 정서적 힘의 관념이나 기억들의 조직된 그룹"이다.17) 여기서 이러한 정의를 바탕으로 말하게 될 때 일제시대 사회주의자들의 정서 속에 소련에 대한 무의식적인 혹은 부분적으로 무의식적인 일군의 정서적 관념이나 기억들이 소련컴플렉스를 의미하는 것이라고 정의될 수 있다. 따라서 소련컴플렉스란 분석적인 의미로 사용하는 것이 아니라 사회주의자들의 정서를 표현하는 서술적인 의미로 사용하고 있는 것이다.

한인사회주의자들은 소련에서 처음으로 사회주의사회를 만들어서

---

15) 鄭栢,「民衆精神의 一考察」,『新生活』, 제1호, pp.29-33
16) 박형병,「『맑스』主義의 解說」,『朝鮮之光』, 1927.7, p.60
17) J.Laplanche, J. B-,Pontalis (translated by D. Nicholson-Smith), *The Language of Psycho-Analysis*, New York : Hogarth Press, 1973

실천하고 있었고 그것은 곧 그들의 이상이 실현되는 것으로 판단하여 소련에 대하여 지나칠 정도의 환상을 가지게 되었다. 특히 이들은 현실을 이원론적으로 구분하여 선/악, 행복/불행의 축으로 나누고 사회주의/자본주의를 구분하여 이를 일반화시켰다. 그것은 거의 현실감각을 압도할 정도였다.

한인사회주의자들의 소련컴플렉스는 압도적으로 작용하여 마르크스주의 전체의 이해에 강한 영향력을 행사하였다. 소련과 소련공산당에 대한 예찬은 한인사회주의운동이 시작되는 초기부터 그 특성이 강하게 나타난다. 소련만이 일본제국주의로부터 압박을 당하고 있는 한인들에게 일종의 피난처를 제공하고 바로 서는 것을 도와주었다고 국민회 대표로 코민테른 창립대회에 참석한 강상주는 고백하였다.[18]

소비에트 러시아에 대한 예찬은 러시아의 한인들에게만 국한된 현상은 아니었다. 김명식은 이리하여 "過去에 잇서서 世界各國 가온데 第一文化가 뒤지엿던 露西亞가 今日에 이르러서는 第一 압선듯 하외다. 露西亞에서는 共産經濟와 委員政治를 行함이다. 이것은 世界人類가 總히 理想하는 바 制度이올시다. 그러나 歷史가 오래고 文化가 압선 달은 나라에서는 아즉까지 이러한 制度를 實行치 못하고 오즉 後進한 國家 卽 露西亞에셔만 이 人類의 理想하는 바 共産經濟 委員政治를 몬져 실행함이다."라고 하였다.[19]

정백도 한 걸음 더 나아가서 러시아에 있어서 이상적인 공산주의 유토피아가 전개되고 있다고 환상적인 서술을 하였다.

    階級差別에 入脚한 在來文化는 少數의 特權階級을 爲하야 法悅의 薔薇園은 되여도 多數되는 民衆과는 沒交涉한 全人類의 幸福과 實生

---

18) *Izvestia*, 1919.3.7 강상주는 재러시아 한인으로 재러시아한인들의 결사체라고 하는 국민회의 대표격으로 총회에 참석한 것이다.
19) 「露西亞의 산 文學」, 『新生活』, 제3호, p.4

活을 떠난 한 奢侈品에 지나지 못하엿다. 그는 實로 權威를 裝飾하기 爲한 謳歌하기 위한 僞善的 賣要的 文化엿다. 그러나 無産者의 文化는 生活과 藝術의 分裂과 葛藤이 업나니 勞動과 藝術이 渾然히 融和하야 萬人이 勞動者요 同時에 藝術家가 될지면 따러서 生活이 藝術化하고 藝術이 生活化하야 生活은 곳 藝術을 意味하고 藝術은 곳 生活을 意味하게 되는 것이다.[20]

경제학자인 이순탁에 의하면 마르크스주의는 "現代思潮를 支配하는 原動力"이었다.[21] 그리고 조선공산당의 핵심 성원인 김단야는 레닌 사망 1주년을 맞아 『朝鮮日報』에 기고한 글에서 그에 대한 감정을 다음과 같이 표현하였다.

> 일월 이십일일. 『푸로』공화국의 아버지인 『니콜라이 레닌』.무산자 해방운동의 스승인 『레닌』. 국제혁명군의 정수인 『레닌』.인류력사상에 위대한새기록의 주인공인 『레닌』 그의 도라간 만일주년기념일은 도라왓다. 아! 얼마나 위대한 죽엄이며 비통한 죽엄이냐?[22]

레닌에 대한 이같은 존경심은 자연스럽게도 그의 후계자인 스탈린에게로 연결되었다. 『朝鮮日報』 기자로 모스크바에 가있던 김준연은 "그런데 『레닌』과 그 主義를 알랴면 현근 勞農露西亞에 잇어서 거의 第一人者의 觀이 잇는 『스탈린』氏의 作品을 紹介하는 것이 가장 適富한줄로 생각"한다고 하였다.[23]

또한 소련에 대한 흠모는 정상적인 상태를 넘을 정도였다. 동아일보의 특파원인 이관용은 소련의 민족정책을 소개하면서 다음과 같이 소련에 대한 존경과 감탄을 표시하였다.

---

20) 정백, 「노농로서아의 문화시설」, 『新生活』, 제6호, 1922.6, p.18
21) 「『맑쓰』思想의 槪要(一)」, 『東亞日報』, 1922.5.11
22) 『朝鮮日報』, 1925.1.22
23) 「『스탈린』의 레닌及 레닌主義論」, 『朝鮮日報』, 1926.2.12

누구든지 이 新世界에 발을 드려노코자하면 前에 旣成한 모든 觀念을 떼여놀것입니다. 몇千年나려오든 모든 社會制度를 一掃하고 前無하든 新文明을 建設하랴는 莫大한 革命이 進行中입니다. …그리고 이革命이… 발서 새싹이 나고 새꽃이 피여 갓가운 將來에 새 實果가 열릴것도 뵈이는 同時에 우리에게 人類의 將來를 具體的으로 뵈여줌니다.그럼으로 누구든지 이新世界에서는 將來에 살면서 現在로 활동하게 됩니다.24)

조선공산당의 엠엘 계열의 쟁쟁한 이론가인 한위건은 러시아공산당에 대한 존경을 다음의 글로 표현하였다

露國共産黨은 無産階級의 가장 精銳한 分子의 團結이오 規律과 自己犧牲의 精神이 豊富한 前衛이오 恒常 無産階級과 民衆의 利益을 위하야 勇敢히 鬪爭하는 勢力의 結晶體이다.25)

이같은 언급들을 살펴볼 때 소련컴플렉스는 다음과 같은 몇 가지 정서상태로 분석된다. 1. 소련의 거대함에서 비롯된 정서. 소련이 대륙국가로서의 거대한 국가이기 때문에 한인사회주의자들은 이 거대성에 압도당하여 여기에 대한 찬양과 존경의 정서를 가지게 되었다. 이같은 거대함에 대한 숭배는 상대적으로 한국이 작고 약하다는 열등의식과 대칭을 이루는 것이며 따라서 한인사회주의자들의 열등의식의 발로로 생각된다. 그러나 이같은 열등의식은 결코 자연스러운 것이라고 간주하기는 어렵다. 한인사회주의자들이 만일 열등의식을 가지고 있었다고 한다면 이같은 열등의식은 한국사회에 있어서의 이들의 열등의식의 또 다른 표현으로 나타났다고 말할 수 있기 때문이다. 근원적으로 이같은 열등의식은 사실은 일본에 의해 억눌린 자로서의 열등의식이 반

---

24)「勞農露西亞의 民族問題解決(二)」,『東亞日報』, 1925.5.23
25)「露國의 內外政策(上)」,『東亞日報』, 1928.1.1.

영되어 있다고 말할 수 있을 것이다. 일본인들은 이를 사대주의란 이름으로 고정화시키려 하였다.

2. 소련사회주의자들의 도덕적인 위대함에 대한 환상에서 나오는 정서. 혁명후의 소련의 어려운 경제환경이나, 공포정치, 민중들이 당한 수난, 이런 것들이 한인사회주의자들에게 있어서 소련의 도덕적 권위를 손상시키는 요소로서 전혀 기능하지 못하였다. 소련사회주의는 도덕적으로 정당하며 최고의 수준이고 그것은 자본주의, 그 중에서도 한국이 처해있는 식민지상황에 비교하여 볼 때 이상적인 상태로 간주되었다. 정서적으로 볼 때 소련은 극단적으로 이상화되어 있었던 것이며 이러한 이상화는 소련을 한인사회주의자들의 문화적 자아이상(cultural ego—ideal)으로 삼았다는 추정을 가능하게 한다. 한인사회주의자들이 소련에 가지고 있던 이러한 정서는 한국사회의 가능성을 자기사회의 발전에 두는 것이 아니라 외적 세계에 두는 것으로 탈주체적 정서를 가능하게 하였다. 말하자면 한인사회주의자들의 정서적인 의존적 상태를 만들었다고 볼 수 있다. 이러한 의존적인 상태는 유아적인 의존이라고 할 수 있다. 이 유아적 의존은 소련에 대한 컴플렉스가 단지 이론상의 문제가 아니고 한인사회주의자들의 정서상의 문제점—즉 의존적인 심성에 관련되었다고 보게 한다. 즉 한인사회주의자들은 독자적인 인격을 갖추는데 즉 개인적인 인격을 갖추는데 있어서 많은 어려움을 가진 사람들이었다고 생각하게 한다.

3. 위의 정서와 깊이 연계되어있는 것이기는 하지만 놀라울 정도로 한인들은 소련으로부터 직접적으로 당한 고통과 희생에 대하여 이를 감수하는 태도를 보였다. 이같은 태도는 놀랄 정도로 소련의 많은 인민들의 취했던 태도와 유사한 태도였다. 즉 한인사회주의자들은 소련을 열렬히 사랑하고 있기 때문에 소련으로부터 고통을 당하면서도 그 고통을 진정으로 저주하고 저항하는 대신에 무엇인가 잘못되었나는

의식을 가지고 여전히 소련의 도덕적 정당함을 의심치 않았다. 그것은 바로 『아르바트의 아이들』의 주인공 사샤가 보여주는 것과 마찬가지의 태도였다. 혹은 친기스 아이트마토프가 인용하는 바와 같이 주인과 털 뽑힌 닭의 관계라고 말할 수 있을 것이다.26) 가해자에게 사랑을 구하고 의존하는 것은 어떠한 심리인가? 그것은 정서적으로 인격을 가질 수 없을 때의 마조키즘의 한 표현이라고 생각될 수 있다. 이 마조키즘은 자기자신을 처벌해야 할 필요성을 느끼게 된다. 그 자기처벌은 죄의식에서 나온다. 그리고 이 죄의식은 이미 강박적 노이로제의 정서라고 할 수 있다.

이상과 같이 소련에 대하여 가지는 컴플렉스는 한인사회주의자들의 정서를 불건강하게 왜곡시켰다. 그렇다면 이같이 묘사된 한인사회주의자들의 정서의 밑바탕에 놓여있던 것은 무엇인가? 그리고 그것은 어떤 방향으로 한인들의 의식에 영향을 미쳤는가?

이는 가부장적인 전통 속에서 존경의 대상을 상실한 사회주의자들이 소련이라는 존재에서 그리고 그의 지도자인 레닌이나 스탈린 속에서 가부장적인 이미지를 발견하고 그에 고착하며 그를 이상시하게 된 것이라고 말할 수 있다. 사회주의자들은 우선 전통을 부정하였다. 이들이 성장한 것은 전통교육과는 단절된 근대적 제도의 틀 내에서 성장하

---

26) 친기스 아이트마토프는 그가 들었던 다음과 같은 일화를 소개하였다. 스탈린은 그의 가까운 전우들을 불러모으고 민중들을 어떻게 대해야하는지 가르쳐주었다. 그는 그에게 암닭을 한 마리 가져오도록 하였다. 그는 모든 사람이 보는 가운데서 산채로 암닭의 털을 뽑았는데 최후의 털까지 뽑아서 단지 머리에 벼슬만이 남게까지 뽑았다. 그리고는 "자 이제 보시오" 하면서 닭을 마음대로 가도록 놓아주었다. 닭은 눈이 닿는 대로 멀리 도망할 것 같았지만 태양이 비치는 더위에서도 아주 추운 그늘에서도 아무데고 도망치지 않았다. 그리고 스탈린의 구두의 목부분만 눈을 가늘게 뜨고 쳐다보았다. 그 때 스탈린은 닭에게 모이를 주었고 닭은 그가 가는 곳마다 따라다녔다. 이 때 스탈린은 "인민은 이렇게 다스려야 한다오"라고 말하였다. ("Podryvaiutsia li Osnovy?", *Esli po sovesti*, Moskva : ≪Khudozhestvennaia Literatura≫, 1988, p.6)

였다. 이들은 전통에 대한 이해를 깊이 할 수가 없었으며 이들의 출신 배경을 보아도 전통적인 학문을 배경으로 하는 집안의 자제들이 아니라 새로이 근대교육제도라는 틀 내에서 편입되어 교육을 받은 계층들이라고 할 수 있다. 이들이 몰락한 한국에서 더 이상의 영웅을 발견할 수 없었지만 그렇다고 하여 영웅 없이도 견딜 수 있을 정도로 개인의식이 성장한 것은 아니었다. 이들은 몰락한 한국이라는 식민지의 현실 속에서 그들이 기댈 수 있는 희망을 찾기를 원하였다. 이들이 추구한 거울이미지는 소련에 의하여 해석된 사회주의였다. 그리고 한국지식인들의 좌절된 욕망을 대리충족 시켜주는 역할로서 사회주의가 등장하였으며 이같은 대리충족과 환상적인 만족은 한국사회주의자들의 정서 속에 소련에 의존하는 전체주의 지향의 심리를 형성시켰다고 말할 수 있다.

4. 유토피아와 전체주의

일제하의 사회주의자들이 좌절감을 안고 살아가야 했다는 것을 지적하는 것은 평범한 지적이 될 것이다. 그러나 이 좌절감이 그들이 전통을 부정한데서 나왔다고 볼 수 있지 않을까? 또한 사회주의가 요구하는 이상적 도덕적 가치가 지나치게 높이 책정됨으로써 이들에게 좌절감을 강화시킨 것은 아닌가? 프로이드는 이점에서 적절한 언급을 하였다.

> [문화적 슈퍼에고]도 인간존재의 정신적 구성의 사실에 동요하지 않는다. 이것은 명령을 내리고 사람들이 그것에 복종하는 것이 가능할 지에 대해서는 묻지 않는다. 그 반대로 이것은 인간의 에고가 심리저으로 자기가 요구하는 모든 것을 할 수 있다고 상정하며 에고는

자신의 이드에 대하여 제한되지 않은 지배력을 가지고 있다고 상정한다. 이는 오류이며 정상적이라고 알려진 사람들에게서조차도 이드는 일정한 선을 넘어서는 통제될 수 없다. 만일 인간에게 더 이상의 것을 요구한다면 반항이 일어나거나, 노이로제가 일어나거나 불행하게 될 것이다.27)

이들은 전통을 부정하면서 그들이 기대어야 할 안정적인 심리적 틀을 파괴하였다. 자기 역사의 가치를 부정해야 하는 입장에 놓이게 되었다. 게다가 지나치게 높게 설정된 프롤레타리아트 혹은 공산당의 모랄에 직면하여야 하였다.

일본의 식민지하에서 피지배민족으로 살고있는 한국사람들에게 있어서 좌절감과 그에 동반한 열등의식이 생겨났다고 하는 것은 충분히 이해할 수 있는 일이다. 이러한 열등의식과 그에 따른 반발이 컴플렉스를 형성하게 되었으며, 이 컴플렉스는 강한 유토피아의식을 형성시켰고, 나아가서 유토피아와 소련컴플렉스(소련에 대한 의존)가 함께 작용하여 전체주의에 대한 경사를 강화시켰다.

먼저 식민지의 지식인들로서 살아갈 수밖에 없는 이들이 느끼는 좌절은 여러 가지 면에서 표출된다.『朝鮮之光』의 주간을 맡은 장도빈은 『朝鮮之光』의 창간호에서 이러한 좌절을 적절히 표현해준다.

> 지금 朝鮮民族은 衰弱하얏도다. 精神으로나 物質로나 다 衰弱하얏도다. 이러케 衰弱한 原因은 何이뇨. 그 原因이 多하지만 一言으로써 폐할진대 近代의 朝鮮民族이 (1)革新치 못하고 (2)繼續치못하얏슴이라. 다시 말하면 朝鮮民族은 固有의 美風은 退步식이고 時代의 進步에 落伍하얏도다…朝鮮民族의 活動이 現在의 狀態로만 잇으면 未久에 우리는 紅人種이 될지며 未久에 우리는 野蠻으로 退化할지며 未久에 우리는 滅亡에 陷할밧게 업도다.28)

---

27) S.Freud, "Civilisation and Its Discontents", op.cit., XXI, p.143

문제는 이들이 일제하에서의 소수의 지식인이며 따라서 사회에서 인정을 받고 살아가려는 욕구가 다른 사람들보다도 한층 강렬하였다는 데에 있을 것이다. 식민지의 환경에서 모든 사람들은 고통을 경험하였다. 노동자는 노동자대로, 농민은 농민대로 일제가 부과하는 고통을 감수하지 않으면 안되었다. 그러나 소수의 지식인들에게는 이러한 고통은 각별한 감을 주었다. 다수가 고통을 운명적으로 받아들였는데 이들 지식인들은 고통을 운명적으로 받아들이기를 거부하였다. 이들은 일제의 부당한 식민지지배가 그들의 고통의 근원이라는 사실에 대해 자각하였으며 따라서 그 지배로부터 벗어나기를 원하였다. 일제의 식민지지배는 한국사회에서 그들이 차지해야 할 위치를 박탈하였고 이들은 일종의 거세당한 존재로서 살아가야만 하였다.

 이들 한계적인 지식인들은 일본의 체제에 동화되어 살아갈 수는 없었다. 이들이 일상적으로 느낄 수 있는 차별이 이러한 동화자체를 불가능하게 한 조건이었다고 말할 수 있다. 그러나 이들이 일제의 지배에 대하여 저항을 느낀다고 하더라도 그 저항은 여러 가지의 다른 형태를 취할 수 있다.

 그러나 이들 사회주의 지식인들은 전통적 권위를 파괴하는 방법을 취하였다. 전통파괴적인 태도가 이들 지식인들의 두드러진 태도였으며 이들은 한국의 식민지로의 몰락의 원인을 전통의 낙후성에서 찾았다. 전통이 우리를 몰락하게 했으므로 전통에서는 기댈 것이 없으며 새로이 근대화하여 변화하는 상황에 대처해야 된다고 본 것이 이들의 입장이었다.

 이같은 입장에서 이들은 전통적인 지식, 전통적인 가치를 가차없이 모멸하고 공격하였다. 동아일보지상에 최현배가 발표한 「更生의 道」에 표현된 "生氣振作, 理想樹立, 更生確信, 不斷努力"이 조선공산당의 이

---

28) 「朝鮮民族의 未來를 論함」, 『朝鮮之光』, 창간호, 1926.11, p.2

론가였던 안광천에게는 "近代人間智識에 대한 一大羞恥"이며 "무지하고 불쾌한 시대착오의 푸닥거리"이고 "장님의 경"이었다.29) 안광천의 이같은 태도는 1934년 백남운이 신채호나 최남선 등에 대하여 가하였던 공격에서도 마찬가지로 드러난다. 백남운이 보기에 이들은 "조선문화의 독자적인 소우주"를 꿈꾸는 자들인데 이렇게 할 경우에 조선은 갱생의 도를 걷지 못하고 "노예화의 사도"에 떨어진다는 것이다. 사회주의자들은 다른 지식인들과 마찬가지로 조선이 갱생의 도를 걸어야 한다는 생각을 가지고 있었다. 조선의 현실에 대하여 어떻게 다른 진단을 내릴 수가 있었을까? 그러나 그들이 조선의 갱생에 대하여 생각한 것은 전혀 다른 것이었다.

　이들은 조선의 현실을 타개하기 돌파구를 사회주의 사회의 건설로 보고 있었다. 이들이 사회주의를 꿈꾸는 것은 자신의 힘으로 능력을 갖추어 갱생의 길을 갈 수 있다는 의지 때문이 아니었다. 자신만에 남겨진 현실이란 이들이 감당할 수 없을 정도로 절망적인 것이었다. 조선에 있어서 만일 어떠한 특수성이 있다고 한다면 그것은 현시에 비추어볼 때 희망적이라기 보다는 절망적인 것이다. 그렇기에 이들은 진화와 보편적 발전법칙을 믿었다. 이들이 믿는 보편법칙이란 진보적인 것이었다. 즉 "지금까지의 인류의 역사, 인류의 사회는 의식주라는 간단한 사실로 인하야 혹은 구로부터 신으로 혹은 불선으로부터 선으로 유동하며 변화하야서 구와 불선은 붕괴되는 반대로 선과 신은 건설하여 왔다. 그래서 전시대와 후시대, 구사회와 신사회의 생활형태를 연속하여 온 결과이요 표현에 불과하다."30) 그렇기에 진보에 대한 강한 신뢰가 그들을 버티게 해줄 수 있는 힘이 되었다. 이들은 현재 자신들을 지배하고 있는 자본주의사회의 힘에 대하여서도 계급투쟁이 진행되는

---

29) 「更生의 道 읽은 感想의 感想」, 『朝鮮之光』, 1927.2, p.24
30) 박형병, 「社會進化論」, 1927

바 "양계급중 엇던 계급이 최후의 승리를 득할가함은 사회진화의 필연적 법칙에 의하여 증명될 것이다. 사회가 진보하고 퇴보치 아니하면 기어니와 불연한 이상 …[프롤레타리아트]이 계급이야 말로 인류의 진정한 역사를 창조하기 위하야 희생적으로 분투할 계급이다"31)

 사회주의자들은 또한 자기 자신에 대하여도 이 진보에 기초해 생의 희망을 가질 수가 있었고 때로는 죽음까지도 감당할 수 있었다. 1937년 말 님 웨일즈에게 자신의 삶을 고백한 김산의 경우 다음과 같이 말하였다.

> 내 전생애는 실패의 연속이었다. 또한 우리나라의 역사도 실패의 역사였다. 나는 단 하나에 대해서만— 내 자신에 대하여— 승리했을 뿐이다. 그렇지만 계속 전진할 수 있다는 자신을 얻는데는 이 하나의 작은 승리만으로도 충분하다. 다행스럽게도 내가 경험했던 비극과 실패는 나를 파멸시킨 것이 아니라 나를 강하게 만들어주었다.32)

 이들 지식인 느끼고 있던 비참한 현실과 그에 대한 절망은 이들로 하여금 진보에 대한 믿음으로 향하게 하였다. 현실에 대한 절망과 유토피아에 대한 믿음과 경사는 심리적으로 어떻게 설명되는가. 우리는 현실적인 어려움이 유토피아적 희망을 강화시킨다는 것을 알 수 있다. 사실상 심리는 현실에 부딪혀서 적응할 수 있을 때는 현실과 큰 마찰을 일으키지 않으면 이른바 현실의 원칙을 받아들이며 살 수 있다. 그러나 현실이 받아들이기 어려울 정도로 고통스러울 때에는 인간은 이 현실만으로는 살 수 없다. 인간은 심리적인 건강을 그리고 내적 통합성을 유지하기 위하여 현실을 분열시키는 것이다. 현실을 좋은 부분과 나쁜 부분으로 분열시켜서 좋은 부분은 미래에 나쁜 것은 현실에 두는

---

31) 박형병, *Ibid.*, pp.73–74
32) 님 웨일즈(조우회 역), 『아리랑』, 1988, p.286

것이다. 그리하여 유토피아는 먼 미래가 아니라 곧 닥쳐올 수 있는 심리적인 현실로서 등장하게 된다. 보통 정상적인 심리의 경우에 이같은 분열은 에고 아이디얼을 설정하게 함으로써 에고를 훈련시키고 통제하는 역할을 하게 한다. 그러나 이 거리가 비정상적으로 벌어질 경우에 에고 아이디얼은 에고를 학대하는 역할을 하게된다. 여하튼 일제시기 사회주의자들의 유토피아란 멀리 설정된 것이 아니라 곧 그들의 노력을 통하여 닥칠 수 있는 근거리 미래로 설정되었다. 이와 관련하여 김산의 고백은 음미할 가치가 있다.

> 혁명지도자는 여간해서는 깨트릴 수 없는 영혼과 아주 쉽사리 파괴될 수 있는 육체를 가공하는 것이다. 다른 사람들의 영혼을 일깨우고 해방하기 위하여 이따끔씩 육체가 파괴되어야 한다. 이대교나 팽배와 같은 인물 하나의 처형이 백만 명의 각성을 의미하는 것이다. …자유를 위하여 그리고 자기네가 믿고있는 것을 위하여 싸우다 의식적으로 죽는다는 것은 비극이 아니다. 그것은 영광이요 장려할만한일이다. 죽음은 선도 아니요 악도 아니다. 또한 죽음은 무익한 것도 아니요 꼭 필요한 것도 아니다. 스스로 믿고있는 하나의 목적을 위해 자발적으로 싸우다 죽는 것은 행복한 죽음인 것이다.33)

즉 사회주의자들은 진보를 믿고 진보에 기초한 유토피아 즉 사회주의의 환상을 가질 수 있음으로 해서 자신과 타인을 죽음으로까지 몰고 갈 수 있는데 대한 자신을 가질 수 있는 것이다. 이는 사회주의자들이 객관성과 과학성을 많이 강조하기는 하였지만 그들의 신념 자체는 일종의 종교적인 관점과도 같이 증명되어진 것이 아니며 기본적으로 환상(환타지)에 의존해 있었다는 말이 된다. 물론 이 환타지는 유토피아의 체계로 정리되었다. 그것은 공산주의의 이론이었던 것이다. 사실상 이 공산주의는 사회주의의 독창적인 창안이라고는 말할 수가 없다. 공

---

33) *Ibid.*, pp.290-291

산주의란 말하자면 신화적인 차원에서는 에덴동산으로의 복귀이며 동양의 유교적 차원에서는 요순시대로의 복귀이고 개인적인 심리로 말하자면 그것은 어머니의 자궁으로의 복귀인 것이다. 이것은 누구나가 가질 수 있는 것이며 인류의 역사가 시작된 이래 이러한 환타지를 완전히 벗어나 본 사람은 없을 것이다. 그러나 중요한 것은 이러한 환상이 현실과의 거리에서 측정된다는 점이다. 현실적인 제약조건이 이같은 환타지의 지속을 불가능하게 만든다. 그것이 바로 현실의 원칙일 것이다. 그렇지만 사회에서 이러한 환타지가 유독 강하게 표출될 때가 있다. 그것은 개인의 심리가 현실을 감당하지 못하게 되었을 때의 환상으로의 도피현상이라고 보아야 할 것이다. 현실적인 테스트를 받아들이지 못하고 자기 발전적인 혹은 집체적으로 성립된 환타지에 집착하게 되는 것은 현실적 테스트를 받아들일 수 없을 상태에서 나오게 된다고 말할 수 있다.

사실 근대사회 자체도 계몽주의적 유토피아에 힘입고 있었다. 계몽주의적 유토피아는 진보에 대한 확신을 바탕으로 또한 중산계급이 축적한 재력을 바탕으로 하여 구 지배층을 전복시키고 새로운 질서를 구축하는데 성공하였다. 계몽주의적 유토피아 역시 선과 이성의 지배가 현실 속에서 실현될 수 있다는 강한 신념을 가지고 있었다. 계몽주의적 유토피아와 마찬가지로 선과 진보의 실현을 믿고 기댄다는 점은 사회주의 이데올로기와 사회주의적 유토피아도 마찬가지였다. 그러나 한 가지 중요한 차이점이 발견된다. 그것은 계몽주의적 기획이 전반적으로 개인의 이성에 근거를 두는데 비하여 사회주의는 개인의 이성 대신 프롤레타리아트의 집체적 이성에 근거를 둔다는 점이다.

이 집체성에 있어서 사회주의는 무엇보다도 그룹 심리학으로 설명될 수 있다. 사회주의는 무엇보다도 개인의 존재를 믿지 않는다. 사회주의가 공격한 자본주의는 결국 개인적인 인간들의 상호관계인 시장의 무정부성이고 거기에 대하여 사회주의는 계획을 선이라고 믿었다. 이 계획이란 집체에 의하여 확인된 이성이다. 이렇게 집체적인 이성은 개인적인 이성에 대하여 비교할 수 없을 정도의 위상을 가지고 있다. 기본적으로 그것은 진리를 의미한다고 말할 수 있다. 사회주의자들이 공산당에 대하여 가지고 있는 태도는 대개 이와 같은 것이었다. 이에 대하여 안광천(사공표)은 다음과 같은 견해를 피력하였다.

> 우리의 통일은 조직에 있어서 뿐 아니라 사상 및 정책에 있어서도 실현되지 않으면 안된다. 모든 조직의 전체적 조직체계의 통일, 소수의 다수에의 복종, 민주주의에 입각한 강철같은 규율 등의 형식적인 측면의 통일은 사상, 정치의 통일과 연결되지 않으면 기계적으로 되어버린다. 전위적 대오는 프락션의 존재를 허용할 수 없는 것과 꼭같이 사상, 정책의 분열 및 동요를 허용할 수 없다.[34]

당에 대한 이같은 관점은 다른 사람들도 거의 마찬가지라고 할 수 있다. 물론 이 때 당이라고 하는 것은 민족적인 당을 의미하는 것은 아니다. 이철악의 경우에 이 점을 좀 더 분명히 밝히고 있다.

> 조선의 노동계급 전위는 모든 과거의 잘못을 용감하게 청산극복하고, 더욱 증대하여가는 국제적 임무를 최대의 노력을 기울여 수행하도록 하여야 할 것이다. 자국의 군대가 없다하여 제국주의전쟁에 대한 투쟁을 회피하려는 기회주의적 주장을 철저히 극복하고, "모든 기회를 이용하여 일본 제국주의정책 및 군사행동에 대한 투쟁을 끊임없이 과감하게 전개하여야 할 것이다." "제국주의전쟁 반대, '소비에트 러시아옹호 및 중국 노농혁명 지지를 위한 슬로건을 내걸고, 일상활동의 선동선전에서 이 과업을 위하여 특별한 자리를 마련하여야 할 것이다." … 모든 국제정세의 변화에 신속하게 주의를 기울여 계급

---

[34] 「조선공산주의자의 당면임무」(배성찬편역, 『식민지시대 사회운동론』, 돌베게, 1987, p.103)

적 입각점에 서서 널리 노농대중에게 알려주어야 할것이며, 혁명의 국제성과 국제공산당에 대한 정확한 이해를 널리 선전하여야 할것이다.35)

한국의 사회주의자들이 당에 대한 강한 충성심을 강조하고 전일적인 지도체계를 강조하며 그러한 당이 단지 국내적인 것이 아니고 국제적인 것이라고 인식할 때에 그리고 심정적으로 그렇게 믿고 있을 때에 이들의 의지가 귀착되는 것은 현실적으로 러시아의 공산당이었다. 한국사회자들은 집체적으로 공산당의 의지로 표현되는 당의 명령에 복종하려고 하였으며 이에 대해 심리적인 저항을 보이지 않았다는 것은 의외로 놀랄만한 일이다. 전통이나 민족적인 것에 대하여는 완고한 반항자들인 이들이 공산당에 대하여는 양순하게 이를 묵종하였던 것이다.

이같은 태도를 지녔던 것은 단지 정치적인 이념을 지향하는 당이론가들만이 아니었다. 문학과 예술 즉 개성이 가장 중요한 역할을 하는 이러한 영역에 있어서도 마찬가지의 태도가 요구되었다. 중요한 것은 반항이 아니라 새로운 질서를 만들어 내고 거기에 복종하는 것이다.

朝鮮의 文學에는 거진 虛無的으로 否定의 哲學을 探求하엿다. xx의 努力을 禮讚하였다. 그러나 그 否定은 아즉 合理를 찾지못한 否定이며 그 否定은 肯定을 모르는 否定이엿스니 그 否定의 哲學은 完全한 方法論을 갖지못한 情熱의 否定뿐이었다. 이러케 錯雜한 否定文學의 渦中에서 『朝鮮프로레타리아藝術同盟』의 出現을 보게 된 것은 우리로 하여곰 새 團結의 힘을 刺戟할 뿐만이 아니라 우리로 하여금 否定에 對한 合理的에 그合理를 찾는데에 方法論을 提示하여 주는 것이다……階級鬪爭의 藝術은 또한 xx의 文化는 이 階級xx의 意識堅固를 感染시키는 機能을 하는 것이다. 그럼으로써 無産階級文學의 文

---

35)「노동계급 전위의 당면 임무」, *Ibid.*, p.135

士들은 無産階級xx에 잇어서 xxx의 部分的 任務를 履行함에 잇다고 볼 수 잇다. 이리해서 또한 푸로文士는 組織되며 集團되며 團結되지 안으면 안이될 것이다. 그럼으로 朝鮮프로레타리아藝術同盟은 이 集團的 機關일 것이다.36)

　이들의 이같은 경사는 결국 전체주의화라고 규정해도 좋을 것이다. 문제는 이같은 전체주의로의 경사를 심리적으로 어떻게 설명해줄 수 있을 것인가의 문제이다.
　한국사회주의자들은 자본주의로 상정되는 현실에 대하여 강한 불만을 느꼈다. 그들에게 있어서 자본주의는 허위와 기만으로 가득 찬 것이었다. 그러나 그렇다고 하여 이들이 근대사회에 대한 근본적인 비판을 시도한 것인가?
　계획경제에 대한 찬양, 수평적인 욕망의 확산, 진보관 등을 볼 때 이들은 근대사회를 근본적으로 비판한 것은 아니다. 단지 이들은 근대사회를 그들 방식대로 성취하려 하였다. 이들은 근대사회의 성과들을 훨씬 더 빨리 획득할 수 있는 방법을 나름대로 모색하였다고 볼 수 있다.
　그러나 그들의 방식에 있어서 계약론의 부정과 전위당이론은 이들의 사고의 퇴행으로부터 나온 결과라고 보아야 할 것이다. 이들 두 이론은 요컨데 개인의 성숙성을 전제로 하는 근대사회적인 논리에 배치되는 것이며 따라서 오히려 전근대적인 요소로 파악하여야 하는 것이다. 전근대적이면서 이들은 이론은 정서 상으로는 유아적인 요소가 있다고 말할 수가 있다. 이들의 이론에서 공산당과 그의 지도자에서 단호하고 부동하는 아버지의 이미지를 볼 수 있으며 공산당과 대중의 관계설정에서 그는 가부장적인 아버지와 아이들의 관계와 같은 이미지가 부각된다. 그러나 또한 당이 복지를 책임지고 세세한

---

36) 박영희, 「無産藝術運動의 集團的 意義」, 『朝鮮之光』, 제65호, 1927.3, pp.57-58

면을 대중을 위해 한다는 면에서 어머니의 이미지가 드러나기도 한다. 마치 외디푸스의 삼각형에서 역삼각형의 위의 두 축이 공산당이라는 하나의 복합적인 이미지로 통합된 것과 마찬가지이다.

이들은 역사의 진보를 위하여 헌신하려고 하면서 개인적 성숙성을 인정하지 않았고 오로지 집체성 만을 인정하였다. 그 결과는 치명적인 것으로 보인다. 자율이 주체의 내부에 확립되지 못하였기 때문이다. 그것은 문명의 소산인 공격충동의 억제를 유지하는 대신 계급투쟁을 기회로 하여 발산시켰기 때문이다.

또한 근대 계몽주의적 기획이 계약사회와 자율을 전면적으로 부각시킨 데 비하여 소련의 사회주의는 온정주의적 모성적 이미지(maternal image)와 규율적인 부성적 이미지(paternal image)를 모두 하나의 당 속에 결합시켰다. 한국의 경우를 언급한다면 피의 공동체로서의 어머니의 이미지를 프로국제주의를 통하여 파괴하고 그 역할을 공산당이 흡수하였다고 할 수 있다.

따라서 당은 남근적 어머니(phallic mother)로서의 이미지를 가지게 되었다. 사실상 한국 전통사회의 가부장적 질서와 함께 병존하는 온정주의적 질서는 이러한 요소와 연계된다. 따라서 사회주의는 가족공동체 속에서의 안주를 바라는 전통적 심성의 연장선 위에 놓여있었고 이러한 점에서는 비근대적이었다고 할 수 있을 것이다. 사회주의가 노동자나 혹은 주로는 농민들에게도 많은 영향력을 행사하였다는 점을 감안한다면 대중들에게 선전된 주로 이같은 온정주의적 정서들이 사회주의로 대중들을 끌어들이는 요인으로 작용하였을 것이다. 그러나 지식인들을 사회주의로 유인한 요소는 다소 차이가 있었다고 보아야 할 것이다.

그런데 사회주의를 받아들인 지식인들이 자신들의 출신에 대하여 일종의 죄의식을 가지게 되었다는 것은 주목할 만한 일이다. 무엇 때문에 지식인들이 지식인에 대하여 부끄러워하게 되었는가? 그것은 일단은 마르크스주의 담론의 영향이라고 보아야 한다. 마르크스주의 담론에서 지식인은 지배계급에 봉사하는 계급으로서 규정되며 또한 물질적 생산과 직접적으로 관련이 없는 계급으로 간주되기 때문에 이 담론에서 지식인은 늘 비판의 대상이 되기 일수이다. 그러나 이 역시 전통적인 질서에서 형성된 의식과는 상반된 것이다. 전통적 유교사회에서 지식과 교양은 사람이 취해야 할 최대의 덕목이었기 때문이다. 그러나 새로운 이데올로기는 이들이 이러한 지위에 도달하였다는 것을 일종의 죄악의 결과로 간주하게끔 하였다. 따라서 지식인들로 하여금 자기비판 및 자기부정의 상태로 나아가게 하였다. 무엇 때문에 이들이 죄의식을 느끼게 되는가의 문제를 한 번 점검해볼 필요가 있다.

사회주의자들의 죄의식은 어디로부터 도출되는가? 무엇에 대한 죄의식인가? 이들의 죄의식은 프롤레타리아트에 대한 것이다. 프롤레타리아트에 대하여 프롤레타리아트의 순결성에 대하여 프롤레타리아트의 강철같은 의지에 대하여 프롤레타리아트의 위대함에 대하여 이들은 죄의식을 느끼고 있었다. 이들은 완벽하다고 상정되는 프롤레타리아트에 자신을 닮아가도록 하기 위하여 자신을 채찍질하지 않으면 안 되었고 채찍질하였다. 그러나 이들이 완벽한 모습으로 상상했던 프롤레타리아트계급은 실재하는 것이 아니었다. 그것은 사회주의자들의 심리 속에서의 이상적인 부분을 프롤레타리아트에 투사한 것에 불과하였다. 따라서 이들이 상정하는 덕성을 갖춘 프롤레타리아트계급은 실재하는 것이 아니라 상상적인 것이었다. 프롤레타리아트계급이란 오로지 이들 사회주의자들의 담론을 통해서 만들어지는 가공적인 것이었다. 그리고 이 가공적인 것이란 사실상 중세의 수도사들이 신을 추구하듯 사회주의자들은 프롤레타리아트계급을 추구했다고 할 수 있다.

말하자면 프롤레타리아트계급은 사회주의자들의 이마고(imago)였다. 프롤레타리아트계급을 이마고의 개념으로 사용할 경우에 그것은 공산당에 가깝다. 프롤레타리아트의 정제된 모습 그것은 공산당이었다. 프롤레타리아트계급이 정제되면 공산당이며 이러한 정제과정에서 다른 한편으로는 무식하고 천박하고 궁핍한 프롤레타리아트의 모습이 부각된다. 그리고 이것은 저주스러운 모습이다.

그렇기에 다음단계에서는 사회주의자들의 죄의식이란 공산당에 대한 죄의식이다. 사회주의자들은 공산당에 늘 죄의식을 가질 수밖에 없다. 왜냐하면 당은 항상 완전하였고 항상 진리를 파지하고 있었기 때문이다. 당으로부터의 이탈은 그것은 악마의 길을 의미하는 것이었다.

공산당은 이성이었다. 뿐만 아니라 그 이상이었다. 공산당은 사회주의자들의 진리를 포지하고 있었을 뿐만 아니라 이들의 감정까지도 지배하지 않으면 안되었다. 공산당은 당원들로부터 사랑도 요구하였다. 그것도 유일한 사랑을 요구하였다. 다른 모든 것에 앞서는 그러한 사랑을 요구한 것이다. 공산당은 올바른 길을 보여주는 진리의 빛인 동시에 모두에게 사랑을 베풀어주는 자상한 어머니인 동시에 한없는 충성과 헌신과 사랑을 요구하는 질투 많은 어머니였다. 이러한 점에 있어서 공산당은 남근적 어머니상과 닮아 있는 것이 아닌가 하고 생각된다.

이 남근적 어머니로서의 공산당은 자신에게 자식들이 고착되기를 원한다. 자기의 휘하로부터 도망하기를 원치 않는다. 언제나 감시하고 언제나 명령에 순응할 수 있는 그러한 자식들을 원하였다. 공산당은 파괴적일 정도의 집착으로 자식들을 사랑할 것이었다. 공산당은 여러 가지 수단을 통하여 자신의 능력을 과시하였으며 전지전능의 환상을 촉발시키고 강화시켰다.

근대사회에서의 시민적 정당이란 이같은 완벽성을 요구하여 본 적이 없다. 루소의 일반의지란 그것이 강요될 수 있는 것이라고 하더라도 특수한 집단이 그러한 일반의지를 가지고 있다고 상정되지는 않았다. 근대정치사회에서 신의 문제와 양심의 문제는 정치영역이 간섭할 수 있는 문제가 아니었다. 그것은 이른바 양심의 자유로 표현되었다. 이른바 사상의 자유가 거기에 해당될 것이다. 근대사회에서 사상의 자유가 허용되는 것은 그것이 근대사회의 관대성을 보여주는 것 이외에도 그것이 보다는 내적 규율을 강화시키는데 있다고 볼 수 있다. 근대사회에서 정교의 분리가 이루어지는 이유는 정치가 무력해서가 아니라 혹은 종교가 무력해서가 아니라 서로 다른 영역(즉 심리적으로 종교의 영역은 슈퍼에고의 영역이고 정치는 에고의 영역이다)의 인정이 사회의 안정을 유지하는데 최선이라고 하는 역사적 경험을 통하여서였다. 이러한 양 영역의 융합은 인간의 해방에는 치명적인 결과를 가져오게 된다. 이는 인간을 정신적으로 불건강하게 만들기 때문이다.

그러나 공산당은 이의 융합을 시도하였다. 공산당의 반종교운동은 기본적으로는 공산당사상이 종교의 영역을 대체할 수 있다는 믿음에서 나온 것이었다. 공산당은 이럼으로써 문명에 대해 중요한 도전을 감행하였다. 그것은 문명이 유지 발전시켜온 아버지와 어머니의 이미지 그 분리와 조화를 깨버린 것이다. 공산당은 남근적 어머니로서 자신의 이성 안에 무의식의 거대한 바다인 슈퍼에고를 집어넣으려 하였고 이는 곧 무의식적으로는 자기 자신에 대한 학대를 의미하게 된다. 왜냐하면 에고가 무의식을 길들이려면 엄청난 에너지가 필요하며 그러나 결국 그것은 실패로 끝나게 될 것이기 때문이다. 공산주의사회의 에너지가 항상 국민들을 공포와 위협으로 드레스하고 경각심을 불러일으키고 한 것은 그와 같은 시도이다. 공산당은 정제된 프롤레타리아트계급의 이미지로 민중들을 맞추려고 안달복달하며 결국은 자아도취적인 상태가 된다.

여기에서 공산주의의 심리가 개인심리를 억압하며 집단심리를 기초로 하고 있다는 사실을 지적할 필요가 있다. 공산주의는 개인의 심리를 억압한다. 남근적 어머니로서의 공산당은 개인과 공산당의 상호관계를 인정할 수가 없다. 공산당은 모두를 지배의 대상으로 삼고 사랑하고 학대한다. 그것은 개인의 존재를 용납할 수 없다. 개인의 공간이 확대되는 것은 그만큼 공산당의 지배를 무너뜨리는 것이며 따라서 공산당은 강박적으로 개인의 자유를 억압하여왔다. 공산당은 결국 모두를 지배하며 모두를 파괴시킬 수 있는 가능성을 가지게 될 때에 비로소 만족할 수 있다. 그렇기에 공산당은 규율의 근거를 개인의 자아 속에 두기를 원치 않는다. 규율이 개인 속에 있다면 개인의 양심 가운데에 있다면 그것은 개인이 독립할 수 있다는 것을 의미한다(자유세계에서의 법이란 결국 개인이 규율을 인정하는 전제에서 가능한 것이다). 따라서 공산당은 양심적 판단의 근거가 개인 속에 있는 것은 용납할 수 없으며 바로 그것이 공산당에 속해져야 한다고 믿는다.

따라서 우리는 전체주의로서의 공산주의가 가지고 있는 중요한 특징을 알 수 있게 된다. 공산주의는 내적 규율을 박탈하고 그 규율의 근거인 양심과 싸우려하였다. 이를 위해 필요했던 물리적 장치에 대하여 혹은 정치사회적 장치에 대하여는 구태여 언급할 필요가 없다. 그것은 이미 충분히 많은 이야기가 이루어진 부분이기 때문이다. 우리가 이제 말하려고 하는 것은 심리적인 것인데 이점에 있어서 공산주의는 인간을 자신이 아닌 외적 힘 즉 공산당에 대한 의존적인 상태로 고착시켰다는 것이다. 이러한 의존상태를 우리는 전체주의적 심성이라고 부를 수 있을 것이다. 이 전체주의적 심성은 사도-매저키즘의 인간형을 양산시켰으며 이같은 집단적 심리기제 속에서 공산당의 전제화 과정과 더불어 마찬가지로 똑같이 중요했던 것이 바로 숙청이었다. 공산당이 신과 천사의 모습으로 부각되어야 한다면 다른 한편 악마는 생산되어져야 한다. 그리고 악마는 타락한 천사를 의미하기 때문에 공산당으로부터 이탈한 자들이 악마가 되어야 하였다. 이렇게 하여 생산된 악마는 적들인 자본주의자들과 마찬가지로 타도의 대상이 된다.

공산주의가 결국 개인의 자율을 인정 할 수 없었기에 개인이 실패하는 곳에 자율을 잃은 인간을 감시하는 관리인이 배치되어야 하였으며 따라서 공산주의는 체제적으로 개인을 감시하는 관리인으로서의 관료계급의 양산이라는 문제를 안게되었다.

한인사회주의자들은 소련을 통하여 공산주의사상을 받아들이면서 바로 공산주의가 안고 있는 문제를 고스란히 받아들이게 되었다. 한인사회주의자들은 몰자아적으로 소련공산당 및 스탈린에 헌신적이 되어갔으며 자기가 당하고 있는 고통조차도 영광으로 생각할 정도로 스탈린과 소련에 정서적으로 고착되어있었다.

이성의 지배를 극대화한 점에서 근대보다도 더 근대적인 공산주의는 개인의 심리를 억압하고 집체적인 자아로 개인을 함몰시킴으로써 심리적인 상태에 있어서는 반근대적인 길을 택하였다. 결국 반근대적인 심리적 장치로서 근대적인 물리적 사회적 장치를 운영해나갈 수는 없을 것이다. 시간이 지날수록 그것은 경제적인 관점에서 볼 때 (재화의 차원만이 아니라 심리적인 에너지까지) 그것은 고도의 집중을 필요로 하는 것이며 따라서 그 집중으로서의 긴장이 오래 유지될 수는 없는 것이다. 공산주의가 수세기에 걸쳐서 안정된 성장을 하지 못하는 이유는 바로 거기에 있을 것이다.

5. 맺음말

근대화는 단지 물질적인 조건의 변화뿐만이 아니라 심성적인 변화까지도 의미한다고 말할 수 있다. 한국의 경우 이 근대화는 주로 외부로 부터 주어진 충격에 의하여 시작되었고 이 충격은 유교적 정치공동체를 인륜적 체계로 짜놓은 전통적 사회를 근본적으로 뒤바꾸는 역할을 하였다. 한국사회는 전통적인 체제대신에 적어도 사상적으로는 근대적 정치사상의 틀을 민족국가의 건설이라는 과제 속에서 실현하려고 노력하였다. 그러나 이러한 자체적인 노력은 그 결과를 보지 못하고 일제에 의하여 강제합병 당하는 결과를 빚었다.

한국에서 개화운동으로 시작된 사회적 변화를 위한 근대화운동은 근대의 물질적인 조건들을 갖추는 일 뿐만 아니라 정치제도 사회제도까지도 근대화시키는 자유주의적 운동으로 성장하였다. 자유주의는 전통적으로 유교적 문명 속에서 가족 등 인륜을 중심으로 운영되던 사회를 개별화된 개인을 중심으로 하는 계약사회로 사회를 변형시키려고 하였다.

그러나 1920년대부터 도입되기 시작한 사회주의는 근대화에 대하여 새로운 노선을 주장하였다. 한국에 도입된 사회주의는 근대화로 인하여 변화되는 물질적 장치들 자체를 거부하는 것은 아니지만 그와 같은 물질적 장치에다가 새로운 가치체계로서의 사회주의를 주장하였으며 이는 개인주의를 바탕으로 하는 자유주의와 달리 집단적 가치를 우선시 하고 또한 시민사회적 가치를 인정하고 국가에 대한 충성을 내화하는 것보다는 사회주의의 건설을 당이 지도한다는 이념으로 외적 폭력을 노출시키는 역할을 하게 되었다. 이같이 외적 폭력에 의존하고 당시에 소련을 통하여 도입하면서 사회주의의 종주국을 소련을 받들고 소련의 지도에 의하여 혁명을 추구하고자 하는 심리는 그러나 개별적 인격의 존립근거를 약화시키고 당에 대한 의존을 강화시킴으로써 결과적으로 타율적 형태의 인간심리를 조장하였다고 말할 수 있다. 이는 한국 사회주의자들의 심리를 전체주의에 기울어지게 하는데 기여하였다고 말할 수 있다. 전체주의가 하나의 집단심리로서 가능한 이유는 개인이 개별성을 가지지 못하고 자유로부터 도피하여 지도자와 사도매저키즘의 관계를 수립하는 데에 있다. 이와 같은 도피와 지도자로의 고착을 정당화시킨 것은 다름 아닌 사회주의 이데올로기였다. 공산당과 그를 통해 되풀이되는 담론들은 개인을 해방하기보다는 개인을 당의 통제 속에 붙들어매고 당을 통해서 규정되는 수동적이고도 의존적인 인간을 만들어내었다. 사회주의는 이 신조를 믿는 사람들이 집단적으로 선택한 신화였으며 이 심리를 통하여 이들은 마음의 안정을 회복할 수가 있었지만 그것은 개인심리로부터의 퇴행과, 이러한 체제가 구체적으로 실행되었을 때의 희생을 통한 값비싼 대가를 치른 결과라고 말할 수 있다. 이들이 퇴행한 곳에서 이들은 그들의 유토피아 즉 환타지를 발견할 수 있었다. 이른바 공산주의적 유토피아가 이들의 이마고로 작용하였다.

 그러나 이 환타지는 사회주의자들이 믿고 있던 바와 같이 그들의 현실적인 경험을 거쳐서 이들이 지향하고 있는 공산주의의 사회로 나아가게끔 하지 못하였다. 이들의 앞에 기다리고 있는 것은 이데올로기라는 것이 으레 그러하듯 이데올로기 속에서 그들이 믿고 기대하던 것이 현실이 아니었음을 인정하는 것이었다. 한국의 사회주의자들은 그들이 한국사회를 한 단계 근대사회보다 앞지르게 하기 위해서 한 그들의 노력이 사실상 한국사회를 한 단계 뒤로 후퇴시키는 것이었음을 알았어야 했던 것이다. <『近代文明과 韓國近代史』, 한국정신문화연구원, 1996>

참고문헌

1. 1차자료

1) 신문 및 잡지

『共濟』
『레닌기치』
『東亞日報』
『朝鮮日報』
『新生活』
『開闢』
『批判』
『彗星』
『東光』
『新階段』
『朝鮮之光』
Izvestia

2) 자료집, 회상기 및 당대의 기사

姜德相 編,『現代史資料』, 第29卷, 東京:みすず書房, 1968
권희영, 박성수 편,『한국독립운동사 자료집 : 좌우합작론편』, 한국정신문화연구원, 1994
김규면,『誠齋略傳에 關한 回想記』, 1963(手稿)

金正明 編,『朝鮮獨立運動』,. 전5권, 原書房, 1967
金正柱 編,『朝鮮統治史料』, 전10권, 東京:韓國史料研究所, 1970-71
김준엽, 김창순,『韓國共産主義運動史資料篇』, 전2권, 1979-80
「김철수 친필유고」,『역사비평』, 1989 여름
김홍일,「자유시사변 전후」,『사상계』, 1965.2
님 웨일즈(조우화 역),『아리랑』, 1988
朴慶植 編,『在日朝鮮人關係資料集成』, 三一書房, 전 5권 9책, 1975-76
朴慶植 編,『朝鮮問題資料叢書』, アジア問題研究所, 전8권, 1982-83
박환 편,『在蘇韓人民族運動史』, 국학자료원, 1998
배성찬 편,『식민지시대 사회운동론 연구』, 돌베게, 1987
신주백 편,『1930년대 민족해방운동론 연구』, 전2권, 새길, 1989-1990
신주백 편,『日帝下 新聞社說 連載 資料集』, 영진문화사, 전6권, 1991
십월혁명 십주년 원동긔념 준비위원회 편,『십월혁명십주년과 쏘베트 고려민족』, 해삼위도서주식회사 "크니스노예델로", 1927
임영태 편,『식민지시대 한국사회와 운동』, 사계절, 1985
「在魯高麗革命軍隊沿革」, (김준엽, 김창순 편,『韓國共産主義運動史資料篇』, 제2권, 1980)
『朝鮮共産黨關係雜件』, 전3권, 고려서림, 1990
『朝鮮民族運動史<未定稿>』, 전6권, 고려서림, 1989
朝鮮總督府 警務局,『大正 十一年 朝鮮治安狀況』, 전2권, 고려서림, 1989
『한국독립운동사자료집-홍범도편』, 한국정신문화연구원, 1995
황민호 편,『日帝下雜誌拔萃植民地時代資料叢書』, 계명문화사, 전19권, 1992

Biulleten' III kongressa Kommunisticheskogo Internatsionala, 1921, no.23

Bunyan, J., (ed.), *The origin of forced labor in the soviet state, 1917-1921; Documents and Materials*, Baltimore, 1967

"Doklad Koreiskoi kommunisticheskoi partii III kongresu Kominterna", *Narody Dal'nego Vostoka*

Grand, N., "Etapy osvoboditel'nogo dvizhenia v Koree", *Narody Dal'nego Vostoka*, no.5, 1921

Internationale Communiste, no.15, Janvier 1921

Iz istorii mezhdunarodnoi proletarskoi solidarnosti, Dokumenty i materialy. Sbornik

I. Boevoe sodruzhestvo trudiashchikhsia zarubezhnykh stran s narodami sovetskoi rossii(1917-1922), Moskva, 1957

Kataiama, Sen, "Komintern i Dal'nyi Vostok", *Kommunisticheskii Internatsional*, no.1, 1924

Kim Kyui-sik, "the Asiatic Revolutionary Movement and Imperialism", *Communist Review*, vol.III. no.3, 1922.7: in Suh Dae-sook, *Documents of Korean Communism, 1918-1948*, Princeton, 1970

Kun, B., (ed.), *Kommunisticheskii internatsional v dokumentakh, 1919-1932*, Moskva:Partiinoe izdatel'stvo, 1933

La Correspondance Internationale, no.13, 1922.2.18

M-skii, "Natsionalnye problemy v DVR", *Zhizn' Natsionalnostei*, no. 1(7), 1922

Pak Dinshun', "Sotsialisticheskoe dvizhenie v Koree", *Kommunistichskii Internatsional*, no, 7-8, 1919

"Proekt programy Koreiskoi kommunisticheskoi partii, priniatoiuchreditel'nym s'ezdom Korkompartii", *Narody Dal'nego Vostoka*, Irkutsk, 1921, no. 3

R, "Polozhenie v Vostochnoi Azii", *Kommunisticheskii Internatsional*, no.13, 1920

Revoliutsionnoe dvizhenie v Rossii v Aprele 1917g, Moskva, 1958

Soviet Documents on Foreign Policy, Vol.1, London : Oxford University Press, 1951

Suh Dae-sook(ed.), *Documents of Korean Communism, 1918-1948*, Princeton:Princeton University Press, 1970

"Tezisy ispol'koma kommunisticheskogo internatsionala o vashintonskoi konferentsii", *Billuten I.K.K.I.*, no. 2, 1921.9.20

The First Congress of the Toilers of the Far East, Petrograd, 1922

Tretii vsemirnii kongress kommunisticheskogo internatsionala—stenograficheskii otchet, Petrograd, 1922

Varneck, E., Fisher, H.H., (ed.), *The Testimony of Kolchak and other Siberian Materials*, 1935, Stanford University Press

"Vozzvanie Dal'ne-Vostochnogo sekretariata kominterna molodiozhi Kitaiskomu soiuz molodiozhi, Koreiskoi federatsii ligi molodiozhi, ko vsei rabochei molodiozhi Iaponii", *Narody Dal'nego Vostoka*, no.4, 1921

Williams, A.R., *Throughout the Revolution*, N.Y. & London, (1921 first edition), 1978

2. 2차 자료

1) 이론서 및 사전류

막스 베버, 「지배의 사회학」, 『사회과학논총』, 서울:을유문화사, 1975

Aitmatov, Ch., "Podryvaiutsia li Osnovy?", *Esli po sovesti*, Moskva : ≪Khudozhestvennaia Literatura≫, 1988

Borch—Jacobson, M., *Lacan : the Absolute Master*, Stanford : Stanford University Press, 1991

Ferro, M., "Comment l'Histoire est enseignee en URSS", *L'astrolabe*, 70. 89, 1988

Foucault, M., *Surveiller et Punir : Naissance de la Prison*, Paris : Gallimard, 1975

Freud, S., "Civilisation and Its Discontents", *The Standard Edition of the Complete Psychological Works of Sigmund Freud*, London : The Hogarth Press, XXI, 1961

Freud, S., "Why War?", *The Standard Edition of the Complete Psychological Works of Sigmund Freud*, XXII, London : The Hogarth Press, 1964

Lacan, J., "Au—dela du ≪Principe du Realite≫", *Ecrits*, Paris:Edition du Seuil, 1966

Laplanche, J., Pontalis, J-B., (translated by D. Nicholson—Smith), *The Language of Psycho—Analysis*, New York : Hogarth Press, 1973

Marx, K., *La Guerre Civile en France, 1871*, Paris : Editions Sociales, 1972

Pippin, R.B., *Modernism as a Philosophical Problem : On the Dissatisfactions of European High Culture*, Cambridge : Bastl Blackwell, Inc., 1991

The Modern Encyclopedia of Russian and Soviet History, vol. 18

2) 주제에 관련된 논저

고송무, 『쏘련의 한인들』, 서울, 이론과 실천, 1990
국사편찬위원회 편, 『韓國獨立運動史』, 제3권, 1967
권희영 외, 『近代文明과 韓國近代史』, 한국정신문화연구원, 1996
권희영, 「고려공산당 이론가 박진순의 생애와 사상」, 『역사비평』, 1989 봄
권희영, 「고려공산당연구(1921-1922)」, 『한국사학』, 제13집, 한국정신문화연구원, 1993
권희영, 「러시아, 러시아 사회주의 그리고 한국」, 『소련과 러시아 : 사회주의 체제의 붕괴와 러시아의 재조명』, 나남, 1993
권희영, 「북한에서의 한국근대사 인식의 문제」, 『북한의 한국학 연구성과 분석 : 역사-예술편』, 한국정신문화연구원, 1991
권희영, 「일제시대 소련의 한국인식」, 『한국사학』, 제12집, 1991
권희영, 「일제침략기 한국인의 소련관」, 『한국-러시아 양국의 이해증진을 위한 역사 교과서 개선방안 탐색』, 한국교육개발원, 1992
권희영, 「일제하의 민족운동과 그 사상」, 『한국사상사대계』, 제6권, 한국정신문화연구원, 1993
권희영, 「자유시사변연구」, 『한국사학』, 제14집, 한국정신문화연구원, 1994
권희영, 「제1차 극동노력자대회 및 극동혁명청년대회에서의 한국혁명의 문제」, 『정신문화연구』, 제40호, 1990
권희영, 「조선공산당성립과 코민테른(1923-1925)」, 『한국사학』, 제13집, 한국정신문화연구원, 1993
권희영, 「조선노동공제회와 『共濟』」, 『정신문화연구』 제51호, 한국정신문화연구원, 1993
권희영, 「코민테른에서의 민족-식민지논쟁과 한국의 민족해방운동」, 『역사비평』, 1988 겨울
권희영, 「한-러관계사의 새로운 조명」, 『한국-러시아 양국의 이해증진을 위한 교육의 역할』, 한국교육개발원, 1993.9
권희영, 「한인사회당연구」, 『한국사학』, 제11집, 1990
김준엽, 김창순, 『韓國共産主義運動史』, 전5권, 1967
박현채, 김홍명 편, 『통일전선과 민주혁명』, 사계절, 1988
서중석, 『한국 근현대의 민족문제 연구』, 지식산업사, 1989

서중석, 『한국민족문제의 인식』, 지식산업사, 1989
신주백, 「1930년대 반일민족통일전선운동의 전개과정」, 『역사와 현실』, 제2집, 1989
역사학회 편, 『한국근대 민족주의운동사연구』, 일조각, 1987
윤경호, 「일제하 민족해방운동과 민족문제 인식」, 『한국민족문제의 인식』, 공동체, 1988
이균영, 「조선민흥회와 신간회를 둘러싼 제논의의 검토」, 『한국근대민족주의운동사연구』, 일조각, 1987
이균영, 『신간회연구』, 역사비평사, 1993
이기하, 『한국공산주의운동사』, 전3권, 국토통일원, 1976
장상수, 「일제하 1920년대의 민족문제논쟁」, 『한국의 근대국가형성과 민족문제』, 문학과 지성사, 1986
장석흥, 「사회주의의 수용과 신사상연구회의 성립」, 『한국독립운동사연구』, 독립운동사연구소, 1991
장석흥, 「조선학생과학회의 초기조직과 6.10만세운동」, 『한국독립운동사연구』, 독립운동사연구소, 1994
장세윤, 「이홍광연구」, 『한국독립운동사연구』, 독립운동사연구소, 1994
장세윤, 「조선혁명군 연구」, 『한국독립운동사연구』, 독립운동사연구소, 1990
조지훈, 「한국민족운동사」, 『韓國民族文化史大系』, 제1권, 고려대 민족문화연구소, 1964
채근식, 『武裝獨立運動秘史』, 대한민국공보처
최영희, 「3·1운동에 이르는 민족독립운동의 원류」, 『韓國近代史論』, 제2권, 지식산업사, 1977
坪江汕二, 『朝鮮民族獨立運動秘史』, 고려서림, 1986(1959년 판의 복각판)
한국역사연구회 1930년대 연구반, 『일제하 사회주의운동사』, 한길사, 1991

高俊石, 『コミンテルンと朝鮮共産黨』, 東京 : 社會評論社, 1983
『極東國際政治史』, 下卷, 東京:平凡社, 1957
金森襄作, 「1930年の「間島蜂起」について」, 『朝鮮民族運動史研究』, 1986.7
金森襄作, 「滿洲の中朝共産黨の合同と間島五一三十蜂起」 『朝鮮史叢』, 1983.6
金森襄作, 「朝鮮農民組合史」, 『朝鮮史叢』, 1982.1
金森襄作, 「朝鮮勞動共濟會」, 『朝鮮史叢』, 1980.6

飛田雄一,『日帝下の朝鮮農民運動』,東京:未來社, 1991
水野直樹,「コミンテルンと朝鮮」,『朝鮮民族運動史研究』, 1984.6
水野直樹,「新幹會東京支會の活動について」『朝鮮史叢』, 1979.6
水野直樹,「呂運亨と中國國民革命」,『朝鮮民族運動史研究』, 1992.4
水野直樹,「黃浦軍官學校と朝鮮の民族解放運動」,『朝鮮民族運動史研究』, 1989.6
信夫淸三郞 編,『日本外交史』,제2권,東京:每日新聞社, 1974
李景珉,「曺奉岩の思想と行動」,『朝鮮民族運動史研究』, 1991.4
淺田喬二,『日本帝國主義下の民族革命運動』,東京:未來社, 1973

Babichev, I., *Uchastie kitaiskikh i koreiskikh troudiashchikhsia v grazhdanskoi voine na Dal'nem Vostoke*, Tashkent, 1959

Bloch, S., Reddway, P., *Russia's Political Hospitals ; The Abuse of Psychiatry in the Soviet Union*, London ; Victor Gollancz Ltd, 1977

Ferro, M., *L'Histoire sous surveillance*, Paris ; Calmann—Levy, 1985

Gozhenskii, Iv., ""Uchastie koreiskoi emigratsii v revoliutsionnom dvizhenie na Dal'nem Vostoke, *Revoliutsia na Dal'nem Vostoke*, Moskva-Petrograd, 1923

Khan, S., "Uchastie koreiskikh trudiashchikhsia v grazhdanskoi voine na Dal'nem Vostoke(1919-1922)", *Koreia, istoria i ekonomika*

Khan, S.A., Kim, V.V., "Koreiskie internatsionalisty v borbe za vlast' sovetov na Dal'nem Vostoke(1918-1922 gg.)", *Uchenie zapiski*, vp.27, Kemerovo, 1970

Kim Syn Khva, *Ocherki po istorii sovetskikh koreitsev*, Alma-Ata, 1965

Kim, M.T., *Koreiskie internatsionalisty v bor'be za vlast' sovetov na Dal'nem Vostoke(1918-1922)*, Moskva, 1979 :이준형 역,『일제하 극동 시베리아의 한인사회주의자들』, 역사비평사, 1990

Lee Chung-sik, R.A.Scalapino, *Communism In Korea*, Berkely and Los Angeles : University of California Press, 1972: 한홍구 역,『한국공산주의운동사』, 전3권, 돌베게, 1986

Lee Chung-sik, R.A.Scalapino, "The Origin of the Korean Communist Movement", 1960

Medvedev, Zh., *The Rise and Fall of I.D.Lysenko*, New York and London :

Colombia Univ. Press, 1969
Nolte, E., *Les mouvements fascistes : l'Europe de 1919 a 1945*, Paris: Calmann-Levy, 1969
Persits, M.A., "Vostotchnye internatsionalisty v Rossii i nekotorye voprosy natsional'no-osvoboditel'nogo dvizhenia(1918-iun'-1920)", *Komintern i Vostok*
Shchagin, E.M., *Oktiabr'skaia revoliutsia v derevne vostochnykh okrain Rossii(1917-leto 1918 gg.)*, Moskva, 1974
Smith, C.F., *Vladivostok under Red and White Rule*, University of Washington Press, 1975
Suh Dae-Sook, *The Korean Communist Movement, 1918-48*, Princeton: Princeton University Press, 1967

3) 학위논문

박사학위논문
Kwon, Hee-Young, "L'internationalisme devant la question nationale", E.H.E.S.S., Paris, 1988
이균영, 「신간회연구」, 한양대 박사학위논문, 1990
이준식, 「일제 침략기 농민운동의 이념과 조직」, 연세대 박사학위논문, 1991
임경석, 「고려공산당연구」, 성균관대 박사학위논문, 1993
Chzhun Cholkhun, "Uchastie Koreiskogo naselenia v revoliutsionnom dvizhenii na Dal'nem Vostoke Rossii(1917-1919 g.g.)", Diplomatichrskaia Akademia MID Rossii, Moskva, 1994
지수걸, 「1930년대 조선의 농민조합운동 연구」, 고려대 박사학위 논문, 1990

석사학위논문
김형국, 「1920년대 식민지조선의 사회주의와 '청산론'연구」, 한국학대학원 석사 학위논문, 1993
박철하, 「1920년대 조선공산당 창립과정에 대한 연구」, 숭실대학교 대학원 석사 학위논문, 1991
신주백, 「1930년대 함경도지방의 혁명적 농민조합운동 : 조직적 측면과 활동

　　　　방침을 중심으로」, 성균관대 석사 학위논문, 1989
우동수, 「1920년대말 －1930년대 한국사회주의자들의 신국가건설론에 관한
　　　　연구」, 연세대 사학과 석사 학위논문, 1989
윤석영, 「조선공산당 이차재건과정에 대한 비판적 검토 ; 「통일조공당 결성과
　　　　1950년대말 북한학계 「논의」를 중심으로」, 성균관대 석사 학위논문,
　　　　1989

찾아보기

(ㄱ)

가부장적인 이미지 544
家意識 79, 103
가타야마센(片山潛) 272, 273, 301, 305, 306, 308, 354
감성 78
갑신정변 76
갑오경장 59
姜九禹 256
강근 293
강문백 140
강백규 256
강상주 153
강상희 436
강석진 195
강영표 384
강재관 212
강한택 243, 249, 286
개인의 해방 79
개인주의 519
개조파 303
개화 77, 87
개화당 76

개화사상 52, 76, 78
개화운동 52
건설사 435
게라시모프(L.E.Gerasimov) 127
경성여자청년동맹 443
경성여자청년회 443
경제투쟁 441
계급투쟁노선 427
계급투쟁주의 392, 393, 400
계도(홍도?) 147
堺利彦 242
계몽주의자 92
계몽주의적 자유주의 102
계봉우 157, 193, 196, 200, 201, 233, 237
계영화 250
고경흠 460, 464
고려공산당대회 163
고려공산당동아한인부 157
고려공산당북만지부 289
고려공산당의 해체 283
고려공산당 창립총회 165
고려공산당총중앙 170

고려중앙정청　260, 261
고명수　192
고순흠　400, 425
高津正道　242
고학생동우회　426
고한　243
골드만(Goldman)　508
共道共器　520
共道資器　520, 521
공산당시베리아국(Sibburo)　161
광복군총사령부　70
광복단(Soiuz Osvobozhdenia)　124, 290
광우(김경재)　462
橋浦時雄　242
구국단　290
구벨만(M.I.Gubelman)　140
구연표　318
구연흠　436
구춘선　256
국가　60, 61
국민국가　57, 59
국민군　203, 208
국민대표대회　288
국민협회　414
국민회　241, 289, 290, 293
국제공산당고려총국　284
국제연합　82
국제혁명가원호협회　415

군비단　290
군정서　293
권승덕　473
권태석　455
그란트(Grant)　359, 360
그람시(Gramsci)　271
그리고리예프　204
극동공화국　157, 180
극동노력자대회　100, 221, 251, 368
극동인민대회　162
극동인민위원회(Dal'sovnarkom)　124, 161
근대국가　58
근대문명　509
근대적 민족　72
近藤榮藏　239, 242
近藤憲二　242
金森襄作　26
金子雪齊　311
김강　291
김경택　23
김광　195, 202
김광식　392
김국한　295
김군삼　297
김규극　260
김규면　190, 201, 204, 206, 210, 212, 300, 302, 322
김규식　211, 240, 284, 291, 301,

311, 371
김규찬 195
김기동 378
김기룡 206
김기수 324
김길인 379
김낙준 436
김단야 277, 288, 541
김덕 146
김덕은 212
김동수 469
김동식 297
김두봉 146, 232, 235, 286
김두희 381, 386, 387
김립 126, 128, 146, 147, 148, 157,
  170, 233, 235, 236, 237, 250,
  255
김만겸 146, 147, 148, 149, 152,
  231, 235, 243, 247, 268, 271,
  272, 273, 279, 285, 286
김만규 440, 455
김명식 276, 378, 380, 383, 540
김명준 250
김미하일 308
김민선 195, 204
김민우 467
김병직 138
김병희 436
김봉기 150

김봉한 101
김사국 284, 320
김사용 376
김상옥 251
김상왕 252
김성찬 150
김성화 128
김승화 177
김시현 249
김 아파나시 264
김 안드레이 186
김약산 292
김약수 308, 316, 317, 319, 321,
  322, 324, 325, 398, 425, 435,
  479, 481, 482, 489
김연 436
김영두(고경흠) 456
김영식 449
김영준 250
김영철 140
김옥균 76, 529
김옥현 295
김용원 233
김우평 424
김원경 243, 247
김원봉 71
김유인 317
김응섭 264
김응열 295

김 이나젠 300
김인덕 31
김인현 154, 181
김일성 28, 29, 38, 41, 264
김장현 435
김재봉 277, 284, 312, 317, 321, 324
김재순 298
김재희 146
김정명 20
김정주 20
김제관 395, 425
김종범 435
김좌진 189, 191, 257, 265, 294
김주(김단야) 247, 252, 286
김준연 541
김준엽 18
김진 155, 157, 193, 194, 196, 201, 293
김진보 154, 181
김찬 212, 276, 311, 317, 319, 324
김창숙 264
김창순 18, 256
김창하 250
김철 297
김철수 259, 262, 264, 271, 276
김철훈 147, 196, 246, 253, 264, 266, 277, 298, 307, 308, 311, 323

김춘선 214
김탁 425
김태연 277, 278
김택 212
김표도르 195, 197, 202, 203, 205, 206
김하구 140, 157, 249, 250, 256
김하석 139, 155, 195, 196, 200, 206, 207, 256, 257, 264, 268, 277, 298, 308, 311
金河一 107
김하일 485
金鉉澤 250
김형국 41
김혜선 202
김홍국 292, 294
김홍래 384
김홍일 212, 214
김홍작 436

(ㄴ)

나경석 394, 425
나공민 428, 429, 430, 432, 434, 454
나로드니키(narodniki) 501
나용균 252
나중복 294
나학초 295
남근적 어머니 555, 559

찾아보기 577

남만춘 150, 151, 246, 265, 270, 307, 368, 405, 410, 411, 412, 415, 417, 419, 420
남빠삐르(남만춘) 163
남상협 381, 386, 387
남세극 256
남 알렉산드라 니키포로브나 411
남창식 411
노농총동맹 327
노동공제회 275, 317, 367, 378
노동총동맹 367
노령한인혁명단체연합총회 120
노무령 146
노백린 240
노자협조주의 392, 400, 427
노자협조주의적 입장 388
노정환 449, 451
농민인터내셔널 415
농촌계몽운동 69
니콜라이 최 177
니항군 183, 192, 208

(ㄷ)

다반군 185, 203, 208
다이렌회담 211, 217
달린(Dalin) 370
달뷰로(Dal'buro) 264
대한국민의회 134, 156, 216, 337
데카르트(R.Descartes) 523

도예균 256
島田滋 188
독고독 440
독고전 318, 324
독립군 208
독립단군 208
독립단군대 186, 203
독립협회 77
東道西器論 87
동방민족의 선전 및 행동평의회 352
동아일보 불매운동 429
동양대학 313
東園 394, 425
동의에 기초한 공동체 61
드루츄코프(Druchkov) 206, 210
디미트로프(Dimitrov) 107, 485
라마르크(Lamarck) 507

(ㄹ)

라캉 523
러시아공산당극동국(Dal'buro) 157, 161, 255
러시아사회민주노동당 119
러시아 사회주의 501, 502, 510, 516
러시아형의 사회주의 48
레닌(V.I.Lenin) 93, 122, 200, 253, 336, 339, 340, 341, 343, 344, 502, 541

레닌주의 338
로이(M.N.Roy) 340, 341, 343, 354
로크(J.Locke) 58
루소(J.J.Rousseau) 58, 79
르봉(Le bon) 90, 91
리센코(Lysenko) 508
림호 126, 128

(ㅁ)

마누일스키(Manuilsky) 418
마르크스(K.Marx) 92, 93, 96, 97, 226, 525, 526, 527
마링(Maring) 342
마용하 212
마진 256
마트베이 김(Matvei Kim) 415
만오생 424
맹호단 291
메르쿠로프(Merkulov) 352
멘셰비키(Mensheviki) 102
모공장의 일직공 425
모성적 이미지 555
茂木久平 276, 311
무아생 390
문창범 189, 257, 258, 260, 265, 284, 301
문화적 자아이상 543
문희천 295
물산장려운동 66, 100, 427, 429

민립대학 설립운동 66
閔元植 414
민족개조론 89
민족문제 37
민족사회주의 475
민족사회주의 논쟁 482
민족운동 57, 59, 60, 62, 63, 66, 71
민족전선 71
민족주의운동 59, 71
민족주의자 69
민족혁명당 71
민족협동전선 101
민주주의 60
민흥회 445

(ㅂ)

바나그(Vanag) 508, 509
바인코프(Vainkov) 344
박 Moisei 140
박경 365, 367
박경식 21
박권섭 194
박규수 76
박 그레고리 260
박노순 186
박돈서 376, 436
박 마르크 300
박 마트베이 194
박민규(이반 바실리예비치) 121

박밀양　196
박 베치야　300
박병길　189, 193
박병일　140
박봉춘　448
박순구　107
박승만　153, 211, 268
박 아반　155
박애　128, 157, 193, 201, 260, 410
박영　194
박영효　76
박용만　240, 257
박웅세　297
박원희　448, 449
박은식　92
박응칠　296, 307, 323
박이규　376
박 일리야　193, 195, 200, 202, 203, 212, 216, 217, 260, 298
박일병　436
박일형　472, 476
박재도　263
박주련　154, 181
박중화　376, 383
박진순　100, 105, 106, 121, 124, 133, 134, 143, 147, 148, 170, 215, 237, 241, 253, 255, 257, 260, 338, 339, 344, 346, 347, 350, 405, 408

박찬익　250
박찬하　250
박창덕　473
박창은(이반)　157, 193, 195
박창인　214
박철하　40
박춘근　212
박치호　449
박헌영　243, 247, 249, 277, 278, 286, 324
박형병　539
박홍빈　319
반공주의　30
반문화주의　401
反시민사회적 담론　516
反시민사회적 이론　503
반지식주의　401
방진성　256
방향전환　438
배성찬　22
백남운　548
백수동　186
법의 공동체　530
베르사이유체제　82, 83
베르흐네우딘스크 통합당대회　221
베른슈타인(Bernstein)　47
벨라 쿤(Bela Kun)　215, 253
변희용　393, 435
보수주의　52, 72, 111

보이친스키(Voitinskii)　146, 152, 231, 273, 277, 285, 301
福本주의　452, 455
볼로부요프(Volobuev)　509
볼셰비즘(bolshevism)　83, 97
볼셰비키혁명　96
봉오동대첩　189
부르조아 과학　507
부성적 이미지　555
북만전위사　297
북방정책　15, 30
북성회　432
북풍회　98, 428, 435, 482
북풍회계　319
北輝次郎　231
브 나로드(v narod)　69
브나로드운동　431, 433
브란들러(Brandler)　259
브레스트리토프스크조약　130
브레즈네프(Brezhnev)　29
블라고슬로벤노예(Blagoslovennoe)　117
飛田雄一　26

(ㅅ)

사공표　456
사파로프(Safarov)　215, 253, 259, 363, 364, 367
서중석　24
서천민　264, 266
석여　393
鮮于전　192, 414, 424
선우정　196
선우혁　232
세계혁명　437
세라티(Serrati)　343, 344
세묘노프　181
세묘노프군　182
생시몽　92
셰브추크　177
셰플로　271
소련컴플렉스　539, 542, 546
소비에트러시아 및 시베리아의 조선공산조직 대회　145
솔뫼　449
송 겐나푸스케　300
송만　473, 474
송병구　469
송봉우　319, 324, 435
송사생　379
송세주　202
宋章福　315
수정주의　47
순앙　440
술탄 자데(Sultan-Zade)　341, 342
슈먀츠키(Shmiatsky)　147, 158, 160, 161, 171, 252, 254, 255, 277, 300, 354, 372

슐레르(Shller) 369, 370
스모로진 263
스타제샤츠니크(stodesiatniki) 118, 122
스탈린(Stalin) 28, 40, 93, 418, 505, 508, 527, 541
스탈린-부하린 458
스탈린-트로츠키 448
스탈린주의 102
승훈 181
시도로프(Sidorov) 508, 509
시민공동체 59, 60, 94
시민사회(civitas) 61, 103
시민 정치공동체 57
시베리아중앙(Tsentrosibir') 161
시베리아혁명위원회(Sibrevkom) 162
시브뷰로(Sibburo) 153, 161, 277
신간회 32, 63, 68, 445, 448, 451, 458, 459
신간회해소 101
신기영 266
신동기 424
신동호 324
신민단 133, 190, 290, 337
신민부 297
신백우 308, 312, 315, 317, 321, 322, 326, 386, 389, 397, 425
신사상연구회(화요회) 428
신사상연구회 436
신생활사 276
신숙 301
신일성 453
신일용 425
신주백 24, 31, 39
신채호 78, 92, 125, 147, 232, 257, 548
신철 277, 312, 317, 319
신한대회 233
신한청년당 251
신한촌 참변 230
실학 74
심상구 214
심성(mentality) 518
심성사 51
12월 테제 71, 101, 310, 458, 460

(ㅇ)

아파나시 김(Afanasi Kim) 241, 302
악예 425
안공근 243, 247
안광천 101, 435, 460, 552
안무 190, 191, 256, 260
안병찬 148, 149, 163, 216, 232, 246, 259
안재홍 470, 471, 473, 474
안창호 85, 88, 89, 91, 147, 172
안화춘 150

안확 394, 425
안훈 181
알렉산드라 김(Aleksandra Petrovna Kim-Stankevich) 36, 121, 126, 128, 131 337, 358, 532
알렝(Alain) 485
애국계몽사상 52, 88
애국계몽운동 66, 78
애국심 78
야료멘꼬(Iaromenko) 121
야코바(Yakova) 364
양기택 126
양원모 424
양헌 232, 247
어수갑 318
엄윤 196
에베르린(Eberlin) 271
에이헤(Eikhe) 197, 200
엥겔스(F.Engels) 226
여운형 108, 109, 148, 232, 235, 236, 243, 247, 251, 252, 277, 278, 279, 286, 288
여인빈 202
여환옥 381, 386, 389
연만주의용군대 213
연해주 70, 95
연해주조선인공산당원책임자연합대회 302, 306
연해현위원회 약소민족부 309

염상섭 378
염태익 256
오 Kristopol 155
오르그뷰로 282, 302, 306, 309, 321
오병묵 308
오상근 385
오상은 378
오성륜 291, 294
오성묵 126, 128, 136, 147, 155, 308
오엔(R.Owen) 92
오영선 147
오 와실리 128
오인구락부 233
오창환 155
오촌 428, 429
오케비토 206
오하묵 126, 128, 180, 189, 193, 199, 200, 204, 206, 207, 211, 260
오홀나 204, 205, 208
옴스크시베리아혁명위원회 159
왕걸 288
왕삼덕 147
요작빈 148, 235, 252
우동수 31, 39
우명근 293
우수문 노동대 213
우승열패 88
우영생 388

우창석 152
워싱턴회의 353, 365
원경 365
원산그룹 39, 41, 489
원세훈 146, 284, 301
원우관 312, 316, 317, 321, 327, 436
월터(Walter) 354
위정척사 86, 87
윌리암스(A.R.Williams) 129
유교적인 사고 76
유길준 76, 87, 88
유대치 76
유동렬 126, 203, 208
유선장 196
유수연 199, 200
유 스테판 128
유예균 147
유우근 424
유진희 324, 377, 381, 386, 389, 390, 391, 395, 424, 425
유찬희 256
유토피아 550
陸路通商章程 118
윤X선 240
윤기섭 232
尹德炳 312
윤덕병 324, 436
윤봉길 70
윤석영 40

윤성한 293
윤세복 125
윤자영 263, 264, 271, 272, 273, 287, 288
윤치호 77, 85, 92
윤해 284, 301
윤협 150
의군단 289
의군부 293
의병항쟁 66
2월혁명 119
이갑 125
이견익 381, 386, 389, 425
이관용 541
이광수 84, 89, 90, 91, 147, 476, 477, 482
이규홍 235
이균영 32, 34
이극광 436
이극로 240
이금돌 186
이기하 19
이남두 436
이 다물 153
이달 292
이대덕 153
이동녕 126, 235
이동빈 250
이동수 235

이동식 394, 425
이동엽 150
이동휘 125, 126, 128, 129, 143,
   144, 146, 148, 157, 160, 170,
   172, 193, 200, 215, 216, 233,
   235, 237, 238, 241, 252, 253,
   255, 259, 260, 266, 268, 271,
   272, 273, 284, 285, 292, 294,
   298, 305, 313, 408
이두일 186
이르쿠츠크 163
이르쿠츠크공산당비서부 255
이르쿠츠크그룹 215
이르쿠츠크독립군 213
이르쿠츠크파 222, 259, 272, 273,
   275, 311, 323, 405
이만균 186, 203, 208
이만규 393
이반 D. 박 177
이백초 323
이병儀 449
이봉길 436
이봉수 308, 315, 316, 317, 320,
   322, 324
이봉창 70
이상호 294
이상환 424
이성 78, 163, 196, 268, 284, 303,
   319

이성실 152
이성의 진보 77
이성중심주의 509
이성천 155, 186
이성태 276, 428, 432
이순탁 424, 429, 541
이순택 428
이승만 146, 147
이승복 436
이애숙 31
이여삼 250
이여성 435
이열 291
이영 315, 316, 317
이영선 284, 308, 311
이영섭 154, 181
이용 195, 200, 201, 212, 217, 256
이용호 250
이우 294
이우적 449
이운혁 489
이유필 147
이인섭 126, 128
이인택 392
이장령 191
이재복 163, 259, 319, 321
이재유 486, 489
이재형 150
이정섭 473

찾아보기 585

이정수 436
이정식 18
이종린 472
이종민 31
이주하 107
이주화 311, 312
이준식 31
이준태 312, 319, 436
이증림 242
이철악 460, 462, 464
이청천 191, 201, 214, 256, 295
이추산 294
이춘성 311
이춘숙 232, 242
이충모 436
이태능 392
이태평 293
이택 240
이평권 449
이표도르 186
이한영 126, 128, 146, 147, 201, 410
이항발 448
이혁노 321
이형건 307
이호반 251
이훈 154, 181, 202, 269
이홍수 256
이희경 147

人權 79
인데르손(Inderson) 307, 319, 321
인민전선 39
인민전선전술 101
인텔리겐챠 48, 501
일국사회주의혁명론 437
일기자 424
일류신 215
일반의지 501
일세단 135
일세당 135
일소기본조약 309
일월회 435
임경석 31, 35
임병석 298
임봉순 317
임상춘 195, 201, 212
임시고려군정의회 198, 199, 200, 201, 203
임시고려혁명군사법원 201
임시연합간부 254
임영태 22
임원근 243, 247, 252, 277, 278, 286
임중필 298
임표 212
임호 185, 201, 202, 294, 298, 311
입헌적 민주주의 정치체 60

(ㅈ)

自强 79
자끄 도리오(Jaques Doriot) 485
자발성 61
자연적 공동체 61
자유대대 181, 203, 208
자유시사변 174
자유주의 52, 69, 71, 72, 74, 82, 84, 92,
자유주의적 대안 67
자유주의적 민족운동 68
자유주의적 사고 76, 84
자유주의적 시민사회상 61
자유주의적인 세계관 89
장개석 70
장건상 146, 264, 272, 273, 307
장기영 194, 195, 200, 217, 296
장남원 297
장덕수 272, 380, 385
장도빈 82, 546
장도정 136, 139, 155, 157, 193, 194, 200, 295, 307, 308
장문호 295
장민섭 170
張鵬 148
장상수 38, 39
장일 250
장일성 454, 457
장철 295
장해 297
적기단 291, 292, 295, 296, 297
적선풍 399, 425
전로공산당 148
전로한인공산당 147
전로한족회중앙총회 132
전위당 501, 502, 510
전위당 이론 503
전일 126, 128, 136, 424, 436
전제군주제 74
전제적 왕권 60
전조선청년당대회 414, 419
전진회 438, 441, 442
전철훈 36
전체주의 562
전체주의적 사고 103
전통 84
전통파괴적 근대화운동 492
전희서 181
정규정 273
정동호 471
정백 276, 425, 426, 538, 540
정세윤 384, 425
정신분석학 44
정약용 74
정우회 101, 439, 442, 443, 444, 449
정우회선언 438, 439, 441, 443
정운해 324
정재달 263, 270, 272, 273, 285,

찾아보기 587

313, 315, 317, 319
정절성 477
정종명 469
정치중앙(Polittsentr') 150
정치체 60
정치투쟁 441
정태신 263, 271, 316, 325, 378,
  381, 386, 388, 389, 400, 425
정해리 235
정희연 212
제1차극동노력자대회 353
제2인터내셔널 335
제5군 158
제관 425
제국주의 50
조규수 436
조도선 163
조동우 232, 247, 249, 252, 278,
  279, 286, 288, 324
朝露通商章程 118
조봉암 324
조선공산당 41, 98, 99, 310
조선공산당재건운동 101
조선노농총동맹 98
조선노동공제회 98, 374, 379, 380,
  383, 402, 427
조선노동문제연구회 376, 377
조선노동연맹 317
조선농민총동맹 98

조선민흥회 445, 446
조선사회단체중앙협의회 440, 445
조선어학회 70
조선여성동우회 99
조선의용대 71
조선청년총동맹 98
조선청년회연합회 98, 413
조선총국 312, 321, 323
조성순 381, 386
조승준 295
조영인 186
조완구 232
조응순 160, 170
조지훈 18
조훈 150, 151, 277
足立대위 140
좌우합작 68, 422
좌우합작운동 422
좌익소아병 338
주영섭 194, 212
주종건 321, 324, 428, 432
중국형의 사회주의 49
지노비에프(Zinoviev) 343, 344, 361,
  362, 367, 371
지수걸 31, 34
지하당 103
진단학회 70
진병기 318, 324
진보 87

진승기 319
진영철 479, 481

(ㅊ)

창조파 303
채 425
채 그레고리 307
채성하 140
채영 194, 195, 200, 214, 294
蔡英 256
淺田喬二 26
천주교 86
청년총동맹 327
청년회연합회 274
청산론 451, 457
청산리대첩 189
총군부 208
총군부군대 203
최계림 251, 293, 296
최고려 154, 181, 195, 196, 203, 204, 206, 260, 277, 284, 307, 311
최고행정관 75
최군실 154, 181
최남선 92, 548
최니콜라이 186
최동규 250
최동욱 251
최량 256

최린 438, 447
최명록 191
최미하일 214
최상오 293
최성우 196
최승관 295
최완 292
최용붕 294
최웅렬 291, 294
최원일 256
최원택 324
최이수 307
최익한 101, 440, 448, 449
최익환 455
최준 277
최중천 212
최진동 190, 201, 202, 260
최진래 407
최창식 147, 232, 233, 235, 243, 245, 277, 288
최창익 28
최창호 250
최태열 195
최태일 155
최팔용 272
최풍산 294
최현배 548
최형묵 384
최흔 202

춘경원당 452
치체린(Chicherin) 235
치타공산당 158, 160
친기스아이트마토프 (Ch. Aitmatov) 544

(ㅋ)

카(Carr) 354
카데츠(Kadets) 102
카라이치(Karaich) 129
카라한(Karakhan) 235
카메네프(Kamenev) 339
카바크치예프 271
카자크 118
카펠군대 152
칼란다리슈빌리(Kalandarishvili) 199, 203, 204, 206
칼믜코프(Kalmykov) 131
케르(Ker) 354
코르뷰로(Korburo) 221, 272, 282, 283, 285, 289, 303, 313, 317, 432
코르한(Kor Han) 364
코민테른(Komintern) 39, 40, 41, 100
코민테른 극동국(Komintern Dal'buro) 165, 168, 255, 260, 284, 354, 408
코민테른 제2차 대회 100, 105, 335, 336, 338, 349, 362
코민테른 제3차 대회 162, 166
코민테른 제6차 대회 483
코민테른 제7차 대회 39, 101, 483, 485
코베츠키(M.Kobetsky) 125
코제프니코프(Kozhevnikov) 187, 188
콜차크(Kolchak) 138, 142, 150, 161, 177, 183
쿠비야크(Kubiak) 263, 265, 266, 268
쿠시넨(Kuusinen) 215, 253, 259
크라스노셰코프(Krasnoshchkov) 126, 157, 160, 200, 236
크소세요프 264

(ㅌ)

탈하이머(Thalheimer) 271
통일전선 101, 107, 172
트랴피친(Triapitsyn) 183, 184, 185, 192, 193
트로츠키(Trotsky) 200, 336, 418
트릴리세르(Triliser) 271
티미랴조프(Timiryazov)생물학연구소 507

(ㅍ)

파르티잔운동 132
파블로프(Pavlov) 180, 508
파시즘(fascism) 83
페레스트로이카(perestroika) 15
페르시츠(Persits) 341
편집적 지식 522
坪江汕二 17
포스틔셰브(Postyshev) 263
포프코(M.E.Popko) 127
푸리에(Fourier) 92
프로이드(Freud) 508, 545
프로헤게모니론 452, 457
프롤레타리아트 과학 507
프롤레타리아트 국제주의 510
프롤레타리아트독재 73, 93, 95, 107
프롤레타리아트의 헤게모니 99, 363
프루동(Proudhon) 92
플라톤(Plato) 75
피아트니츠키(Piatnitsky) 271
피의 공동체 530

(ㅎ)

하필원 101
한(S.A.Khan) 123
한광우 251
한국광복군 70
한국광복단 356
한국노병회 287
한국독립시사촉진회 287
한규선 153, 163, 246
한명세 142, 163, 216, 259, 263, 268, 271, 272, 273, 284, 285, 301
한상오 291, 294
한설야 478
한성인 140
한신교 317, 448
한 안드레이(Han Andrei) 253
한용운 92
한운용 194, 200, 212
한위건 457, 464, 542
한인공산단체대회 143
한인공제회 356
한인사회단 127, 128
한인사회당(한사회) 126
한인사회당(한살림) 125
한인사회당 100, 115, 116, 126, 128, 130, 132, 134, 137, 176, 230, 233, 337, 345, 358, 409
한인사회당의 제3차총회 170
한인사회당 제2차총회 133
한인사회 및 조직대표 전러시아총회 119
한인적위대 131, 177
한인중앙기관 153
한족공산당 148, 158

韓蒼海 137, 189
한형권 100, 124, 134, 148, 201,
    236, 257, 409
합동민족군대 199, 208
합동민족연대 203
허근 260
허기 297
허영호 424
혁명군사위원회 212
혁명준비론 431
혁청당 439
현정건 237, 287
현천묵 294
호 365, 366
혼춘사건 189
홉스(Hobbes) 58
홍각 264
홍남표 318
홍덕우 324
홍덕유 318, 319, 436
홍도 215, 216, 217, 238, 241, 253
홍마리아 193
홍만희 147
홍면희 233
홍명희 436
홍범도 189, 191, 201, 202, 260,
    265, 355
홍범도부대 203
홍양명 455, 469, 471

홍증식 318, 319, 380, 436
화요회 98, 277, 319, 432
황병길 138
황석주 107
황영 478
黃鈺 272
荒田勝三 242
황학수 233, 240
흑귀 425
黑濤會員 326
흑룡주한인총의회 182
흑룡주한인총회 제2차 대표회 154
흑하사변 174
흥농회 275

CH생 457
M.김 24
Mikhail 김 139
ML계 41
N.N.야코블레프 161
R.A.Scalapino 18
S.A.한 142
V.V.김 142
Y생 398, 425

한인 사회주의 운동연구

인쇄일 초판 1쇄   1999년 01월 11일
　　　　 2쇄   2015년 03월 03일
발행일 초판 1쇄   1999년 01월 15일
　　　　 2쇄   2015년 03월 05일

지은이 권 희 영
발행인 정 찬 용
발행처 국학자료원
등록일 1987.12.21, 제17-270호

서울시 강동구 성내동 447-11 현영빌딩 2층
Tel : 442-4623~4 Fax : 442-4625
www.kookhak.co.kr
E- mail : kookhak2001@hanmail.net
ISBN 978-89-8206-330-5 *03910
가 격 28,000원

*저자와의 협의 하에 인지는 생략합니다.
*잘못된 책은 구입하신 곳에서 교환하여 드립니다.